KB028114

플라톤전집 Ⅲ

╱

Gorgias
Protagoras
Ion
Kratylos
Sophistes
Politikos

플라톤전집 Ⅲ

고르기아스 / 프로타고라스 / 이온 / 크라튈로스 / 소피스트 / 정치가

–

제1판 1쇄   2019년 7월 25일

제1판 2쇄   2024년 12월 25일

–

지은이   플라톤

옮긴이   천병희

펴낸이   강규순

–

펴낸곳   주식회사 숲코퍼레이션

신고번호   제 2014 – 000045호

주소   경기도 파주시 돌곶이길 108-14

전화   (031)944 – 3139   팩스 – (031)944 – 3039

E-mail   book_soop@naver.com

–

ⓒ 천병희, 2019. Printed in Paju, Korea

ISBN 978 – 89 – 91290 – 84 – 6 93100

–

이 도서의 국립중앙도서관 출판시도서목록(CIP)은 서지정보유통지원시스템 홈페이지(http://seoji.nl.go.kr)와 국가자료공동목록시스템(http://www.nl.go.kr/kolisnet)에서 이용하실 수 있습니다. (CIP제어번호: 2019021953)

플라톤전집 III

Gorgias
Protagoras
Ion
Kratylos
Sophistes
Politikos

고르기아스
프로타고라스
이온
크라튈로스
소피스트
정치가

플라톤 지음 / 천병희 옮김

옮긴이 서문

플라톤(기원전 427년경~347년)은 관념론 철학의 창시자로 소크라테스(Sokrates), 아리스토텔레스(Aristoteles)와 더불어 서양의 지적 전통을 확립한 철학자이다. 아버지 쪽으로는 아테나이(Athenai)의 전설적인 왕 코드로스(Kodros)로, 어머니 쪽으로는 아테나이의 입법자 솔론(Solon)으로 거슬러 올라가는 부유한 명문가에서 태어난 그는 당시 다른 귀족 출신 젊은이들처럼 정계에 입문할 작정이었다.

그러나 펠로폰네소스(Peloponnesos) 전쟁(기원전 431~404년)에서 아테나이가 패하면서 스파르테(Sparte)가 세운 '30인 참주'의 폭정이 극에 달하고, 이어서 이들을 축출하고 정권을 잡은 민주정체 지지자들의 손에 스승인 소크라테스가 기원전 399년에 사형당하는 것을 본 28세의 플라톤은 큰 충격을 받는다. 정계 진출의 꿈을 접고 철학을 통해 사회 병폐를 극복하기로 결심을 군힌 그는 철학자가 통치자가 되거나 통치자가 철학자가 되기 전에는 사회가 개선될 수 없다는 확신을 갖게 된다.

이 사건이 있은 뒤 이집트, 남이탈리아, 시칠리아 등지로 여행을 떠났다가 아테나이로 돌아온 플라톤은 기원전 387년경 영웅 아카데모스(Akademos)에게 바쳐진 원림(園林) 근처에 서양 대학교의 원조라

고 할 아카데메이아(Akademeia) 학원을 개설한다. 그리고 시칠리아
에 있는 쉬라쿠사이(Syrakousai) 시를 두 번 더 방문해 그곳 참주들을
만난 것 이외에는 다른 외부 활동을 하지 않고 연구와 강의와 저술 활
동에 전념하다가 기원전 347년 아테나이에서 세상을 떠난다.

　플라톤은 50년이 넘는 기간 동안 소크라테스가 대담을 주도하
는 30편 이상의 철학적 대화편과 소크라테스의 변론 장면을 기술한
『소크라테스의 변론』(Apologia Sokratous)을 출간했는데, 이것들은 모
두 지금까지 전해온다. 그 밖에도 13편의 편지가 있지만 그중 일부
는 플라톤이 썼는지 확실치 않다. 플라톤의 저술은 편의상 초기, 중
기, 후기 대화편으로 구분된다. 『소크라테스의 변론』, 『카르미데스』
(Charmides), 『크리톤』(Kriton), 『에우튀프론』(Euthyphron), 『힙피아
스 I』(Hippias meizon), 『이온』(Ion), 『라케스』(Laches), 『뤼시스』(Lysis),
『프로타고라스』(Protagoras)로 대표되는 초기 대화편에서는 소크라
테스가 대화를 이끌며 대담자들이 제시한 견해들을 검토하고 폐기
하지만 대안을 제시하지 못할 때가 많다. 그래서 이들 대화편은 '소
크라테스식 대화편들'(Socratic dialogues)이라 불린다. 『고르기아스』
(Gorgias), 『메논』(Menon), 『메넥세노스』(Menexenos), 『에우튀데모
스』(Euthydemos), 『파이돈』(Phaidon), 『파이드로스』(Phaidros), 『국가』
(Politeia), 『향연』(Symposion), 『테아이테토스』(Theaitetos) 등으로 대표
되는 중기 대화편에서는 소크라테스가 여전히 대화를 이끌지만 플
라톤이 혼불멸론과 이데아론 같은 자신의 견해를 제시하며 소크라
테스의 견해를 해석하고 부연한다. 『크라튈로스』(Kratylos), 『파르메

니데스』(*Parmenides*), 『크리티아스』(*Kritias*), 『필레보스』(*Philebos*), 『소피스트』(*Sophistes*), 『정치가』(*Politikos*), 『티마이오스』(*Timaios*), 『법률』(*Nomoi*) 등으로 대표되는 후기 대화편에서는 소크라테스와 함께 혼불멸론과 이데아론이 뒷전으로 물러나고 철학적·논리적 방법론에 관심이 집중된다.

20세기 영국 철학자 화이트헤드(A. N. Whitehead)는 플라톤이 서양 철학사에 지속적으로 큰 영향을 미친 것을 두고, 서양 철학사는 플라톤 철학에 대한 각주의 역사라 해도 과언이 아니라는 취지의 말을 한 적이 있는데,1 그의 이런 주장에 이의를 제기할 사람은 없는 것 같다.

플라톤의 저술들이 2천 년 넘는 세월을 겪고도 모두 살아남을 수 있었던 것은 심오하고 체계적인 그의 사상 덕분이겠지만, 이런 사상을 극적인 상황 설정, 등장인물에 대한 흥미로운 묘사, 인간미 넘치는 소크라테스의 아이러니 등을 독자에게 생동감 있게 전하기 때문일 것이다. 나는 플라톤과 씨름하며 플라톤전집을 번역했지만 씨름에서 이길 수는 없었고, 끝까지 샅바를 잡고 있었다는 데 의미를 두고자 한다.

2019년 7월

천병희

---

1   A. N. Whitehead, *Process and Reality An Essay in Cosmology*, "The safest general characterization of the European philosophical tradition is that it consists of a series of footnotes to Plato.", Corrected Edition (New york Free Press 1985), p. 39.

주요 연대표

(이 연대표의 연대는 모두 기원전)

469년   소크라테스 태어나다

451년   알키비아데스 태어나다

450년경   아리스토파네스 태어나다

445년경   아가톤 태어나다

431년   아테나이와 스파르테 사이에 펠로폰네소스전쟁이 발발하다

427년경   플라톤 태어나다

424년   델리온에서 아테나이군이 패하다

423년   소크라테스를 조롱하는 아리스토파네스의 희극『구름』이 공연되다

404년   펠로폰네소스전쟁이 끝나고 스파르테가 지원하는 '30인 참주'가
아테나이를 통치하다

403년   '30인 참주'가 축출되고 아테나이에 민주정체가 부활하다

399년   소크라테스가 재판을 받고 사형당하다

387년경   플라톤이 아카데메이아 학원을 창설하다

384년   아리스토텔레스 태어나다

367년   아리스토텔레스가 아카데메이아에 입학하다

347년   플라톤 죽다

차례

일러두기

1. 『고르기아스』, 『프로타고라스』, 『이온』의 대본으로는 옥스퍼드 고전 텍스트 (Oxford Classical Texts) 중 J. Burnet이 교열한 *Platonis Opera*, 5 vols., Oxford 1900~1907(제3권)을, 『크라튈로스』, 『소피스트』, 『정치가』의 대본으로는 옥스퍼드 고전 텍스트 중 E. A. Duke, W. F. Hicken, W. S. M. Nicoll, D. B. Robinson이 교열한 플라톤전집 1권(1995년)을 사용했다.

2. 주석은 N. Denyer (『프로타고라스』 Cambridge University Press 2008), F. M. Conford(『소피스트』, Dover Philosophical Classics, New York 1957), S. Bernadete (『소피스트』, The University of Chicago Press 1986)의 것을 참고했다.

3. 현대어 번역 중에서는 T. Griffith, C. C. W. Taylor, A. Beresford, Stanley Lombardo/ Karen Bell, W. R. M. Lamb, R. Waterfield, D. J. Zeyl, J. L. Arieti/ R. M. Barrus, B. Jowett, C. D. C. Reeve, N. P. White, H. N. Fowler, J. B. Skemp의 영어 번역과 F. Schleiermacher, Otto Apelt의 독일어 번역과 박종현, 강성훈, 김인곤, 이창우, 김태경의 한국어 번역을 참고했다.

4. 플라톤에 관한 자세한 참고문헌은 R. Kraut(ed.), *The Cambridge Companion to Plato*, Cambridge University Press 1992, 493~529쪽과 C. Schäfer(Hrsg.), *Platon-Lexikon*, Darmstadt 2007, 367~407쪽을 참고하기 바란다.

5. 본문 좌우 난외에 표시한 309a, b, c 등은 이른바 스테파누스(Stephanus, Henricus 프랑스어 이름 Henri Estienne 16세기 프랑스 출판업자) 표기를 따른 것으로 아라비아 숫자는 쪽수를, 로마자는 문단을 나타낸다. 플라톤의 그리스어 텍스트와 주요 영어판, 독일어판, 프랑스어판 등에서는 스테파누스 표기가 사용되고 있어, 이 표기가 없는 텍스트나 번역서는 위치를 확인할 수 없어 참고문헌으로서의 가치가 거의 없다고 해도 과언이 아니다.

6. 설명이 필요하다고 생각한 부분에는 주석을 달았다.

7. 각 대화편의 차례는 원전에 있는 것이 아니라 대화 내용을 따라가기 쉽도록 편의상 정리한 것이다.

고르기아스

고르기아스 **차례**

쾌락주의는 거짓이다

소크라테스가 수사학이 무엇인지 정의해달라고 요청하자, 고르기아스가 정치가로서의 성공은 무엇을 해야 하는지 알고 조언하는 데 달려 있는 것이 아니라 연설로 설득하는 요령을 터득하는 데 달려 있으므로, 수사학이야말로 가장 중요한 인간사라고 말한다. 그래서 성공적인 연설가는 옳고 그르고를 떠나 무엇이든 마음대로 할 수 있는 것이라고 덧붙인다.

　고르기아스가 토론에서 발을 빼고 그의 제자 폴로스가 토론을 이어받자, 소크라테스는 불의를 행하는 것보다는 불의를 당하는 것이 더 좋으며, 불의를 행했으면 처벌받지 않는 것보다 처벌받는 것이 좋다는 데 그가 어쩔 수 없이 동의하게 만든다.

　폴로스가 토론에서 발을 빼자 이번에는 칼리클레스가 토론을 이어받는데, 이 젊은이는 미덕과 행복은 만약 그럴 수만 있다면 법을 무시하고 권력 의지를 실현하는 데 있다고 주장한다. 두 사람의 대화는 갑자기 칼리클레스가 옹호하는 정치가의 활동적인 삶과 소크라테스가 대변하는 철학자의 삶 가운데 어느 쪽을 선택할 것이냐 하는 토론으로 바뀐다. 소크라테스는 자신이 철학자의 삶을 선택한 이유를 제시하는 과정에서 지난날 아테나이의 유명 정치가들이었던 테미스토클레스, 페리클레스, 밀티아데스 등의 업적을 깎아내리며 자신만이 동료 시민들을 도덕적으로 더 훌륭하게 만들었으니 자신이 아테나이의 하나뿐인 진정한 정치가라고 주장한다. 대화의 마지막에는 사후에 혼이 심판받는 설화가 나오는데, 불의를 행하지 말라고 거듭 권고하기 위해서인 것 같다.

대담 장소

칼리클레스의 집(대담 시기는 알 수 없다)

등장인물

칼리클레스(Kallikles) 정치가로 성공하고자 하는 20대 중후반의 아테나이(Athenai) 청년.

소크라테스(Sokrates 기원전 469~399년) 아테나이 철학자. 이 대화편에 등장하는 소크라테스는 철학자의 삶을 최고의 삶이라고 확신하고 있다는 점에서 『소크라테스의 변론』과 『크리톤』에 나오는 소크라테스를 연상케 한다.

카이레폰(Chairephon 기원전 467~401년) 소크라테스의 죽마고우.

고르기아스(Gorgias 기원전 483년경~385년경) 시칠리아 레온티노이(Leontinoi) 시 출신 소피스트로, 정치가로 출세하려면 수사학이 중요하다고 역설한다. 펠로폰네소스전쟁 초기인 기원전 427년 레온티노이 시가 이웃한 쉬라쿠사이(Syrakousai) 시에 공격당하자 도움을 청하러 사절단을 이끌고 아테나이에 와서 연설했는데, 수사학의 온갖 기법을 동원한 이 연설에 아테나이인들이 매료되었다고 한다.

폴로스(Polos '망아지'라는 뜻) 시칠리아 아크라가스(Akragas 지금의 Agrigento) 시 출신의 젊은 수사학 교사로, 고르기아스의 숭배자 중 한 명이다. 이 대화편에서 그는 수사학이야말로 권력 쟁취의 관건이라고 확신하고 있지만 자신이 정치가가 되려고 하는 흔적은 보이지 않는다.

칼리클레스 소크라테스님, 전쟁과 전투에는 이처럼 한발 늦게 참가해 447a 야 한다더군요.

소크라테스 사람들 말마따나 잔치가 끝난 뒤 우리가 너무 늦게 도착 했다는 말인가?

칼리클레스 그렇다니까요. 얼마나 훌륭한 잔치였는데요. 고르기아스 님이 조금 전에 우리에게 좋은 것을 많이 보여주셨거든요.

소크라테스 칼리클레스, 그게 다 여기 있는 카이레폰 탓일세. 이 사람 때문에 우리가 아고라[1]에서 시간을 낭비했으니까.

카이레폰 염려 말게, 소크라테스. 해결도 내가 할 테니까. 고르기아스님 b 과는 잘 아는 사이일세. 그러니 우리에게도 틀림없이 보여줄 걸세. 지 금이든 다음에든 자네가 원하는 때에.

칼리클레스 어때요, 카이레폰님? 소크라테스님은 고르기아스님의 연설 을 듣고 싶어하세요?

---

1   agora. 도심에 있는 시장 겸 집회장.

카이레폰 그래서 우리가 여기 온 걸세.

칼리클레스 그렇다면 언제든 좋으실 때 여기 있는 내 집에 오세요. 고르기아스님은 여기 묵고 계시니 그대들에게 그 솜씨를 보여주실 거예요.

소크라테스 고맙네, 칼리클레스. 그런데 그분이 우리와 토론하려 하실

c 까? 나는 그분이 지닌 기술의 힘은 무엇이며 그분이 가르쳐주겠다고 약속하는 것이 무엇인지 그분께 직접 알아보았으면 싶네. 보여주는 일은 자네 말처럼 다음 기회로 미루어도 좋네.

칼리클레스 소크라테스님, 직접 그분께 물어보시는 게 가장 좋겠어요. 사실은 그것이 그분의 보여주기 특징 가운데 하나예요. 방금 그분은 이 집안에 있는 사람들에게 누구든 묻고 싶은 게 있으면 무엇이든 물어보라며 어떤 질문에든 답변하겠노라고 하셨거든요.

소크라테스 좋은 생각일세. 카이레폰, 자네가 물어보게!

카이레폰 무엇을 물어볼까?

d **소크라테스** 그분이 무엇인지.

카이레폰 그게 무슨 뜻인가?

소크라테스 예를 들어 그분이 구두 만드는 장인이라면 그분은 자네에게 자기는 제화공이라 대답하겠지. 내 말이 무슨 뜻인지 알겠나?

카이레폰 알겠네. 내가 그분에게 물어보겠네. 고르기아스님, 여기 있는 칼리클레스가 말하기를 당신은 누가 무슨 질문을 하건 답변할 수 있다고 하셨다는데, 그 말이 참말인지 확인해주실 수 있나요?

448a **고르기아스** 그 말은 참말이오, 카이레폰. 조금 전에 실제로 그런 약속을 했소. 그리고 지난 수년 동안 내게 새로운 질문을 한 사람은 아무도 없

었다는 말도 덧붙여두겠소.

카이레폰 그렇다면 틀림없이 내 질문에 쉽게 답변하실 수 있겠네요, 고르기아스님.

고르기아스 어디 한번 시험해보시구려, 카이레폰.

폴로스 카이레폰님, 제발 부탁해요. 괜찮으시다면 내게 질문해주세요. 고르기아스님은 피곤하신 것 같습니다. 긴 연설을 방금 끝내셨거든요.

카이레폰 뭐라 했는가, 폴로스? 자네가 고르기아스님보다 더 잘 답변할 수 있다고 생각하는 것인가?

폴로스 그대에게 내 답변으로 충분하다면 문제될 게 없지 않을까요?   b

카이레폰 그렇다면 전혀 문제 될 게 없겠지. 그럼 자네가 원하니 자네가 답변하게나.

폴로스 물어보세요!

카이레폰 묻겠네. 만약 고르기아스님이 자기 형 헤로디코스[2]가 전문가인 그 기술[3]에서 전문가라면 우리는 고르기아스님을 어떤 이름으로 부르는 것이 옳겠나? 헤로디코스를 부를 때와 같은 이름으로 불러야 하지 않을까?

폴로스 물론이지요.

카이레폰 그렇다면 우리는 고르기아스님을 의사라 불러야겠군.

---

2   여기 나오는 헤로디코스(Herodikos)는 다른 대화편 『프로타고라스』 316e에 나오는 동명의 유명 의사와는 다른 사람이다.
3   techne. 문맥에 따라서는 '학문' '분야'로도 옮길 수 있을 것이다.

폴로스 그렇습니다.

카이레폰 그리고 만약 고르기아스님이 아글라오폰의 아들 아리스토폰[4]이나 그의 형이 경험을 쌓은 것과 같은 기술에서 경험을 쌓았다면, 우리는 고르기아스님을 무엇이라 부르는 것이 옳을까?

c **폴로스** 그야 화가라고 불러야겠지요.

카이레폰 그렇다면 이제 고르기아스님이 정통한 기술은 대체 무엇이며, 우리는 그분을 무엇이라고 부르는 것이 옳을까?

폴로스 카이레폰님, 사람들 사이에는 많은 기술과 학문이 있는데, 그것들은 실험과 경험을 통해 발견되었습니다. 경험은 지식을 통해 우리의 삶이 나아지게 하고, 경험 부족은 '우연히' 그렇게 하지요. 이 모든 기술과 학문 가운데 어떤 사람들은 이런 것들에, 또 어떤 사람들은 저런 것들에 관여하지만, 가장 훌륭한 것들에는 가장 훌륭한 사람들이 관여하지요. 여기 계신 고르기아스님은 그런 분 가운데 한 분이며, 그분께서 관여하시는 것은 가장 훌륭한 기술이랍니다.

d **소크라테스** 고르기아스님, 확실히 폴로스는 연설할 준비가 잘되어 있는 것 같습니다. 하지만 카이레폰에게 약속한 것을 이행하지 않고 있네요.

고르기아스 정확히 이행하지 않는 게 뭔가요, 소크라테스?

소크라테스 그는 동문서답을 하고 있는 것 같아요.

고르기아스 좋으시다면 그에게 그대가 물어보시오.

소크라테스 그렇게 하지는 않겠어요. 당신이 직접 내 질문에 답변하지 않으신다면 말이에요. 차라리 나는 당신에게 묻고 싶습니다. 조금 전에 그가 한 말로 미루어 폴로스는 분명 토론보다는 이른바 수사학에 더 관심이 많은 것 같습니다.

폴로스 어째서 그렇단 말인가요, 소크라테스?

e

소크라테스 폴로스, 고르기아스님이 어떤 기술에 정통하냐고 카이레폰이 물었을 때, 자네는 마치 누가 그분의 기술을 비난이라도 하는 것처럼 그 기술을 칭찬만 했지, 그것이 무엇인지는 답변하지 않았네.

폴로스 하지만 나는 그것이 가장 훌륭한 기술이라고 답변하지 않았던가요?

소크라테스 물론 그렇게 답변했지. 하지만 고르기아스님이 가진 기술이 어떤 성질의 것인지 아무도 묻지 않았네. 질문은 그것이 무엇이며, 우리가 고르기아스님을 무엇이라고 불러야 하느냐는 것이었네. 방금 카이레폰의 질문에 자네가 짤막하게 적절히 답변한 것처럼, 이번에도 그런 식으로 고르기아스님의 기술이 무엇이며, 우리가 그분을 무엇이라고 불러야 하는지 말해달란 말일세. 고르기아스님, 그렇게 아니라 당신이 어떤 기술에 정통한지, 그래서 당신을 우리가 무엇이라고 불러야 하는지 직접 말해주십시오.

고르기아스 나는 수사학에 정통하오, 소크라테스.

소크라테스 그러면 우리는 당신을 연설가라 불러야 할까요?

고르기아스 소크라테스, 그것도 훌륭한 연설가라고 불러주시오. 만약 그대가 나를 호메로스의 말처럼[5] 내가 자부하는 그런 사람으로 불러

---

4 아글라오폰(Aglaophon)의 아들 아리스토폰(Aristophon)은 유명 화가 폴뤼그노토스(Polygnotos)와 형제다.

주고 싶다면 말이오.

소크라테스 그러고 싶습니다.

고르기아스 그렇다면 나를 그렇게 부르시오.

b **소크라테스** 그러면 우리는 남들도 훌륭한 연설가로 만들어줄 능력이 당신에게 있다고 말해도 될까요?

고르기아스 나는 그렇다고 자부합니다. 이곳 아테나이에서도, 그 밖의 다른 곳에서도.[6]

소크라테스 고르기아스님, 그렇다면 방금 시작한 방식대로 질문과 답변을 주거니 받거니 하며 토론을 계속할 용의가 있으신가요? 폴로스가 방금 선보인 긴 연설은 다음 기회로 미루고요. 모쪼록 조금 전 약속[7]을 지켜 우리가 묻는 말에 짤막하게 답변해주십시오.

고르기아스 소크라테스, 답변 중에는 길게 설명할 필요가 있는 것들도 c 있기 마련이오. 하지만 되도록 간결하게 답변해보겠소. 이 또한 내가 주장하는 것 가운데 하나인데, 자신의 생각을 나보다 더 간결하게 표현할 수 있는 사람은 아무도 없을 거요.

소크라테스 정말 필요한 것은 바로 그겁니다, 고르기아스님. 바로 그 간결한 표현의 진수를 보여주세요. 길게 말하기는 다음 기회로 미루시고.

고르기아스 그렇게 하겠소. 그러면 나보다 더 간결하게 말하는 것을 누구한테도 들어본 적 없다고 그대도 동의하게 될 거요.

소크라테스 그렇다면 시작해볼까요. 당신은 수사학의 전문가로 자처 d 하며 다른 사람도 연설가로 만들 수 있다고 주장하시는데, 수사학은 실제로 무엇과 관련이 있나요? 예를 들어 직조술은 의복의 제작과 관련있지요. 그렇지 않나요?

고르기아스 그렇소.

소크라테스 그리고 음악은 작곡과 관련있지요?

고르기아스 그렇소.

소크라테스 고르기아스님, 정말이지 당신의 답변이 마음에 들어요. 세상에 이보다 더 짧은 답변은 없을 거예요.

고르기아스 내가 잘하고 있다고 나도 믿고 있소.

소크라테스 옳은 말씀입니다. 자, 수사학과 관련해서도 같은 맥락의 답변을 해주세요. 그것은 실제로 무엇과 관련있는 지식인가요?

고르기아스 연설과 관련있는 지식이오.

소크라테스 어떤 종류의 연설 말인가요, 고르기아스님? 환자에게 어떤 양생법을 따라야 건강을 회복할 수 있는지 설명해주는 그런 연설 말인가요?   e

고르기아스 아니요.

소크라테스 그렇다면 수사학은 모든 연설과 관련된 것은 아니겠네요.

고르기아스 물론, 아니에요.

소크라테스 하지만 수사학은 사람들이 말할 수 있게 해줘요.

---

5   『일리아스』 6권 211행, 14권 113행.

6   프로타고라스처럼(『프로타고라스』 335a 참조) 고르기아스도 자신이 그리스 세계 어디서나 성공했음을 과시하고 있다.

7   448a 참조.

고르기아스 그렇소.

소크라테스 또한 자신이 말하고 있는 것을 이해할 수 있게 해주겠지요?

고르기아스 물론이오.

소크라테스 그렇다면 환자에 관해 잘 이해하고 잘 말할 수 있게 해주는
것은 방금 우리가 언급한 의술이겠지요?

450a

고르기아스 물론이오.

소크라테스 그렇다면 의술도 말하기와 관련있는 것 같네요.

고르기아스 그렇소.

소크라테스 질병에 관해 말하기와 관련있겠지요?

고르기아스 물론이오.

소크라테스 그렇다면 체육도 말하기와 관련있겠지요? 몸의 좋은 상태
와 나쁜 상태에 관한 말하기 말이에요.

고르기아스 물론이오.

소크라테스 고르기아스님, 그 점에서는 다른 기술들도 마찬가지요. 기

b 술들은 저마다 그것에 속하는 주제에 관한 말하기와 관련있으니까요.

고르기아스 그런 것 같소.

소크라테스 그렇다면 왜 당신은 말하기와 관련있는 다른 기술들은 수
사학이라고 부르지 않나요? 말하기와 관련있는 기술은 무엇이든 수사
학이라고 부르면서.

고르기아스 소크라테스, 다른 기술들의 지식은 거의 전부가 수공(手工)
이나 그런 종류의 활동과 관련있는 데 반해, 수사학은 그런 종류의 수
공적인 요소가 없고 그 활동과 권위가 말하기에 달려 있기 때문이오.

그래서 나는 수사학은 말하기와 관련있다고 주장하는 것이며, 그런 내   c
주장이 옳다고 생각하오.

소크라테스 당신이 어떤 종류의 기술을 수사학이라고 부르려고 하는지
지금은 아리송하지만, 나중에는 명확히 알게 되겠지요. 그건 그렇고
다음 질문에도 답변해주세요. 우리들에게는 여러 가지 기술이 있어요.
그렇지 않나요?

고르기아스 그렇소.

소크라테스 그 기술들 중에는 제작이 대부분을 차지하고 말하기는 조
금밖에 필요하지 않은 것들이 있는가 하면, 말하기가 전혀 필요하지
않아 침묵 상태에서 그 목적을 달성할 수 있는 것도 있습니다. 예를 들
어 회화, 조각 등이 그렇지요. 수사학과 무관하다고 당신이 주장하는   d
기술들은 이런 기술인 것 같은데, 그렇지 않나요?

고르기아스 그대는 내 말뜻을 제대로 이해했소, 소크라테스.

소크라테스 그런가 하면 말하기로 목적을 거의 다 달성하고, 추가적인
행위는 사실상 전혀 또는 별로 필요 없는 것들도 있습니다. 예를 들어
수학, 산술, 기하학, 장기 두기 등이 그렇죠. 그중에는 말하기와 행위가
균형을 이루는 것도 있지만 대부분은 말하기의 비중이 더 커서, 그 활
동과 권위가 전적으로 말하기에 달려 있어요. 내 생각에 당신은 수사   e
학을 이런 기술들 가운데 하나라고 여기는 것 같습니다.

고르기아스 맞아요.

소크라테스 하지만 당신은 수사학을 그런 기술 가운데 하나쯤으로 부
르고 싶지는 않은가 봐요. 비록 말로는 말하기로 목적을 달성하는 기

술이 수사학이라고 주장하지만 말이에요. 따지기 좋아하는 사람이라면 "고르기아스님, 그렇다면 당신은 수사학을 수학과 동일시하는 건가요?"라고 묻겠지요. 하지만 나는 당신이 수사학을 수학이나 기하학과 동일시하지 않는다고 확신해요.

고르기아스 맞아요, 소크라테스. 이번에도 그대는 내 말뜻을 제대로 이해했소.

소크라테스 자, 그렇다면 이제 내 질문에 대한 답변을 마무리해주십시오. 수사학은 주로 말하기에 의존하는 기술들 가운데 하나이지만 그런 기술은 그 밖에도 더러 있는 만큼, 특히 어떤 영역에서 수사학이 말하기로 목적을 달성하는지 말씀해주세요. 예를 들어 내가 방금 언급한 기술들 가운데 하나에 관해 "소크라테스, 수학은 무엇과 관련 있지요?"라고 누가 묻는다고 가정해보세요. 조금 전에 당신이 그랬 듯이 나는 수학은 말하기로 목적을 달성하는 기술들 가운데 하나라고 대답할 겁니다. "무엇과 관련해서지요?"라고 계속해서 묻는다면 "그 크기에 상관없이 홀수와 짝수와 관련있소"라고 대답할래요. 다음에 또 "그대는 어떤 기술을 산술이라고 부르시오?"라고 묻는다면, 나는 산술도 전적으로 말하기로 목적을 달성하는 기술들 가운데 하나라고 대답할 겁니다. 그리고 또 "무엇과 관련해서지요?"라고 계속해서 묻는다면, 나는 민회에서 법안을 제출하는 사람들처럼 "다른 점에서는 산술은 수학과 같소. 둘 다 홀수와 짝수에 관련되니까요. 다른 점이라면 산술은 홀수와 짝수가 자신들과 관련하여 그리고 서로 간에 형성하는 양적 관계를 규명한다는 것이오"라고 말할 겁니다.

또 누가 천문학에 관해 묻기에 내가 천문학도 모든 목적을 말하기로 달성한다고 말했는데, 그가 "천문학자들의 말하기는 무엇과 관련있지요, 소크라테스?"라고 묻는다고 생각해보세요. 그러면 나는 "천문학자들의 말하기는 별들과 해와 달의 운행과 그것들의 상대적인 속도와 관련있소"라고 말할 겁니다.

고르기아스 그대의 말이 맞소, 소크라테스.

소크라테스 자, 이제는 당신이 답변하실 차례입니다, 고르기아스님. 수   d
사학이야말로 모든 것을 말하기로 성취하고 달성하는 기술들 가운데 하나이니까요. 그렇지 않나요?

고르기아스 당연히 그렇소.

소크라테스 말해주세요. 말하기는 무엇과 관련있지요? 수사학에서 사용하는 이들 말하기는 실제로 무엇과 관련있나요?

고르기아스 인생의 가장 중대하고 가장 좋은 일들과 관련있소, 소크라테스.

소크라테스 하지만 고르기아스님, 당신이 방금 말한 것도 논란의 여지가 있으며 아직은 분명하지 않아요. 당신도 틀림없이 술자리에서   e
사람들이 좋은 것들을 열거하는 권주가를 들어보았을 거예요. "가장 좋은 것은 건강이요, 두 번째는 잘생긴 외모요, 세 번째는"―권주가를 지은 시인에 따르면―"정직한 부라네."

고르기아스 그렇소, 들어보았소. 무엇 때문에 그런 말을 하시오?

소크라테스 그 이유를 말하지요. 권주가를 지은 시인이 칭찬하는 것들   452a
을 만들어내는 장인들인, 의사와 체육 교사와 사업가가 지금 당신 앞에 서 있다고 가정해보세요. 그리고 의사가 먼저 "소크라테스, 고르기아스는 그대를 속이고 있소. 인간들에게 가장 좋은 것과 관련있는 건 그의 기술이 아니라, 내 기술이라오"라고 말한다고 가정해보세요. 그래서 내가 그에게 "그대는 뉘시기에 그런 주장을 하는 거요?"라고 묻는다고 가정해보세요. 그는 아마도 자기는 의사라고 말하겠죠. 그래서 내가 "무슨 말을 하는 거요? 그대의 기술의 산물이 사람들에게 가장 좋은 것이란 말이오?"라고 묻는다고 가정해보세요. 그는 아마도 "소크라테스, 내 기술의 산물이 건강인데 어찌 그렇지 않겠소? 사람들에게 건강보다 더 좋은 것이 어디 있겠소?"라고 대답하겠지요.

b   그다음에는 체육 교사가 "만약 고르기아스가 자신의 기술의 산물이 내 기술의 산물보다 사람들에게 더 좋다는 것을 보여줄 수 있다면, 나도 놀라움을 금치 못할 것이오"라고 말한다고 가정해보세요. 그래서 내가 "그대는 뉘시오? 그대의 직업은 무엇이오?"라고 묻는다면, 그는 아마도 "나는 체육 교사요. 내 직업은 사람들 몸이 아름답게 보이고 건강해지게 하는 것이라오"라고 대답하겠지요.

체육 교사에 이어 사업가는 아마도 세상 사람들을 모두 완전히 무
c   시하는 태도로 "소크라테스, 고르기아스가 제공할 수 있는 것이든 다른 사람이 제공할 수 있는 것이든 부(富)보다 더 좋다고 생각하는지 자문해보시오!"라고 말하겠지요. "뭐라 했소? 그대가 부를 만들어내는 장인(匠人)이란 말이오?"라고 우리가 물으면, 그는 "그렇소"라고 대답하겠지요. "그렇다면 그대는 무엇이오?" "사업가요." "어때요? 그대는 부가 사람들에게 가장 좋은 것이라고 판단하시오?"라고 우리가 물

으면, 그는 "물론이오"라고 대답하겠지요. 그래서 우리가 "하지만 여기 계신 고르기아스님은 그대의 말에 동의하지 않으실 거요. 이분은 그대의 기술보다 자신의 기술이 더 좋은 것의 원인이라고 생각하시니까요"라고 말한다면, 사업가는 분명 "그가 좋다는 것이 대체 뭐요? 고르기아스의 답변을 들어봅시다!"라고 말하겠지요.

자, 고르기아스님. 그들뿐 아니라 나에게도 그런 질문을 받았다 d고 가정하고, 당신의 주장에 따르면 사람들에게 가장 좋은 것으로 당신이 만들어낼 수 있다는 그것이 대체 무엇인지 답변해주십시오.

고르기아스 소크라테스, 그것은 진실로 가장 좋은 것으로, 인류에게는 자유의 원천이자 개인에게는 자신이 속한 공동체에서 다른 사람들을 지배할 수 있는 힘의 원천이라오.

소크라테스 당신이 그렇게 말하는 그게 대체 무엇입니까?

고르기아스 나는 그것이 설득이라고 주장하오. 법정의 배심원들이건 평 e의회의 회원들이건 민회의 시민들이건, 모든 공공 집회의 참석자들을 말로 설득할 수 있는 능력 말이오. 실제로 그런 능력을 갖는다면 그대는 의사도 체육 교사도 노예로 부릴 수 있을 거요. 또한 여기 있는 사업가도 자신을 위해서가 아니라 남을 위해, 즉 그대를 위해 돈을 버는 것으로 드러날 거요. 대중을 말로 움직일 수 있는 능력이 그대에게 있다면 말이오.

소크라테스 고르기아스님, 수사학을 당신이 어떤 기술이라고 생각하시는지 이제야 거의 밝혀지는 것 같아요. 내가 제대로 이해했다면, 수 453a사학은 상대방을 설득할 수 있으며, 설득이 수사학 활동의 전부이자

기본 목표라는 것이 당신의 주장이로군요. 아니면 청중의 마음을 설득하는 것 외에도 수사학에 다른 능력이 있다고 주장하시겠습니까?

고르기아스 아니오, 소크라테스. 그대가 충분히 정의한 것 같소. 그것이 수사학의 기본 활동이오.

소크라테스 말해둘 게 있어요, 고르기아스님. 알아두실 것은 순전히 논
b 의 중인 주제에 관해 알고 싶은 마음에서 남들과 토론하는 사람이 있다면 나야말로 그런 사람이라고 확신하거니와, 당신도 그런 사람이라면 좋겠다는 거예요.

고르기아스 그래서요, 소크라테스?

소크라테스 이제 말할게요. 당신이 말하는 수사학에 따른 설득이란 대체 무엇이며, 그 설득이 무엇과 관련있는지 나는 명확히 알지 못한다는 걸 아셔야 해요. 물론 당신이 말하는 게 무엇이며, 무엇과 관련있는지 어렴풋이 짚이는 바가 없지 않아요. 그럼에도 당신이 말하는 수사학에 따른 설득이란 대체 무엇이며, 무엇과 관련있는지 설명해달라고
c 당신께 부탁하겠습니다. 왜 당신에게 설명해달라고 부탁하면서, 어렴풋한 짐작이기는 해도 나 자신이 말하지 않느냐고요? 그것은 당신에게 개인적인 감정이 있어서가 아니라, 토론을 위해서랍니다. 나는 논의 중인 주제를 우리가 되도록 명확히 볼 수 있는 방법으로 토론이 진행되었으면 합니다. 당신은 내가 이렇게 묻는 것이 옳다고 여겨지는지 생각해주세요. 제욱시스[8]는 어떤 화가냐는 내 물음에 그는 그림을 그리는 사람이라고 당신이 대답했다고 가정해보세요. 그럴 경우, 그는 무슨 그림을, 어디에 그리는지 내가 당신에게 묻는 것이 마땅하지 않나요?

고르기아스 마땅히 그래야지요.

소크라테스 그것은 여러 가지 다른 그림을 그리는 다른 화가도 있기 때 $\quad$ d
문이지요?

고르기아스 그렇소.

소크라테스 하지만 만약 제욱시스 외에는 아무도 그림을 그리지 않는다
면 당신의 답변이 옳겠지요?

고르기아스 당연하지요.

소크라테스 자, 그러면 수사학에 관해서도 말해주세요. 그대가 생각하
기에 설득을 생산하는 것은 수사학뿐인가요, 아니면 다른 기술들도 그
런 일을 하나요? 내 말은 이런 뜻이에요. 무엇을 가르치는 사람은 자기
가 가르치는 것을 이해시키려고 배우는 사람들을 설득하나요, 설득하
지 않나요?

고르기아스 설득하지 않다니요, 소크라테스. 가르치는 사람은 누구보다
도 설득하지요.

소크라테스 그렇다면 우리가 앞서 언급한 기술들에 관해 이런 맥락에 $\quad$ e
서 다시 논의해봅시다. 수학은 우리에게 수에 관한 모든 것을 가르치지
않나요? 수학자도 그 점에서는 마찬가지가 아닐까요?

고르기아스 물론 마찬가지지요.

소크라테스 그렇다면 수학자는 설득도 하겠지요?

---

8 제욱시스(Zeuxis)는 남이탈리아 타라스(Taras) 만의 항구도시 헤라클레이아
(Herakleia) 출신으로, 기원전 5세기 그리스의 가장 유명한 화가 중 한 명이다.

고르기아스 그렇소.

소크라테스 그렇다면 수학도 설득의 생산자겠네요?

고르기아스 그런 것 같소.

소크라테스 만약 누가 우리에게 그것은 어떤 종류의 설득이며 무엇과 관련있는 설득이냐고 묻는다면, 우리는 아마도 그것은 짝수와 홀수의 범위와 관련있는 교사의 설득이라고 대답하겠지요. 그리고 우리
454a 는 조금 전에 나열한 다른 기술들 역시 설득의 생산자이며, 그것들이 어떤 종류의 설득이며 무엇과 관련있는 설득인지 보여줄 수 있겠지요. 그렇지 않나요?

고르기아스 물론 그렇지요.

소크라테스 그렇다면 수사학만이 설득의 생산자는 아니군요.

고르기아스 맞는 말이오.

소크라테스 따라서 수사학뿐 아니라 다른 기술들도 그런 기능을 수행하므로 우리는 그렇게 말하는 사람에게, 당연히 제욱시스와 그의 그림에 관해 물었던 것과 같은 질문을 던질 수 있지 않을까요? "그렇다면 수사학은 어떤 종류의 설득을 생산하며, 그것은 무엇과 관련있나요?"
b 아니면 당신은 그렇게 질문하는 것은 옳지 않다고 생각하시나요?

고르기아스 옳다고 생각하오.

소크라테스 당신도 옳다고 생각하신다니 당신이 답변해주시오, 고르기아스님.

고르기아스 소크라테스, 내가 말하는 설득은 조금 전에도 말했듯이 법정 같은 대규모 집회장에서 군중을 상대로 진행하는 그런 종류의 설

득이며, 그것은 정의나 불의와 관련한 것이오.

소크라테스 고르기아스님, 실은 나도 당신이 말하는 설득이 그런 종류의 것이고 그런 것들에 관련되리라고 짐작은 하고 있었습니다. 하지만 잠시 후에 당신에게 같은 질문을 해도 놀라지 않았으면 합니다. 무엇인가가 이미 분명해 보이는데도 내가 당신에게 다시 물을 수도 있어요. 내가 그렇게 하는 것은, 앞서 말했듯이, 당신에게 감정이 있어서가 아니라 토론을 질서정연하게 진행하기 위해서랍니다. 그러면 우리는 상대방의 말뜻을 지레짐작하는 버릇을 따르지 않게 되고, 당신은 자신이 제시한 전제에 따라 원하는 방식대로 의견을 펼칠 수 있겠지요.

고르기아스 그대가 말한 대로 하는 것이 옳을 듯하오, 소크라테스.

소크라테스 자, 그러면 검토해야 할 또 다른 문제가 있어요. 당신은 우리가 '배웠다'고 말할 때, 그렇게 부르는 무엇인가가 존재한다는 것을 인정하시나요?

고르기아스 그렇소.

소크라테스 어때요? 당신은 우리가 '확신한다'고 부르는 무엇인가도 존재한다는 것을 인정하시나요?

고르기아스 그렇소.

소크라테스 당신은 '배웠다'와 '확신한다', 다시 말해 배움과 확신이 같은 것이라고 생각하시나요, 다른 것이라고 생각하시나요?

고르기아스 나는 다른 것이라고 생각하오, 소크라테스.

소크라테스 옳은 생각입니다. 여기 그 증거가 있어요. 당신에게 "고르기아스, 거짓된 확신과 참된 확신 같은 것이 있나요?"라고 묻는 사람이 있다면, 당신은 "나는 있다고 생각하오"라고 대답하시겠지요.

고르기아스 그렇소.

소크라테스 어때요? 지식도 거짓된 것이 있고 참된 것이 있나요?

고르기아스 아니요.

소크라테스 그렇다면 확신과 지식은 분명 같은 것이 아닙니다.

고르기아스 맞아요.

e **소크라테스** 하지만 배운 자들이나 확신하는 자들이나 모두 설득당한 사람들이기도 하지요.

고르기아스 그야 그렇지요.

소크라테스 그렇다면 당신은 우리가 설득에는 두 가지가 있다고 생각하기를 원하시나요? 그중 하나는 지식 없는 확신을 가져다주는 설득이고, 다른 하나는 지식을 가져다주는 설득입니다.

고르기아스 물론이오.

소크라테스 그러면 법정이나 기타 대규모 집회에서 정의나 불의와 관련하여 수사학은 이 두 가지 설득 가운데 어느 것을 생산하지요? 지식 없는 확신으로 인도하는 설득인가요, 지식으로 인도하는 설득인가요?

고르기아스 소크라테스, 그것은 분명 확신으로 인도하는 설득이오.

455a **소크라테스** 그렇다면 수사학은 정의나 불의와 관련하여 확신을 낳는 설득의 생산자이지, 사람들을 가르치는 설득의 생산자는 아닌 것 같군요.

고르기아스 그렇소.

소크라테스 그렇다면 연설가는 법정이나 기타 대규모 집회에서 정의나 불의와 관련해 사람들을 가르치는 것이 아니라 설득하는 일을 할 뿐이겠네요. 그가 그런 중대사를 그토록 짧은 시간에, 그토록 많은 사람에게 가르친다는 것은 아마도 불가능하겠지요.

고르기아스 물론 불가능해요.

소크라테스 그렇다면 자, 수사학에 관해 우리가 실제로 무슨 말을 하고 있는지 살펴봅시다. 사실 내가 무슨 말을 하고 있는지 나 자신도 아직   b
모르겠어요. 의사나 조선공이나 그 밖의 다른 전문가를 선발하기 위해 나라에 집회가 열릴 때, 나라에서는 당연히 연설 전문가의 자문을 받지는 않겠지요? 각 분야에서 최고 전문가를 선발하는 것이 분명 집회의 목적일 테니까요. 또한 성벽을 축조하고 항만을 건설하고 조선소들을 개설하는 경우에도 연설 전문가가 아니라 건설 전문가의 자문을 받겠지요. 또한 장군을 선출하거나 적군에 맞서 부대를 배치하거나 전략적 요충지를 점령하는 문제를 논의할 때도 군사 전문가가 자문하지 연   c
설 전문가가 나서서 자문하지는 않겠지요. 고르기아스님, 이런 것들에 대해서는 어떻게 생각하시오? 무엇보다도 당신은 자신이 연설가이며 남들도 연설가로 만들 수 있다고 주장하시는 만큼 당신의 전문분야에 관해 당신의 말을 들어보는 것이 좋을 것 같아서요. 당신은 내가 당신의 이익을 증진하는 일에도 관심이 있다는 점을 명심해주세요. 지금 이 자리에도 당신의 제자가 되기를 원하는 사람이 있는 것 같으니까요. 내 느낌으로는 몇 명이지만 실제로는 꽤 많을지도 모르지요. 그들은 아마도 당신에게 질문할 용기가 나지 않는 것 같아요. 그러니 당신   d
은 내가 하는 질문을 그들에게도 받은 것으로 여겨주세요. "고르기아스님, 우리가 당신과 함께하면 무엇을 얻게 되나요? 우리는 무엇과 관련하여 나라에 조언할 수 있게 되나요? 정의나 불의와 관련해서만 그 런가요, 방금 소크라테스가 언급한 것들과 관련해서도 그런가요?" 그 들에게 대답해주세요.

고르기아스 좋아요, 소크라테스. 내 최선을 다해 수사학의 힘을 남김없
e 이 보여주겠소. 그대가 길라잡이 노릇을 훌륭하게 해냈으니. 아시다시 피 그대가 말한 조선소들을 개설하고 아테나이의 성벽을 축조하고 항 만을 건설할 수 있게 조언한 것은 테미스토클레스 또는 페리클레 스[9]이고 전문가들은 아니었소.

소크라테스 고르기아스님, 테미스토클레스에 관해서는 남들이 하는 말 을 통해 알 뿐이지만 페리클레스의 연설은 나도 직접 들었어요. 그가 중앙 성벽[10]을 축조하라고 우리에게 조언했을 때 말입니다.

456a **고르기아스** 소크라테스, 보시다시피 그대가 방금 언급한 일들과 관련 하여 어떤 결정을 내려야 할 때마다 그 조언이 청취되고 그 의견이 득 세하는 쪽은 연설가들이오.

소크라테스 고르기아스님, 나도 그 점이 믿어지지가 않아 아까부터 수 사학의 힘이 무엇인지 묻고 있답니다. 당신이 말한 그런 시각에서 보면, 수사학은 엄청난 힘을 가진 초자연적인 존재로 보이거든요.

고르기아스 소크라테스, 그대는 아직 반밖에 알지 못하오. 수사학은 사 실상 모든 힘을 포괄한다고 말할 수 있다오. 내가 유력한 증거를 보여
b 드리겠소. 나는 전에 내 형이나 다른 의사와 함께 가끔 어떤 환자를 방 문한 적이 있소. 그 환자는 약을 마시기를 거부하거나 의사가 자기 몸 을 수술하거나 뜸을 뜨지 못하게 했소. 의사가 환자를 설득하지 못하

게 되어 내가 설득했소. 다른 기술은 사용하지 않고 오직 수사학을 이용해서 말이오. 단언컨대 연설가와 의사가 어디든 그대가 원하는 어떤 나라에 가서 민회나 다른 집회에서 둘 중 누가 그 나라의 의사로 선발되어야 하는지 말로 경쟁해야 한다면, 의사는 어디에도 보이지 않고 말 c 잘하는 사람이 선발될 것이오. 그것이 그의 바람이라면 말이오. 사실 경쟁자의 직업이 무엇이든 연설가는 자기를 선발하도록 사람들을 설득하고, 경쟁자는 탈락하겠지요. 어떤 전문가든 대중 앞에서 어떤 주제에 관해 연설가보다 더 설득력 있게 말하기는 불가능하니까요. 수사학이 가진 힘의 범위와 성질은 그런 것이라오.

하지만 소크라테스, 수사학도 승부를 가리는 다른 기술들처럼 사용해야 하오. 사실 누가 권투선수나 팡크라티온[11] 선수나 중무장보병으 d 로 훈련받아, 적에게도 친구에게도 이길 수 있다고 해서 친구들을 치거나 찌르거나 죽여서는 안 되오. 또한 제우스에 맹세코, 체육관에 다녀

---

9 테미스토클레스(Themistokles 기원전 530년경~462년)는 페르시아전쟁 때 아테나이의 집정관이자 장군으로 전후에 아테나이가 강대국으로 부상할 수 있는 기틀을 마련했다. 페리클레스(Perikles 기원전 495년경~429년)는 아테나이 민주정체의 기틀을 다진 탁월한 정치가다.

10 '중앙 성벽'이란 아테나이와 페이라이에우스(Peiraieus) 항을 잇는 기존의 '북쪽 성벽'과 나란히 그 안쪽에 기원전 450년대에 축조한 성벽을 말한다. 테미스토클레스는 아테나이의 국운이 바다에 달려 있음을 알고는 아테나이와 신항 페이라이에우스와 구항 팔레론(Phaleron)을 잇는 삼각형의 성벽을 쌓게 했으나 팔레론 항의 중요성에 의문이 제기되면서 페리클레스는 아테나이와 팔레론을 잇는 '남쪽 성벽'을 폐기하고 대신 '북쪽 성벽'을 강화한 것이다.

11 pankration. 권투와 레슬링을 합친 종합 격투기.

서 몸이 좋아지고 권투선수가 된 사람이 아버지나 어머니나 다른 가족이

나 친구를 때린다고 해서, 체육 교사나 중무장하고 싸우는 법을 가르친

e 교사들을 미워하고 국외로 추방해서도 안 되오. 이들 교사들이 제자들

에게 기술을 전수하는 것은 적들이나 불의를 행하는 자들에 맞서 정당

하게, 말하자면 공격용이 아니라 방어용으로 사용하라는 것이니까요. 제

457a 자들이 자신의 힘과 기술을 나쁜 목적을 위해 사용한 것이지요. 그러니

가르쳐준 사람이 나쁜 것이 아니며, 그들이 가르쳐주었다고 해서 그들의

기술이 불상사의 원인이라고 해서도 안 되오. 내 생각에는 오히려 그 기

술을 악용한 자들이 나쁜 사람들인 것 같소.

　수사학과 관련해서도 같은 말을 할 수 있을 것이오. 연설가는 누구

에게 맞서서도 어떤 주제에 관해서도 효과적으로 말할 수 있는 능력이

b 있으며, 그래서 대중 앞에서 간단히 말해 무엇과 관련해서든 더 설득

력 있기 마련이오. 하지만 그럴 수 있다는 이유만으로 그가 의사나 다

른 전문가들의 명성을 빼앗아서는 안 되오. 천만에. 수사학도 승부를

가리는 다른 기술들처럼 정당한 경우에 사용해야 하오. 설령 누가 연

설가가 되어 이 기술이 가진 힘을 불의를 행하는 데 사용했어도, 그것

을 가르친 사람을 미워하고 국외로 추방해서는 안 되오. 그는 자기 기

c 술을 정당한 목적에 쓰라고 전수했는데, 그의 제자가 그것을 악용한

것이니까요. 그러니 수사학을 악용하는 자를 미워하고 추방하고 처형

하는 것은 정당하지만, 그를 가르친 사람을 그렇게 하는 것은 옳지 못

하오.

소크라테스 고르기아스님, 당신도 많은 토론을 경험하셨을 테니 그 과정

에서 이런 현상을 깨달았으리라 생각합니다. 토론 참가자 간에 자신들이 무엇에 관해 토론하는 것인지 의견이 일치하기가 어렵고, 그래서 서로 배우고 가르치는 방식으로 대화를 만족스럽게 끝내기가 쉽지 않다는 것을 말이지요. 오히려 두 사람의 의견이 일치하지 않아 한 사람이 ᵈ 다른 사람에게 잘못된 주장을 한다거나 모호하게 표현한다고 말하면, 그들은 화를 내며 저마다 자기 의견을 상대방이 악의적으로 곡해한다고 생각하고는 논의 중인 주제를 탐구하는 대신 토론에서 상대방을 이기려고만 하지요. 그들 중 더러는 결국 더없이 부끄럽게 갈라서며 서로 욕설을 퍼붓는가 하면, 방청객들조차 이런 인간들의 말을 들을 가치가 있다고 여긴 자신이 못마땅할 정도로 수준 이하의 말을 주고받곤 하지요.

내가 이런 말을 하는 이유는 무엇일까요? 내 생각에, 지금 당신이 수 ᵉ 사학에 관해 말하는 것은 당신이 처음에 말한 것[12]과 완전히 일치하지 않는 것 같기 때문입니다. 하지만 나는 당신에게 캐묻기가 두렵습니다. 내가 토론에서 당신에게 이기려 한다고 생각하신다면 말입니다. 사실 내가 원하는 것은 진실을 밝히는 것뿐인데. 당신이 나와 같은 부류의 ⁴⁵⁸ᵃ 분이라면 당신에게 기꺼이 질문을 계속하고 싶지만, 그렇지 않다면 질문하기를 그만두겠습니다. 내가 어떤 부류의 사람이냐고요? 나는 내가 틀린 말을 하면 기꺼이 논박당하고, 남이 틀린 말을 하면 기꺼이 논

---

12 454b.

박하는 그런 부류의 사람이에요. 하지만 논박하는 것보다 논박당하는 것을 더 좋아하지요. 가장 나쁜 것에서 남을 구원하는 것보다도 자신을 구원하는 것이 자신에게 더 크게 좋은 것으므로, 나는 논박당하는 것이 더 큰 좋음이라고 여깁니다. 내 생각에, 지금 우리가 논의 중인 것

b 들에 관해 그릇된 견해를 가지는 것보다 사람에게 더 나쁜 것은 없는 것 같아요. 당신도 그런 부류의 사람이라고 주장하신다면, 우리는 토론을 계속해봅시다. 그러나 우리가 그만두어야 한다고 생각하신다면 지금이라도 논의를 그만두고 끝내지요.

고르기아스 소크라테스, 단언컨대 나도 그대가 말하는 그런 부류의 사람이라오. 하지만 우리는 여기 있는 다른 사람들 사정도 생각해야 할 것 같소. 그대와 그대의 친구가 도착하기 전부터 나는 여기 있는

c 사람들에게 장시간 많은 것을 보여주었는데, 우리가 토론을 계속하면 시간이 너무 많이 걸릴 거요. 그러니 우리는 그들의 사정도 헤아려야 합니다. 그들 중 누가 다른 볼일을 보지 못하게 우리가 막는 일이 없도록 말이오.

카이레폰 고르기아스님과 소크라테스, 두 분께도 여기 이 사람들이 웅성거리는 소리가 들리겠지요. 이들은 두 분께서 하는 말씀이라면 무엇이든 듣고 싶어합니다. 아무튼 나는 다른 중대한 볼일을 보느라 이런 멋진 토론을 놓칠 만큼 그렇게 분주해지고 싶지는 않아요.

d **칼리클레스** 신들께 맹세코 그건 사실이에요, 카이레폰님. 나도 여태 많은 토론에 참석해보았지만 이토록 재미있는 토론은 본 적이 없어요. 그러니 나로서는 두 분이 온종일 토론하신다 해도 대환영이에요.

소크라테스 칼리클레스, 나야 마다할 이유가 전혀 없네. 고르기아스님만 좋으시다면.

고르기아스 소크라테스, 일이 이렇게 된 마당에 거부하기가 난처하게 되었소그려. 나는 누가 어떤 질문을 해도 답변할 수 있노라고 장담했으니까요. 여기 이 사람들의 소원이라니 그대가 토론을 계속하되 묻고 싶은 게 있으면 무엇이든 물으시오.

소크라테스 고르기아스님, 그렇다면 당신이 말씀하신 것 중 내가 무엇을 놀랍게 여기는지 들어보세요. 당신은 제대로 말씀했는데 내가 제대로 이해하지 못했을 수도 있으니까요. 누가 당신에게 배우기를 원한다면 당신은 그를 연설가로 만들어줄 수 있다고 주장하시는 건가요?

고르기아스 그렇소.

소크라테스 그것은 그가 군중집회에서 가르침이 아니라 설득을 통해 모든 주제와 관련해 설득력을 갖게 된다는 뜻인가요?

고르기아스 물론이오.

소크라테스 당신은 아까 건강에 관해서도 연설가가 의사보다 더 설득력이 있다고 주장했어요.

고르기아스 그렇소. 군중 앞에서는 그렇다고 말했소.

소크라테스 '군중 앞에서'란 '비전문가들 앞에서'라는 뜻인가요? 그렇다면 전문가들 앞에서는 연설가가 의사보다 더 설득력이 있는 것이 아니겠네요.

고르기아스 맞는 말이오.

소크라테스 만약 연설가가 의사보다 더 설득력 있다면, 연설가가 전문가

보다 더 설득력 있겠네요?

고르기아스 물론이오.

b **소크라테스** 연설가는 의사가 아닌데도 그런가요?

고르기아스 그렇소.

소크라테스 그런데 의사가 아닌 사람은 의사가 아는 것들에 대해 당연히 무지할 텐데요.

고르기아스 분명 그렇소.

소크라테스 그렇다면 연설가가 의사보다 더 설득력이 있는 경우는 비전문가들이 듣는 앞에서 비전문가가 전문가보다 더 설득력이 있는 경우이겠네요. 이는 당연한 결론 아닌가요?

고르기아스 그 경우에는 당연한 결론이겠지요.

소크라테스 다른 기술들과 관련해서도 연설가와 수사학의 사정은 마찬가지입니다. 연설가는 사실 자체가 어떠한지는 전혀 알 필요가 없고,

c 대신 비전문가들에게 전문가들보다 더 많이 아는 것처럼 보이도록 설득의 묘안을 생각해내기만 하면 되니까요.

고르기아스 그렇게 하면 삶이 아주 편해지지 않을까요? 다른 기술들은 배우지 않고 이 기술 하나만 배워도 전문가들 못지않을 테니까요.

소크라테스 그래서 연설가가 남들 못지않은가 그렇지 않은가 하는 문제는 우리 논의와 관련이 있다면 이따가 검토하고, 지금은 다음과 같은

d 문제부터 살펴봅시다. 연설가의 입장은 올바른 것과 불의한 것, 추한 것과 아름다운 것, 좋은 것과 나쁜 것 등과 관련해서도 건강이나 그 밖의 다른 전문 영역과 관련할 때와 같은가요? 말하자면 그는 좋은 것과

나쁜 것이 무엇이고 아름다운 것과 추한 것이 무엇이며 올바른 것과 불의한 것이 무엇인지, 전문지식도 없으면서 설득의 묘안을 생각해내어 비전문가에게 전문가도 아니면서 전문가보다 더 전문가로 보이는 것인가요? 아니면 지식은 필수적인가요? 그래서 수사학을 배우려는 e 사람은 당신을 찾기 전에 이런 것들을 미리 알아야 하나요? 그가 그런 것들을 모를 경우, 수사학 교사인 당신은 당신을 찾는 사람에게 그런 것들을 가르치는 것이 아니라―그것은 그대가 할 일이 아니니까요―그런 것들을 모르는데도 대중이 보기에 그런 것들을 아는 것처럼 보이게 만들고, 그가 좋은 사람이 아닌데도 좋은 사람처럼 보이게 만들 건가요? 아니면 그가 그런 것들에 관한 진실을 미리 알고 있지 않으면, 당신은 수사학을 아예 가르칠 수 없는 건가요? 그것도 아니면 이 문제들은 어떻게 되지요, 고르기아스님? 청컨대 당신은 부디 앞서 한 약속을 지켜 수사학의 힘이 무엇인지 말해주시오. 460a

고르기아스 좋아요, 소크라테스. 그가 실제로 그런 것들을 모른다면 그는 나에게서 그런 것들도 배우게 될 것이오.

소크라테스 잠깐만요. 중요한 대목이니까요. 그러니까 당신이 누군가를 연설가로 만들 경우, 그는 미리 알건 나중에 당신에게 배워서 알건 올바른 것들과 불의한 것들을 반드시 알고 있겠네요.

고르기아스 물론이오.

소크라테스 어때요? 목공을 배운 사람은 목수겠지요? 그렇지 않나요? b

고르기아스 그렇소.

소크라테스 음악을 배운 사람은 음악가이겠지요?

고르기아스 그렇소.

소크라테스 그리고 의술을 배운 사람은 의사이겠지요? 이 점은 같은 논리에 따라 다른 기술들에도 적용되어, 어떤 기술을 배운 사람은 자신의 특정 기술에 의해 습득된 자질을 갖게 되겠지요?

고르기아스 물론이오.

소크라테스 이 논리대로라면 올바른 것들을 배운 사람은 올바른 사람이기도 하겠네요?

고르기아스 당연하지요.

소크라테스 그리고 올바른 사람은 올바른 것들을 행하겠지요.

고르기아스 그렇소.

c **소크라테스** 그렇다면 연설가는 반드시 올바른 사람이고, 올바른 사람은 반드시 올바른 것들을 행하려 하겠지요?

고르기아스 그런 것 같소.

소크라테스 그러니 연설가는 결코 일부러 불의를 행하지는 않겠네요.

고르기아스 당연하지요.

d **소크라테스** 그런데 앞서 당신이 한 말을 기억해보세요. 당신이 말하기를, 권투선수가 자신의 권투 기술을 불의한 일에 사용해도 체육 교사들을 문책하거나 국외로 추방해서는 안 되며, 마찬가지로 연설가가 수사학을 불의한 일에 사용해도 그에게 수사학을 가르친 사람을 문책하거나 추방할 것이 아니라, 불의를 행하며 수사학을 잘못 사용하는 자를 그렇게 해야 한다고 하셨습니다. 그런 말을 하셨지요, 아닌가요?

고르기아스 그런 말을 했지요.

소크라테스 그런데 지금 같은 사람인 연설가는 불의를 행할 수 없다는   e
것으로 밝혀졌습니다. 아닌가요?

고르기아스 그리 밝혀졌소.

소크라테스 그리고 고르기아스님, 실제로 토론 첫머리에서 당신은 수사
학이 홀수와 짝수 같은 것이 아니라 정의나 불의의 영역에서의 말하기
와 관련있다고 주장하셨습니다. 아닌가요?

고르기아스 그랬지요.

소크라테스 그때 당신이 그런 말을 했을 때, 나는 수사학은 언제나 정의
에 관해 말하기에 결코 불의한 것일 수 없다는 뜻으로 이해했습니다. 그
러나 잠시 뒤 당신이 연설가는 수사학을 불의한 용도로도 사용할 수 있
다고 말해서 놀라움을 금치 못했고, 당신이 하는 말이 앞뒤가 맞지 않는   461a
다고 생각했습니다. 그래서 나는 만약 당신도 나처럼 논박당하는 것이
이익이라고 여기시면 토론은 계속될 가치가 있지만, 그렇지 않으면 토론
을 그만두어야 한다는 취지의 말을 하게 되었습니다. 그런데 지금 우리
가 문제를 검토하는 과정에서 당신도 보시다시피 우리는 연설가는 수사
학을 불의하게 사용할 수 없으며, 일부러 불의를 행할 수 없다는 정반대
의 결론에 도달했습니다. 그러니 고르기아스님, 개에 걸고 맹세하건
대[13] 이 문제가 어떻게 되는 것인지 충분히 검토하려면 긴 대화가 필요   b
할 것 같습니다.

---

13 소크라테스가 즐겨 쓰는 이 표현은 466c와 482b에도 나오는데, 개의 머리를 가
진 아누비스(Anubis) 신을 섬기던 이집트에서 유래한 것이라고 한다.

폴로스 정말인가요, 소크라테스님? 수사학에 관해 그대가 방금 말한 대로라고 정말로 믿으세요? 혹시 그대는 이렇게 생각하지는 않으세요? 고르기아스님이 연설가는 올바른 것과 아름다운 것과 좋은 것을 알며, 제자가 그런 것들을 알지 못하고 찾아오면 가르쳐줄 것이라 는 그대의 주장을 부인하기가 난처해서 받아들이다보니, 그분 말씀이 앞뒤가 좀 맞지 않았던 것인데 그대는 그런 상황을 즐기고 있다고 말이에요. 그분이 그런 질문들에 답변하도록 유도한 것은 다름 아닌 그대니까요. 사실 올바른 것이 무엇인지 스스로 알며 남들에게도 가르칠 수 있다는 것을 부인할 사람이 어디 있겠어요? 그대가 토론을 그런 방향으로 이끌고 가는 것은 참으로 무례한 짓이에요.

소크라테스 더없이 사랑스러운 폴로스, 그래서 우리는 친구를 사귀고 아들을 두는 것이라네. 우리가 늙어서 비틀거릴 때면 젊은 자녀들이 곁에서 우리의 행동과 말을 바로 세워주도록 말일세. 그리고 지금은 자네가 곁에 있으니 나와 고르기아스님이 토론 중에 실족하면 우리를 바로 세워주는 것은 자네 의무일세. 우리가 도달한 결론들 가운데 잘못되었다 싶은 것이 있으면 무엇이든 나는 기꺼이 취소하겠네. 다만 한 가지 조건이 있네.

폴로스 그게 뭐죠?

소크라테스 폴로스, 자네는 처음에[14] 길게 말하기를 좋아하는 것 같았는데, 그걸 자제해달라는 말일세.

폴로스 뭐라고요? 내가 원하는 만큼 길게 말할 자유도 없단 말인가요?

소크라테스 여보게 폴로스, 자네가 헬라스[15]에서 언론자유가 가장 많은 곳인 아테나이에 왔다가 자네만이 그 혜택을 누리지 못한다면 자네에게는 분명 끔찍한 경험이겠지. 하지만 처지를 바꿔놓고 생각해보게. 자네가 길게 말하며 동문서답하는데 자네가 하는 말을 듣지 않고 가버릴 자유가 내게 없다면, 나는 끔찍한 경험을 하는 것이 아니겠는가? 그_{462a}러지 말고 우리가 여태까지 토론한 것이 불만스러워 바로잡고 싶다면, 방금 내가 말한 것처럼 그중 일부를 취소하게. 그리고 나와 고르기아스님이 그랬듯이, 번갈아 질문하고 답변하면서 검증하고 검증받도록 하게. 자네는 고르기아스님이 아시는 것은 자네도 안다고 주장하는 것 같으니까 말일세. 그렇지 않은가?

폴로스 그래요.

소크라테스 그렇다면 자네도 어떤 답변을 해야 하는지 안다고 믿는 만큼 사람들에게 물어보고 싶은 게 있으면 무엇이든 물어보라고 말하겠구먼?

폴로스 물론입니다.

소크라테스 그렇다면 이제 질문을 하건 답변을 하건, 둘 중 자네가 원하 _b는 쪽을 고르게.

폴로스 그렇게 할게요. 내게 답변해주세요, 소크라테스님. 그대는 고르기아스님이 수사학과 관련해 난처한 처지에 있다고 생각하시면서 그대는 왜 수사학이 무엇인지 말하지 않는 거죠?

---

14 448c~d.

15 Hellas. 그리스의 그리스어 이름.

소크라테스 자네는 내가 수사학을 어떤 기술이라고 생각하는지 묻는 겐가?

폴로스 그래요.

소크라테스 폴로스, 솔직히 말해 나는 수사학이 아무 기술도 아니라고 생각하네.

폴로스 그렇다면 그대는 수사학을 무엇이라고 생각하시나요?

소크라테스 내가 최근에 읽은 논문에서 자네가 주장한 바에 따르면, 수
c 사학은 기교를 만들어내는 그 무엇일세.

폴로스 무슨 뜻이지요?

소크라테스 수사학은 일종의 요령[16]이라는 말일세.

폴로스 그대는 수사학을 일종의 요령이라고 생각하신다는 거예요?

소크라테스 그렇다네. 자네가 수사학은 다른 것이라고 주장하지 않는다면 말일세.

폴로스 무엇을 위한 요령이지요?

소크라테스 모종의 쾌락과 즐거움을 산출하는 요령일세.

폴로스 그렇다면 사람들을 즐겁게 해줄 수 있으니 수사학이야말로 훌륭한 것이라고 그대는 생각하시겠네요?

소크라테스 뭐라 했나, 폴로스? 자네는 내가 수사학을 무엇이라고 주장
d 하는지 벌써 알아듣고는 내가 수사학을 훌륭한 것이라고 여기지 않는지 다음 질문을 하는 겐가?

폴로스 그래요. 나는 그대가 수사학을 일종의 요령으로 보신다는 말을 들었으니까요.

소크라테스 자네는 사람들을 즐겁게 해주는 것을 높이 평가한다니까, 나를 즐겁게 해주기 위해 작은 호의를 베풀어주겠나?

폴로스 그러지요.

소크라테스 그렇다면 내가 요리술을 어떤 기술로 여기는지 물어주게.

폴로스 좋아요. 물을게요. 요리술은 어떤 기술이죠?

소크라테스 아무 기술도 아닐세, 폴로스.

폴로스 그렇다면 무엇이죠? 말씀해보세요.

소크라테스 말하겠네. 그것은 요령일세.

폴로스 어떤 요령이죠? 말씀해보세요.

소크라테스 말하겠네. 모종의 쾌락과 즐거움을 생산하는 요령일세, 폴로스.

폴로스 요리술은 수사학과 같은 것이란 뜻인가요?

소크라테스 물론 아니지. 같은 활동의 일부이기는 하지만.

폴로스 어떤 활동 말인가요?

소크라테스 진실을 말하는 것이 무례하게 들릴까봐 나는 지금 말하기가 망설여진다네. 나는 고르기아스님이 자신이 하는 일을 내가 조롱한다고 생각하기를 원치 않는다는 말일세. 사실 내가 말하려는 것이 고르기아스님이 종사하시는 수사학에 적용되는지, 나는 확실히는 알지 못하네. 앞서의 토론에서 그분은 수사학을 무엇이라고 생각하시는지

16 empeiria.

전혀 밝히지 않으셨으니까. 하지만 내가 수사학이라고 부르는 것은 훌륭함과는 전혀 무관한 활동의 한 분야일세.

고르기아스 소크라테스, 말해보시오. 어떤 활동의 한 분야인지. 나 때문에 난처해할 필요는 없소.

소크라테스 그러지요, 고르기아스님. 내가 보기에 수사학은 기술이 필요한 것이 아니라, 어림짐작에 능하고 조금은 용감하며 사람들과 잘 어울리는 재주를 타고난 혼의 활동인 것 같습니다. 나는 그것을 한마디
b 로 아첨이라고 부르지요. 이 활동에는 여러 다른 분야가 있는데, 요리술도 그중 하나지요. 그리고 요리술은 기술인 것처럼 보이지만 사실은 기술이 아니고 요령이자 숙달이라는 게 내 주장입니다. 나는 수사학도 치장술(治粧術)도 소피스트들의 기술도 같은 활동의 한 분야라고 부르며, 이 네 분야는 저마다 고유한 활동 영역이 있지요. 폴
c 로스가 이에 관해 어떤 질문을 해도 나는 기꺼이 응하겠습니다. 나는 아직 그에게 수사학이 아첨의 어떤 분야인지 말하지 않았으니까요. 하지만 그는 그 질문에 내가 아직 대답하지 않았다는 것도 모르고, 벌써 내가 수사학을 훌륭한 활동으로 여기는지 묻고 있습니다. 그러나 나는 수사학이 무엇이냐는 질문에 답변하기 전에는 내가 수사학을 훌륭한 것으로 여기는지, 아니면 경멸스러운 것으로 여기는지 답변하지 않겠습니다. 내가 그렇게 하는 것은 옳지 않기 때문이네, 폴로스. 하지만 내가 무슨 말을 하는지 듣고 싶다면 내가 수사학을 아첨의 어떤 분야로 여기는지 자네가 물어보게.

폴로스 좋아요, 물을게요. 어떤 분야인지 답변해주세요.

소크라테스 내가 답변하면 자네가 내 말뜻을 과연 알아차릴 수 있을까?　d

내 논리대로라면, 수사학은 정치학의 한 분야의 모방일 뿐이네.

폴로스 그래서요? 수사학을 훌륭한 것으로 여긴다는 거예요, 경멸스러

운 것으로 여긴다는 거예요?

소크라테스 내가 보기에 수사학은 경멸스럽네. 나는 나쁜 것은 경멸스

럽다고 부르니까. 하지만 나는 자네가 내 말뜻을 알아차린다고 보고 이

렇게 대답하는 걸세.

고르기아스 소크라테스, 사실 나도 그대 말뜻을 알아차리지 못하겠소.

소크라테스 그럴 테지요, 고르기아스님. 아직 설명하지 않았으니까요.　e

하지만 여기 이 망아지[17]는 젊고 성급하네요.

고르기아스 이 사람은 신경쓰지 말고, 수사학이 정치학의 한 분야의 모

방이라는 말이 대체 무슨 뜻인지 설명해보시오.

소크라테스 수사학이 나에게는 무엇으로 보이는지 설명해볼게요. 내 생

각이 잘못된 것이면 여기 있는 폴로스가 논박하겠지요. 당신은 '몸'이

라고 부르는 것이 있고, '혼'이라고 부르는 것이 있나요?

고르기아스 물론이오.　464a

소크라테스 당신은 또한 이 둘에게는 저마다 좋은 상태가 있다고 생각

하시겠지요?

고르기아스 그렇소.

17　폴로스는 '망아지'라는 뜻이다.

소크라테스 어때요? 당신은 또한 좋은 것처럼 보이지만 실제로는 그렇지 않은 상태도 있다고 생각하시나요? 예를 하나 들어볼게요. 몸이 건강해 보이는 사람이 많지만, 의사나 체육 교사가 아닌 한 그들이 사실은 건강하지 않다는 것을 알기가 쉽지 않겠지요.

고르기아스 맞는 말이오.

소크라테스 내 말은 그런 일이 몸에도 일어나고 혼에도 일어나는데, 그런 일은 몸과 혼이 사실은 전혀 그렇지 않으면서도 좋아 보이게 만든다는 겁니다.

b **고르기아스** 그건 그렇소.

소크라테스 자, 내가 그렇게 할 수 있을지 모르겠지만, 내 말뜻을 당신에게 더 분명하게 설명해볼게요. 이들 영역이 두 가지인 만큼 나는 거기에 대응하는 기술도 두 가지라고 주장합니다. 혼을 돌보는 기술을 나는 '정치학'이라고 부르지만, 몸을 돌보는 기술에는 그처럼 한 가지 이름을 부여할 수 없습니다. 또한 몸을 돌보는 것은 한 가지 기술이지만 거기에는 체력단련과 의술이라는 두 분야가 있다는 게 내 주장이니까요. 그리고 정치학에서 체력단련에 대응하는 것은 입법이고, 의술에

c 대응하는 것은 사법입니다. 각 쌍은 저마다 같은 분야에 관련되므로 한편으로는 의술과 체력단련 사이에, 다른 한편으로는 사법과 입법 사이에 어떤 공통점이 있지만, 그럼에도 서로 다른 점도 있습니다.

그리하여 이들 네 가지 기술이 두 가지는 몸을 돌보고 두 가지는 혼을 돌보며 언제나 가장 좋은 것을 추구하자, 아첨이 이를 눈치 채고는—그러니까 확실히 아는 것이 아니라 어림짐작하고는—자신을 네

부분으로 나눈 뒤 각 분야로 분장하고는, 자신이 바로 그 분야인 것처
럼 행세합니다. 또한 아첨은 가장 좋은 것은 전혀 아랑곳하지 않고 언
제나 당장의 쾌락을 미끼로 어리석은 사람들을 유혹하고 속이며, 자기
가 무슨 대단한 존재인 척하지요. 예를 들어 요리술은 의술로 분장하
고는 몸에 가장 좋은 음식이 무엇인지 아는 척해요. 그래서 만약 요리
사와 의사가 둘 중 누가 이로운 음식과 해로운 음식에 대한 전문지식
을 갖고 있는지 보여주기 위해 아이들이나 아이들처럼 철없는 어른들
앞에서 서로 경쟁해야 한다면 의사는 굶어죽을 수도 있습니다. e

  그래서 나는 요리술을 아첨이라고 부르며, 그런 것은 경멸스러운 것이
라고 주장한다네, 폴로스. 바로 이것이 자네 질문에 대한 답변일세. 요리 465a
술은 가장 좋은 것은 아랑곳하지 않고 쾌락을 추구하기 때문일세. 그리
고 나는 요리술을 기술이 아니라 요령이라고 부른다네. 요리술은 자기가
제공하는 것의 본성을 합리적으로 설명할 수 없고 각각의 원인을 말해줄
수 없으니까. 나는 비합리적인 것에 기술이라는 이름을 붙이기를 거부하
네. 자네가 나의 이런 주장들에 동의하지 않는다면 나는 기꺼이 토론에
응하겠네.

  그러니 요리술은, 앞서 내가 말했듯이, 의술로 분장한 아첨일세. 마찬 b
가지로 치장술은 체력단련으로 분장한 아첨일세. 해롭고 기만적이고 비
열하고 노예적이라는 점에서 말일세. 치장술은 겉모양, 안색, 부드러운 살
갗, 옷차림으로 기만하여 사람들이 자기 것이 아닌 아름다움은 받아들
이고, 체력단련에 의해 계발될 수 있는 자기가 타고난 매력은 무시하게
만들기 때문일세. 긴말할 것 없이 나는 기하학자처럼 말하겠네. 그러면

자네가 내 말을 이해할 수 있을 걸세. 의술에 대한 요리술의 관계는 체력

c 단련에 대한 치장술의 관계와 같다고. 또는 입법에 대한 소피스트의 관

계는 체력단련에 대한 치장의 관계와 같고, 정의에 대한 수사학의 관계는

의술에 대한 요리술의 관계와 같다고 말일세.

그러나 소피스트의 기술과 수사학은 앞서 말했듯이 본질적으로 다르

기는 하나 양자 사이에는 많은 유사점이 있는 만큼, 소피스트들과 연설

가들은 서로 뒤섞여 같은 분야에 종사하며 같은 일을 다룬다네. 그래서

그들 자신도 서로 어떻게 대해야 할지 모르고, 남들도 그들을 어떻게 대

해야 할지 모른다네. 아닌 게 아니라 만약 혼이 몸을 지배하는 것이 아니

d 라 몸이 자기를 지배한다면, 다시 말해 요리술과 의술이 혼의 감시를 받

으며 서로 구분되지 않고 몸이 자기에게 주어지는 쾌락에 근거하여 나름

대로 판단한다면, 아낙사고라스[18]가 말하는 세상이 지배하게 될 걸세. 여

보게 폴로스, 내 말이 무슨 뜻인지 자네는 분명 알고 있네. '모든 것이 함

께' 한곳에 뒤섞여 있을 것이라는 말이네. 의술과 건강과 요리술 사이에

아무런 구분도 없이.

이상으로 자네는 내가 수사학을 무엇이라고 생각하는지 들었네. 수

e 사학은 요리술이 몸과 관련있듯 혼과 관련있다네. 자네는 아마도 내

태도가 좀 이상하다 싶을 걸세. 자네에게는 길게 말하지 못하게 하면

서 나 자신은 말을 길게 늘어놓았으니까. 하지만 나는 용서받을 만하

네. 내가 짧게 답변하자 자네는 내 말을 이해하지 못했으니까. 자네는

내 답변에 제대로 대응하지 못하고 설명해주기를 요구했네. 만약 내가

466a 자네 답변에 제대로 대응하지 못하면 자네도 말을 길게 늘어놓게나. 그

러나 내가 제대로 대응할 줄 알면, 내가 그렇게 하도록 내버려두게. 그래야만 공평할 테니까. 이제 나의 이 답변에 자네가 대응할 수 있으면 대응해보게.

폴로스 무슨 말 하시는 거예요? 수사학을 아첨이라 생각하신다고요?

소크라테스 나는 수사학이 아첨의 한 분야라고 말했네. 폴로스, 젊은 사람이 그렇게 건망증이 심해? 더 나이 들면 어쩌려고?

폴로스 그러니까 그대는 훌륭한 연설가들이 그들의 나라에서 아첨꾼으로 아주 낮게 평가된다고 생각하세요?

소크라테스 자네는 지금 질문을 하는 건가, 아니면 연설을 시작하려는   b
건가?

폴로스 질문하는 거예요.

소크라테스 그들은 전혀 평가받지 못한다는 것이 내 생각일세.

폴로스 평가받지 못하다니요, 그게 무슨 뜻이죠? 연설가들은 그들의 나라에서 가장 힘 있는 사람들이 아닌가요?

소크라테스 아닐세. 만약 자네가 말하는 힘이라는 것이 그것을 가진 사람에게 좋은 것이라면 말일세.

폴로스 나는 그렇다고 믿는데요.

소크라테스 그렇다면 나는 연설가들이야말로 나라에서 가장 힘이 없는

---

18 아낙사고라스(Anaxagoras 기원전 500년경~428년)는 소아시아 클라조메나이 (Klazomenai) 시 출신 '소크라테스 이전 철학자들' 중 한 명으로, 아테나이에 수 년 동안 머물며 특히 페리클레스와 가까이 지냈다.

사람들이라고 생각하네.

폴로스 뭐라고요? 그들은 참주[19]들처럼 죽이고 싶으면 아무나 죽이고,
마음 내키면 아무한테서나 재산을 몰수하고 나서 국외로 추방할 수
있지 않나요?

소크라테스 폴로스, 개에 걸고 맹세하건대, 나는 자네가 말할 때마다 자
네 자신이 말하는 것이고 자네 자신의 의견을 표현하는 것인지, 내게
질문하는 것인지 갈피를 잡지 못하겠네.

폴로스 나는 그대에게 질문하고 있습니다.

소크라테스 됐네, 여보게. 그렇다면 자네는 내게 한꺼번에 두 가지 질문
을 하는 건가?

폴로스 두 가지라니, 무슨 뜻이죠?

소크라테스 방금 자네는 "연설가들은 참주들처럼 죽이고 싶으면 아무
나 죽이고, 마음 내키면 아무한테서나 재산을 몰수하고 나서 국외로
추방할 수 있지 않나요?"라고 말하지 않았던가?

폴로스 그렇게 말했지요.

소크라테스 그것을 두고 나는 두 가지 질문이라고 한 걸세. 두 가지 질
문에 대한 답변을 모두 하겠네. 내가 이미 말했듯이, 연설가들도 참주
들도 그들의 나라에서 가장 힘없는 자들이라는 게 내 주장일세. 그들
은 자신들에게 가장 좋다고 생각되는 것들을 행하기는 하지만 자신들
이 원하는 것은 사실상 아무것도 행하지 못하기 때문일세.

폴로스 하지만 그게 큰 힘을 갖는 것 아닌가요?

소크라테스 아닐세, 폴로스에 따르면.

폴로스 나에 따르면 아니라고요? 하지만 나는 그렇다고 주장하는걸요.

소크라테스 천만에. 그것은 자네의 주장이 아닐세. 큰 힘은 그것을 갖는 사람에게 좋은 것이라는 것이 자네 주장이니까.

폴로스 맞아요, 그게 내 주장이에요.

소크라테스 지성이 없는 사람이 자기에게 가장 좋다고 생각하는 것을 행한다면, 자네는 그것을 좋은 것이라고 생각하나? 그리고 자네는 그런 것을 큰 힘이 있는 것이라고 말하나?

폴로스 아니, 그렇지 않아요.

소크라테스 그렇다면 자네는 연설가들에게는 지성이 있으며, 수사학은   467a
기술이지 아첨이 아니라는 것을 증명함으로써 나를 논박할 텐가? 만약 자네가 나를 논박하지 않고 내버려둔다면, 나라에서 자신들에게 가장 좋다고 생각되는 것들을 행하는 연설가들과 참주들은 그렇게 한다고 해서 좋은 것을 아무것도 얻지 못할 걸세. 자네 말처럼 힘은 좋은 것이지만, 지성 없이 아무거나 좋다고 생각되는 것들을 행하는 것은 나쁘다는 데 자네도 동의하고 있네. 그렇지 않은가?

폴로스 그래요, 동의해요.

소크라테스 그렇다면 우리는 어째서 연설가들이나 참주들이 그들 나라에서 큰 힘이 있다고 생각해야 하는가? 폴로스가 소크라테스를 논박하여, 연설가들과 참주들은 자신들이 원하는 것을 행한다는 것을 증

---

19   tyrannos. 일종의 군사독재자.

명하지 못한다면 말일세.

폴로스 아니, 이 양반이….

소크라테스 내 주장인즉 그들은 자신들이 원하는 것을 행하지 않는다는 걸세. 내 말이 틀렸다면 논박해보게.

폴로스 아까 그대는 그들이 자신들에게 가장 좋다고 생각되는 것들을 행한다는 데 동의하지 않았나요?

소크라테스 동의했지. 지금도 여전히 동의하고.

폴로스 그렇다면 그들은 자신들이 원하는 것들을 행하는 것 아닌가요?

소크라테스 아니라는 게 내 주장일세.

폴로스 그들이 자신에게 가장 좋다고 생각되는 것들을 행하는데도요?

소크라테스 그렇다네.

폴로스 정말 엉뚱하고 터무니없는 주장이네요, 소크라테스님.

소크라테스 비난은 하지 말게, 착하디착한 폴로스.[20] 나도 이렇게 자네가 쓰는 말투로 자네에게 말을 걸 수 있다네. 자, 자네가 질문할 게 있으면, 내 말이 틀렸다는 것을 증명하게. 그러지 못하면 자네가 내 질문에 답변하게.

폴로스 좋아요, 기꺼이 답변할게요. 그대가 무슨 말을 하는 것인지 알기 위해서라도.

소크라테스 자네는 사람들이 그때그때 행하는 행위를 원한다고 생각하나, 그 행위가 추구하는 목적을 원한다고 생각하나? 예를 들어 사람들이 의사가 처방해준 약을 마실 때 그들이 원하는 것은 약을 마시고 불쾌감을 느끼는 행위 자체라고 생각하나, 아니면 약을 마시는 목적인

58 플라톤전집 Ⅲ

건강이라고 생각하나?

폴로스 그야 분명 건강이겠지요.

소크라테스 또한 배를 타고 나가거나 그 밖의 다른 방법으로 돈을 버는 사람들의 경우도 그들이 원하는 것은 그들이 그때그때 행하는 행위가 아니라(하긴 온갖 위험과 불편을 무릅쓰고 항해하려는 사람이 어디 있겠나?) 그들이 항해하는 목적인 부자가 되는 것이라고 나는 생각하네. 그들이 항해하는 것은 부를 위해서이니까.

폴로스 물론이지요.

소크라테스 모든 게 다 마찬가지가 아닐까? 누가 다른 것을 위해 무엇을 행하면, 그가 원하는 것은 자신이 행하는 행위가 아니라 그 행위의 목적이 되는 것이겠지?

폴로스 그래요.

소크라테스 그런데 존재하는 모든 것은 좋은 것이거나 나쁜 것이거나 그 중간 것, 즉 좋지도 나쁘지도 않은 것이 아닐까?

폴로스 당연히 그럴 수밖에 없겠지요, 소크라테스님.

소크라테스 그런데 자네는 지혜, 건강, 부 등등은 좋은 것으로, 그와 반대되는 것들은 나쁜 것으로 간주하겠지?

폴로스 그래요.

소크라테스 좋지도 나쁘지도 않은 것들이란 때로는 좋음에, 때로는 나

---

20 그리스 원어 Ō lōiste Pōle에서 소크라테스는 고르기아스가 애용했다는 asso-nance(모음만의 압운)를 조롱하고 있지만, 이를 우리말로 살리기는 불가능한 것 같다.

뿜에, 때로는 어느 것에도 참여하지 않는 것들을 말하는가? 이를테면 앉기, 걷기, 달리기, 항해하기 또는 돌, 나무 등등 말일세. 자네가 말하는 것들은 이런 것들인가? 아니면 자네는 다른 것들을 좋지도 나쁘지도 않은 것들이라 부르는가?

폴로스 아니, 내가 말하는 것들은 그런 것들이에요.

소크라테스 그렇다면 사람들은 좋은 것들을 위해 중간 것들을 행할까, 아니면 중간 것들을 위해 좋은 것들을 행할까?

폴로스 물론 좋은 것들을 위해 중간 것들을 행하겠지요.

b **소크라테스** 그렇다면 우리가 걷는 것은 우리가 좋은 것을 추구하기 때문이네. 말하자면 걷는 것이 더 좋은 것이라고 생각하기 때문이네. 반대로 우리가 서 있는 것 역시 같은 것, 그러니까 좋은 것을 위해서네. 그렇지 않은가?

폴로스 그렇지요.

소크라테스 그렇다면 우리가 누군가를 처형하거나 추방하거나 누군가의 재산을 몰수한다고 가정해보게. 그렇게 하는 것은, 그러지 않는 것보다 그러는 것이 우리에게 더 좋다고 생각하기 때문이겠지?

폴로스 물론이지요.

소크라테스 그렇다면 사람들이 이런 모든 행위를 하는 것은 좋은 것을 위해서네.

폴로스 동의해요.

소크라테스 그런데 우리는 다른 것을 위해 무엇을 행할 때 우리가 원하는 것은 우리가 행하는 행위가 아니라 그 행위의 목적이 되는 것이라는 데 동의하지 않았나?

폴로스 그랬지요.

소크라테스 그렇다면 우리는 사람들을 도륙하거나 국외로 추방하거나
재산을 몰수하기를 무조건 원하는 것이 아닐세. 그렇게 하는 것이 이
로울 때는 그런 행위를 원하지만, 해로울 때는 원하지 않네. 자네도 동
의했듯이 우리가 원하는 것은 좋은 것들이지, 좋지도 나쁘지도 않은
것들도 나쁜 것들도 아니기 때문일세. 그렇지 않은가? 폴로스, 자네는
내 말이 맞다고 생각하나, 틀리다고 생각하나? 왜 대답이 없지?

폴로스 맞다고 생각해요.

소크라테스 우리가 이 점에 동의한다면, 참주든 연설가든 누가 그렇게
하는 것이 사실은 더 나쁜데도 자기에게는 더 좋다고 믿고 다른 사람
을 처형하거나 국외로 추방하거나 재산을 몰수한다고 가정해보게. 그
럴 경우 그는 자신에게 가장 좋다고 생각되는 것을 행하는 것이겠지.
그렇지 않은가?

폴로스 그렇지요.

소크라테스 그런 사람이 자기 나라에서 큰 힘을 가진다는 것이 가능할
까? 큰 힘이라는 것이 자네 말처럼 좋은 것이라면 말일세.

폴로스 있을 수 없는 일이지요.

소크라테스 그렇다면 내가 맞는 말을 한 걸세. 누가 자기 나라에서 자기
에게 가장 좋다고 생각되는 것을 행하고 싶어도 큰 힘을 갖지 못해 자
기가 원하는 것을 행하지 못할 수도 있다고 했을 때 말일세.

폴로스 소크라테스님, 그대는 물론 그대의 나라에서 그대에게 좋다고

생각되는 것을 행할 수 있는 쪽보다는 행할 수 없는 쪽을 택하시겠지요. 그리고 누가 그러는 게 좋겠다 싶은 사람들을 처형하거나 재산을 몰수하거나 투옥하는 것을 보아도 부러워하지 않으시겠지요.

소크라테스 그의 그런 행위가 정당할 때 말인가, 부당할 때 말인가?

469a **폴로스** 어느 쪽이든 그렇게 하는 것은 모두 부러워할 만하지 않나요?

소크라테스 그런 말을 하면 안 되지, 폴로스.

폴로스 왜 안 되는 건가요?

소크라테스 우리는 부러워할 만하지 않은 사람들이나 비참한 사람들은 부러워할 것이 아니라 불쌍히 여겨야 하니까 그렇지.

폴로스 뭐라고요? 그대는 내가 말한 사람들이 정말로 그렇다고 생각하세요?

소크라테스 물론이지.

폴로스 그렇다면 누가 그러는 것이 좋겠다 싶은 사람을 처형하기로 결정하고 정당하게 처형해도 그대는 그를 비참하고 불쌍하다고 생각하시나요?

소크라테스 아닐세. 하지만 나는 그를 부러워할 만하다고도 여기지 않네.

폴로스 하지만 방금 그는 비참하다고 하지 않았나요?

b **소크라테스** 여보게, 그건 부당하게 처형하는 사람을 두고 한 말일세. 그런 사람은 불쌍하다고도 했지. 그리고 정당하게 처형하는 사람이라도 부러워할 만하지는 않다고 했네.

폴로스 부당하게 처형당하는 사람은 당연히 불쌍하고 비참하겠네요.

소크라테스 하지만 폴로스, 처형하는 사람보다는 덜 그렇네. 정당하게 처형당하는 사람보다도 덜 그렇고.

폴로스 어째서 그렇지요, 소크라테스님?

소크라테스 불의를 행하는 것이 사실은 나쁜 것들 중에서 가장 큰 것이니까 그렇지.

폴로스 정말로 그게 가장 큰 것인가요? 불의를 당하는 것이 더 크지 않나요?

소크라테스 천만의 말씀.

폴로스 그렇다면 그대는 불의를 행하기보다는 오히려 불의를 당하고 싶으시겠네요?

소크라테스 나는 어느 쪽도 원하지 않네. 하지만 불의를 행하거나 불의를 당해야 한다면, 나는 전자보다 후자를 택하겠네.   c

폴로스 그렇다면 그대는 참주 노릇 하는 것이 반갑지 않겠네요?

소크라테스 반갑지 않지. 자네가 생각하는 참주 노릇이란 것이 내가 생각하는 것과 같은 것이라면 말일세.

폴로스 내가 생각하는 참주 노릇이 무엇인지는 아까 말했어요. 그것은 사람들을 처형하는 것이든 추방하는 것이든 모든 것을 제멋대로 하는 것이든, 나라에서 자기에게 가장 좋겠다 싶은 것이면 무엇이든 행할 수 있는 자유지요.

소크라테스 여보게 폴로스, 내 생각을 말할 테니 자네가 비판해보게. 사람들이 북적대는 장터에서 내가 겨드랑이에 단검을 숨기고 자네에게   d
이렇게 말한다고 상상해보게. "폴로스, 얼마 전에 내게는 참주 못지않은 놀라운 힘이 생겼네. 여기 이 사람들을 보게. 만약 이들 중 한 명은 죽어야 한다고 내가 결정하면 그는 당장 죽은 목숨이고, 이들 중 한 명은 머리가 터져야 한다고 내가 결정하면 그는 당장 머리가 터질 것이며, 누군가의 외투는 찢겨져야 한다고 내가 결정하면 그의 외투는 갈기갈기 찢겨질 걸세. 자네도 보다시피, 이 나라에서 나는 힘이 막강하다네." 그리고 자네가 내 말을 믿지 않아 내가 자네에게 단검을 보여준다고 상상해보게. 그러면 아마 자네는 단검을 보고 이렇게 말할 걸세. "소크라테스님, 그렇다면 누구나 다 힘이 막강하겠지요. 그대가 불태우기로 결정하면 아무 집이나 그런 식으로 불태울 수 있겠지요. 그럴 뿐 아니라 아테나이에는 조선소들도 있고 삼단노선들도 있으며 국가 소유든 개인 소유든 온갖 범선들도 있소." 그럴 경우 그렇게 자기에게 좋겠다 싶은 대로 행하는 것은 큰 힘의 징표가 아닐세. 자네 생각은 어떤가?

폴로스 그런 상황에서는 아니겠지요.

470a **소크라테스** 그렇다면 그런 힘을 비난하는 이유를 말해줄 수 있겠나?

폴로스 있지요.

소크라테스 이유가 뭐지? 말해보게.

폴로스 그렇게 행동하는 사람은 처벌받을 수밖에 없으니까요.

소크라테스 그리고 처벌받는 것은 나쁜 것이 아니겠나?

폴로스 물론 나쁜 것이겠지요.

소크라테스 여보게, 여기서 자네는 의견을 바꾸는구먼. 누가 자기에게 좋겠다 싶은 대로 하는 것은 자기에게 이익이 되면 좋은 것이고 큰 힘을 갖는 것처럼 보이지만, 이익이 되지 않으면 나쁜 것이고 작은 힘을 갖는 것이라고 말일세. 우리는 다음도 고찰해봄세. 우리가 앞서 언급한 행위들, 즉 사람들을 처형하고 추방하고 재산을 몰수하는 것은 상황에 따라 어떤 때는 더 좋고 어떤 때는 더 나쁘다는 데 우리는 동의하는가?

폴로스 물론 동의하지요.

소크라테스 그렇다면 그 점에 대해서는 자네도 나도 분명 동의하는 걸세.

폴로스 네.

소크라테스 자네는 그런 행위들을 하는 것이 어떤 때 더 좋다고 생각하나? 자네는 어떻게 구분하는지 말해보게.

폴로스 소크라테스님, 이 문제는 그대가 답변해주시지요.

소크라테스 폴로스, 나한테 듣는 것이 더 즐겁다면 내 말을 들어보게. c 그런 행위들은 정당하게 행할 때는 더 좋은 것이고, 부당하게 행할 때는 더 나쁜 것일세.

폴로스 소크라테스님, 그대를 논박하기란 쉽지 않아요. 하지만 어린아이라도 그대의 말이 틀렸다고 논박할 수 있지 않을까요?

소크라테스 그렇다면 나는 어린아이에게 아주 고마워할 걸세. 자네가 나를 논박해서 허튼소리에서 벗어나게 해준다면 나는 자네에게도 무척 고마워할 걸세. 자네는 친구에게 호의를 베푸는 일에 지치지 말고 나를 논박해보게.

폴로스 좋아요, 소크라테스님. 옛날 일로 그대를 논박할 필요는 없겠지 d 요. 엊그제 일로도 그대의 말이 틀렸다고 논박하고, 불의를 행하는 많은 사람이 행복하다는 것을 충분히 입증할 수 있으니까요.

소크라테스 그게 어떤 것인가?

폴로스 그대는 페르딕카스의 아들 아르켈라오스[21]를 아시나요? 마케도니아의 통치자 말이에요.

소크라테스 알지는 못해도 듣기는 했지.

폴로스 그대가 보기에 그는 행복한가요, 비참한가요?

소크라테스 모르겠네, 폴로스. 나는 아직 그 사람을 만나본 적이 없으니까.

e **폴로스** 뭐라고요? 만나봐야 그가 행복한지 알고, 그렇지 않으면 당장에는 모른단 말인가요?

소크라테스 제우스에 맹세코, 모르겠네.

폴로스 소크라테스님, 그대는 분명 페르시아 왕이 행복한지도 모른다고 말하겠네요.

소크라테스 그렇다네. 그리고 그것은 맞는 말일세. 나는 그가 제대로 교육받은, 올바른 사람인지 아닌지 모르니까.

폴로스 뭐라고요? 행복은 전적으로 거기에 달려 있나요?

소크라테스 나는 그렇다고 생각하네. 남자건 여자건 진실로 훌륭한 사람은 행복하고, 불의하고 나쁜 사람은 비참하다는 것이 내 주장이니까.

471a **폴로스** 그대 논리대로라면, 아르켈라오스라는 사람은 비참하겠군요?

소크라테스 여보게, 그가 불의하다면 그렇겠지.

폴로스 그가 어찌 불의하지 않겠어요? 그는 지금 왕권을 차지하고 있지만 전혀 그럴 권리가 없으니까요. 그의 어머니가 페르딕카스의 아우 알케타스의 노예였으니, 그는 법적으로 당연히 알케타스의 노예였지요. 그러니 그가 올바르게 행동하기를 원했다면 그는 알케타스의 노예가 되었을 것이고, 그래서 행복한 사람이 되었겠지요. 그대의 논리대

로라면 말이에요. 하지만 그는 지금 가장 큰 불의를 저질러 믿기지 않 b
을 만큼 비참한 인간이 되었어요. 먼저, 그는 자기 주인이자 숙부인 알
케타스에게 사람을 보내, 페르딕카스가 빼앗은 왕권을 그에게 돌려주
겠다고 전하게 했지요. 그리고 알케타스를, 그의 아들로 자기 사촌이
자 같은 또래인 알렉산드로스와 함께 환대하고 술에 취하게 한 뒤 달
구지에 던져 넣고는 야음을 틈타 싣고 나가 둘 다 죽여 없앴지요. 이런
불의를 저지르고 나서도 그는 자신이 더없이 비참한 인간이 되었다
는 것을 몰랐고, 그래서 뉘우치지도 않았지요. 오히려 얼마 뒤 그는 페
르딕카스의 적자로 합법적인 왕위 계승자이자 자기 아우인 일곱 살 c
배기 소년을 다음 제물로 삼았지요. 그는 소년을 양육한 뒤 왕위를 물
려주는 것과 같은 올바른 행위를 함으로써 행복해지기를 거부하고,
대신 소년을 우물에 던져 죽이고는 소년의 어머니 클레오파트라에게
가서 소년이 거위를 쫓다가 우물에 빠져 죽었다고 말했지요. 그는 마
케도니아에서 가장 큰 불의를 저질렀으니 지금 모든 마케도니아인들
중에서 가장 비참한 사람이지, 가장 행복한 사람은 아닐 거예요. 그러 d
니 아마도 아르켈라오스가 되느니 차라리 아무 마케도니아인이라도
되겠다는 사람이 그대를 비롯하여 아테나이에 더러 있을 거예요.

---

21 아르켈라오스(Archelaos 재위기간 기원전 413~399년)는 선왕 페르딕카스
(Perdikkas) 2세의 마케도니아(Makedonia) 통일 사업을 계속했으며 에우리피데스
(Euripides), 아가톤(Agathon) 같은 아테나이의 유명 문인들을 초빙하여 자기 궁전에
머물게 했다. 소크라테스는 그의 초빙에 응하지 않았다고 한다.

소크라테스 폴로스, 우리가 토론을 시작하면서[22] 나는 자네가 수사학 교육을 제대로 받은 것 같다고 칭찬했지만 토론은 소홀히 하는 것 같다고도 지적한 바 있네. 지금 자네의 그 논리로 과연 '어린아이라도' 나를 논박할 수 있을까? 자네는 과연 그런 논리로 불의를 행하는 사람은 행복하지 않다는 내 주장을 논박했다고 생각하는가? 여보게, 어째서 그렇게 생각하는 거지? 나는 자네가 하는 말에 전혀 동의하지 않네.

e **폴로스** 동의하고 싶지 않으시니까 그렇겠지요. 사실은 내 말에 동의하시면서.

소크라테스 여보게, 그건 자네가 법정에서 효과적이라고 여기는 연설 방식으로 나를 논박하려 하기 때문일세. 법정에서도 한쪽은 자신들의 주장을 지지해줄 유명 증인들을 많이 내세우는데 다른 쪽은 한 명만 내세우거나 한 명도 내세우지 못하면, 한쪽이 다른 쪽을 논박했다고

472a 생각하니까. 그러나 이런 논박은 진리를 위해서는 아무런 가치도 없네. 누군가는 수많은 저명인사들의 대규모 위증 때문에 패소할 수도 있으니까. 지금 이 토론에서도 자네가 내 주장이 틀렸다는 것을 입증해줄 증인들을 내세우고 싶다면, 거의 모든 아테나이인들과 외지인들이 자네를 지지해줄 걸세. 자네를 위해 증언해줄 사람들 중에는 자네가 원한다면 니케라토스의 아들 니키아스[23]와 그의 형제들이 있는데, 디오뉘소스 신전 경내에는 그들이 받은 세발솥[24]들이 줄지어 서 있네. 또한

b 자네가 원한다면 스켈리아스의 아들 아리스토크라테스[25]도 있는데, 퓌티온[26] 신전 경내에는 그가 바친 아름다운 봉헌물이 자리잡고 있네. 또한 자네가 원한다면 페리클레스의 집안 전체도 있고, 이곳 아테나이

의 가문들 가운데 자네가 원하는 다른 가문을 선택할 수도 있네.

그래도 나는, 비록 홀홀단신이지만 자네에게 동의하지 않네. 자네가 동의할 수밖에 없는 이유는 대지 않고, 거짓 증인들을 내세워 내 재산인 진리에서 나를 내쫓으려 하니까. 증인이 자네 한 명뿐이라도 만약 내가 자네를 증인으로 내세워 내 말이 옳다는 것을 확인하게 하지 못한다면, 나는 지금 논의 중인 주제와 관련하여 이렇다 할 것을 아무것도 이루지 못했다고 생각하네. 나는 자네도 그 점에서는 마찬가지라고 생각하네. 증인이 나 혼자뿐이라도 만약 내가 자네를 위해 증언해주지 않는다면, 그리고 자네는 저들 다른 증인들을 무시해버리지 않는다면 말일세. 그러니 논박에는 자네와 많은 다른 사람이 생각하는 방식이 있지만, 내가 생각하는 다른 방식도 있다네. 우리는 이 둘이 서로 어떻게 다른지 비교해보세. 우리가 논쟁을 벌이고 있는 이 문제는 결코 사   c

---

22 448d.

23 니키아스(Nikias 기원전 470~413년)는 니케라토스(Nikeratos)의 아들로 펠로폰네소스전쟁 때 아테나이의 시칠리아 원정대를 이끌다가 우유부단한 성격 때문에 참패했다. 그는 모험을 피하는 온건주의자로 부잣집 출신이다.

24 아테나이에서 해마다 개최되는 연극 경연에서 국가에서 지정하는 부유하고 명망 높은 시민들이 코로스의 훈련비용과 의상비용을 댔는데, 이들을 코레고스(choregos)라고 했다. 이들이 지원하는 드라마가 경연에서 우승할 경우 세발솥이 상으로 주어졌는데, 이들은 상으로 받은 세발솥을 연극 경연을 주관하는 주신(酒神) 디오뉘소스(Dionysos)의 신전에 바쳤다고 한다.

25 아리스토크라테스(Aristokrates)는 시칠리아 원정대가 참패한 뒤, 기원전 411년 잠시 아테나이를 통치한 400인 과두정의 일원이었다.

26 Pythion. 아테나이에 있는 아폴론의 신전.

소한 문제가 아니라, 사실상 알면 가장 훌륭하고 모르면 가장 수치스러운 그런 문제라고 할 수 있네. 이 문제는 누가 행복하고 누가 행복하지 않은지를 아느냐 모르느냐로 귀결되기 때문일세. 먼저, 우리가 논의 중인 문제부터 다루세. 만약 자네가 아르켈라오스는 불의하지만 행복하다고 생각한다면, 자네는 불의를 행하는 불의한 사람이라도 행복할 수 있다고 생각하는 걸세. 우리는 그게 자네 생각이라고 보아야겠지?

폴로스 물론이지요.

소크라테스 그러나 그것은 불가능하다는 것이 내 주장일세. 그리고 다음이 우리의 쟁점 가운데 하나일세. 불의를 행하고도 과연 행복할 수 있을까, 불의를 행한 자가 벌금을 물고 처벌받는다면?

폴로스 행복하기는커녕 그럴 경우 그는 가장 비참하겠지요.

소크라테스 그러나 불의를 행한 자가 처벌받지 않는 경우에는 자네 논리대로라면 행복하겠구먼?

폴로스 그게 내 주장이죠.

소크라테스 하지만 폴로스, 불의를 행하는 불의한 자는 아주 비참한데, 불의를 행하고도 응분의 대가를 치르고 처벌받지 않는다면 더 비참하고, 응분의 대가를 치르고 신들과 인간들에게 처벌받는다면 덜 비참하다는 것이 내 의견일세.

폴로스 거 참 이상한 주장이네요, 소크라테스님.

소크라테스 여보게, 나는 자네도 나와 같은 주장을 하도록 만들려 하네. 나는 자네를 친구로 여기니까. 지금 우리의 쟁점은 다음과 같은 걸세. 자네도 잘 살펴보게. 나는 앞서[27] 불의를 행하는 것이 불의를 당하는 것보다 더 나쁘다고 주장했네.

폴로스 그러셨지요.

소크라테스 그러나 자네는 불의를 당하는 것이 더 나쁘다고 주장했네.

폴로스 네.

소크라테스 그리고 나는 불의를 행하는 자들은 비참하다고 주장하다가 자네에게 논박당했네.

폴로스 분명 그러셨지요.

소크라테스 자네는 그렇게 생각한단 말이지, 폴로스.   b

폴로스 그리고 나는 내가 옳다고 생각해요.

소크라테스 그럴지도 모르지. 아무튼 그러고 나서 자네는 불의를 행하는 자들도 응분의 대가를 치르지 않는다면 행복하다고 했네.

폴로스 분명 그랬지요.

소크라테스 그러나 나는 불의를 행하는 자들은 더없이 비참하지만 응분의 대가를 치르는 자들은 덜 비참하다고 주장했네. 자네는 이 역시 틀린 주장이라고 논박하고 싶은가?

폴로스 소크라테스님, 그 주장을 논박하기란 먼젓번 주장[28]을 논박하기보다 더 어려운데요.

소크라테스 폴로스, 더 어려운 게 아니라 불가능하겠지. 진리는 결코 논박당할 수 없으니까.

27 496a~b.
28 470c.

폴로스 무슨 뜻이지요? 누가 불의하게도 참주가 되려고 음모를 꾸미다
가 붙잡혀 형틀에 묶여 거세당하고 눈이 불에 지져지고 그 밖의 온갖
고문을 당할뿐더러 처자식들도 같은 고문을 당하는 것을 지켜보다가
결국에는 책형을 당하거나 끓는 역청을 덮어쓴다고 상상해보세요. 그
에게는 이것이 붙잡히지 않고 참주가 되어 나라를 다스리며 하고 싶은
대로 하면서 여생을 보내고 시민들과 외지인들에게 선망과 축하의 대
상이 되는 것보다 더 행복한 상태일까요? 이런 것들을 두고 논박이 불
가능하다고 하셨나요?

소크라테스 고귀한 폴로스, 이번에는 자네가 나를 겁주려 하는군, 내 말
이 틀렸다고 논박하는 대신. 방금 자네가 증인들을 불렀으니 말일세.
하지만 사소한 문제와 관련하여 내 기억을 되살려주게. 자네는 '불의하
게도 참주가 되려고 음모를 꾸미다'라고 했던가?

폴로스 그랬지요.

소크라테스 그렇다면 둘 중 어느 쪽도 더 행복하지 못할 걸세. 불의하게
참주가 되는 쪽도, 응분의 대가를 치르는 쪽도. 비참한 두 사람을 비교
하며 한 사람이 다른 사람보다 더 행복하다고 말할 수는 없을 테니까.
그렇다 해도 붙잡히지 않고 참주가 되는 쪽이 더 비참하네. 그게 뭔가,
폴로스? 비웃는 건가? 그 역시 논박의 일종인가? 누가 무슨 말을 하면
논박하지 않고 비웃는 것 말일세.

폴로스 소크라테스님, 그런 이상한 말은 이미 충분히 논박당한 것이라
고 생각지 않으세요? 세상 어느 누구도 동의하지 않을 테니까요. 여기
있는 사람들 가운데 아무에게나 물어보세요.

소크라테스 폴로스, 나는 정치가가 아닐세. 사실 나는 작년에 추첨에 의해 평의회 의원으로 뽑혔는데, 우리 부족에서 집행위원회를 구성할 차례가 되어 내가 법안을 표결에 부쳤을 때 표결을 진행할 줄 몰라 웃음거리만 되었다네. 그러니 지금 나더러 여기 있는 사람들을 대상으로 표결에 부치라고 요구하지 말아주게. 자네에게 이보다 더 좋은 논박 방법이 없다면, 조금 전에[29] 내가 말한 대로, 순서에 따라 내게 논박의 기회를 넘기게. 그러면 논박은 어떤 것이어야 한다고 내가 생각하는지 알게 될 걸세. 내가 할 줄 아는 것은 내 주장을 지지해줄 단 한 명의 증인을 세우는 것일세. 내 대화 상대인 자네 말일세. 나는 대중에게는 관심이 없네. 나는 한 사람을 상대로 득표 활동을 할 줄 알아도, 대중과는 대화할 줄도 모른다네. 그러니 순서에 따라 질문에 답변하는 방식으로 자네가 내게 논박의 기회를 줄 용의가 있는지 생각해보게. 정말이지, 나도 자네도 다른 사람들도 모두 불의를 행하는 것이 불의를 당하는 것보다 더 나쁘며, 응분의 대가를 치르지 않는 것이 응분의 대가를 치르는 것보다 더 나쁘다고 믿는다고 나는 생각하네.

474ᵃ

b

폴로스 하지만 나는, 나도 세상 어느 누구도 그렇게 믿지 않는다고 생각하는데요. 그대는 과연 불의를 행하는 쪽보다 불의를 당하는 쪽을 택할까요?

소크라테스 자네도 다른 사람들도 모두 택할 걸세.

---

29 472c

폴로스 천만의 말씀. 나도 그대도 다른 누구도 택하지 않을 걸요.

c **소크라테스** 내 물음에 대답하지 않겠다는 건가?

폴로스 대답하지 않기는요. 나는 그대가 도대체 무슨 말을 하는지 듣고 싶어요.

소크라테스 자네도 알게 해줄 테니, 마치 내가 처음부터 다시 묻기 시작하는 것처럼 대답해주게. 폴로스, 자네는 어느 쪽이 더 나쁘다고 생각하나? 불의를 행하는 쪽인가, 불의를 당하는 쪽인가?

폴로스 나는 불의를 당하는 쪽이라고 생각해요.

소크라테스 어떤가? 어느 쪽이 더 수치스러운가? 불의를 행하는 쪽인가, 불의를 당하는 쪽인가? 대답해보게.

폴로스 불의를 행하는 쪽이겠지요.

소크라테스 불의를 행하는 것이 더 수치스러운 것이라면 더 나쁜 것이기도 할 걸세.

폴로스 전혀, 그렇지 않아요.

d **소크라테스** 알겠네. 자네는 분명 훌륭한 것과 좋은 것 그리고 나쁜 것과 수치스러운 것은 같다고 생각하지 않는 것 같구먼.

폴로스 물론, 그렇게 생각하지 않아요.

소크라테스 다음은 어떤가? 자네가 사물들을 훌륭하다고 부를 때 거기에는 언제나 어떤 기준이 있지 않은가? 대상이 무엇인지는 중요하지 않네. 대상은 몸이나 색깔이나 형태나 소리나 행위일 수도 있네. 먼저 훌륭한 몸을 예로 들어보세. 자네가 훌륭한 몸을 훌륭하다고 말하는 것은 그런 몸은 저마다 특정 목적에 쓸모 있다고 생각할 수 있으므로 쓸모가 있기 때문이거나, 또는 그런 몸이 보는 사람들에게 보는 즐거움을 준다면 즐거움을 주기 때문이 아니겠는가? 몸이 훌륭하다고 말할 때 자네는 이것 말고 다른 기준을 댈 수 있는가?

폴로스 댈 수 없어요.

e

소크라테스 그 밖의 다른 것들도 마찬가지가 아닐까? 자네가 형태나 색깔들이 훌륭하다고 말하는 것은 그것들이 모종의 즐거움을 주기 때문이거나, 모종의 이익을 주기 때문이거나, 이 두 가지를 모두 주기 때문이겠지?

폴로스 그렇겠지요.

소크라테스 소리나, 시가(詩歌)와 관련있는 모든 것들도 마찬가지가 아닐까?

폴로스 그렇겠지요.

소크라테스 또한 이런 기준들은 인간의 관습과 활동의 전 영역에 적용될 것이네. 그런 것들이 훌륭한 것이라면 유익하거나 즐겁거나 유익하고도 즐거운 것이란 말일세.

폴로스 동의해요.

475a

소크라테스 이 점은 훌륭한 학문 분야들도 마찬가지겠지?

폴로스 물론이죠, 소크라테스님. 그대는 방금 즐거움과 좋음을 이용해 훌륭한 것이 무엇인지 정의하셨는데, 그것은 정말 훌륭한 정의였어요.

소크라테스 반대로 수치스러운 것이 무엇인지 정의하려면 고통과 나쁨을 이용해야겠지?

폴로스 당연하지요.

소크라테스 그러니 두 개의 훌륭한 것 중 어느 하나가 더 훌륭하다면, 즐거움과 이익이라는 두 측면 중 한 측면에서 또는 두 측면 모두에서 다른 것을 능가하기 때문에 더 훌륭한 것일세.

폴로스 물론이지요.

소크라테스 두 개의 수치스러운 것 중에 어느 하나가 더 수치스럽다면, b 고통과 나쁨이라는 두 측면 중 한 측면에서 또는 두 측면 모두에서 다른 것을 능가하기 때문에 더 수치스러운 것일세. 당연하지 않은가?

폴로스 당연하고말고요.

소크라테스 그런데 자, 불의를 행하는 것과 불의를 당하는 것과 관련하여 아까 우리는 뭐라고 말했지? 자네는 불의를 당하는 것이 더 나쁜 것이고, 불의를 행하는 것이 더 수치스럽다고 말하지 않았나?

폴로스 그렇게 말했지요.

소크라테스 불의를 행하는 것이 불의를 당하는 것보다 더 수치스럽다면, 불의를 행하는 것이 더 수치스러운 것은 그것이 불의를 당하는 것보다 더 고통스럽고 고통의 측면에서 또는 나쁨의 측면에서 또는 두 측면 모두에서 불의를 당하는 것을 능가하기 때문이 아니겠는가? 이역시 당연하지 않은가?

폴로스 왜 아니겠어요?

c **소크라테스** 그렇다면 우리가 먼저 고찰해야 할 것은, 불의를 행하는 것이 고통의 측면에서 불의를 당하는 것을 능가하느냐, 그래서 불의를 행하는 자들이 불의를 당하는 사람들보다 더 고통 받느냐 하는 것일세.

폴로스 천만의 말씀. 소크라테스님, 그건 아니지요.

소크라테스 그렇다면 불의를 행하는 것이 고통의 측면에서 불의를 당하는 것을 능가하지 않겠구먼.

폴로스 분명 능가하지 않아요.

소크라테스 고통의 측면에서 능가하지 않는다면, 두 가지 측면 모두에서도 능가하지 않겠구먼.

폴로스 능가하지 않는 것 같아요.

소크라테스 그렇다면 남아 있는 유일한 가능성은 다른 측면에서 능가하는 것일세.

폴로스 그래요.

소크라테스 나쁨의 측면에서 말일세.

폴로스 그런 것 같아요.

소크라테스 그렇다면 불의를 행하는 것이 불의를 당하는 것보다 더 나쁜 것은 그것이 나쁨의 측면에서 불의를 당하는 것을 능가하기 때문이겠구먼.

폴로스 분명 그래요.

소크라테스 그런데 대부분의 사람들은 물론이고 자네도 앞서 불의를   d
행하는 것이 불의를 당하는 것보다 더 수치스럽다는 데 동의하지 않았던가?

폴로스 그랬지요.

소크라테스 그런데 지금 불의를 행하는 것이 더 나쁜 것으로 밝혀졌네.

폴로스 그런 것 같네요.

소크라테스 그렇다면 자네는 덜 나쁘고 덜 수치스러운 것 대신 더 나쁜

고 더 수치스러운 것을 택하겠는가? (폴로스가 대답하지 않자) 폴로스, 주저하지 말고 대답하게. 자네는 해를 입지 않을 테니까. 마치 의사에게 몸을 맡기듯 토론에 용감하게 몸을 맡기고, 내 질문에 '네' 아니요'로 대답해주게.

e **폴로스** 아뇨. 나는 더 나쁘고 더 수치스러운 것은 택하지 않을래요, 소크라테스님.

소크라테스 다른 사람 역시 누구도 택하지 않겠지?

폴로스 택하지 않을걸요. 이 논리대로라면.

소크라테스 그렇다면 불의를 행하는 것이 더 나쁜 것이기에 나도 자네도 다른 누구도 불의를 당하는 쪽보다 불의를 행하는 쪽을 택하지 않을 것이라고 말했을 때, 나는 맞는 말을 한 걸세.

폴로스 그런 것 같네요.

소크라테스 폴로스, 자네도 보다시피, 두 가지 논박 방법을 비교해보니 서로 닮은 점이 전혀 없네. 자네의 논박 방법에서는 나를 제외한 모든 사람이 자네에게 동의하지만, 내 논박 방법에서는 자네 한 사람만 내게 476a 동의하고 증언해주면 나는 그걸로 족하다네. 나는 자네만을 상대로 득표 활동을 하고 다른 사람들은 무시해버릴 테니까. 그 문제는 이쯤 해두고, 다음에는 우리의 두 번째 쟁점을 고찰하세. 그것은 불의를 행한 사람이 응분의 대가를 치르는 것이 자네 주장처럼 가장 나쁜 것이냐, 아니면 응분의 대가를 치르지 않는 것이 내 주장처럼 더 나쁜 것이냐 하는 것일세.

문제를 이렇게 고찰해보세. 자네는 응분의 대가를 치르는 것과 불의를 행하고 나서 정당하게 처벌받는 것을 같은 것이라고 생각하는가?

폴로스 네, 그래요.

소크라테스 자네는 정당한 것은 그것이 정당한 것인 한 모두 훌륭하다   b
는 것을 부인할 수 있겠는가? 잘 생각해보고 나서 말해보게.

폴로스 아니, 나는 모두 훌륭하다고 생각해요, 소크라테스님.

소크라테스 다음도 고찰해보게. 행하는 쪽이 있으면 당하는 쪽도 반드
시 있겠지?

폴로스 나는 그렇다고 생각해요.

소크라테스 당하는 쪽은 행하는 쪽이 행하는 바로 그 행위를, 행하는
쪽이 행하는 바로 그 방식대로 당할 수밖에 없겠지? 내 말은 이런 뜻일
세. 누가 때린다면 반드시 맞는 쪽이 있겠지?

폴로스 네, 반드시 있어요.

소크라테스 그리고 때리는 쪽이 세게 또는 빨리 때리면 맞는 쪽도 그렇
게 맞을 수밖에 없겠지?

폴로스 네, 그래요.   c

소크라테스 그렇다면 맞는 쪽은 때리는 쪽이 행하는 대로 당할 수밖에
없겠지?

폴로스 물론이지요.

소크라테스 또한 뜸을 뜨는 쪽이 있으면 반드시 뜸을 받는 쪽이 있겠지?

폴로스 물론이지요.

소크라테스 그리고 심하게 또는 고통스럽게 뜸을 뜰 경우, 뜸을 받는 쪽
은 뜸을 뜨는 쪽이 뜸을 뜨는 대로 뜸을 받을 수밖에 없겠지?

폴로스 물론이지요.

소크라테스 누가 환부를 절개하는 경우에도 같은 말을 할 수 있겠지? 절개되는 쪽이 있을 테니까.

폴로스 네, 그래요.

소크라테스 그리고 크게 또는 깊게 또는 고통스럽게 절개할 경우, 절개

d 되는 쪽은 절개하는 쪽이 절개하는 대로 받아들이겠지?

폴로스 그럴 것 같아요.

소크라테스 한마디로 자네는 아까 내가 한 말에 동의하는가? 나는 어떤 경우든 당하는 쪽은 행하는 쪽이 행하는 대로 당할 수밖에 없다고 말했네.

폴로스 동의해요.

소크라테스 우리가 이 점에 동의한다면, 응분의 대가를 치르는 것은 당하는 것인가, 행하는 것인가?

폴로스 소크라테스님, 당연히 당하는 것이겠지요.

소크라테스 행하는 사람에 의해서겠지?

폴로스 물론이지요. 처벌하는 사람에 의해서지요.

소크라테스 그리고 올바르게 처벌하는 사람은 정당하게 처벌하는 것이겠지?

e **폴로스** 네.

소크라테스 그의 행위는 정당한가, 정당하지 않은가?

폴로스 정당해요.

소크라테스 그렇다면 처벌받는 사람이 응분의 대가를 치르는 것은 정

당하게 당하는 것이겠지?

폴로스 그런 것 같네요.

소크라테스 그리고 올바른 것은 훌륭한 것이라는 데 우리는 동의했지?

폴로스 물론이지요.

소크라테스 그렇다면 둘 중 한쪽은 훌륭한 행위를 행하는 것이고, 처벌받는 다른 쪽은 훌륭한 행위를 당하는 것일세.

폴로스 그래요.

소크라테스 그렇다면 훌륭한 일을 당하는 것은 좋은 일을 당하는 것이 477a
아닐까? 그것은 즐겁거나 유익할 테니까.

폴로스 당연하지요.

소크라테스 그렇다면 응분의 대가를 치르는 사람은 좋은 일을 당하는 것이겠지?

폴로스 그런 것 같네요.

소크라테스 그렇다면 그는 이익을 보겠구먼?

폴로스 네.

소크라테스 그 이익이라는 게 대체 무엇이라고 생각하느냐고? 그가 정당하게 처벌받는다면, 그의 혼이 개선되겠지?

폴로스 그럴 것 같아요.

소크라테스 그렇다면 응분의 대가를 치르는 사람은 혼의 나쁨에서 벗어나겠지?

폴로스 네, 그래요.

소크라테스 그는 또한 가장 큰 나쁨에서 벗어나겠지? 문제를 이렇게 고 b

찰해보게. 누군가의 재산 상태에서 자네는 가난 말고 다른 나쁨을 생각할 수 있는가?

폴로스 아니, 내가 생각할 수 있는 것은 가난이에요.

소크라테스 몸 상태와 관련해서는 어떤가? 자네는 이 경우 나쁨을 구성하는 것은 허약함, 질병, 추함 등등이라고 말하겠지?

폴로스 네, 그래요.

소크라테스 자네는 혼의 나쁨 같은 것도 있다고 생각하는가?

폴로스 물론이지요.

소크라테스 그것을 자네는 불의, 무지, 비겁함 등등으로 부르지 않는가?

폴로스 물론 그렇게 부르지요.

소크라테스 세 가지 곧 재산, 몸, 혼에는 저마다 나쁨이 있는데, 그것은 다름 아니라 가난, 질병, 불의라는 것이 자네 주장인가?

폴로스 네.

소크라테스 이 세 가지 나쁨 중에서 어느 것이 가장 수치스러운가? 불의와 혼의 나쁨 일반이 아닐까?

폴로스 네, 그게 훨씬 수치스럽겠지요.

소크라테스 그것이 가장 수치스러운 것이라면 가장 나쁜 것이기도 하겠지?

폴로스 무슨 뜻인지요, 소크라테스님?

소크라테스 이런 뜻일세. 앞서 우리가 동의한 바에 따르면, 가장 수치스러운 것이 언제나 가장 수치스러운 것은 그것이 고통이나 해악이나 이 두 가지를 가장 많이 가져다주기 때문일세.

폴로스 물론이지요.

소크라테스 그리고 우리는 방금 불의와 혼의 나쁨 일반이 가장 수치스러운 것이라는 데 동의했지?

폴로스 네, 동의했어요.

d

소크라테스 그렇다면 그것이 가장 고통스럽고 가장 수치스러운 것은 그것이 고통이나 해악이나 이 두 가지 측면에서 다른 것들을 능가하기 때문이겠지?

폴로스 당연하지요.

소크라테스 그렇다면 불의하고 무절제하고 비겁하고 무지한 것이 배고프고 병드는 것보다 더 고통스럽겠지?

폴로스 소크라테스님, 나는 그렇게 생각하지 않아요. 우리가 동의한 바에 따르면.

소크라테스 그렇다면 혼의 나쁨이 모든 나쁨 중에서 가장 수치스러운 것은 틀림없이 그것이 엄청난 해악이나 끔찍한 나쁨의 측면에서 다른 것들을 능가하기 때문일세. 자네 논리대로라면 혼의 나쁨은 고통의 측면에서는 다른 것들을 능가하지 못하니까.

e

폴로스 그런 것 같네요.

소크라테스 그렇다면 가장 큰 해악이라는 측면에서 다른 것들을 능가하는 것이 세상에서 가장 나쁜 것이겠구먼.

폴로스 네, 그래요.

소크라테스 그렇다면 불의와 무절제 같은 혼의 나쁨이 세상에서 가장 나쁜 것이겠지?

폴로스 그런 것 같네요.

478a	**소크라테스** 그러면 어떤 기술이 가난에서 벗어나게 하는가? 돈 버는 기술이 아닐까?

폴로스 네, 맞아요.

소크라테스 어떤 기술이 질병에서 벗어나게 하는가? 의술이 아닐까?

폴로스 당연하지요.

소크라테스 어떤 기술이 나쁨과 불의에서 벗어나게 하는가? 대답하기 쉽지 않다면 이렇게 생각해보게. 몸이 아픈 사람들을 우리는 어디로, 누구에게 데려가는가?

폴로스 의사에게 데려가요, 소크라테스님.

소크라테스 불의를 행하는 자와 무절제한 자들은 어디로 데려가는가?

폴로스 재판관에게 데려간다는 말이겠지요?

소크라테스 그들이 응분의 대가를 치르게 하기 위해서겠지?

폴로스 네, 그래요. ·

소크라테스 올바르게 처벌하는 사람들은 모종의 정의로써 처벌하지 않을까?

폴로스 물론이지요.

소크라테스 그렇다면 돈 버는 기술은 우리를 가난에서 벗어나게 하고,
b	의술은 질병에서 벗어나게 하며, 정의는 무절제와 불의에서 벗어나게 하네.

폴로스 그런 것 같네요.

소크라테스 그 가운데 어느 것이 가장 훌륭한가?

폴로스 그 가운데라니요?

소크라테스 돈 버는 기술과 의술과 정의 가운데 말일세.

폴로스 정의가 월등히 훌륭해요, 소크라테스님.

소크라테스 또한 정의는 즐거움을 가장 많이 가져다주거나, 이익을 가장 많이 가져다주거나, 이 두 가지 모두를 가장 많이 가져다주겠지? 정의가 가장 훌륭한 것이라면 말일세.

폴로스 네.

소크라테스 그런데 치료받는 것은 즐거운 일인가? 사람들은 즐겨 치료받는가?

폴로스 나는 그렇지 않다고 생각해요.

소크라테스 하지만 이롭기는 하네. 그렇지 않은가?

폴로스 네, 그래요.

소크라테스 치료받는 사람은 큰 나쁨에서 벗어나게 되어, 잠깐의 고통   c
을 감수하고 건강해지는 것이 그에게는 이득이 되기 때문일세.

폴로스 왜 아니겠어요?

소크라테스 그런데 몸에 관한 한 어느 쪽이 더 행복할까? 치료받는 쪽일까, 아예 아프지 않는 쪽일까?

폴로스 분명 아프지 않는 쪽이겠지요.

소크라테스 그렇다네. 행복은 나쁨에서 벗어나는 데 있는 것이 아니라, 아예 나쁨을 갖지 않는 데 있는 것 같으니까.

폴로스 그렇고말고요.

소크라테스 어떤가? 둘 중 어느 쪽이 더 비참한가? 몸에 나쁨을 가진 사   d
람인가, 혼에 나쁨을 가진 사람인가? 치료를 받고 나쁨에서 벗어나는 사람인가, 아니면 치료받지 않고 나쁨을 여전히 가지고 있는 사람인가?

폴로스 내가 보기에는 치료받지 않는 사람이 더 비참한 것 같아요.

소크라테스 그런데 응분의 대가를 치르는 것은 가장 큰 악인 나쁨에서 벗어나게 하는 것으로 드러나지 않았는가?

폴로스 그랬지요.

소크라테스 정의는 사람들을 절제 있게 해주고 더 올바르게 해주는, 나쁨을 치료해주는 의술이기 때문이네.

폴로스 네, 그래요.

소크라테스 그렇다면 혼 안에 나쁨을 갖지 않은 사람이 가장 행복하네. 혼 안의 나쁨이야말로 가장 큰 나쁨으로 드러났으니까.

e **폴로스** 분명 그래요.

소크라테스 그리고 거기서 벗어난 사람이 두 번째로 행복할 걸세.

폴로스 그런 것 같아요.

소크라테스 이 사람은 비판받고 질책당하고 응분의 대가를 치른 사람일세.

폴로스 네, 그래요.

소크라테스 그렇다면 가장 나쁜 삶을 사는 것은 불의를 가지고서 거기서 벗어나지 못하는 사람일세.

폴로스 그런 것 같아요.

소크라테스 그렇다면 이 사람이 가장 불의한 방법으로 가장 불의한 짓들을 저지르고도 비판이나 처벌을 받기는커녕 응분의 대가를 치르지 않는 데 성공한 바로 그 사람이 아닐까? 자네는 아르켈라오스와 다른 참주들과 연설가들과 권력자들이 그렇게 했다고 말하지 않았던가?

폴로스 그런 것 같아요.

소크라테스 여보게, 이런 사람들이 하는 짓은 몸이 저지른 과오와 관련하여 의사에게 응분의 대가를 치르지 않는 데 성공한, 다시 말해 어린 애처럼 뜸이나 수술의 고통이 두려워 치료를 기피하는 중증 환자가 하는 짓과 대동소이하다네. 자네도 그렇게 생각하지 않는가?

폴로스 나도 그렇게 생각해요.

소크라테스 그것은 그가 건강이 무엇이며 몸의 미덕[30]이 무엇인지 모르기 때문일 걸세. 우리가 방금 동의한 바에 따르면, 응분의 대가를 치르기를 기피하는 자들도 같은 짓을 하는 것 같네, 폴로스. 그들은 응분의 대가를 치르는 것의 고통스러운 면은 볼 줄 알면서도 유익한 면은 보지 못하며, 건강하지 못한 몸과 더불어 사는 것보다 건강하지 못한 혼, 즉 타락하고 불의하고 불경한 혼과 더불어 사는 것이 얼마나 더 비참한지 모르는 것 같단 말일세. 그래서 그들은 응분의 대가를 치르지 않으려고, 다시 말해 가장 큰 나쁨에서 벗어나지 않으려고 무슨 짓이든 하면서, 돈과 친구들과 가능한 한 가장 설득력 있는 언변을 동원하는 것이라네. 폴로스, 우리가 동의한 것이 맞는다면, 자네는 이 논의에서 어떤 결론이 나는지 알겠지? 아니면 우리가

---

30   arete.

그 결론을 요약해볼까?

폴로스 네, 어떻게든 요약해보는 것이 좋으시다면.

소크라테스 불의와 불의를 행하는 것이 가장 큰 악이라는 결론이 나겠지?

d **폴로스** 그런 것 같아요.

소크라테스 그리고 응분의 대가를 치르는 것이 이 악에서 벗어나는 것으로 밝혀졌지?

폴로스 그런 것 같아요.

소크라테스 반면 응분의 대가를 치르지 않는 것은 나쁨을 영속시키는 것으로 밝혀졌지?

폴로스 네.

소크라테스 그렇다면 불의를 행하는 것이 두 번째로 나쁜 것일세. 불의를 행하고도 응분의 대가를 치르지 않는 것이 본성상 가장 나쁜 것이자 나쁨의 으뜸이고.

폴로스 그런 것 같네요.

소크라테스 여보게, 우리 사이의 쟁점은 다음과 같은 것이었네. 자네는 아르켈라오스가 더없이 큰 불의를 행하고도 응분의 대가를 치르지 않았다

e 고 해서 행복하다 했고, 내 생각은 아르켈라오스든 다른 누구든 불의를 행하고도 응분의 대가를 치르지 않는 사람은 당연히 다른 사람들보다 훨씬 더 비참한 사람이며, 불의를 행하는 사람이 불의를 당하는 사람보다 그리고 응분의 대가를 치르지 않는 사람이 응분의 대가를 치르는 사람보다 언제나 더 비참하다는 것이었네. 그게 내 주장이 아니었던가?

폴로스 네, 맞아요.

소크라테스 그리고 내 주장이 옳다는 것이 증명되었지?

폴로스 그런 것 같네요.

소크라테스 좋아. 폴로스, 이런 것들이 옳다면 수사학은 주로 어디에 쓸 480a
모가 있는가? 방금 우리가 동의한 바에 따르면, 불의를 행하는 것은 온
갖 나쁨을 가져다주기에 사람은 무엇보다 불의를 행하지 않도록 자신
을 지켜야 하네. 그렇지 않은가?

폴로스 물론 그렇지요.

소크라테스 그리고 자신이든 자신이 돌보는 다른 사람이든 불의를 행하
면 최대한 빨리 응분의 대가를 치를 수 있는 곳으로 자진해서 가야 하
네. 그는 의사에게 가듯 재판관에게 가야 하며, 불의라는 질병이 고질 b
이 되어 그의 혼을 치유할 수 없을 만큼 곪게 하는 일이 없도록 서둘러
야 한다는 말일세. 폴로스, 우리가 앞서 동의한 것이 여전히 유효하다
면, 우리가 그 밖에 무슨 말을 할 수 있겠나? 우리가 지금 말하고 있는
것이 우리가 앞서 말한 것과 일치하려면 그럴 수밖에 없고, 다른 방법
은 없겠지?

폴로스 우리가 달리 무슨 말을 하겠어요, 소크라테스님.

소크라테스 따라서 자신이나 부모나 동료나 자식이나 조국이 불의를 행
할 때 그 불의를 변호하기 위한 것이라면 수사학은 우리에게 아무 쓸
모가 없네, 폴로스. 우리는 그와 정반대로 생각하지 않으면 안 되네. 누 c
구보다도 자신을 맨 먼저 고발하고 두 번째로 가족이든 다른 친구든
수시로 불의를 행하는 자를 고발하되 그들이 응분의 대가를 치르고

건강해지도록 우리는 그들이 행한 불의를 은폐하지 말고 공개해야 한 단 말일세. 따라서 우리는 겁낼 것이 아니라 이를 악물고 마치 수술이나 뜸 시술을 받기 위해 의사에게 가듯 선선히 용감하게 자신을 내맡기고는 고통을 무시하며 좋고 훌륭한 것을 추구하라고 우리 자신과 남들에게 요구해야 하네. 또한 우리가 불의를 행하여 매질을 당해 마땅

d 하다면 우리는 매질을 당해야 하며, 우리가 불의를 행하여 투옥되어 마땅하다면 투옥되어야 하네. 또한 벌금을 물어 마땅하다면 벌금을 물어야 하고, 추방당해 마땅하다면 추방되어야 하며, 처형당해 마땅하다면 처형되어야 하네. 우리는 우리 자신과 우리 가족의 첫 번째 고발자가 되어야 하며, 수사학은 이들의 불의를 드러내어 이들이 가장 큰 나쁨인 불의에서 벗어나게 하는 데 사용해야 하네. 폴로스, 우리는 그렇다고 말해야 하나, 그렇지 않다고 말해야 하나?

e **폴로스** 내게는 그런 말이 이상하게 들려요, 소크라테스님. 그대에게는 그것이 앞서 우리가 한 말과 일치하는지 모르겠지만.

소크라테스 그렇다면 우리는 앞서 말한 것도 취소하든지, 아니면 우리가 지금 말한 것을 받아들일 수밖에 없겠구먼?

폴로스 네, 그래요.

소크라테스 이번에는 주장을 정반대로 바꾸어, 적이든 다른 누구든 해코지할 필요가 있다고 가정해보게. 그럴 경우 우리 자신이 그 적에게 불의를 당하지 않는 한—그렇게 되지 않도록 조심해야 하니까—그 적이 다

481a 른 사람에게 불의를 행하면, 우리는 그 적이 응분의 대가를 치르지 않고 재판관에게 가지 않도록 말과 행동으로 온갖 대책을 강구해야 하네. 그

리고 그 적이 법정에 나타나면, 우리는 그가 방면되고 처벌을 피할 수 있도록 조치를 취해야 하네. 그가 거액을 훔쳤다면, 돌려주지 않고 간직한 채 자신과 친구들을 위해 불의하고 불경하게 쓰게 해야 하네. 그가 저지른 불의가 사형에 해당한다면, 그가 처형당하지 않고 불멸의 악인으로서 가능하면 영원히 살게 해야 하며, 그게 안 되면 그런 인간으로 되도록 오래오래 살게 해야 하네. 폴로스, 나는 수사학이 그런 목적에 **b** 쓸모가 있다고 생각하네. 나는 수사학이 불의를 행할 의도가 없는 사람에게는 그다지 쓸모가 없다고 생각하네. 어쩌면 그런 경우에는 수사학이 아무 쓸모가 없을지도 모르지. 지금까지의 우리 논의에서는 어디서도 수사학이 쓸모 있다는 것을 입증하지 못했으니까. (한동안 침묵)

칼리클레스 말해보시지요, 카이레폰님. 이게 소크라테스님의 진담인가요, 농담인가요?

카이레폰 칼리클레스, 내가 보기에는 진심에서 우러나온 진담인 것 같네. 하지만 본인에게 직접 물어보는 것이 가장 좋겠지.

칼리클레스 신들에 맹세코, 그러고 싶어요. 말씀해주세요, 소크라테스님. 지금 우리는 그대가 한 말을 진담으로 보아야 하나요, 농담으로 보 **c** 아야 하나요? 그게 진담이고 그대가 한 말이 옳다면 우리 인생은 한마디로 거꾸로 뒤집힌 게 아닌가요? 우리는 모두 분명 우리가 행해야 하는 것과 정반대되는 것을 행하고 있는 게 아닌가요?

소크라테스 칼리클레스, 만약 인간들이 경험을 공유하지 못한다면, 그래서 한 인간의 경험은 개인적인 것이어서 남들과 나눠 가질 수 없는 것이라면, 자신의 경험을 남에게 전달하기가 쉽지 않을 걸세. 실은 요즘 나와

d　자네가 같은 경험을 공유한다는 생각이 들어서 하는 말일세. 우리는 저마다 두 대상을 사랑하고 있으니까. 나는 클레이니아스의 아들 알키비아데스[31]와 철학을 사랑하고, 자네는 아테나이의 민중[32]과 퓌릴람페스[33]의 아들 데모스를 사랑하네. 자네가 비록 영리한 사람이기는 하지만, 나는 자네의 연동(戀童)[34]들이 무슨 말을 하건 무슨 생각을 하건 매번 이의를 제기하지 못하고, 자네가 이리저리 입장을 바꾼다는 것

e　을 알지. 민회에서 아테나이 민중이 자네의 주장을 받아들이기를 거부하면 자네는 생각을 바꿔 그들이 듣고 싶어하는 말을 하는데, 퓌릴람페스의 미소년 아들에 대한 자네의 태도도 대동소이하네. 자네는 자네 연동들의 제안이나 주장에 반대할 수 없을 것이라는 말일세. 그래서 자네가 이들 때문에 하는 말을 듣고 이상하다고 놀라는 사람이 있으면, 자네는 아마도 그에게 — 자네가 진실을 말하고자 할 경

482a　우 — 누가 자네 연동들이 그렇게 말하는 것을 멈추게 하지 않는다면 자네도 그렇게 말하기를 멈추지 않을 것이라고 말할 것이네.

　　그러니 자네는 나한테서도 그런 말을 들을 수밖에 없다고 생각하고는, 내가 그런 말을 해도 놀라지 말고 내 연동인 철학이 그렇게 말하는 것을 멈추게 해주게. 여보게, 철학은 자네가 방금 나한테서 들은 말을 늘 되풀이할 뿐 아니라, 내 다른 연동보다 덜 변덕스럽네. 여기 있는 클레이니아스의 아들은 수시로 말을 바꾸지만, 철학이 하

b　는 말은 늘 한결같으니까. 그리고 자네가 듣고 이상하다고 놀라는 말도 철학이 하는 말일세. 자네는 우리가 토론하는 동안 줄곧 이 자리에 있었네. 그러니 자네는 조금 전에 내가 말한 대로 불의를 행하는

것이, 특히 불의를 행하고도 응분의 대가를 치르지 않는 것이 모든 나쁨의 극치가 아니라는 것을 증명함으로써 철학을 논박하든지, 아니면 그런 견해를 논박하지 않고 내버려두든지 하게. 그러나 칼리클레스, 자네가 그런 견해를 논박하지 않고 내버려둔다면, 아이귑토스인들의 신성한 개[35]에 맹세코, 칼리클레스는 자네와 일치하지 않고 평생토록 자네와 불협화음을 낼 걸세. 하지만 여보게, 나로서는 내가 가진 뤼라[36]와 내가 후원하는 코로스가 불협화음을 내고 박자가 맞지 않는 것이, 그리고 대부분의 사람들이 나에게 동의하지 않고 내 의견을 반박하는 것이 오히려 내가 나 자신과 불협화음을 내고 나 자신을 반박하는 것보다 더 나은 것 같네. 나는 비록 한 사람일 뿐이지만 말일세.

칼리클레스 소크라테스님, 정말이지 그대는 대중 연설가라도 되는 듯이 열변을 토하시는군요. 하지만 그대가 그렇게 열변을 토하는 것은 고르기아스님이 그대에게 당했다고 폴로스가 비판한 일을 폴로스 자신도

c

---

31 알키비아데스(Alkibiades 기원전 452~404년)는 클레이니아스(Kleinias)의 아들로 재기발랄하고 돈 많은 아테나이의 미남 청년이다. 소크라테스의 추종자 중 한 명인데 재승박덕하여 조국 아테나이에 도움이 되지 못했다.

32 demos.

33 퓌릴람페스(Pyrilampes)의 아들 데모스(Demos)는 당시 유명한 미소년이었다.

34 ta paidika(복수형만 있다. 단수형은 eromenos). 남자들끼리의 동성애에서 수동적인 파트너로 대개 10대 후반에서 20대 초반의 미남 청소년들이다. 이들을 후원하는 능동적인 파트너는 erastes라고 하는데 '연인'이라고 옮겼다.

35 아누비스. 주 13 참조. 아이귑토스(Aigyptos)는 이집트의 그리스어 이름이다.

36 lyra. 고대 그리스의 발현악기.

당했기 때문이지요. 그대는 고르기아스 선생님에게 만약 수사학을 배
d 우려는 가상의 제자가 무엇이 올바른 것인지 모른 채 찾아온다면 그에
게 그것을 가르칠 것이냐고 물었어요. 그러자 폴로스에 따르면, 고르기
아스님은 난처해 관례상 가르치겠다고 말했어요. 사람들은 가르칠 수
없다고 거절하는 사람을 싫어하니까요. 폴로스에 따르면, 거기에 동의
함으로써 고르기아스님은 자기모순에 빠질 수밖에 없었고, 그것은 바
로 그대가 바라던 상황이라는 거죠. 그때 폴로스가 그대를 비웃었는
데, 내가 보기에 그것은 옳았어요. 그런데 이번에는 폴로스 자신이 똑
같은 일을 당했죠. 내가 폴로스를 못마땅하게 여기는 것은 다름 아니
라 불의를 행하는 것이 불의를 당하는 것보다 더 수치스러운 것이라는
e 그대의 주장에 그가 동의했기 때문이에요. 거기에 동의함으로써 그는
자승자박을 당해 토론하는 동안 내내 옴짝달싹하지 못했는데, 그게
다 자기 생각을 말하기가 난처했기 때문이지요.

소크라테스님, 그대는 진리를 추구한다고 주장하지만 사실은 대중
에 영합하는 저속한 생각들 쪽으로, 자연적으로 훌륭한 것이 아니라
관행적으로 훌륭한 생각들 쪽으로 토론을 이끌고 가요. 자연(physis)
483a 과 관행(nomos)은 대개 서로 상반되지요.[37] 그래서 누가 난처하여 자
기 생각을 말하지 않으면 자기모순에 빠질 수밖에 없어요. 그대도 바
로 이런 계략을 생각해내어 토론에서 행패를 부리는 거고요. 누가 관
행의 관점에서 말하면 그대는 자연의 관점에서 묻고, 누가 자연의 관
점에서 말하면 그대는 관행의 관점에서 묻는 거죠. 조금 전에도 그런
일이 일어났지요, 불의를 행하는 것과 불의를 당하는 것과 관련해서

요. 폴로스는 관행의 관점에서 더 수치스러운 것에 관해 말하는데, 그대는 자연의 관점에서 그의 주장을 논박했어요. 자연에서는 불의를 당하는 것처럼 더 나쁜 것은 무엇이든 더 수치스럽지만, 관행에 따르면 불의를 행하는 것이 더 수치스럽기 때문이지요. 그래서 실재하는 b 사람이라면 불의를 당하는 것과 같은 일이 자기에게 일어나는 것을 감수하지 않지요. 사는 것보다 죽는 것이 더 나은 노예라면 몰라도. 불의를 당하고 망신을 당해도 자신과 자신이 돌보는 사람을 스스로 도와줄 수 없는 사람 말이에요. 내 생각에, 법[38]을 제정하는 것은 힘없는 사람들, 즉 대중인 것 같아요. 그들은 자신들과 자신들의 이익을 위해 법을 제정하며, 그것을 기준 삼아 칭찬하고 비난도 하지요. 그들은 힘 있 c 는 사람들, 그러니까 남들보다 더 많이 가질 능력이 있는 사람들을 두려워하여 이들이 더 많이 갖지 못하도록, 더 많이 갖는 것은 수치스럽고 불의한 짓이며 남들보다 더 많이 가지려고 하는 것 자체가 불의를 행하는 것이라고 말하지요. 내 생각에 그들이 같은 몫만 받아도 행복해하는 것은 그들이 열등한 자들이기 때문인 것 같아요. 그리하여 대중보다 더 많이 가지려고 하는 것은 관행상 불의하고 수치스러운 것이라고 일컬어지며, 대중은 그것을 불의를 행하는 것이라고 불러요. 그러나 내 생각에, d 더 나은 사람이 더 못한 사람보다, 더 유능한 사람이 더 무능한 사람보

---

37 이하에서 physis와 nomos를 대비시키는데, physis는 '자연' 또는 '본성'으로, nomos는 '법' 또는 '관행'으로 옮겼다.

38 nomos.

다 더 많이 갖는 것이 정의라는 것을 자연 자체가 분명히 보여주는 것 같아요. 그 증거는 도처에 널려 있어요. 다른 동물들의 세계에서도, 인간들의 모든 공동체와 종족들 사이에서도 정의는 강자가 약자를 지배하고 더 많이 갖는 것으로 규정되어 있으니까요. 크세르크세스[39]가 원정대를 이끌고 헬라스로 쳐들어왔을 때나 그의 아버지가 스퀴타이족의 나라를 침공했을 때 — 그 밖에도 그런 사례는 부지기수지요 — 어떤 정의에 근거했지요? 나는 그들이 정의의 본성에 따라, 말하자면 제우스에 맹세코 우리가 제정하는 법이 아니라 자연의 법에 따라 행동한다고 생각해요. 그런데 우리는, 우리 가운데 가장 훌륭하고 가장 강력한 자들을 어떻게 다루지요? 우리는 그들이 사자 새끼인 양 어릴 때 붙잡아 그들은 동등한 몫을 가져야 하며, 그것이 훌륭하고 올바른 것이라고 주문을 읊어댐으로써 그들을 노예로 만들어요. 하지만 본성(physis)[40]이 충분히 강한 남자가 태어나면 이 모든 제약들을 털어내고 부수고는 자유를 찾게 될 것이라고 나는 확신해요. 그리고 이 노예는 우리의 모든 규정과 마법과 주문과, 자연에 반하는 법들을 짓밟고 일어서 자신이 우리의 주인임을 드러낼 것이며, 거기서는 자연의 정의가 빛을 발하겠지요.

핀다로스[41]도 다음 송시에서 내가 말하고 있는 것을 가리키는 것 같아요.

법은 사멸하는 모든 것과
불멸하는 모든 것의 왕이로다.

그는 또한 이렇게 말을 잇고 있어요.

법은 강력한 손으로 가장 난폭한 것도 올바르게
만든다네. 그 증거로 나는 헤라클레스의 업적들을
내세우노라. 그는 대금을 지불하지 않고 ...

핀다로스는 대충 그렇게 말하고 있어요. 그 송가를 나는 잘은 모르니
까요. 아무튼 핀다로스는 헤라클레스[42]가 대금을 지불하지도 않고 게
뤼온[43]이 주지도 않았는데 그의 소떼를 몰고 갔다고 말하고 있어요. 소떼
든 다른 재물이든 더 못하고 더 약한 자의 것은, 더 낫고 더 강한 자에게   c
속한다는 것이 자연의 정의라는 신념에서 말이에요.

그러니 진실은 다음과 같아요. 그리고 그대도 철학과 작별하고 더 중

---

39 크세르크세스(Xerxes 재위기간 기원전 485~465년)는 페르시아 왕으로 기원전
490년 대군을 이끌고 그리스를 침공했으나 살라미스(Salamis) 해전에서 참패하고 퇴
각한다. 그의 아버지 다레이오스(Dareios 재위기간 기원전 521~485년)는 기원전 490
년 그리스를 침공하여 마라톤(Marathon) 전투에서 패하기 전에 먼저 흑해 북쪽에 살
던 기마 유목민족인 스퀴타이족(Skythai)의 나라를 침공했다가 참패한다.

40 physis를 문맥에 따라서는 '자연'이라고도 옮겼다.

41 핀다로스(Pindaros 기원전 518~446년 이후)는 테바이 근처에서 태어난 그리스
서정시인으로 그리스 4대 경기에서 우승한 자들을 위해 써준 승리의 송시들이 유명하다.

42 헤라클레스(Herakles)는 그리스신화에서 가장 강력한 영웅으로 그의 12고역 이
야기가 특히 유명하다.

43 게뤼온(Geryon)은 머리가 셋인 또는 몸이 셋인 거한(巨漢)으로 먼 서쪽에 있는 에
뤼테이아(Erytheia) 섬에서 오르트로스(Orthros)라는 개를 데리고 큰 소떼를 치며 살
았는데, 이 소떼를 빼앗아 그리스로 몰고 가는 것이 헤라클레스의 열 번째 고역이었다.

대한 일들을 향해 나아간다면 내 말이 진실이라는 것을 알게 될 거예요. 소크라테스님, 적당한 나이에 적당히 손대기만 하면 철학은 분명 매력적인 것이죠. 그러나 필요 이상 오래 철학으로 소일하면 사람이 망가져요. 아무리 훌륭한 재능을 타고나도 적절한 나이가 넘도록

d 계속해서 철학을 하면, 진실로 훌륭한 사람[44]이 되기 위해서 반드시 경험할 필요가 있는 것들을 경험하지 못할 수밖에 없으니까요. 실제로 철학자들은 나라의 법체계도, 사적으로 공적으로 사람들과 만날 때 어떻게 말해야 하는지도, 인간들의 즐거움과 욕구들에도 경험이 없어요. 한마디로 그들은 세상 물정에 어두워요. 그래서 철학자들은 사인으로

e 든 정치가로든 실천적인 활동을 하게 되면 웃음거리가 되지요. 그것은 정치가들이 철학자들의 소일거리나 담론에 끼어들면 웃음거리가 되는 것과 같은 이치겠지요. 그러니까 에우리피데스의 말이 옳아요.

사람은 저마다 자기가 빛을 발하는 것을 향해 나아간다네.
자기가 가장 뛰어난 그 활동을 위해
낮 시간의 대부분을 할애하면서.[45]

485a 사람은 저마다 자기가 못하는 것은 기피하고 험담하는 반면 자기가 잘하는 것은 칭찬하지요. 그렇게 하는 것이 자신을 칭찬하는 것이라 믿고 자신을 위하는 마음에서 말이에요.

하지만 나는 양쪽 모두 참여하는 것이 가장 좋다고 생각해요. 교양인이 될 수 있을 만큼 철학에 참여하는 것은 좋은 일이며, 소년에게

는 철학을 공부하는 것이 수치스러운 일이 아니죠. 하지만 소크라테스님, 나이가 이미 지긋한데도 여전히 철학 공부를 한다는 것은 가소로워요. 내가 철학 공부를 하는 사람들에 대해 느끼는 감정은 혀짤배기소리를 하거나 어리광을 부리는 사람들에 대해 느끼는 감정과 같아요. 아직은 그런 식으로 대화하는 것이 어울리기에 어린아이가 혀짤배기소리를 내거나 어리광을 부리는 것을 보면 나는 마음이 흐뭇해요. 나는 그것이 즐겁고 자유민답고 어린 나이에 어울린다고 생각하니까요. 하지만 어린아이가 아주 또렷하게 말하는 것을 들으면 역겹고 귀에 거슬리며 어딘가 노예다운 데가 있는 것 같아요. 반대로 성인 남자가 혀짤배기소리를 내거나 어리광을 부리는 것을 보면 가소롭고 남자답지 못하다는 느낌이 들어 마구 패주고 싶어지죠.

그런데 철학하는 사람들에 대해서도 나는 그런 감정을 느껴요. 소년이 철학하는 것을 보면 나는 마음이 흐뭇하고 잘 어울린다 싶고, 이런 소년이야말로 자유민답다고 생각해요. 하지만 철학을 하지 않는 소년을 보면 자유민답지 못하며 앞으로 훌륭하고 고상한 업적을 쌓지 못할 것 같은 느낌이 들어요. 반면 나이가 지긋한 사람이 그만두지 않고 여전히 철학하는 것을 보면, 소크라테스님, 내가 보기에

b

c

d

44 ho kalos k'agathos.
45 지금은 없어진 에우리피데스의 비극 『안티오페』(*Antiope*)에서 인용한 것으로, 안티오페의 쌍둥이 아들 가운데 제토스(Zethos)가 암피온(Amphion)에게 한 말이다. 제토스는 정치가의 활동적인 삶을, 암피온은 철학자의 조용한 삶을 대변한다. 암피온이 악기를 연주하면 바위도 움직였다고 한다. 에우리피데스, 단편 183 (Nauck).

그런 사람은 흠씬 얻어맞아야 해요. 조금 전에 내가 말했듯이, 그런 상황에서는 재능을 타고난 사람이라도 남자답지 못한 사람이 될 거예요. 그런 사람은 호메로스의 말처럼 남자들이 자신을 돋보이게 하

e 는[46] 도심지와 광장을 피하니까요. 대신 그는 자유민다운 중요하고 의미심장한 생각들을 공개적으로 표현하지 않고 서너 명의 젊은이들과 구석에서 숙덕거리며 숨어서 여생을 보내지요.

소크라테스님, 나는 그대에게 상당히 호감을 가지고 있어요. 나는 그대에게, 방금 인용한 에우리피데스의 비극에서 제토스가 암피온에게 느꼈던 것과 같은 감정을 느껴요. 그래서 제토스가 쌍둥이 형에게 말한 것처럼 그대에게 말해주고 싶어요. "소크라테스님, 그대는 돌보아

486a 야 할 것들을 돌보지 않는군요. 그대는 고상한 혼을 타고났으면서도 소년처럼 행동하기로 유명하니까요. 그래서 그대는 재판을 주관하는 평의회에서 적절한 연설을 할 줄도, 그럴듯하고 설득력 있는 호소를 할 줄도 몰랐으며, 남을 돕기 위해 과감하게 안건을 제출할 줄도 몰랐지요." 하지만 내게 화내지 마세요. 이게 다 그대를 위해서 하는 말이니까요. 그대를 비롯하여 점점 더 깊이 철학에 몰입하는 사람들에게 이런 상태는 수치스러운 것이 아니라고 생각하나요? 실제로 누가, 그대나 그대 같은 부류의 사람을 붙잡아 저지르지도 않은 범행을 저질렀다며 감옥으로 끌고 간다면, 그대도 알고 있겠지만 그대는 자신을

b 위해 어떻게 해야 할지 모를 테지요. 그대는 어지러워 입을 벌린 채 그 자리에 서 있겠지요, 무슨 말을 해야 할지 몰라서. 그리고 그대가 법정에 출두하여 타락하고 사악한 고발자를 만난다면, 그대가 사형

에 처해지기를 그자가 원할 경우 그대는 죽은 목숨이지요.

하거늘 소크라테스님, 그게 어떻게 지혜일 수 있겠어요? "훌륭한 자질을 타고난 사람을 더 못한 사람으로 만드는 기술이라면."[47] 그런 기술로는 사람이 자기 자신을 돕거나 큰 위험에서 자신이나 남을 구해낼 수가 없어요. 그래서 그가 할 수 있는 일이래야 자신의 전 재산이 적들에게 약탈당하는 것을 지켜보며 자기 나라에서 그야말로 아무 권리도 없이 살아가는 것이 전부겠지요. 좀 거친 표현인지 모르겠지만, 그런 사람이라면 누구에게 따귀를 맞아도 때리는 사람이 응분의 대가를 치르지 않을걸요. 그러니 소크라테스님, 내 조언을 받아들여 "논박일랑 그만두고 실무자로서의 교양을 쌓아", 그대가 지혜롭다는 평을 들을 분야에서 실무에 종사하세요. 실없는 소리 또는 허튼소리라 불려 마땅한 "그런 말장난은 다른 사람들에게 보내버리세요. 그로 말미암아 그대는 빈 집에서 살게 돼요." 그대는 사소한 일로 논박을 일삼는 자들을 본받을 것이 아니라, 생계가 안정되고 명성을 날리며 그 밖에도 좋은 것들을 많이 구비한 사람들을 본받으세요.

소크라테스 칼리클레스, 만약 내 혼이 금으로 되어 있다면, 금을 시험하는 데 쓰는 저 돌들 가운데 하나를 그것도 가장 좋은 것으로 발견했으니 내 마음이 흐뭇하리라고 자네는 생각하지 않나? 나는 거기에 내 혼을 갖다 대고 내 혼이 적절하게 돌봄을 받았다는 데 그것이 동의하는

---

46 『일리아스』 9권 441행.
47 에우리피데스의 비극 『안티오페』에서 인용한 것이다.

지 볼 수 있을 것이고, 동의할 경우 나는 아무 문제가 없으니 더 시험받을 필요가 없겠다고 확신할 수 있을 테니 말일세.

칼리클레스 왜 그런 질문을 하시는 거죠, 소크라테스님?

소크라테스 말하겠네. 나는 자네를 만난 것이 그런 횡재를 한 것이라고 생각하네.

칼리클레스 어째서죠?

소크라테스 내 혼이 품고 있는 의견들에 자네가 동의해준다면, 그 의견들이 진리라는 것을 내가 확신할 수 있기 때문이지. 누군가의 혼이 올바르게 살고 있는지 아닌지 제대로 시험하기 위해서는 세 가지 자질을 구비하고 있어야 한다는 생각이 들어서 하는 말일세. 지식과 호의와 솔직함 말일세. 그런데 자네는 이 세 가지를 모두 구비하고 있네. 나는 자네만큼 지혜롭지 못해 나를 위해 시금석 노릇을 해주지 못하는 사람들을 많이 만난다네. 다른 사람들은 지혜롭기는 하지만 자네처럼 내게 관심을 갖지 않기에 진실을 말해주려 하지 않네. 여기 있는 외지인 두 분, 즉 고르기아스님과 폴로스는 두 분 다 지혜롭고 내 친구이지만 속마음을 털어놓기를 지나치게 난처해하신다네. 당연하지. 두 분은 체면 때문에 난처해진 나머지 여럿이 보는 앞에서, 그것도 가장 중요한 문제들과 관련해 앞뒤가 맞지 않는 말을 하지 않으셨던가!

그러나 자네는 다른 사람이 갖지 못한 이 자질들을 모두 구비하고 있네. 자네는 교육을 충분히 받았고—많은 아테나이인들이 그렇게 말할 걸세—내게 호의를 갖고 있네. 무슨 증거가 있느냐고? 말하겠네. 나는 자네들 네 사람이 지혜를 공유한다는 것을 알고 있네. 자네와 아피드나이 출신 테이산드로스와 안드로티온의 아들 안드론과 콜라르고스 출신 나우시퀴데스[48] 말일세. 나는 언젠가 자네들이, 어디까지 지혜를 갈고 닦아야 하느냐를 두고 토론하는 것을 우연히 들은 적이 있다네. 내가 알기에, 자네들이 내린 결론은 철학 공부를 하되 너무 깊이 파고드는 것은 바람직하지 않으며, 필요 이상의 지식을   d
습득하려다가 본의 아니게 패가망신하는 일이 없도록 서로 주의를 환기해야 한다는 것이었네. 그런데 나는 지금 자네가 절친한 학우들에게 해준 것과 같은 조언을 듣고 있으니, 그거야말로 자네가 진실로 내게 호의를 갖고 있다는 충분한 증거가 아니고 무엇이겠는가! 그리고 자네가 체면 때문에 난처해진 나머지 속마음을 털어놓지 못하는 그런 사람이 아니라는 것은 자네 입으로 말했고, 조금 전에 자네가 한 말을 통해서도 입증했네.

그러니 우리의 논점과 관련하여 우리의 입장은 분명 다음과 같네.   e
만약 우리가 토론하다가 자네가 나의 어떤 생각에 동의한다면, 그것은 나와 자네에 의해 충분히 시험받았으니 더는 시험받을 필요가 없네. 자네가 내게 동의한 것은 지혜가 부족한 탓도 아니고, 지나치게

---

48 아피드나이(Aphidnai)와 콜라르고스(Cholargos)는 각각 앗티케 지방의 174개 구역(區域 demos) 중 하나이다. 테이산드로스(Teisandros)는 부자라는 것 말고는 알려진 것이 별로 없다. 안드로티온(Androtion)의 아들 안드론(Andron)은 기원전 411년에 아테나이에 들어선 400인 과두정부의 일원으로, 과두정부가 무너지자 동료들을 배신하고 목숨을 구했다고 한다. 나우시퀴데스(Nausikydes)는 아테나이의 제분업자로 매점매석을 통해 큰돈을 모았다고 한다.

체면을 차린 탓도 아니며, 자네도 인정했듯이 자네는 내게 호의를 갖고 있는 만큼 나를 속이려는 것도 아닐 테니 말일세. 그러니 실제로 우리 사이의 동의는 결국 우리가 최종 목표인 진리에 이르게 해줄 걸세.

칼리클레스, 자네는 나를 핀잔주지만, 사람은 늙어서는 어때야 하고 젊어서는 어때야 하는가, 사람은 무엇을 어느 정도까지 추구해야 하는가 하는 질문들에 해답을 구하려는 시도야말로 가장 훌륭한 일일세. 내가 내 인생에서 잘못을 저지르는 일이 있으면, 잘 알아두게, 내가 일부러 잘못을 저지르는 것이 아니라 내가 무지해서 그러는 걸세. 기왕 나를 핀잔주기 시작했으니 자네는 중도에 그만두지 말고 내가 무엇을 추구해야 하며, 어떻게 해야 목표를 달성할 수 있는지 분명하게 보여주게. 그리고 내가 오늘 자네에게 동의해놓고 훗날 내가 동의한 대로 하지 않는 것을 발견하면, 그때는 나를 바보 멍청이로 여기게. 그리고 나는 전혀 가망 없는 사람이니 다시는 나를 핀잔주는 수고도 할 필요가 없네.

자, 처음으로 되돌아가서 자네와 핀다로스가 말하는 자연의 정의라는 것이 무엇을 뜻하는지 설명해주게. 그것은 더 강한 사람이 더 약한 사람의 재물을 강탈하는 것이고, 더 나은 사람이 더 열등한 사람을 지배하는 것이며, 더 훌륭한 사람이 더 하찮은 사람보다 더 많이 갖는 것인가? 내 기억이 맞는가? 자네는 설마 정의가 그와 다른 것이라고 주장하려는 것은 아니겠지?

칼리클레스 아니, 아까도 그렇게 주장했고 지금도 그렇게 주장해요.

소크라테스 그런데 자네는 같은 사람을 더 훌륭하다고 부르고 더 강

하다고도 부르는가? 조금 전에도 나는 자네 말뜻이 정확히 무엇인 c
지 알 수가 없었네. 자네는 조금 더 힘센 사람들을 더 강한 사람들이
라 부르는 것이며, 더 힘없는 사람들은 더 힘센 사람에게 복종해야
하는가? 큰 나라들은 더 강하고 더 힘센 만큼 큰 나라가 작은 나라를
공격하는 것은 자연의 정의에 부합한다고 주장할 때, 그것이 자네 주
장의 요지인 것 같네만. 그렇다면, 자네에게는 '더 강한 것'과 '더 힘
센 것'과 '더 훌륭한 것'은 같은 것일세. 아니면 더 훌륭한 사람이 더 d
허약하고 더 힘없을 수 있거나, 더 강한 사람이 더 사악할 수 있는가?
아니면 '더 훌륭한 것'과 '더 강한 것'은 같은 것을 의미하는가? 자
네의 용어들을 더 명확하게 정의해주게. '더 강한 것'과 '더 훌륭한
것'과 '더 힘센 것'은 같은 것인가, 다른 것인가?

칼리클레스 내가 그대에게 분명히 말할게요. 같은 겁니다.

소크라테스 그런데 자연에서는 대다수가 개인보다 더 강하지 않은가?
그래서 조금 전 자네가 말했듯이, 대다수가 개인을 통제하기 위해 법
안들을 통과시키는 것이고.

칼리클레스 물론 대다수가 개인보다 더 강하지요.

소크라테스 그렇다면 대다수의 법은 더 강한 사람들의 법일세.

칼리클레스 물론이지요.

소크라테스 그렇다면 대다수의 법은 더 훌륭한 사람들의 법이겠지? 자 e
네 논리대로라면 더 강한 사람들은 더 훌륭한 사람들이니까.

칼리클레스 네, 그래요.

소크라테스 그렇다면 대다수의 법은 본성상 훌륭하겠지? 그들은 더 강

하니까.

칼리클레스 나는 그렇다고 주장해요.

소크라테스 그런데 방금 자네도 말했듯이, 대다수의 법은 동등한 몫을
489a 갖는 것은 옳고, 불의를 행하는 것이 불의를 당하는 것보다 더 수치스
럽다는 것 아닌가? 그런가, 그렇지 않은가? 이번에는 자네가 체면 때
문에 난처해하다가 들키는 일이 없도록 조심하게나. 대다수는 더 많
은 몫이 아니라 동등한 몫을 갖는 것이 옳으며, 불의를 행하는 것이
불의를 당하는 것보다 더 수치스러운 일이라고 생각하는가, 그렇게
생각하지 않는가? 칼리클레스, 언짢아하지 말고 대답해주게. 자네가
동의하면 판단력 있는 사람이 동의한 것이니 나는 내 말이 옳다고 확
신하게 될 걸세.

칼리클레스 그게 대다수의 법이지요.

소크라테스 그렇다면 법에서뿐 아니라 자연에서도 불의를 행하는 것이
b 불의를 당하는 것보다 더 수치스러운 일이며, 동등한 몫을 갖는 것이
올바른 것일세. 그러니 앞서 자네가 한 말은 사실과 다른 것 같으며, 자
네가 나를 핀잔주는 이유도 사실무근인 것 같으이. 자네는 법과 자연
은 대립되는 것이라고 주장하며, 나는 이 점을 잘 알고는 누가 자연
(physis)의 관점에서 말하면 나는 법(nomos)의 관점에서 말하고, 누가
법의 관점에서 말하면 나는 자연의 관점에서 말함으로써 내가 토론에
서 행패를 부린다기에 하는 말일세.

칼리클레스 이 양반이 자꾸 허튼소리를 하시는구먼. 말해보세요, 소크
c 라테스님. 그 나이에 남의 말꼬리나 잡으며 누가 실수로 잘못된 표현을

사용하면 그걸 횡재로 여기는 것이 부끄럽지도 않으세요? 그대는 내가 말하는 더 강한 것이 더 훌륭한 것이라는 것 말고 다른 것을 뜻한다고 생각하시오? 나는 더 훌륭한 것과 더 강한 것은 같은 것이라고 주장한 다고, 아까부터 그대에게 말하지 않던가요? 아니면 그대는 노예들이나 아마도 체력을 사용하는 일 외에는 아무 쓸모 없는 잡다한 인간 무리들이 모여 무슨 주장을 하면, 그 주장이 곧 법이라는 것이 내 주장이라고 생각하시나요?

소크라테스 됐네, 더없이 지혜로운 칼리클레스! 그게 자네 주장이라는 말이지?

칼리클레스 물론입니다.

소크라테스 여보게, 실은 나도 자네가 말하는 '더 강한 것'이란 그런 것 이라고 대충은 짐작했지만, 자네의 말뜻을 정확히 알고 싶어 이런 질문을 하는 것이라네. 자네는 분명 두 사람이 한 사람보다 더 훌륭하다고 여기지 않으며, 자네의 노예들이 자네보다 힘세다고 해서 자네보다 훌륭하다고 여기지도 않는 것 같네. 처음부터 다시 말해주게. 자네가 말하는 더 훌륭한 사람들이란 대체 무슨 뜻인가? 더 힘센 사람들이 아니라니 하는 말일세. 여보게, 나를 가르치되 부드럽게 가르치게. 그러지 않으면 나는 배우다 말고 자네 곁을 떠날 걸세. d

칼리클레스 소크라테스님, 저를 비꼬시는군요. e

소크라테스 칼리클레스, 절대 그렇지 않네. 제토스에 걸고 맹세하겠네. 방금 자네가 그의 말을 인용하며 한참 동안 나를 비꼬던 그 인물 말일세. 자, 말해주게. 자네가 말하는 훌륭한 사람들이란 어떤 사람들인가?

칼리클레스 더 나은 사람들이오.

소크라테스 알겠는가? 자네는 낱말들만 나열할 뿐 아무것도 밝혀주지 못하고 있네. 말해보게. 사람들을 더 훌륭하고 더 강하게 만드는 것은 무엇인가? 더 지혜로운 것인가, 아니면 무엇인가?

칼리클레스 맞아요. 제우스에 맹세코, 더 지혜로운 것이지요. 확실해요.

490a **소크라테스** 자네 논리대로라면 가끔은 지혜로운 한 사람이 지혜롭지 못한 무수한 사람들보다 강한데, 지혜로운 한 사람은 다스리고 지혜롭지 못한 무수한 사람들은 다스림을 받아야 하며, 치자는 피치자들보다 많이 가져야 하겠구먼. 자네가 하고 싶은 것은 그런 말인 것 같네―말꼬리를 잡자는 게 아닐세―만약 한 사람이 무수히 많은 사람들보다 강하다면 말일세.

칼리클레스 그래요, 그게 내 말이에요. 나는 더 훌륭하고 더 지혜로운 사람이 더 열등한 사람들을 다스리고 그들보다 더 많이 갖는 것이 자연의 정의라고 믿어요.

b **소크라테스** 거기서 잠깐 멈추게. 그건 또 무슨 말인가? 지금처럼 우리가 한곳에 많이 모여 있고 먹을거리와 마실 거리를 많이 공유하는데, 우리는 잡다한 사람들인지라 어떤 사람들은 힘이 세고 어떤 사람들은 힘이 약하다고 가정해보게. 그리고 우리 중 한 명은 의사이기에 먹을 것과 마실 것에 관해 우리보다 더 지혜롭지만, 아마도 우리 중 어떤 사람들보다는 힘이 더 세지만 다른 사람들보다는 힘이 더 약하다고 가정해보게. 그는 우리보다 더 지혜로우니 먹을거리와 마실 거리에 관해서는 우리보다 더 훌륭하고 더 강하지 않을까?

칼리클레스 물론이지요.

소크라테스 그럴 경우 그는 우리보다 더 훌륭하기에 먹을거리를 우리보 c
다 더 많이 가져야 하는가? 그는 치자이기에 먹을거리를 모두에게 나
눠주어야지, 혼자서 낭비하거나 제 몸을 위해 소비하려고 더 많이 가
져서는 안 되는 것 아닐까? 그가 처벌받기를 원하지 않는다면 말일세.
실은 그는 어떤 사람들보다는 더 많이 갖고 어떤 사람들보다는 더 적
게 가져야 하지 않을까? 그리고 그가 마침 우리 중에서 가장 힘이 약하
다면 가장 훌륭한 사람이면서도 가장 적은 몫을 가져야 하지 않을까,
칼리클레스? 그렇지 않은가, 여보게?

칼리클레스 그대는 또 먹을거리, 마실 거리, 의사들 그리고 시시한 생각
들에 관해 말하는군요. 하지만 내가 말하려는 것은 그런 것들이 아니 d
에요.

소크라테스 자네 말은 더 지혜로운 사람이 더 훌륭한 사람이라는 뜻 아
닌가? 그런가, 그렇지 않은가?

칼리클레스 맞아요. 그런 뜻이에요.

소크라테스 그런데 더 훌륭한 사람이 더 많이 가져야 하는 것 아닌가?

칼리클레스 하지만 먹을거리나 마실 거리를 더 많이 가져서는 안 돼요.

소크라테스 알겠네. 외투는 더 많이 가져도 되겠지? 천을 가장 잘 짜는
사람이 가장 큰 외투를 가져야 하고, 좋은 외투들을 가장 많이 입고 돌
아다녀야겠지?

칼리클레스 외투가 무슨 상관이지요?

소크라테스 하지만 구두의 경우, 분명 그 분야에 가장 지혜로운 사람이,

e 즉 가장 훌륭한 사람이 더 많이 가져야겠지? 아마도 제화공이 가장 큰 구두들을 가장 많이 신고 돌아다니겠지.

칼리클레스 구두가 무슨 상관이지요? 계속 허튼소리를 늘어놓으시는군요.

소크라테스 자네가 말하려는 게 그런 것들이 아니라면, 아마도 이런 것들이겠군. 농사에 밝은 훌륭하고 착한 농부 말일세. 아마도 그런 사람은 씨앗을 더 많이 갖고 자기 땅에 씨앗을 되도록 많이 뿌려야 할 걸세.

칼리클레스 매번 같은 말을 되풀이하시는군요, 소크라테스님.

소크라테스 칼리클레스, 그럴 뿐 아니라 나는 같은 주제들에 대해서도 같은 말을 되풀이한다네.

491a **칼리클레스** 그래요, 신들에 맹세코. 그대는 그야말로 멈추지 않고 계속해서 제화공, 축융공(縮絨工), 요리사, 의사 이야기를 하시는군요. 그들이 우리 토론과 무슨 관계가 있기라도 한 것처럼.

소크라테스 그렇다면 우리는 누구에 관해 말하고 있는가? 자네가 말해 주겠나? 더 강하고 더 지혜로운 사람이 무엇을 더 많이 가져야 정당하게 더 많이 갖는 것인가? 자네는 내가 개입하는 것도 용납하지 않고 자네 자신도 말하지 않을 텐가?

칼리클레스 아까부터 말했잖아요. 먼저, 내가 말하는 더 강한 사람들이
b 란 제화공도 요리사도 아니고, 나랏일에 관해 그리고 나랏일을 잘 처리하는 방법에 관해 지혜로운 사람들이에요. 지혜로울 뿐 아니라 용감하기도 하여, 계획한 바를 혼이 유약해서 포기하는 일 없이 끝까지 수행할 수 있는 사람들 말이에요.

소크라테스 더없이 훌륭한 칼리클레스여, 자네가 나를 비난하는 것과

내가 자네를 비난하는 것이 서로 다르다는 것을 알겠는가? 자네는 내가 매번 같은 말을 되풀이한다고 주장하며 나를 비난하는 반면, 나는 정반대로 자네는 같은 주제들에 대해 결코 같은 말을 하지 않는다고 비난하네. 처음에 자네는 더 훌륭하고 더 강한 사람들을 더 힘센 사람들이라고 규정하더니 다시 더 지혜로운 사람들이라고 규정하는가 하면, 이번에는 또 다른 것을 들고 나왔네. 자네 주장에 따르면, 더 강한 사람들과 더 훌륭한 사람들은 더 용감한 사람들이니까. 여보게, 그러지 말고 자네가 말하는 더 훌륭하고 더 강한 사람들이란 대체 어떤 사람들이며 어떤 점에서 그런지 한번 말해보게.

칼리클레스 말했잖아요. 그들은 나랏일에 지혜로운 용감한 사람들이라고. 이들이 나라를 다스리는 것이 적절하고, 치자들인 이들이 피치자들인 다른 사람들보다 더 많이 갖는 것은 옳으니까요.

소크라테스 여보게, 그들은 자신들과 관련해서는 어떤가? 그들은 치자들인가, 피치자들인가?

칼리클레스 무슨 뜻이지요?

소크라테스 각자는 자신이 자신을 다스린다는 뜻일세. 아니면 각자는 자신을 다스릴 필요는 없고 남들만 다스려야 하는가?

칼리클레스 '자신을 다스리다'니, 그게 무슨 뜻이지요?

소크라테스 복잡한 뜻이 있는 것은 아니고 대다수가 생각하는 그런 것일세. 절제 있고 자제력이 있어 자기 안의 쾌락과 욕구들을 다스린다는 뜻일세.

칼리클레스 참 재미있는 분이셔. 멍청한 사람들을 자제력 있는 사람들이라고 주장하시니 말이에요.

소크라테스 어째서 그런 말을 하지? 내 말이 그런 뜻이 아니라는 것을 모를 사람은 아무도 없을 텐데.

칼리클레스 소크라테스님, 그대의 말은 정확히 그런 뜻이에요. 누구에게 종살이하는 사람이 어떻게 행복할 수 있겠어요? 오히려 내가 지금 그대에게 솔직히 말하려는 이것이 훌륭하며 자연의 정의겠지요. 말하자면 492a 올바르게 살아가려는 사람은 자신의 욕구들이 최대한 커지도록 내버려두어야지 응징해서는 안 돼요. 그리고 그는 자신의 욕구들이 최대한 커졌을 때 용기와 지혜로써 욕구들에 봉사하며 욕구들이 그때그때 원하는 것을 충족할 수 있게 해야겠죠. 그러나 대다수 사람들에게는 그럴 능력이 없는 것 같아요. 그래서 그들은 창피해서 그럴 능력이 있는 사람들을 비난하며 자신들의 무능을 감추려 하지요. 또한 그들은 내가 앞에서[49] 말했듯이, 무절제는 수치스러운 것이라고 주장하며 본성적으로 더 훌륭한 사람들을 노예로 만들지요. 그들이 절제와 정의를 칭 b 찬하는 것은 용기가 없어 자신의 쾌락들을 충족시킬 수 없기 때문이에요.

누가 왕자로 태어나거나, 아니면 참주나 정치지도자로 권력을 잡을 수 있는 능력을 타고났다고 가정해보세요. 솔직히 말해 이런 사람들에게 절제와 정의보다 더 창피하고 더 나쁜 것이 어디 있겠어요? 그들은 어느 누구에게도 방해받지 않고 좋은 것들을 즐길 수 있는데도 대다수 사람들의 법과 의견과 비판을 자신들의 상전으로 모시니까요. 정의와 절제가 다 c 스리는 이 놀라운 나라에서 그들이 어떻게 행복할 수 있겠어요? 그들에게 권력이 있다 한들 그들이 그것을 이용해 적들보다 친구들에게 아무것도 더 많이 나누어줄 수 없다면 말이에요. 소크라테스님, 그대가 진리를 추구한다고 주장하시니 하는 말인데, 진리는 다음과 같아요. 그럴 재력만 있다면 사치와 무절제와 자유야말로 미덕이자 행복이죠. 그 나머지는 모두 실속 없는 미사여구이자 자연에 반하는, 사람들 사이의 협약이자 허튼소리로 아무 가치도 없어요.

소크라테스 칼리클레스, 점잖고도 솔직하게 논리를 전개해주어서 고맙 d
네. 다른 사람들은 생각은 하면서도 말하려 하지 않는 것들을 자네는 분명하게 말하는구먼. 그래서 부탁인데, 우리가 정말 어떻게 살아야 하는지 오해의 여지없이 명확해지도록 자네는 조금도 늦추지 말게. 말해보게. 자네는 누가 마땅히 되어야 할 그런 사람이 되려면 자신의 욕구들을 처벌해서는 안 되고, 오히려 욕구들이 최대한 커지게 한 다음 수단껏 욕구들을 충족시켜야 한다고, 그리고 그게 미덕이라고 주장하는 e
것인가?

칼리클레스 그래요. 나는 그렇게 주장해요.

소크라테스 그렇다면 아무것도 필요하지 않은 사람들이 행복하다는 주장은 옳지 못한 주장이겠구먼.

칼리클레스 그래요. 그렇다면 돌과 시신이 가장 행복할 테니까요.

소크라테스 하지만 자네가 행복하다고 말하는 사람들 역시 끔찍한 삶

---

49   483b 이하.

을 산다네. 에우리피데스의 다음과 같은 말이 사실이라 해도 나는 놀라지 않을 걸세.

누가 알겠는가, 살아 있는 것이 죽어 있는 것이고,
죽어 있는 것이 살아 있는 것인지?[50]

493a 우리는 사실은 죽어 있는 것인지도 모르지. 나는 어떤 현자한테서 우리는 이미 죽어 있는 것이고, 우리의 몸[51]은 무덤[52]이며, 욕구들이 들어 있는 혼의 부분은 쉽게 설득당해 이리저리 움직인다는 말을 들은 적이 있네. 그런데 시켈리아[53] 아니면 이탈리아 출신인 듯한 어떤 재치 있는 이야기 작가는 혼의 이 부분을 항아리[54]라고 불렀다네. 혼의 이 부분이 쉽게 설득당하고[55] 쉽게 영향을 받기 때문에 말을 조금 고쳐 항아리라

b 고 불렀던 거지. 그는 또한 바보들[56]을 입문하지 않은 자들[57]이라고 불렀는데, 욕구들이 들어 있는 혼의 그 부분이 바보들의 경우에는 무절제하며 꽉 닫혀 있지 않다는 것을, 말하자면 물이 새는 항아리라는 것을 암시하려는 것이지. 둘은 채워질 수 없다는 점에서 서로 닮았으니까. 그는 자네와 완전히 견해를 달리한다네, 칼리클레스. 그는 하데스[58] —그는 이말을 '보이지 않는 것'[59]이라는 뜻으로 쓴다네—에 있는 자들 중에서는 역시 물이 새는 체에다 물을 길어 와서 물이 새는 항아리를 채우려하는[60] 이들 입문하지 않은 자들이 가장 비참한 자들이라는 것을 보

c 여주려 하니 말일세. 따라서 나에게 이야기를 전해준 사람에 따르면, 그가 말하는 체는 혼을 뜻하는데, 바보들의 혼은 불신과 망각 탓

에 무얼 붙잡아둘 수 없다는 점에서 물이 새기 때문이래.

이 이야기에 이상한 데가 없는 것은 아니지만, 내가 자네에게 보여주고 싶었던 것을 분명히 보여준다네. 나는 이 이야기를 이용하여 어떻게든 자네를 설득하고 싶네. 자네가 생각을 바꿔 충족될 수 없는 무절제한 삶보다는 그때그때 가진 것으로 완전히 만족하는 절제 있는 삶을 선택하도록 말일세. 내 설득이 주효하여 자네는 절제 있 d 는 사람이 무절제한 사람보다 더 행복하다고 믿기로 생각을 바꿀 텐가? 아니면 내가 이런 이야기를 자꾸 해도 자네는 전혀 생각을 바꾸지 않을 텐가?

칼리클레스 소크라테스님, 두 번째가 사실에 더 가깝습니다.

50 에우리피데스, 단편 638 (Nauck).

51 soma.

52 sema.

53 Sikelia. 시칠리아의 그리스어 이름.

54 pithos.

55 pithanon.

56 anoetoi.

57 amyetoi. '(철학에) 입문하지 않은 자들'이라는 뜻 외에 '꽉 닫히지 않은 자들'이라는 뜻도 있다.

58 Hades. 저승 또는 저승을 다스리는 신.

59 to aides. 하데스라는 이름은 '보이지 않는 자'라는 뜻이다. 여기서 이 말은 욕구들을 암시하는 것 같다. 욕구들도 눈에 보이지 않기 때문이다.

60 그리스신화에서 다나오스(Danaos)의 50명의 딸들은 한 명을 제외하고는 모두 첫날밤에 남편을 살해한 죄로 저승에 가서 체로 물을 길어와 깨진 독을 채워야 하는 벌을 받는다.

소크라테스 좋아. 그렇다면 내가 방금 언급한 그 학파[61]에서 나온 다른 비유를 하나 들겠네. 절제 있는 사람과 무절제한 사람의 상이한 생활 방식에 관해 자네가 말하는 것이 다음과 같은 것이 아닌지 자문해보게. 두 사람에게는 저마다 항아리가 많이 있는데, 한 사람의 항아리들은 온전하고 각각 포도주, 꿀, 우유 등등으로 가득차 있다고 가정해보게. 이런 액체들은 귀하고 구하기 힘들어 그 하나하나를 많은 노고와 고생 끝에 얻었다고 가정해보게. 따라서 이 사람은 항아리들이 가득찼기에 더이상 붓지도 않고 이제는 신경을 쓰지도 않네. 그래서 그는 이 일에 관한 한 편안히 쉴 수 있네. 반면 다른 사람은 역시 비슷한 고생 끝에 액체들을 구할 수 있지만, 그의 항아리들은 금이 가고 흠이 있기에 밤낮없이 쉬지 않고 채워야 하거나 심한 고생을 하네. 두 사람의 삶이 그런 것이라도 자네는 무절제한 사람의 삶이 절제 있는 사람의 삶보다 더 행복하다고 주장할 텐가? 내가 이런 말을 하면 내 설득이 주효하여 자네는 절제 있는 삶이 무절제한 삶보다 더 낫다고 믿기 시작할 텐가? 아니면 나는 자네를 설득하지 못하고 있는가?

칼리클레스 그대는 나를 설득하지 못했어요, 소크라테스님. 항아리들이 가득찬 사람에게는 아무런 즐거움도 없으며, 즐거움도 고통도 느끼지 못하니 앞서 내가 말했듯이 돌과 같은 삶이 있을 뿐이니까요. 오히려 즐거운 삶은 최대한 많이 들이붓는 데 있지요.

소크라테스 많이 들이부으면 나가는 것도 많을 수밖에 없을 텐데, 그러자면 그것을 내보낼 항아리들의 구멍들도 커야겠지?

칼리클레스 그렇지요.

소크라테스 그렇다면 자네가 지금 말하는 것은 시신이나 돌의 삶이 아니라 걸신들린 새[鳥]의 삶이겠구먼. 말해보게. 자네가 말하려 하는 것은 예를 들면 배고픔과 배고파 먹는 것인가?

칼리클레스 네, 그래요.

소크라테스 목마름과 목말라 마시는 것도?

칼리클레스 네. 그리고 다른 욕구들도 모두 갖되 그 욕구들을 충족시킴으로써 즐거움을 느끼며 행복하게 살아가는 것도요.

소크라테스 됐네. 여보게, 지금 시작한 그대로 계속해서 밀고 나가게. 난처해하지 말고. 나도 체면 때문에 난처해하지 말아야 할 것 같네. 먼저 내 질문에 답변해주게. 가려운 데를 긁고 싶은데 실컷 긁을 수 있어 평생을 긁으면서 보낸다면, 그렇게 사는 것이 행복한 삶일까?

칼리클레스 참 이상하시네요, 소크라테스님. 마치 대중의 환심을 사려는 듯 말을 하시네요.

소크라테스 칼리클레스, 아닌 게 아니라 폴로스와 고르기아스가 충격을 받고 난처해한 것도 그 때문일세. 그런데 자네는 충격도 받지 않고 난처해하지도 않는군. 하긴 자네는 용감하니까. 자, 내 질문에 답변이나 해주게.

칼리클레스 그렇다면 긁으면서 보낸 삶도 즐거운 삶이라고 말할래요.

소크라테스 그것이 즐거운 삶이라면 행복한 삶이기도 하겠지?

---

61 퓌타고라스(Pythagoras) 학파?

칼리클레스 물론이지요.

소크라테스 그가 머리를 긁을 경우에만 그런가? 아니면…. 내가 이런 식
의 질문을 계속할까? 생각해보게, 칼리클레스. 자네가 이런 식의 질문
을 차례차례 받는다면 뭐라고 답변할 텐가? 이런 것들의 맨 꼭대기에
는 남성 동성애자들의 삶이 있네. 그것은 끔찍하고 부끄럽고 비참한 삶
이 아닌가? 아니면 자네는 이들이 필요를 끝없이 충족시키는 한 행복
하다고 감히 주장할 텐가?

칼리클레스 소크라테스님, 토론을 그런 방향으로 이끄시다니 부끄럽지
도 않으세요?

소크라테스 여보게 칼리클레스, 내가 토론을 그쪽 방향으로 이끄는 것
인가? 아니면 어떻게 해서 즐거움을 느끼든 즐거움을 느끼는 사람들
이 무조건 행복하다고 주장하며 좋은 즐거움과 나쁜 즐거움을 구별하
지 않는 사람이 그러는 것인가? 지금이라도 말해주게. 자네는 즐거운
것과 좋은 것[62]은 같은 것이라고 주장하는가? 아니면 즐거운 것들 중
에는 좋지 않은 것도 있는가?

칼리클레스 다르다고 주장하면 자기모순에 빠질 테니 이를 피하기 위해
나는 즐거운 것과 좋은 것은 같은 것이라고 주장할래요.

소크라테스 칼리클레스, 자네는 앞서 약속한 것[63]을 어겼네. 생각에 반
하는 말을 하겠다면 자네는 나와 함께 진리를 추구할 자격이 없네.

칼리클레스 그대도 언제나 생각하는 바를 말하는 것은 아니지 않나요,
소크라테스님?

소크라테스 내가 실제로 그렇게 한다면 나도 잘못하는 것이겠지. 하지

만 여보게, 자네는 제약 없이 즐기는 것이 좋은 것이라고 확신하나? 그렇다면 내가 방금 말한 수치스러운 결과들 말고도 다른 많은 수치스러운 결과가 수반될 것이 분명하기에 하는 말일세.

칼리클레스 그건 그대 생각이지요, 소크라테스님.

소크라테스 자네는 정말로 그렇다고 단언하나, 칼리클레스?

칼리클레스 그렇다니까요.

소크라테스 그렇다면 그게 자네 진심이라고 가정하고 논의를 시작해볼까? c

칼리클레스 물론 진심이지요.

소크라테스 좋아. 자네 생각이 그렇다니, 나를 위해 다음 것들을 구별해 주게. 자네가 지식이라고 부르는 무엇인가가 존재하겠지?

칼리클레스 네.

소크라테스 조금 전에 자네는 지식이 수반되는 용기 같은 것이 있다고도 말하지 않았나?[64]

칼리클레스 말했지요.

소크라테스 그렇다면 자네는 용기와 지식은 별개의 것이라고 생각하고 그것들은 두 가지 자질이라고 말한 것이겠지?

칼리클레스 물론이지요.

소크라테스 어떤가? 즐거움과 지식은 같은가, 다른가?

---

62 to agathon.
63 생각하는 바를 솔직히 말하겠다는 약속을 말한다. 482d~e 참조.
64 491a~d.

d **칼리클레스** 물론 다르지요, 더없이 지혜로운 소크라테스님.

소크라테스 용기도 즐거움과 다른가?

칼리클레스 물론이지요.

소크라테스 자, 그렇다면 우리는 기록해두세. 아카르나이[65] 구역 출신인 칼리클레스는 '즐거운 것'과 '좋은 것'은 같지만 지식과 용기는 서로 간에도 다르고 좋은 것과도 다르다고 주장한다고 말일세.

칼리클레스 그리고 알로페케[66] 구역 출신인 소크라테스는 우리에게 동의하지 않는다고. 아니면 그분도 동의하시나요?

e **소크라테스** 그는 동의하지 않네. 나는 칼리클레스도 자신을 올바로 관찰하면 동의하지 않을 것이라고 믿네. 말해주게. 자네는 잘나가는 사람들과 잘나가지 못하는 사람들은 상반된 경험을 할 것이라고 생각하지 않나?

칼리클레스 네, 그럴 것이라고 생각해요.

소크라테스 그런데 그들의 경험들이 상반된다면, 건강과 질병에 적용되는 원칙이 그것들에도 적용될 수밖에 없겠지? 한 사람이 동시에 건강하고 아플 수 없으며, 동시에 건강과 질병에서 벗어날 수 없단 말일세.

칼리클레스 무슨 뜻이지요?

소크라테스 자네가 원하는 몸의 한 부분을 예로 들어 살펴보게. 사람은
496a 눈이 아플 수 있는데, 그런 사람을 우리는 '눈병'에 걸렸다고 말하겠지?

칼리클레스 물론이지요.

소크라테스 그렇다면 그는 동시에 눈이 건강할 수는 없겠지?

칼리클레스 절대로 그럴 수 없지요.

소크라테스 그가 눈병에서 벗어날 때는 어떤가? 그때 그는 눈의 건강에서도 벗어나, 결국 양쪽에서 동시에 벗어나는 것인가?

칼리클레스 전혀 그렇지 않아요.

소크라테스 그렇게 되면 생각건대 이치에 닿지 않는 터무니없는 일이 일 b
어나는 것이니까. 그렇지 않은가?

칼리클레스 왜 아니겠어요?

소크라테스 그러니까 그는 번갈아가며 그 두 가지 상태 중 하나씩을 얻기도 하고 잃기도 하는 것 같네.

칼리클레스 동의해요.

소크라테스 힘셈과 힘없음에도 같은 원칙이 적용되겠지?

칼리클레스 네.

소크라테스 빠름과 느림에도?

칼리클레스 물론이지요.

소크라테스 좋은 것들과 나쁜 것들, 행복과 불행 역시 그는 번갈아가며 원하는 것들 중 하나씩을 얻기도 하고 잃기도 하겠지?

칼리클레스 틀림없어요.

소크라테스 그러니 한 사람이 동시에 벗어나기도 하고 동시에 갖기도 c
하는 것들을 우리가 발견한다면, 그것들은 분명 좋은 것도 나쁜 것도

---

65 아카르나이(Acharnai)는 앗티케 지방의 174개 구역 중 하나이다.

66 Alopeke.

아닐세. 자네는 내 말에 동의하는가? 잘 생각해보고 나서 대답하게.

칼리클레스 전적으로 동의해요.

소크라테스 자, 그렇다면 우리가 앞서 동의한 것들[67]로 되돌아가세. 자네는 배고픔을 언급했는데, 자네는 그것을 즐거운 것으로 여겼는가, 괴로운 것으로 여겼는가? 배고픔 자체 말일세.

칼리클레스 나는 그것을 괴로운 것으로 여겼어요. 그러나 배고플 때 먹는 것은 즐겁다고 말할래요.

d　**소크라테스** 알겠네. 그러나 배고픔 자체는 괴로운 것이겠지? 그렇지 않은가?

칼리클레스 네, 그래요.

소크라테스 목마름도 그렇겠지?

칼리클레스 그렇고말고요.

소크라테스 내가 이런 질문을 계속할까? 아니면 결핍과 욕구는 모두 괴로운 것이라는 데 자네는 동의하는가?

칼리클레스 동의해요. 그러니 더 질문하지 마세요.

소크라테스 좋아. 그러니까 목마를 때 마시는 것은 즐거운 것이라는 것이 자네 주장이란 말이지?

칼리클레스 그렇다니까요.

소크라테스 이 경우 자네가 말하는 '목마를 때'란 분명 '괴로울 때'라는 뜻이겠지?

칼리클레스 네, 그래요.

e　**소크라테스** 마시는 것은 결핍의 채움이자 즐거움이겠지?

칼리클레스 네.

소크라테스 이 경우에는 마심으로 해서 즐겁다는 것이 자네 주장이란 말이지?

칼리클레스 그렇다니까요.

소크라테스 목마를 때 그럴 테지.

칼리클레스 동의해요.

소크라테스 그러니까 괴로울 때겠지?

칼리클레스 네.

소크라테스 어떤 결론이 나는지 알겠나? 목마를 때 마신다고 자네가 말할 때, 그것은 누가 괴로움과 즐거움을 동시에 느낀다고 말하는 것이 된다네. 혼이든 몸이든─나는 다른 점이 전혀 없다고 생각하네만─같은 곳에서 이 두 가지를 동시에 느낀다는 것은 불가능하지 않을까? 그런가, 그렇지 않은가?

칼리클레스 그래요.

소크라테스 그러나 자네 주장에 따르면, 어떤 사람이 잘나가면서 동시에 잘나가지 못하는 것은 불가능하네.

칼리클레스 그래요.

497a

소크라테스 하지만 자네는 괴로워하는 사람이 즐거움을 느낄 수 있다는 데 동의했네.

67 494b.

칼리클레스 그럴 수 있을 것 같은데요.

소크라테스 그렇다면 즐거움을 느끼는 것은 잘나가는 것이 아니고, 괴로움을 느끼는 것은 잘나가지 못하는 것이 아닐세. 따라서 즐거운 것은 좋은 것과 다른 것이네.

칼리클레스 소크라테스님, 나는 그대가 무슨 궤변을 늘어놓는 것인지 모르겠어요.

소크라테스 자네는 알고 있네, 칼리클레스. 모르는 체 시치미를 떼는 거지. 자, 서두르게. 아직 갈 길이 멀다네.

칼리클레스 왜 말도 안 되는 소리를 자꾸 늘어놓으시는 거죠?[68]

b **소크라테스** 나를 훈계하는 자네가 얼마나 지혜로운지 자네에게 알려주고 싶어서 그런다네. 우리 각자는 마심으로 해서 목마름이 멎는 동시에 즐거움도 멎는 것이 아닌가?

칼리클레스 무슨 말씀을 하시는 건지 모르겠네요.

고르기아스 칼리클레스, 그러지 말고 우리를 위해서라도 대답하게. 토론이 마무리될 수 있도록.

칼리클레스 하지만 고르기아스님, 소크라테스님은 늘 이런 식이에요. 별로 가치도 없는 쓸데없는 질문들을 해대며 상대방을 논박하려 한단 말이에요.

고르기아스 그게 자네와 무슨 상관인가? 그건 결코 자네가 평가할 일이 아닐세, 칼리클레스. 소크라테스가 원하는 방식대로 자네를 논박할 수 있게 해주게.

c **칼리클레스** 자, 그 작고 시시한 것들을 물어보세요. 고르기아스님이 그

러기를 원하시니까.

소크라테스 칼리클레스, 자네는 행운아일세. 더 낮은 비의(秘儀)에 입문하기 전에 더 높은 비의에 입문했다니 말일세. 나는 그런 것이 허용되지 않는 줄 알았는데. 그건 그렇고 자네가 그만둔 데서부터 답변해주게. 질문은, 우리 각자는 목마름이 멎는 동시에 즐거움도 멎는가 하는 것이었네.

칼리클레스 맞아요.

소크라테스 그렇다면 배고픔과 그 밖의 다른 욕구들도 즐거움과 동시에 멎겠구먼?

칼리클레스 그렇다니까요.

소크라테스 그렇다면 괴로움과 즐거움도 동시에 멎겠구먼?

칼리클레스 네.

d

소크라테스 하지만 자네가 동의한 바에 따르면, 우리는 좋은 것들과 나쁜 것들을 동시에 잃을 수 없네. 자네, 지금은 이에 동의하지 않는가?

칼리클레스 아니, 동의해요. 그게 어떻다는 거죠?

소크라테스 그러면 좋은 것들은 즐거운 것들과 같은 것이 아니고, 나쁜 것들은 괴로운 것들과 같은 것이 아니라는 결론이 나기 때문이지. 즐거운 것들과 괴로운 것들은 동시에 멎지만 좋은 것들과 나쁜 것들은 동시에 멎지 않는다면, 이 두 쌍은 서로 다른 것이라는 뜻일세. 그렇다면

---

68 이 부분은 옥스퍼드 고전 텍스트의 hoti echon lereis를 Badham에 따라 ti echon lereis로 고쳐 읽고 칼리클레스에게 배정했다.

즐거운 것들이 좋은 것들과 어떻게 같을 수 있으며, 괴로운 것들이 나쁜 것들과 어떻게 같을 수 있겠는가? 자네는 나의 이런 논의에 동의하지 않는 것 같으니, 원한다면 다음과 같은 방식으로도 고찰해보게. 생

e 각해보게. 자네가 사람들을 아름답다고 부르는 것은 그들에게 아름다움이 있기 때문이듯, 자네가 좋은 사람들을 좋은 사람들이라고 부르는 것은 그들에게 좋음이 있기 때문이 아니겠는가?

칼리클레스 동의해요.

소크라테스 어떤가? 자네는 어리석고 비겁한 사람들을 좋은 사람들이라고 부르는가? 그렇게 부르지 않을 것 같네만. 조금 전에 자네는 용감하고 지혜로운 사람들이 좋은 사람들이라고 했으니까. 아니면 자네는 이런 사람들을 좋은 사람들이라고 부르지 않는가?

칼리클레스 그렇게 부르지 않기는요.

소크라테스 어떤가? 자네는 어리석은 아이가 즐거워하는 것을 본 적이 있는가?

칼리클레스 있어요.

소크라테스 어리석은 어른이 즐거워하는 것을 본 적은 없는가?

칼리클레스 있는 것 같아요. 그게 어떻다는 거죠?

498a **소크라테스** 아무것도 아닐세. 대답이나 해주게.

칼리클레스 본 적이 있어요.

소크라테스 어떤가? 자네는 지각 있는 사람이 괴로워하고 즐거워하는 것을 본 적이 있는가?

칼리클레스 있어요.

소크라테스 그런데 어느 쪽이 더 즐거워하고 더 괴로워하는가? 지혜로운 사람들인가, 어리석은 사람들인가?

칼리클레스 나는 크게 다르지 않다고 생각해요.

소크라테스 그것이면 충분하네. 자네는 전쟁터에서 겁쟁이를 본 적이 있는가?

칼리클레스 왜 없겠어요?

소크라테스 어떤가? 적군이 퇴각했을 때 어느 쪽이 더 좋아하는 것 같던가? 겁쟁이들인가, 용감한 사람들인가?

칼리클레스 양쪽 다 좋아한 것 같아요. 서로 비슷한 정도이거나 겁쟁이 b 들이 조금 더 좋아한 것 같아요.

소크라테스 그건 중요하지 않네. 그러니까 겁쟁이들도 좋아하더라는 말이지?

칼리클레스 그렇다니까요.

소크라테스 어리석은 자들도 좋아하겠지, 아마.

칼리클레스 네.

소크라테스 그리고 적군이 진격해왔을 때 겁쟁이들만 괴로워하던가, 용감한 사람들도 괴로워하던가?

칼리클레스 양쪽 다 괴로워했어요.

소크라테스 같은 정도로?

칼리클레스 겁쟁이들이 아마도 더 괴로워한 것 같아요.

소크라테스 그렇다면 적군이 퇴각했을 때 겁쟁이들이 더 좋아하지 않았을까?

칼리클레스 아마 그랬던 것 같아요.

소크라테스 자네 말대로라면, 어리석은 자들이나 지혜로운 사람들이나 겁쟁이들이나 용감한 사람들이나 거의 비슷한 정도로 괴로워하고 즐거워하겠구먼? 겁쟁이들이 이런 감정들을 용감한 사람들보다 조금 더 강하게 느끼기는 하겠지만 말일세.

칼리클레스 그래요.

소크라테스 그러나 지혜로운 사람들과 용감한 사람들은 좋은 사람들이고, 비겁하고 어리석은 사람들은 나쁜 사람들이겠지?

칼리클레스 네.

소크라테스 그렇다면 좋은 사람들과 나쁜 사람들은 거의 비슷하게 즐거워하고 괴로워하겠지?

칼리클레스 그래요.

소크라테스 그렇다면 좋은 사람들과 나쁜 사람들은 거의 비슷하게 좋고 나쁜가? 아니면 나쁜 사람들이 오히려 더 좋은가?

칼리클레스 무슨 말씀을 하시려는 건지 도무지 모르겠네요.

소크라테스 모르겠다고? 좋은 사람들을 좋은 사람들이라고 부르는 것은 그들에게 좋음이 있기 때문이고, 나쁜 사람들을 나쁜 사람들이라고 부르는 것은 그들에게 나쁨이 있기 때문이라는 데 자네는 동의하지 않았던가? 또한 자네는 좋은 것들은 즐거운 것들이고, 나쁜 것들은 괴로운 것들이라고도 주장하지 않았던가?

칼리클레스 그래요. 그렇다고 주장해요.

소크라테스 만약 즐거워하는 사람들이 정말로 즐거워하는 것이라면, 그들에게 좋음, 즉 즐거움이 있기 때문이겠지?

칼리클레스 네.

소크라테스 어떤가? 괴로워하는 사람들에게는 나쁨, 즉 괴로움이 있지 않을까?

칼리클레스 있고말고요.

소크라테스 그렇다면 나쁜 사람들을 나쁜 사람들로 만드는 것은 그들에게 나쁨이 있기 때문이라고 자네는 주장하겠지? 혹시 이제는 생각을 바꿨는가? e

칼리클레스 여전히 그렇다고 생각합니다.

소크라테스 그렇다면 즐거워하는 사람들은 좋은 사람들이고, 괴로워하는 사람들은 나쁜 사람들이겠지?

칼리클레스 물론이지요.

소크라테스 그렇다면 더 즐거워하거나 더 괴로워하는 사람들은 더 좋거나 더 나쁜 사람들이고, 덜 즐거워하거나 덜 괴로워하는 사람들은 덜 좋거나 덜 나쁜 사람들이며, 거의 비슷하게 즐거워하거나 괴로워하는 사람들은 거의 비슷하게 좋거나 나쁜 사람들이겠지?

칼리클레스 네.

소크라테스 그렇다면 지혜로운 사람들이나 어리석은 사람들이나 겁쟁이들이나 용감한 사람들이나 거의 비슷하게 즐거워하고 괴로워한다는 것이 자네 주장이겠구먼? 아니면 겁쟁이들이 그런 감정들을 조금 더 느끼기까지 한단 말인가?

칼리클레스 그래요.

소크라테스 그렇다면 우리가 앞서 동의한 것에서 어떤 결론이 나는지 함께 살펴보세. 아름다운 것들은 두 번 세 번 말하고 살펴보는 것이 아름답다는 속담도 있지 않은가. 우리는 지혜롭고 용감한 사람은 좋은 사람이라고 말하네. 그렇지 않은가?

칼리클레스 그래요.

소크라테스 그리고 어리석고 비겁한 사람은 나쁜 사람이라 말하겠지?

칼리클레스 물론이지요.

소크라테스 또한 즐거워하는 사람은 좋은 사람이라고 말하겠지?

칼리클레스 네.

소크라테스 그리고 괴로워하는 사람은 나쁜 사람이라고 말하겠지?

칼리클레스 당연하지요.

소크라테스 그리고 좋은 사람과 나쁜 사람은 비슷한 정도로 괴로워하고 즐거워하지만, 나쁜 사람이 그런 감정들을 조금 더 느낀다고 말하겠지?

칼리클레스 네.

소크라테스 그렇다면 나쁜 사람이 좋은 사람과 같은 정도로 나쁘거나 좋다는, 아니면 나쁜 사람이 오히려 더 좋다는 결론이 나겠지? 우리가 앞서 말한 것들을 제쳐두고도, 즐거운 것과 좋은 것이 같은 것이라고 주장한다면 그런 결론이 나지 않을까? 그런 결론이 불가피하겠지, 칼리클레스?

칼리클레스 소크라테스님, 나는 아까부터 그대가 하는 말을 들으며 동의하곤 했어요. 그러면서 드는 생각이 누가 장난삼아 그대에게 양보라도 하면 그대는 어린애처럼 좋아하며 그것을 물고 늘어지는구나 싶었어요. 그대는 나뿐만 아니라 다른 사람은 누구도 어떤 즐거움들은 더 좋지만 어떤 즐거움들은 더 나쁘다는 것을 모른다고 생각하시는 것 같네요.

소크라테스 맙소사, 칼리클레스! 자네는 나쁜 사람일세. 나를 어린애 취급하다니. 자네는 같은 것들을 두고 어떤 때는 이렇다 하고, 어떤 때는 저렇다 하며 나를 속이려 하니 말일세. 나는 자네가 내 친구이니 일부러 나를 속이지는 않을 것이라 믿고 토론을 시작한 걸세. 하지만 내가 속은 것으로 드러난 지금, 나로서는 속담에 이르듯이 가진 것을 최대한 활용하는 수밖에 없으니 자네의 제의를 받아들이겠네. 자네는 방금 어떤 즐거움들은 좋고 어떤 즐거움들은 나쁘다고 말한 것 같은데, 맞는가?

c

칼리클레스 맞아요.

소크라테스 그렇다면 이로운 즐거움들은 좋고, 해로운 즐거움들은 나쁘겠지?

d

칼리클레스 물론이지요.

소크라테스 그런데 좋음을 가져다주는 것들이 이로운 즐거움들이고, 나쁨을 가져다주는 것들이 해로운 즐거움들이겠지?

칼리클레스 그렇지요.

소크라테스 자네는 우리가 조금 전에 언급한 몸의 즐거움들 같은 것을 염두에 두고 그렇게 말하는가? 먹고 마시는 즐거움들 말일세. 이런 즐거움들 가운데 몸에 건강이나 힘이나 몸의 다른 미덕을 가져다주는 것들은 좋은 것이고, 그와 정반대되는 것들을 가져다주는 것들은 나쁜 것인가?

칼리클레스 물론이지요.

소크라테스 괴로움들도 마찬가지여서 어떤 것들은 좋고, 어떤 것들은 나쁜가?

칼리클레스 왜 아니겠어요?

소크라테스 우리는 즐거움이든 괴로움이든 좋은 것들을 선택하고 행해야겠지?

칼리클레스 물론이지요.

소크라테스 그러나 나쁜 것들을 그래서는 안 되겠지?

칼리클레스 안 되고말고요.

소크라테스 자네도 기억하겠지만, 나와 폴로스는 좋은 것들이 모든 행위의 목적이어야 한다고 생각했네. 좋은 것이 모든 행위의 목적이어야 하고, 좋은 것을 위해 다른 것들을 행해야지 다른 것들을 위해 좋은 것을 행해서는 안 된다는 데 자네도 동의하는가? 자네도 우리에 이어 세 번째 찬성표를 던지겠는가?

칼리클레스 네, 그럴게요.

소크라테스 그렇다면 좋은 것들을 위해 즐거운 것들과 그 밖의 다른 것들을 행해야지, 즐거운 것들을 위해 좋은 것들을 행해서는 안 되네.

칼리클레스 물론이지요.

소크라테스 그렇다면 즐거운 것들 중에 좋은 것들과 나쁜 것들을 구별하는 것은 아무나 할 수 있는 일인가, 매번 전문가가 필요한가?

칼리클레스 전문가가 필요해요.

소크라테스 그렇다면 내가 폴로스와 고르기아스님에게 말한 것도 상기해보세. 자네도 기억하겠지만, 나는 그때 즐거움에만 관여하고 즐거움 b 만 가져다줄 뿐 무엇이 더 나은지 무엇이 더 못한지 모르는 활동들이 있는가 하면, 무엇이 좋은지 무엇이 나쁜지 아는 활동들이 있다고 말했네. 그리고 나는 즐거움에 관여하는 활동의 전형적인 예로 요리술을 들고 (그래서 나는 요리술을 기술이라 하지 않고 '요령'이라 한 걸세), 좋음에 관여하는 기술의 전형적인 예로 의술을 들었네.

칼리클레스, 우정의 신 제우스에 맹세코, 자네는 나와 농을 주고받는다고 생각하지 말고, 자네 생각에 반하는 대답을 아무렇게나 하지도 말게. 또한 내 말을 농담으로 받아들이지도 말게. 우리는 지금 우리 c 가 어떻게 살아야 하는지 논의하는데, 자네도 알다시피 조금이라도 지각 있는 사람이라면 이보다 더 중요한 주제가 어디 있겠나? 자네가 나에게 권하는 삶은 대중 앞에서 연설하고 수사학을 연마하고 자네들과 같은 방식으로 정치활동을 하는 등 실무가로 활동하는 삶일세. 하지만 그렇게 사는 것이 옳은가, 아니면 철학에 전념하는 나의 이런 삶이 더 나은 것인가? 그리고 이런 삶의 방식과 저런 삶의 방식은 어떻게 다 d 른가? 그렇다면 아마도 내가 방금 시도한 것처럼 두 방식의 삶을 구별하는 것이, 그리하여 실제로 두 방식의 삶이 있다는 데 우리가 동의하면 이 둘이 어떻게 서로 다르며 우리는 어느 쪽 삶을 살아야 하는지 살펴보는 것이 최선책인 듯하네. 하지만 자네는 내 말이 무슨 뜻인지 아직 모를 걸세.

칼리클레스 네, 아직 모르겠어요.

소크라테스 자 그렇다면, 내가 알기 쉽게 설명해보겠네. 좋음이 있고 즐거움이 있는데, 좋음과 즐거움은 다른 것이라는 데 나와 자네는 이미 동의했네. 또 우리는 이 두 가지 각각을 획득하기 위한 모종의 과정과 활동들이 있다는 데도, 즉 즐거움의 추구와 좋음의 추구가 있다는 데

e   도 동의했네. 먼저 자네는 이 점을 인정하는지 여부부터 말해주게. 자네는 인정하는가?

칼리클레스 네, 인정해요.

소크라테스 자, 그렇다면 내가 여기 이분들에게 말한 것들과 관련해서도 내가 그때 한 말이 맞는다고 생각한다면 전적으로 동의해주게. 나는 요리술은 기술이 아니라 요령이며 의술은 기술인 것 같다고 말하

501a 며, 둘 중 한쪽 즉 의술은 자신이 돌보는 것의 본성과 자신이 행하는 행위들의 원인을 고찰하고 그것들을 일일이 설명할 수 있지만, 다른 쪽은 유일한 관심사가 즐거움이지만 즐거움의 본성이나 원인은 고찰하지 않고 기술과는 거리가 먼 방법으로 즐거움을 추구하기 때문이라고 했네. 그리고 그것은 어떤 것도 항목별로 구분하지 않는 전적으로 비합리적인 과정으로, 그것이 할 수 있는 일이래야 몸에 밴 일상사를 습관

b   과 요령에 의지해 기억하는 것이 전부이며, 그것이 즐거움을 가져다주는 방식 역시 그런 식이라네.

먼저, 이 정도의 설명이면 충분하겠는지 살펴보게. 이어서 나는 자네에게 묻고 싶네. 혼의 경우에도 그와 비슷한 활동들이 있어, 그중 어떤 것들은 기술을 포함하며 혼에게 무엇이 가장 좋은지 미리 생각하지만, 다른 것들은 이를 시간낭비라고 여기고는 (요리술이 그랬듯이)

어떻게 하면 혼이 즐거워할 수 있을 것인지만 살필 뿐, 즐거움들 중에 어떤 것이 더 좋고 어떤 것이 더 나쁜지는 따지지도 않고 혼에게 이롭든 해롭든 혼을 즐겁게 해주는 일에만 관심이 있다고 생각하는지 말일세. 칼리클레스, 나는 그런 활동들이 있다고 생각하며, 그 대상이 몸이든 혼이든 그 밖의 다른 것이든 이처럼 더 좋은 것인지 더 나쁜 것인지는 따지지도 않고 누군가를 즐겁게 해주는 것은 아첨이라고 주장하네. 그런 것들에 관해 자네는 우리와 의견을 같이하는가, 아니면 달리하는가?

칼리클레스 아니, 의견을 같이할래요. 여기 계신 고르기아스님에게 호의도 보일 겸 그대의 논의가 끝까지 진행되게 하기 위해서요.

소크라테스 한데 이런 일은 하나의 혼에만 일어나고, 둘 또는 여러 혼에는 일어나지 않는가?

칼리클레스 아니, 둘 또는 여러 혼에도 일어날 수 있겠지요.

소크라테스 가장 좋은 것을 따지지 않는다면 수많은 혼들을 한꺼번에 즐겁게 해줄 수도 있겠지?

칼리클레스 나는 그렇다고 생각해요.

소크라테스 자네는 어떤 활동들이 그렇게 해주는지 말해줄 수 있겠나? 그보다는 자네만 좋다면, 내가 자네에게 물을 테니 자네는 그것이 그런 활동들에 속한다 싶으면 그렇다고 말하고 속하지 않는다 싶으면 아니라고 말하게. 먼저 피리 연주를 살펴보세. 칼리클레스, 자네는 피리 연주가 우리의 즐거움만을 추구할 뿐 다른 어떤 것에도 관심이 없는 그런 종류의 활동이라고 생각하지 않는가?

칼리클레스 나는 그렇다고 생각해요.

소크라테스 그런 종류의 활동도 모두 그렇겠지? 예를 들어 음악 경연의 키타라[69] 연주 같은 것 말일세.

칼리클레스 그래요.

소크라테스 코로스의 훈련이나 디튀람보스[70] 작시(作詩)는 어떤가? 그역시 분명 이런 종류의 활동들에 속하지 않을까? 아니면 자네는 멜레스의 아들 키네시아스[71]가 청중을 훌륭한 사람들로 만들 말을 하는 데 조금이라도 관심이 있으리라 생각하나? 오히려 관객의 무리를 즐겁게 해주는 데 관심이 있지 않을까?

칼리클레스 아무튼 키네시아스는 분명 그렇겠죠.

소크라테스 그의 아버지 멜레스는 어떤가? 청중이 가장 훌륭한 사람이되게 하기 위해 그가 키타라 음악을 작곡한다고 생각하나? 아니면 그의 작곡은 사실은 청중의 즐거움을 극대화하는 데도 실패했는가? 그의 노래들은 청중의 귀에 거슬리니까. 아무튼 잘 생각해보게. 키타라음악과 디튀람보스 작곡은 모두 즐거움을 위해 발명된 것이라 생각하나 그렇지 않다고 생각하나?

칼리클레스 나는 그렇다고 생각해요.

소크라테스 비극의 작시라는 저 진지하고 경이로운 활동은 어떤가? 그것이 추구하는 것은 무엇인가? 그것이 기획하고 추구하는 것은 자네생각처럼 관객을 즐겁게 해주는 것뿐인가, 아니면 비록 관객에게 즐겁고 듣기 좋아도 부도덕한 표현은 피하고, 관객이 듣고 좋아하든 말든불쾌하지만 이로운 것들을 말하고 노래하기 위해서도 노력하는가? 자네는 비극의 작시가 이 두 가지 목적 가운데 어느 쪽을 위해 고안된 것이라고 생각하나?

칼리클레스 소크라테스님, 그건 분명 관객에게 즐거움을 제공하고 관객 c
의 환심을 사는 데 더 관심이 있겠지요.

소크라테스 그런데 칼리클레스, 우리는 방금 그런 것은 아첨이라고 말하지 않았나?

칼리클레스 네, 그렇게 말했지요.

소크라테스 자, 누가 시(詩)에서 음악과 리듬과 운율을 벗긴다면 말만 남게 되겠지?

칼리클레스 당연하지요.

소크라테스 그런 말은 대규모 군중에게 하는 것이겠지?

칼리클레스 동의해요.

소크라테스 그렇다면 시는 일종의 대중연설일세.

칼리클레스 그런 것 같네요. d

소크라테스 그런 대중연설이 곧 수사학일세. 자네는 시인들이 극장의 연설가라고 생각하지 않나?

칼리클레스 나는 그렇게 생각해요.

---

69 키타라(kithara)는 뤼라를 개량한 것이다.

70 디튀람보스(dithyrambos)는 주신 디오뉘소스에게 바치는 합창서정시다.

71 키네시아스(Kinesias)는 기원전 5세기 초반에 활동한 엉터리 디튀람보스 시인으로, 고희극에서 조롱의 대상이었다. 그의 아버지 멜레스(Meles)는 키타라 음악 작곡가이자 연주가다.

소크라테스 그렇다면 우리는 지금 노예와 자유민을 가리지 않고 아이들과 여자들과 남자들로 구성된 대중을 겨냥하는 수사학을 발견했네. 우리는 그런 수사학을 별로 좋아하지 않는데, 우리는 그것을 아첨이라고 말하기 때문일세.

칼리클레스 맞아요.

소크라테스 좋아. 아테나이의 민중이나 다른 나라들의 자유민 남자들로 구성된 민중을 겨냥하는 수사학은 어떤가? 우리는 그런 종류의 수사학을 어떻게 보는가? 자네는 연설가들이 연설할 때 언제나 청중에게 가장 좋은 것을 목표로 한다고 생각하나? 그들은 자신들의 연설을 통해 동료 시민들을 되도록 훌륭한 사람들로 만들려고 하는 것인가, 아니면 그들도 시인들과 마찬가지로 동료 시민들의 환심만 사려 할 뿐 사익 때문에 공익을 소홀히 하는가? 그리하여 그들은 동료 시민들을 어린아이 취급하며 그들에게 환심만 사려 할 뿐 그 과정에서 그들이 더 훌륭한 사람이 되느냐 더 못한 사람이 되느냐 하는 것에는 전혀 관심이 없는 것인가?

칼리클레스 그건 그리 간단한 문제가 아니지요. 동료 시민들을 위해 그렇게 말한다고 주장하는 연설가도 있을 것이고, 그대가 지금 지적하는 그런 연설가도 있을 테니까요.

소크라테스 알겠네. 만약 거기에 그처럼 두 국면이 있다면, 그중 한 국면은 아첨이자 경멸스러운 대중연설일 것이고, 다른 국면은 동료 시민의 혼을 되도록 훌륭하게 만들려 하고 청중이 듣고 더 즐거워하든 더 불쾌해하든 가장 훌륭한 것을 말하려고 노력하는 아름다운 것일 테니까. 그러나 자네는 그런 연설가를 본 적이 없네. 자네가 그런 연설가의 이름을 댈 수 있다면, 그가 누군지 왜 내게도 말해주지 않았는가?

칼리클레스 제우스에 맹세코, 오늘날의 연설가 중에서는 그런 연설가의 이름을 댈 수 없어요.

소크라테스 과거의 연설가들은 어떤가? 아테나이인들이 전에는 더 못한 사람들이었으나 그가 대중연설을 하기 시작한 뒤로 더 나은 사람들이 되었다는 말을 듣게 해준 것으로 생각되는 연설가의 이름을 댈 수 있겠나? 나는 그가 누군지 모르겠네.

칼리클레스 테미스토클레스는 어때요? 사람들은 그가 훌륭한 사람이 c 었다고 말하지 않나요? 키몬과 밀티아데스와 최근에 죽은 페리클레스[72]도 그렇고요. 페리클레스의 연설은 그대도 직접 들었을 텐데요.[73]

소크라테스 그래, 그들은 훌륭한 사람들이겠지, 칼리클레스. 만약 자네가 앞서 말한 미덕, 즉 자신의 것이든 남들의 것이든 욕구들을 충족시키는 것이 진정한 미덕이라면 말일세. 그러나 그렇지 않고 그다음 논의에서 우리가 동의하지 않을 수 없었듯이, 충족시키면 더 나은 사람이 되는 욕구들은 충족시키되 충족시키면 더 못한 사람이 되는 욕구들은 d 충족시켜서는 안 되며 그러려면 기술이 필요하다는 것이 사실이라면,

---

72 키몬(Kimon 기원전 510년경~449년)은 밀티아데스의 아들로 아테나이의 보수파 정치가이자 장군이다. 밀티아데스(Miltiades 기원전 550년경~489년)는 기원전 490년 유명한 마라톤(Marathon) 전투에서 페르시아 대군을 격퇴한 아테나이의 장군이자 영향력 있는 정치가이다. 테미스토클레스와 페리클레스에 관해서는 주 9 참조.
73 455e 참조.

나는 그들 가운데 누가 그런 의미에서 훌륭한 사람이라고 말할 자신이 없네.

칼리클레스 그래도 잘 찾아보면 그런 사람을 발견하시게 되겠지요.

소크라테스 그렇다면 찬찬히 검토하며 그들 중 누가 그런 의미에서 훌륭한 사람이었는지 살펴보세. 자, 훌륭한 사람, 즉 청중에게 가장 좋은 것을 바라는 연설가는 무슨 말을 하든 아무렇게나 말하지 않고 어떤

e 목적을 갖고 말하겠지? 이 점은 다른 장인들도 모두 마찬가지일걸세. 그들은 저마다 자신의 제작물을 염두에 두고는 자신의 제작물에 쓸 재료를 아무렇게나 고르지 않고 자신의 제작물이 형상을 갖추게 할 목적으로 고르겠지. 예를 들어 설명을 원한다면 화가들과 건축가들과 조선공들과 그 밖에 자네가 원하는 장인들을 모두 보게. 그들은 저마다 여러 가지 구성 성분을 어떤 질서에 따라 정돈하고 한 부분이 다른

504a 부분에 잘 어울리고 잘 맞도록 강제하면서, 결국에는 전체를 질서와 체계를 갖춘 하나의 제작물로 조립한다네. 이것이 조금 전에 우리가 언급한 몸에 관련된 장인들인 체육 교사와 의사들을 포함하여 다른 모든 장인들이 하는 일일세. 체육 교사들과 의사들이 하는 일은 몸에 질서와 체계를 부여하는 것이란 말일세. 우리는 그렇다고 동의하는가, 동의하지 않는가?

칼리클레스 그렇다고 해두지요.

소크라테스 그렇다면 짜임새와 질서가 있는 집은 쓸모 있지만, 짜임새가 없는 집은 열악하겠지?

칼리클레스 동의해요.

소크라테스 배도 마찬가지겠지?

칼리클레스 네.　　　　　　　　　　　　　　　　　　　　　　b

소크라테스 우리의 몸도 마찬가지라고 할 수 있겠지?

칼리클레스 물론이지요.

소크라테스 혼은 어떤가? 혼은 짜임새가 없어도 좋은가, 짜임새와 질서가 있어야만 좋은가?

칼리클레스 앞서 논의한 바에 따르면 그렇다고 동의할 수밖에 없겠네요.

소크라테스 짜임새와 질서가 몸에 준 영향을 우리는 무엇이라고 부르는가?

칼리클레스 건강과 체력 말이로군요.

소크라테스 그렇다네. 이번에는 짜임새와 질서가 혼에 준 영향은 무엇　c
인가? 몸의 경우에 그랬듯이, 자네가 그 이름을 찾아내어 말해주게.

칼리클레스 왜 직접 말씀하지 않으시지요, 소크라테스님?

소크라테스 그러는 게 더 좋겠다면 내가 말하겠네. 내 말이 옳다 싶으면 그렇다고 말해주고, 내 말이 그르다 싶으면 논박하고 그냥 넘어가지 말게. 내 생각에, 몸의 짜임새 있는 상태를 가리키는 이름은 '건강함'[74]인 것 같네. 그로 인해 건강이 몸의 다른 미덕과 더불어 몸 안에 생기기 때문이지. 그런가, 그렇지 않은가?

칼리클레스 그래요.

소크라테스 한편 혼의 짜임새 있고 질서 있는 상태를 가리키는 이름은　d

74　hygieinon.

'준법성'[75]과 '법'일세. 그로 인해 사람들이 법과 질서를 지키게 되기 때문이지. 그리고 그런 것들이 정의와 절제일세. 그렇다고 할 텐가, 아니라고 할 텐가?

칼리클레스 그렇다고 해두지요.

소크라테스 그렇다면 우리의 저 훌륭한 연설가는 연설을 하건 행동을 하건 나눠주건 몰수하건 사람들의 혼을 대할 때는 언제나 그런 것들을 주시하겠지? 그는 어떻게 하면 동료 시민들의 혼 안에 정의가 생겨나고 불의는 사라질 것인지, 어떻게 하면 절제가 생겨나고 무절제는 사라질 것인지, 어떻게 하면 나머지 미덕도 생겨나고 악덕은 사라질 것인지 늘 주의를 기울일 것이란 말일세. 동의하는가, 동의하지 않는가?

칼리클레스 동의해요.

소크라테스 칼리클레스, 그도 그럴 것이 병들어 망가진 몸에 아무리 맛이 좋다 해도 먹을거리나 마실 거리나 그 밖에 다른 것을 많이 주는 것이 무슨 소용 있겠나? 그러는 것이 그에게 무슨 도움이 되기는커녕 공정한 판단에 따르면 오히려 덜 도움이 된다면 말일세. 그렇겠지?

505a **칼리클레스** 그렇다고 해두죠.

소크라테스 하긴 몸이 망가진 사람에게는 산다는 것이 도움이 안 되겠지. 그는 끔찍한 삶을 살 수밖에 없을 테니까. 그렇지 않은가?

칼리클레스 네, 그래요.

소크라테스 그래서 의사들은 건강한 사람은 배고플 때 실컷 먹고 목마를 때 실컷 마시는 등 자신의 욕구를 충족시키는 것을 허용하지만, 병든 사람은 자신의 욕구를 충족시키는 것을 사실상 허용하지 않는 것이겠지? 자네도 동의하는가?

칼리클레스 네, 동의해요.

소크라테스 여보게, 이 점은 혼에도 마찬가지가 아닐까? 혼이 망가져 어 b
리석고 무절제하고 불의하고 불경하다면, 우리는 그런 혼은 욕구에서
떼어놓아야 하고 자신을 더 훌륭하게 만들어줄 것들 외에 다른 것들
을 하도록 허용해서는 안 되겠지. 그렇다고 할 텐가, 아니라고 할 텐가?

칼리클레스 그렇다고 할래요.

소크라테스 그렇게 하는 것이 혼 자체에도 더 낫겠지?

칼리클레스 물론이지요.

소크라테스 혼을 욕구들에서 떼어놓는 것은 벌주는 것이겠지?

칼리클레스 네.

소크라테스 그렇다면 벌받는 것이 혼을 위해서는 조금 전 자네가 권장
한 무절제보다 더 나은 것일세.

칼리클레스 소크라테스님, 무슨 뜻인지 모르겠어요. 누구든 다른 사람 c
에게 물어보시지요.

소크라테스 이 친구는 남에게 덕 보는 것을 못 견디는구먼. 우리가 논의
중인 것을, 즉 벌받는 것을 자신이 경험하는 것을 못 견딘다는 말일세.

칼리클레스 아닌 게 아니라 나는 그대가 논하는 그런 것들에는 아무 관
심도 없어요. 고르기아스님을 위해 그대가 묻는 말에 대답한 거요.

75 nomimon.

소크라테스 좋아. 그렇다면 우리 어떻게 할까? 토론을 중도에 그만둘까?

칼리클레스 그것은 그대가 알아서 할 일이죠.

소크라테스 하지만 이야기도 중도에 그만두어서는 안 된다는 말이 있
d 지 않은가. 사람들이 말하기를, 이야기가 머리도 없이 돌아다니는 일이 없도록 이야기에는 반드시 머리를 얹어야 한대. 그러니 우리의 논의가 머리를 갖도록 나머지 질문들에 답변해주게.

칼리클레스 억지가 심하시네요, 소크라테스님. 나는 그대가 이번 토론을 그만두든지 아니면 다른 사람과 대화를 계속하라고 권하고 싶어요.

소크라테스 자네 말고 그럴 사람이 어디 있겠나? 제발 토론을 마무리하지 않은 채 내버려두지 말자고.

칼리클레스 그대 혼자서도 토론을 끝까지 계속할 수 있잖아요? 자신이 말하거나 자신에게 대답하면서요.

e **소크라테스** 그렇다면 나는 에피카르모스[76]의 말처럼 '앞서 두 사람이 말한 것을 혼자서 말할 수 있어야겠군.'[77] 하지만 그렇게 할 수밖에 없을 것 같군. 좋아, 우리 이렇게 하세. 지금 논의 중인 문제들과 관련하여 무엇이 진실이고 무엇이 거짓인지 알기 위해 우리는 앞 다투어 노력
506a 해야 할 걸세. 그것을 밝히는 것은 우리 모두에게 이익이 될 테니까. 나는 내가 좋다고 생각하는 대로 논의를 끝까지 진행하겠네. 그대들 중 누구라도 내가 나 자신에게 동의하는 것이 진실이 아니라고 생각되면 이의를 제기하며 논박해야 하오. 나는 전문가로서 알고 말하는 것이 아니라, 여러분과 함께 공동으로 탐구하고 있기 때문이오. 그러니 누가

나를 반박하는 말에 일리가 있다 싶으면, 나는 맨 먼저 그의 말에 동의할 것이오. 내가 이런 말을 하는 것은 그대들도 우리의 토론이 마무리되어야 한다고 생각한다고 믿기 때문이오. 하지만 그대들이 원하지 않는다면, 토론을 그만두고 떠나도 좋아요.

고르기아스 소크라테스, 나는 우리가 아직은 떠나서는 안 된다고 생각하오. 나는 그대가 토론을 마무리하기를 원하며, 다른 사람들도 모두   b 그대가 그렇게 해주기를 원하는 것 같소. 아무튼 나는 나머지 논의를 그대 혼자서 끝까지 진행하는 것을 꼭 듣고 싶소.

소크라테스 그렇게 하지요, 고르기아스님. 나로서는 제토스의 말을 암피온의 말로 되갚을 때까지[78] 여기 있는 칼리클레스와 토론을 계속할 수 있으면 더 좋겠지만 말입니다. 칼리클레스, 자네는 비록 나와 함께 토론을 마무리하기를 원하지 않는다 해도 내 말을 듣고 그르다 싶으면 이의를 제기해주게. 자네가 나를 논박해도 나는 자네에게 화내지 않겠   c 네. 자네가 내게 화냈듯이 말일세. 대신 나는 자네를 최대의 은인으로 마음에 새겨둘 걸세.

칼리클레스 여봐요, 토론을 떠맡아 혼자서 마무리해보시죠.

소크라테스 그렇다면 들어보게. 내가 우리의 논의를 처음부터 다시 시작할 테니까. 즐거움과 좋음은 같은 것인가?

---

76 에피카르모스(Epicharmos)는 기원전 5세기 초에 활동한 시칠리아 출신 희극작가로 그의 작품은 단편 몇 편만 남아 있다.

77 에피카르모스, 단편 253 (Kaibel).

78 484e 이하.

— 아니, 같은 것이 아닐세. 나와 칼리클레스가 동의한 바에 따르면.

— 좋음을 위해 즐거움을 행해야 하나요, 즐거움을 위해 좋음을 행해야 하나요?

— 좋음을 위해 즐거움을 행해야 하네.

d — 즐거움이란 우리 안에 있으면 우리를 즐겁게 해주는 것이고, 좋음이란 우리 안에 있으면 우리를 좋게 해주는 것인가요?

— 물론이지.

— 우리가 좋은 것은 우리 안에 어떤 미덕이 있기 때문이고, 우리 말고도 좋은 것들은 모두 그 안에 어떤 미덕이 있기 때문인가요?

— 나는 그럴 수밖에 없다고 생각하네, 칼리클레스.

— 그러나 도구든 몸이든 혼이든 살아 있는 무엇이든 각각의 미덕이 가장 훌륭해지는 것은 우연에 의해서가 아니라, 각각에게 고유한 짜임새와 올바름과 기술에 의해서요. 그렇겠지요?

— 나도 동의하네.

e — 그렇다면 각각의 미덕이 짜임새가 있고 질서가 있는 것은 짜임새 덕분인가요?

— 그렇다네.

— 그렇다면 각각을 좋게 만드는 것은 각각에 고유한 어떤 질서가 그 안에 생겨나기 때문인가요?

— 나는 그렇다고 생각하네.

— 그러면 고유한 질서를 가진 혼이 질서 없는 혼보다 더 훌륭한가요?

— 당연하지.

— 그리고 질서를 가진 혼이 질서정연한 혼인가요?

— 왜 아니겠나?

— 그리고 질서정연한 혼이 절제 있는 혼인가요?

— 그야 당연하지.

507a

— 그렇다면 절제 있는 혼이 좋은 혼이겠군요.

여보게, 칼리클레스. 나로서는 다른 결론에 도달할 수가 없네. 자네가 다른 결론에 도달할 수 있다면 가르쳐주게.

칼리클레스 여보시오, 그냥 계속하시지요.

소크라테스 좋아. 만약 절제 있는 혼이 좋은 혼이라면, 그와 상반된 상태에 있는 혼은 나쁜 혼이라고 나는 주장하네.

— 당연하지요.

— 그리고 절제 있는 사람은 신들에 대해서나 인간들에 대해서나 적절한 것을 행하겠지. 적절하지 못한 것을 행한다면 그는 절제 있는 사람이 아닐 테니까.

— 그럴 수밖에 없겠지요.

b

— 인간들에 대해서 적절한 것을 행하는 것은 올바른 것을 행하는 것을 의미하고, 신들에 대해서 적절한 것을 행하는 것은 경건한 것을 행하는 것을 의미하네. 그리고 올바른 것과 경건한 것을 행하는 사람은 반드시 올바르고 경건하네.

— 그렇고말고요.

— 또한 절제 있는 사람은 반드시 용감하네. 절제 있는 사람이 할 법한 행위란 그렇게 하는 것이 부적절한 것들을 추구하거나 기피하는 것이 아니라, 사물이든 사람이든 즐거움이든 괴로움이든 기피해야 할 것은 기피하고 추구해야 할 것은 추구하고, 버텨야 할 때는 남아서 버티는 것이니까. 따라서 칼리클레스, 절제 있는 사람은 우리가 설명했듯이 올바르고 용감하고 경건한 사람이니 좋은 사람의 본보기가 틀림없네. 그리고 좋은 사람은 무엇을 행하든 훌륭하게 잘 행하기 마련이며, 잘 행하는 사람은 축복받고 행복하기 마련이네. 하지만 나쁘게 행하는 나쁜 사람은 비참하기 마련이네. 그리고 그는 절제 있는 사람과 상반된 상태에 있는 사람, 즉 자네가 칭찬한 무절제한 사람일 것이네.

이것이 내 주장이며, 나는 내 주장이 옳다고 생각하네. 그리고 내 주장이 옳다면, 행복하기를 바라는 사람은 절제는 추구하고 실행하되 무절제는 걸음아 날 살려라 하고 피해야 하네. 벌받을 필요가 없는 것이 최선이지만, 만약 자신이나 자신과 가까운 사람이 (그것이 개인이든 국가든) 벌받을 필요가 있을 때는, 그는 대가를 치르고 벌을 받아야 하네. 그러지 않으면 그는 행복해질 수 없을 테니까. 나는 이것이 우리가 평생 동안 눈여겨보아야 할 목표라고 생각하네. 우리는 정의와 절제를 갖추어 행복해지는 일에 우리 자신과 우리 공동체의 모든 노력을 기울여야 하네. 우리는 그것을 행동지침으로 삼아야 하며, 우리의 욕구들이 무절제해지게 방치하거나 우리의 욕구들을 충족시키려고 해서는 안 되네. 그것은 끝없는 악이며 해적 같은 삶이네. 그런 사람은 다른 사람에게도 신에게도 친구가 될 수 없기 때문이네. 그런 사람은 공동체 의식이 없으며, 공동체 의식은 우애의 전제조건이니까.

칼리클레스, 현자들은 협력, 우애, 질서, 절제, 정의가 하늘과 땅과 508a 신과 인간을 결속시켜준다고 주장한다네. 그래서 친구여, 그들은 우주를 무질서 또는 무절제라고 부르지 않고 질서라고 부르는 것이라네. 자네는 이 분야의 전문가인데도 이 점을 간과한 것 같네. 자네는 기하학적 균등[79]이 신들 사이에서 그리고 인간들 사이에서 큰 힘을 지닌다는 것을 알지 못했고, 그래서 되도록 큰 몫을 차지하려고 노력해야 한다고 믿는 것이라네. 그것은 다 자네가 기하학을 등한시하기 때문일세.

좋아. 그렇다면 우리는 이런 논리를 반박하며 행복한 사람들이 행복 b 한 것은 정의와 절제가 있어서가 아니며, 비참한 사람들이 비참한 것은 사악하기 때문이 아니라는 것을 입증하든지, 아니면 이런 논리가 옳다는 것을 인정하고 거기에서 어떤 결론들이 나오는지 고찰해야 하네. 그리고 내가 앞서 말한 것들이 바로 그 결론들일세. 자네는 내게 진담이냐고 물었지.[80] 우리는 자신이든 아들이든 동료든 불의를 행하면 고발해야 하며, 수사학은 그런 일에 써야 한다고 내가 주장했을 때 말일세. 그러니 폴로스가 난처해져서 시인했다고 자네가 생각하고 있는 것도, 곧 불의를

---

79 '기하학적 균등'(he isotes he geometrike)이란 여기서 다음의 '되도록 큰 몫을 차지하는 것'과 상반된 개념인 것 같다.

80 480b~d.

c 행하는 것이 불의를 당하는 것보다 더 나쁘기에 더 수치스럽다는 것도
사실로 밝혀졌네. 또한 올바른 연설가가 되려는 사람은 올발라야 할뿐더
러 무엇이 올바른지 알아야 한다는 것도 사실로 밝혀졌네. 이 점에 대해
서는 고르기아스님이 난처해져서 동의하셨다고 폴로스가 주장했지.

　우리는 이런 점들을 명심하고 그대가 나를 비난하는 것이 대체 무
엇이며, 그것이 옳은지 옳지 않은지 고찰해보세. 자네가 말하기를, 나
는 나 자신이나 친구나 가족 가운데 어느 누구에게도 도움을 줄 수 없
고 그들을 큰 위험에서 구해낼 수 없으며, 내가 누구를 만나건 마치 시
d 민권을 박탈당한 사람처럼 자네의 단도직입적인 표현을 빌리자면[81] 따
귀를 때리든 재산을 몰수하든 국외로 추방하든 최악의 경우 나를 살
해하든, 그것은 그자의 처분에 맡겨져 있다고 했네. 그리고 자네의 견
해에 따르면, 이런 처지에 놓이게 되는 것은 더없이 수치스러운 일이네.
나는 내 견해가 무엇인지 누차 밝혔지만 또 말한다고 해서 해로울 것
은 없을 걸세. 칼리클레스, 내 단언컨대 부당하게 따귀를 맞거나 몸이
e 나 지갑이 잘리는 것이 가장 수치스러운 일이 아닐세. 나는 정당한 이
유 없이 나를 치고 나를 자르고 내 재산을 잘라가는 것이 더 수치스럽
고 더 나쁘다고 주장하네. 나는 또 훔치거나 노예로 삼거나 주거를 침
입하는 것은, 간단히 말해 나와 내 재산에 어떤 종류든 불의를 행하는
것은 불의를 당하는 나에게보다도 불의를 행하는 자에게 더 나쁘고
더 수치스럽다고 주장하네.

　내가 말했듯이, 우리는 이미 토론의 앞부분에서[82] 이런 결론들에 도
달했네. 그리고 이런 결론들은 세련되지 못한 표현인지는 몰라도 무쇠

와 아다마스[83] 같은 논리들에 단단히 묶여 있네. 적어도 내가 보기엔 509a
그런 것 같네. 그러니 자네나 다른 젊은 영웅이 그 매듭을 풀지 못한다
면, 지금 내가 말하는 것과 다른 말을 하는 사람은 결코 옳은 말을 하
는 것일 수 없네. 내가 늘 되풀이하는 말이 있네. 나 자신은 그런 것들
이 어떤 것인지 모르지만, 오늘 이 자리에 모인 사람들을 포함하여 내
가 만난 사람들은 어느 누구도 내가 말한 것과 다른 말을 하고도 웃음
거리가 되지 않은 적이 없다는 것은 안다네.

나는 역시 내가 말한 대로라고 생각하네. 그래서 만약 불의를 행하 b
는 자에게 가장 나쁜 것이 불의를 행하는 것이라면, 그리고 이 가장 나
쁜 것보다 더 나쁜 것이 어쩌면 불의를 행하고도 응분의 대가를 치르
지 않는 것이라면, 사람이 자신에게 어떤 도움을 줄 수 있어야 정말로
웃음거리가 되지 않을 수 있을까? 그것은 우리에게 가장 해로운 것을
물리칠 그런 도움이 아닐까? 그러니 당연히 자신에게도 친구들에게
도 가족들에게도 그런 도움을 줄 수 없는 것이 가장 수치스럽고, 두 번
째로 수치스러운 것은 우리에게 두 번째로 해로운 것을 물리칠 도움 c
을 주지 못하는 것이며, 세 번째로 수치스러운 것은 우리에게 세 번째
로 해로운 것을 물리칠 도움을 주지 못하는 것이며, 나머지 것들도 이

---

81   486a~c.

82   474c~475e.

83   아다마스(adamas '제압되지 않는 자')는 고대 그리스인이 가장 단단하다고 생각
한 물질이다.

와 마찬가지일세. 해악을 물리칠 도움을 줄 수 있는 것이 얼마나 훌륭
하며, 해악을 물리칠 도움을 줄 수 없는 것이 얼마나 수치스러운지는
그때그때 그 해악이 타고난 크기에 따라 결정된다네. 칼리클레스, 그런
가, 아니면 사실은 다른가?

칼리클레스 다르지 않아요.

소크라테스 그러면 불의를 행하는 것과 불의를 당하는 것, 이 둘 중에
불의를 행하는 것이 더 나쁘고 불의를 당하는 것이 덜 나쁘다는 것이
d 우리의 주장일세. 그렇다면 불의를 행하지 않는 것의 이익과 불의를 당
하지 않는 것의 이익을 모두 얻으려면 우리는 무엇을 갖추어야 우리
자신에게 도움을 줄 수 있는가? 우리에게 필요한 것은 힘인가, 아니면
의지인가? 내 말은 이런 뜻일세. 누가 불의를 당하지 않는 것은 불의를
당하기를 원하지 않을 때인가, 아니면 불의를 당하지 않을 힘을 갖출
때인가?

칼리클레스 그야 분명 힘을 갖출 때겠지요.

소크라테스 불의를 행하는 것은 어떤가? 불의를 행하지 않기 위해서는
불의를 행하기를 원하지 않는 것으로 충분한가? 아니면 불의를 행하지
e 않기 위해서는 어떤 힘과 기술을 갖추어야 하는가? 그런 것들을 배우
고 익히지 않으면 불의를 행하게 될 테니까. 왜 대답이 없나? 칼리클레
스, 다음 질문에 대답해주게. 폴로스와 나는 앞에서 토론하다가[84] 원해
서 불의를 행하는 사람은 아무도 없고 불의를 행하는 사람들은 모두
본의 아니게 불의를 행한다는 데 동의하지 않을 수 없었는데, 자네는
폴로스와 내가 옳았다고 생각하나, 옳지 않았다고 생각하나?

칼리클레스 옳았다고 해두죠. 그래야만 그대가 토론을 마무리할 수 있 510a 을 테니까요.

소크라테스 그렇다면 불의를 행하지 않기 위해서라도 우리는 어떤 힘과 기술을 갖추어야 할 것 같구먼.

칼리클레스 그렇겠지요.

소크라테스 그렇다면 우리가 전혀 불의를 당하지 않거나 되도록 적게 당하게 해줄 기술이란 어떤 것인가? 자네도 내 생각에 동의하는지 살펴보게. 내 생각이란, 사람은 나라에서 설령 참주가 된다 해도 자신이 치자가 되거나, 현 정권의 지지자가 되어야 한다는 것일세.

칼리클레스 소크라테스님, 백번 옳은 말인 것 같아요. 보이지 않으세요? 그대가 옳은 말을 하면 나는 언제든지 박수갈채를 보낼 준비가 되어 b 있어요.

소크라테스 그렇다면 나의 다음 말도 옳은 말인지 살펴보게. 내 생각에는 옛 현인들의 말처럼 유유상종하는[85] 사람들이라야 막역한 친구가 되는 것 같네. 자네는 그렇게 생각하지 않나?

칼리클레스 나도 그렇게 생각해요.

소크라테스 그렇다면 야만적이고 배우지 못한 참주가 통치하는 나라에 참주보다 훨씬 나은 사람이 있다면 참주는 분명 그런 사람을 두려워할 것이며 그런 사람과는 결코 마음을 터놓는 친구가 될 수 없겠지? c

---

84   474b~475e.

85   호메로스, 『오뒷세이아』(*Odysseia*) 17권 218행.

칼리클레스 그렇지요.

소크라테스 훨씬 열등한 사람이 있다면 그도 참주의 친구가 될 수 없을 걸세. 참주는 그를 경멸하며 친구로 대하지 않을 테니까.

칼리클레스 그 역시 옳은 말이에요.

소크라테스 그렇다면 그런 참주의 친구가 될 수 있을 만한 사람이래야 참주와 성격이 같은 사람뿐일세. 좋아하고 싫어하는 것이 참주와 같으

d   면서 치자에게 지배당하고 복종하기를 원하는 사람 말일세. 그런 사람 은 그 나라에서 큰 힘을 행사할 것이며, 그런 사람에게 불의를 행하고 도 무사할 사람은 아무도 없을 걸세. 그렇지 않은가?

칼리클레스 네, 그래요.

소크라테스 그렇다면 그 나라에서 어떤 젊은이가 '어떻게 하면 내가 큰 힘을 행사하고 아무도 내게 불의를 행하지 못하게 할 수 있을까?' 하고 궁리한다면 그에게는 다음과 같은 방법이 있을 걸세. 말하자면 그는 어 려서부터 주인과 같은 것을 좋아하고 같은 것을 싫어하는 습관을 들이 고, 되도록 주인을 닮을 방도를 찾아야 하네. 그렇지 않은가?

칼리클레스 네, 그래요.

소크라테스 그대들 논리대로라면, 그럴 경우 그런 사람은 불의를 당하

e   지 않고 나라에서 큰 힘을 행사하는 데 성공하겠구먼.

칼리클레스 물론이지요.

소크라테스 불의를 행하지 않는 데도 성공할까? 아니면 그건 어림없는 일일까? 그가 불의한 치자를 닮아가고 그 곁에서 큰 힘을 행사한다면 말일세. 나는 그와 정반대라고 생각하네. 그렇게 되면 그는 최대한 많

은 불의를 행하고도 응분의 대가를 치르지 않는 능력을 갖추게 될 테니까. 그렇겠지?

칼리클레스 그런 것 같네요.

소크라테스 그렇다면 주인을 모방하여 힘을 갖춘 탓에 그의 혼이 타락 511a
하고 비뚤어진다면 그건 그에게 가장 나쁜 일일 걸세.

칼리클레스 소크라테스님, 왜 그렇게 논의를 매번 거꾸로 뒤집으시는지
모르겠네요. 그대는 우리가 말하는 모방하는 사람이 원하기만 하면 그
대가 말하는 모방하지 않는 그 사람을 죽이고 재산을 몰수할 거라는
것도 모르세요?

소크라테스 여보게 칼리클레스, 귀머거리도 아닌데 내가 그걸 왜 모르   b
겠나. 그런 말을 나는 오늘 자네와 폴로스한테 여러 차례[86] 들었고 시
내에서도 거의 모든 사람한테 들었다네. 이번에는 자네가 내 말을 들어
보게. 자네가 말하는 모방하는 사람이 원하기만 하면 내가 말하는 모
방하지 않는 사람을 죽이겠지만, 그것은 미덕의 화신을 죽이는 사악한
자의 행위일 걸세.

칼리클레스 그리고 그것은 가장 울화가 치미는 행위가 아닐까요?

소크라테스 아닐세, 적어도 지성이 있는 사람에게는. 우리의 논의가 지
시해주는 바에 따르면 말일세. 아니면 자네는 사람은 최대한 오래 살
수 있도록 조치를 취해야 한다고 생각하나? 언제나 우리를 위험에서

---

86   466b, 483b, 486b~c.

c 구해주는 그런 기술들을 익히면서 말일세. 자네는 나더러 그런 기술의
하나로 수사학을 익히라고 조언하며, 수사학이야말로 법정에서 우리
를 끝까지 지켜주기 때문이라고 했네.

칼리클레스 그래요. 제우스에 맹세코, 그건 그대를 위한 좋은 조언이죠.

소크라테스 어떤가, 여보게? 자네는 헤엄칠 줄 아는 것도 대단한 지식이
라고 생각하나?

칼리클레스 제우스에 맹세코 나는 그렇다고 생각하지 않아요.

소크라테스 하지만 그런 지식이 필요한 상황에 놓이게 되면 그런 지식
역시 사람들을 죽음에서 구해준다네. 자네가 그런 지식을 하찮게 여긴
d 다면, 그보다 더 중요한 지식을 내가 자네에게 말해주겠네. 조타술 말
일세. 조타술은 혼뿐만 아니라 몸과 재산을 극단적인 위험에서 구해주
는데, 그 점에서는 수사학과 마찬가지일세. 조타술은 겸손하고 예의 바
르며, 무슨 대단한 일을 하는 것처럼 우쭐대거나 뻐기지 않는다네. 그
것은 법정 변론술과 똑같은 일을 하면서도, 승객들을 아이기나[87] 섬에
서 이곳으로 무사히 실어주는 대가로 아마도 2오볼로스[88]를 받을 걸
e 세. 그리고 승객들을 아이귑토스[89]나 폰토스[90]에서 이곳으로 실어주
는 경우에는, 내가 방금 말한 것들, 즉 승객 자신과 아이들과 재물과 여
인들을 안전하게 지켜주며 이곳 항구에 내리게 해주는 큰 봉사를 해
준 대가로 기껏해야 2드라크메를 받는다네. 그리고 그런 기술을 가지
고 그런 일을 해낸 사람 자신은 배에서 내려 배가 정박해 있는 근처 바
닷가를 겸손한 태도로 거닌다네. 그것은 아마도 그가 승객들을 바다
에 익사케 하지 않음으로써 자기가 그중 어떤 사람들을 이롭게 하고,

어떤 사람들을 해롭게 했는지 분명하지 않다는 것을 헤아릴 줄 알기 때문일 걸세. 그도 그럴 것이, 그는 승객들을 하선시켰을 때 그들의 몸 512a 도 혼도 승선시켰을 때보다 더 낫지 않다는 것을 아니까. 그래서 그는 다음과 같은 결론을 내리는 거지. '누군가 몸이 불치의 중병에 걸린 사람이 익사하지 않았다면, 이 사람은 죽지 않은 것이 불행이니 나에게 덕 본 것이 없어. 한편 누군가 몸보다 더 소중한 혼이 수많은 불치병에 걸린 사람에게는 삶이 살 가치가 없으니 그런 사람을 내가 바다에서 또는 감옥에서 또는 그 밖의 다른 곳에서 구해준다 해도 결코 도움이 b 되지 않을 거야.' 천만에. 우리 선장은 일단 타락한 인간은 나쁜 삶을 살 수밖에 없기에 사는 게 더 나을 게 없다는 것을 안다네.

그래서 선장은 우리를 구해주면서도 우쭐대지 않는 것이라네. 여보게, 그 점에서는 선장은 말할 것도 없고 장군이나 다른 누구 못지않게 우리를 구해줄 수 있는 기계[91] 제작자도 마찬가지일세. 그는 때로는 도시들을 온전하게 구해주니까. 자네는 기계 제작자가 법정 연설가와 대등하다고 생각하지 않겠지? 하지만 칼리클레스, 그가 만약 그대들이 하는 말로 자신의 직업을 미화하려 한다면, 그는 다른 직업은 아무 가 c

---

87 아이기나는 아테나이에서 남서쪽으로 20킬로미터쯤 떨어져 있는 섬이다.
88 오볼로스(Obolos)는 고대 그리스의 화폐단위이다. 6오볼로스가 1드라크메 (drachme)이고, 100드라크메가 1므나(mna)이며, 60므나가 1탈란톤(talanton)이다.
89 Aigyptos. 이집트의 그리스어 이름.
90 Pontos. 대개 흑해 남안 지역.
91 공격용 또는 방어용 무기.

치도 없으니 기계 제작자가 되라고 권하며 그런 취지의 말로 그대들을 압도해버릴 수 있을 걸세. 그의 말에는 충분한 논거가 있으니까. 그럼에도 자네는 그 자신과 그의 기술을 업신여기고 그를 '기계 제작자'라고 낮춰 부를 것이며, 그의 아들에게 딸을 아내로 주거나 그의 딸을 아내로 삼으려 하지 않을 걸세. 자네가 자네 직업을 칭찬하는 이유들이 정당하다면, 기계 제작자와 내가 방금 언급한 다른 사람들을 자네가 업

d 신여기는 것이 어떻게 정당화될 수 있겠는가? 물론 자네는 자네가 더 훌륭한 사람이고 더 훌륭한 가문 출신이라고 말하겠지. 하지만 더 훌륭한 것이 내가 말하는 그런 것이 아니고, 어떤 사람에게든 자신과 자기 재산을 안전하게 지켜주는 바로 그것이 미덕이라면, 기계 제작자와 의사와 그 밖에 우리를 안전하게 지켜주기 위해 고안된 다른 기술을 헐뜯다가는 자네는 웃음거리가 되고 말 걸세.

하지만 여보게, 안전하게 지켜주고 안전하게 지켜지는 것 외에 고귀

e 하고 훌륭한 다른 것은 없는지 살펴보게. 진정한 대장부라면 얼마나 오래 사느냐에 관심을 가져서는 안 되고 삶에 집착해서도 안 되네. 그는 이런 일들은 신에게 맡기고, 운명은 아무도 피하지 못한다는 여인들의 말을 믿으면서 사는 동안 어떻게 하면 최선의 삶을 살 수 있는지 고

513a 찰해야 하네. 이를테면 그는 어떤 정체(政體)에서 살아가든 자신이 그 정체에 동화해야 하는가? 그렇다면 그대는 지금 최대한 아테나이 민중을 닮아야 할 것이네. 자네가 그들에게 사랑을 받으며 큰 힘을 행사하려면 말일세. 자네는 그것이 자네와 나에게 이득이 되는지 자문해봐야 할 걸세. 하늘에서 달을 끌어내리는 텟살리아 마녀들에게 일어난다는

일이 우리에게 일어나기를 원하지 않는다면 말일세.[92] 우리는 이런 정치적인 영향력을 선택하는 대가로 우리에게 가장 소중한 것들을 잃게 될 걸세.

만약 자네가 이 나라의 정체에 동화하지 않는데도, 자네가 더 좋아지느냐 더 나빠지느냐를 떠나 누군가가 자네에게 이 나라에서 큰 힘 b 을 행사할 수 있게 해줄 그런 기술을 전해줄 것이라고 생각한다면, 내가 보기에 자네는 큰 착각에 빠져 있는 것 같네, 칼리클레스. 자네가 아테나이 민중[93]과, 덤으로 퓌릴람페스의 아들 데모스와도 정말로 더 친해지고 싶다면, 자네는 흉내만 낼 것이 아니라 본성적으로 그들을 닮아야 하니까. 그러니 누구든 자네를 이들과 가장 닮게 해줄 사람이야말로 자네가 지망하는 그런 정치가로, 즉 정치가 겸 연설가로 만들어 c 줄 수 있을 걸세. 사람은 누구나 성미에 맞는 말을 들으면 좋아하고 성미에 맞지 않는 말을 들으면 싫어하니까. 자네는 이에 동의하지 않는가, 소중한 친구여? 칼리클레스, 이에 대해 우리가 할 말이 있는가?

칼리클레스 어쩐지 그대의 말이 옳은 것 같아요. 하지만 내 느낌도 대다수 사람들의 느낌과 같아요. 나는 그대가 한 말이 완전히 납득되지는 않아요.

---

92 마녀들은 신통력을 얻는 대가로 장님이 되거나 가족 구성원 중 한 명을 잃었다고 한다. 텟살리아(Thessalia)는 그리스반도 북부지방으로, 밤과 피와 마술과 깊은 관계가 있는 헤카테(Hekate) 여신 숭배의 중심지인 그곳에는 마녀들이 많았다고 한다. '하늘에서 달을 끌어내린다' 함은 여기서 월식을 뜻한다.

93 demos.

소크라테스 그것은 자네 혼 안의 민중에 대한 사랑이 내게 반항하기 때문일세, 칼리클레스. 하지만 우리가 같은 문제들을 자주 더 면밀히 검토한다면 자네도 납득할 걸세. 한데 상기해보게. 우리가 말하기를, 몸이든 혼이든 그것을 돌보기 위한 활동은 두 가지가 있는데 그중 하나는 즐거움을 위해 대상에 접근하고, 다른 하나는 최선의 것을 위해 접근하며 즐거움에 영합하지 않고 오히려 즐거움에 맞서 싸운다고 했네.[94] 우리는 앞서 그렇게 정의하지 않았나?

칼리클레스 그렇게 정의했지요.

소크라테스 그렇다면 그중 하나, 즉 즐거움을 위한 활동은 비천하며 사실은 아첨 외에 다른 아무것도 아닐세. 그렇겠지?

칼리클레스 그렇다고 해두죠, 원하신다면.

소크라테스 반면 다른 하나는 우리가 돌보는 것이 몸이든 혼이든 그것이 가능한 한 가장 훌륭해지게 해주겠지?

칼리클레스 물론이지요.

소크라테스 그렇다면 우리가 나라와 시민들을 돌볼 경우, 시민들 자신을 최대한 훌륭하게 만들겠다는 각오로 임해야겠지? 그렇지 않으면, 앞에서 밝혀졌듯이,[95] 다른 혜택을 베풀어도 아무런 이득이 되지 않기 때문일세. 만약 큰 부나 권력이나 다른 종류의 힘을 가지려는 사람들의 의도가 고상하고 아름답지 못하다면 말일세. 우리는 그렇다고 단언할까?

칼리클레스 물론이지요, 그러는 것이 더 즐거우시다면.

소크라테스 그렇다면 칼리클레스, 자네와 내가 국가를 위해 공인으로서 봉사하기로 작정하고는 성벽, 조선소, 신전 같은 대규모 건설 공사를 수행하라고 서로 권한다고 가정해보게. 그럴 경우 우리는 우리 자신을 살펴보며 자문(自問)해봐야 하지 않을까? 첫째, 우리는 건설 분야에 기술이 있는가, 없는가? 우리는 누구에게 그것을 배웠는가? 그럴 필요가 있는가, 없는가? [b]

칼리클레스 그럴 필요가 있고말고요.

소크라테스 둘째, 우리는 사인으로서 우리 자신이나 친구들 중 누군가를 위해 건물을 지어본 적이 있는가? 만약 있다면 그 건물은 아름다운가, 보기 흉한가? 이렇게 자문해본 결과 우리가 명망 높은 훌륭한 선생 [c] 들에게 배웠으며, 처음에는 그분들의 도움으로, 나중에 그분들 곁을 떠난 뒤에는 자력으로 수많은 아름다운 건물을 지었다는 것이 밝혀진다면, 사정이 그렇다면야 공직에 진출하는 것이 의미가 있겠지. 그러나 우리가 우리를 가르쳐준 선생의 이름도 댈 수 없으며 건물을 지어본 적이 없거나 지은 건물이 많아도 모두 무가치한 것들뿐이라면, 우리가 공공건물들을 짓기로 작정하고는 그렇게 하라고 서로 권한다는 것은 정말 어리석은 짓일 걸세. 우리는 이 말이 옳다는 데 동의할까, 동의하 [d] 지 말까?

칼리클레스 당연히 동의해야지요.

소크라테스 이것은 모든 분야에 다 적용되는 원칙이 아닐까? 예를 들어

---

94 500b~c.
95 504e~505b.

우리가 스스로 유능한 의사라고 믿고 공직에 진출하기로 작정하고는 의사로서 국가에 봉사하라고 서로 권한다고 가정해보게. 우리는 틀림없이 서로, 나는 자네에 관해 자네는 나에 관해 몇 가지를 물어보았을 걸세. "자, 말해보시오. 신들에 맹세코, 소크라테스 자신의 건강 상태는 어떠시오? 노예든 자유민이든 지난날 소크라테스 덕분에 병이 나은 사람이 있나요?" 나도 물론 자네에 관해 같은 것들을 물어보겠지.

e 그래서 칼리클레스, 우리가 외지인이든 아테나이인이든 남자든 여자든 우리 덕분에 몸이 더 좋아진 사람을 아무도 발견하지 못한다면, 먼저 사인으로서 수많은 실패와 성공을 거듭하며 기술을 충분히 계발하기도 전에 속담에 이르듯 걷기도 전에 뛰려고 들며 우리 자신도 의사로서 봉사하기로 작정하고 그런 상태에 있는 다른 사람들도 우리처럼 하라고 권하는 것은 어리석음의 극치로 정말 가소롭지 않을까? 자네는 그렇게 하는 것이 어리석은 짓이라고 생각하지 않나?

칼리클레스 나는 그렇게 생각해요.

515a **소크라테스** 그런데 가장 훌륭한 친구여, 우리는 의사가 되려는 것이 아닐세. 자네는 이제 막 정계에 진출하여, 나도 그렇게 하라고 권하며 그렇게 하지 않는다고 나를 비판하네. 그러니 우리는 서로 몇 가지를 물어봐야 하지 않을까? "자, 말해보게. 칼리클레스는 지난날 동료 시민들 중 누군가를 더 훌륭하게 만든 적이 있는가? 외지인이든 아테나이인이든 노예든 자유민이든 전에는 사악했지만, 즉 불의하고 무절제하고 어리석었지만 칼리클레스 덕분에 미덕의 화신이 된 사람이 있는

b 가?" 말해보게, 칼리클레스. 누가 자네에게 이런 질문을 하면 자네는

뭐라고 대답할 텐가? 자네는 어떤 사람을 자네가 그와 사귐으로써 더 훌륭하게 만들었다고 주장할 텐가? 왜 대답하기를 망설이는가? 자네가 정계로 진출하기 전에 사인으로 이룩한 업적이 있다면.

칼리클레스 또 이기려 드시는군요, 소크라테스님.

소크라테스 이기고 싶어서 묻는 게 아니라, 자네는 우리가 정치활동을 어떻게 해야 한다고 생각하는지 진심으로 알고 싶은 걸세. 아니면 정계 c 에 입문한 지금 자네는 우리 시민들을 최대한 훌륭하게 만드는 것 외에 다른 일에 전념할 텐가? 그것이 정치가가 할 일이라는 데 우리는 이미 누차 동의하지 않았나? 동의했는가, 안 했는가? 대답해보게. [침묵] 자네를 위해 내가 말하겠네. 우리는 동의했네.[96] 이것이 훌륭한 사람이 나라를 위해 해야 할 일이라면, 조금 전에 자네가 언급한 사람들을 상 기하며 자네는 여전히 그들을 훌륭한 시민들이라고 생각하는지 말해 d 주게. 페리클레스, 키몬, 밀티아데스, 테미스토클레스 말일세.

칼리클레스 네, 나는 그렇다고 생각해요.

소크라테스 그들이 훌륭하다면, 그들은 분명 저마다 시민들을 전보다 더 낫게 만들었을 걸세. 그렇게 만들었을까, 만들지 않았을까?

칼리클레스 그렇게 만들었겠지요.

소크라테스 그렇다면 페리클레스가 민회에서 처음 연설했을 때, 아테나이인들은 그가 마지막 연설을 했을 때보다 더 못했겠지?

---

96 504d~e, 513e~514a.

칼리클레스 아마도 그랬겠지요.

소크라테스 여보게, '아마도'가 아니라 우리가 동의한 바에 따르면 '반드시' 그랬겠지. 그가 정말로 훌륭한 시민이라면 말일세.

e **칼리클레스** 그래서 어떻다는 거죠?

소크라테스 아무것도 아닐세. 하지만 이 점과 관련하여 자네에게 물어볼 게 있네. 아테나이인들은 페리클레스 덕분에 자신들이 더 훌륭해졌다고 말하는가, 정반대로 페리클레스 때문에 자신들이 타락했다고 말하는가? 내가 듣기로, 페리클레스는 일당 지급제도[97]를 처음 도입함으로써 아테나이인들을 게으르고 비겁하고 수다스럽고 돈만 밝히는 자들로 만들었다고 하니 말일세.

칼리클레스 귀가 찌그러진 자들[98]한테서 들은 이야기로군요, 소크라테스님.

소크라테스 하지만 다음은 내가 남에게 들은 것이 아니라, 나도 자네도 확실히 아는 사실일세. 처음에 페리클레스는 명성을 얻었지만 이때는 아테나이인들이 더 못했음에도 불구하고 그를 수치스러운 죄목으로 516a 고발하거나 유죄 판결을 내리지 않았네. 그러나 그에 의해 미덕의 화신이 된 그들은 그의 생애가 끝나갈 무렵에는 횡령죄로 그에게 유죄 판결을 내렸고[99] 하마터면 사형을 선고할 뻔했는데, 이건 분명 그들이 그를 사악한 자라고 믿었기 때문일세.

칼리클레스 그래서 어떻다는 거죠? 그 때문에 페리클레스가 나쁜 사람이었단 말인가요?

소크라테스 당나귀나 말이나 소떼를 돌보는 사람에게 같은 일이 일어난다면 자네는 그를 나쁜 목자로 여길 걸세. 그가 넘겨받았을 때는 이들 동물들이 차거나 떠받거나 물지 않았는데 나중에는 사나워져서 이런 짓들을 모두 한다면 말일세. 다시 말해 누가 비교적 온순한 상태로 넘 ⟨b⟩ 겨받은 동물들을, 넘겨받았을 때보다 더 사납게 만들어놓았다면 자네 는 그런 사람을 나쁜 목자로 여기지 않을까? 그렇게 여길까, 여기지 않을까?

칼리클레스 물론 그렇게 여기겠지요. 그대에게 호의를 베풀려고 그렇게 대답하는 겁니다.

소크라테스 그렇다면 호의를 베풀어서 다음 질문에도 대답해주게. 사람도 동물 가운데 하나인가, 아닌가?

칼리클레스 물론 동물 가운데 하나지요.

소크라테스 페리클레스는 사람들을 돌보았겠지?

칼리클레스 네.

소크라테스 그렇다면 방금 우리가 동의한 바에 따르면, 사람들은 그에 의해 더 불의해지는 대신 더 바르게 되었어야 할 것 아닌가? 그가 훌륭 ⟨c⟩

---

97 페리클레스는 시민들 중에서 추첨으로 선출된 수백 명의 배심원들과 해군 또는 보병으로 근무하는 시민들은 물론 민회에 참석하는 시민들에게도 일당을 지급하는 제도를 도입했다.

98 당시 과두제를 지지하는 아테나이 젊은이들은 스파르테인들처럼 귀가 찌그러질 만큼 권투를 즐기며 짧은 외투를 입고 돌아다녔다고 한다.

99 기원전 430년 페리클레스는 횡령죄로 유죄 선고를 받지만 이듬해 관직에 복귀한다. 투퀴디데스(Thoukydides), 『펠로폰네소스 전쟁사』(*ho polemos ton Peloponnesion kai Athenaion*) 2권 65장.

한 정치가로서 사람들을 돌보았다면 말일세.

칼리클레스 물론이지요.

소크라테스 그리고 올바른 사람들은 호메로스에 따르면[100] 온순하네. 자네는 어떻게 생각하는가? 그들은 온순하지 않은가?

칼리클레스 네, 온순해요.

소크라테스 그러나 페리클레스는 분명 사람들을 넘겨받았을 때보다 더 사나워지게, 그것도 자기에게 더 사나워지게 만들었네. 이는 결코 그가 바라던 일이 아니었을 걸세.

칼리클레스 내가 그대에게 동의하기를 원하시죠?

소크라테스 그렇다네. 자네가 내 말을 옳다고 생각한다면.

칼리클레스 그러면 그렇다고 해두죠.

소크라테스 사람들이 더 사나워지면 더 불의해지고 더 못해지겠지?

d   **칼리클레스** 그렇다고 해두죠.

소크라테스 이 논리대로라면, 페리클레스는 훌륭한 정치가가 아니었네.

칼리클레스 그대의 주장대로라면 그렇죠.

소크라테스 제우스에 맹세코, 사실은 자네도 그렇게 주장한 셈일세. 자네가 동의한 바에 따르면. 이번에는 키몬에 관해 말해주게. 그가 돌보던 사람들이 10년 동안 그의 목소리를 듣지 않으려고 그를 도편추방[101]하지 않던가? 사람들은 테미스토클레스에게도 추방형을 선고함으로써 똑같은 짓을 하지 않던가? 또한 사람들은 마라톤의 영웅 밀티

e   아데스를 구덩이[102]에 던져 넣는 데도 찬성표를 던지지 않던가? 만약 집행위원회의 의장이 개입하지 않았더라면 그는 구덩이에 내던져졌을

걸세. 그러나 자네 주장처럼 이들이 훌륭한 사람들이었다면 결코 그런 일을 당하지 않았을 걸세. 아무튼 훌륭한 마부들이 처음에는 전차 밖으로 떨어지지 않다가, 말들을 돌보며 더 훌륭한 마부가 된 뒤에야 전차에서 떨어지기 시작한다는 것은 있을 수 없는 일일세. 그런 일은 마부로서 전차를 모는 데도, 그 밖의 다른 직업에서도 일어날 수 없네. 자네는 그런 일이 일어난다고 생각하나?

칼리클레스 나는 그렇게 생각하지 않아요.

소크라테스 그렇다면 조금 전에[103] 우리가 한 말이 옳은 것 같네. 그때   517a
우리는 이곳 아테나이에 훌륭한 정치가는 우리가 알기로는 한 명도 없다고 말했네. 그런데 자네는 요즘 정치가 중에는 그런 사람이 없다는 데는 동의하면서도 옛날 정치가 중에는 그런 사람이 더러 있다며, 우리

---

100 『오뒷세이아』 6권 120행, 9권 175행, 13권 201행 참조.

101 도편추방(ostrakismos)은 기원전 508~507년에 클레이스테네스(Kleisthenes)가 아테나이에 도입했는데, 시민들이 기피하는 저명인사를 재산은 몰수하지 않고 10년 동안 추방하는 제도이다. 매년 민회(ekklesia)에서 그해에 도편추방을 실시할 것인지의 여부를 표결하여, 실시하기로 표결할 경우 시민들은 저마다 질그릇 조각(ostrakon)에다 국가의 안전을 위하여 추방할 필요가 있다고 생각하는 인물의 이름을 긁었는데 최다 득표자가 추방되었다. 맨 처음 도편추방 당한 사람은 전 참주 힙피아스(Hippias)의 친척인 힙파르코스(Hipparchos)였다(기원전 487년). 처음에는 참주정치를 부활하거나 페르시아에 협력할 우려가 있는 자들이 대상이었으나, 나중에는 아리스테이데스(Aristeides), 테미스토클레스, 키몬 같은 저명인사들도 추방되었다. 그 이름이 알려진 마지막 희생자는 휘페르볼로스(Hyperbolos)인데 그는 기원전 417년에 추방되었다.

102 '구덩이'(barathron)란 민중의 적으로 낙인찍힌 자들을 처형하는 곳이다. 크세노폰(Xenophon), 『헬라스 역사』(Hellenika) 1권 7장 20절.

103 503a~d.

가 언급한 네 사람을 꼽았네. 그러나 이들도 요즘 정치가들과 마찬가지임이 드러났네. 그러니 이들이 연설가라면 이들이 사용한 것은 진정한 수사학도 아니고―진정한 수사학을 사용했더라면 내던져지지 않았을 테니까―아첨하는 수사학도 아니었네.

칼리클레스 하지만 소크라테스님, 그대가 이들 중에서 누구를 선택하시든 그가 해낸 일을 요즘 사람들 가운데 누가 해낸다는 것은 어림없어요.

b

소크라테스 칼리클레스, 물론 나라를 위한 머슴[104]으로서 그들의 능력을 비판하지는 않겠네. 사실 나는 그들이 나라의 욕구를 더 잘 충족시킬 수 있었다는 점에서 요즘 정치가들보다 머슴 노릇을 더 잘했다고 생각하네. 하지만 시민들이 더 훌륭해지도록 설득하거나 강요함으로써 그들의 욕구에 순응하는 대신 그들의 욕구를 바꾸는 일에서는, 그것만

c

이 훌륭한 시민의 책무인데도 그들은 요즘 정치가들보다 사실상 더 나을 게 없었네. 하지만 함선과 성벽과 조선소 등을 제공하는 일에는 그들이 요즘 정치가들보다 더 능했다는 자네 주장에는 나도 동의하네.

한데 자네와 나는 이 토론에서 우스꽝스러운 짓을 하고 있네. 우리는 서로 상대방의 말뜻을 이해하지 못해 토론하는 내내 매번 같은 논점으로 되돌아오곤 했으니 말일세. 하지만 생각건대 자네가 누차 받아들이고 동의한 바에 따르면, 각각 몸과 혼에 관련되는 문제의 활동들

d

에는 두 측면이 있다네. 그중 한 측면은 머슴 노릇을 하는 것으로, 이것에 의해 우리 몸은 배고프면 먹을거리를, 목마르면 마실 거리를, 추우면 옷과 이불과 신발을, 그 외에도 몸이 욕구하는 다른 것들을 제공받을 수 있다는 것이네. 나는 자네가 이해하기 쉬우라고 일부러 같은 비

유[105]를 사용했네. 이런 것들을 제공할 수 있는 것은 소매상이거나 무역상이거나 이런 것들을 만드는 장인, 즉 제빵사, 요리사, 직조공, 제화공, 제혁공이네. 그러니 이런 사람이 자신을 그리고 남들이 그를, 몸을 e 돌보는 사람이라고 생각하는 것은 전혀 놀랄 일이 못 되네. 그들은 모두 이 모든 기술 외에 정말로 몸을 돌보는 기술, 즉 체력단련과 의술이 있다는 것을 모르기 때문이네. 체력단련과 의술이야말로 이 모든 기술을 지배하며 이 기술들이 일군 성과를 이용할 자격이 있네. 다른 기술들은 모르지만 체력단련과 의술은 어떤 먹을거리나 마실 거리가 몸의 탁월한 상태에 이롭고 해로운지 알기 때문일세. 따라서 이들 다른 기 518a 술들은 노예나 머슴에게나 어울리는 자유민답지 않은 일에 어울리므로 당연히 체력단련과 의술에 종속되어야 하네.

그런데 내가 똑같은 원칙이 혼에도 적용된다고 말할 때, 가끔은 자네가 내 말을 이해한다는 생각이 드네. 자네가 내 말뜻을 알았다는 듯이 동의하니까. 그러나 조금 뒤에 자네가 이 나라에는 더없이 훌륭한 b 시민들이 있었다고 주장하기에, 그들이 누구냐고 묻자 자네는 정치가들을 내세웠네. 하지만 그것은 내가 체력단련과 관련하여 "몸을 돌보는 일에 옛날 사람이나 요즘 사람 중에 누가 훌륭한가"라고 묻는데, 자네가 아주 진지하게 "제빵사 테아리온과 시켈리아 요리에 관한 책을 쓴 미타이코스와 소매상 사람보스[106]요. 이들은 각각 훌륭한 빵과 맛

---

104 diakonos.
105 490b~e, 500e.

있는 요리와 포도주를 제공함으로써 놀랄 만큼 훌륭하게 몸을 돌보았으니까요"라고 대답하는 것과 같네.

c   내가 자네에게 이렇게 말하면 자네는 아마도 화를 내겠지. "여보게, 자네는 체력단련에 관해 아무것도 모르는군. 자네가 언급한 사람들은 머슴들이며, 욕구들에 관해 제대로 아는 것이 아무것도 없으면서 욕구를 충족시킨다네. 그들은 기회를 잡으면 사람들 몸을 가득 채우고 d   살찌게 하고 사람들의 본래 살을 망가뜨릴 것이네, 사람들에게 칭찬받으면서. 한편 제공받는 사람들은 경험이 부족한 탓에 자신들이 병들고 본래 살이 망가진 것을 진수성찬을 제공한 사람들 탓으로 돌리지 않을 걸세. 오히려 전에 잔뜩 먹은 것이 건강에 해로운 탓에 훗날 발병한 것인데도 그들은 마침 그 자리에 있다가 그들에게 조언하는 사람들이 있으면 이들을 탓하고 나무라며 할 수만 있다면 해코지하려 들 것이며, 그들의 고통에 실제로 책임이 있는 이전 사람들은 칭송해 마지않을 걸세."

e   칼리클레스, 자네도 지금 그와 아주 비슷한 짓을 하는 거라네. 자네는 아테나이인들에게 잔치판을 벌여주며 그들의 욕구를 충족시켜주던 사람들을 칭송해 마지않으니 말일세. 사람들은 그들이 나라를 위대하게 만들었다고 말한다네. 그러나 이전 정치가들 때문에 나라가 붓고 519a   곪아 있다는 것을 아는 사람은 아무도 없네. 이는 그들이 절제와 정의는 생각하지 않고 항구, 조선소, 성벽, 공물(貢物) 같은 하찮은 것들로 나라를 가득 채웠기 때문일세. 그리하여 허약해져 발작이 일어나면 사람들은 마침 그 자리에 있던 조언자들을 탓하고, 자신들의 불행에 책

임 있는 테미스토클레스와 키몬과 페리클레스는 칭송해 마지않을 걸세. 실제로 자네는 조심하는 게 좋을 걸세. 사람들은 자신들이 획득한 것뿐만 아니라 원래 있던 것들마저 잃게 되면 자네를 그리고 내 친구 알키비아데스를 공격할지도 모르니까. 설령 자네들이 그들의 불행에 전적인 책임이 아니라 일부 책임만 있다 해도 말일세.

나는 오늘날 실제로 어리석은 일이 벌어지는 것을 보았으며, 이전 지도자들과 관련해서도 그런 말을 듣는다네. 내가 알기에, 나라가 정치가들 중 한 명을 형사소추하기 시작하면 정치가들은 분개하며 자신들이 끔찍한 일을 당한다고 불평한다네. 그들은 "우리는 나라를 위해 좋은 일을 많이 하다가 나라에 의해 부당하게 파멸하고 마는구나"라고 말하지. 그러나 그것은 새빨간 거짓말이야. 나라의 지도자는 어느 누구도 자기가 이끄는 나라에 의해 파멸할 수 없으니까. 사실 자칭 정치가들은 자칭 소피스트들과 다를 게 없는 것 같네. 소피스트들은 다른 점에서는 지혜롭지만 앞뒤가 맞지 않는 짓을 하니까. 소피스트들은 자신들이 미덕 교사라고 주장하면서도 수업료를 지불하지 않는 등 배은망덕한 짓을 한다고 제자들을 비난한다는 말일세. 교사에 의해 불의가 제거되고 대신 정의를 갖게 됨으로써 훌륭하고 올바르게 된 사람들이 자신들에게 있지도 않은 불의 때문에 불의를 행한다고 주장한다면 이

b

c

d

---

106 테아리온(Thearion)은 기원전 5세기 말 아테나이에서 유명한 제빵사였다. 미타이코스(Mithaikos)는 유명한 요리사였고, 사람보스(Sarambos)는 포도주 상인이었다. 시켈리아(Sikelia)는 시칠리아의 그리스어 이름이다.

보다 더 불합리한 주장이 어디 있겠나? 여보게, 자네는 이것이 앞뒤가 맞지 않는다고 생각하지 않나? 칼리클레스, 자네가 질문에 대답하려 하지 않아, 내가 어쩔 수 없이 진짜 대중연설을 했네그려.

칼리클레스 그대는 설마 누가 그대 질문에 대답하지 않는다고 해서 말하지 못할 그런 사람은 아니겠지요?

e **소크라테스** 아마 말할 수 있겠지. 아무튼 자네가 대답하기를 거부하는 바람에 내가 방금 길게 말을 늘어놓은 것은 사실이네. 여보게, 우정의 신에 맹세코 말해주게. A가 B를 훌륭하게 만들었다고 주장해놓고는, B가 A에 의해 훌륭해지고 여전히 훌륭한데도 불구하고 A가 B를 나쁘다고 비난하는 것은 불합리하다고 생각하지 않나?

칼리클레스 불합리하다고 생각해요.

소크라테스 자네에게는 사람들에게 미덕을 가르친다고 주장하는 사람들이 그런 말을 하는 것으로 들리지 않나?

520a **칼리클레스** 들려요. 하지만 아무 가치도 없는 사람들 이야기는 왜 꺼내세요?

소크라테스 나라를 이끌며 최대한 나라가 잘되도록 보살핀다고 주장하면서도 툭하면 가장 나쁜 나라라고 비난하는 사람들에 대해, 자네는 뭐라고 말할 텐가? 자네는 이들이 저들과 다르다고 생각하나? 여보게, 소피스트와 연설가는 같거나, 내가 앞서 폴로스에게 말했듯이,[107] 대동 b 소이하네. 자네는 그걸 몰라서 한쪽, 즉 수사학은 아주 훌륭한 것이라고 믿고 다른 쪽은 경멸하는 것이라네. 하지만 사실은 입법 기술이 사법 기술보다, 체력단련이 의술보다 더 훌륭한 만큼이나 소피스트의 기술이 수사학보다 더 훌륭한 것이라네. 나는 대중 연설가들과 소피스트들만은 자신들에게 몹쓸 짓을 한다고, 자신들이 가르치는 사람들을 비난할 처지가 아니라고 생각했네. 그럴 경우 그들은 자신들이 혜택을 주었다고 주장하는 사람들에게 실은 아무 혜택도 주지 않았다고 자인하는 셈이 되니까. 그렇지 않은가?

칼리클레스 그야 물론 그렇지요.   c

소크라테스 그리고 내 말이 맞는다면, 아마도 그들만이 자신들이 제공한다는 혜택을, 보수를 받지 않고 제공할 수 있는 처지에 있는 것 같네. 다른 혜택을 받은 사람, 이를테면 체육 교사에게 빨리 달리는 법을 배운 사람은 보수를 떼먹을 수도 있네. 체육 교사가 미리 보수를 정하고 빨리 달리는 기술을 전수하는 시점과 최대한 근접하는 시점에 돈을 받는 대신 믿고 외상으로 혜택을 베푼다면 말일세. 사람들이 불의를 행하는 것은 느림 때문이 아니라 불의 때문이니까. 그렇겠지?   d

칼리클레스 네, 그래요.

소크라테스 따라서 누가 다름 아닌 불의를 제거한다면 앞으로는 불의를 당할까 염려할 필요가 전혀 없을 걸세. 사람들을 훌륭하게 만드는 것이 가능하다면, 그만이 안전하게 그런 혜택을 베풀 수 있으니까. 그렇지 않은가?

칼리클레스 동의해요.

107 465c.

소크라테스 따라서 건축 같은 다른 기술 분야에서 조언을 해주고 보수를 받는 것은 조금도 수치스러운 짓이 아닌 것 같네.

e **칼리클레스** 그런 것 같네요.

소크라테스 반면 어떻게 하면 자신의 가정과 국가를 가장 훌륭하게 관리할 것이냐 하는 문제와 관련해서는 보수를 주지 않는다고 조언하기를 거부한다는 것은 수치스러운 짓으로 여겨질 걸세. 그렇겠지?

칼리클레스 네.

소크라테스 그 이유는 분명 그것은 수혜자가 되돌려주고 싶어하게 만드는 유일한 봉사이기 때문일세. 따라서 시혜자가 도로 수혜자가 되면 그것은 좋은 전조이지만, 시혜자가 수혜자가 되지 못하면 좋은 전조가 아닌 것 같네. 그렇겠지?

521a **칼리클레스** 그래요.

소크라테스 그렇다면 나라를 돌보는 두 가지 방법 가운데 자네는 어느 쪽을 내게 권하는지 말해주게. 아테나이인들을 되도록 훌륭하게 만들기 위해 의사처럼 그들과 싸우는 쪽인가, 머슴 노릇이나 하며 환심을 사려고 그들과 사귀는 쪽인가? 칼리클레스, 진심을 말해주게. 자네는 처음부터 솔직하게 말했으니 계속해서 마음속 생각을 말해야 할 걸세. 지금이야말로 훌륭하고 고상하게 말해주게.

칼리클레스 머슴 노릇을 하는 쪽이라고 말할래요.

b **소크라테스** 참 고상하게 말하는군. 나더러 아첨꾼이 되라고 권하다니!

칼리클레스 뮈시아[108]인이라고 불리는 것이 더 즐거우시다면, 소크라테스님. 그러나 그대가 내 말대로 하지 않으면…

소크라테스 자네가 누차[109] 되풀이하던, 누구든 원하기만 하면 나를 죽일 것이라는 그 말은 하지 말아주게. 그것은 나쁜 사람이 좋은 사람을 죽이는 것이라고 내가 되풀이해서 말하지 않도록. 누구든 원하기만 하면 내 재산을 몰수할 것이라는 말도 하지 말아주게. "그가 몰수한다 해도 내 재산이 그에게 이득이 되지 않을 걸세. 그가 내 재산을 가져도 내게서 불의하게 몰수했듯이 불의하게 사용할 것이고, 불의하게 사용한다면 수치스럽게 사용하는 것이고, 수치스럽게 사용한다면 나쁘게 사용하는 것이니까"라고 내가 말하지 않도록 말일세.

칼리클레스 소크라테스님, 그대에게는 이런 일이 하나도 일어날 수 없다고 확신하시는 것 같네요. 마치 그대는 별세계에 사는 양 아주 고약하고 하찮은 인간에 의해 법정으로 끌려가는 일은 있을 수 없다는 듯이 말입니다.

소크라테스 칼리클레스, 내가 정말 바보가 아닌 바에야 아테나이에서는 누구에게나 무슨 일이든 일어날 수 있다는 것을 모를 리 있겠나. 나는 한 가지는 잘 안다네. 내가 만약 자네가 말하는 그런 봉변들 중 하나를 당해 법정에 출두한다면 나를 그곳으로 끌고 간 사람은 나쁜 사람일 걸세. 훌륭한 사람은 불의를 행하지 않는 사람을 법정으로 끌고

---

108 뮈시아(Mysia)는 소아시아 서북지방으로 그곳 주민들은 비겁하고 비열하기로 유명했다고 한다. 여기서는 그렇게 나쁜 뜻으로 머슴 노릇 하라고 말한 것이 아닌데도 소크라테스가 지나치게 나쁘게 해석하려 한다는 뜻인 것 같다.
109 486b, 511a~b.

가지 않으니까. 그리고 내가 사형을 당해도 그것은 조금도 이상한 일이 아닐세. 자네는 내가 왜 그런 예상을 하는지 듣고 싶나?

칼리클레스 물론이지요.

소크라테스 나 말고도 한두 명 더 있는지 몰라도, 나는 오늘날 아테나이에서 나야말로 진정한 통치술을 실천에 옮겨보려고 시도하는 하나뿐인 진정한 정치가라고 확신하네. 그것은 내가 하는 연설은 언제나 보답이나 가장 즐거운 것이 아니라 최선을 목표로 삼기 때문일세. 그리고 나는 자네가 권하는 그 세련된 것들[110]을 받아들이기를 거부하기에, 법정에서는 말솜씨가 서투르겠지. 그래서 아까 내가 폴로스에게 한 말[111]이 그대로 나에게도 적용될 걸세. 내 재판은 어린아이들로 구성된 배심원단 앞에서 요리사에게 고발당한 의사 꼴일 걸세. 누가 다음과 같은 말로 논고한다고 가정해보게. "어린이 여러분, 이 사람은 여러분에게 나쁜 짓을 많이 했어요. 이 사람은 특히 여러분 가운데 가장 어린 아이들을 수술과 뜸으로 망가뜨리는가 하면 굶기고 토하게 하여 마비 상태에 이르게 했어요. 쓰디쓴 물약을 마시게 하고, 배고픔과 갈증을 강요함으로써 말이에요. 그것은 내가 온갖 진미로 여러분에게 계속해서 잔치를 베푼 것과는 정반대지요." 자네는 의사가 이런 곤경에 처해 무슨 말을 할 수 있으리라 생각하나? 의사가 "어린이 여러분 내가 그렇게 한 것은 건강을 위해서였어요"라고 사실대로 말한다면, 자네는 이런 배심원들이 얼마나 아우성을 칠 것이라고 생각하나? 요란하게 떠들어대지 않을까?

칼리클레스 아마도 그럴 것이라고 생각해야겠지요.

소크라테스 자네는 의사가 완전히 말문이 막힐 거라고 생각하지 않나?　　b

칼리클레스 물론 그렇겠지요.

소크라테스 나 역시 법정에 서게 되면 그런 일을 당하리라는 것을 잘 알지. 나는 그들이 봉사나 혜택이라고 여기는 즐거움을 제공한 적이 있다고 말할 수 없으니까. 사실 나는 그런 호의를 베푸는 자도, 받는 자도 부러워하지 않네. 또한 내가 젊은이들을 혼란스럽게 하여 타락시킨다거나 사석 또는 공석에서 연장자들을 험한 말로 모욕한다고 누가 나를 고발하면, 나는 사실을 말할 수가 없을 걸세. "나의 이 모든 말과 행　c위는 정의감의 발로입니다." 그리고 그대들 연설가들처럼 "배심원 여러분!"이라고 덧붙일 수도 없을 걸세. 물론 다른 변론도 할 수 없을 테고. 그러니 나는 아마도 무슨 일을 당하든 그대로 감수해야 할 걸세.

칼리클레스 소크라테스님, 누가 나라에서 그런 처지에 놓이게 되어 자신도 방어할 수 없는 것이 좋은 일이라고 생각하세요?

소크라테스 그렇다네, 칼리클레스. 그러기 위해 그에게 필요한 것은, 자네도 누차 동의했듯이, 한 가지뿐일세. 그는 인간들에게도 신들에게도 불의한 것은 말하지도 행하지도 않음으로써 이미 자신을 방어했어야　d한단 말일세. 이보다 더 훌륭한 자기 방어는 없다고 우리는 누차 동의한 바 있네. 만약 누가 나를 논박하며 그런 보호는 나 자신에게도 남에게도 제공할 수 없다는 것을 입증하면, 나는 여럿이 모인 앞에서든 몇

110　486c 참조. 여기서는 수사학을 가리키는 것으로 보인다.
111　464d~e.

사람이 모인 앞에서든 단둘이 만난 자리에서든 논박당하는 것이 창피하겠지. 그리고 내가 그런 능력이 없어 죽게 된다면 나는 몹시 괴롭겠지. 그러나 내가 수사학으로 사람들에게 아첨할 줄을 몰라서 죽게 된

e   다면, 자네는 틀림없이 내가 죽음을 편안히 참고 견디는 것을 보게 될걸세. 완전히 제정신이 아니거나 겁쟁이가 아니라면 누구도 죽는 것을 두려워하는 것이 아니라, 불의를 행하는 것을 두려워할 걸세. 혼이 수많은 불의한 행위에 짓눌린 채 하데스에 도착한다는 것은 모든 악 중에서 최악이니까. 자네가 원한다면, 왜 그런지 내가 이야기해주겠네.

칼리클레스 다른 것들도 다 마무리했으니, 그것도 마무리하시죠.

523a **소크라테스** 그렇다면 사람들 말마따나,[112] 재미있는 이야기를 들어보게. 자네는 아마 이 이야기를 설화[113]로 여기겠지만, 나는 실화[114]로 여긴다네. 나는 내가 이야기하려는 것이 사실이라 믿고 이야기하는 것이니까. 호메로스가 전하는 바에 따르면,[115] 제우스와 포세이돈과 플루톤은 아버지한테 물려받은 통치권을 서로 나누어 가졌다고 하네. 그런데 크로노스가 통치할 때는 인간들과 관련하여 한 가지 법이 있었는데, 신들께서 오늘날까지도 승인하시는 그 법이란 다름 아니라 올바르

b   고 경건한 삶을 산 사람들은 죽은 뒤 축복받은 사람들의 섬들[116]에 가서는 고통에서 벗어나 완전한 행복 속에서 살게 되지만, 불의하고 신을 부인하는 삶을 산 사람은 타르타로스[117]라 불리는 응보와 심판의 감옥으로 가게 된다는 것이네. 크로노스 시대와 제우스가 권력을 장악한 초기에는 살아 있는 인간들을 각자 생을 마감하게 되어 있는 날 살아 있는 심판관들이 심판했는데, 그래서 판결이 제대로 내려지지 못했네.

플루톤과 축복받은 사람들의 섬들의 감독관들은 제우스를 찾아가 그 c
럴 자격이 없는 인간들이 자기들 영역으로 온다고 말했네. 그러자 제우
스가 말했네. "그런 일이 일어나지 못하도록 내가 조치를 취하겠소. 지 c
금 판결이 제대로 내려지지 않는 것은 심판받는 인간들이 살아서 심판
을 받는지라 옷을 입고 심판받기 때문이오. 그래서 혼이 타락한 수많
은 인간들이 아름다운 몸과 좋은 가문과 부(富)를 입고 있고, 게다가 d
그들이 심판받을 때는 수많은 증인이 나서서 그들이 올바르게 살았노
라 증언하오. 이런 것들이 모두 심판관들에게 영향을 미치오. 게다가
심판관들 자신도 옷을 입고 있소. 그들의 혼은 눈과 귀와 몸 전체에 둘
러싸여 있다는 말이오. 그리고 이 모든 것, 즉 그들 자신이 입고 있는
것도 심판받는 자들이 입고 있는 것도 장애물이 된다오. 그러니 먼저"
하고 제우스가 말을 이었네. "자신들이 죽을 날을 그들이 미리 알지 못
하게 해야 하오. 지금은 그들이 미리 알기에 하는 말이오. 그들에게서
그런 능력을 박탈하라고 내 이미 프로메테우스[118]에게 일러두었소. 다
음으로 그들은 입은 것을 모두 벗고 심판받아야 하오. 그들은 죽은 뒤 e

---

112 '옛날 옛적에'처럼 이야기를 시작할 때 관행적으로 사용하는 문구이다.

113 mythos.

114 logos.

115 『일리아스』 15권 187~193행. 아버지 크로노스(Kronos)를 권좌에서 축출하고
제우스는 하늘을, 포세이돈(Poseidon)은 바다를, 하데스 일명 플루톤(Plouton)은 저승
을 차지한다.

116 makaron nesoi. 고대 그리스인들은 그곳이 대지 서쪽 끝에 있다고 믿었다.

117 Tartaros. 특히 신에게 죄를 지은 자들이 수감되는 지하 가장 깊은 곳에 있는 감옥.

에 심판받아야 한단 말이오. 심판이 공정하려면 심판관 역시 걸친 것을 벗어야, 즉 죽은 뒤라야 하오. 각자가 죽어서 모든 친척들과 헤어지고 앞서 말한 장식들을 모두 지상에 남겨두고 떠난 직후 심판관이 자신의 혼 자체로 죽은 자의 혼 자체를 관찰할 수 있으려면 말이오. 실은 나는 이 모든 것을 그대들보다 먼저 알고 내 세 아들을 재판관으로 임명해두었는데, 그중 두 명 즉 미노스[119]와 라다만튀스는 아시아 출신이

524a 고, 한 명 즉 아이아코스[120]는 에우로페 출신이오. 그들은 죽은 뒤 세 갈래 길이 만나는 초원[121]에서 심판할 것인데, 그중 한 갈래는 축복받은 사람들의 섬들로 가는 길이고 다른 한 갈래는 타르타로스로 가는 길이오. 아시아에서 온 자들은 라다만튀스가 심판하고, 에우로페에서 온 자들은 아이아코스가 심판할 것이오. 그리고 미노스에게는 다른 두 심판관이 어려움에 봉착할 경우 최종판결을 내릴 수 있는 연장자의 권한이 부여될 것이오. 인간들의 운명에 관한 심판이 최대한 공정할 수 있도록 말이오."

칼리클레스, 이것이 내가 들은 이야기일세. 나는 이 이야기가 사실

b 이라고 믿네. 그리고 이 이야기에 근거해 나는 다음과 같은 일이 일어날 것이라고 생각하네. 내가 보기에, 죽음이란 두 가지, 즉 혼과 몸이 서로 분리되는 것 외에 다른 어떤 것도 아닌 것 같네. 그리고 혼과 몸이 서로 분리되어도 이 둘은 저마다 그 사람이 살아 있을 때의 상태를 상당히 유지하네. 몸은 타고난 특징과 돌봄을 받은 결과물인 속성들

c 과 스스로 경험한 것을 모두 뚜렷하게 유지하네. 예를 들어 본성 덕분이든 양육 덕분이든 두 가지 모두 덕분이든, 몸집이 큰 사람이 있다면

죽은 뒤에도 그의 시신은 크고, 뚱뚱한 사람은 죽어서도 뚱뚱하며, 그 밖의 다른 경우도 마찬가지일세. 또한 누가 머리를 길게 기르는 버릇이 있다면 그의 시신도 머리가 길겠지. 누가 살아 있을 때 큰 범죄를 저질러 매질을 당하거나 가격당해 그 흔적이 몸에 흉터로 남아 있다면, 죽은 뒤에도 그의 시신에 이런 흔적이 남는 것을 볼 수 있을 걸세. 또한 누가 살아 있을 때 사지가 부러지거나 뒤틀리면 죽은 뒤에도 똑같은 특징이 뚜렷하게 나타날 걸세. 한마디로 누가 살아 있을 때 지니던 d 몸의 속성들은 죽은 뒤에도 얼마 동안 전부 아니면 대부분 뚜렷하게 남는다네.

칼리클레스, 이 점은 혼의 경우에도 마찬가지라고 나는 생각하네. 혼이 일단 몸에서 벗어나면 혼의 특징들이 모두 뚜렷하게 드러난다네. 혼의 타고난 특징들뿐만 아니라, 각자의 그때그때 활동을 통해 혼으로 들어온 속성들도. 그리하여 그들이 심판관 앞에 도착하여 아시아에서 온 자들이 라다만튀스 앞에 이르면, 라다만튀스는 그들을 그곳에 세우 e

---

118 프로메테우스(Prometheus '사전에 생각하는 자')는 티탄(Titan) 신족 가운데 한 명인 이아페토스(Iapetos)의 아들로 에피메테우스(Epimetheus '사후에 생각하는 자')의 형이다. 그가 불을 훔쳐내 인간들에게 주자 제우스가 대로하여 그를 높은 산꼭대기에 사슬로 결박하게 한 다음 독수리를 보내 그의 간을 쪼아 먹게 했다고 한다.
119 미노스(Minos)는 제우스와 에우로페(Europe)의 아들로 크레테 섬의 전설 속의 입법자이자 왕이다. 라다만튀스(Rhadamanthys)는 미노스와 형제간이다.
120 아이아코스(Aiakos)는 제우스와 요정 아이기나(Aigina)의 아들로 영웅 아킬레우스의 할아버지이다. 그는 경건하기로 유명했다.
121 『국가』 614c 참조.

고 그것이 누구의 혼인지 모르는 채 각자의 혼을 살펴본다네. 그는 종종 페르시아 왕이나 다른 왕이나 권력자를 붙들지만 그자의 혼 안에서 건전한 것은 아무것도 보지 못하고 거짓 맹세와 불의로 인해 그의

525a 혼이 매질을 당해 흉터투성이인 것을 발견하는데, 이것은 그자의 행위 하나하나가 그의 혼에 남긴 자국일세. 그리고 모든 것이 거짓과 오만으로 왜곡되어 있고 반듯한 것은 아무것도 없는데, 이 모두 그자의 혼이 진실성 없이 양육되었기 때문일세. 또한 그는 방종과 사치와 교만과 무절제한 행위로 인해 그자의 혼이 균형을 잃고 추악해진 것을 보게 될 걸세. 라다만튀스는 어떤 혼이 이런 상태에 있는 것을 보게 되면 치욕스럽게도 즉시 감옥으로 보내버린다네. 그러면 그 혼은 그곳에 가서 자기에게 적절한 고통을 참고 견뎌야 할 걸세.

b   누구든 남에게 처벌받아 마땅한 자에게 적절한 것은 무엇인가? 그것은 처벌받는 사람이 더 나은 사람이 됨으로써 이득을 보거나, 아니면 남들에게 본보기가 되는 것일세. 남들이 그가 고통 받는 것을 보고 두려워서 더 나은 사람이 될 수 있도록 말일세. 신에 의해 처벌받든 인간에 의해 처벌받든 처벌받음으로써 이득을 보는 사람들은 치유가 가능한 과오를 범한 사람들일세. 하지만 그들이 이득을 보자면 이승에서나 하데스에서나 괴로움과 고통을 통해야만 하네. 다른 방법으로는 불의에서 벗어날 수 없기 때문이지. 반면 남들에게 본보기가 되는 자들

c   은 극악무도한 불의를 저질러 치유가 불가능해진 자들이네. 그들 자신은 치유가 불가능한지라 이제는 이득을 보지 못하지만, 그들이 죄를 지은 대가로 가장 괴롭고 가장 끔찍한, 극심한 고통을 언제까지고 당하

는 것을 봄으로써 남들은 이득을 본다네. 그들은 새로 그곳에 도착하는 불의한 자들이 보고 주눅 들라고 그곳 지하 감옥에 구경거리로 매달려 있지.

폴로스가 한 말이[122] 사실이라면, 나는 아르켈라오스야말로 그런 자들 중 한 명이며, 그런 종류의 참주라면 누구나 그와 마찬가지라고 주장하네. 실제로 나는 이들 본보기들의 대부분은 참주나 왕이나 권력자나 정치가 출신이라고 생각하네. 그들은 가장 끔찍하고 가장 불경한 범죄를 저지를 수 있고, 실제로 저지르는 자들이기 때문일세. 호메로스도 이를 증언하고 있네.[123] 하데스에서 영원히 벌받는 자들은 그의 시에서는 탄탈로스, 시쉬포스, 티튀오스[124] 같은 왕들과 권력자들이니까. 그러나 어떤 시인도 테르시테스[125]나 사악하지만 사인(私人)이었던 다른 사람을 치유 불가능한 중범으로 그리지는 않았네. 내 생각

---

122 471a~c.

123 『오뒷세이아』 11권 572~600행

124 탄탈로스에 관해서는 대화편 『프로타고라스』 주 20 참조.
시쉬포스(Sisyphos)는 코린토스 시의 전설적인 건설자로 신들을 속이는 등 악행을 일삼다가 저승에 가서 돌덩이를 산꼭대기로 굴려 올리면 산꼭대기에 도착하려는 순간 도로 굴려 떨어져 이런 고역을 끊임없이 반복하는 벌을 받는다.
티튀오스(Tityos)는 대지의 여신 가이아(Gaia)의 거한 아들로 여신 레토(Leto)를 겁탈하려다 그녀의 아들인 아폴론(Apollon)과 딸인 아르테미스(Artemis)에게 살해된다. 오뒷세우스는 저승에 갔을 때 땅에 큰대 자로 누워 있는 그의 간을 독수리 두 마리가 뜯어먹는 장면을 목격한다.

125 테르시테스(Thersites)는 트로이아 전쟁에 참가한 그리스인들 가운데 제일 못생긴 험담가로 사병으로서 총사령관 아가멤논을 비난하다가 오뒷세우스에게 매질을 당한다. 『일리아스』 2권 211~277행.

에 그것은 그가 불의를 저지를 위치에 있지 않았기 때문인 것 같네. 그
래서 그는 그런 위치에 있던 사람들보다 더 행복한 것이라네. 칼리클레
스, 실은 극악무도한 자들은 힘 있는 사람들 중에서 나온다네. 물론 그
런 사람들 중에 훌륭한 사람들이 나지 말라는 법은 없지만 말일세. 그
리고 훌륭한 사람들이 난다면 그들이야말로 진심으로 경탄할 만하지.
칼리클레스, 불의를 저지를 기회를 많이 가지고 태어났음에도 평생을
올바르게 살아간다는 것은 어려운 일이며, 그래서 크게 칭찬받을 만하
기 때문이지. 그런 사람들은 많이 나지 않는다네. 그러나 그런 사람들
은 이곳 아테나이에도 있었고 다른 곳에도 있었기에, 앞으로도 틀림없
이 나타날 걸세. 누가 무엇을 맡겨도 올바로 처리할 수 있는 그런 미덕
을 갖춘 진실로 훌륭한 사람들[126] 말일세. 실제로 그들 중 한 명인 뤼시
마코스의 아들 아리스테이데스[127]는 온 헬라스 땅에 명성이 자자했네.
하지만 여보게, 권력은 대개 사람들을 타락시킨다네.

아무튼 내가 앞서 말했듯이 저 라다만튀스가 그런 자를 한 명 붙들
면 그자의 이름과 가문은 전혀 몰라도 그자가 사악하다는 것은 안다
네. 그는 그것을 보면 그자가 치유가 가능한지 불가능한지 자기 의견을
표명해서 그자를 타르타로스로 보내버린다네. 그러면 그자는 그곳에
가서 응분의 고통을 당하지. 그러나 그는 때로는 다른 종류의 혼, 다시
말해 진리와 함께하며 경건하게 살았으며, 공적인 용무에 관여하지 않
던 어떤 사인(私人)의 또는—칼리클레스, 내가 보기에 다음 가능성이
가장 클 것 같네만—평생토록 자기 일에 전념하며 남의 일에 참견하
지 않던 철학자의 혼도 만난다네. 그런 일이 일어나면 라다만튀스는 기

뼈하며 그를 축복받은 사람들의 섬들로 보낸다네. 아이아코스도 똑같은 일을 하는데 둘은 저마다 손에 홀(笏)을 들고 재판한다네. 미노스는 거기 앉아 전 재판 과정을 지켜보는데 그만이 황금 홀을 들었다네.   d
호메로스의 시에서 오뒷세우스가 보았다고 주장하는 그대로 말일세.

나는 미노스가 황금 홀을 들고 죽은 자들에게 판결을 내리는 것을 보았소.[128]

칼리클레스, 나는 이 이야기에 설득당했으며, 내 관심사는 어떻게 하면 심판관에게 내 혼을 최대한 건강한 상태로 보일 것이냐 하는 것일세. 그래서 나는 대부분의 사람들이 추구하는 명예들과는 결별하고, 진리의 길을 걸으면서 최대한 훌륭한 사람으로 살다가 최대한 훌륭한 사람으로 죽으려고 노력하려네. 그리고 나는 힘닿는 데까지 다른   e
사람들도 모두 이런 삶과 이런 경쟁에 초청하려네. 자네의 초청[129]에 대한 응답으로 특히 자네를 초청하겠네. 나는 이런 경쟁이야말로 이승의

---

126 kaloi k'agathoi.
127 아리스테이데스(Aristeides 기원전 530년경~465년)는 뤼시마코스(Lysimachos)의 아들로 정직하고 공정한 정치가로 온 그리스에 명성이 자자했다. 그는 마라톤 전투와 살라미스 해전뿐 아니라 기원전 479년의 플라타이아이(Plataiai) 전투 때도 아테나 이군을 지휘하여 대승을 거두는 데 일조했다.
128 『오뒷세이아』 11권 569행.
129 521a.

어떤 경쟁보다 더 중요하다고 주장하네. 내가 자네를 비판하는 것은, 내가 방금 말한 심판과 판결을 받게 될 때 자네가 자신을 도울 수 없을 527a 것이기 때문일세. 오히려 자네가 아이기나의 아들인 재판관 앞으로 나아가고 그가 자네를 붙들고 끌고 가면, 내가 이승에서 그랬던 것 못지 않게 자네는 저승에서 어지러워 입을 딱 벌릴 걸세. 어쩌면 자네는 누군가에게 따귀를 맞고 개망신을 당할지도 모르지.

아마도 자네는 이 모든 것을 노파가 들려주는 설화쯤으로 여기고 우습게 보겠지. 물론 우리가 어디선가 더 훌륭하고 더 참된 해답을 찾 아낼 수만 있다면 이 모든 것을 우습게 보는 것은 조금도 이상한 일이 아니겠지. 하지만 사실은 자네도 보다시피, 그대들은 자네와 폴로스와 b 고르기아스님 이렇게 세 사람이고 오늘날의 헬라스인들 중에서 가장 지혜롭지만 우리가 저승에서도 분명 이익이 되는 이런 삶과는 다른 삶을 살아야 한다는 것을 입증하지 못했네. 오히려 그 많은 주장들 가운데 다른 주장들은 논박당하고 이 주장만이 굳건하게 버티고 있네. 우리는 불의를 당하지 않기보다는 불의를 행하지 않도록 더 조심해야 하며, 특히 사적으로나 공적으로 훌륭해 보이는 것이 아니라 실제로 훌륭한 사람이 되도록 노력해야 하며, 누가 어떤 점에서 나빠진다면 처벌받아야 하며, 처벌받고 응분의 대가를 치름으로써 올바르게 되는 것이 c 본래 올바른 것 다음으로 가장 좋은 것이며, 모든 아첨은 그 대상이 자기 자신이든 남들이든 소수이든 다수이든 피해야 하며, 수사학은 다른 활동과 마찬가지로 정의를 위해서만 사용해야 한다는 주장 말일세.

그러니 자네는 내가 시키는 대로, 우리의 논의가 말해주듯, 자네가 도착하면 살아서나 죽어서나 행복을 누리게 될 그곳으로 나를 따라오 게. 사람들이 그러고 싶다면 자네를 우습게 보고 바보 취급하며 망신 시키도록 내버려두게. 아니, 그들이 치욕스럽게 자네 따귀를 때리도록 내버려두게. 자네가 미덕을 연마하는 진실로 훌륭한 사람이라면 자네 는 어떤 끔찍한 일도 당하지 않을 테니까. 그리고 함께 미덕을 연마한 뒤에야 우리는 꼭 그래야 한다고 생각되면 정치에 입문하거나, 적절한 주제와 관련하여 조언할 수 있을 걸세. 그때는 우리가 지금보다는 더 훌륭한 조언을 할 수 있을 테니까. 우리가 지금 드러난 것과 같은 상태 에 있으면서 마치 대단한 인물인 양 거들먹거리는 것은 사실 창피한 일 일세. 우리는 같은 주제 그것도 가장 중요한 주제에 관해 의견을 달리 하니 말일세. 우리가 받은 교육이 그만큼 부족한 걸세. 그러니 지금 우 리에게 모습을 드러낸 논의를 길라잡이로 삼도록 하세. 그것은 정의와 기타 미덕을 연마하면서 살다가 죽는 것이 가장 훌륭한 생활방식임을 말해준다네. 그러니 우리는 이 논의에 따르고 다른 사람들도 그렇게 하 도록 권하되, 자네가 믿고 나더러 따르라고 권하는 그 논의는 따르지 않기로 하세. 칼리클레스, 자네의 그 논의는 아무런 가치도 없기 때문 일세.

d

e

프로타고라스

이 대화편에서는 소크라테스와 '인간이 만물의 척도다'라는 명언을 남긴 소피스트 프로타고라스가 미덕은 무엇이며 어떻게 습득될 수 있는지에 관하여 토론한다. 미덕은 가르칠 수 있는 것이라는 프로타고라스의 주장을 놓고 소크라테스와 프로타고라스는 치열한 공방을 벌이다가 모든 미덕은 본질적으로 '좋음'에 대한 지식에 바탕을 두고 있으며 따라서 미덕은 사실상 지식이라는 결론에 도달한다. 대화 도중 두 사람은 '훌륭한 사람'을 찬양하는 시모니데스가 쓴 시 한 편을 분석한다.

이 대화편에서 프로타고라스는 토론에 성실하게 임하며 소크라테스가 가끔 던지는 신랄한 말에도 흥분하지 않는 차분하고 사리에 밝은 사람으로 등장한다. 그의 논의는 사려 깊고 상식에 근거하고 있는 반면, 소크라테스의 논의가 오히려 더 탐색적이며 때로는 역설적이기까지 하다. 범죄자를 처벌하는 것은 지나간 비행을 응징하기 위해서가 아니라 그가 다시는 비행을 저지르지 못하게 하기 위한 것이라는 프로타고라스의 주장은 주목할 만하다.

대담 시기와 장소

기원전 432년경. 아테나이.

등장인물

소크라테스 여기서는 35세쯤 된 젊은 철학자로 주 대화를 전한다.

학우 이름을 밝히지 않은 친구로 소크라테스한테서 주 대화를 전해 듣는다.

힙포크라테스(Hippokrates) 아테나이 출신 청년으로 소크라테스의 지인. 프로타고라스의 제자가 되기를 열망한다.

노예 칼리아스의 문지기.

(칼리아스의 집안에서)

프로타고라스(Protagoras) 여기서는 60세쯤 된 압데라(Abdera) 출신 유명 소피스트. 며칠 전에 아테나이에 도착했다.

칼리아스(Kallias) 아테나이의 부호. 페리클레스(Perikles)의 양자. 소피스트들의 후원자. 프로타고라스 등이 묵는 집의 주인.

알키비아데스(Alkibiades) 페리클레스가 후견하는 인물. 소크라테스의 미남 친구로 여기서는 18세쯤 된 청년.

크리티아스(Kritias) 부유한 아테나이인. 아마추어 철학자. 소크라테스의 친구. 플라톤의 외종숙.

프로디코스(Prodikos) 케오스(Keos) 섬 출신 소피스트. 소크라테스와 동년배.

힙피아스(Hippias) 엘리스(Elis) 지방 출신의 박식한 소피스트. 소크라테스와 동년배.

학우 소크라테스, 어디서 뭘 하다 오는 길인가? 분명 미남 청년 알키비 309a
아데스를 쫓아다니다가 오는 길이겠지. 엊그제 봤는데, 여전히 그는 미
남이더군. 우리끼리 하는 말이네만 그는 벌써 수염이 나기 시작한 헌헌
장부더구먼.

소크라테스 그래서 어쨌다는 건가? 자네가 찬미하는 호메로스도 '이제
갓 수염이 나기 시작한 한창 때의 귀공자'라는 표현을 했는데,[1] 지금 알
키비아데스가 바로 그런 나이 아닌가? b

학우 그래 요즘은 어떤가? 그와 함께 있다가 오는 길 맞나? 그 젊은이는
자네를 어떻게 대하는가?

소크라테스 내가 보기에는 잘 대해주는 것 같은데. 오늘은 정말 그랬지.
내 편을 들며 나를 위해 많은 말을 해주었으니까. 아닌 게 아니라 조금
전에도 나는 그와 함께 있다 오는 길이라네. 그건 그렇고 내 자네에게
좀 이상한 이야기를 들려주고 싶네. 그가 옆에 있는데도 그가 별로 신

---

1 『일리아스』(*Ilias*) 24권 348행.

경쓰이지 않고, 때로는 그를 잊어버리기까지 했다네.

c **학우** 어떻게 그런 일이 자네 둘 사이에 일어날 수 있지? 자네는 분명 그보다 더 아름다운 사람을 만날 수 없을 텐데. 적어도 이곳 아테나이에서는.

소크라테스 만났다네. 훨씬 더 아름다운 사람을 말일세.

학우 무슨 말을 하는 거야? 그 사람은 아테나이인인가, 아니면 외지인인가?

소크라테스 외지인일세.

학우 어디 출신인가?

소크라테스 압데라[2] 출신일세.

학우 그 외지인이 자네에게는 클레이니아스[3]의 아들보다 더 아름다워 보이더란 말이지?

소크라테스 물론이지. 여보게, 가장 지혜로운 것이 언제나 더 아름답다는 것은 당연한 일 아닌가?

학우 소크라테스, 그러니까 자네는 방금 어떤 지혜로운 사람을 만났다는 말인가?

d **소크라테스** 지금 살아 있는 사람들 중에서 가장 지혜로운 사람을 만났다네. 나의 이런 표현이 프로타고라스에게 적합하다는 데 자네가 동의한다면 말일세.

학우 자네, 무슨 말을 하는 거야? 프로타고라스가 이곳 아테나이에 머무르고 있다고?

소크라테스 벌써 사흘째라네.

학우 그리고 자네는 그와 함께 있다가 방금 이리로 왔고?

소크라테스 그렇다네. 그와 장시간 대화를 나누었네.   310a

학우 그럼 그 만남의 자초지종을 들려주게. 달리 바쁜 일이 없다면. 이 노예 소년을 일어서게 하고 자네가 내 곁에 앉게.

소크라테스 기꺼이 그렇게 하지. 자네들이 들어주겠다면 나로서는 고마운 일이지.

학우 우리가 더 감사하지. 자네가 이야기를 들려준다면.

소크라테스 그렇다면 피차 고마운 일이 되겠군. 자, 들어봐.

　지난밤 먼동이 트기 직전 아폴로도로스의 아들이며 파손의 아우인 힙포크라테스가 찾아와 우리집 대문을 지팡이로 쾅쾅 두드렸네. 누가 대문을 열어주자 곧장 안으로 들어와 큰소리로 외쳤네. "소크라테스   b 선생님, 일어나셨나요, 아니면 주무시나요?"

　그래서 내가 그 목소리를 알아듣고 말했네. "자네, 힙포크라테스로 구먼. 무슨 안 좋은 소식이라도 전하러 왔는가?"

　"안 좋은 소식이 아니라, 좋은 소식을 전하러 왔어요." 하고 그가 말했네.

　"듣고 싶네. 대체 무슨 소식이기에 이런 꼭두새벽에 왔는가?" 내가 말했네.

2　압데라는 에게해 북안에 있는 트라케(Thraike) 지방의 해안 도시다.

3　Kleinias. 알키비아데스의 아버지.

그가 내 곁에 다가서더니 말했네. "프로타고라스님이 아테나이에 오셨어요."

"나도 알고 있네. 그저께 왔지. 자네는 이제야 들었는가?" 하고 내가 말했네.

c "그래요. 어제 저녁에야 들었어요." 그렇게 말하며 그는 내 작은 침상을 더듬더니 내 발치에 앉아 말을 이었네. "오이노에*에 갔다가 아주 늦게 귀가해 들었어요. 실은 우리집 노예 소년 사튀로스가 도주했거든요. 저는 그애를 뒤쫓아간다고 선생님께 말씀드리려 했지만 다른 일로 깜빡 잊었어요. 제가 돌아와서 함께 저녁을 먹고 잠자리에 들려는데, 형이 그제야 프로타고라스님이 아테나이에 오셨다고 말해주더군요. 그래서 곧장 선생님을 뵈러 오려 했는데 밤이 너무 깊었다는 생각이

d 들었어요. 그래서 한잠 푹 자고 피로가 풀리자마자 곧장 일어나서 이렇게 뵈러 왔어요."

그가 결의에 차 있고 들떠 있다는 것을 알아차리고 말했네. "그게 자네와 무슨 상관이지? 설마 프로타고라스가 자네에게 불의를 저지른 것은 아니겠지?"

그가 웃으며 말했네. "신들에 맹세코, 불의를 저지르셨지요. 소크라테스 선생님. 그분은 자기 지식을 혼자 간직하고, 제게는 나눠주려 하지 않으니까요."

내가 말했네. "틀림없이 나눠줄 거야. 자네가 돈을 좀 바치고 설득한다면 그는 자기가 알고 있는 모든 것을 자네에게 가르쳐줄 걸세."

e "문제가 그렇게 간단하다면 얼마나 좋겠어요. 정말이지, 저는 제가

가진 모든 것과 우리 가족이 가진 모든 것을 쓰고 싶어요. 그리고 바로 그게 제가 선생님을 뵈러 온 이유이기도 해요. 선생님께서 저를 위해 그분에게 말씀 좀 해주세요. 저는 아직 어리기도 하지만, 프로타고라스 님을 뵌 적도 그분이 말씀하시는 것을 들은 적도 없으니까요. 지난번 그분이 이곳에 오셨을 때 저는 아직 어린아이였어요. 소크라테스 선생님, 그분은 훌륭한 분이며 가장 탁월한 언변가라고 모두들 칭송해요. 자, 우리 그분을 찾아가 외출하시기 전에 그분을 뵙지 않으실래요? 그분은 힙포니코스의 아들 칼리아스의 집에 묵고 있다고 들었어요. 자, $311a$ 우리 그곳으로 가요!"

그래서 내가 말했네. "여보게, 아직은 그리로 출발하지 말자고. 너무 이른 시간이야. 그보다는 자리에서 일어나 저기 안마당으로 나가서 날이 밝을 때까지 조금 거닐다 그곳으로 가세. 프로타고라스는 대개 집 안에서 소일하니까 걱정 말게. 우리는 십중팔구 그를 집안에서 만나볼 수 있을 걸세."

그러고 나서 우리는 자리에서 일어나 안마당으로 나가 거닐기 시작 했지. 나는 힙포크라테스의 결의를 떠보려고 몇 가지 질문을 던졌네. b "말해보게, 힙포크라테스. 자네는 지금 프로타고라스를 찾아가 자네 를 위해 도움을 주는 대가로 보수를 지불하려고 하는데, 자네가 찾아 가는 그가 어떤 사람이며, 그의 제자가 되면 자네는 어떤 사람이 되리

---

4   Oinoe. 앗티케 지방의 174개 구역(demos) 중 하나.

라고 생각하고 있는가? 이를테면 자네가 자네와 이름이 같은 코스 섬 출신 의사 힙포크라테스[5]를 찾아가 자네를 위해 봉사하는 대가로 그에게 보수를 지불하려 한다고 가정해보게. 그런데 누가 '말해보시오. 힙포크라테스. 힙포크라테스가 대체 어떤 봉사를 하기에 그대는 그에게

c 보수를 지불하는 거요?'라고 묻는다면, 자네는 뭐라고 대답할 텐가?"

그가 말했네. "'그는 의사니까요'라고 대답하겠습니다."

"'그리고 자네는 어떤 사람이 되기를 바라는가?'"

"의사요." 그가 말했네.

"또한 자네가 아르고스의 폴뤼클레이토스나 아테나이의 페이디아스[6]를 찾아가 자네를 위해 봉사하는 대가로 보수를 지불하려 하는데, 누가 '폴뤼클레이토스와 페이디아스가 그대를 위해 대체 어떤 봉사를 하기에 그대가 그들에게 그런 보수를 지불하려는 거요?'라고 묻는다면, 자네는 뭐라고 대답할 텐가?"

"'그들은 조각가니까요'라고 나는 대답하겠습니다."

"'그리고 자네는 어떤 사람이 되기를 바라는가?'"

"그야 물론 조각가지요."

d "좋아." 내가 말했네. "그런데 지금 나와 자네는 프로타고라스를 만나보고 자네를 위해 봉사하는 대가로 그에게 보수를 지불하되, 우리 돈으로 충분하면 그것으로 그분을 설득하고 그렇지 못하면 우리 가족의 돈도 쓸 각오라네. 그런데 누가 우리가 몹시 열을 올리는 것을 보고 '말해보시오. 소크라테스와 힙포크라테스여. 프로타고라스가 그대들을 위해 대체 어떤 봉사를 하기에 그대들이 그

에게 그런 보수를 지불하려는 거요?' 하고 묻는다면, 우리는 뭐라

고 대답해야 할까? 프로타고라스에게 붙어 다니는 다른 이름은 무

엇이지? 페이디아스는 조각가라 불리고 호메로스는 시인으로 불

리듯, 프로타고라스는 어떤 명칭으로 불리지?"

"사람들은 그분을 소피스트[7]라고 부르지요. 소크라테스 선생님." 그

가 말했네.

"그렇다면 우리가 가서 그에게 보수를 지불하려는 것은 그가 소피

스트이기 때문이겠구먼?"

"물론이지요."

"그렇다면 누가 이렇게 묻는다고 가정해보게. '한데 자네는 프로타

고라스를 찾아감으로써 어떤 사람이 되기를 바라는가?'"

그러자 그가 얼굴을 붉히며 — 어느새 날이 밝아와 나는 분명히 볼

수 있었네 — 말했네. "이 역시 앞서 말한 경우들과 마찬가지라면, 저는

---

5   힙포크라테스(Hippokrates)는 소크라테스와 동시대인으로 고대 그리스 의학의
창시자다. 코스(Kos)는 에게해 서남부에 있는 섬이다.

6   폴뤼클레이토스(Polykleitos)와 페이디아스(Pheidias)는 둘 다 기원전 5세기에 활
동한 그리스의 유명 조각가이다. 특히 페이디아스가 제작한 파르테논(Parthenon) 신전
안의 아테나(Athena) 여신상과 올륌피아(Olympia)의 제우스(Zeus) 상은 고대 그리스
미술의 최고 걸작으로 여겨진다.

7   소피스트(sophistes)는 sophos('지혜로운')에서 유래한 말로 원래 특수한 기술을
가진 지자(知者)라는 뜻이다. 기원전 5세기에 이 말은 보수를 받고 지식을 가르쳐주는
순회교사들을 의미했는데 그들이 가르치는 과목은 수학·문법·지리 등 다양했지만,
정치가로 출세할 수 있도록 젊은이들에게 주로 수사학을 가르쳤다. 그들은 진리의 상
대성을 주장한 까닭에 '궤변학파'(詭辯學派)로 불리기도 한다.

분명 소피스트가 되기를 바라겠지요."

내가 말했지. "뭐, 소피스트라고? 자네는 헬라스[8]인들에게 자신을 소피스트로 내보이는 게 창피하지도 않은가?"

"소크라테스 선생님, 솔직히 말해서 왜 창피하지 않겠어요!"

b "하지만 힙포크라테스, 내가 보기에 자네는 프로타고라스한테 배우게 될 것이 그런 것이 아니라 글쓰기 교사나 음악 교사나 체육 교사한테서 배운 것과 같은 것이라고 생각하는 것 같구먼. 자네는 이런 것들을 전문가가 되기 위해 전문기술로 배운 것이 아니라, 아마추어 신사가 되기 위한 교육의 일부로 배웠으니 말일세."

"맞아요. 제가 프로타고라스님한테 배우게 될 것은 후자에 더 가까울 것이라고 생각해요." 그가 말했네.

"그렇다면 자네는 자네가 지금 뭘 하려는지 안다는 말이지? 아니면 모르고 있나?" 내가 말했네.

"무슨 말씀이신지요?"

"자네의 혼을 자네 말처럼 소피스트인 사람에게 돌봐달라고 맡기려

c 한다는 것 말일세. 소피스트가 정확히 무엇인지 자네가 안다면, 나는 놀라움을 금치 못할 걸세. 하지만 소피스트가 무엇인지 모른다면, 자네는 자네 혼을 좋은 것에게 맡기려는 것인지 아니면 나쁜 것에게 맡기려는 것인지조차 모르고 있네."

"저는 알고 있다고 생각하는데요." 그가 말했네.

"그럼 말해보게. 자네는 소피스트가 무엇이라고 생각하나?"

그가 말했네. "소피스트는 그 이름이 말해주듯 지혜로운 것들을 아

는 사람이라고 저는 생각해요."

"그런 말이라면" 내가 말했네. "화가들이나 목수들에 대해서도 할 수 있을 걸세. 우리는 그들도 지혜로운 것들을 안다고 말할 수 있을 테니까. 그리고 누가 '화가들은 무엇과 관련해 지혜로운 것들을 알고 있지요?'라고 묻는다면 우리는 그들이 상(像)을 만들어내는 것과 관련해 지혜로운 것들을 안다고 말할 수 있을 걸세. 그 밖의 다른 경우에도 비슷한 대답을 할 수 있겠지. 그런데 누가 '소피스트는 무엇과 관련해 지혜로운 것들을 알고 있지요?'라고 묻는다면, 그에게 무엇이라고 대답할 텐가? 소피스트는 대체 어떤 일에 능한가?" d

"소크라테스 선생님, 소피스트는 능통하게 말하도록 해주는 데 능하다는 대답 말고 무슨 대답을 할 수 있겠어요?"

내가 말했네. "그건 맞는 말이지만 분명 충분한 답변은 아닐세. 그런 대답은 '소피스트는 무엇과 관련해 능통하게 말하도록 해주지요?'라는 또 다른 질문을 하게 만드니까. 문제를 이렇게 생각해보게. 키타라⁹ 연주자는 자기가 가르치는 것, 즉 키타라 연주와 관련해 능통하게 되도록 해줄 걸세. 그렇지 않은가?" e

"그렇지요."

---

8   Hellas. 그리스의 그리스어 이름.

9   키타라(kithara)는 소리가 더 잘 울리도록 뤼라(lyra)를 개량한 것이다. 뤼라는 활을 사용할 줄 몰라 손가락으로 뜯거나 채 따위로 켜던 고대 그리스의 발현악기(撥絃樂器)로, 현의 길이가 모두 같다는 점에서 하프와 다르다. 피리(aulos)와 더불어 고대 그리스의 주요 악기인 뤼라는 주로 서정시 반주에 사용했다.

"좋아. 그렇다면 소피스트는 무엇과 관련해 능통하게 해주는가?"

"분명 그가 가르치는 것과 관련해서겠지요?"

"그럴 테지. 그런데 소피스트가 자신이 전문가이고, 자기 제자들도 전문가로 만들어주는 그것이 대체 무엇인가?"

그가 말했네. "정말이지, 저로서는 더는 할 말이 없네요."

313a 그래서 내가 말을 이었네. "어떤가? 자네는 자네 혼을 어떤 위험에 노출하려는 것인지 알고 있는가? 자네가 자네 몸을 상태가 좋아질지 나빠질지 확실히 알지도 못하고 누군가에게 맡겨야 했다면, 자네는 맡겨야 할지 말아야 할지 조심스럽게 저울질하면서 친구들과 가족들에게 조언을 구하며 며칠 동안 심사숙고했을 테지. 하거늘 자네가 몸보다 더 소중히 여기는 자네의 혼과 관련해서는 그것이 좋아지느냐 나빠지
b 느냐에 자네 인생 전체가 걸려 있는데도, 이곳에 막 도착한 그 외지인에게 자네의 혼을 맡겨야 할지 말아야 할지 아버지나 형이나 자네 친구들인 우리 가운데 어느 누구와도 상의하지 않았네. 천만에. 자네는 자네 말마따나 그가 이곳에 왔다는 말을 엊저녁에 듣고는 날이 새자마자 나를 찾아왔네. 자네가 자신을 그에게 맡겨야 할지 말아야 할지 의논하거나 조언을 구할 의사도 없이 말일세. 그리고 자네는 무슨 일이 있어도 프로타고라스의 제자가 되겠다고 이미 마음을 정하고 자네가 가진 모든 돈과 자네 가족의 돈까지 쓸 생각을 했네그려. 자네 말처럼 자네는 그를 알지도 못하고, 그와 대화해본 적도 없으면서 말일세.
c 그리고 자네는 그를 '소피스트'라고 부르지만, 자네가 자신을 맡기려는 그 소피스트라는 게 대체 무엇인지 전혀 모르고 있음이 분명하네."

그는 내 말을 다 듣고는 말했네. "소크라테스 선생님, 말씀을 듣고 보니 그런 것 같네요."

"힙포크라테스, 소피스트는 사실은 혼에 영양분을 공급해주는 상품들을 파는 일종의 장사꾼이나 보따리장수가 아닐까? 내 눈에는 소피스트가 그런 사람으로 보이네."

"소크라테스 선생님, 무엇이 혼에 영양분을 공급해주나요?"

내가 말했네. "남들이 가르쳐주는 것들 말일세. 여보게, 우리는 소피스트가 팔려고 내놓은 물건들을 식료품 장수나 노점상처럼 선전하는 데 속지 않도록 조심해야 하네. 이들은 자기들이 파는 물건들이 몸에 좋은지 나쁜지 알지도 못하면서 자기들이 파는 것은 무엇이든 좋다고 d 주장한단 말일세. 그들에게서 사는 사람들도, 체육 교사나 의사가 아닌 한 그것을 모르기는 마찬가지일 걸세. 그와 같이 이 도시 저 도시로 떠돌며 순회교사 노릇을 하는 사람들도 사고 싶어하는 사람들에게 가르침을 팔면서 자기들이 파는 것은 무엇이든 좋다고 주장하겠지만, 여보게, 그들 중에는 아마도 자기들이 파는 것이 사는 사람의 혼에 좋은지 나쁜지 모르는 사람도 더러 있을 걸세. 그들에게서 사는 사람들도 e 혼의 건강에 관한 전문가가 아닌 한 그 점에서는 마찬가지일 테고. 그러니 자네가 이 방면의 전문가여서 어떤 것들이 자네에게 좋고 어떤 것들이 나쁘다는 것을 안다면, 프로타고라스나 그 밖에 다른 사람들이 가르쳐주는 것을 사도 안전하겠지. 하지만 여보게, 그렇지 않다면 조심하게. 자네에게 가장 소중한 것들을 걸고 도박을 하지 말라는 말일세. $314a$ 알아두게. 남들이 가르쳐주는 것들을 사는 것은 먹을거리를 사는 것보다 훨씬 더 위험한 일일세. 먹을거리와 마실 거리를 길거리의 행상이나 소매상에게 사면 별도의 그릇에 담아올 수 있고, 마시거나 먹어 체내에 흡수하기 전에 집으로 가져가 선반에 얹어두고는 먹거나 마실 수 있는 건지 없는 건지, 언제 얼마만큼 먹거나 마셔야 하는지 전문가에게 조언을 구할 수도 있네. 그러니 먹을거리와 마실 거리를 사는 것은

b 그다지 큰 모험이 아닐세. 그러나 남들이 가르쳐주는 것들은 별도의 그릇에 담아올 수 없으며, 일단 값을 치르고 나면 배운 것들을 혼에 담아 가지고 배워서 이득을 보았건 손해를 보았건 그 자리를 뜰 수밖에 없네. 이 문제는 연장자들과 함께 고찰해보세. 이런 중요한 문제를 해결하기에는 우린 아직 젊으니까. 아무튼 지금은 우리가 계획한 대로 가서 프로타고라스가 하는 말을 들어보세. 일단 그가 하는 말을 들어보고 나서 다른 소피스트들의 의견도 물어볼 수 있을 걸세. 그곳에는 프로타고라스만 있는 것이 아니라, 엘리스 출신 힙피아스도 와 있네. 또한

c 케오스 출신 프로디코스와 그 밖의 다른 현자들도 많이 모인 듯하니 말일세."

우리는 그렇게 결정하고 그곳을 향해 출발했네. 그리고 대문 앞까지 가서는 멈춰 서서 도중에 나누던 대화를 계속했는데, 중간에서 대화가 중단되지 않고 안으로 들어가기 전에 마무리짓고 싶어서였네. 그래서 우리는 대문간에 서서 서로 의견이 일치할 때까지 대화를 계속했네.

d 그랬더니 거세당한 남자인 문지기가 우리 대화를 엿들은 모양이야. 소피스트 무리가 몰려드는 바람에 문지기는 사람들이 계속해서 몰려오는 것에 아마도 짜증이 났겠지. 아무튼 우리가 대문을 두드리자 그자

는 대문을 열더니 우리를 보고 "맙소사. 또 소피스트들이로군. 나리께서는 바쁘셔요"라고 말하면서 동시에 두 손으로 대문을 있는 힘을 다해 쾅 하고 닫아버리더군.

우리가 다시 대문을 두드렸더니, 그자는 대문을 굳게 닫아둔 채로 대답했네. "이 양반들이. 내가 하는 말을 못 들었나? 나리께서는 바쁘시단 말이오."

내가 말했네. "이봐, 걱정 말게. 우리는 칼리아스를 찾아온 것이 아니고, 우리가 소피스트라고도 생각지 않네. 우리는 프로타고라스님을 뵈러 왔다네. 그러니 가서 우리가 여기 왔다고 그분에게 전해주게." e

그러자 결국 문지기가 마지못해 우리에게 대문을 열어주었네. 우리가 안으로 들어가서 보니, 프로타고라스가 주랑을 이리저리 거닐고 있었네. 그의 양쪽으로 사람들이 열을 지어 거닐고 있었는데, 한쪽에는 힙포니코스의 아들 칼리아스, 페리클레스의 아들로 그와 어머니가 같 315a 은 형인 파랄로스,[10] 글라우콘의 아들 카르미데스[11]가 있고, 다른 쪽에는 페리클레스의 다른 아들 크산팁포스, 필로멜로스의 아들 필립피데스,[12] 멘데 출신인 안티모이로스[13]가 있었네. 이 사람은 프로타고라

---

10 칼리아스의 어머니는 힙포니코스(Hipponikos)와 재혼하기 전에 유명 정치가인 페리클레스와 결혼하여 파랄로스(Paralos)와 크산팁포스(Xanthippos)라는 두 아들을 낳아주었다.

11 글라우콘(Glaukon)의 아들 카르미데스(Charmides)는 플라톤의 외삼촌이다.

12 필로멜로스(Philomelos)의 아들 필립피데스(Philippides)는 아테나이의 명문귀족 출신이다.

스의 제자들 중에 가장 명망이 높았는데, 자신도 소피스트가 되려고 그에게서 전문 교육을 받고 있었네. 이들이 하는 말에 귀를 기울이며 이들을 뒤따르는 자들은 대부분 외지인들 같았네. 이자들

b 은 프로타고라스가 여러 도시를 순회하며 오르페우스[14] 같은 목소리로 호려서 데려온 자들로 그의 목소리가 이끄는 곳으로 홀려서 쫓아다닌다네. 하지만 이 코로스[15]에는 아테나이인들도 몇 명 있었네. 그리고 프로타고라스에게 방해가 되지 않으려고 이 합창가무단이 조심하는 모습은 가히 장관이더군. 프로타고라스와 앞쪽 대열이 빙 돌 때마다 이들 청중도 반은 오른쪽으로 반은 왼쪽으로 보기 좋게 갈라섰다가 빙 돌아서 매번 그의 뒤쪽에 질서정연하게 자리잡는 것이었네.

호메로스의 말처럼,[16] 그다음으로 나는 엘리스 출신 힙피아스를 보

c 았네. 그는 맞은편 주랑의 높다란 의자에 앉아 있었는데, 그의 주위에는 아쿠메노스의 아들 에뤽시마코스,[17] 뮈르리누스 구역 출신인 파이드로스,[18] 안드로티온의 아들 안드론,[19] 그리고 외지인 중에서 힙피아스의 동향인과 몇몇 다른 사람이 걸상에 앉아 있었네. 이들은 자연과학 중에서도 특히 천문학에 관해 힙피아스에게 질문하는 것 같았으며, 그는 높다란 의자에 앉아 이들이 던지는 질문들에 일일이 답하며 상세히 설명해주고 있었네.

d '나는 또 탄탈로스도 보았네.'[20] 케오스 출신 프로디코스도 아테나이에 와 있었으니까. 프로디코스는 전에는 칼리아스의 아버지가 창고로 쓰곤 했으나 지금은 내방하는 손님이 많아 칼리아스가 말끔히 치우고 객실로 개조한 방에 머물러 있었네. 그는 아직도 침상에 누워 있

었는데, 양모피와 담요로 겹겹이 몸을 감싸고 있는 것 같았네. 그의 옆 침상들에는 케라메이스[21] 구역 출신인 파우사니아스[22]가 앉아 있고, 파우사니아스와 함께 십대 소년 한 명이 앉아 있는데 성격이 좋아 보였 e 지만 외모도 준수했네. 소년의 이름은 아가톤[23]이라는 것 같으며, 그

---

13 안티모이로스(Antimoiros)는 다른 데서 언급되지 않은 것으로 보아 기대와는 달리 대성하지 못한 것 같다. 멘데(Mende)는 에게해 북안에 있는 아테나이의 식민시다.

14 오르페우스(Orpheus)는 그리스의 전설 속 가인(歌人)으로 그의 노래를 들으면 야수들도 온순해졌다고 한다.

15 choros. 그리스 비극에서 등장하는 합창가무단. 프로타고라스를 따라다니는 무리들을 다소 비꼬는 표현으로도 읽을 수 있다.

16 『오뒷세이아』(Odysseia) 11권 601행.

17 아쿠메노스(Akoumenos)의 아들 에뤽시마코스(Eryximachos)는 플라톤의 다른 대화편 『향연』(Symposion)에도 등장한다.

18 파이드로스(Phaidros)는 『향연』과 『파이드로스』에도 등장한다. 뮈르리누스(Myrrhinous)는 앗티케 지방의 174개 구역 중 하나다.

19 안드로티온(Androtion)의 아들 안드론(Andron)은 『고르기아스』(Gorgias) 487d에서 언급되는데 기원전 411년 잠시 권력을 장악한 400인 과두정부 요인 중 한 명이다.

20 『오뒷세이아』 11권 581행. 탄탈로스(Tantalos)는 프뤼기아(Phrygia) 왕으로 제우스의 아들이자 펠롭스(Pelops)와 니오베(Niobe)의 아버지다. 그는 신들의 전지(全知)를 시험해보려고 아들 펠롭스를 죽여 그 살점으로 요리하여 신들 앞에 내놓는데 신들이 미리 알고 그것을 먹지 않고 사지를 복원해 펠롭스를 살려준다. 탄탈로스는 이 죄로 저승에서 과일나무 밑 물속에 서 있으면서도 영원한 허기와 갈증에 시달리게 된다. 일설에 따르면 탄탈로스는 신들의 사랑을 받아 신들의 식탁에 초대받곤 했는데 거기서 보고 들은 것을 인간들에게 누설한 죄로 그런 가혹한 벌을 받았다고 한다. 늘 물속에 서 있었으니 그도 프로디코스처럼 감기에 걸려 있었을 것이다.

21 케라메이스(Kerameis)는 앗티케 지방의 174개 구역 중 하나다.

22 파우사니아스(Pausanias)는 『향연』에도 등장한다.

소년이 정말로 파우사니아스의 연동(戀童)[24]이라 해도 나는 놀라지 않을 걸세. 그곳에는 이 소년 외에도 두 명의 아데이만토스(그중 한 명은 케피스의 아들[25]이고 다른 한 명은 레우콜로피데스의 아들[26]이었네)와 다른 몇몇이 더 있었네. 프로디코스는 더없이 지혜롭고 영감이 넘치는 사람 같아, 그가 하는 말을 듣고 싶은 마음이 간절했지만 밖에서는 그들이 무엇에 관해 대화하는지 알 수가 없었네. 그의 목소리가 낮고 굵어 방 안에서 울리는 바람에 한마디도 알아들을 수 없었기 때문일세.

316a

우리가 안으로 들어가자마자 자네가 그렇다고 주장하고 나도 동의하는 미남 알키비아데스가 칼라이스크로스의 아들 크리티아스[27]와 함께 곧장 우리를 뒤따라 들어왔네.

우리는 안으로 들어가 이 모든 것을 살펴보느라 잠시 지체하다가 프로타고라스에게 갔네. 그리고 내가 말했네. "프로타고라스님, 나와 여기 있는 힙포크라테스는 그대를 뵈러 왔습니다."

b

프로타고라스가 물었네. "그대는 나와 단독으로 대화하기를 원하시오, 여기 있는 다른 사람들 앞에서 대화하기를 원하시오?"

내가 말했네. "우리는 아무래도 좋아요. 우리가 찾아온 이유를 듣고는 그대가 결정하시죠."

그가 말했네. "좋소. 그대들이 찾아온 이유가 무엇이오?"

"여기 이 힙포크라테스는 아테나이인으로 아폴로도로스의 아들이며 부유한 명문가 출신입니다. 타고난 재능 또한 여느 동년배 못지않아요. 내가 보기에 그는 이 나라에서 명성을 날리기를 열망하며, 그대의 제자가 되면 그렇게 될 가능성이 가장 높다고 생각합니다. 이제 그대가

c

결정하세요. 이 문제를 우리와 단독으로 대화해야 한다고 생각하시는지, 다른 사람들 앞에서 대화해야 한다고 생각하시는지."

그가 말했네. "소크라테스님, 나를 위해 마음을 써주어 고맙소. 외지인으로서 대도시들을 찾아가 그곳의 가장 훌륭한 젊은이들에게 자기와 함께 지내면 더 훌륭한 사람이 될 테니 가족이든 친구든, 노인이든 젊은이든 다른 사람들과 함께하기를 그만두라고 설득하는 사람은 조심할 필요가 있소. 그런 일에는 심한 시기와 그 밖의 다른 적대감과 음모가 따르게 마련이오. 단언컨대 소피스트라는 직업[28]은 아주 오래된 것이오. 그러나 과거에 이 직업에 종사한 사람들은 남들의 반감을 살까 두려워 자신들의 직업을 은폐하고 위장했지요. 그들 가운데 일부는 시로 위장했는데, 호메로스와 헤시오도스와 시모니데스[29]가 그랬소. 일부는 종교 의식과 예언들로 위장했는데, 오르페우스와 무사

d

---

23 훗날 비극작가로 성공한 아가톤(Agathon)은 이때 15살쯤 된 소년이었다. 『향연』의 배경이 된 술잔치는 기원전 416년 아가톤이 비극 경연에서 우승한 것을 축하하기 위한 것이었다. 그의 작품은 일부 단편만이 남아 있다.

24 ta paidika(복수형만 있다. 단수형은 eromenos). 남자들끼리의 동성애에서 수동적인 파트너로 대개 10대 후반에서 20대 초반의 미남 청소년들이다. 이들을 후원하는 능동적인 파트너는 erastes라고 하는데 '연인'이라고 번역했다.

25 케피스(Kepis)의 아들 아데이만토스(Adeimantos)에 관해서는 달리 알려진 것이 없다.

26 레우콜로피데스(Leukolophides)의 아들 아데이만토스는 기원전 415년의 헤르메스 석상 훼손 사건에 연루되었다가 펠로폰네소스전쟁 말기에 장군이 되었지만 기원전 404년 아테나이가 항복한 뒤 반역죄로 고발당했다.

27 칼라이스크로스(Kallaischros)의 아들 크리티아스는 '등장인물' 참조.

28 sophistike techne.

이오스[30]와 그들의 추종자들이 그랬소. 더러는 체육으로 위장한다고 들었는데, 타라스[31] 출신 익코스[32]가 그랬지요. 지금 살아 있는 사람

e 으로는 셀륌브리아[33] 출신 헤로디코스[34]가 그렇소. 그는 원래는 메가라 출신으로 누구 못지않은 소피스트라오. 음악으로도 위장했는데, 그대들의 동향인으로 위대한 소피스트인 아가토클레스가 그랬고, 케오스 섬 출신 퓌토클레이데스[35]와 그 밖의 여럿이 그랬소. 내 이르노니, 이들은 모두 이런 여러 가지 직업으로 위장했는데 남들의 시기를 살까 두려

317a 웠기 때문이오. 하지만 이 점에서 나는 그들 모두와 의견을 달리하오. 나는 그들이 목적을 달성하는 데 완전히 실패했다고 생각하니까요. 그들은 나라의 실권자들을 속이지 못했으니 말이오. 그들이 위장을 한 것은 이들 실권자들 때문이었는데도 말이오. 말하자면 대중은 사실상 아무것도 알아차리지 못하고 이들 실권자들이 말하는 것을 되뇔 뿐이오. 달아나

b 려다 달아나지 못하고 발각된다면 그런 시도를 하는 것조차 아주 멍청한 짓이며, 그러다가는 더욱더 남들의 미움을 살 수밖에 없소. 사람들은 그런 짓을 하는 사람이면 무슨 짓이든 할 수 있다고 보니까요. 그래서 나는 그들과 정반대의 길을 갔다오. 나는 내가 소피스트이며 사람들을 교육하는 것이 내 직업이라는 것을 솔직히 시인한다오. 그리고 나는 그런 식으로 시인하는 것이 부인하는 것보다 더 나은 예방책이라고 생각하오. 나는 그 밖에도 다른 예방책들을 강구해놓았소. 이런 말을 해도 된다면, 내가 소피스트라고 시인해도 내게 불상사가 생기지 않도록 말이오. 그래서

c 나는 여러 해 동안[36] 내 직업에 종사해온 것이오. 그사이 나는 이미 연로해서 여러분 누구에게나 아버지뻘이 될 만큼 늙었소. 그러니 나로서는 그

대들만 좋다면 이 문제를 여기 있는 사람들이 다 모인 앞에서 공개적으로 대화했으면 가장 좋겠소이다."

우리가 그를 흠모해서 찾아왔다는 사실을 그가 힙피아스와 프로디코스 앞에서 자랑하고, 또한 과시하고 싶어하는 게 아닌가 싶어 나는 말했네. "그렇다면 우리는 왜 힙피아스와 프로디코스와 그들의 제자들도 이리 와서 대화를 들으라고 청하지 않는 거지요?"

"당연히 그래야겠지요." 프로타고라스가 말했네.

"그렇다면 그대들이 앉아서 대화할 수 있게 의자들을 내와서 둥글게 배치할까요?" 칼리아스가 물었네.

그래서 그렇게 하기로 결정했네. 우리는 지혜로운 사람들의 말을 들을 수 있겠다 싶어, 흐뭇한 마음으로 의자들과 긴 의자들을 손

d

---

29 호메로스는 기원전 730년경에 활동한 그리스 서사시인으로 그의 작품으로는 『일리아스』 『오뒷세이아』가 남아 있다. 헤시오도스(Hesiodos)는 기원전 700년경에 활동한 그리스 서사시인으로 그의 작품으로는 『신들의 계보』(*Theogonia*), 『일과 날』(*Erga kai hemerai*) 등이 남아 있다. 시모니데스(Simonides 기원전 556~468년)는 앗티케 지방 앞바다에 있는 케오스(Keos) 섬 출신 서정시인이다.

30 Mousaios. 그리스의 전설적인 가인.

31 Taras. 남이탈리아의 도시로 지금의 타란토(Taranto).

32 Ikkos. 유명 운동선수이자 체육 교사.

33 셀륌브리아(Selymbria)는 뷔잔티온(Byzantion) 근처에 있는 메가라(Megara) 식민시이다. 메가라는 아테나이 서쪽에 있는 도시이다.

34 Herodikos. 의사이자 체육 교사.

35 아가토클레스(Agathokles)와 퓌토클레이데스(Pythokleides)는 음악가이자 음악 교사이다.

36 지금까지 약 25년 동안.

수 들어 힙피아스 옆에 배치했네. 의자들은 대부분 그쪽에 있었으니까. 그사이 칼리아스와 알키비아데스가 프로디코스를 침상에서 일으켜 세우고, 프로디코스의 제자들도 함께 모시고 나왔네.

우리가 모두 자리에 앉았을 때 프로타고라스가 말했네. "소크라테스님, 여기 이분들도 합석했으니, 조금 전에 그대가 젊은 친구를 위해 내게 제기한 질문의 요지가 무엇인지 설명해보시오."

그래서 내가 말했네. "프로타고라스님, 조금 전처럼 우리가 그대를 찾아온 이유부터 말할게요. 여기 있는 힙포크라테스는 그대의 제자가 되고 싶어하며, 그대의 제자가 됨으로써 어떤 이득을 보게 되는지 알고 싶답니다. 그것이 우리 대화의 요점이었어요."

프로타고라스가 대답했네. "젊은이여, 자네가 내 제자가 되면 다음과 같은 이득을 보게 될 걸세. 말하자면 자네는 내 교습을 받는 그날부터 더 나은 사람이 되어 집으로 돌아가게 될 걸세. 그 다음날도 마찬가지고. 그리하여 자네는 날마다 계속해서 더 나은 사람이 될 걸세."

그의 말을 듣고 내가 말했네. "프로타고라스님, 그대의 그 말씀은 놀랍기는커녕 당연해요. 그대 비록 연로하고 지혜롭지만 누군가가 그대가 모르는 것을 가르쳐주면 그대도 더 나아질 테니까요. 한데 그것은 우리가 구하는 답변이 아니에요. 그러지 말고 여기 있는 힙포크라테스가 갑자기 마음이 바뀌어 최근에 아테나이에 온 젊은 화가 헤라클레이아 출신 제욱십포스[37]의 제자가 되고 싶어서 지금 그대를 찾아온 것처럼 그를 찾아갔는데, 자기 제자가 되면 날마다 더 좋아져 더 나은 사람

이 될 것이라는, 방금 그대에게서 들은 것과 같은 말을 들었다고 가정

해보세요. 그래서 힙포크라테스가 그에게 '어떤 점에서 내가 더 나아지고, 무엇과 관련해 내가 더 좋아지는 거죠?'라고 묻는다면, 제욱십포스는 '그림 그리기와 관련해서지'라고 대답하겠지요. 또한 그가 테바이[38] 출신 오르타고라스[39]의 제자가 되어, 그대에게서 들은 것과 같은 말을 그에게서 듣고는 그의 제자가 됨으로써 무엇과 관련해 날마다 더 나은 사람이 될 것인지 묻는다면, 오르타고라스는 '피리 연주와 관련해서지'라고 대답하겠지요. 그대도 이 젊은이에게 그런 식으로 대답해주세요. 이 젊은이를 위해, 또한 질문하는 나에게도. '여기 있는 힙포크   d
라테스가 프로타고라스님의 제자가 되면 교습을 받는 그날부터 더 나은 사람이 되어 집으로 돌아가게 되고 이후에도 날마다 더 훌륭해질 것이다'라고 하시는데, 프로타고라스님, 대체 어떤 점에서 무엇과 관련해 그가 더 나아진다는 거죠?"

프로타고라스가 내 말을 듣고 대답했네. "소크라테스님, 거 참 좋은 질문이오. 나는 좋은 질문을 하는 사람들에게 대답하는 것이 즐겁소. 힙포크라테스가 내게 온다면 그가 다른 소피스트의 제자가 되었다면 겪을 일을 겪지 않게 될 거요. 사실 다른 소피스트들은 젊은이들을 망

---

37 Zeuxippos 또는 Zeuxis. 남이탈리아 타라스 만의 항구도시 헤라클레이아(Herakleia) 출신으로 기원전 5세기 그리스의 가장 유명한 화가 중 한 명.

38 Thebai. 앗티케 지방의 북서쪽에 있는 보이오티아(Boiotia) 지방의 수도.

39 오르타고라스(Orthagoras)는 피리 연주의 명인이다. '피리'라고 번역한 aulos는 지금의 오보에나 클라리넷에 가까운 관악기로 디튀람보스(dithyrambos), 비극과 희극 코로스의 반주악기로 썼으며 잔치 때나 제물 바칠 때나 장례 때도 연주되었다.

e 쳐놓았소. 다른 소피스트들은 기술들을 피해서 온 젊은이들을 그들의
의사에 반해 도로 끌고 가 기술들 쪽으로 밀어붙이니까요. 산수, 천문
학, 기하학, 시가(詩歌)를 가르침으로써 말이오." 그렇게 말하며 그는
힙피아스 쪽을 힐끗 쳐다보았네. "그러나 그가 내게 오면, 내게 배우러
온 것 말고 다른 것은 어떤 것도 배우지 않을 거요. 내가 가르치는 것은
자기가 할 일을 훌륭하게 판단하는 것이오. 그것이 집안일을 가장 잘
319a 경영하는 것이든, 아니면 나랏일을 말과 행동으로 가장 효과적으로 처
리하는 것이든 말이오."

내가 말했네. "듣기에 그대는 국가 경영술에 관해 말하며 사람들을
훌륭한 시민으로 만들어주겠다고 약속하시는 것 같은데, 그대가 하는
말을 내가 제대로 이해했나요?"

그가 말했네. "그렇소, 소크라테스님. 내가 해주겠다는 것이 바로 그
것이오."

내가 말했네. "참 멋진 기술을 습득하셨군요. 그대의 말이 사실이라
면. 나는 누구보다도 그대에게는 내 심중의 생각을 솔직히 말하려 하
니까요. 프로타고라스님, 사실 나는 그것은 가르칠 수 없는 것이라고
생각했어요. 하지만 그대가 그것을 가르칠 수 있다고 말하니 나도 그렇
b 다고 믿어야겠지요. 하지만 내가 왜 그것은 가르칠 수 없고 전수할 수
없다고 생각하는지 설명하는 것이 도리겠지요. 다른 헬라스인들도 그
렇게 생각하지만, 나도 아테나이인들은 지혜롭다고 주장해요. 내가 보
건대 건축과 관련있는 일로 민회(民會)에서 어떤 결정을 내려야 할 때
는 그들은 건축가들을 불러와 건축에 관해 자문받고, 조선과 관련해

서는 조선 기술자들을 불러오며, 그들이 배우고 가르칠 수 있다고 생각하는 그 밖의 다른 것들과 관련해서도 언제나 그렇게 하지요. 그러나 그들이 전문가로 인정하지 않는 누가 그들에게 조언하려 하면, 그가 아무리 잘생기고 부유하고 명문가 출신이라 해도 그들은 그가 하는 말에 귀를 기울이려 하지 않고 그를 조롱하고 야유를 퍼붓지요. 말하려는 사람이 그들의 소음에 압도되어 스스로 물러가거나, 아니면 의장단의 명령에 따라 치안관들이 그를 끌어내거나 데리고 나갈 때까지 말이에요. 그들은 자신들이 기술의 문제라고 생각하는 것들과 관련해서는 그렇게 행동해요.

그러나 그들이 국가를 어떻게 경영할 것인가 하는 문제와 관련해 어떤 결정을 내려야 할 때는 아무나 일어서서 의견을 제시할 수 있지요. 그는 목수나 대장장이일 수도 있고, 제화공이나 가게 주인이나 선주일 수도 있으며, 부자이거나 가난한 자일 수도 있으며, 지체가 높거나 집안이 한미할 수도 있어요. 그리고 앞서 언급한 사람들에게 화를 낸 것과는 달리 그들은 이들에게 '그는 그런 것들을 어디서도 배운 적이 없소. 그는 가르쳐준 선생도 없는데 지금 우리에게 조언하려 하고 있단 말이오'라고 누구도 이의를 제기하지 않아요. 이는 분명 그들이 그런 것은 가르칠 수 있는 것이 아니라고 생각하기 때문이지요. 그리고 그것은 공적인 영역에만 해당되는 것이 아니에요. 사생활에서도 그 점은 마찬가지예요. 가장 지혜롭고 가장 훌륭한 시민들도 자신들의 이런 미덕[40]을 남들에게 전수할 수 없으니까요. 예컨대 여기 있는 이 젊은이들의 아버지 페리클레스는 교사가 필요한 분야에서는 이 젊은이들이 훌륭한 교육을 받게 해주었지만, 자신이 가진 지혜[41]와 관련해서는 자신도 가르치지 않고 남들을 시켜 가르치지도 않아요.[42] 대신 그들은 여기 아니면 저기서 우연히 미덕이 걸려들까 해서, 마음 내키는 대로 풀을 뜯는 신전에 속하는 소떼처럼 제멋대로 떠돌아다녀요. 원하신다면 그대는 여기 이 알키비아데스의 아우 클레이니아스[43]를 보세요. 방금 말한 페리클레스가 그의 후견인이었는데, 페리클레스는 알키비아데스 때문에 클레이니아스가 타락할까 염려되어 클레이니아스를 알키비아데스에게서 떼어서 아리프론[44]의 집에 데려다놓고는 거기서 교육받게 했지

b 요. 그러나 소년이 싹수가 노랗자 6개월도 지나지 않아 그는 소년을 알키비아데스에게 돌려보냈지요. 그 밖에도 자신은 훌륭하지만 자기 가족이나 남들은 아무도 더 나은 사람으로 만들지 못한 예를 얼마든지 들 수 있어요. 프로타고라스님, 나는 이런 사실들로 미루어 미덕은 가르칠 수 있는 것이 아니라고 생각해요. 그런데 그대가 다르게 말하는 것을 듣고 보니 나는 다시 마음이 흔들려, 그대가 하는 말에는 틀림없이 일리가 있을 것이라는 생각이 들어요. 나는 그대야말로 경험 많고 학식이 풍부한 독창적인 사상가라고 믿으니까요. 그러니 미덕은 가르

c 칠 수 있다는 걸 더 분명히 보여주실 수 있다면, 그대 혼자만 간직하지 마시고 우리에게도 보여주시지요."

"염려 마시오, 소크라테스님." 그가 말했네. "나 혼자 간직하지는 않을 테니. 한데 그것을 여러분에게 보여주기 위해 노인이 젊은이들에게 그러듯 옛이야기를 들려줄까요, 아니면 합리적으로 설명할까요?"

그러자 우리 주위에 앉아 있던 여럿이 그게 무엇이든 그가 원하는

방식으로 설명해달라고 요청했네. 그가 말했네. "그렇다면 옛이야기를 들려주는 것이 여러분에게 더 매력적일 것 같군요.

옛날에는 신들만 있고 필멸의 종족들은 아직 존재하지 않았소. 그러나 이들 역시 태어나도록 정해진 시간이 다가왔을 때 신들은 땅속에서   d
흙과 불과, 흙과 불이 혼합된 것들을 섞어서 이들을 빚기 시작했소. 그리고 신들이 이들을 햇빛이 비치는 곳으로 인도하려고 했을 때 프로메테우스와 에피메테우스[45] 형제에게 명하여 각각의 종에게 필요한 능력을 배분하고 갖춰주게 했소. 그러자 에피메테우스가 그 일을 자기가 할수 있게 해달라고 프로메테우스에게 간청하며 말했소. '내가 배분하고나면 형님은 검사나 하시지요.' 그래서 프로메테우스가 동의하자 에피메테우스가 능력을 배분했소.

그는 어떤 동물들에게는 힘은 나눠주되 민첩함은 주지 않았고, 더약한 동물들에게는 민첩함을 주었소. 어떤 동물들에게는 발톱이나 뿔   e
을 주었고, 그런 무기가 없는 동물들에게는 살아남을 수 있도록 다른

---

40 arete.

41 페리클레스의 훌륭한 인품과 탁월한 정치적 역량.

42 대화편 『메논』(*Menon*) 93a~94e 참조.

43 대화편 『알키비아데스』(*Alkibiades*) I, 118e에서 알키비아데스는 아버지와 이름이 같은 아우 클레이니아스(Kleinias)가 제정신이 아니라고 말하고 있다.

44 아리프론(Ariphron)은 형제간인 페리클레스와 더불어 알키비아데스와 클레이니아스의 공동 후견인이었다.

45 프로메테우스(Prometheus '사전에 생각하는 자')와 에피메테우스(Epimetheus '사후에 생각하는 자')는 티탄신족 가운데 한 명인 이아페토스(Iapetos)의 아들들이다.

능력을 생각해냈소. 그가 몸집을 작게 만든 동물들은 날아서 도망칠

321a 수 있게 날개를 주었고, 몸집을 크게 만든 동물들은 큰 몸집 자체가 그

들을 구원할 수 있게 해주었지요. 그는 다른 능력들도 이처럼 서로 균

형을 이루도록 배분했소. 에피메테우스가 이렇게 한 것은 어떤 종도 멸

종하지 않게 하기 위해서였소. 그는 일단 동물들이 서로 죽이지 못하

도록 충분한 수단을 강구하고 나서 제우스께서 보내주시는 사계절을

맞아 편안하게 살 수 있는 방법을 생각해냈으니, 동물들에게 두꺼운

모피 외투나 단단한 가죽을 입혀 이것들이 겨울 추위와 여름 더위를

막을 수 있게 했을뿐더러 자려고 누울 때는 각자에게 저절로 침구가

b 되게 했소. 그리고 그는 어떤 동물들에게는 발굽이, 어떤 동물들에게

는 피가 나지 않는 두꺼운 피부가 신발 역할을 하게 했소. 그러고 나서

그는 동물들에게 서로 다른 양식을 제공했는데 어떤 동물들에게는 땅

에서 나는 풀을, 다른 동물들에게는 나무 열매를, 또 다른 동물들에게

는 뿌리를 주었소. 그는 또한 어떤 동물들은 다른 동물들을 잡아먹고

살게 했지만 대신에 이런 포식자들은 새끼를 적게 낳게 했으며, 반면에

포식자들에게 잡아먹히는 동물들은 새끼를 많이 낳게 하여 이런 다산

(多産) 덕분에 살아남게 했소.

    그런데 에피메테우스는 그다지 지혜롭지 못해서 자신이 배분할 수

있는 능력들을 그런 줄도 모르고 이성 없는 동물들에게 다 써버렸소.

c 그래서 인간 종족만이 아무것도 갖추지 못한 채 남게 되자 그는 어찌

할 바를 몰라 했소. 그래서 그가 대책 없이 그곳에 앉아 있는데 어떻게

배분했는지 프로메테우스가 검사하러 와서 보니 다른 동물들은 모든

것을 잘 갖추고 있는데 인간은 벌거벗고 신발도 없고 침구도 없고 무기도 없었소. 게다가 인간도 땅속에서 햇빛이 비치는 곳으로 나오도록 정해진 날이 이미 다가와 있었소. 프로메테우스는 인간이 살아남을 수 있는 방도를 강구할 수 없어 헤파이스토스[46]와 아테나[47]에게 속하 $\quad$ d 는 기술에 관한 지식을 불과 함께 훔쳐냈소. (불 없이는 어느 누구도 그런 지식을 가지거나 이용할 수 없으니까.) 그는 그것들을 인간에게 주었소. 그리하여 인간은 생존을 위한 지식은 얻었지만 국가를 경영하는 기술은 아직 갖지 못했소. 그것은 제우스의 소관인데, 프로메테우스는 제우스의 성채로 들어갈 시간적 여유가 없었고 게다가 제우스의 경호원들[48]은 무시무시했으니까. 그러나 그는 아테나와 헤파이스토스가 공동으로 기술을 연마하는 작업장으로 몰래 들어가 헤파이스토스의 $\quad$ e 불을 사용하는 기술과 아테나에 속하는 그 밖의 다른 여러 기술을 훔쳐내 인간에게 주었소. 그날 이후 인간에게는 생계수단이 넉넉해졌지만, 전해오는 이야기에 따르면 프로메테우스는 훗날 절도죄로 처벌받 $\quad$ 322a 았다고 하오.[49] 이 모든 것이 에피메테우스 탓이라오.

그리하여 신들에게 주어진 것들에 부분적으로 참여하게 된 인간은

---

46 Hephaistos. 그리스신화에서 불과 금속공예의 신.

47 Athena. 전쟁과 직조와 도예와 올리브 재배의 여신.

48 힘과 폭력. 헤시오도스의 『신들의 계보』 383~403행, 아이스퀼로스(Aischylos)의 『결박된 프로메테우스』(*Prometheus desmotes*) 12행 참조.

49 헤시오도스, 『신들의 계보』 521~525행. 제우스는 프로메테우스를 높은 산꼭대기에 사슬로 결박하게 한 다음 독수리를 보내 그의 간을 쪼아 먹게 했다.

첫째, 신과 친족관계[50]가 되고 동물들 중에서 유일하게 신을 믿게 되어 제단을 세우고 신상(神像)을 만들기 시작했소. 이어서 인간은 곧 자신의 기술로 목소리를 분절해 사물들의 이름을 지어냈고, 집과 옷과 신발과 침구 만드는 법과 대지에서 식량 구하는 법을 터득했소.[51] 이런

b 이점들을 갖추게 된 인간은 처음에는 여기저기 흩어져 살았고, 도시 같은 것은 없었소. 그래서 모든 면에서 더 허약한 인간을 야수들이 도륙했소. 인간의 실용적인 기술은 양식을 구하는 데는 충분했지만 야수와 싸우는 데는 충분하지 못했소. 인간에게 국가를 경영하는 기술은 아직 없었는데, 전쟁의 기술은 이 기술의 일부니까. 그래서 인간은 함께 모여 공동체를 건설함으로써 자신을 구하려 했으나 함께 모일 때마다 인간은 국가를 경영하는 기술이 없어 서로 불의한 짓을 했소. 그

c 래서 인간은 도로 흩어졌고 다시 도륙되기 시작했소. 그러자 제우스는 우리 인간 종족이 완전히 멸종하지나 않을까 두려워 헤르메스[52]를 인간에게 보내 염치[53]와 정의[54]를 가져다주게 했는데, 공동체를 구성하고 우애를 맺는 데 이것들이 원칙이 되게 하기 위해서였소. 헤르메스는 인간에게 어떤 방식으로 염치와 정의를 나눠주어야 하는지 제우스에게 물었소. '이것들을 기술을 나눠주던 식으로 나눠줄까요? 기술인 의술은 한 명이 많은 문외한에게 충분히 나눠줄 수 있게 하였고, 이는

d 다른 장인들의 경우도 마찬가지였어요. 정의와 염치도 인간에게 그런 식으로 나눠줄까요, 아니면 모든 인간에게 나눠줄까요?' '모든 인간에게 나눠주라'고 제우스가 말했소. '모든 인간이 나눠 갖게 하라. 다른 기술들처럼 정의와 염치가 소수의 것이 되면 국가가 생길 수 없을 테니

까. 그리고 염치와 정의를 나눠 가질 수 없는 자는 공동체의 역병으로 간주하여 죽여 없애야 한다고 내 이름으로 법으로 정하라.' 소크라테스님, 그래서 목공일이나 그 밖의 다른 기술에서 어떻게 하는 것이 최선인지 논의할 때 사람들, 그중에서도 특히 아테나이인들은 소수의 사람들만이 조언할 자격이 있다고 생각하는 것이라오. 이들 소수의 사람들 말고 다른 사람이 조언을 하면 그들은 그대가 지적했듯이 받아들이 e 지 않는데, 내 생각에 그것은 당연하오. 그러나 어떻게 해야 훌륭한 시민이 될 수 있는가 하는 문제를 논의할 때는 이런 논의는 전적으로 정 323a 의와 절제에 기초해야 하는 만큼 그들은 아무에게나 자문을 받는데, 이는 당연한 일이라오. 그들은 훌륭한 시민이 되는 것은 만인의 의무이고, 그렇지 않으면 국가가 존재할 수 없을 것이라고 생각한다오. 소크라테스님, 이것이 그 이유라오.

모든 인간이 정의를 나눠 가졌을뿐더러 나름대로 훌륭한 시민이라는 것이 실제로 세상 사람들의 생각이라는 것을 그대에게 확신시키기 위해, 내 그대에게 다른 증거를 대겠소. 다른 미덕들의 경우, 그대의 말처럼, 그대가 사실은 그렇지 않으면서 스스로 훌륭한 피리 연주자라거

---

50 헤시오도스는 『일과 날』 108행에서 '신들과 필멸의 인간들은 한곳에서 태어났다'고 말하고 있다.

51 여기에는 농업 외에 수렵과 채집도 포함되는 것 같다.

52 헤르메스(Hermes)는 그리스신화에서 신들의 전령이다.

53 aidos.

54 dike.

나 그 밖의 다른 기술에 능하다고 주장한다면 그들은 그대를 비웃거나 화를 낼 것이며, 그대의 가족들도 와서 미친 짓 그만하라고 야단칠 것이오. 그러나 정의나 훌륭한 시민의 그 밖의 다른 미덕의 경우에는 설령 그대가 범죄자라는 것을 모두 다 알고 있다 해도 만약 그대가 돌아다니며 그대에 관한 진실을 공개적으로 말한다면 자신에 관해 정직한 것이 다른 경우에는 사리에 맞는 행동으로 간주되지만 이 경우에는 일종의 미친 짓으로 보인다오. 사람들이 말하기를, 올바르건 올바르지 않건 모두 다 자신은 올바르다고 주장해야 하며 올바른 척이라도 하지

않는 사람은 정신 나간 사람이라고 한다오. 누구나 어느 정도는 반드시 정의를 존중해야 하며, 그렇지 않으면 인간이라고 볼 수 없기 때문이지요.

누구나 이런 종류의 미덕에 관여한다고 믿기에, 그들이 이런 종류의 미덕에 관해서는 아무에게나 자문을 받는 것은 당연하다는 데 대해서는 이쯤 해두겠소. 다음에 내가 그대에게 보여주려는 것은, 그들은 미덕이 타고난 것도 저절로 생긴 것도 아니며 그것을 가진 사람은

누구나 애쓰고 노력해 배운 것이라고 생각한다는 점이오. 사람들이 서로의 나쁜 점을 타고나거나 불운 탓이라고 믿는 경우에는 누구도 그런 나쁜 점을 가진 사람에게 그런 사람이 되지 말라고 화내거나 비판하거나 가르치거나 징계하지 않는다오. 오히려 우리는 그들을 불쌍히 여기지요. 이를테면 못생겼거나 키가 작거나 힘이 약한 사람에게 그런 짓을 할 만큼 몰지각한 자가 어디 있겠소? 고상한 것이든 그와 상반되는 것이든 이런 것들은 사람들이 타고나거나 우연히 갖게 된다는 것을 그들

은 알고 있다는 것이 내 생각이오. 그러나 노력과 수련과 가르침으로 사람들에게 생긴다고 믿는 좋은 것의 경우에는 누가 이런 것들은 갖지 e 않고 그와 상반되는 나쁜 것을 가졌다면, 이런 사람에 대해서 우리는 분개하고 비판하고 징계하오. 그런 것 가운데 하나가 불의와 불경이오. 324a 한마디로 시민적인 미덕에 상반되는 모든 것이 거기에 속하오. 여기서는 모두가 모두에게 분개하고 비판하는데, 이는 분명 그런 것은 노력과 배움을 통해 습득할 수 있다고 믿기 때문이오.

소크라테스님, 징계가 불의를 행하는 자에게 어떤 효과가 있는지 생각해보시오. 그러면 그대는 사람들이 미덕을 습득할 수 있는 것이라고 생각한다는 것을 곧 알게 될 거요. 아무도 불의를 행한 자들을 단순히 그들이 불의를 행했다는 이유만으로 징계지는 않소. 야수처럼 생각 없이 앙갚음하는 것이 아니라면 말이오. 이성적으로 징계하려는 사람은 이미 지나간 불의 때문에 응징하는 것이 아니라—이미 행한 것은 b 원상태로 돌릴 수 없으니까—미래를 위해 응징하는 것이오. 불의를 행한 사람 자신도, 그가 벌받는 것을 보는 다른 사람도 다시는 불의를 행하지 못하도록 말이오. 그리고 이것이 그의 의도라면, 그는 미덕은 교육에 의해 습득할 수 있다고 믿고 있음이 분명하오. 아무튼 그는 불의를 행하지 못하도록 억지하려고 징계하는 것이오. 사적으로나 공적으로나 누군가를 징계하는 사람은 모두 이런 소신을 가지고 있소. 그 c 래서 사람들은 대개 불의를 행했다고 여기는 자들을 응징하고 징계하는데, 그대의 동료 시민들인 아테나이인들도 그 점에서 예외가 아니오. 그러니 이 논리에 따르면 아테나이인들도 미덕은 전수되고 습득할 수 있는 것이라고 생각하는 사람들에 속하오. 소크라테스님, 이상으로 나는 첫째, 그대의 동료 시민들이 정치적인 문제에 관해 대장장이나 제화공에게 자문받는 것은 당연하다는 것과 둘째, 그들은 미덕은 가르치고

d 배울 수 있는 것이라고 믿는다는 것을 충분히 증명했다고 생각하오.

이제 그대가 훌륭한 사람들에 관해 제기한 더 어려운 문제가 남아 있소. 그것은 훌륭한 사람들은 왜 다른 분야에서는 교사들에게 배울 수 있는 것은 무엇이든 아들들에게 가르쳐 전문가로 만들게 하면서, 자신들이 가진 미덕과 관련해서는 왜 자식들을 남들보다 더 나은 사람으로 만들지 않느냐는 것이었소. 이 문제와 관련해서는, 소크라테스님, 나는 옛이야기는 더 들려주지 않고 논리로 설명할까 하오. 이렇게 생각해보시구려. 국가가 존재하려면 모든 시민이 가져야 하는 한 가지 자질

e 이 있는 것일까, 아니면 없는 것일까? 그대의 그 어려운 문제는 다른 데서가 아니라 바로 여기서 해결될 것이오. 그런 한 가지 자질이 있다면, 그리고 만약 그 한 가지 자질이 목공의 기술이나 대장장이의 기술이나

325a 도공의 기술이 아니라 정의와 절제와 경건함이라면, 한마디로 내가 인간의 미덕이라고 부르는 것이라면, 그것이야말로 모두 다 가져야 하는 자질이오. 그러니 그가 무엇이든 다른 것을 배우거나 행하기를 원한다면 거기에는 언제나 그런 자질을 겸비해야 하며, 그런 자질이 없을 때는 배우거나 행하지 말아야 하오. 그리고 그런 자질이 없는 자는 남자든 여자든 아이든 더 나은 사람이 될 때까지 가르치고 징계해야 하오. 그리고 징계하고 가르쳐도 반응이 없는 자는 치유할 수 없는 자이니

b 추방하거나 처형해야 하오. 사정이 그럼에도 훌륭한 사람들이 아들들

에게 다른 것들은 가르치면서 그런 자질만은 가르치지 않는다면, 생각해보시오, 훌륭한 사람들은 확실히 어처구니없는 사람들일 것이오. 그들이 그런 자질을 사적으로나 공적으로 가르칠 수 있다고 생각한다는 것은 우리가 방금 증명한 바 있소. 만약 그런 자질이 가르칠 수 있고 계발할 수 있는 것이라면, 설령 모른다 해도 그 벌로 처형당하지는 않는 다른 것들은 그들이 아들들에게 가르치게 하면서도, 배워서 미덕으로 계발하지 않으면 그 벌로 아들들이 처형당하거나 추방당할뿐더러 급기야 재산이 몰수되고 한마디로 집안이 풍비박산이 되는 것들은 아들들에게 가르치게 하려고 최선을 다하지 않을 수 있을까요? 당연히 최선을 다한다고 봐야겠지요, 소크라테스님.

   그들은 어린아이 때부터 평생토록 아들들을 가르치고 훈계하오. 아이가 말을 알아듣는 순간부터 유모와 어머니와 가정교사와 아버지까지도 아이가 최대한 훌륭하게 자라도록 계속해서 말 그대로 전쟁을 치르지요. 아이에게 가르치면서, 그리고 아이가 무슨 짓을 하고 무슨 말을 하건 '이건 옳고 저건 옳지 못해. 이건 좋고 저건 나빠. 이건 경건하고 저건 불경해. 이건 하고 저건 하지 말라'고 사사건건 지적하면서. 아이가 자진해 따르면 좋지만, 그렇지 않으면 마치 뒤틀리고 구부러진 나무토막을 다루듯 위협하고 매질을 해서라도 바로잡지요. 그러고 나서 아이를 학교에 보내며 읽기나 쓰기나 키타라 연주를 가르쳐주는 일보다도 아이들의 품행에 더 유의해달라고 교사들에게 부탁하지요. 그러면 교사들은 그 점에 유의하다가 아이들이 말을 배워 이전에 말귀를 알아들었듯 글을 이해하기 시작하면 책상 앞에 훌륭한 시인들의 시들

c

d

e

을 갖다놓고는 읽고 외우도록 강요하지요. 그 시들에는 여러 훈계와 옛 위인들을 찬미하는 이야기가 가득 들어 있는데, 이는 아이들이 그런 사람들을 열심히 모방하고 그런 사람이 되려는 욕구를 느끼게 하기 위해서요. 이 점에서는 음악 교사도 마찬가지라오. 그들도 아이들이 예의가 발라 못된 짓을 하지 않게 하려고 애쓰니까요. 게다가 아이들이 키타라 연주를 배우고 나면 음악 교사는 다른 훌륭한 시인들, 즉 서정시인의 시를 가르치는데, 그들이 이런 시들에 곡을 붙여 아이들의 혼이

b 리듬과 화음에 익숙해지게 하려는 것은 아이들이 더 유순해지고 더 우아해지고 더 잘 조절되어 말과 행동으로 공동체에 기여하게 하기 위해서요. 삶의 모든 영역에는 내면의 리듬과 화음이 필요하니까. 그럴 뿐 아니라 그들은 체력단련 교사에게 아이들을 보내는데, 이는 아이들

c 몸이 더 건강해져 건강한 혼에 봉사하게 하고 아이들이 몸이 허약해 전쟁터나 그 밖의 다른 상황에서 겁쟁이가 되지 않게 하기 위해서요.

가장 그렇게 할 능력이 있는 사람들이 가장 그렇게 하는데, 가장 그렇게 할 수 있는 사람들이란 가장 부유한 사람들이요. 그들의 아들들은 가장 어릴 때 학교에 다니기 시작해서 가장 느지막하게 학교를 떠나지요. 그리고 그들이 공부를 마치고 학교를 떠나면 이번에는 국가가 그들에게 법을 배워 법에 따라 살아가게 강요하는데, 이는 그들이 멋대

d 로 행동하지 못하게 하려는 것이라오. 마치 교사들이 글쓰기를 배우는 아이들의 서판(書板)에 펜으로 줄을 쳐주며 그 줄에 맞춰 글을 쓰게 하듯이, 국가는 옛날의 훌륭한 입법자들이 생각해낸 법들을 지침 삼아 그 지침에 따라 다스리고 다스림을 받도록 강요하며 그것들을 어

기는 자를 처벌하지요. 그리고 그러한 처벌은 이곳 아테나이와 그 밖
의 여러 곳에서 교정(矯正)이라고 불리는데, 처벌은 바로잡는 것이라 e
고 생각하기 때문이지요. 소크라테스님, 개인도 국가도 미덕을 위해 그
토록 노력하거늘 그대는 정말로 그것이 놀랍다고 생각하며, 미덕은 가
르칠 수 있는 것이라는 데 정말로 의문을 품는 거요? 미덕이 가르칠 수
없는 것이라면 사실은 더 놀라운 일이겠지요.

  그러면 왜 훌륭한 아버지들의 수많은 아들들이 쓸모없는 자들이 될
까요? 내가 설명하리다. 그것은 전혀 놀라운 일이 아니오. 국가가 존재 327a
하려면 미덕이라는 특정 분야에서는 그 누구도 문외한이어서는 안 된
다고, 내가 앞서 한 말이 사실이라면 말이오. 만약 내 말이 사실이라
면—나는 그것이 사실이라고 확신하오만—다른 활동이나 배울 거리
를 하나 골라 이렇게 생각해보시오. 이를테면 우리가 모두 저마다 받은
능력이 허용하는 한 가장 훌륭한 피리 연주자가 되지 못하면 국가가 존
재할 수 없다고. 그래서 모두가 모두에게 사적으로나 공적으로나 피리
연주하는 법을 가르치고 피리를 잘 연주하지 못하는 사람을 야단치며 b
지식을 혼자 간직하지 않는다고 생각해보시오. 마치 오늘날 누구도 올
바른 것들과 합법적인 것들에 대해서는 다른 기술들에 대해서 그러는
것과는 달리 지식을 혼자 간직하거나 비밀로 하지 않듯이 말이오. 아마
도 그것은 우리가 서로 간의 정의와 미덕으로 이득을 보기 때문이겠지
요. 그래서 모두가 모두에게 무엇이 올바르고 무엇이 합법적인지 열심
히 가르치는 것이라오. 피리 연주의 경우에도 우리가 서로 열심히 가르
치고 지식을 혼자 간직하려 하지 않는다면," 그가 말했네. "소크라테스

님, 그대는 변변찮은 피리 연주자들의 아들들보다는 훌륭한 피리 연주자들의 아들들이 훌륭한 피리 연주자가 될 것이라고 생각하시오? 아니, 나는 그렇게 생각하지 않소. 누구의 아들이든 피리 연주에 탁월한 재능

c 을 타고난 사람은 커서 이름난 피리 연주자가 되겠지만, 누구의 아들이든 재능을 타고나지 못한 사람은 무명(無名)으로 남겠지요. 그래서 훌륭한 피리 연주자의 아들이 변변찮은 피리 연주자가 되고, 변변찮은 피리 연주자의 아들이 훌륭한 피리 연주자가 되는 경우가 비일비재할 것이오. 그래도 그들은 모두 피리 연주에 관해 아무것도 모르는 사람들에 견주면 능력 있는 피리 연주자들일 것이오. 마찬가지로 그대는 법이 지배하는 공동체에서 자란 가장 사악한 자도 교육도 없고 법정도 없고 법

d 도 없으며 미덕을 돌보도록 요구하는 어떤 종류의 강제도 없는 자들, 다시 말해 페레크라테스[55]가 작년에 레나이아[56] 축제 때 무대에 올린 야만인들과 비교하면 올바른 사람이며, 그 분야의 전문가라고 생각해야 할 것이오. 만약 그대가 그 희극의 코로스에 등장하는 인간 혐오자들에 둘러싸이게 되면 에우뤼바토스나 프뤼논다스[57]를 만나도 천만다행으로 여길 것이며, 이곳 사람들의 사악함이 그리워서 탄식하겠지요.

e 하지만 소크라테스님, 모든 사람이 능력껏 우리에게 미덕을 가르치는 까닭에, 그대는 말하자면 배가 불러 아무도 미덕을 가르치는 것으로 보이지 않는 것이라오. 그대가 헬라스어[58] 교사를 찾으려 한다면 한

328a 명도 보이지 않는 것과 같은 이치지요. 또한 그대가 장인들의 아들들에게 그들의 아버지들과 아버지의 동료들이 능력껏 가르친 바로 그 기술을 가르칠 누군가를 찾는다면, 소크라테스님, 그들을 가르칠 교사를

찾기란 쉽지 않을 것이오. 완전한 초보자들을 위해 교사를 찾는 것은 아주 쉬운 일이겠지만. 그 점에서는 미덕과 그 밖의 다른 것도 모두 마찬가지라오. 사실 우리 중에서 미덕을 향해 나아가도록 조금이라도 남에게 도움을 줄 수 있는 사람이 있다면 바람직한 일이겠지요. 그리고 b
나야말로 그런 사람들 중 한 명이라는 것이 내 신념이오. 고상하고 훌륭한 사람이 되도록 돕는 일에서는 나야말로 남들을 능가하며, 내가 청구하는 보수에 상당하는 값어치를 한다고 나는 믿는단 말이오. 아니, 그 이상의 값어치를 한다오. 내 제자들도 동의할 것이오. 그래서 나는 다음과 같은 방법으로 보수를 청구하지요. 말하자면 나에게 배우는 사람들이 보수가 적당하다 싶으면 내가 미리 청구한 금액을 지불하게 하되, 그렇지 않으면 자기들이 배운 것이 얼마만큼의 값어치가 있다 c
고 생각하는지 신에게 맹세하고, 그 금액을 신전에 기탁하게 한다오. 소크라테스님," 하고 그가 말했네. "옛이야기와 논증은 이쯤 해두겠소. 나는 미덕은 가르칠 수 있는 것이라는 것과 아테나이인들도 그렇게 생

---

55 페레크라테스(Pherekrates)는 아리스토파네스보다 조금 앞서 활동한 희극작가로 그의 작품은 약간의 단편들만 남아 있다. 그의 희극 『야만인들』(*Agrioi*)은 기원전 420년에 공연되었다.

56 1월에 개최되는 레나이아제(Lenaia)는 3월 말에 개최되는 대(大)디오뉘소스제 (Dionysia ta megala, 또는 ta en astei)와 더불어 희극과 비극 경연이 개최되는 아테나이의 2대 축제다.

57 에우뤼바토스(Eurybatos)와 프뤼논다스(Phrynondas)는 실존 인물들로, 그들의 이름은 사악함의 대명사였다.

58 그리스어.

각한다는 것과 훌륭한 사람들의 아들들이 변변찮고 변변찮은 사람들의 아들들이 훌륭해지는 것은 조금도 놀랄 일이 아니라는 것을 보여주었으니까요. 폴뤼클레이토스[59]의 아들들도 여기 있는 파랄로스와 크산팁포스와 동년배이지만 아버지에게는 맨발로 뛰어도 따라가지 못하며, 이 점은 다른 전문가들의 경우도 마찬가지라오. 하지만 여기 있는 두 소년에게 같은 비난을 하는 것은 아직은 옳지 못하겠지요. 그들은 아직 젊고 장래가 촉망되니까요."[60]

프로타고라스는 이렇게 한참 동안 자신의 달변을 과시하더니 말을 멈추었네. 나는 그가 더 말하면 들으려고 마법에 걸린 사람처럼 한동안 그를 응시하며 그곳에 앉아 있었네. 그러나 그가 정말로 하던 말을 끝냈다는 것을 알고 나는 가까스로 정신을 차리고 힙포크라테스를 보며 말했네. "아폴로도로스의 아들이여, 자네가 나를 이곳으로 데려다주어서 얼마나 고마운지 모르겠네. 내가 방금 프로타고라스님한테 들은 것은 내게는 대단히 중요한 것이니까. 나는 전에는 훌륭한 사람들을 훌륭한 사람들로 만들어주는 사람 공부[61] 같은 것은 없다고 생각했는데, 이제는 그런 것이 있다고 확신하게 되었네. 마음에 좀 걸리는 게 있기는 해. 하지만 프로타고라스님은 이미 많은 것을 설명해주셨으니 분명 이것도 힘들이지 않고 설명해주시겠지. 자네가 이 문제들과 관련해 일류 연설가들 가운데 누구를 찾아가도, 그가 페리클레스든 그 밖의 다른 유능한 연설가든, 자네는 그에게서 분명 비슷한 연설을 듣게 될 거라는 말일세. 하지만 자네가 그들에게 후속 질문을 던지면 그들은 대답할 줄도 스스로 질문할 줄도 모르지. 그 점에서 그들은 책보다 나을 게 없네. 그들이 말한 것에 관해 사소한 질문이라도 해보게. 그것은 징을 치는 것과 같네. 누가 그 위에 손을 얹지 않으면 계속해서 울려댈 테니 말일세. 그처럼 이들 연설가들도 사소한 질문에 장광설을 늘어놓는다네. 그러나 b 여기 있는 프로타고라스님은 방금 우리가 들었듯이 길고 멋진 연설을 하실 수 있을뿐더러 질문을 받으면 간결하게 답변하시고 몸소 질문을 하시면 참고 기다리며 답변을 들을 줄도 아시는데, 이런 재능들을 두루 겸비한 사람은 정말로 흔하지 않다네.

프로타고라스님, 그래서 드리는 말씀인데 그대가 나의 다음 질문에 답변만 해주신다면, 나는 필요한 것을 다 가지는 셈이에요. 미덕은 가르칠 수 있는 것이라고 그대는 주장하시는데, 나는 누구보다도 그대의 c 주장을 믿고 싶어요. 하지만 그대의 주장에는 의아스러운 데가 있는데, 내 생각의 이 작은 틈을 그대가 메워주셨으면 좋겠어요. 그대는 제우스께서 인간에게 정의와 염치를 보내셨다고 하셨고, 말씀 중에 여러 군데서 정의·절제·경건을 거론하며 이 모든 것이 하나로 합쳐져 미덕이 된다고 하셨어요. 내가 원하는 것은 다음을 논리적으로 정확히 설명해달라는 거예요. 미덕은 단 하나의 자질이고, 정의·절제·경건은 미덕의 부분들인가요? 아니면 내가 방금 열거한 이 모든 것은 동일한 하

---

59 조각가. 주 6 참조.
60 이 두 소년은 사실은 펠로폰네소스전쟁 초기 아테나이에 창궐하던 역병에 걸려 역시 같은 병에 걸린 아버지 페리클레스보다 먼저 죽는다.
61 anthropine epimeleia.

나이고 같은 것의 다른 이름들인가요? 나는 여전히 그것이 알고 싶어요."

프로타고라스가 말했네. "소크라테스님, 그건 대답하기 어렵지 않소. 미덕은 단 하나의 자질이고, 그대가 묻고 있는 것들은 미덕의 부분들이오."

내가 물었네. "입, 코, 눈, 귀 같은 얼굴의 부분들이 전체의 부분인 것처럼 그런가요? 아니면 황금의 조각들이 더 크냐 더 작으냐를 제외하고는 서로 간에도, 덩어리 전체와도 다르지 않은 것처럼 그런가요?"

"전자처럼 그렇다고 말하겠소, 소크라테스님. 얼굴의 부분들과 얼굴 전체의 관계와 같다는 말이오."

내가 물었네. "그렇다면 어떤 사람들은 미덕의 이 부분들 중 하나를 갖고 어떤 사람들은 다른 것을 갖나요, 아니면 누가 그중 한 부분을 가지면 필연적으로 다른 부분들도 모두 갖게 되나요?"

"전혀 그렇지 않소." 그가 말했네. "용감하되 불의하고, 올바르되 지혜롭지 못한 사람들이 얼마든지 있으니까요."

"그렇다면 지혜와 용기도 미덕의 부분들인가요?" 하고 내가 물었네.

"물론이오. 사실 지혜야말로 가장 중요한 부분이라오."

"그러면 그것들은 저마다 서로 다른 것인가요?" 하고 내가 물었네.

"그렇소."

"그것들은 저마다 고유한 기능도 갖고 있나요? 얼굴의 부분들의 경우 눈은 귀와 같지 않고 그것들의 기능도 같지 않으며, 얼굴의 부분들 중 어느 것도 기능이나 그 밖의 다른 점에 있어 다른 부분과 같지 않듯이. 미

덕의 부분들도 그와 같아서 그중 어느 부분도 그 자체로나 기능에서나 b
다른 부분과 같지 않나요? 우리가 예를 든 '얼굴의 부분들'이 적절한 것
이라면 분명 그렇겠지요?"

"그렇소, 소크라테스님." 하고 그가 말했네.

"그렇다면" 하고 내가 말했네. "미덕의 부분들 중 어느 것도 지식과
같지 않고, 어느 부분도 정의와 같지 않으며, 어느 부분도 용기와 같지
않고, 어느 부분도 절제와 같지 않으며, 어느 부분도 경건함과 같지 않겠
네요."

"같지 않소." 하고 그가 대답했네.

"좋아요." 하고 내가 말했네. "그렇다면 미덕의 부분들이 각각 어떤 것
인지 우리 함께 고찰하십시다. 먼저 이 점에 대해 생각하고 싶군요. 정의
는 어떤 것인가요, 아니면 아무것도 아닌 것인가요? 나는 어떤 것이라고 c
생각하는데, 그대는 어떻게 생각하세요?"

"나도 그렇다고 생각하오." 하고 그가 말했네.

"어때요? 누가 나와 그대에게 이렇게 묻는다면. '프로타고라스와 소
크라테스여, 말해주시오. 방금 그대들이 언급한 정의란 것은 그 자체
로 올바른 것인가요, 아니면 불의한 것인가요?' 나는 올바른 것이라고
대답하겠소. 그대는 어느 쪽에 표를 던지시렵니까? 나와 같은 쪽인가
요, 다른 쪽인가요?"

"같은 쪽이오." 하고 그가 말했네.

"그러니까 나는 그 질문에 정의란 올바른 것이라고 대답하겠소. 그
대도 아마 같은 대답을 하시겠지요?"

"그렇소." 하고 그가 말했네.

"그 사람이 이어서 우리에게 묻는다고 생각해보세요. '그대들은 경
건함이란 것도 있다고 말하시오?' 그러면 우리는 아마도 있다고 말하
겠지요."

"그렇소." 하고 그가 말했네.

"'그러면 그대들은 그것도 어떤 것이라고 말하겠지요?' 우리는 그렇
다고 말하겠지요. 동의하시지 않나요?"

여기에도 그는 동의했네.

"'그대들은 그것이 그 자체로 불경한 것이라고 말하시오, 아니면 경
건한 것이라고 말하시오?' 나는 그 질문에 화를 내며 대답하겠지요.
'여보시오, 말조심하시오. 경건함 자체가 경건하지 않다면 그 밖에 무
엇이 경건할 수 있겠소?' 그대는 어떠신가요? 그대도 그렇게 대답하시
지 않을까요?"

"물론 그렇게 대답하겠지요." 하고 그가 말했네.

"이어서 그 사람이 우리에게 묻는다고 생각해보세요. '그런데 조금
전에 그대들은 뭐라고 했지요? 내가 잘못 들었나요? 내가 듣기로는 미
덕의 여러 부분들은 어느 부분도 다른 부분과 같지 않도록 서로 관계
를 맺는다고 그대들이 말하는 것 같았거든요.' 나는 이렇게 대답할 겁
니다. '그대는 다른 말은 제대로 들었지만 그 말을 내가 한 것이라고 생
각한다면 잘못 들었소. 내가 질문하자, 여기 있는 프로타고라스님이 그
렇게 답변하셨던 거요.' 그 사람이 이렇게 말한다고 가정해보세요. '여
기 이 사람 말이 사실인가요, 프로타고라스님? 미덕의 어느 부분도 다

른 부분과 같지 않다고 주장한 것은 그대인가요? 그것이 그대의 주장인가요?' 그러면 그대는 그 사람에게 뭐라고 대답하실 겁니까?"

"시인할 수밖에 없겠지요, 소크라테스님." 하고 그가 말했네.

"프로타고라스님, 우리가 그렇다고 시인할 경우, 그 사람이 이렇게 묻는다면 우리는 뭐라고 대답하지요? '그렇다면 경건함은 올바른 것이 아니고, 정의는 경건한 것이 아니라는 말인가요? 그러니까 경건함은 올바른 것이 아니라 불의한 것이고, 정의는 불경한 것이라는 뜻인가요?' 그러 b 면 우리는 뭐라고 대답할까요? 나를 위해서라면 정의는 경건하고 경건함은 올바른 것이라고 대답할 겁니다. 그리고 그대가 허락하신다면 그대를 위해서도 같은 대답을 할 겁니다. 정의는 경건함과 같은 것이거나 아주 비슷한 것이라고. 무엇보다도 정의는 경건함과 같은 종류의 것이고, 경건함은 정의와 같은 종류의 것이라고. 내가 그렇게 대답하기를 원하지 않는지, 아니면 그대도 나와 생각이 같은지 그대가 결정하세요."

"그것은 그리 간단한 문제가 아니오, 소크라테스님." 하고 그가 말했네. "나는 정의는 경건하고 경건함은 올바르다는 데 동의할 수 없소. 거 c 기에는 다른 점이 있다고 생각하니까요. 하지만 그게 무슨 상관이오?" 하고 그가 말했네. "만약 그대가 원한다면, 정의는 경건하고 경건함은 올바르다고 합시다!"

"그건 아니지요." 하고 내가 말했네. "나는 '만약 그대가 원한다면'이나 '만약 그대가 그렇게 생각한다면' 같은 것을 검토하고 싶지 않아요. 내가 검토하고 싶은 것은 그대와 나입니다. 내가 '그대와 나'라고 말하는 것은 이 '만약'을 빼면 문제를 가장 잘 검토할 수 있을 것이라 생 d

각하기 때문이죠."

"그렇다면" 하고 그가 말했네. "정의는 경건함과 닮은 데가 있다고 해요. 무엇이든 다른 것과 어떻게든 닮은 데가 있으니까. 흰 것과 검은 것, 부드러운 것과 딱딱한 것은 닮은 데가 있고, 그 점에서는 정반대되는 다른 것들도 모두 마찬가지라오. 조금 전에 우리는 얼굴의 부분들은 서로 기능이 다르며 서로 같지 않다고 말한 바 있지만, 그런 얼굴의 부분들조차도 서로 닮은 데가 있으며 서로 같은 데가 있다오. 그러니 그런 논리대로라면, 만약 그대가 원한다면, 그것들도 모두 서로 닮았다고 증명할 수 있을 거요. 그러나 사물들이 닮은 데가 있다 해도 닮은 점이 적으면 닮았다고 해서는 안 될 것이며, 사물들이 다른 데가 있다고 해서 다르다고 해서도 안 될 것이오."

나는 놀라서 그에게 물었네. "그대는 정말로 정의와 경건함의 관계가 그런 것이라고 보시나요? 그 정도로 그 둘은 적게 닮았다고 생각하세요?"

"그렇지는 않소." 하고 그가 말했네. "하지만 그대가 생각하는 것으로 보이는 만큼 닮았다고 믿지도 않소."

"좋아요." 하고 내가 말했네. "이런 식의 접근 방식이 불편하신 것 같으니 그건 그만두고, 그대가 말한 것 가운데 다른 것을 고찰해요. 그대는 어리석음 같은 것이 있다고 생각하세요?"

그렇다고 그가 말했네.

"어리석음과 정반대되는 것은 지혜가 아닐까요?"

"그런 것 같소." 하고 그가 말했네.

"사람들이 올바르고 유익하게 행동할 경우 그들의 그런 행동을 절제 있는 행동이라고 생각하세요, 아니면 그 반대라고 생각하세요?"

"절제 있는 행동이라 생각하오." 하고 그가 말했네.

"그리고 그들이 절제 있게 행동하는 것은 그들에게 절제가 있기 때문이겠지요?"

"당연하지요."

b

"올바르지 않게 행동하는 사람들은 어리석게 행동하는 것이고, 그렇게 행동함으로써 절제 있게 행동하는 것이 아니겠지요?"

"나도 그렇다고 생각하오." 하고 그가 말했네.

"그렇다면 어리석게 행동하는 것은 절제 있게 행동하는 것의 반대겠지요?"

그렇다고 그가 동의했네.

"그렇다면 어리석은 행위는 어리석음 때문이고, 절제 있는 행위는 분별력 때문이겠지요?"

그렇다고 그가 동의했네.

"어떤 것이 힘으로 행해지면 힘차게 행해지는 것이고, 허약함으로 행해지면 허약하게 행해지는 것이겠지요?"

그렇다고 그가 동의했네.

"그리고 어떤 것이 빠름으로 행해지면 빨리 행해지는 것이고, 느림으로 행해지면 느리게 행해지는 것이겠지요?"

그렇다고 그가 동의했네.

"그리고 어떤 것이 같은 방식으로 행해지면 같은 자질에 의해 행해

c

지는 것이고, 반대되는 방식으로 행해지면 반대되는 자질에 의해 행해지는 것이겠지요?"

그렇다고 그가 동의했네.

"자, 그렇다면" 하고 내가 말했네. "아름다움 같은 것이 있나요?"

그렇다고 그가 동의했네.

"추함 말고 아름다움에 반대되는 것이 있나요?"

"없어요."

"어때요? 좋음 같은 것이 있나요?"

"있지요."

"나쁨 말고 좋음에 반대되는 것이 있나요?"

"없소."

"어때요? 고음(高音) 같은 것이 있나요?"

그렇다고 그가 동의했네.

"저음 말고 고음에 반대되는 것이 있나요?"

없다고 그가 말했네.

그래서 내가 말했네. "그렇다면 반대되는 것이 있는 모든 것에게는 반대되는 것이 하나만 있고 여러 개가 있는 것이 아니겠지요?"

그렇다고 그가 동의했네.

d   "자, 그렇다면" 하고 내가 말했네. "우리가 지금까지 동의한 것들을 정리해보지요. 우리는 어떤 것이든 그것에 반대되는 것은 하나뿐이라는 데 동의했어요."

"그렇소. 동의했소."

"반대되는 방식으로 행해진 두 행위는 반대되는 자질들에 의해 행해진다는 데도요?"

그렇다고 그가 말했네.

"어리석게 행해진 것은 분별 있게 행해진 것과 반대되는 방식으로 행해진다는 데도 우리는 동의했나요?"

그렇다고 그가 말했네.

"절제 있는 행위는 절제 덕분이고, 어리석은 행위는 어리석음 때문이라는 데도요?"

그렇다고 그가 동의했네.

"그렇다면 반대되는 방식으로 행해지면 반대되는 자질에 의해 행해지는 것이겠지요?"

"그렇소."

"그렇다면 하나는 절제에 의해 행해지고, 다른 하나는 어리석음에 의해 행해지는 것이겠지요?"

"그렇소."

"반대되는 방식으로 말이지요?"

"그렇소."

"반대되는 자질들에 의해서 말이지요?"

"그렇소."

"그렇다면 어리석음은 절제에 반대되겠지요?"

"그런 것 같소."

"그대는 우리가 앞서 어리석음은 지혜에 반대된다는 데 동의한 일이 기억나세요?"

기억난다고 그가 시인했네.

"어떤 것이든 그것에 반대되는 것은 하나뿐이라는 것도요?"

"기억나요."

333a "그렇다면 프로타고라스님, 우리 주장들 가운데 어느 쪽을 포기할까요? 어떤 것이든 그것에 반대되는 것은 하나뿐이라는 주장을 포기할까요, 아니면 지혜와 절제는 서로 다르지만 둘 다 미덕의 부분들인데, 둘은 서로 다를뿐더러 얼굴의 부분들처럼 그 자체로도 그 기능에서도 서로 같지 않다는 주장을 포기할까요? 어느 쪽을 포기할까요? 두 주장은 서로 곡조도 맞지 않고 장단도 맞지 않아 전혀 조화롭지 못

b 하니까요. 하긴 어떻게 곡조가 맞겠어요? 만약 어떤 것이든 그것에 반대되는 것은 필연적으로 여럿이 아니라 하나뿐인데, 어리석음은 하나인데도 지혜와 절제 둘 다 그것에 반대된다면요. 프로타고라스님, 그런가요, 그렇지 않은가요?" 하고 내가 물었네.

그는 영 마음이 내키지 않았지만 마지못해 동의했네.

"그럴 경우 절제와 지혜는 하나가 아닐까? 앞서 정의와 경건함이 사실상 하나였던 것처럼."

"자, 프로타고라스님," 하고 내가 말을 이었네. "포기하지 말고 문제

c 를 마저 고찰하지요. 누가 불의를 행하면 그대는 그의 불의한 행위가 분별 있는 행위일 수 있다고 생각하세요?"

"소크라테스님, 내 어찌 부끄러운 줄도 모르고 그렇다고 동의할 수 있겠소!" 하고 그가 말했네. "많은 사람이 그렇게 생각하지만 말이오."

"그렇다면 그들과 함께 문제를 고찰할까요, 아니면 그대와 함께 고찰할까요?" 하고 내가 물었네.

"그대만 좋다면" 하고 그가 말했네. "먼저 대중의 주장을 논의 대상으로 삼으시구려."

"그대가 답변해주신다면 그것이 실제로 그대의 생각이든 아니든 내게는 상관없어요. 내가 검토하려는 것은 주장 자체니까요. 하지만 그 과정에서 질문하는 나도 답변하시는 그대도 검토 대상이 되겠지요."

프로타고라스는 처음에는 그런 논의는 마음에 들지 않는다며 난색을 표하다가 나중에는 답변하기로 동의했네. 그래서 내가 말했지. "자, 내 질문에 처음부터 답변해주세요. 그대는 때로는 사람들이 불의를 행할 때 분별 있다고 생각하세요?"

"그렇다고 해둡시다." 하고 그가 말했네.

"절제 있다는 것은 잘 생각한다는 뜻인가요?"

그렇다고 그가 말했네.

"잘 생각한다는 것은 불의한 행위를 잘 계획한다는 뜻인가요?"

"그렇다고 해둡시다." 하고 그가 말했네.

내가 물었네. "잘 계획했다는 것은 불의한 행위를 해서 잘될 때인가요, 아니면 잘못될 때인가요?"

"잘될 때겠지요."

"그렇다면 그대는 어떤 것들은 우리에게 좋다고 생각하시는 건가요?"

"그렇소."

"좋은 것들이란" 하고 내가 물었네. "사람들에게 유익한 것들인가요?"

e "제우스에 맹세코"하고 그가 말했네. "사람들에게 유익하지 않아도 내가 좋은 것이라고 부르는 것들도 있다오."

나는 여기서 프로타고라스가 좀 짜증이 나고 부아가 나서 여차하면 싸울 태세로 답변하려 한다는 인상을 받았네. 그의 기분이 그렇다는

334a 것을 알고 나는 조심하면서 이렇게 부드럽게 물었네. "프로타고라스님, 어떤 사람에게는 유익하지 않는 것들 말인가요, 아니면 어떤 사람에게도 유익하지 않은 것들 말인가요? 그대는 그런 것들도 좋다고 부르시나요?"

"아니오!"하고 그가 말했네. "나는 사람에게 유해한 것들도 많이 알고 있지만 —어떤 종류의 먹을거리와 마실 거리와 약과 그 밖에 다수의 것들이 거기에 속하오 —유익한 것들도 알고 있소. 그런가 하면 사람에게는 무해하고 무익하지만 말에게는 유익한 것들도 있다오. 소나 개에게만 유익한 것들도 있지요. 또한 동물에게는 유익하지 않지만 나

b 무에게는 유익한 것들도 있다오. 또한 나무뿌리에게는 좋지만 새싹에게는 해로운 것들도 있소. 예컨대 퇴비는 모든 식물의 뿌리에 주면 좋지만 새싹과 새로 돋아난 가지에 주면 모든 걸 망쳐놓는다오. 또한 올리브기름도 모든 식물에게 아주 나쁘고 사람을 제외한 모든 동물의 털에는 더없이 해롭지만 사람의 모발과 인체의 다른 부분에는 유익하다

c 오. '좋다'는 것은 그처럼 복잡다단해 이 경우에도 인체의 바깥에만 좋고, 같은 것이라도 인체의 내부에는 아주 나쁘다오. 그래서 모든 의사는 병약한 사람들에게 먹을거리에 올리브기름을 쳐도 음식과 양념에서 나는 역한 냄새를 제거할 수 있을 정도로 극소량만 치라고 처방한

다오."

그가 하던 말을 끝내자 거기 있던 사람들은 그에게 열렬한 박수를 보냈고, 그래서 내가 말했네. "프로타고라스님, 나는 건망증이 심한 사람인지라 누가 내게 길게 말하면 그가 무엇에 관해 말하는지 잊어버리곤 해요. 가령 내가 가는귀가 좀 먹었다면 그대는 나와 대화하려면 당 d 연히 여느 때보다 더 큰 소리로 말해야 한다고 생각하겠지요. 그와 마찬가지로 그대는 지금 건망증이 심한 사람을 만났으니, 내가 따라가기를 바라신다면 짤막하게 줄여서 대답해주세요."

"짤막하게 대답하라니, 그게 무슨 뜻이오? 필요한 것보다 더 짧게 대답하라는 뜻인가요?" 하고 그가 말했네.

"그건 아니고요." 하고 내가 말했네.

"그렇다면 필요한 만큼 길게 대답하라는 뜻인가요?" 하고 그가 말했네.

"그래요." 하고 내가 말했네. e

"그렇다면 내가 필요하다고 생각하는 것만큼 길게 대답해야 하나요, 아니면 그대가 필요하다고 생각하는 것만큼 길게 대답해야 하나요?"

"듣자하니" 하고 내가 말했네. "그대는 같은 주제에 관해 마음만 먹으면 한도 끝도 없이 길게 말할 수 있고 누구보다도 짧게 말할 수도 있는데, 그대 자신만 그럴 뿐 아니라 남들에게도 그렇게 가르칠 수도 있다 335a 고 하더군요. 그러니 나와 대화하시겠다면 두 번째 방법을 사용해주세요. 간결하게 말하는 방법 말이에요."

"이봐요, 소크라테스님." 하고 그가 말했네. "여태까지 나는 수많은 사람과 논쟁을 벌였는데, 내가 지금 그대가 부탁하는 대로 했더라면,

다시 말해 내 경쟁자가 제시한 조건으로 논쟁했다면 나는 어느 누구보다 더 나아 보이지 않았을 것이며 '프로타고라스'라는 이름이 헬라스에 널리 알려지지도 않았을 거요."

그러자 나는 그가 자신의 여태까지의 답변을 달가워하지 않는다는
b 것과 그럴 수만 있다면 답변하는 사람으로서 대화하고 싶어하지 않는다는 것을 알고는, 이제는 대화를 계속하는 것이 내게는 의미가 없다고 생각했네. 그래서 내가 말했네. "프로타고라스님, 나도 그대가 원하지 않는 방식으로 대화하는 것은 달갑지 않아요. 하지만 내가 따라갈 수 있는 방법으로 그대가 대화하기를 원하신다면 나는 언제든지 그대와 대화할 용의가 있어요. 사람들도 그렇게 말하고 그대 자신도 그렇다고 주장하시듯, 그대는 길게도 짧게도 대화하실 수 있지만 —그대는
c 지혜로우시니까요— 나는 그러고 싶어도 길게 말할 수 없기에 하는 말이에요. 그러니 우리의 대화가 이루어지려면 두 가지 방법에 다 능한 그대가 양보해야 해요. 하지만 그대는 양보할 용의가 없고, 나는 볼일이 있어서 그대가 긴말을 늘어놓는 동안 마냥 기다릴 수가 없으니 가렵니다. 가볼 데가 있거든요. 그대에게 긴말을 듣는 것도 틀림없이 즐겁겠지만요."

그렇게 말하고 떠나려고 일어서는데, 칼리아스가 오른손으로는 내
d 팔을 잡고 왼손으로는 여기 이 내 낡은 외투를 잡으며 말했네. "소크라테스님, 우리는 그대를 놓아주지 않을 거요. 그대가 떠나고 나면 우리의 대화는 그대가 있을 때와 같지 않을 테니까. 그러니 제발 우리 곁에 머물러주오. 나로서는 그대와 프로타고라스님의 대화를 듣는 것보다

더 즐거운 일은 아무것도 없어요. 그러니 제발 여기 있는 우리에게 호의를 베푸시오!"

그래서 이미 떠나려고 일어선 채 내가 말했네. "힙포니코스의 아들이여, 나는 그대의 지혜에 대한 사랑에 늘 감명 받지만 지금은 특히 칭찬과 감사의 뜻을 전하오. 그래서 나는 그대의 청을 받아들이고 싶소. 그대가 내게 가능한 것들을 부탁한다면 말이오. 그러나 지금 그대가 부탁하는 것은 마치 히메라 출신 달리기 선수 크리손[62]이 한창때일 때 그와 보조를 맞춰 뛰라거나, 아니면 장거리선수나 온종일 달리는 급사(急使)[63]와 주로(走路)를 완주하되 뒤떨어지지 말라고 요구하는 것과 같소. 나는 그대에게 말하겠소. '나는 그들과 함께 달리기를 누구보다도 원하지만, 내게는 그럴 만한 능력이 없소. 그러니 크리손과 내가 나란히 달리는 것을 보고 싶다면 그에게 속도를 좀 줄이라고 요청하시오. 나는 빨리 달릴 수 없지만 그는 천천히 달릴 수 있으니까요.' 마찬가지로 그대가 나와 프로타고라스님의 대화를 듣고 싶다면 내 질문들에 처음처럼 답변하시라고 그분에게 부탁하시오. 질문에 충실한 짧은 답변으로 말

e

336a

---

62 크리손(Krison)은 기원전 440년대에 올륌피아 경기의 달리기 경주에서 세 번 거푸(기원전 448년, 444년, 440년) 우승했다. 히메라(Himera)는 시칠리아 섬의 북안에 있는 도시다.

63 온종일 달리는 급사로는 페이딥피데스(Pheidippides)가 유명한데 그는 기원전 490년 페르시아인들과 벌인 마라톤 전투를 앞두고 원군을 청하러 스파르테에 갔다가 출발한 다음날 아테나이에 돌아왔다고 한다. 헤로도토스(Herodotos), 『역사』(Histories apodexis) 6권 105장.

b 이오. 그렇지 않으면 우리의 토론이 어떻게 될지 나도 모르겠소. 함께 토론하는 것과 대중연설은 별개라는 것이 나의 지론이니까요."

"하지만 모르시겠소, 소크라테스님?" 하고 그가 말했네. "프로타고라스님이 자기가 원하는 방식대로 말하게 해달라고 요구하는 것은 정당한 것 같아요. 그대가 원하는 방식으로 그대가 말하게 해달라는 것도 정당하지만."

이때 알키비아데스가 끼어들었네. "그건 공정하지 못해요, 칼리아스님. 소크라테스님은 자기는 연설에는 소질이 없다고 인정하시며, 그 분
c 야에서는 프로타고라스님에게 승리를 양보하고 있어요. 하지만 토론을 하며 질문하거나 답변할 수 있는 능력에서 그분이 누군가에게 뒤진다면 나는 놀라움을 금치 못할 거예요. 그러니 프로타고라스님이 토론에서는 소크라테스님보다 못하다는 것을 시인하신다면 소크라테스님은 만족하실 거예요. 하지만 프로타고라스님이 그러기를 거부하신다면 질문하고 답변하며 토론하시라고 하세요. 질문받을 때마다 이야기
d 를 길게 늘어놓으며 본론에서 벗어나 답변을 회피하시면서, 듣는 사람 대부분이 무엇에 관한 질문이었는지 잊어버릴 정도로 장광설을 늘어놓지 마시고요. 단언컨대, 소크라테스님은 물론 잊어버리지 않으세요. 농담 삼아 자기는 건망증이 심하다고 말씀하시지만. 내 생각에는 소크라테스님의 말씀이 더 적절한 것 같아요. 우리가 저마다 이 일에 관해 자기 의견을 말해야 한다면 말이에요."

내 기억으로 알키비아데스 다음에는 크리티아스가 말한 것 같네.
e "프로디코스님과 힙피아스님, 칼리아스님은 적극적으로 프로타고라스

님의 편을 드는 것 같고, 알키비아데스는 어디에 열중하면 언제나 이기려 해요. 하지만 우리는 소크라테스든 프로타고라스님이든 어느 한쪽을 편들 것이 아니라, 모임을 중도에 파하지 말라고 두 사람에게 다 요구해야 하오."

이 말을 듣고 프로디코스가 말했네. "전적으로 옳은 말씀인 것 같 337a
소, 크리티아스님. 이런 종류의 토론에 참석하는 사람들은 양쪽 말을 공평하게 들어야 하오. 동등하게 귀를 기울일 필요는 없지만 말이오. 이 둘은 같은 것이 아니니까요. 그들은 양쪽 말을 공평하게 듣되 각자에게 동등하게 귀를 기울일 것이 아니라, 더 지혜로운 사람에게는 더 귀를 기울이고 덜 지혜로운 사람에게는 덜 귀를 기울여야 하오. 소크라테스님과 프로타고라스님, 내 개인적인 의견을 말하자면 두 분은 부디 토론은 하되 논쟁은 하지 않겠다고 서로 합의해주시오. 토론은 친 b
구들끼리 악의 없이 하는 것이지만, 논쟁은 서로 사이가 나빠진 사람들이 적대적으로 하는 것이니까요. 그래야만 우리 모임이 더없이 멋진 모임이 될 것이오. 그것이 토론하는 두 분이 청중인 우리한테 존경받는 최선의 방법이니까요. 내가 '존경'이라고 하고 '칭찬'이라고 하지 않는 것은 이 둘 사이에는 다른 점이 있어, 존경은 청중의 혼 안에 존재하므로 가짜일 수 없지만 칭찬은 종종 본심과는 다른 허언일 수 있기 때문이오. 그것은 또한 청중인 우리의 마음을 흐뭇하게 하는 최선의 방 c
법이지요. 내가 '흐뭇함'이라고 하고 '즐거움'이라고 하지 않는 것은, 흐뭇함은 무엇을 배우며 정신만을 사용해 지적 활동에 참여하는 데서 비롯되지만 즐거움은 무엇을 먹거나 그 밖에 다른 즐거운 육체적 경험에서 비롯되기 때문이라오."

프로디코스의 이 말에 그 자리에 있던 사람들은 대부분 동의했네.
그러자 프로디코스에 이어 지혜로운 힙피아스가 말했네. "지금 이 자
리에 계신 여러분, 나는 여러분이 모두 친족이자 친구이며 동료 시민들
이라고 생각하오. 법적으로가 아니라, 본성적으로 그렇단 말이오. 닮
d 은 것끼리는 본성적으로 친족 간이니까요. 그러나 인간을 지배하는 참
주(僭主)인 법은 본성을 무시하고 많은 것을 우리에게 강요하지요. 그
러니 사물의 본성을 알고 있을뿐더러 헬라스인들 중 가장 지혜로운 우
리가 바로 그런 이유에서 지혜의 전당인 이곳 아테나이에, 그것도 이
도시에서 가장 크고 유복한 집에 모였다가 우리 명성에 걸맞은 것을
e 아무것도 보여주지 못하고 못난이들처럼 서로 다툰다면 우리에게는
치욕이라고 아니할 수 없소. 프로타고라스님과 소크라테스님, 그래서
내 부탁하고 조언하노니 그대들은 서로 합의하고 우리를 중재인 삼아
338a 중도를 택하시오. 소크라테스님, 그대는 간결한 형식의 대화만을 지나
치게 고집하지 마시오. 프로타고라스님이 달가워하지 않으신다면 말
이오. 그러지 말고 대화의 고삐를 좀 늦추시오. 그렇게 하면 더 인상적
이고 더 매력적으로 들릴 것이오. 그리고 프로타고라스님, 그대는 순풍
에 돛을 모두 올리고는 육지도 보이지 않는 말[言]의 난바다로 사라져
버리지 마시오. 두 분 모두 중도를 택하시오. 그렇게 하시오. 그리고 내
b 조언을 받아들여 두 분 말씀이 적절한 길이를 유지하도록 감독해줄 심
판이나 감독관이나 의장을 뽑으시오."

이 말이 거기 있는 사람들 마음을 움직여 이구동성으로 좋은 생각

이라고 칭찬했네. 칼리아스는 나를 떠나보내지 않겠다 했고, 사람들은 나더러 감독관을 뽑으라고 했네. 그래서 나는 토론을 위해 심판을 뽑는 것은 모욕적인 행위라고 말했네. "뽑힌 사람이 우리보다 못하다면, 열등한 자가 자기보다 더 나은 사람들을 감독한다는 것은 옳지 못할 것이오. 뽑힌 사람이 우리와 같다면 그 역시 옳지 못할 것이오. 우리와 같은 사람은 우리처럼 할 것이고, 그렇게 되면 그를 뽑은 것이 시간 낭비일 테니 말이오. 그렇다면 우리보다 더 나은 사람을 뽑겠다고요? 하 지만 생각건대 여러분이 여기 계신 프로타고라스님보다 더 지혜로운 사람을 뽑는다는 것은 사실상 불가능할 것이오. 그리고 여러분이 조금 도 더 낫지 않은 사람을 뽑으며 그가 더 낫다고 주장한다면, 그 또한 이 분을 모욕하는 처사요. 이분이 못난이인 양 이분을 감독할 사람을 뽑 는 것이니까요. 나는 아무래도 좋소. 나는 여러분의 바람대로 우리가 함께 모여 대화할 수 있도록 다음과 같이 할 용의가 있소. 프로타고라 스님이 답변하기를 원하시지 않는다면 그분더러 질문하시게 하시오. 내가 답변할게요. 그러면서 나는 답변하는 사람이 질문에 어떻게 답변 해야 한다고 생각하는지 그분에게 보여드릴까 해요. 그리고 그분이 묻 고 싶은 질문에 내가 모두 답변하고 나면 이번에는 똑같은 방법으로 그분이 내게 답변하게 하시오. 그리고 그분이 질문의 취지에 맞는 답 변을 하는 데 열의를 보이지 않으시면 여러분이 나에게 요청하듯 나와 여러분이 공동으로 그분에게 요청할 것이오, 제발 판을 깨지 말아달라 고. 그러기 위해서는 단 한 사람이 감독관이 될 필요는 없어요. 여러분 모두 공동으로 감독할 수 있을 테니까요."

그래야 한다고 모두들 동의했네. 그래서 프로타고라스는 별로 마음이 내키지 않았지만 먼저 내게 질문하되 충분히 질문하고 나면 이번에는 내 질문에 짤막하게 답변하는 데 동의하지 않을 수 없었다네.

그래서 그는 이렇게 질문하기 시작했네. "소크라테스님, 나는 인간 교육의 가장 중요한 부분은 시(詩)에 관한 지식이라고 생각하오. 어떤 339a 시의 좋은 점들과 나쁜 점들을 알아보고 구별할 수 있으며, 질문을 받으면 왜 그렇게 생각하는지 그 이유를 설명할 수 있는 능력 말이오. 사실 내가 지금 물어보려는 질문은 우리 논의의 주제인 미덕에 관련된 것으로, 다른 점이라면 그것이 시의 영역으로 옮겨졌다는 것뿐이오. 시모니데스[64]는 자신의 시 어딘가에서 텟살리아 출신인 크레온의 아들 스코파스에게 말하고 있소.

b   진실로 훌륭한 사람이 되기란 사실 어렵소.
     손과 발과 마음이 반듯하고 흠 없이 다듬어진 사람 말이오.

이 시를 그대는 아시오? 아니면 전문을 음송할까요?"

"그러실 필요는 없어요." 하고 내가 말했네. "나는 그 시를 알고 있고, 면밀히 연구해본 적도 있으니까요."

"좋아요." 하고 그가 말했네. "그대는 이 시를 훌륭한 시라고 생각하시오, 아니면 그렇지 않다고 생각하시오?"

"잘 지은 매우 훌륭한 시라고 생각하오." 내가 말했네.

"시인이 자기모순에 빠져도 훌륭하게 지은 시로 볼 수 있다고 생각하시오?"

"훌륭하게 지은 시라고 할 수는 없겠지요." 하고 내가 말했네.

"그렇다면 이 시를 더 촘촘이 살펴보시오." 하고 그가 말했네.

"하지만 프로타고라스님, 나는 이미 면밀히 살펴보았는걸요."   c

"그렇다면 그대는 시인이 나중에 이 시에서 이렇게 말하는 것도 알
고 있겠구려."

나는 핏타코스[65]가 한 말을 옳다고 여기지 않아요. 그가 비록
지혜롭기는 해도. 그는 말하기를 '훌륭하기란 어렵다'고 했소.

"그대는 이런 주장을 하는 사람과 먼젓번 주장을 하는 사람이 같은
사람이라는 것을 알고 있소?"

"알고 있어요." 하고 내가 말했네.

"그렇다면 그대는" 하고 그가 말했네. "이 주장이 앞서의 주장과 일
치한다고 생각하시오?"

"네, 나는 그렇게 생각해요." 그렇게 말하면서도 솔직히 나는 그의

---

64 시모니데스에 관해서는 주 29 참조. 인용된 시는 북부 그리스 텟살리아(Thessalia)
지방의 거가대족인 스코파다이(Skopadai) 가(家)에 손님으로 머물 때 지은 듯하며, 여
기 인용된 형태로만 전해지고 있다.

65 핏타코스(Pittakos)는 기원전 7세기 말에서 6세기 초에 걸쳐 에게해 북동부의 레
스보스(Lesbos) 섬에 있는 뮈틸레네(Mytilene) 시를 통치한 사람으로 일곱 현인 가운
데 한 명이다.

말에 일리가 있지 않을까 두려웠네. 그래서 "그대는 그렇게 생각하지 않으세요?" 하고 내가 물었네.

d   "이 두 가지 주장을 하는 사람을 어떻게 일관성이 있다고 생각할 수 있겠소? 그는 처음에는 진실로 훌륭한 사람이 되기란 정말 어렵다고 주장하더니 이 시의 조금 뒷부분에서는 그런 사실은 잊어버리고 자기가 말한 것처럼 핏타코스도 '훌륭하기란 어렵다'고 말한다고 비판하며 사실은 자기와 같은 주장을 하는 것인데도 핏타코스의 주장을 받아들이기를 거부하고 있으니 말이오. 하지만 자기와 같은 말을 한다고 누군가를 비판함으로써 그는 분명 자기 자신도 비판하는 것이오. 말하자면 그의 처음 주장이 틀린 것이거나, 아니면 나중 주장이 틀린 것이겠지요."

e   그가 그렇게 말하자 다수의 청중이 그에게 열렬한 박수를 보냈네. 그의 이런 말과 청중의 요란한 갈채에 나는 권투선수에게 한방 맞은 것처럼 눈앞이 캄캄하고 현기증이 났네. 그러나 그 뒤 나는—우리끼리 하는 말이지만 그것은 시인의 말이 무슨 뜻인지 생각할 시간을 340a 좀 벌기 위한 것이었네—프로디코스 쪽으로 돌아서서 그의 이름을 부르며 말했네. "프로디코스님, 시모니데스는 그대의 동향인이오.[66] 그러니 그대는 당연히 그분을 도와야 하오. 그래서 지금 나는 그대에게 도움을 청하는 것이오. 호메로스에 따르면 스카만드로스가 아킬레우스[67]에게 공격당하자 이렇게 시모에이스[68]에게 도움을 청했듯이,

사랑하는 아우야, 우리 둘이서 저 인간의 힘을

그처럼 프로타고라스님이 시모니데스를 완전히 쓰러뜨리지 못하도록 나는 그대에게 도움을 청하고 있소. 시모니데스를 옹호하기 위해 우리에게는 그대가 무엇을 바라는 것과 무엇을 욕구하는 것을 구별하는 그대의 그 기술과 잠시 전에 그대가 말한 다른 좋은 것들이 필요하기 때문이오. 그러니 그대도 나와 동감인지 생각해보시오. 나는 결코 시모니데스가 자기모순에 빠졌다고 생각지 않으니까요. 프로디코스님, 먼저 그대의 의견을 들려주시오. 그대는 '되기'와 '있기'가 같은 것이라고 생각하시오, 아니면 다르다고 생각하시오?"

"물론 다르지요." 하고 프로디코스가 말했네.

"그렇다면" 하고 내가 말했네. "시모니데스는 진실로 훌륭한 사람이 되기란 정말 어렵다는 첫 번째 구절에서 자신의 의견을 표명한 것이 아닌가요?"

"옳은 말이오." 하고 프로디코스가 말했네.

"그러고 나서 시모니데스는 핏타코스를 비판하는데" 하고 내가 말

---

66 이들은 둘 다 앗티케 지방에서 가까운 케오스(Keos) 섬 출신이다.

67 아킬레우스는 『일리아스』의 주인공으로 트로이아 전쟁 때 그리스 연합군 진영에서 가장 용감한 장수다.

68 스카만드로스(Skamandros)와 시모에이스(Simoeis)는 트로이아 근처를 흐르는 강이자 하신(河神)들이다.

69 『일리아스』 21권 308~309행.

했네. "그것은 프로타고라스님이 생각하시듯 핏타코스가 자기와 같은 말을 하기 때문이 아니라, 자기와 다른 말을 하기 때문이오. 핏타코스는 시모니데스처럼 훌륭하게 되기가 어렵다고 말한 것이 아니라, 훌륭하기란 어렵다고 말했으니까요. 그러나 프로타고라스님, 여기 있는 프로디코스에 따르면, '있기'[70] 와 '되기'[71] 는 같은 것이 아니에요. 그리고 '있기'와 '되기'가 같은 것이 아니라면 시모니데스는 자기모순에 빠진 것이 아니에요. 아마도 여기 있는 프로디코스님과 많은 다른 사람이 헤시오도스를 따라 훌륭해지기는 어렵다고 말할 거예요.

하지만 미덕 앞에는 신들께서 땀을 갖다놓으셨소.
그리로 가는 길은 멀고 가파르며 처음에는
울퉁불퉁하기까지 하다오. 그러나 일단 정상에 이르면
처음에는 비록 힘들었지만 미덕을 간직하기가 수월하지요.[72]

프로디코스는 내 설명에 동의했네. 그러나 프로타고라스는 "소크라테스님, 그대의 합리화는 그대가 합리화하려는 것보다 더 큰 문제를 내포하고 있소"라고 말했네.

그래서 내가 말했네. "프로타고라스님, 내가 뭔가 일을 저지른 것 같네요. 나는 돌팔이의사인가봐요. 치료하려다가 병을 더 악화시켰으니까요."

"아닌 게 아니라 그런 것 같소." 하고 그가 말했네.

"어째서죠? 설명해주세요." 하고 내가 물었네.

"모두 동의하듯" 하고 그가 말했네. "일단 얻은 미덕을 간직하기란 더없이 어려운 일인데도 이를 쉬운 일이라고 주장한다면 시인은 어리석기 짝이 없는 사람일 것이오."

그래서 내가 말했네. "정말이지, 여기 이 프로디코스님이 우리 토론에 참가해서 다행이군요. 프로타고라스님, 프로디코스님의 기술은 놀 ^{341a} 랍고 오래된 것으로, 시모니데스에서 비롯된 것이거나 더 오래된 것 같아요. 그대는 비록 박학다식하지만 이 분야에서는 나만큼 전문가는 아니신 것 같아요. 나는 프로디코스님에게 배운 덕분에 이 분야의 전문가이니까요. 그래서 이 경우 그대는 시모니데스가 '어렵다'[73]는 말을 그대가 생각하는 것과 다른 뜻으로 썼다는 것을 모르시는 것 같아요. '무섭다'[74]는 말도 마찬가지예요. 내가 그대나 누가 다른 사람을 칭찬하며 프로타고라스는 무섭게 지혜로운 사람이라고 말할 때마다 여기 이 프로디코스님이 나를 야단치며 좋은 것을 무서운 것이라고 부르다 ^b 니 창피하지도 않느냐고 묻곤 하지요. 그의 주장에 따르면, 무서운 것은 나쁜 것이래요. 어쨌거나 '무서운 부(富)'니, '무서운 평화'니 '무서운 건강'이라고 말하는 사람은 아무도 없고 '무서운 병'이니 '무서운

---

70 to einai.

71 to genesthai.

72 『일과 날』 289~292행을 조금 고친 것이다. 플라톤은 헤시오도스의 이 구절에 감명 받았는지 『국가』 2권 364c와 『법률』(Nomoi) 4권 718e에서도 인용한다.

73 chalepos.

74 deinos.

전쟁'이니 '무서운 가난'이라고 말하는 사람은 있는데, 이는 분명 무서운 것은 나쁜 것이라고 생각하기 때문이래요. '어렵다'는 말도 마찬가지겠지요. 시모니데스를 포함한 케오스인들은 '어렵다'는 말을 '나쁘다'[75]는 뜻이나 그대가 알지 못하는 다른 뜻으로 쓸지도 몰라요. 프로디코스님에게 물어볼까요. 시모니데스의 방언에 관해서는 이 사람에게 물어보는 것이 옳을 테니까요. 프로디코스님, 시모니데스에게 '어렵다'는 말의 의미는 정확히 무엇이지요?"

c

"'나쁘다'는 뜻이지요." 하고 그가 말했네.

"프로디코스님, 그렇다면 그것이" 하고 내가 말했네. "핏타코스가 '훌륭하기란 어렵다'고 말한다고 시모니데스가 비난하는 이유이겠네요. 마치 훌륭한 것은 나쁘다고 핏타코스가 말하는 것을 듣기라도 한 것처럼 말이오."

"물론이지요, 소크라테스님." 하고 프로디코스가 말했네. "그대는 시모니데스가 그 밖에 무슨 뜻으로 말한다고 생각하시오? 시모니데스는 분명 핏타코스가 레스보스 섬 출신으로 야만적인 방언을 쓰며 자란 탓에 단어의 뜻을 정확하게 구별할 줄 모른다고 비난하는 것이오."

"프로타고라스님, 그대는 여기 이 프로디코스님이 하는 말을 들으셨는데, 그에 대해 할 말이 있으신가요?" 하고 내가 물었네.

d

그러자 프로타고라스가 대답했네. "프로디코스님, 말이 되는 소리를 하시오. 나는 시모니데스가 '어렵다'는 말로 우리 모두가 의미하는 것을, 즉 나쁜 것이 아니라 쉽지 않아 애쓰고 노력해야만 이룰 수 있는 것을 의미한다고 확신하오."

"아닌 게 아니라, 프로타고라스님." 하고 내가 말했네. "나도 시모니데스가 그런 뜻으로 말했다고 생각하오. 여기 이 프로디코스님도 그 점을 잘 알면서 그대가 그대의 논리를 방어할 수 있는지 떠보려고 농담하고 있는 거예요. 시모니데스가 '어렵다'는 말을 '나쁘다'는 뜻으로 쓰지 않았다는 것은 바로 다음 시행을 보면 분명히 알 수 있지요.

오직 신만이 그런 특권을 누릴 수 있나니.

그의 말이 훌륭하기가 나쁘다라고 하는 뜻이라면 그는 분명 곧이어 그것은 신만이 향유할 수 있는 것이라며 그런 특권을 신에게만 넘길 수 없겠지요. 그랬다면 프로디코스님은 시모니데스를 불한당이라고 부르며 케오스인이 아니라고 했겠지요. 시모니데스가 이 시에서 의도하는 바가 무엇이라고 생각하는지 나는 그대에게 말하고 싶어요. 그대 말처럼 시에 관한 내 능력을 그대가 떠보고 싶으시다면 말이오. 그러나 그대가 좋으시다면, 나는 그대의 설명을 들을게요."

프로타고라스는 내가 하는 말을 다 듣고는 말했네. "소크라테스님, 그대 좋을 대로 하시오." 그러자 프로디코스와 힙피아스가 나더러 그렇게 하라고 적극적으로 권했고, 다른 사람들도 모두 그렇게 했네.

"좋아요. 그렇다면" 하고 내가 말했네. "이 시에 대해 내가 어떻게 생

75 kakos.

각하는지 여러분에게 설명해볼게요.

헬라스에서 지혜 사랑[76]을 가장 오래전부터 가장 열심히 연구한 곳
b 은 크레테와 라케다이몬[77]이며, 소피스트들도 세상에서 그곳에 가장
많아요. 그러나 그곳 사람들은 이를 부인하며 어리석은 체하지요. 프
로타고라스님이 앞서 말한 소피스트들[78]처럼 지혜에서 자기들이 다
른 헬라스인들보다 우월하다는 것을 드러내지 않기 위해서요. 대신 그
들은 투쟁과 용기에서 자기들이 우월한 것처럼 보이게 하려고 해요. 진
실로 무엇에서 자기들이 우월한지 사람들이 알게 되면 너도나도 지혜
로워지려고 노력할 것이라고 생각하기 때문이지요. 실제로 그들은 그
것을 은폐함으로써 다른 도시들의 스파르테 찬미자들을 완전히 속였
c 지요. 이들은 스파르테인들을 모방한답시고 귀를 찌그러뜨리고 권투
장갑을 끼고 돌아다니는가 하면, 체력단련에 몰두하고 짧은 외투를 입
고 다니니까요. 이들은 이런 것들이 스파르테를 헬라스에서 가장 강력
한 국가로 만든다고 착각하고 있어요. 한편 스파르테인들 자신은 자신
들의 소피스트들과 몰래 상의하는 것에 싫증이 나서 공개적으로 상의
하고 싶으면 스파르테 찬미자들과 스파르테에 살고 있는 다른 외지인
들을 포함해 외지인을 전부 추방하고 나서 외지인 모르게 소피스트들
d 과 상의하지요. 그리고 스파르테인들은 젊은이들이 외국으로 나가는
것을 허용하지 않는데—그 점은 크레테인들도 마찬가지지요—자기
들이 가르쳐준 것들을 젊은이들이 잊어버리지 않게 하기 위해서지요.
이들 도시에서 자신이 받는 교육에 자부심을 느끼는 것은 남자들만이
아니오. 여자들도 그 점에서는 마찬가지라오.

철학적인 대화에서 스파르테인들이 가장 훌륭하게 교육받았다는 내 주장이 참말이라는 것을 여러분은 다음을 통해 알 수 있을 것이오. 누가 가장 평범한 스파르테인과 만난다면 대화하는 동안 거의 내내 그는 멍청한 인상을 주다가 대화의 어느 대목에서 느닷없이 투창 선수처 ^e 럼 기억에 남는 함축적이고 정곡을 찌르는 경구를 던져 대화 상대방이 어린애보다 더 나을 게 없는 것처럼 보이게 만들지요. 스파르테 찬미가 체력단련에 대한 사랑보다는 지혜 사랑과 더 관련이 있다는 것을 정확히 간파한 사람들은 지금도 있고 옛날에도 있었소. 그들은 이런 종류의 경구들을 말할 수 있는 능력이야말로 완전한 교육을 받은 사람의 ^{343a} 특징이라는 것을 알아차린 것이지요. 이들 중 한 명이 밀레토스 출신 탈레스이고, 뮈틸레네 출신 핏타코스, 프리에네 출신 비아스, 우리 나라의 솔론, 린도스 출신 클레오불로스, 케나이 출신 뮈손에 이어 라케다이몬 출신 킬론이 일곱 번째로 거명되고 있지요.[79] 이들은 모두 스파르테식 교육을 찬미하고 사랑하고 배우는 사람들이었어요. 그들은 저마다 기억에 남는 함축적인 경구 작가였다는 점에서, 그들의 지혜가 그런 종류의 것이라는 것을 모두 간파할 수 있지요. 그럴 뿐 아니라 그들은 함께 모여 델포이 신전의 아폴론에게 자신들의 지혜의 맏물을 봉헌 ^b

---

76 philosopia. 문맥에 따라 '철학'으로도 옮길 수 있다.
77 라케다이몬(Lakedaimon)은 여기서처럼 스파르테(Sparte)를 가리키기도 하고 그 주변의 라코니케(Lakonike) 지방을 가리키기도 한다.
78 316d 참조.

하기도 했소. '너 자신을 알라!'[80] '어떤 것도 지나치지 않게!'[81] 같은 누구나 다 아는 금언을 그곳에 새겨넣었으니 말이오.

내가 왜 이런 말을 하느냐고요? 이것이 옛사람들의 지혜 사랑의 방식이라는 겁니다. 스파르테식의 간결한 표현 말이오. 그런데 '훌륭하기란 어렵다'는 핏타코스의 그 경구도 사적(私的)으로 널리 사람 입에 오르내리며 지혜로운 사람들의 칭찬을 받았소. 그래서 나름대로 지혜롭다는 명성을 얻고 싶었던 시모니데스는 유명한 운동선수를 쓰러뜨리듯 이 경구를 쓰러뜨리고 제압할 수 있다면 자신이 당대인들 사이에서 이름을 날리게 될 줄 안 것이지요. 그러므로 나는 그가 이 경구를 염두에 두고 그것을 깎아내릴 목적으로 시를 죽 써 내려갔던 것이라고 생각하오.

우리 모두 그의 시를 함께 검토하며, 내 말이 사실인지 살펴봅시다. 첫머리부터 그의 시는 정신 나간 것으로 보일 것이오. 만약 훌륭한 사람이 되기는 어렵다고 말하려고 하면서 거기에 '사실'[82]을 덧붙인다면 말이오. 시모니데스가 핏타코스의 경구에 이의를 제기하는 것으로 보지 않는다면, 그 시구가 삽입된 것은 아무런 의미도 없는 것으로 보일 테니까요. 핏타코스가 '훌륭하기란 어렵다'고 하니까 시모니데스는 그에게 이의를 제기하며 '아니오. 핏타코스여, 실은 훌륭한 사람이 되기가 어렵지요, 진실로'라고 말하는 거요. '진실로 훌륭하다'라고 말하는 것이 아니오. '진실로'가 '훌륭하다'를 수식하는 것이 아니라는 말이오. 마치 어떤 사람들은 진실로 훌륭하지만, 다른 사람들은 훌륭하되 진실로 훌륭하지는 않은 것처럼. 그것은 어리석은 말이고 시모니데스가 할 법한 말이 아니오. 오히려 우리는 '진실로'가 뒤로 전치(轉置)되어 시 전체를 수식하는 것으로 보아야 하오. 말하자면 핏타코스가 '사람들이여, 훌륭하기란 어렵소'라고 말하자, 시모니데스가 '핏타코스여, 344a 그대의 말은 사실이 아니오. 훌륭하기가 어려운 것이 아니라, 훌륭한 사람이 되기가(손과 발과 마음이 반듯하고 흠 없이 다듬어진 사람이 되기가) 진실로 어려운 것이오'라고 대답하는 것으로 보아야 한단 말이오. 그렇게 보면 '사실'이 덧붙여진 것은 의미가 있으며, '진실로'는

---

79 이들은 입법자나 사상가로, 기원전 7~6세기에 활동한 고대 그리스의 일곱 현인이다. 밀레토스(Miletos)는 소아시아 이오니아 지방의 항구도시다. 뮈틸레네의 핏타코스에 관해서는 주 65 참조. 프리에네(Priene)는 소아시아 뮈칼레(Mykale) 곶에 있는 도시이고, 린도스(Lindos)는 소아시아 카리아(Karia) 지방 남쪽에 있는 로도스(Rhodos) 섬의 도시이며, 케나이(Chenai)는 텟살리아 지방 남부 오이테(Oite) 산의 기슭에 있는 마을이다. 탈레스(Thales)는 최초의 철학자로 이른바 '밀레토스 학파'의 창시자다. 비아스(Bias)는 일곱 현인 가운데 가장 분별 있는 사람이라는 평가를 받기도 했다. 솔론(Solon)은 아테나이의 입법자이자 시인으로 재산평가 제도를 도입하여 아테나이 민주정의 기초를 다졌다. 클레오불로스(Kleoboulos)는 기원전 7~6세기에 린도스 시를 통치한 참주다. 뮈손(Myson)을 델포이의 신탁은 '가장 절제 있는 사람'(sophronestatos)이라고 선언했다고 하는데, 이는 훗날 소크라테스보다 더 지혜로운 사람은(sophoteros) 아무도 없다는 신탁의 말씀을 연상케 한다. 킬론(Chilon)은 기원전 550년대에 스파르테 왕을 보좌한 5인의 국정감독관(ephoros) 중 한 명이다. 일곱 현인의 여러 명단에 이 가운데 탈레스, 비아스, 핏타코스, 솔론은 빠짐 없이 포함하는데, 나머지 세 명은 포함하기도 빠지기도 한다.

80 gnothi sauton.

81 meden agan.

82 '사실'의 그리스어 men은 대조를 나타내는 불변화사(particle)로, 대개 de라는 불변화사와 함께 쓴다. 이 경우 '…은 …하지만 …은 …하다'로 옮길 수 있다. 그러나 여기서 de로 호응되는 부분이 없어졌다.

뒤로 전치됨으로써 제자리를 찾은 셈이지요. 이어지는 모든 것이 내 해석을 뒷받침해주고 있소. 이 시가 얼마나 훌륭하게 지어졌는지 보여주기 위해―사실 이 시는 꼼꼼하게 손질된 매력적인 작품이니까요―개별 시행에 관해서도 할 말이 많지만, 이 시를 그렇게 세세히 다루자면 시간이 많이 걸리겠지요. 대신 우리는 이 시의 전체적인 짜임새와 의도를 검토하며 처음부터 끝까지 전적으로 핏타코스의 경구를 반박하기 위해 지은 시라는 것을 보여주도록 해요.

곧이어 그는 자신의 논리를 설명하려는 듯 이렇게 말하고 있소. '사실 훌륭한 사람이 되기는 진실로 어렵지만 적어도 얼마동안은 가능하오. 그러나 훌륭한 사람이 되고 나서 그런 상태로 머물기란, 핏타코스여, 그대의 말처럼 훌륭한 사람이기란 사람으로서는 불가능하오. 신만이 그런 특권을 누릴 수 있소.

반면 인간은 나빠지지 않을 수 없소.
대책 없는 재앙이 그를 쓰러뜨리면.

그런데 선박을 운항할 때는 대책 없는 재앙에 누가 쓰러지나요? 분명 풋내기 선원은 아니오. 그는 어차피 늘 쓰러져 있을 테니까요. 그것은 누워 있는 사람을 넘어뜨릴 수 없는 것과도 같은 이치지요. 서 있는 사람을 넘어뜨려 누워 있게 할 수는 있지만, 이미 누워 있는 사람을 그렇게 할 수는 없소. 마찬가지로 대책 없는 재앙은 수완이 좋은 사람은 쓰러뜨려도 언제나 대책 없는 사람은 쓰러뜨리지 않소. 키잡이는 큰

폭풍이 불어오면 대책이 없고, 농부는 날씨가 험악해지면 대책이 없을
것이며, 의사도 그 점에서는 마찬가지겠지요.

좋은 사람도 때로는 나쁘고 때로는 좋다.[83]

이렇게 말하는 다른 시인의 증언에 따르면, 훌륭한 사람은 나빠질
수 있지만, 나쁜 사람은 나빠질 수 없고 언제나 나쁠 수밖에 없소. 그   e
래서 대책 없는 재앙이 수완 있고 지혜롭고 좋은 사람을 쓰러뜨리면
'그는 나빠질 수밖에 없는' 것이지요. 핏타코스여, 그대는 '훌륭하기란
어렵다'고 주장하는데, 실은 훌륭하게 되기는 어렵기는 해도 가능한
반면 훌륭하기란 불가능하오.

왜냐하면 훌륭하게 행동하면 누구나 다 좋지만,
나쁘게 행동하면 누구나 다 나빠지니까.

그렇다면 읽기와 쓰기의 경우 무엇이 훌륭하게 행동하는 것이며, 어   345a
떤 훌륭한 행동이 읽기와 쓰기에서 훌륭한 사람으로 만들어주나요?
분명 읽기와 쓰기를 배우는 것이오. 어떤 훌륭한 행동이 좋은 의사를
만드나요? 분명 환자를 보살피는 법을 배우는 것이오. '하지만 나쁘게

83 누구의 시구인지 알 수 없다.

행동하면 누구나 다 나빠지지요.' 그렇다면 누가 나쁜 의사가 되나요? 분명 우선에는 의사가 그렇고, 다음에는 좋은 의사가 그렇겠지요. 좋은 의사는 나쁜 의사가 될 수 있지만, 의술에 관해 무지한 우리는 나쁘

b 게 행동한다고 해서 의사나 목수나 그런 종류의 다른 어떤 것도 될 수 없으니까요. 그리고 나쁘게 행동함으로써 의사가 될 수 없는 사람은 분명 나쁜 의사도 될 수 없소. 마찬가지로 좋은 사람도 세월이 흐르거나 고생하거나 병이 들거나 어떤 사고를 당해, 언젠가는 나빠질 수 있지만―여기서 나쁘게 행동함이란 다름 아니라 지식을 박탈당하는 것이라는 점을 명심하시오―나쁜 사람은 나빠질 수 없소. 그는 언제나 나쁘니까요. 그가 나쁜 사람이 되려면 먼저 좋아져야겠지요. 그러니 이

c 시의 이 부분의 취지 또한 훌륭한 사람이기는 곧 언제까지나 훌륭하기는 불가능하지만, 훌륭한 사람이 되기는 그리고 같은 사람이 나빠지기는 가능하다는 것이지요. '그래서 가장 오랫동안 가장 훌륭한 사람들이 신들의 사랑을 받는다'는 것이지요.

그러니 이 모든 말은 핏타코스에게 건넨 것으로, 다음 시행을 보면 더욱 분명해져요. 그는 이렇게 말하고 있으니까요.

따라서 나는 되지도 않을 것을 찾느라 이룰 수 없는
공허한 희망에 내가 받은 인생을 던져버리지 않으리라.
드넓은 대지의 열매를 따먹는 인간들 중에 완전무결한 자가
어디 있겠는가! 찾으면 내 그대에게 알려주리라.

그는 시 곳곳에서 핏타코스의 경구를 이처럼 맹렬히 공격하고 있소.

기꺼이 수치스러운 짓을 하지 않는 자라면
내 누구든 칭찬하고 사랑하리라.
신들도 필연에 맞서서는 싸울 수 없으니까.

이 시구도 같은 취지라오. 시모니데스는 기꺼이 나쁜 짓을 하는 사
람들이 있기라도 한 것처럼 기꺼이 나쁜 짓을 하지 않는 사람이면 누
구든지 칭찬하겠노라고 말할 만큼 무식한 사람이 아니오. 지혜로운 사   e
람들은 아무도 기꺼이 과오를 범하거나 기꺼이 수치스러운 짓이나 나
쁜 짓을 한다고 생각하지 않으며, 오히려 수치스러운 짓과 나쁜 짓을
하는 사람은 누구나 마지못해 그렇게 한다는 것을 잘 알고 있다는 것
이 나의 지론이오. 시모니데스 또한 기꺼이 나쁜 짓을 하지 않는 사람
이면 누구든 칭찬하겠노라고 말하는 것이 아니라, '기꺼이'라는 말을
자신에게 적용하여 '나는 기꺼이 칭찬하겠노라'고 말하고 있는 것이
오. 시모니데스는 점잖은 사람이라면 종종 누군가의 친구가 되어 그를
칭찬하도록 자신을 강제해야 한다고 생각하고 있어요. 이를테면 어머   346a
니나 아버지나 조국 등과 사이가 나쁜 사람에게 종종 그런 일이 일어
난다는 것이지요. 그런 일이 나쁜 자들에게 일어나면 그들은 구경거리
가 생긴 것이 반가워 보란듯이 부모나 조국의 허물을 적시하며 비난하
는데, 이는 자기들이 부모나 조국에 도리를 다하지 못했다는 비난이나
책망을 듣지 않고도 이들에 대한 도리를 다하지 않기 위해서라는 것이

지요. 그래서 그들은 필요 이상으로 비난하며 어쩔 수 없는 적대감에

b 근거 없는 적대감을 일부러 보탠다는 것이지요. 한편 좋은 사람들은

그런 것을 모두 감추며 칭찬의 말을 하도록 자신들을 강제한다는 것이

지요. 부모나 조국으로부터 불의를 당해 화가 나면 그들은 마음을 가

라앉히고 화해하며, 자신들의 부모와 조국을 사랑하고 칭찬하도록 자

신들을 강제한다는 것이지요. 시모니데스는 자기도 종종 참주나 그 비

슷한 사람을 자진해서가 아니라 마지못해 칭찬하거나 찬양했다고 생

c 각하고 있는 것 같아요. 그래서 그는 핏타코스에게 이렇게 말하는 것

이오. '핏타코스여, 내가 남을 비난하기 좋아해서 그대를 비난하는 것

이 아니오. 왜냐하면

내게는 나쁘지 않은 사람이면 전혀 쓸모가 없지 않으며,

국가에 유익한 정의를 아는 건전한 사람이면 족하오.

그런 사람이면 나는 비난하지 않을 것이오.

나는 남들을 비난하기 좋아하지 않으니까요.

어리석은 자들의 무리는 부지기수라오.

그래서 남을 비난하기 좋아하는 사람은 그들을 실컷 비난할 수 있을 테

니까요.

그러니 수치스러운 것이 섞이지 않은 것은 무엇이든 아름답다오.

　그는 검정이 섞이지 않은 것은 무엇이든 희다는 뜻으로 그렇게 말하 　　d
는 것이 아니오. 그것은 전적으로 불합리할 테니까요. 오히려 그는 비
난하지 않으려고 중간 것도 받아들일 용의가 있다는 뜻으로 그렇게 말
하는 것이오. 그래서 그는 이렇게 말한 것이오. '그래서 나는 드넓은 대
지의 열매를 따먹는 인간들 중에 완전무결한 자를 찾는 게 아니오. 하
지만 찾으면 그대들에게 알려주리라. 그렇다면 나는 어느 누구도 그런
사람이라고 칭찬하지 못할 것이오. 내게는 중간에 있으면서 어떤 나쁜
짓도 하지 않는 사람이면 족하오. 나는 모두를 칭찬하고 사랑하니까 　　e
요.' 여기서 시모니데스는 자기가 말을 거는 사람이 핏타코스라는 것
을 보여주려고 뮈틸레네 방언으로[84] '나는 누구나 칭찬하고 사랑하오,
기꺼이. (여기서 '기꺼이' 앞에 쉼표가 있는 것으로 읽어야 하오.) 수치
스러운 짓을 하지 않는 사람이면. 하지만 내가 마지못해 칭찬하고 사랑
하는 사람들도 있지요. 그래서 핏타코스여, 만약 그대가 중간 정도라 　　347a
도 적절한 참말을 했다면 나는 결코 그대를 비난하지 않겠지요. 그러
나 그대는 가장 중요한 것들에 관해 전적으로 틀린 말을 하는데도 사
람들은 그대의 말이 옳다고 여기기에 내가 그대를 비난하는 것이라오.'
프로디코스님과 프로타고라스님," 하고 내가 말을 이었네. "나는 시모

---

84 '칭찬하다'의 앗티케 방언은 epaineo이고 레스보스 섬에서 사용하던 아이올리스
(Aiolis) 방언은 epainemi이다.

니데스가 이런 의도에서 시를 지었다고 생각해요."

그러자 힙피아스가 말했네. "소크라테스님, 이 시에 대한 그대의 해석은 참으로 탁월한 것 같소. 한데 내게도 이 시에 대한 괜찮은 해석이 b 있는데, 여러분이 원하신다면 보여드리겠소."

그러자 알키비아데스가 말했네. "좋아요, 힙피아스님. 하지만 다음 기회에 하시지요. 지금은 프로타고라스님과 소크라테스님이 서로 간의 합의를 존중하여, 프로타고라스님이 더 질문하시고 싶으면 소크라테스님이 답변하시고 프로타고라스님이 답변하시고 싶으면 소크라테스님이 질문하시는 것이 옳아요."

그래서 내가 말했네. "어느 쪽이 마음에 드시든 나는 이 문제를 프 c 로타고라스님에게 맡기고 싶어요. 그분만 좋으시다면 서정시나 서사시에 관한 논의는 그만두고요. 프로타고라스님, 나는 내가 처음에 그대에게 던진 질문으로 되돌아가 그대와 함께 고찰함으로써 어떤 결론을 맺고 싶어요. 내가 보기에 시에 관한 논의는 시정잡배들의 술잔치와 아주 닮은 것 같아요. 그런 사람들은 교양이 부족해 술자리에서 서 d 로 대화하며 어울릴 줄 몰라, 피리 부는 소녀들의 몸값이나 올리면서 자신들의 대화 대신 피리 소리를 듣기 위해 거액을 지불하고는 그 소리에 의지해 서로 어울리니까요. 그러나 점잖은 교양인들의 술자리에서는 피리 부는 소녀들도 춤추는 소녀들도 하프 타는 소녀들도 볼 수 없을 것이오. 그들은 그런 무익하고 유치한 것들 없이도 자신들의 대화로 서로 어울릴 수 있으니까요. 술을 아무리 많이 마셔도 질서 있게 순 e 서에 따라 말하기도 하고 듣기도 하면서 말이오. 우리의 모임도 그러하지요. 만약 우리 가운데 다수가 자신이 그렇다고 주장하는 그런 사람들이라면 말이오. 그러니 거기에는 외부의 목소리는 필요 없을 것이며, 시인들의 목소리는 더더욱 필요 없을 것이오. 시인들에게는 그들이 무엇에 관해 말하는지 물어볼 수 없으니까요. 시인들의 말을 인용할 때는 대개 이 사람은 시인이 의미하는 것이 이것이라고 주장하고, 저 사람은 저것이라고 주장하지요. 그럴 경우 논의의 대상은 어떤 방법으로도 검증할 수 없는 것이니까요. 그래서 점잖은 교양인들은 이런 모임을 $348a$ 기피하며, 자기들끼리 모여 자기들끼리 대화하며 순서대로 검증하기도 하고 검증받기도 하지요. 내 생각에 그대와 나는 이런 사람들을 본받아 시인들은 제쳐두고 우리끼리의 대화로 우리 자신과 진리를 검증하는 것이 옳을 것 같아요. 그러니 그대가 더 질문하고 싶으시다면 나는 답변할 준비가 되어 있어요. 그러나 그대만 좋으시다면 부디 우리가 중도에 그만둔 논의를 내가 매듭지을 수 있게 해주시오."

내가 이런 말과 이런 취지의 다른 말을 해도 프로타고라스는 어느 b 쪽을 택할 것인지 밝히지 않았네. 그러자 알키비아데스가 칼리아스를 보며 말했네. "칼리아스님, 그대는 여전히 프로타고라스님의 행동이 옳다고 생각하세요? 대답을 할지 안 할지조차 밝히기를 거절하시는데도요? 아무튼 나는 그렇지 않다고 생각해요. 그분더러 대화를 계속하시든지 아니면 대화를 거절한다고 말씀하라고 하세요. 그래야만 그렇다는 것을 알고 소크라테스님이나 누구든 그러기를 원하는 사람이 다른 사람과 대화할 수 있을 테니까요."

알키비아데스가 이렇게 말하고 칼리아스와 그곳에 있던 거의 모든 c

사람이 간청하자, 프로타고라스는 무안해하며 ― 아무튼 내가 보기에는 그랬네 ― 마지못해 대화에 응하며 자기가 답변할 테니 나더러 질문하라고 했네.

그래서 내가 말했네. "프로타고라스님, 나 자신이 매번 난처해하는 문제들을 철저히 규명하는 것 외에 다른 이유에서 내가 그대와 대화한다고 생각하지 말아주시오. 나는 호메로스의 다음 시구가 매우 일리가 있다고 생각하니까요.

d 두 사람이 함께 가면 한 사람이 다른 사람보다 먼저 알 수 있지요.[85]

무슨 일을 하든 무슨 말을 하든 무슨 생각을 하든 우리 인간들은 누구나 그래야만 더 잘해낼 수 있으니까요.

그러나 누군가 혼자 알게 되면

그는 곧장 돌아서서 그것을 보여주고 함께 확인할 사람을 찾으며, 그런 상대를 발견할 때까지 찾기를 멈추지 않지요. 같은 이유에서 나도 누구
e 보다 그대와 대화하고 싶어요. 나는 그대가 올곧은 사람이면 당연히 고찰해야 할 문제들, 특히 미덕에 관한 문제들을 고찰할 수 있는 최적임자라고 생각하니까요. 누가 그대보다 더 잘할 수 있겠어요? 그대는 올곧은 사람으로 자처하시기만 하는 게 아니오. 다른 사람들은 올곧은 사람으로 자처하지만 남들을 훌륭하게 만들 수 없는데, 그대는 스스로 훌

룽하고 남들도 훌륭하게 만드실 수 있어요. 그리고 그대는 자신만만하
여 남들은 그런 기술을 숨기는데도 자신을 소피스트라고 부르고 자신   349a
이 문화와 미덕의 교사라고 온 헬라스에 공개적으로 드러내면서 처음
으로 그에 대한 보답을 요구하셨소. 하거늘 내 어찌 이런 문제들을 함께
고찰해달라고 그대에게 도움을 청하지 않을 수 있겠소? 청하지 않을 도
리가 없지요. 이제 원래 질문으로 되돌아가, 그중 어떤 것은 그대가 처음
부터 내게 상기시켜주셨으면 좋겠고, 이어 다른 문제들[86]도 함께 고찰
해주셨으면 좋겠어요. 내 기억에 질문은 다음과 같은 것이었소. '지혜'   b
'절제' '용기' '정의' '경건함'은 하나에 대한 다섯 가지 이름인가요, 아
니면 이들 이름 각각에는 어느 것도 다른 것과 같지 않은 고유한 기능
을 가진 별개의 실체[87]가 대응하고 있나요? 그대가 말하기를, 그것들은
하나에 해당하는 다른 이름들이 아니라 저마다 별개의 것에 대한 이름
이며 또한 이것들은 모두 미덕의 부분들인데, 금의 부분들이 서로도 같   c
고 부분들로 된 전체와도 같은 그런 경우가 아니라, 얼굴의 부분들이 그
부분들로 이루어진 전체와도 같지 않고 저들끼리도 같지 않은 경우와
같아서 저마다 고유한 기능을 가진다고 하셨어요. 지금도 여전히 그때
와 같은 생각이시라면 그렇다고 말씀해주세요. 그러나 지금은 뭔가 다
르게 생각하신다면, 왜 그런지 설명해주세요. 그대가 지금 다른 말씀을

---

85 『일리아스』 10권 224행.

86 329c~330b.

87 ousia.

하신다 해도 따지지 않을 테니까요. 사실 나는, 그대가 그때는 나를 떠

d 보려고 그런 말을 해본 것이라고 해도 놀라지 않을 거요."

"소크라테스, 내 주장은" 하고 그가 말했네. "그것들은 모두 미덕의 부분들이고, 그중 넷은 서로 상당히 닮았지만, 용기는 다른 것들과는 아주 다르다는 것이오. 내 말이 옳다는 것을 확인할 방법이 있소. 전적으로 불의하고 불경하고 무절제하고 무식하지만 더없이 용감한 사람이 허다하다는 것이오."

"잠깐만요." 하고 내가 말했네. "그대의 그 말씀은 검토할 가치가 있

e 네요. 그대가 사람이 '용감하다'고 말할 때 그것은 두려움이 없다는 뜻인가요, 아니면 다른 어떤 뜻인가요?"

"저돌적인 사람도요." 하고 그가 말했네. "대부분의 사람이 맞서기 두려워하는 것들에 과감하게 맞서는 사람 말이오."

"그렇다면 말씀해주세요. 그대는 미덕은 훌륭한 것이라고 주장하시나요? 그리고 그대가 교사로 자처하는 것은, 미덕은 훌륭한 것이라는 신념에서인가요?"

"가장 훌륭한 것이지요." 하고 그가 말했네. "내가 실성하지 않았다면 말이오."

"그것은 일부는 수치스럽고 일부는 훌륭한가요, 아니면 전부 훌륭한가요?" 하고 내가 물었네.

"전부 훌륭하오. 가능한 범위 안에서 최대한."

"그런데 그대는 어떤 사람이 우물에 뛰어들기를 두려워하지 않는지 아시나요?"

"알고말고요. 잠수부지요."

"그건 그가 잠수할 줄 알기 때문인가요, 아니면 어떤 다른 이유가 있 350a
나요?"

"알기 때문이지요."

"어떤 사람이 말을 타고 싸우기를 두려워하지 않나요? 말을 탈 줄
아는 사람인가요, 아니면 말을 탈 줄 모르는 사람인가요?"

"말을 탈 줄 아는 사람이지요."

"경무장하고 싸우는 경우는 어떤가요? 경무장보병으로 훈련받은
사람인가요, 아니면 훈련받지 않은 사람인가요?"

"경무장보병으로 훈련받은 사람이지요." 하고 그가 말했네. "다른
경우에도 모두 마찬가지라오. 만약 그대가 찾고 있는 해답이 그것이라
면. 아는 사람이 모르는 사람보다 더 대담하며, 아는 사람도 필요한 것
을 배웠을 때 배우기 전보다 더 대담해지지요."

"그런데 그대는" 하고 내가 물었네. "이 모든 것들에 대해 무지하면
서도 이것들 각각에 대해 대담한 사람을 보신 적이 있나요?" b

"있고말고요." 하고 그가 대답했네. "그것도 대담무쌍한 사람을 본
적이 있지요."

"그렇다면 이들의 대담성이 용기란 말인가요?"

"아니오. 그런 경우" 하고 그가 말했네. "용기는 수치스러운 것이겠지
요. 그런 사람은 미친 사람이니까요."

그래서 내가 물었네. "그렇다면 그대가 말하는 용감한 사람은 어떤 사
람인가요? 방금 그대는 그들이 대담한 사람이라고 말씀하지 않았나요?"

"그렇소. 지금도 나는 그렇다고 주장하오." 하고 그가 대답했네.

"그렇다면" 하고 내가 말했네. "방금 우리가 말한 식으로, 대담한 사람은 용감한 사람이 아니라 미친 사람임이 분명하지 않나요? 반면 가장 지혜로운 사람이 가장 대담한 사람이기도 하고, 가장 대담한 사람이기에 가장 용감한 사람이 아닐까요? 그리고 이 논리에 따르면 지혜가 곧 용기가 아닐까요?"

"그렇지 않소, 소크라테스님." 하고 그가 말했네. "내가 말하고 답변한 것을 잘못 기억하고 있구려. 용감한 사람이 대담한 사람이냐고 그대가 묻기에 나는 그렇다고 동의했소. 그러나 그대는 그에 덧붙여 대담한 사람이 용감한 사람이냐고 묻지 않았소. 그대가 그때 그렇게 물었다면 나는 모두 그런 것은 아니라고 했을 것이오. 용감한 사람은 대담한 사람이라는 주장에 내가 동의한 것은 잘못된 것이라고 그대는 어디서도 입증하지 못했소. 그리고 그대는 아는 사람은 스스로도 모를 때보다 더 대담하고, 모르는 사람보다 더 대담하다고 지적하며, 그에 근거해 용기와 지혜는 같은 것이라는 결론을 내리고 있소. 그런 논리대로라면 그대는 힘은 지혜라는 결론에 이를 수 있을 것이오. 그대가 그런 논리에 따라 힘 센 사람이 능력 있는 사람이냐고 묻기 시작하면, 나는 그렇다고 대답할 테니 말이오. 이어 그대가 레슬링을 할 줄 아는 사람이 할 줄 모르는 사람보다 더 능력이 있으며, 스스로도 레슬링을 배우기 전보다 배우고 나서 더 능력이 있느냐고 묻는다면 나는 그렇다고 할 것이오. 그리고 내가 일단 동의하고 나면 그대는 같은 논리를 이용해 내가 동의한 바에 따르면 지혜는 힘이라는 결론을 내릴 수 있을 것이오.

그러나 나는 여기서든 어디서든 능력 있는 사람이 힘 센 사람이라는 데 동의하지 않소. 힘 센 사람에게 어떤 능력이 있다는 데는 동의하지만 말이오. 말하자면 능력과 힘은 같은 것이 아니라, 능력은 지식과 심지어 광기나 분노에서도 나오지만 힘은 타고난 체질과 적절한 신체 발육에서 생긴다는 것이지요. 첫 번째 경우도 마찬가지여서 대담성과 용기는 같은 것이 아니오. 그래서 용감한 사람은 대담하지만, 대담한 사람이 모두 용감한 것은 아니라오. 대담성은 인간들에게 기술이나 분노나 광기의 결과물일 수 있지만, 용기는 타고난 본성과 혼의 적절한 계발의 결과물일 수 있기 때문이라오."

"프로타고라스님, 그렇다면" 하고 내가 말했네. "어떤 사람은 잘 살지만 어떤 사람은 잘못 산다는 말씀인가요?"

그렇다고 그가 말했네.

"누가 괴롭고 고통스러운 삶을 살면 그대는 그가 잘 사는 것이라고 생각하시나요?"

그렇지 않다고 그가 말했네.

"그가 즐겁게 살다가 최후를 맞는다면 어떤가요? 그러면 그대는 그가 잘 산 것이라고 생각하시지 않나요?"

"물론 그렇다고 생각하오." 하고 그가 말했네.

"그렇다면 즐겁게 사는 것은 좋고, 즐겁지 않게 사는 것은 나쁘겠군요."

"그렇소. 고상한 것들을 즐기면서 산다면 말이오." 하고 그가 말했네.

"그게 무슨 뜻이지요, 프로타고라스님? 설마 그대도 대중들처럼 어떤 즐거운 것은 나쁘고, 어떤 고통스러운 것은 좋다고 하시는 것은 아니겠지요? 내 말뜻은 이런 것이오. 즐거운 것은 즐거운 것인 한 그것에서 다른 어떤 것이 생기든 그 자체로 좋은 것이 아닐까요? 마찬가지로 고통스러운 것도 고통스러운 것인 한 나쁜 것이 아닐까요?"

"소크라테스님!" 하고 그가 말했네. "그대가 내게 질문하듯 그렇게 간단하게 내가 답변할 수 있을지 모르겠네요. 즐거운 것은 모두 좋은 것이고 고통스러운 것은 모두 나쁜 것이라고. 지금의 내 답변과 관련해서도 나의 여생과 관련해서도, 어떤 즐거운 것은 좋지 않고 어떤 고통스러운 것은 나쁘지 않은 반면 어떤 것은 그러하다고, 하지만 좋지도 않고 나쁘지도 않은 제3의 부류도 있다고 말하는 것이 내게는 더 안전한 답변이 될 것 같소."

"그대가 즐거운 것이라고 말하는 것은" 하고 내가 물었네. "즐거움을 내포하거나 즐거움을 가져다주는 것이 아닌가요?"

"그야 그렇지요." 하고 그가 대답했네.

"내 말은 즐거운 것은 즐거운 것인 한 좋은 것이 아니냐는 뜻이에요. 간단히 말해 나는 즐거움 자체는 좋은 것이 아닌지 묻고 있어요."

"소크라테스님, 그대가 매번 말하듯" 하고 그가 말했네. "우리가 그것을 고찰해봅시다. 그리고 고찰한 결과 그 전제가 합리적이라고 생각되고, 즐거운 것과 좋은 것이 같은 것으로 드러나면 그때는 우리가 그 전제를 받아들일 것이오. 하지만 그렇지 않으면 그때는 우리가 논쟁을 벌이게 되겠지요."

"그렇다면 그대가 이 고찰을 주도하기 원하세요, 아니면 내가 주도할까요?" 하고 내가 물었네.

"그대가 주도하는 것이 옳겠지요." 하고 그가 대답했네. "이 논의를 그대가 시작했으니까."

"좋아요." 하고 내가 말했네. "이 문제는 우리가 이렇게 다루면 철저히 규명할 수 있을 듯해요. 어떤 사람이 외관을 보고 누군가의 건강 상태나 신체의 어떤 기능을 검진하는데, 일단 얼굴과 손을 보고 나서 '자이제 내가 그대를 더 확실하게 검진할 수 있도록 옷을 벗고 가슴과 등을 보여주시오'라고 말한다고 생각해보세요. 나도 우리 고찰을 위해 그런 식으로 하고 싶어요. 나는 좋은 것과 즐거운 것에 대한 그대의 태도가 그대의 말과 같은지 살펴보고 나서 그대에게 이렇게 말하고 싶어요. '프로타고라스님, 자 이제 그대 생각의 다른 부분을 내게 드러내주세요. 지식(episteme)⁸⁸에 대한 그대의 주장은 무엇인가요? 여기서도 대중과 견해가 같나요? 아니면 그대는 다른 견해가 있나요? 지식에 대한 대중의 견해는 대충, 지식은 강력한 것도 아니고 주도하거나 지배하는 것도 아니라는 것이오. 대중은 지식을 그런 것으로 생각하기는커녕 속에 지식이 들어 있는 사람도 지식이 아닌 다른 어떤 것, 때로는 분노, 때로는 쾌락, 때로는 고통, 때로는 애욕, 종종 공포의 지배를 받는다고 생각해요. 간단히 말해 그들은 지식을 다른 모든 것들에게 이리저리 끌려 다니는 노예라고 생각하지요. 그대도 지식이 그런 것이라고 생각하세요, 아니면 지식은 사람을 지배할 수 있는 고상한 것이라고 생각하시나요? 그래서 누

352a

b

c

---

88 episteme는 '앎'으로 옮길 수도 있다.

가 좋은 것이 무엇이며 나쁜 것이 무엇인지 안다면, 지식이 행하라고 지시하는 것 외에 다른 것을 행하도록 그를 제압할 수 있는 것은 아무것도 없다고 생각하세요? 그래서 지혜[89]는 인간을 구제하기에 충분하다고 생각하세요?"

"그렇소, 소크라테스님." 하고 그가 말했네. "그대가 말한 그대로요. 게다가 지식과 지혜야말로 인생의 모든 영역에서 가장 강력한 것이라고 주장하지 않는 것은 누구보다도 나에게[90]는 수치스러운 일이겠지요."

"좋은 말씀입니다." 하고 내가 말했네. "옳은 말씀이기도 하고요. 하지만 그대도 아시다시피 사람들은 대부분 그대와 내가 하는 말을 믿지 않아요. 그들은 사람들이 자기들에게 무엇이 가장 좋은지 알고 있고, 또한 그것을 할 수 있는데도 그것을 하려 하지 않고 다른 것을 한다고 생각해요. 그 이유가 대체 무엇이냐고 많은 사람에게 물었더니 모든 사람이 대답하기를 그들이 그렇게 하는 것은 쾌락이나 고통이나 내가 방금 말한 것들[91] 중 하나에 제압됐기 때문이라더군요."

"소크라테스님, 내가 보기에" 하고 그가 말했네. "사람들이 틀린 말을 하는 것은 그 밖에도 많은 것 같소."

"그렇다면 자, 그대는 나와 힘을 모아 사람들을 설득하고, 그들이 '우리는 쾌락에 제압되어, 그 때문에 무엇이 가장 좋은지 알면서도 그것을 행하지 못한다'고 주장하는 그 경험의 실체가 무엇인지 가르쳐주도록 해요. 우리가 그들에게 '여러분, 여러분은 바른 말을 하는 것이 아니라 틀린 말을 하고 있소'라고 말하면 그들은 이렇게 말하겠지요. '프로타고라스와 소크라테스여, 우리의 이 경험이 쾌락에 제압되는 것이 아니라면 도대체 무엇이란 말이오? 그대들은 그게 무엇이라고 주장하시오? 어디 한번 들어봅시다.'"

"소크라테스님, 우리가 왜 대중의 생각을 고찰해야 하지요? 그들은 생각나는 대로 말하는데."

"내 생각에" 하고 내가 말했네. "그것은 용기가 미덕의 다른 부분들과 b 어떤 관계에 있는지 알아내려는 우리의 시도에 조금은 도움이 될 것 같아요. 그러니 조금 전에 우리가 합의한 사항을 지키고 싶으시다면 그대는 따라주세요. 이 문제를 규명하기에 가장 훌륭한 방식이라고 내가 생각하는 대로 내가 논의를 주도하기로 했잖아요. 그러나 그러고 싶지 않다면 나는 논의를 그만둘 겁니다. 그러는 것이 마음에 드신다면요."

"아니, 그대의 말이 옳소." 하고 그가 말했네. "그대가 시작한 대로 계속하시오."

"그렇다면 다시 시작할 겁니다." 하고 내가 말했네. "그들이 우리에게 '그렇다면 그대들은 우리가 쾌락에 제압된다고 하는 것이 대체 무 c 엇이라고 생각하시오?'라고 묻는다면, 나는 그들에게 이렇게 대답할 겁니다. '프로타고라스님과 내가 설명해볼 테니 여러분은 들어보시오. 여러분, 여러분은 다음과 같은 경우에 그런 일이 일어난다고 주장하지 않나요? 이를테면 여러분은 가끔 먹을거리나 마실 거리나 성적 쾌락

---

89 phronesis. 문맥에 따라서는 '실천적 지혜'.
90 나는 교사로 자처하니까.
91 352b.

이 즐거워서 그것들에 굴복해 나쁜 줄 알면서도 그것들에 탐닉한다고 말하지 않나요?' 그들은 그렇다고 시인하겠지요. 그러면 우리는 그들에게 이렇게 묻겠지요. '여러분은 어떤 점에서 그것들이 나쁘다고 주장하나요? 그것들이 당장에 그런 즐거움을 주고 그것들 각각이 즐겁기 때문인가요, 아니면 그것들이 나중에 질병과 가난과 그 밖에도 그런 것을 많이 안겨주기 때문인가요? 아니면 그것들이 나중에 이런 것들을 안겨주지 않고 쾌락을 유발할 뿐이라도 이런저런 방법으로 즐거움을 유발하기 때문에 나쁜가요?' 프로타고라스님, 그것들이 나쁜 것은 그것들이 당장 즐거움을 주기 때문이 아니라, 나중에 질병 같은 것들이 생기게 하기 때문이라는 대답 말고 그들이 다른 대답을 할 것으로 생각할 수 있을까요?"

"나는 대중이" 하고 프로타고라스가 말했네. "그렇게 대답할 것이라고 생각하오."

"'그렇다면 그것들은 질병을 유발함으로써 고통을 안겨주고, 가난을 유발함으로써 고통을 안겨주겠구려?' 그들은 아마 동의하겠지요?"

프로타고라스도 동의했네.

"그렇다면 여러분, 프로타고라스님과 내가 주장하듯, 그것들이 나쁜 유일한 이유는 분명 그것들이 결국에는 질병을 유발하고 다른 즐거움들을 빼앗아가기 때문이겠네요?' 그들은 동의하겠지요?"

우리 두 사람 다 그들이 동의할 것이라고 생각했네.

"이번에는 우리가 그와 반대되는 질문을 한다고 생각해보죠. '여러분은 또한 고통스러운 것들 중 어떤 것들은 좋다고 하는데, 체력단련,

군복무, 뜸이나 수술이나 약물요법이나 단식요법에 의한 치료 등을 두고 그렇게 말하는 것이 아닌가요?' 그들은 동의하겠지요?"

그도 동의했네.

"그런데 여러분이 그런 것들을 좋다고 부르는 이유는 그것들이 당장에는 극도의 고통과 괴로움을 안겨주기 때문인가요, 아니면 나중에 b 그것들이 건강과 몸의 좋은 상태, 국가의 안전, 타국에 대한 지배와 부를 가져다주기 때문인가요?' 내 생각에 그들은 동의할 것 같은데요."

그도 동의했네.

"그리고 그런 것들이 좋은 것은, 그것들이 결국에는 즐거움을 안겨주고 고통에서 벗어나고 고통을 피할 수 있게 도와준다는 것 말고 다른 이유 때문인가요? 아니면 여러분은 쾌락과 고통 말고 그것에 비추어서 그런 것들을 좋은 것이라고 부르는 다른 판단 기준을 제시할 수 있나요?' 내 생각에 그들은 제시할 수 없을 것 같은데요." c

"내 생각도 그렇소." 하고 프로타고라스가 말했네.

" '그렇다면 여러분은 쾌락은 좋은 것이라고 믿고 추구하고, 고통은 나쁜 것이라고 믿고 기피하는 것이겠네요?' "

그도 동의했네.

" '그러니 사실은 여러분이 나쁘다고 여기는 것은 고통이고 좋다고 여기는 것은 쾌락이오. 여러분은 쾌락의 경험 자체도 그것이 내포하고 있는 것보다 더 큰 쾌락을 앗아가거나 그것이 주는 쾌락보다 더 큰 고통을 안겨주면 나쁘다고 부르니 말이오. 여러분이 쾌락의 경험 자체를 d 나쁘다고 부르는 다른 이유가 있고 그렇게 부르는 다른 판단 기준을 제시할 수 있다면, 그것이 무엇인지 말해줄 수 있을 텐데도 여러분은 그렇게 하지 못하니 말이오.'"

"나도 그들이 그렇게 할 수 없을 것이라고 생각하오." 하고 프로타고라스가 말했네.

"'고통의 경험 역시 마찬가지가 아닐까요? 여러분이 고통의 경험 자체를 좋다고 부르는 것은 그것이 내포하고 있는 것보다 더 큰 고통에서 해방시켜주거나 그것이 주는 고통보다 더 큰 쾌락을 가져다줄 때가 아닌가요? 여러분이 고통의 경험 자체를 좋다고 부를 때 내가 말하고 있는 것 말고 다른 이유가 있고 그 이유를 제시할 수 있다면, 그것이 무엇인지 말해줄 수 있을 텐데 여러분은 그렇게 하지 못하니 말이오.'"

e

"그대의 말씀이 옳소." 하고 프로타고라스가 말했네.

"'그렇다면 여러분, 이번에는 도대체 왜 내가 이 문제에 대해 장황하고 세세하게 묻느냐고 여러분이 내게 묻는다고 생각해보시오' 나는 이렇게 말할 것이오. '양해해주시오. 첫째, 여러분이 쾌락에 제압된다고 말하는 것의 실상을 정확히 증명하기란 쉽지 않고, 둘째, 모든 증명은 거기에 달려 있기 때문이오. 여러분이 쾌락 말고 다른 어떤 것이 좋은

355a 것이고 고통 말고 다른 어떤 것이 나쁜 것이라고 설명할 수 있다면, 여러분이 앞서 말한 것을 지금이라도 철회할 수 있소. 아니면 여러분은 고통 없이 즐겁게 사는 것으로 충분한가요? 만약 그것으로 충분하고, 결국 쾌락과 고통으로 귀결되지 않는 좋은 것과 나쁜 것을 여러분이 달리 제시할 수 없다면, 그다음 이야기를 들어보시오. 단언컨대 그것이 여러분의 주장이라면 사람들은 종종 나쁜 짓이 나쁜 줄 알고 나쁜

짓을 하지 않을 수 있는데도 쾌락에 이끌리고 제압되어 나쁜 짓을 한다는 여러분의 주장은 가소로운 것이 될 것이오. 그런가 하면 여러분은 어떤 사람은 무엇이 좋은지 알면서도 당장의 쾌락에 제압되어 그것을 행하려 하지 않는다고 주장하기도 하오.'"

나는 계속해서 말했네.

"'그런 주장들이 가소롭다는 것은 만약 우리가 '쾌락' '고통' '좋음' '나쁨' 같은 여러 이름을 동시에 사용하지 말고 대신 그것들이 두 가지라는 것이 밝혀졌으니 처음에는 '좋음'과 '나쁨'을, 나중에는 '쾌락' 과 '고통'을 사용한다면 당장 드러날 것이오. 그렇다고 치고 우리는 어떤 사람이 나쁜 짓이 나쁜 줄 알면서도 나쁜 짓을 한다고 말해봅시다. 누가 '왜?'냐고 물으면 우리는 '제압되어서'라고 대답하겠지요. '무엇에 제압되어서?'라고 그는 묻겠지요. 그러면 우리는 더는 '쾌락에'라고 대답할 수 없을 것이오. 이제는 '쾌락' 대신 '좋음'으로 이름이 바뀌었으니까요. 그러니 우리는 그에게 '그가 제압되어서'라고 대답해야겠지요. 그가 '무엇에 제압되어서'라고 물으면 우리는 '제우스에 맹세코, 좋음에 제압되어서'라고 대답하겠지요. 그런데 우리에게 묻는 사람이 좀 무례한 사람이면 웃음을 터뜨리며 말하겠지요. '그건 정말 웃기는 이야기로군요. 누가 나쁜 짓이 나쁜 짓인 줄 알고 하지 않아도 되는데도 좋은 것에 제압되어 나쁜 짓을 한다면 말이오. 그렇다면 그대들이 보기에' 하고 그는 묻겠지요. '좋은 것은 나쁜 것의 상대가 되지 못한다는 것이오, 아니면 상대가 된다는 것이오?' 우리는 분명 이렇게 대답하겠지요. '상대가 되지 못하오. 그렇지 않다면 우리가 쾌락에 제압되었다고 말하는 사람은 아무것도 잘못한 것이 없을 테니까요.' 아마도 그는 묻겠지요. '그렇다면 좋은 것이 나쁜 것의 또는 나쁜 것이 좋은 것의 상대가 되지 못하게 하는 것은 무엇이지요? 한쪽은 더 크고 다른쪽은 더 작다거나, 한쪽은 더 많고 다른 쪽은 더 적다는 점 말고 말이오.' 우리는 동의할 수밖에 없을 것이오. 그는 말하겠지요. '그렇다면 그대들의 제압된다는 말이 의미하는 것은 분명 더 적은 좋은 것들 대신 더 큰 나쁜 것들을 취하는 것이오.' 그에 관해서는 이쯤 해둡시다.

이제는 똑같은 것들에 대한 이름들을 '쾌락'과 '고통'으로 바꿔, 어떤 사람이 우리가 전에는 나쁜 것이라고 했으나 지금은 고통스러운 것이라고 말하는 것을 그것이 고통스러운 것인 줄 알면서도 고통스러운 것의 상대가 되지 못하는 즐거운 것에 제압되어 행한다고 말해봅시다. 그런데 쾌락이 고통의 상대가 되지 못하는 데는 서로 간의 더 많음과 더 적음 말고 또 무엇이 있겠어요? 다시 말해 그것은 한쪽이 다른 쪽보다 더 큰가 더 작은가, 또는 더 많은가 더 적은가, 더 강렬한가 덜 강렬한가의 문제겠지요. 만약 누가 '하지만 소크라테스, 당장의 쾌락은 나중의 쾌락이나 고통과는 많이 다르다'라고 말한다면, 나는 이렇게 말할 거요. '설마 쾌락과 고통의 차이 말고 다른 차이는 없겠지요. 다른 차이는 있을 수 없으니까요. 하지만 저울질을 잘하는 사람처럼 즐거운 것들과 괴로운 것들을 가까운 미래의 것이든 먼 미래의 것이든 모조리 저울판에 올려놓고 어느 쪽이 더 많은지 말해주시오. 즐거운 것들을 즐거운 것들과 비교해서 달 때는 언제나 더 크고 더 많은 쪽을 취하고, 고통스러운 것들을 고통스러운 것들과 비교해서 달 때는 더 작고 더 적은 쪽을 택해야 하니까요. 즐거운 것들을 고통스러운 것들과 비교해서 달 때는 즐거운 것들이 고통스러운 것을 능가하면 먼 미래의 것들이 가까운 미래의 것들을 능가하든 가까운 미래의 것들이 먼 미래의 것들을 능가하든 그때는 즐거움을 내포하는 행위들을 행하고, 고통스러운 것들이 즐거운 것들을 능가하면 행하지 마시오. 그래야 하는 것 아닌가요, 여러분?' 하고 나는 말할 거요. 그들은 분명 이의를 제기하지 못하겠지요."

c

프로타고라스도 동의했네.

"나는 이렇게 말할 거요. '사정이 그렇다면 여러분은 나의 다음 질문에 대답해주시오. 같은 크기라도 여러분이 가까이서 보면 더 커 보이고 멀리서 보면 더 작아 보이나요, 아니면 그렇지 않나요?' 그들은 그렇다고 하겠지요. '두꺼운 것들과 많은 것들도 마찬가지인가요? 같은 크기의 소리도 가까이에서는 더 요란하고 멀리서는 더 희미한가요?' 그들은 동의하겠지요. '만약 우리의 행복이 규모가 큰 것을 취해서 행하고 규모가 작은 것을 피해서 행하지 않는 것에 달려 있다면, 어느 쪽이 우리 삶의 구제수단으로 밝혀졌나요? 측량술인가요, 아니면 현상의 힘인가요? 현상은 우리를 헤매게 하고 때로는 같은 것들에 대해, 우리의 마음이 동요하게 하여 우리가 행동하고 크고 작은 것을 선택한 것을 후회하게 만들지 않던가요? 반면 측량술은 이런 현상들을 무력하게 만들고 우리에게 진리를 보여주어, 우리가 진리에 머물게 함으로써 우리에게 마음의 평화를 주지 않던가요? 그리고 그것이 우리의 삶을 구제하지 않던가요?' 이렇게 논리를 전개하면 그들은 우리를 구제한 것은 측량술이라는 데 동의할까요, 아니

d

e

면 어떤 다른 기술이라고 할까요?"

"그들은 측량술이라고 하겠지요." 하고 그가 동의했네.

"'어때요, 우리 삶의 구원이 홀수와 짝수의 올바른 선택에 달려 있다면요? 다시 말해 홀수와 홀수를 비교하든 짝수와 짝수를 비교하든 홀수를 짝수와 비교하든, 수가 가까이 있든 멀리 있든, 더 큰 수와 더 작은 수의 올바른 선택에 달려 있다면 말이오? 무엇이 우리 삶을 구제해줄까요? 지식이 아닐까요? 그리고 그것은 서로 간의 지나침과 모자람에 관한 것인 만큼 일종의 측량술이 아닐까요? 그리고 그것은 홀수와 짝수와 관계가 있는 만큼 사실은 다름 아닌 산술[92]이겠지요.' 그 사람들은 이에 동의할까요, 동의하지 않을까요?"

프로타고라스도 그들이 동의할 것이라고 생각했네.

"'좋아요, 여러분. 쾌락과 고통의 올바른 선택에, 그러니까 그것이 더 많으냐 아니면 더 적으냐, 더 크냐 아니면 더 작으냐, 더 멀리 있느냐 아니면 더 가까이 있느냐의 올바른 선택에 우리 삶의 구제가 달려 있다는 것이 밝혀진 이상 지금 우리에게 절실히 필요한 것은 우선 일종의 측량술이 아닐까요? 서로 간의 지나침이나 부족함이나 같음을 검토할 수 있는 측량술 말이오.'"

"'당연하지요.'"

"'그리고 만약 그것이 일종의 측량술이라면 필연적으로 일종의 기술과 지식이겠지요?'"

"그들은 동의할 겁니다."

"그것이 어떤 기술이고 어떤 지식인지는 나중에 검토해요. 프로타고라스님과 내가 여러분의 질문에 대답하는 것이 사실이라는 것을 증명하기 위해서는 그것이 지식이라는 사실만으로도 충분하오. 여러분도 기억하겠지만, 여러분이 질문한 것은 우리 두 사람이 지식보다 더 강력한 것은 아무것도 없으며, 어디서나 지식은 쾌락과 그 밖의 모든 것을 지배한다는 데 동의했을 때였소. 그러자 그때 여러분은 쾌락은 종종 지식을 가진 사람도 지배한다고 주장했고, 우리가 그에 동의하지 않자 이렇게 우리에게 물었소. '프로타고라스와 소크라테스, 만약 그런 경험이 쾌락에 제압되는 것이 아니라면 그것은 도대체 무엇이란 말이오? 그것이 무엇이라고 그대들은 주장하시오? 어디 한번 들어봅시다.' 만약 우리가 그때 곧바로 그것은 '무지'라고 말했다면 여러분은 우리를 비웃었겠지요. 그러나 지금은 여러분이 우리를 비웃는다면, 여러분 자신을 비웃는 것이기도 하겠지요. 왜냐하면 여러분은 사람들이 쾌락과 고통, 즉 좋은 것과 나쁜 것의 선택과 관련해 잘못을 저지르는 것은 지식의 결여 때문이라는 데 동의했으니까요. 그리고 그것은 그냥 지식이 아니라, 조금 전에 여러분도 동의했듯이 측량에 관한 지식이었소. 지식의 결여 때문에 잘못 행해진 것은 여러분도 아시다시피 무지의 소치지요. 따라서 쾌락에 제압되는 것이야말로 가장 큰 무지지요. 여기 있는 프로타고라스님은 바로 그것을 치유해주는 의사로 자처하고 있으며, 그 점에서는 프로디코스님과 힙피아스님도 마찬가지라오. 그러

92 arithmetike.

나 여러분은 그것이 무지가 아닌 어떤 다른 것이라고 생각하기에, 이 모든 것을 가르칠 수 있는 이들 소피스트들에게 여러분 자신도 찾아가지 않고 자식들도 보내지 않아요. 그것은 가르칠 수 없는 것이라고 믿고는. 그래서 여러분은 돈에 연연해 소피스트들에게는 한 푼도 쓰지 않음으로써 사적으로나 공적으로나 잘못 처신하고 있는 것이라오.'

우리는 대중에게 그렇게 대답했겠죠. 힙피아스님과 프로디코스님, 내 이제 프로타고라스님과 더불어 그대들에게 묻겠소. 나는 그대들 두 사람도 논의에 참가하기를 원하니까요. 어떻소, 그대들이 보기에 내 말이 옳은 것 같소, 그른 것 같소?"

그들은 모두 내 말이 백번 옳다고 생각했네.

"그렇다면 여러분은 즐거운 것은 좋은 것이고 고통스러운 것은 나쁜 것이라는 데 동의하시는군요. 나는 여기 있는 프로디코스님에게 어휘구별은 제쳐두시라고 부탁하고 싶어요. '즐겁'고 부르든 '유쾌하'고 부르든 '기쁘'다고 부르든 그 밖에 어떤 근거에서 어떤 명칭을 붙이고 싶든, 이봐요 프로디코스님, 그대는 내 질문의 취지에 맞게 대답해주시오." 하고 내가 말했네.

프로디코스가 웃으며 동의하자 다른 사람들도 그렇게 했네.

"여러분, 이건 어때요?" 하고 내가 말했네. "우리를 고통 없는 즐거운 삶으로 인도하는 모든 행위는 칭찬받을 만하지 않나요? 그리고 칭찬받을 만한 행위는 좋고 유익하지 않나요?" 그들은 동의했네.

"그래서" 하고 내가 말했네. "즐거운 것이 좋은 것이라면, 지금 자기가 하고 있는 것보다 더 나은 다른 것이 있고 그것을 자기가 할 수 있다는 것을 알거나 믿으면서도, 곧 더 나은 것을 할 수 있음에도 불구하고 자기가 하고 있는 것을 계속해서 할 사람은 아무도 없을 것이오. 또한 자기 자신에게 지는 것은 다름 아닌 무지이고, 자기 자신에게 이기는 것은 다름 아닌 지혜라오." _c

그들은 모두 동의했네.

"어때요? 여러분이 말하는 '무지'란, 그릇된 의견을 갖고 중대사에 관해 잘못을 저지르는 것을 의미하나요?"

여기에도 그들 모두 동의했네.

"그렇다면" 하고 내가 말했네. "어느 누구도 나쁜 것이나 나쁘다고 생각한 것을 향해 나아가지는 않을 것이오. 좋은 것 대신 나쁘다고 생각한 것을 향해 다가가려는 것은 인간의 본성이 아닌 것 같소. 두 가지 나쁜 것 가운데 하나를 선택하지 않을 수 없을 때 더 작은 나쁜 것을 _d 선택할 수 있다면 더 큰 나쁜 것을 선택할 사람은 아무도 없을 것이오. 그렇지 않나요?"

그들 모두 이 모든 것에 동의했네.

"이건 어때요?" 하고 내가 말했네. "여러분이 '두려움' 또는 '공황'이라고 부르는 것이 있지요? 그것은 내가 생각하고 있는 것과 같은 것인가요? (프로디코스님, 그대에게 묻는 것이오.) 여러분이 '두려움'이라고 부르든 '공황'이라고 부르든 나는 그것이 일종의 불길한 예감이라고 생각하오."

프로타고라스와 힙피아스는 그것은 두려움이자 공황이라고 생각했지만, 프로디코스는 그것은 두려움이지 공황은 아니라고 생각했네.

"그건 아무래도 좋아요, 프로디코스님." 하고 내가 말했네. "내 말의
e 취지는 다음과 같은 것이오. 우리가 앞서 말한 것이 옳다면, 어느 누가
자기가 두려워하지 않는 것을 향해 다가갈 수 있는 경우, 자기가 두려
워하는 것을 향해 자진해 다가갈까요? 아니면 우리가 동의한 바에 따
르면 그것은 불가능한가요? 우리는 누가 무엇을 두려워하면 그것을 나
쁘다고 생각한다는 데, 그리고 어느 누구도 자기가 나쁘다고 생각하는
것에 자진해 다가가거나 그것을 선택하지 않는다는 데 동의했지요." 여
359a 기에도 모두 동의했네.

"그런 전제 위에서" 하고 내가 말했네. "프로디코스님과 힙피아스님,
여기 있는 프로타고라스님더러 처음에 답변하신 것이 어떻게 해서 옳
은지 설명하시게 하시오. 맨 처음에 답변하신 것 말고요. 그때는 미덕
의 부분들은 다섯인데, 그중 어느 것도 다른 것과 같지 않고 저마다 고
유한 기능을 갖는다고 하셨소. 내가 말하는 것은 그 답변이 아니라 그
뒤에 말씀하신 것이오. 그다음에 그분은 넷은 서로 상당히 비슷하
지만 그중 하나인 용기는 다른 것들과 판이하다며 다음과 같은 증거를
b 통해 그것을 알 수 있을 것이라고 했소. '소크라테스님, 그대는 불경하
고 불의하고 무절제하지만 더없이 용감한 사람들을 볼 수 있을 것이
오. 이는 곧 용기가 미덕의 다른 부분들과는 판이하다는 것을 말해주
오.' 그때도 나는 그 답변이 매우 놀라웠지만 여러분과 함께 이 문제를
검토해본 지금은 더욱 놀랍소. 그래서 나는 그분에게 용감한 사람이란
대담한 사람이냐고 물었소. 그러자 그분은 '그렇소. 저돌적인 사람이
기도 하고요'라고 말했소. '프로타고라스님, 그렇게 말한 기억이 나시나

요?'"

그렇다고 그가 말했네.

"그렇다면 자, 우리에게 말해주시오." 하고 내가 말했네. "용감한 사람은 무엇에 대해 저돌적이라는 거죠? 겁쟁이와 같은 것에 대해 저돌적인가요?"

그는 아니라고 했네.

"그렇다면 다른 것들에 대해서겠네요."

"그렇소." 하고 그가 말했네.

"겁쟁이는 두렵지 않은 것들을 향해 나아가는데, 용감한 사람은 두려운 것들을 향해 나아가나요?"

"사람들은 대개 그렇게 말하지요, 소크라테스님!"

"맞는 말씀입니다. 하지만 내가 묻고 있는 것은 그게 아니라, 그대의 주장에 따르면 용감한 사람은 무엇에 대해 저돌적이냐는 것이죠. 두려운 것인 줄 알면서도 두려운 것들에 대해 저돌적인가요, 아니면 두렵지 않은 것들에 대해 저돌적인가요?"

"그러나 그것이 불가능하다는 것은" 하고 그가 말했네. "앞서 그대가 한 말을 통해서도 입증되었소."

"그 또한 맞는 말씀입니다." 하고 내가 말했네. "만약 그 논리가 맞는다면 어느 누구도 자기가 두렵다고 믿는 것에 다가가지 않겠지요. 자기 자신에게 지는 것은 무지라는 것이 밝혀졌으니까요."

그는 동의했네.

"그러니 겁쟁이이든 용감한 사람이든 모두 두렵지 않은 것들을 향해 나아가며, 그런 의미에서 겁쟁이와 용감한 사람은 같은 것을 향해 나아가요."

"하지만 소크라테스님!" 하고 그가 말했네. "겁쟁이와 용감한 사람

e 은 정반대되는 것을 향해 나아가요. 예컨대 용감한 사람은 기꺼이 싸움터로 가지만 겁쟁이는 가고 싶어하지 않지요."

"싸움터에 가는 것은 칭찬받을 만한 일인가요, 아니면 수치스러운 일인가요?" 하고 내가 물었네.

"칭찬받을 만한 일이오." 하고 그가 대답했네.

"그것이 칭찬받을 만한 일이라면, 앞서 우리가 동의한 바에 따르면 좋은 것이겠네요. 우리는 칭찬받을 만한 행위는 모두 좋은 것이라는 데 동의했으니까요."

"맞는 말이오. 우리는 동의했소. 나는 항상 그리 생각했소."

"그 또한 옳은 말씀입니다." 하고 내가 말했네. "그런데 싸움터에 가

360a 는 것이 칭찬받을 만하고 좋은 일인데도 그대는 어느 집단이 그러기를 거부한다고 주장하시죠?"

"겁쟁이들이지요." 하고 그가 말했네.

"그것이 칭찬받을 만하고 좋은 일이라면 즐거운 일이기도 하겠지요?" 하고 내가 물었네.

"아무튼 우리는 그렇다고 동의하기는 했소." 하고 그가 대답했네.

"그런데 겁쟁이들이 더 칭찬받을 만하고 더 좋고 더 즐거운 것을 향해 나아가려 하지 않는 것은 자신들이 무슨 짓을 하는지 알고 그러는 것인가요?"

"우리가 거기에도 동의하는 것은" 하고 그가 말했네. "앞서 동의한 것들에 위배될 텐데요."

"용감한 사람은 어떤가요? 그는 더 칭찬받을 만하고 더 좋고 더 즐거운 것을 향해 나아가지 않을까요?"

"동의하지 않을 수 없네요." 하고 그가 말했네.

"대체로 말해 용감한 사람이 두려워할 때는 그의 두려움은 수치스러운 것이 아니고, 용감한 사람이 대담할 때는 그의 대담함도 수치스러운 것이 아니겠지요?"

"옳은 말이오." 하고 그가 말했네.

"수치스럽지 않다면 칭찬받을 만하지 않을까요?"

그가 동의했네.

"칭찬받을 만하다면 좋기도 하겠지요?"

"그렇소."

"반대로 겁쟁이들과 무모한 자들과 미치광이들의 두려움과 대담함은 수치스러운 것이겠지요?"

그가 동의했네.

"그리고 그들의 대담함이 수치스럽고 나쁜 것은 다름 아니라 무지와 무식의 소치인가요?"

"그렇소." 하고 그가 말했네.

"어때요? 그대는 무엇이 사람을 겁쟁이로 만든다고 말하시오? 비겁함인가요 아니면 용감함인가요?"

"나는 비겁함이라고 말하오." 하고 그가 말했네.

"그리고 그들이 겁쟁이가 된 것은 진실로 두려운 것이 무엇인지 모르는 무지의 소치라는 것이 밝혀지지 않았나요?"

"물론이오." 하고 그가 말했네.

"그러니까 그들이 겁쟁이가 되게 하는 것은 바로 이 무지이겠네요?"

그가 동의했네.

"그렇다면 그들이 겁쟁이가 되게 하는 것은 비겁함이라는 데 그대는 동의하신 건가요?"

그는 동의했네.

"그렇다면 비겁함은 무엇을 두려워해야 하고 무엇을 두려워하지 말아야 하는지 모르는 무지이겠네요?"

그가 고개를 끄덕였네.

"물론" 하고 내가 말했네. "비겁함의 반대는 용기일 테고요."

그가 그렇다고 했네.

"무엇을 두려워해야 하고 무엇을 두려워하지 말아야 하는지 아는
d 지혜는 이런 것들을 모르는 무지의 반대이겠지요?"

이번에도 그는 고개를 끄덕였네.

"그리고 이런 것들을 모르는 무지가 비겁함이겠지요?"

그는 마지못해 고개를 끄덕였네.

"그렇다면 무엇을 두려워해야 하고 무엇을 두려워하지 말아야 하는지 아는 지혜가 용기이겠네요? 그것은 이런 것들을 모르는 무지에 반대되니까요."

그는 이번에는 고개를 끄덕이고 싶지 않아서인지 침묵했네. 그래서

내가 말했네. "프로타고라스님, 묻는 말에 왜 긍정도 부정도 안 하시는 거죠?"

"혼자서 계속하시오." 하고 그가 말했네.

그래서 내가 말했네. "한 가지만 더 물어볼게요. 아직도 그대는 처음 처럼 더없이 무지하면서도 더없이 용감한 사람이 더러 있다고 생각하 시오?" e

"소크라테스님, 내가 보기에" 하고 그가 말했네. "그대는 토론에서 이기고 싶어 내 답변을 강요하는 것 같구려. 그래서 내 그대를 기쁘게 해주기 위해, 우리가 동의한 것들에 따르면 그것은 불가능해 보인다고 선언하겠소."

내가 말했네. "내가 그대에게 이 모든 것을 물어본 것은 미덕에 관한 진실을, 특히 미덕 자체가 무엇인지를 알아내기 위해서이지 다른 의도 는 없었습니다. 그게 밝혀지면 나는 미덕은 가르칠 수 없는 것이라고 주장하고 그대는 가르칠 수 있는 것이라고 주장하며 우리 둘이서 장시 간 논의한 문제를 완전히 규명할 수 있을 것이라고 확신했으니까요. 그 361a 런데 우리가 방금 도달한 결론은 마치 사람인 것처럼 우리를 비난하고 비웃는 것 같아요. 그것이 목소리를 가졌다면 이렇게 말하겠지요. '소 크라테스님과 프로타고라스님, 그대들은 둘 다 이상한 사람이오. 소크 라테스님, 그대는 처음에는 미덕은 가르칠 수 없는 것이라고 주장하더 니 지금은 그에 반하는 주장을 하느라 열을 올리고 있소. 그대는 정의, 절제, 용기 등 모든 것이 지식이라는 것을 증명하려고 하는데, 그런 식 b 이라면 미덕은 분명 가르칠 수 있는 것일 테니 말이오. 미덕이 프로타고라스가 증명하려고 하듯 지식이 아닌 다른 것이라면 분명 가르칠 수 있는 것이 아닐 것이오. 그러나 소크라테스님, 그대가 증명하려고 열을 올리고 있듯이 미덕이 전적으로 지식이라는 것이 밝혀질 경우, 미덕이 가르칠 수 없는 것이라면 그것은 놀라운 일일 것이오. 한편 프로타고라스님은 처음에는 미덕은 가르칠 수 있는 것이라고 주장하다가 지금은 반대로 미덕은 사실상 지식이 아닌 다른 것이라는 것을 밝히려고 열을 올리는 것처럼 보이는데, 그럴 경우 미덕은 사실상 가르칠 수 없는 것

c 이 되겠지요.'

프로타고라스님, 나는 이 모든 것이 이처럼 뒤죽박죽이 된 것을 보고는 이를 철저히 규명하고 싶은 마음이 간절합니다. 그리고 우리가 기왕 여기까지 왔으니 미덕이 무엇인지 고찰하고, 이어서 미덕은 가르칠 수 있는 것이냐 가르칠 수 없는 것이냐 하는 문제를 다시 따져보고 싶어요. 나는 에피메테우스가 우리를 우롱하며 우리의 탐구를 망쳐놓기

d 를 원하지 않아요. 그대의 이야기에 따르면 그가 선물들을 분배할 때 우리를 속였듯이 말이에요. 그 이야기에서 나는 에피메테우스보다는 프로메테우스가 더 마음에 들었어요. 그리고 내가 이런 모든 일에 노력을 아끼지 않는 것은 프로메테우스를 본받아, 다가올 내 삶 전체를 미리 생각하기 때문입니다. 그래서 그대만 좋으시다면 내가 처음에 말했듯이 그대와 함께 이 문제들을 철저히 고찰하는 것은 나에게는 더없는 즐거움이 될 겁니다."

그러자 프로타고라스가 말했네. "소크라테스님, 나는 그대의 열의와 철저한 논의에 찬사를 보내오. 대체로 말해서 나는 내가 나쁜 사

람이라고 여기지 않으며, 남의 성공을 시새움할 사람이 절대 아니오. e
실제로 나는 그대에 대해 많은 사람에게 이야기했고, 내가 만난 사람
중에서는, 아무튼 그대의 또래 중에서는 그대가 가장 인상에 남는다고
말하곤 했소. 단언컨대 그대가 지혜로 명망 높은 사람들의 반열에 오
른다 해도 나는 놀라지 않을 것이오. 오늘 제기된 문제들은 다음에, 그
대가 원할 때 철저히 검토할 것이오. 지금은 다른 일에 관심을 가질 때
요.”

“그대가 그렇게 생각하신다면” 하고 내가 말했네. “우리는 그렇게 해
야겠지요. 실은 나도 아까부터 가봐야 할 데가 있었는데, 우리 친구 칼 362a
리아스에게 호의를 보이느라 여기 머물렀던 것뿐이오.”

그렇게 대화가 끝나자 우리는 그곳을 떠났네.

이온

이온 **차례**

작품 소개

『이온』은 소아시아 에페소스(Ephesos) 시 출신 음유시인 이온이 아테나이에 갔다가 시의 본질에 관해 소크라테스와 나눈 짧은 대화편으로, 『국가』 2권, 3권, 10권과 더불어 플라톤의 시론(詩論)의 핵심이다.

소크라테스는 모방에 바탕을 둔 시적 진리의 불충분함을 비판하면서 "알지도 못하면서 멋진 말을 늘어놓는" 음유시인도 문제삼는다. 그는 철학자가 지식에 근거하여 사물을 탐구하는 것과 달리, 시인이 체계적인 지식 없이 신적인 영감을 받아 신들린 상태에서 작시한다고 주장한다.

소크라테스는 "신에 의해 정신을 빼앗긴" 시인들이 신의 말을 전하는 매개자라고 본다. 그는 자석(磁石)의 예를 들어 설명한다. 시가(詩歌)의 여신이 시인에게 영감을 불어넣으면 그 영감은 시인을 통해 음유시인에게, 또 음유시인을 통해 청중에게 전달되는데, 그것은 마치 자석이 A라는 금속물체를 당기면 A를 통해 B라는 금속 물체도 당기고 B를 통해 C라는 금속 물체도 당기는 것과도 같다는 것이다.

이렇게 시인과 음유시인을 영감의 대변자로 인정하면서 이들을 지식과 진리의 관점에서 재조명한다. 호메로스가 어떤 주제에 관해서 말하는 것이 참되고 아름다운지에 대해서는 (건강에 관해서는 의사가, 항해에 관해서는 선장이 지식을 지니고 판정하는 것처럼) 해당 분야의 전문가가 제대로 판정할 수 있다. 그런데 특정한 기술은 다른 것과 다르고, 각 기술자는 자신의 기술을 알 뿐이므로, 그 누구도 모든 기술을 알 수는 없다. 그런데 시인이 모든 상황에서 모든 기술을 안다고 주장한다면, 이처럼 아는 체하는 시인은 사실상 무지한 자에 지나지 않을 것이다.

마찬가지로 시인과 청중 사이의 매개자인 음유시인도 모든 것을 알지는 못한다. 예를 들어, 장군으로서 대원들을 격려해야 할 때, 음유시인이 장군의 직무를 안다면, 그가 장군으로서 아는 것이 아니라 장군을 모방하는 자로서 알 뿐이다. 음유시인은 장군을 모방하는 말을 전달하고 그 말로 감동을 줄 수 있지만 그 자신이 장군일 수도 없고, 장군의 능력을 지닌 자도 아니다.

이런 맥락에서 이온이 호메로스를 찬양할 수 있는 것은 기술, 전문 지식 덕분일 수 없다. 이런 이온은 스스로 원하는 것처럼 "호메로스에 관해 아름다운 것들을 많이 안다고 장담"할 수도 없다. 이런 비판에 직면해서 이온은 "호메로스에 사로잡혀서 알지도 못하면서 멋진 말을 늘어놓는 불의한 자"가 되지 않으려면 신적 영감의 매개자로 만족해야 한다. 이처럼 소크라테스는 지식의 관점에서 비극시인과 음유시인을 비판적으로 조명함으로써 비극과 대결하고 그것의 몰락을 예비한다.

530a **소크라테스** 반갑소이다, 이온님. 이렇게 우리를 찾아주시다니, 지금 어

디서 오시는 길이오? 에페소스¹에 있는 집에서 오시는 길인가요?

이온 아니요, 소크라테스님. 에피다우로스²의 아스클레피오스 축제

에 갔다가 오는 길이라오.

소크라테스 설마 에피다우로스인들이 그 신을 위하여 음유시인³들의

경연(競演)도 개최한다는 말은 아니겠지요?

이온 개최하지 않기는요. 그들은 모든 종류의 시가(詩歌)를 위해 경

연을 개최하는걸요.

소크라테스 정말이오? 그렇다면 그대도 경연에 참가하셨나요? 성적

은 어땠나요?

b **이온** 물론 우리가 우승했지요, 소크라테스님.

소크라테스 듣기 좋군요. 그렇다면 판아테나이아 축제⁴에서도 우리

가 우승하도록 해요.

이온 그렇게 되겠지요. 그게 신의 뜻이라면.

소크라테스 이봐요, 이온님. 사실 나는 그대들의 직업⁵이 부러웠던 적

이 한두 번이 아니라오. 그대들은 직업상 늘 최대한 곱게 차려입고 보

기 좋게 모양을 내잖아요. 그뿐인가요. 그와 동시에 수많은 위대한 시인들, 그중에서도 가장 훌륭하고 가장 신적인 호메로스[6]의 작품들에 전념하며 그분의 말씀뿐 아니라 그분의 사상을 이해해야 할 텐데, 그 점은 당연히 부러움을 살 만하니까요. 시인의 말뜻을 알아차리지 못   c 하면 어느 누구도 훌륭한 음유시인이 될 수 없을 테니 말이오. 음유시 인은 시인의 사상을 청중에게 전달해야 하는데, 시인의 말뜻을 알아 차리지 못하면 어떻게 그 일을 제대로 해낼 수 있겠소? 그래서 나는 이 모든 것이 부럽다는 것이오.

이온 소크라테스님, 그것은 맞는 말이오. 나로서도 내 직업의 바로 그 점이 가장 힘들었소. 그리고 나는 호메로스에 관해서는 내가 누구보   d 다 더 훌륭하게 말한다고 자부하고 있소. 람프사코스의 메트로도로

---

1   Ephesos. 소아시아 이오니아(Ionia) 지방의 도시.

2   에피다우로스(Epidauros)는 펠로폰네소스(Peloponnesos)반도 북동부 아르골리 스(Argolis)반도에 있는 소도시로, 의신(醫神) 아스클레피오스(Asklepios)의 신전과 극 장으로 유명하다.

3   rhapsodos. 자작시보다는 대개 호메로스(Homeros)의 서사시 등 남의 시를 음송했다.

4   판아테나이아(Panathenaia) 축제는 아테나이(Athenai) 시의 수호여신 아테나 (Athena)의 탄생을 기리는 대규모 여름 축제로, 해마다 지금의 7월 말에 개최되었다. 이때 아테나이 시민들은 파르테논(Parthenon) 신전의 프리즈(frieze)에서 볼 수 있듯이 파르테논을 향해 행렬을 지어 올라갔고 황소들을 제물로 바쳤으며 신전 안에 안치된 거대한 여신상에 새 옷(peplos)을 지어 바쳤다. 4년에 한 번씩 대규모로 개최된 대(大) 아테나이아 제에서는 각종 경기, 경마, 시가 경연도 곁들여졌다.

5   techne.

6   Homeros. 기원전 730년경에 활동한 그리스 서사시인으로, 작품으로는 『일리아 스』(Ilias), 『오뒷세이아』(Odysseia)가 남아 있다.

스[7]도, 타소스의 스테심브로토스[8]도, 글라우콘[9]도, 그 밖의 어느 누구도 호메로스에 관한 한 나만큼 아름다운 해석을 많이 내놓지는 못했으니까요.

소크라테스 거참, 듣기 반가운 얘기로군요. 그대는 그 아름다운 해석들을 내게 보여주기를 꺼려하시지 않을 테니 말이오.

이온 소크라테스님, 아닌 게 아니라 호메로스를 내가 얼마나 멋지게 치장했는지 한번은 들어볼 만하지요. 그래서 나야말로 호메로스의 제자들[10]에 의해 머리에 금관이 씌워질 자격이 있다고 생각해요.

소크라테스 그렇다면 나도 언젠가는 틈을 내어 그대에게 들어봐야겠네요. 하지만 지금은 나의 이 질문에 대답해주시오. 그대는 호메로스에만 밝으시오, 아니면 헤시오도스[11]와 아르킬로코스[12]에도 밝으시오?

이온 아니, 호메로스에만 밝답니다. 그 정도면 나한테는 충분한 것 같아서요.

소크라테스 호메로스와 헤시오도스가 한 주제로 같은 말을 하는 경우는 없나요?

이온 그런 경우도 많은 것 같아요.

소크라테스 그런 경우 그대는 헤시오도스의 시구보다 호메로스의 시구를 더 훌륭하게 해석하시나요?

이온 두 분이 같은 말을 하는 주제들은 똑같이 해석하지요.

소크라테스 두 시인이 같은 말을 하지 않는 주제들은 어떻게 하시나요? 예를 들어 예언술 같은 것 말이오. 예언술에 관해 호메로스도 무슨 말을 하고, 헤시오도스도 무슨 말을 할 테니까요.

이온 물론 그렇지요.

소크라테스 어때요? 두 시인이 예언술과 관련해 같은 말을 하는 구절이든 다른 말을 하는 구절이든 누가 더 훌륭하게 해석할까요? 그대일까요, 아니면 훌륭한 예언자일까요?

이온 예언자이겠지요.

소크라테스 그대가 예언자라고 가정해보시오. 만약 그대가 두 시인이 같은 말을 하는 구절들을 해석할 수 있다면, 두 시인이 다른 말을 하는 구절들도 해석할 수 있지 않을까요?

이온 물론이지요.

소크라테스 그렇다면 그대가 호메로스에는 밝으면서도 헤시오도스나 c
다른 시인들에는 밝지 못하다는 것은 대체 어찌 된 영문인가요? 호메

---

7 메트로도로스(Metrodoros)는 철학자 아낙사고라스(Axanagoras)의 제자로 기원전 5세기 전반에 호메로스의 시를 우의적(寓意的)으로 해석했다고 한다. 람프사코스(Lampsakos)는 헬레스폰토스(Hellespontos) 해협의 아시아 쪽 도시이다.

8 스테심브로토스(Stesimbrotos)는 기원전 5세기 말에 활동한 호메로스 학자이다. 타소스(Thasos)는 에게해 북부에 있는 섬이다.

9 여기에 나오는 글라우콘(Glaukon)이 누군지는 알 수 없지만, 아리스토텔레스(Aristoteles)의 『시학』(*Peri poietikes*) 1461b에 나오는 호메로스 주석학자와 동일인으로 보는 이도 있다.

10 Homeridai. 원래는 자신들이 호메로스의 후예들이라고 주장하는 키오스(Chios)섬 음유시인들의 단체이다.

11 헤시오도스(Hesiodos)는 호메로스보다 한 세대 뒤인 기원전 700년경에 활동하던 그리스의 서사시인이다. 작품으로는 『신들의 계보』(*Theogonia*), 『일과 날』(*Erga kai hemerai*) 등이 남아 있다.

12 아르킬로코스(Archilochos)는 기원전 7세기 중엽에 활동하던 그리스 서정시인이다.

로스는 다른 모든 시인들이 말하는 것과는 다른 주제에 관해 말하나요? 호메로스는 주로 전쟁 이야기, 착한 사람들과 나쁜 사람들 또는 문외한과 전문가 등이 공동체 안에서 어떻게 교류하며 신들은 신들과 인간들과 어떻게 어울리는지, 하늘과 저승에서는 어떤 일이 일어나는지 들려주지 않나요? 이런 것들이 호메로스 시의 주제 아닌가요?

이온 맞는 말씀입니다, 소크라테스님.

소크라테스 다른 시인들은 그들도 같은 주제들에 관해 시를 쓰지 않나요?

이온 물론 그렇지요. 하지만 소크라테스님, 그들은 호메로스처럼 쓰지는 않았소.

소크라테스 어때요? 작시(作詩)를 더 열등하게 했나요?

이온 네, 훨씬 열등하게요.

소크라테스 그렇다면 호메로스가 더 훌륭하게 썼나요?

이온 제우스에 맹세코, 더 훌륭하게 썼지요.

소크라테스 친애하는 이온님, 만약 여럿이 산술에 관해 논의하는데 그중 한 명이 가장 말을 잘한다면, 누가 가장 훌륭한 웅변가인지 누군가는 구별할 수 있겠지요?

이온 네, 그렇겠지요.

소크라테스 열등한 웅변가를 구별할 수 있는 것도 같은 사람일까요, 아니면 다른 사람일까요?

이온 분명 같은 사람이겠지요.

소크라테스 그는 산술에 밝은 사람이겠지요?

이온 네.

소크라테스 어때요? 여럿이 몸에 좋은 음식에 관해 논의하는데, 그중 한 명이 가장 말을 잘한다고 가정해봅시다. 가장 말을 잘하는 사람이 가장 말을 잘한다는 것을 아는 사람과 남보다 말을 못하는 사람이 남보다 말을 못한다는 것을 아는 사람은 서로 다른 사람일까요, 아니면 같은 사람일까요?

이온 확실히 같은 사람이겠지요.

소크라테스 그는 누구일까요? 우리는 그를 뭐라고 부르나요?

이온 의사라고 불러요.

소크라테스 그렇다면 우리는 여럿이 같은 주제를 놓고 논의할 때, 말을 잘하는 사람과 말을 잘하지 못하는 사람을 구별할 수 있는 것은 언제나 같은 사람이라고 일반화해서 말할 수 있을 것이오. 그렇지 않다면 주제 532a 가 같을 경우 누가 말을 잘하지 못하는 사람을 구별할 수 없다면, 말을 잘하는 사람도 분명 구별할 수 없을 테니 말이오.

이온 그렇지요.

소크라테스 그러니 같은 사람이 양쪽 모두에 밝겠지요?

이온 네, 그래요.

소크라테스 그런데 방금 그대는 호메로스와 다른 시인들은(여기에는 헤시오도스와 아르킬로코스도 포함된다고 했소) 모두 같은 주제에 관해 말해도 똑같이 훌륭하게 말하지 않고, 호메로스는 훌륭하게 말하는데 나머지는 열등하게 말한다고 주장하셨던가요?

이온 네. 그리고 그것은 사실이고요.

소크라테스 그대가 정말로 누가 말을 잘하는지 안다면, 말을 잘하지 못하는 사람이 말을 잘하지 못한다는 것도 아시겠구려.

이온 그럴 것 같은데요.

소크라테스 여보시오! 그렇다면 이온은 호메로스와 다른 시인들에 밝다고 우리가 말해도 틀린 말이 아니겠구려. 같은 사람이 같은 주제에 관해 말하는 모든 사람을 제대로 판단할 수 있다고, 그리고 사실상 모든 시인은 같은 주제를 다룬다고 그대도 인정하셨으니까요.

이온 그렇다면 소크라테스님, 다음은 어떻게 설명할 수 있을까요? 누가 다른 시인에 관해 논하면 나는 집중력이 부족해서 이렇다 할 발언도 하지 못하고 졸기만 한다오. 그러나 누가 호메로스를 언급하면 나는 곧바로 졸음이 가시고 정신이 말똥말똥해져서 할 말이 많아진다오.

소크라테스 여보시오, 그것은 알아맞히기 어렵지 않소이다. 그대가 호메로스에 관해 기술[13]과 전문지식[14]에 근거해 말할 수 없다는 것은 누가 봐도 명백하니까요. 만약 그대가 기술에 근거해서 그럴 수 있다면 그 밖의 다른 모든 시인들에 관해서도 말할 수 있을 테니 말이오. 시(詩)는 하나의 전체이기 때문이오. 그렇지 않나요?

이온 네, 그렇지요.

소크라테스 누가 다른 기술도 하나의 전체로서 습득한다면, 모든 기술에는 같은 고찰 방법이 적용되겠지요? 이온님, 이 말이 무슨 뜻인지 내가 설명해주기를 바라시오?

이온 소크라테스님! 제우스에 맹세코, 나로서는 그랬으면 고맙겠소. 나는 지혜로운 사람들의 고견을 기꺼이 듣고 싶으니까요.

소크라테스 그대의 말이 참말이라면 얼마나 좋겠소, 이온님. 하지만 지혜로운 사람은 그대들 음유시인들과, 배우들과, 그대들이 읊어대는 그 시의 시인들이라오. 나로 말하면, 단순한 문외한에게서 예상되는 진실을 말할 뿐이오. 방금 내가 그대에게 물어본 것은 보시다시피 누구나 다 알 수 있는 평범하고 보잘것없는 질문이었으니 말이오. 그것은 누가 기술을 하나의 전체로서 습득할 경우 같은 고찰 방법이 적용되느냐 하는 것이었소. 그것을 이렇게 생각해보도록 해요. 회화(繪畵)는 하나의 전체로서 습득해야 할 기술이겠지요?

이온 물론 그렇지요.

소크라테스 그리고 훌륭하고 열등한 화가들이 지금도 많이 있고, 과거에도 많이 있었겠지요?

이온 물론이지요.

소크라테스 그런데 그대는 아글라오폰의 아들 폴뤼그노토스[15]가 그린 작품들의 잘된 점과 잘못된 점을 지적하는 데는 능하면서 다른 화가들의 작품에는 그렇지 못한 사람을 보신 적이 있나요? 그리고 다른 화가들의 작품이 전시되었을 때는 졸음이 밀려와서 당황해 아무 말도 못하다가 폴뤼그노토스나 그 밖에 마음에 드는 다른 화가를 비평해야

---

13 techne.

14 episteme.

15 폴뤼그노토스(Polygnotos)는 타소스 섬 출신의 유명 화가로, 기원전 470년경 아테나이 공공건물들을 그림으로 장식했다.

할 때만은 졸음이 가시고 정신이 집중되며 할 말이 많아지는 사람을 보신 적이 있나요?

이온 제우스에 맹세코, 결코 본 적이 없어요.

소크라테스 조각의 경우는 어떤가요? 그대는 메티온의 아들 다이달
b 로스[16]나 파노페우스의 아들 에페이오스[17]나 사모스 출신 테오도로스[18]나 그 밖의 어떤 한 조각가가 훌륭하게 조각한 부분을 해석하는 데는 능하면서 다른 조각가들의 작품을 대하면 졸음이 밀려와서 당황해 할 말이 궁색해진 사람은 보신 적이 있나요?

이온 제우스에 맹세코, 그런 사람을 본 적은 없어요.

소크라테스 생각건대, 그대는 또한 피리를 불거나 키타라[19]를 연주하거나 시를 음송함에 있어 올륌포스[20]나 타뮈리스[21]나 오르페우스[22]나 이타케 섬의 음유시인 페미오스[23]를 해석하는 데는 능하면서
c 에페소스 출신 음유시인 이온의 장점과 단점에 관해서는 당황해하며 할 말이 궁색한 사람을 보신 적이 없을 것이오.

이온 소크라테스님, 나는 그 점에 대해 그대에게 이의를 제기할 수 없겠지요. 하지만 내가 확신하는 한 가지가 있는데, 그것은 호메로스에 관해서는 내가 어느 누구보다 말을 잘하며 할 말이 많다는 것이오. 남들도 내가 말을 잘한다고들 해요. 그러나 나는 다른 시인에 관해서는 말을 잘하지 못해요. 이게 대체 어찌 된 일인지 고찰해주시오.

소크라테스 이온님, 고찰하고 있소이다. 그리고 그 점에 대해 내가 어떻
d 게 생각하는지 그대에게 말하려던 참이오. 그러니까 앞서[24] 내가 말했듯이, 그대가 호메로스에 관해 말을 잘하는 것은 그대가 기술을 습득

해서가 아니라, 마치 에우리피데스가 마그네시아[25] 돌이라 부르고[26]
다른 사람들은 헤라클레이아[27] 돌이라고 부르는 돌[28]처럼, 어떤 신

16 다이달로스(Daidalos)는 인류 최초의 조각가였다고 한다.

17 에페이오스(Epeios)는 트로이아의 목마를 제작한 사람이다. 『오뒷세이아』 8권 493행 참조.

18 테오도로스(Theodoros)는 기원전 6세기 중엽에 활동한 유명 금속 공예가로, 크로이소스(Kroisos)가 델포이(Delphoi) 신전에 바친 은제 포도주 희석용 동이(헤로도토스, 『역사』 1권 51장)와 폴뤼크라테스(Polykrates)의 에메랄드 인장 반지(헤로도토스, 『역사』 3권 41장)를 제작했다. 사모스(Samos)는 이오니아 지방 앞바다에 있는 섬이다.

19 '피리'라고 번역한 aulos는 지금의 오보에나 클라리넷에 가까운 관악기로 디튀람보스, 비극과 희극 코로스의 반주 악기로 사용되었으며 잔치 때나 제물 바칠 때, 장례 때도 연주되었다. 키타라(kithara)는 소리가 더 잘 울리도록 뤼라(lyra)를 개량한 악기이다. 뤼라는 활을 사용할 줄 몰라 손가락으로 뜯거나 채 따위로 켜던 발현악기(撥絃樂器)로 현의 길이가 모두 같다는 점에서 하프와 다르다. 피리와 더불어 고대 그리스의 주요 악기인 뤼라는 주로 서정시 반주에 사용되었다.

20 올륌포스(Olympos)는 소아시아 프뤼기아(Phrygia) 지방 출신의 가인(歌人)으로, 시가(詩歌)의 신화적인 창시자이다. 『향연』 215c 참조.

21 타뮈리스(Thamyris)는 트라케(Thraike) 지방 출신의 전설 속 가인이다. 그가 무사 여신들과의 경연에 져서 장님이 되고 음악 재능까지 빼앗긴 이야기는 『일리아스』 2권 594행 참조.

22 오르페우스(Orpheus)는 트라케 출신의 전설 속 가인으로, 그가 악기를 연주하면 야수들도 유순해졌다고 한다.

23 페미오스(Phemios)는 이타케(Ithake) 섬에 있는 오뒷세우스(Odysseus)의 궁전에서 페넬로페(Penelope)의 구혼자들의 흥을 돋우기 위해 노래해야 했던 가인이다. 『오뒷세이아』 1권 154행, 22권 331행 참조.

24 532c.

25 여기서는 소아시아에 있는 도시 마그네시아(Magnesia)를 말하는 것 같다.

26 에우리피데스(Euripides), 단편 567 Nauck 참조.

적인 힘이 그대를 움직이기 때문이오. 그 돌은 무쇠 반지들을 끌어당

e 길 뿐만 아니라 반지들에 힘을 나눠주어 반지들이 돌과 똑같은 일을

할 수 있게 하지요. 그래서 이 반지들이 다른 반지들을 끌어당기니, 때

로는 쇳조각과 반지들이 서로 매달린 채 긴 사슬을 이루지요. 그러나

이 모든 것들의 힘은 저 돌 하나에 달려 있다오. 마찬가지로 무사[29] 여

신이 먼저 사람들에게 몸소 영감을 불어넣으면, 그때는 이들 영감 받

은 사람들을 통해 다른 사람들이 영감을 받아 사슬처럼 서로 연결되

지요. 훌륭한 서사시인들이 훌륭한 시를 읊는 것은 모두 기술 덕분이

아니라 영감을 받았기 때문이며, 훌륭한 서정시인들 또한 그 점에서는

534a 마찬가지라오. 마치 코뤼반테스들[30]이 춤출 때는 제정신이 아니듯 서

정시인들도 아름다운 서정시를 쓸 때는 제정신이 아니며, 화음과 리듬

을 타자마자 박코스[31]의 여신도들처럼 미치기 시작한다오. 그리고 박

코스의 여신도들이 씌었을 때 강에서 젖과 꿀을 푸고 제정신이 들면

그러지 않듯, 서정시인들의 혼도 그들의 말에 따르면 그렇다고 합니다.

b 그들이 말하기를, 그들은 무사 여신들의 정원과 골짜기들에 있는 꿀

이 흐르는 샘들에서 노래를 주워 모아 꿀벌처럼 하늘을 날아서 우리에

게 가져온다니 말이오. 아닌 게 아니라 그들이 하는 말은 사실이오. 시

인은 가볍고 날개 달린 신성한 존재이며, 신들리고 제정신이 아니고 지

성[32]을 잃기 전까지는 작시할 수 없기 때문이오. 인간은 누구나 지성이

있는 동안에는 작시할 수 없고 예언을 노래할 수도 없는 법이오. 따라

서 그들이 작시하고 그대가 호메로스에 관해 그러하듯 그들이 인간 행

c 적에 관해 아름다운 말을 많이 하는 것은 기술 덕분이 아니라 신의 은

덕인 만큼, 개개의 시인은 무사 여신이 부추긴 것에 한해 작시할 수 있는 것이오. 그래서 누구는 디튀람보스[33]에, 누구는 찬가에, 누구는 무도곡에, 누구는 서사시에, 누구는 단장격 시행[34]에 능하고 저마다 다른 부문의 시에는 보잘것없는 것이라오. 그들은 기술이 아니라 신의 권능에 힘입어 그런 시행을 쓸 수 있기 때문이지요. 만약 그들이 기술을 습득하여 한 가지 부문의 시에 관해 훌륭하게 말할 줄 안다면 모든 부문의 시에 관해서도 그럴 수 있을 테니까요. 그래서 신은 시인들에게서 지성을 빼앗고 그들을 예언자나 신통한 점쟁이들처럼 종으로 부리는 것이지요. 그들에게는 지성이 없는 만큼 그런 가치 있는 말을 하는 것은 그들이 아니라 신이며, 신이 그들을 통해 우리에게 말을 건다는 것을 우리가 듣고 알도록 말이오. 이를 뒷받침하는 확실한 증거는 칼키스 출신 튄니코스[35]의 경우랍니다. 그는 평생 동안 이렇다 할 시를 한 편도 짓지 않다가 누구나 다 부르는 찬신가[36]를 썼는데, 이것은 걸

d

---

27 헤라클레이아(Herakleia)라는 지명은 많은데, 여기서는 위의 마그네시아 시 남쪽에 있는 어느 도시를 말하는 것 같다.

28 천연 자석.

29 무사(Mousa 복수형 Mousai 영/Muse)는 시가의 여신으로, 대개 9명인 것으로 알려져 있다.

30 코뤼반테스들(Korybantes)은 지모신(地母神) 퀴벨레(Kybele)의 사제들로 요란한 음악과 광적인 춤으로 여신에게 경의를 표했다.

31 박코스(Bakchos)는 주신(酒神) 디오뉘소스(Dionysos)의 다른 이름이다.

32 nous.

33 디튀람보스(dithyrambos)는 주신 디오뉘소스에게 바치는 합창서정시이다.

34 단장격(∪-) 시행은 주로 비극의 대사에서 사용되었다.

작 서정시로 그의 말처럼 '무사 여신들의 횡재'[37]이지요. 생각건대, 우리가 의심하지 않도록 신은 누구보다도 그를 통해, 이 아름다운 시들은 인간이 만든 인간의 작품이 아니라 신이 만든 신의 작품이라는 것을, 그리고 시인이라는 존재는 저마다 자기에게 영감을 불어넣은 신에게 홀린 신들의 대변자에 지나지 않음을 보여주는 듯해요. 이를 보여주기 위해 신은 일부러 가장 보잘것없는 시인을 통해 가장 아름다운 서정시를 불렀던 것이지요. 어때요, 그대는 내 말이 사실이 아니라고 생각하시오, 이온님?

535a

이온 제우스에 맹세코, 나도 동감이오. 소크라테스님, 나는 그대의 말에 감명받았소. 그리고 훌륭한 시인들이 신들에게서 우리에게로 그런 시들을 전달할 수 있는 것은 신의 은덕이라고 믿어요.

소크라테스 한편 그대들 음유시인은 시인들의 말을 우리에게 전달하는 것이겠지요?

이온 그 역시 옳은 말이오.

소크라테스 그렇다면 그대들은 전달받은 것을 전달하는 사람들이겠네요?

이온 전적으로 동의해요.

b **소크라테스** 자, 그럼 이 점에 대해 말해주시오, 이온님. 내 물음에 솔직히 대답해주시오. 오뒷세우스가 문간으로 뛰어들어 구혼자들에게 자신의 정체를 밝히며 화살들을 자기 발 앞에 쏟는 장면이든, 아킬레우스[38]가 헥토르에게 달려드는 장면이든, 안드로마케나 헤카베나 프리아모스[39]에 얽힌 슬픈 장면이든 그대가 서사시를 훌륭하게 음송하여 청중을 크게 감동시킬 때, 그대는 정신이 온전하시오, 아니면

c

제정신이 아니시오? 그래서 그대의 혼이 들뜬 나머지 이타케든 트로이아든 그 밖에 서사시의 사건이 전개되는 다른 곳이든, 그대가 묘사하는 장소에 가 있다고 믿으시나요?

이온 소크라테스님, 그대는 참으로 생생한 예를 들이대시는구려. 내 그대에게 솔직히 말하겠소. 슬픈 이야기를 할 때면 내 두 눈에는 눈물이 가득 고이고, 두렵고 무서운 이야기를 할 때면 나는 모골이 송연하고 가슴이 팔딱팔딱 뛴다오.

소크라테스 어때요, 이온님? 우아하게 차려입고 머리에 금관을 쓴 사람 d
이 자신의 장신구를 하나도 잃어버리지 않았는데도 축제의 제물을 보고 눈물을 흘리거나, 또는 아무도 그의 옷을 벗기거나 해코지하려 하지 않는데도 2만 명이 넘는 친구들 사이에서 두려움을 느낀다면, 우리는 그 순간 그가 제정신이라고 말할 수 있을까요?

이온 소크라테스님, 솔직히 말하자면 절대로 그렇다고 말할 수 없겠지요.

---

35 튄니코스(Tynnichos)에 관해서는 달리 알려진 것이 없다. 칼키스(Chalkis)는 에우보이아(Euboia) 섬의 서해안에 있는 도시이다.

36 paian. 주로 아폴론(Apollon)에게 바치는 찬신가를 말한다.

37 heurema ti Moisan.

38 아킬레우스(Achilleus)는 트로이아 전쟁 때 그리스군의 으뜸가는 장수이고, 헥토르(Hektor)는 트로이아군의 으뜸가는 장수이다.

39 안드로마케(Andromache)는 헥토르의 아내이고, 헤카베(Hekabe)는 헥토르의 어머니이며, 프리아모스(Priamos)는 헥토르의 아버지로 트로이아 전쟁 때 트로이아의 왕이다.

소크라테스 그리고 그대들 음유시인은 대부분의 관객에게도 같은 감정을 느끼게 한다는 것을 그대는 알고 있나요?

e **이온** 네, 잘 알고 있지요. 나는 매번 연단에서 관객을 내려다보는데, 그럴 때면 그들이 소리 지르고 두려움에 사로잡혀 나를 쳐다보며 내 이야기에 감탄을 금치 못하는 모습을 보니까요. 나는 관객에게 세심하게 신경쓰지 않을 수 없어요. 내가 그들을 울게 만들면 나는 돈을 버니 나중에 웃게 되고, 내가 그들을 웃게 만들면 나는 돈을 벌지 못하고 나중에 울게 되니 말이오.

소크라테스 그리고 그대는 바로 이 관객이 헤라클레이아의 자석에서 차례차례 힘을 전달받는다고 내가 앞서 말한 바 있는 반지들 가운데 맨 마지막 반지라는 것도 알고 있나요? 음유시인 또는 배우인 그대가 중 536a 간 반지이고, 시인이 첫 번째 반지라오. 그러나 하나의 힘이 다른 것에 의존하게 함으로써 이 모든 것을 통해 자신이 원하는 곳으로 인간의 혼을 끌어당기는 것은 신이지요. 자석의 경우처럼 여기에도 합창가무단의 단원들과 교사들과 조교사들이라는 긴 사슬이 있는데, 이것은 또 이것대로 무사 여신에게 매달려 있는 반지들과 수평으로 연결되어 있어요. 어떤 시인은 이 무사 여신에게, 다른 시인은 저 무사 여신에게 매달려 있지요. 우리는 그것을 '씌었다'[40]고 하는데, 사실상 같은 뜻이 b 지요. 그는 '붙들려[41] 있으니'까요. 시인들이라는 이 첫 번째 반지들에는 저마다 다른 자들이 매달려 영감을 받는데, 더러는 오르페우스에, 더러는 무사이오스[42]에, 그러나 대부분은 호메로스에 붙들리고 씌었소. 이온님, 그대도 그중 한 사람으로 호메로스에 사로잡힌 것이오. 그래서 누가 다른 시인의 작품을 노래하면 그대는 졸리고 할 말이 궁해지는 것이오. 그러나 누가 호메로스의 노래를 부르기 시작하면 그대는 당장 졸음이 가시며 혼이 춤추는 가운데 할 말이 많아지는 것이라오. 그도 그럴 것이, 그대가 말하는 것을 말할 수 있는 이유는 호메로스에   c
관한 기술이나 전문지식 덕분이 아니라, 신의 은덕 때문이고 그대가 씌었기 때문에 가능한 것이오. 마치 코뤼반테스들이 자신들을 붙들고 있는 신에게서 유래하는 노래에는 귀가 밝아 그 곡조에 맞춰 몸짓도 할 말도 많아지지만 다른 노래에는 관심이 없듯, 이온님, 그대도 누가 호메로스를 언급하면 할 말이 많지만 다른 시인들에 대해서는 할 말이   d
궁한 것이라오. 그래서 그대가 호메로스에 관해서는 할 말이 많은데 다른 시인들에 대해서는 그렇지 않은 이유가 무엇인지 묻는다면, 나는 그대가 호메로스를 찬양하는 데 능한 까닭은 기술 덕분이 아니라 신의 은덕 때문에 그런 것이라고 말하겠소.

이온 좋은 말씀이오, 소크라테스님. 하지만 내가 호메로스를 찬양할 때 씌었거나 미쳤다는 것을 그대가 그럴듯한 말로 설득할 수 있다면, 나는 정말로 놀라움을 금치 못할 것이오.

소크라테스 나는 그대가 호메로스를 얼마나 멋지게 치장했는지 정말로 듣고 싶소.[43] 하지만 다음 질문에 그대가 답변하기 전에는 듣지 않겠   e

---

40 katechetai.
41 echetai.
42 무사이오스(Mousaios)는 그리스의 전설 속 가인이다.
43 539d 참조.

소. 그대는 호메로스의 주제 가운데 어떤 것에 관해 말을 잘하시오? 설마 그대가 호메로스의 모든 주제에 관해 말을 잘하는 것은 아닐 테니 말이오.

이온 소크라테스님, 잘 알아두시구려. 나는 그분의 모든 주제에 관해 예외 없이 말을 잘한다오.

소크라테스 호메로스가 말한 것이라도 그대가 모르는 주제들에 관해서는 분명 그렇지 않겠지요.

이온 호메로스가 말했는데 내가 모르는 주제들이라니, 그게 어떤 것이지요?

537a **소크라테스** 호메로스는 기술들에 관해 군데군데 말을 많이 하고 있지 않나요? 이를테면 전차(戰車) 모는 기술 같은 것 말이오. 그 시행이 기억난다면 내가 그대에게 말해줄 수 있으련만.

이온 아니, 내가 읊겠소. 나는 기억하고 있다오.

소크라테스 그렇다면 죽은 파트로클로스를 기리기 위해 개최된 전차 경주에서 반환점에 주의하라고 당부하며 네스토르가 아들 안틸로코스[44]에게 한 말을 읊어보시오.

이온 너 자신은 잘 엮은 전차 위에서 말들의 왼쪽으로

b   몸을 살짝 구부리도록 하라. 그리고 오른쪽 말에게는

    소리치고 채찍질하며 손에서 고삐를 늦춰주도록 하라.

    하지만 왼쪽 말은 튼튼하게 만든 바퀴통이

    그 끝을 살짝 스친다고 생각될 정도로

반환점에 바싹 붙여 몰되, 돌에 닿지 않도록 조심하라![45]

소크라테스 그만하면 됐소. 그런데 이온님, 이 시구에서 호메로스가   c
바른말을 하는지 아닌지 누가 더 잘 판단할 수 있을까요? 의사일까
요, 마부일까요?

이온 그야 물론 마부이지요.

소크라테스 그것은 마부가 이 분야의 전문가이기 때문인가요, 아니면
다른 이유 때문인가요?

이온 아니, 그가 이 분야의 전문가이기 때문이지요.

소크라테스 그렇다면 모든 기술의 특정 활동을 이해하는 능력은 신이
부여한 것이겠지요? 우리가 조타술에 의해 아는 것을 의술에 의해
서는 알지 못하니 말이오.

이온 물론 그렇게 알 수는 없지요.

소크라테스 그리고 의술에 의해 아는 것을 건축술에 의해서는 알지
못하오.

이온 물론 알지 못해요.

소크라테스 그럼 우리가 어떤 기술에 의해 아는 것을 다른 기술에 의해   d

---

44 파트로클로스(Patroklos)는 트로이아 전쟁 때 아킬레우스의 전우로, 헥토르의 손
에 죽었다. 네스토르(Nestor)는 트로이아 전쟁 때 그리스군에 조언을 해준 노장이고,
안틸로코스(Antilochos)는 그의 아들이다.

45 『일리아스』 23권 335~340행.

서는 알지 못한다는 이 원칙은 모든 기술에도 적용되겠지요? 그러나 대답하기 전에 먼저 다음에 대해 말해주시오. 그대는 기술에는 서로 다른 여러 종류가 있다는 데 동의하시오?

이온 네, 동의하오.

e **소크라테스** 그도 그럴 것이, 같은 대상들을 다루는 하나의 전문지식이 있다면, 두 기술이 같은 지식을 제공하는데 어찌 서로 다른 기술이라 할 수 있겠소? 예를 들어 이 손가락들을 봅시다. 나는 손가락이 다섯 개라는 사실을 알고 있고, 그대도 손가락에 관해 내가 알고 있는 바를 알고 있소. 그런데 지금 내가 그대에게 그대와 나 두 사람에게 이런 사실을 가르쳐주는 것은 산술이라는 같은 기술인지 아니면 두 가지 상이한 기술인지 묻는다면, 그대는 물론 같은 기술이라고 말하겠지요.

이온 네, 그래요.

538a **소크라테스** 그럼 그대는 내가 조금 전에 던진 질문에 대답해주시오. 이런 원칙은 모든 기술에 적용되나요? 그래서 같은 기술은 같은 대상들에 관해 가르쳐주고, 다른 기술은 다른 기술이므로 같은 대상들이 아니라 다른 대상들에 관해 가르쳐주는 것인가요?

이온 소크라테스님, 나는 그렇다고 생각해요.

소크라테스 그렇다면 어떤 기술을 습득하지 못한 사람은 말해진 것이든 행해진 것이든 그 기술에 관련된 것들을 제대로 알 수 없겠지요?

이온 옳은 말씀이오.

b **소크라테스** 그럼 그대가 인용한 시구에서 호메로스가 아름답게 말하는지 아닌지 누가 더 잘 판단할 수 있겠소? 그대요, 아니면 마부요?

이온 마부이겠지요.

소크라테스 그대는 음유시인이지 마부는 아니기에 그렇겠지요.

이온 네.

소크라테스 음유시인의 기술은 마부의 기술과 다른 것이겠지요?

이온 네.

소크라테스 만약 다른 것이라면, 그것은 다른 사물들에 관한 전문지식이오.

이온 네.

소크라테스 네스토르의 애첩(愛妾) 헤카메데가 부상 당한 마카온[46]에게 보리 음료를 권한다고 호메로스가 말하는 대목은 어때요? 호메로스는 대충 이렇게 말하지요.

c

> 그녀는 프람네산(産) 포도주에 청동 강판으로 염소 치즈를
> 갈아 넣었다. 그리고 술맛을 돋우는 양파를 곁들였다.[47]

여기서 호메로스의 말이 맞는지 틀리는지 제대로 판단할 수 있는 것은 의사의 기술인가요, 아니면 음유시인의 기술인가요?

---

46 마카온(Machaon)은 아스클레피오스의 아들로, 트로이아 전쟁 때 그리스군 의사이다(『일리아스』 2권 518행). 헤카메데(Hekamede)는 테네도스(Tenedos) 섬이 함락되었을 때 노장 네스토르에게 상으로 주어진 여인이다.
47 『일리아스』 11권 639·640·630행을 꿰맞춘 것이다.

이온 의사의 기술이지요.

소크라테스 어때요, 호메로스가 이렇게 말할 때는?

d 그녀는 들에 사는 황소의 뿔 위에 올라앉아

날고기를 먹는 물고기들에게 죽음의 운명을 가져다주는

납덩이처럼 바닥을 향해 날래게 내려갔다.[48]

여기서 호메로스의 말이 무슨 뜻인지, 호메로스의 말이 맞는지 틀리는지 판단하는 것은 어부의 기술이라고 해야 하오, 아니면 음유시인의 기술이라고 해야 하오?

이온 소크라테스님, 그건 분명 어부의 기술이오.

소크라테스 그럼 고찰해보시오. 그대가 질문하는 사람으로서 내게 묻

e 는다고 가정해보시오. "소크라테스님, 그대는 이런 모든 기술을 위해 호메로스에서 각각의 기술이 판단해야 할 구절을 찾아내니, 그대는 예언자와 예언술을 위한 구절도, 그러니까 제대로 작시되었는지 잘못 작시되었는지 예언자가 판단할 수 있는 구절도 말해주시오." 그대는 내가 맞는 대답을 얼마나 척척 쉽게 하는지 보시오. 호메로스는 『오뒷세이아』에서 멜람푸스[49] 집안의 예언자 테오클뤼메노스가 구혼자들에게 말해주는 것과 같은 말을 여러 군데에서 하고 있소.

539a 아아, 불쌍한 자들! 그대들은 어찌 이런 고통을 당하고 있는가?

그대들의 머리와 얼굴과 무릎은 밤의 어둠에 싸여 있구나.

게다가 비명이 활활 타오르고, 그대들의 뺨은 눈물에 젖었구나.

현관과 안마당은 암흑을 향해 에레보스로 달려가는

죽은 자들의 그림자로 가득찼도다. 해는 하늘에서

사라지고 고약한 안개가 세상을 온통 뒤덮는구나.⁵⁰   b

그런 시구는 『일리아스』에도 여러 군데 나오는데, 이를테면 '방벽
에서의 전투'⁵¹에서 호메로스는 이렇게 말하고 있소.

호(濠)를 건너기를 바라던 그들에게 새가 나타났다.

그것은 높이 나는 독수리로 백성들 앞을 지나 왼쪽으로

날았는데, 발톱에는 아직도 살아서 버둥대는 크고 시뻘건   c

뱀을 차고 있었다. 그러나 뱀은 결코 전의를 잃지 않고

머리를 틀더니 자기를 움켜잡고 있는 독수리의 목 바로 옆

가슴을 깨물었다. 그러자 독수리가 고통을 참다못해

뱀을 땅에 내던져 무리들 한가운데로 던지고는

48 『일리아스』 24권 80~82행. 여기서 '그녀'란 신들의 여자 전령 이리스(Iris)를 가
리키는 말이다.

49 멜람푸스(Melampous)는 그리스의 전설적인 예언자이다. 테오클뤼메노스
(Theoklymenos)의 계보에 관해서는 『오뒷세이아』 15권 225~256행 참조.

50 『오뒷세이아』 20권 351~357행. 354행은 빠졌다. 에레보스(Erebos)는 태초의 암
흑이다.

51 teichomachia. 트로이아군이 그리스군의 방벽을 공격하는 『일리아스』 12권의 별칭.

d   소리 내어 울며 바람의 입김을 타고 날아가버렸다.[52]

    단언컨대, 이 시구를 비롯해 이와 같은 시구들은 예언자가 검토하고 판단해야 할 것이오.

이온 소크라테스님, 과연 옳은 말이오.

소크라테스 이온님, 그러는 그대의 말도 옳소이다. 자, 이번에는 그대가 내게 말해주시오. 내가 그대를 위해 『오뒷세이아』와 『일리아스』

e 에서 예언자와 의사와 어부와 연관된 시구를 지적해주었듯이, 이온님, 그대는 나보다 호메로스에 더 밝으니 나를 위해 음유시인과 음유시인의 기술에 속하는 시구를, 음유시인이 어느 누구보다 더 잘 검토하고 더 잘 판단할 수 있는 시구를 지적해주시오.

이온 소크라테스님, 나는 모든 시구가 다 그렇다고 단언하오.

소크라테스 이온님, 설마 모든 시구가 다 그렇다고 주장하시는 것은 아니겠지요. 그대는 그토록 건망증이 심하시오? 건망증이 심한 것은 음유시인에겐 어울리지 않을 텐데요.

540a **이온** 어째서 내가 건망증이 심하다는 건가요?

소크라테스 그대는 음유시인의 기술이 마부의 기술과 다르다고 말한 사실도 기억나지 않으시오?

이온 기억나요.

소크라테스 그대는 또한 둘은 서로 다른 만큼 다른 것들을 알게 되리라는 데 동의했지요?

이온 네.

소크라테스 그럼 그대의 논리대로라면 음유시인의 기술도, 음유시인도 모든 것을 다 알지는 못하겠구려.

이온 하지만 소크라테스님, 그런 것들은 예외라오.

소크라테스 '그런 것들은 예외'라는 말은 '다른 기술들에 속하는 거 b 의 모든 것이 예외'라는 뜻이겠지요. 하지만 그것은 음유시인이 모든 것을 안다는 뜻이 아니고 무엇이겠소?

이온 내 생각에, 남자나 여자 또는 노예나 자유민 또는 피치자(被治者)나 치자(治者)가 말하기에 알맞은 것들이 거기에 속하는 것 같아요.

소크라테스 그렇다면 그대는 배가 바다에서 폭풍을 만났을 때 치자가 어떤 말을 해야 하는지, 선장보다 음유시인이 더 잘 알 것이라고 생각하시오?

이온 아니요. 그런 경우에는 선장이 더 잘 알겠지요.

소크라테스 치자가 환자를 돌볼 경우 무슨 말을 해야 하는지, 의사보 c 다 음유시인이 더 잘 알까요?

이온 그런 경우에도 아니에요.

소크라테스 하지만 음유시인은 노예가 무슨 말을 해야 하는지는 안다는 말인가요?

이온 그렇소.

소크라테스 예를 들어 성난 소떼를 진정시키기 위해 소 치는 노예가

---

52 『일리아스』 12권 200~207행.

무슨 말을 해야 하는지, 음유시인은 알아도 소 치는 목자는 모를 것이란 말인가요?

이온 그렇지는 않소.

소크라테스 실 잣는 여인이 양모 가공과 관련해 무슨 말을 해야 하는지, 음유시인이 알까요?

d **이온** 아니요.

소크라테스 남자가 장군으로서 대원들을 격려할 때는 무슨 말을 해야 하는지, 음유시인이 알까요?

이온 네, 그런 것은 음유시인이 알겠지요.

소크라테스 어때요? 음유시인의 기술은 장군의 기술과 같은 것인가요?

이온 아무튼 나는 장군이 무슨 말을 해야 하는지 알아요.

소크라테스 이온님, 그것은 아마도 그대가 훌륭한 장군이기 때문이겠지요. 그대가 기수(騎手)이자 동시에 키타라 연주자라면, 그대는 잘

e 조련된 말들과 잘못 조련된 말들을 구별할 수 있을 것이오. 하지만 내가 그대에게 묻는다고 가정해보시오. "이온, 그대가 잘 조련된 말들을 알아보는 것은 어느 기술에 의해서요? 그대를 기수로 만들어주는 기술인가요, 아니면 그대를 키타라 연주자로 만들어주는 기술인가요?" 그러면 그대는 뭐라고 대답하겠소?

이온 나를 기수로 만들어주는 기술이라고 대답할래요.

소크라테스 또한 그대가 훌륭한 키타라 연주자들을 구별한다면, 그것을 가르쳐준 것은 그대를 기수로 만들어주는 기술이 아니라 그대를 키타라 연주자로 만들어주는 기술이라는 데에 그대는 동의할 것이오.

이온 그렇소.

소크라테스 그런데 만약 그대가 장군의 직무를 안다면, 그대가 그것을 아는 것은 장군이기 때문인가요, 아니면 훌륭한 음유시인이기 때문인가요?

이온 내게는 아무런 차이도 없는 것 같아요.

소크라테스 아무런 차이가 없다니, 그게 무슨 뜻이오? 음유시인의 기 541a 술과 장군의 기술은 둘이 아니라 하나란 말인가요?

이온 나는 하나라고 생각해요.

소크라테스 그럼 훌륭한 음유시인은 훌륭한 장군이기도 한가요?

이온 그렇고말고요, 소크라테스님.

소크라테스 또 훌륭한 장군은 훌륭한 음유시인이기도 하겠네요.

이온 아니, 거기에는 동의하지 않아요.

소크라테스 하지만 훌륭한 음유시인은 훌륭한 장군이기도 하다는 데에 그대는 동의하셨잖아요?

이온 물론 그랬지요.   b

소크라테스 그대는 헬라스[53] 최고의 음유시인이지요?

이온 단연코 최고이지요, 소크라테스님.

소크라테스 이온님, 그대는 장군으로서도 헬라스에서 최고인가요?

이온 소크라테스님, 잘 알아두시오. 그것 역시 내가 호메로스를 공부

---

53   Hellas. 그리스의 그리스어 이름.

한 덕분이라오.

소크라테스 이온님, 그대가 장군으로서도 음유시인으로서도 헬라스에서 최고라면, 도대체 왜 장군으로서가 아니라 음유시인으로서 헬라스 땅을 돌아다니시는 것이오? 혹시 그대는 헬라스인들에게 금관을 쓴 음유시인은 필요불가결해도 장군은 전혀 필요 없다고 생각하시나요?

이온 소크라테스님, 우리 나라[54]는 그대들 아테나이인들의 지배와 지휘를 받으니 장군이 필요 없소이다. 게다가 아테나이도 라케다이몬[55]도 나를 장군으로 선출하지는 않을 것이오. 그대들은 자신들이 충분히 잘해내고 있다고 생각하니까요.

소크라테스 이봐요, 이온님. 그대는 퀴지코스의 아폴로도로스[56]를 모르시오?

이온 그는 어떤 사람이죠?

소크라테스 그는 아테나이인들이 여러 번 자신들의 장군으로 선출한 외지인이오. 안드로스 출신 파노스테네스[57]와 클라조메나이 출신 헤라클레이데스[58]도 외지인이었소. 하지만 그들은 자신들이 유능하다는 것을 보인 까닭에 우리는 그들에게 장군직과 다른 관직도 맡기고 있소. 하거늘 그런 우리가 에페소스 출신 이온을 왜 장군으로 선출하지 않고 명예를 부여하지 않겠소? 그가 자신이 유능하다는 것을 보인다면 말이오. 더구나 그대들 에페소스인들은 원래 아테나이인들이고,[59] 에페소스는 어느 도시에도 뒤지지 않는데. 한데 이온님, 그대가 호메로스를 찬양할 수 있는 것은 기술과 전문지식 덕분이라는 그대의 주장이 옳다면 그대는 내게 불의를 행하고 있소. 그대는 호메로스에 관해 아름다운 것들을 많이 안다고 장담하며 내게 보여주겠다고 약속했소. 그러나 그대는 보여주기는커녕 나를 기만하고 있소. 내가 아까부터 간청해도 그대는 그대가 능한 것이 대체 무엇인지조차 말해 주려 하지 않으니 말이오. 그대는 영락없는 프로테우스[60]요. 그대는 요리조리 몸을 뒤틀며 여러 가지 형상으로 변신하다가, 호메로스에 관한 그대가 아주 밝다는 것을 보여주지 않으려고 마지막에는 장군의 탈을 쓰고 내 손아귀에서 완전히 빠져나갔으니까요. 만약 그대가 정말로 그 분야의 전문가인데, 내가 방금 말했듯이, 나를 속이기 위해 호메로

542a

54 에페소스는 델로스(Delos) 동맹의 회원국으로 기원전 412년 이오니아 지방의 도시들이 아테나이에 반기를 들 때까지는 아테나이의 통제 아래 있었다. 그래서 대화편 『이온』은 기원전 412년 이전의 펠로폰네소스전쟁 때 쓰여진 것으로 추정된다.

55 라케다이몬(Lakedaimon)은 여기에서 스파르테(Sparte 라/Sparta)와 동의어이다.

56 여기에 나오는 아폴로도로스(Apollodoros)에 관해서는 장군이었다는 것 말고는 달리 알려진 것이 없다. 퀴지코스(Kyzikos)는 프로폰티스 해(Propontis 지금의 마르마라 해) 남안에 있는 도시이다.

57 파노스테네스(Panosthenes)에 관해서는 크세노폰(Xenophon)의 『헬라역사』 (Hellenika) 1권 5장 18절에서 약간 언급되고 있다. 안드로스(Andros)는 에게해 남부에 있는 섬이다.

58 헤라클레이데스(Herakleides)에 관해서는 아리스토텔레스의 『아테나이인들의 정체(政體)』(Athenaion politeia) 41장 3절에서 약간 언급되고 있다. 클라조메나이 (Klazomenai)는 소아시아 이오니아 지방의 도시이다.

59 전설에 따르면, 에페소스는 아테나이 왕 코드로스(Kodros)의 아들 안드로클로스 (Androklos)가 창건했다고 한다.

60 프로테우스(Proteus)는 자유자재로 변신할 수 있는 해신(海神)이다. 『오뒷세이아』 4권 384~461행 참조.

스에 관해 그대가 밝다는 것을 보여주겠다고 약속한 것이라면, 그대는 내게 불의를 행하는 것이오. 하지만 만약 그대가 그 분야의 전문가도 아닌데, 내가 말했듯이 신의 은덕으로 호메로스에 씌어 알지도 못하면서 그에 관해 멋진 말을 늘어놓는 것이라면, 그대는 내게 불의를 행하는 것이 아니오. 그러니 둘 중 하나를 고르시오. 그대는 우리가 그대를 불의한 사람으로 여기기를 원하시오, 아니면 신들린[61] 사람으로 여기기를 원하시오?

b **이온** 소크라테스님, 그것은 큰 차이지요. 신들린 사람으로 여겨지는 것이 훨씬 더 아름다우니까요.

소크라테스 이온님, 그렇다면 우리는 그게 더 아름답다고 생각하겠소. 전문가로서가 아니라, 신들린 사람으로서 호메로스를 찬양하는 것 말이오.

---

61 theios. '신적인'.

크라튈로스

이름의 올바름에 관하여

크라틸로스 차례

『크라튈로스』는 언어의 기원과 어원에 관한 대화편으로, 이름의 올바름이 관습적인 것인가, 아니면 사물의 본성(자연physis)에서 비롯되는 것인가 하는 문제를 다룬다.

이 문제에 대해서 크라튈로스는 자연주의를, 헤르모게네스는 규약주의를 내세운다. 크라튈로스는 있는 것들 각각에는 이름의 올바름이 자연적으로 있으며, 이름은 합의의 산물이 아니고, 이름의 올바름은 그리스인들과 이민족 모두에게 보편적으로 같다고 주장한다. 이에 맞서서 헤르게모네스는 이름의 올바름이 합의와 동의에 따르고, 어떤 것에 무슨 이름을 붙이든 그것은 올바른 이름이며, 이름이 자연적으로 있는 것이 아니라 규칙과 관습에 따른다고 주장한다. 이처럼 이름의 올바름이 객관성과 보편성을 두고 서로 의견이 맞선다. 소크라테스는 중재자의 역할을 맡아서 두 견해의 난점을 차례대로 지적한다.

먼저 소크라테스는 헤르게모네스의 입장을 비판한다. 그는 상대주의에 바탕을 둔 프로타고라스의 '인간 각자가 만물의 척도'라는 주장을 비판한다. 각자가 만물의 척도라는 관점은 사물들이 각자에게 저마다 다르게 보인다고 주장하면서 사물들이 지닌 나름의 확고

한 본질(ousia)을 놓치고 만다. 사물의 이름을 부르는 것은 우리가 원하는 방식이 아니라 그것이 불리는 본래의 방식에 따라야 한다. 이름은 사물 자체의 고유한 본성(physis)을 지닌다.

소크라테스는 직조하는 북을 예로 들면서, 도구를 만드는 사람과 사용하는 사람이 있듯이, 이름의 경우에도 사용하고 가르침에 능한 사람(변증론자)과 그것을 만드는 기술을 지닌 입법자가 있다고 본다. 입법자는 이름을 만들 때, 북을 만드는 직공이 북의 형상(eidos)에 따르듯이, 이름의 본성, 이름인 것 자체를 모델로 삼아서 그것을 자모와 음절로 구현한다. 그런데 도구를 만드는 자와 사용자의 관계에서처럼 이름이 형상을 제대로 구현한 것인지를 아는 사람은 변증론자이므로 이름을 붙이는 입법자는 그의 감독을 받아야 한다.

이런 주장에 동요하는 헤르게모네스가 이름의 본래적인 올바름이 무엇인지에 대한 설명을 요구하자 소크라테스는 호메로스나 시인들에게서 배우자고 제안하면서 호메로스의 말을 분석하면서 다양한 어원을 설명하기 시작한다. 이 대화편의 대부분을 차지하는 이 예들은 100여 가지가 넘는 이름들과 그보다 많은 어원들을 다룬다.

이런 설명은 대상들 각각이 무엇인지를 표현하는 고대 그리스 언어의 다양한 사례를 제시한다. 소크라테스는 ① 호메로스의 작품에 나타난 사람의 이름들과 신들의 이름, ② 본성상 영원한 존재들인 지성적인 혼과 몸의 이름들을 비롯해서 천체들과 해(年)들, ③ 다양한 미덕들과 정서와 의지에 대한 이름들을 비롯한 참과 거짓에 관한 이름들, ④ 복합적인 것을 이루는 단순한 '일차적인' 이름들을 이루는 자모들이 무엇을 모방하는지를 살핀다.

이런 소크라테스의 논의는 대략적으로 크라튈로스의 입장을 지지한다고 볼 수 있지만 그는 자연주의까지도 비판한다. 이름이 사물을 모방한다고 할 때 올바른 이름뿐만 아니라 올바르지 않은 이름도 있을 수 있기 때문이다. 그리고 이름이 사물을 닮으려면 그것을 이루는 자모들이 본래의 사물과 닮아야 한다. 그런데 수(數)처럼 사물과 닮지 않은 경우에 닮은 이름을 붙이기 위해서는 동의나 합의가 요구되므로, 이런 한계를 보완할 관습이 어느 정도 필요하다.

이어서 크라튈로스는 사물이 이름과 닮았으므로 이름을 알면 그 사물을 알 수 있다고 주장한다. 그리고 그는 두 종류의 이름들, 곧 '정지'

쪽으로 이끄는 이름들과 '운동' 쪽으로 이끄는 이름들이 있고, 이 가운데 어느 쪽이 참된 이름들인지를 판정하려면 공통의 기준이 필요하다고 본다. 이에 대해서 소크라테스는 (이름이 아니라) '사물들 자체'가 기준이라고 주장한다. 그래야만 있는 것들 자체를 통해서 있는 것들을 올바르게 배우고 이름 붙이는 방법이 마련될 수 있기 때문이다.

이와 관련해서 소크라테스는 크라튈로스가 지지하는 헤라클레이토스의 만물유전설을 검토한다. 그는 처음에 이름을 붙인 사람들이 "모든 것이 끊임없이 흐른다"고 생각하고 이름을 붙였지만, 모든 것이 끊임없이 변한다면 이름과 지식이 있을 수 없다고 비판한다. 그는 형상(eidos)이 필요하다고 제안하면서, "언제나 같은 상태로 있고 동일한 것", 예를 들어서 '아름다운 것 자체'와 '좋은 것 자체'를 제시한다. 만일 이런 형상이 없고, 모든 것이 끊임없이 흐른다면, 어떤 X에 대해서 '이것'이나 '저것'이라고, '어떤 것'이라고도 말할 수 없을 것이다. 모든 것이 끊임없이 변한다면 이름을 말할 수 있는 자도, 지식을 지닌 자도 없을 것이라는 지적으로 대화가 끝난다. 하지만 크라튈로스는 여전히 헤라클레이토스주의를 버리지 않는다.

이 대화에서 소크라테스가 자신의 결론을 제시하지 않기 때문에 두 이론 가운데 어느 쪽을 지지하는지가 분명하지 않다. 소크라테스가 언어와 관련해서 자연주의자인지, 그가 자연주의와 그 반대 입장을 넘어서는 종합을 추구하는지에 대해서 수많은 논란이 발생하고 다양한 해석들이 엇갈린다.

대담자

소크라테스 아테나이 출신 철학자.

헤르모게네스(Hermogenes) 아테나이 명문가 출신이지만, 물려받은 재산을 잃고 영락한다.

크라튈로스(Kratylos) 아테나이 출신 철학자로 헤라클레이토스(Herakleitos)철학의 열렬한 지지자이며 소크라테스의 젊은 친구이다. 플라톤은 처음에 그의 제자였다고 한다.

383a **헤르모게네스** 그렇다면 여기 계신 소크라테스 선생님도 우리 논의에 참여하시게 할까?

크라튈로스 자네만 괜찮다면.

헤르모게네스 소크라테스 선생님, 여기 있는 크라튈로스의 주장에 따르면 존재하는 사물에는 저마다 올바른 이름이 있는데, 그것은 본성적인 것이랍니다. 말하자면 그것은 그 사물에 적용하기로 인간들이
b 합의한 목소리의 일부가 아니라, 사물에는 본성적으로 올바른 이름이 있는데, 이 점은 헬라스[1]인들에게나 이민족[2]에게나 마찬가지래요. 그래서 제가 그의 이름 크라튈로스는 맞는 이름이냐고 물었더니 그렇다고 대답합니다. 이어서 "소크라테스 선생님께는 어떤 이름이 맞지?" 하고 물었더니, "그야 소크라테스라는 이름이지." 하고 대답합니다. "그 점은 누구에게나 다 마찬가지 아닌가? 우리가 각자를 부르는 바로 그 이름이 그의 이름 아닌가?" 하고 물었더니, "그렇지만 자네 이름은 헤르모게네스[3]가 아니야. 세상 사람이 모두 자네를 그렇게 부른다 해도." 하고 그가 대답하더군요. 그래서 제가 그게 도대체
384a 무슨 뜻인지 설명해달라고 간청하자, 분명하게 말해주기는커녕 저를

갖고 놀지 뭐예요. 그가 분명하게 말하기만 하면 그에게 동조해 이름에 관해 나도 그와 똑같은 주장을 하도록 설득할 수 있는 해답을 아는 척하면서 말이에요. 그러니 선생님께서 크라튈로스의 신탁 같은 말을 어떻게든 해석하실 수 있다면 저는 기꺼이 듣고 싶어요. 아니, 그보다는 이름의 올바름에 관한 선생님만의 의견이 무엇인지 듣고 싶습니다. 선생님만 괜찮으시다면.

소크라테스 힙포니코스의 아들 헤르모게네스, 아름다운 것들은 알기 [b] 어렵다는 오래된 속담도 있지만, 무엇보다 이름에 관해 안다는 것은 분명 쉬운 일이 아닐세. 내가 만약 프로디코스[4]의 50드라크메[5]짜리 강의를 들었더라면 ― 그는 자신의 강의를 듣는 사람은 필요한 전문지식을 다 갖출 수 있다고 주장했네 ― 이름의 올바름에 관한 자네의 질문에 당장 대답할 수 있었을 텐데. 그러나 나는 그 강의는 듣지 못하고 1드라 [c] 크메짜리 강의만 들었기에 이 문제에 관한 진실을 알지 못하네. 하지만 자네와 크라튈로스가 공동으로 이 문제를 고찰한다면 나는 기꺼이 협력하겠네. 그런데 헤르모게네스가 자네 진짜 이름이 아니라는 크라튈

---

1   Hellas. 그리스.

2   barbaros.

3   헤르모게네스(Hermogenes)는 '헤르메스(Hermes) 신의 종족'이라는 뜻이다. 헤르메스는 신들의 전령이자 상업과 무역을 보호하는 재신(財神)이다. 헤르모게네스는 재산을 모으는 데 성공하지 못했다.

4   Prodikos. 소크라테스와 동시대를 살던 케오스(Keos) 섬 출신 소피스트.

5   드라크메(drachme)는 고대 그리스의 화폐단위로 1드라크메는 6오볼로스(obolos), 100드라크메는 1므나(mna), 60므나는 1탈란톤(talanton)이다.

로스의 주장에 관해 말하자면, 그는 자네를 놀리는 게 아닌가 싶네. 아마도 그는 자네가 재산을 모으려 했지만 그때마다 실패했다고 생각하는 것 같으니 말일세. 아무튼 내가 방금 말한 것처럼 이런 것들을 안다는 것은 어려운 일일세. 그러니 자네 말이 옳은지 아니면 크라튈로스의 말이 옳은지 알아내기 위해서 우리는 서로 협력하지 않으면 안 되네.

헤르모게네스 소크라테스 선생님, 이 문제에 대해 여기 있는 크라튈로스뿐 아니라 다른 많은 사람과도 대화를 가끔 나누었지만, 어느 누구

d 도 이름의 올바름이 관습과 합의가 아닌 다른 원칙에 근거한다고 저를 설득할 수 없었어요. 제 생각에, 누가 어떤 것에 어떤 이름을 붙이든 그것은 올바른 이름인 것 같으니까요. 또한 누가 그 이름을 다른 이름으로 바꾼다면, 새 이름이 옛 이름 못지않게 올바른 이름이고요. 그것은 이를테면 우리가 노예들의 이름을 바꾸는 경우와도 같아요. 어떤 이름도 본성적으로 특정 사물에 속하는 것이 아니라, 무릇 이름은 이름을

e 사용하는 사람들의 관습과 습관에 따라 결정되니까요. 만약 내가 잘못 생각하고 있는 것이라면, 크라튈로스뿐 아니라 다른 사람에게도 듣고 배울 준비가 되어 있어요.

385a **소크라테스** 헤르모게네스, 자네 말에 일리가 있는 것 같네만, 과연 그런지 검토해보세. 자네 주장인즉 누가 각각의 사물을 어떻게 부르든 그게 그 사물의 이름이라는 뜻인가?

헤르모게네스 저는 그렇다고 생각해요.

소크라테스 그렇게 부르는 것이 개인이든 국가든 매한가지인가?

헤르모게네스 저는 그렇다고 주장해요.

소크라테스 어떤가? 존재하는 것들 중 하나에 내가 이름을 붙인다고 가정해보게. 이를테면 우리가 지금 '사람'이라고 부르는 것을 내가 '말'[馬]이라 부르고, 우리가 지금 '말'이라고 부르는 것을 내가 '사람'이라 부른다고 가정해보게. 그럴 경우 사람을 공동체는 '사람'이라고 부르는 것이 옳고 나 개인은 '말'이라고 부르는 것이 옳으며, 말을 나 개인은 '사람'이라고 부르는 것이 옳고 공동체는 '말'이라고 부르는 것이 옳을까? 자네는 그렇다고 주장하는가?

헤르모게네스 저는 그렇다고 생각해요.   b

[**소크라테스** 그렇다면 다음 질문에 대답해주게. 자네는 어떤 말은 '참'이라고 부르고, 어떤 말은 '거짓'이라고 부르는가?

헤르모게네스 네, 그래요.

소크라테스 그렇다면 '참말'이 있고 '거짓말'이 있겠지?

헤르모게네스 물론이지요.

소크라테스 그렇다면 존재하는 것을 사실 그대로 말하는 것은 '참말'이고 사실과 다르게 말하는 것은 '거짓말'이겠지?

헤르모게네스 네.

소크라테스 그렇다면 말은 존재하는 것들도 존재하지 않는 것들도 표현할 수 있겠구면?

헤르모게네스 물론이지요.

소크라테스 그런데 참말의 경우, 전체는 참인데 그 부분들은 참이 아닐   c
수도 있을까?

헤르모게네스 아니요. 그 부분들도 참이겠지요.

소크라테스 큰 부분들은 참이고 작은 부분들은 참이 아닌가? 아니면 모든 부분이 참인가?

헤르모게네스 모든 부분이 참이라고 생각해요.

소크라테스 자네는 말을 이름보다 더 작은 부분들로 나눌 수 있다고 보는가?

헤르모게네스 아니요. 이름이 가장 작은 부분이에요.

소크라테스 그렇다면 이름은 참말의 한 부분으로 말해지는 것이겠지?

헤르모게네스 네.

소크라테스 그렇다면 이름은 참일세, 자네 주장에 따르면.

헤르모게네스 네.

소크라테스 그리고 거짓말의 일부는 거짓이 아닐까?

헤르모게네스 저는 그렇다고 주장해요.

소크라테스 따라서 말이 거짓이거나 참일 수 있다면, 이름도 거짓이거나 참일 수 있겠지?

d　**헤르모게네스** 왜 아니겠어요?][6]

소크라테스 그렇다면 저마다 어떤 것에 어떤 이름을 붙이든, 그 이름은 그것을 말할 때는 올바른 이름인가?

헤르모게네스 네.

소크라테스 그리고 누가 각각의 사물에 얼마나 많은 이름을 붙이든, 그가 그 이름을 말할 때는 각각의 사물은 그만큼 많은 이름을 갖게 되는가?

헤르모게네스 소크라테스 선생님, 아닌 게 아니라 저는 그것 말고 이름의 다른 올바름을 알지 못합니다. 저는 제가 붙인 이름으로 각각의 사물을 부를 수 있고, 선생님께서는 선생님께서 붙인 이름으로 부를 수 있겠지요. 보아하니 같은 사물들에 나라마다 다른 이름을 붙이니 말이에요. 이를테면 헬라스인들은 이민족들과 다른 이름을 쓰고, 몇몇 헬라스인 부족은 저마다 다른 이름을 써요.

소크라테스 헤르모게네스, 그렇다면 자, 고찰해보세. 자네는 존재하는 것들도 그와 마찬가지여서 프로타고라스[7]의 말처럼 개인에 따라 상대적이라고 생각하는가? 프로타고라스는 인간[8]이 "만물의 척도"[9]라고 말했는데, 그 말은 사물들은 나에게는 나에게 보이는 그런 것으로 존재하고 자네에게는 자네에게 보이는 그런 것으로 존재한다는 그런 뜻이니 말일세. 아니면 자네는 사물들이 나름대로 확고한 실체[10]가 있다고 생각하는가?

헤르모게네스 소크라테스 선생님, 저도 한때 난관에 부딪혀 프로타고라스의 주장에 빠져든 적이 있었지요. 그렇지만 저는 그의 주장이 옳다

e

386a

---

6 이 번역서의 대본인 옥스퍼드 고전 텍스트의 교열자는 [ ] 안에 든 내용을 훗날 가필된 것으로 본다.

7 Protagoras. 기원전 485년경 에게해 북안의 압데라(Abdera)에서 태어난 유명한 소피스트.

8 anthropos.

9 "panton chrematon metron".

10 ousia.

고는 전혀 믿지 않아요.

소크라테스 어떤가? 자네는 사악한 인간은 존재할 수 없다고 믿을 정도

b 로 그의 주장에 빠져들었는가?

헤르모게네스 제우스에 맹세코, 그렇지 않아요. 오히려 저는 어떤 사람들은 아주 사악하며 그런 사람들이 아주 많다는 믿음에 가끔 빠져들어요.

소크라테스 어떤가? 자네는 아주 훌륭한 사람들이 있다고 생각해본 적은 없는가?

헤르모게네스 그런 사람들은 극소수였어요.

소크라테스 어쨌든 있다고 생각했다는 말이지?

헤르모게네스 네.

소크라테스 이 점에 대해서는 어떻게 생각하는가? 아주 훌륭한 사람들은 아주 지혜로운[11] 사람들이고, 아주 사악한 자들은 아주 어리석은 자들인가? 자네는 그렇다고 생각하는가?

c **헤르모게네스** 저는 그렇다고 생각해요.

소크라테스 그러나 프로타고라스가 진리를 말했고, 사물들은 각자가 생각하는 그런 것으로 존재한다는 것이 진리[12]라면, 우리 가운데 누구는 지혜롭고 누구는 어리석다는 것이 가능할까?

헤르모게네스 불가능해요.

소크라테스 지혜도 존재하고 어리석음도 존재한다면, 프로타고라스의 말은 결코 진리일 수 없다고 자네는 틀림없이 확신할 걸세. 각자가 참

d 이라고 믿는 것이 각자에게 참이라면, 사실 어느 누구도 다른 사람보

다 더 지혜로울 수 없을 테니까.

헤르모게네스 그렇고말고요.

소크라테스 그러나 자네는 모든 것이 모든 속성을 언제나 동시에 갖고 있다는 에우튀데모스의 주장[13]도 받아들이지 않을 것이라고 나는 생각하네. 만약 그처럼 모든 것이 미덕[14]과 악덕[15]을 언제나 동시에 갖고 있다면, 어떤 사람들은 훌륭하지만 다른 사람들은 사악하다는 것은 불가능할 테니까.

헤르모게네스 옳은 말씀이에요.

소크라테스 만약 모든 것이 모두에게 똑같이 언제나 있는 것도 아니고 각 사물들이 개인에 따라 상대적인 것도 아니라면, 사물들은 분명 나름대로 확고한 실체를 갖고 있네. 그러니까 사물들은 우리와의 관계 속에서 존재하거나 우리 생각에 따라 이리저리 바뀌는 것이 아니라, 본성적인 실체에 따라 독자적으로 존재한다는 말일세.

e

헤르모게네스 소크라테스 선생님, 저도 그렇다고 생각해요.

소크라테스 사물들이 본래 그런 것이라면 사물들의 행위들은 그와 다를 수 있을까? 아니면 행위들도 실재하는 것들의 한 부류일까?

---

11 phronimos.

12 여기서 소크라테스는 '진리'(aletheia)라는 프로타고라스의 책 제목을 조롱하고 있다.

13 키오스(Chios) 섬 출신 소피스트인 에우튀데모스(Euthydemos)의 이런 주장에 관해서는 플라톤의 다른 대화편 『에우튀데모스』 294a~296c 참조.

14 arete.

15 kakia.

헤르모게네스 물론 행위들도 실재하는 것들의 한 부류이지요.

387a **소크라테스** 따라서 행위들도 자신의 본성에 따라 행해지고 우리 의견에 따라 행해지는 것은 아닐세. 이를테면 우리가 존재하는 어떤 것을 자르려 할 때, 우리가 원하는 도구를 사용해서 우리가 원하는 방식으로 자른다면 자르는 데 성공하지 못하지만, 어떤 경우든 자르기에 적절한 도구를 사용해서 자름과 잘림의 본성에 맞게 자른다면 우리는 성공하고 제대로 자를 걸세. 하지만 본성에 반해 자르려 한다면 우리는 실패하고 아무것도 해내지 못할 걸세.

b **헤르모게네스** 저도 그렇다고 생각해요.

소크라테스 그렇다면 우리가 뭔가를 태우려 할 때도 아무 의견[16]이 아니라 올바른 의견에 따라 태워야 하지 않을까? 어떻게 태워지고 태우는 것이 각각의 사물의 본성에 맞으며, 어떤 도구가 그 본성에 맞는지 말해주는 의견 말일세.

헤르모게네스 그렇고말고요.

소크라테스 다른 행위들도 마찬가지겠지?

헤르모게네스 물론이지요.

소크라테스 말하기도 행위의 한 종류가 아닐까?

헤르모게네스 네, 그래요.

소크라테스 그렇다면 누가 제멋대로 말한다면 올바르게 말하게 될까?

c 아니면 그는 본성에 맞는 도구를 사용해 사물들을 말하고 사물들이 말해지는 본래의 방법으로 말한다면 말하는 데 성공하겠지만, 그렇게 하지 않으면 실패하고 아무것도 해내지 못할까?

헤르모게네스 선생님께서 말씀하신 대로일 것 같습니다.

소크라테스 이름 부르기는 말하기의 일부이겠지? 이름을 불러야 말이 성립되니까.

헤르모게네스 물론이지요.

소크라테스 그렇다면 이름 부르기도 행위의 일종이겠지? 말하기가 사물들에 관련된 행위의 일종이라면 말일세.

헤르모게네스 네.

소크라테스 그런데 행위들은 우리와의 관계 속에서 존재하는 것이 아니 d 라 나름대로 고유한 본성을 갖는 것으로 밝혀지지 않았는가?

헤르모게네스 그랬지요.

소크라테스 그렇다면 앞서 말한 것과 일치하려면 우리는 사물들의 본성에 맞는 도구를 사용해 사물들의 이름을 부르고 사물들의 이름이 불리는 본래의 방법으로 이름을 불러야지, 우리 멋대로 이름을 불러서는 안 되겠지? 그래야만 우리는 이름 부르기에 성공하고, 다른 방식으로는 실패하겠지?

헤르모게네스 그런 것 같아요.

소크라테스 또한 우리는 잘라야 할 것은 뭔가를 사용해서 잘라야 한다고 말했지?

헤르모게네스 네.

16 doxa.

소크라테스 직조(織造)해야 할 것도 뭔가를 사용해서 직조해야 하고, 구

멍을 뚫어야 할 것도 뭔가를 사용해 구멍을 뚫어야겠지?

헤르모게네스 물론이지요.

소크라테스 이름 불러야 할 것도 뭔가를 사용해 이름 불러야겠지?

헤르모게네스 그렇고말고요.

소크라테스 구멍을 뚫을 때 사용하는 도구는 무엇인가?

헤르모게네스 송곳이지요.

소크라테스 직조할 때 사용하는 도구는 무엇인가?

헤르모게네스 북이지요.

소크라테스 이름 부를 때 사용하는 도구는 무엇인가?

헤르모게네스 이름이지요.

소크라테스 좋아. 그러니까 이름도 도구의 일종일세.

헤르모게네스 물론이지요.

소크라테스 그런데 내가 "북은 어떤 종류의 도구인가?"라고 묻는다고

가정해보게. 그 답은 "직조하는 데 사용하는 도구이지요"가 아닐까?

헤르모게네스 맞아요.

b **소크라테스** 우리는 직조할 때 무엇을 하는가? 엉킨 날실과 씨실들을 분

리하는 게 아닐까?

헤르모게네스 네, 그래요.

소크라테스 자네는 송곳과 다른 도구에 대해서도 비슷한 대답을 할 수

있겠지?

헤르모게네스 물론이지요.

소크라테스 자네는 이름에 대해서도 같은 말을 할 수 있겠지? 이름은 도구인 만큼 우리는 이름을 부르며 무엇을 하는가?

헤르모게네스 대답할 수가 없네요.

소크라테스 우리는 서로 뭔가를 가르치고 사물들을 그 본성에 따라 분류하는 게 아닐까?

헤르모게네스 맞아요.

소크라테스 그렇다면 이름은 가르치는 도구이자 존재를 분류하는 도구 c 일세. 마치 북이 직조공의 실을 분리하듯 말일세.

헤르모게네스 네.

소크라테스 그렇다면 북은 직조공의 도구인가?

헤르모게네스 왜 아니겠어요?

소크라테스 그렇다면 직조공은 북을 잘 사용할 텐데, 여기서 '잘'이란 '직조공답게'라는 뜻일세. 그리고 교사는 이름을 잘 사용할 텐데, 여기서 '잘'이란 '교사답게'라는 뜻일세.

헤르모게네스 네.

소크라테스 직조공이 북을 사용할 때 누구의 제작물을 잘 사용하는가?

헤르모게네스 목공의 제작물이지요.

소크라테스 모든 사람이 목공인가, 아니면 그 방면의 기술이 있는 사람이 목공인가?

헤르모게네스 그 방면의 기술이 있는 사람이지요.

소크라테스 구멍 뚫는 사람이 송곳을 사용할 때 누구의 제작물을 잘 d 사용하는가?

헤르모게네스 대장장이의 제작물이지요.

소크라테스 모든 사람이 대장장이인가, 아니면 그 방면의 기술이 있는 사람이 대장장이인가?

헤르모게네스 그 방면의 기술이 있는 사람이지요.

소크라테스 좋아. 교사가 이름을 사용할 때 누구의 제작물을 사용하는가?

헤르모게네스 그 역시 대답할 수 없네요.

소크라테스 자네는 우리가 사용하는 이름들을 누가 제공하는지는 말할 수 있을 것 아닌가?

헤르모게네스 아니, 말할 수 없어요.

소크라테스 자네는 우리가 사용하는 이름들을 제공하는 것은 법[17]이라고 생각하지 않나?

헤르모게네스 그런 것 같아요.

e **소크라테스** 그렇다면 교사가 이름을 사용할 때 입법자의 제작물을 사용하겠지?

헤르모게네스 그런 것 같아요.

소크라테스 자네가 생각하기에 모든 사람이 입법자인가, 아니면 그 방면의 기술을 가진 사람이 입법자인가?

헤르모게네스 그 방면의 기술을 가진 사람이지요.

소크라테스 그렇다면 헤르모게네스, 이름 짓기는 아무나 할 수 있는 일
389a 이 아니라, 이름 짓는 장인(匠人)만이 할 수 있는 일일세. 그런 사람은 입법자로서 세상의 모든 장인들 중에서 가장 희귀한 존재인 것 같네.

헤르모게네스 그런 것 같아요.

소크라테스 자, 그렇다면 입법자가 이름을 지을 때 어디에 주목하는지 살펴보게. 앞서 논의한 것을 길라잡이로 삼도록 하게. 목공이 북을 만들 때 어디에 주목할까? 본성적으로 직조하게 되어 있는 그런 것에 주목하지 않을까?

헤르모게네스 물론이지요.

소크라테스 어떤가? 목공이 북을 만들다가 망가지면 망가진 북에 주목하며 다른 북을 만들까, 아니면 망가진 북을 만들 때 주목한 그 형상(形相)[18]에 주목할까?

헤르모게네스 그 형상에 주목할 것 같아요.

소크라테스 그렇다면 그것을 북 자체라 부르는 것이 가장 옳지 않을까?

헤르모게네스 저도 그렇다고 생각해요.

소크라테스 그러니 목공이 얇은 옷이든 두꺼운 옷이든, 아마포 옷이든 모직 옷이든 그 밖의 다른 옷이든 옷을 만들기 위해 북을 만들어야 할 때, 그것들은 모두 북의 형상을 갖추어야 하지 않을까? 또한 그는 개개 제작물에 본성적으로 그것에 가장 적합한 성질을 부여해야 하지 않을까?

헤르모게네스 그래야겠지요.

소크라테스 그 점은 다른 도구들도 마찬가지일세. 장인이 주어진 유형의 작업에 본성적으로 적합한 도구를 찾아내면 그 도구를 만드는 재료에 그것을 구현해야 하네. 제멋대로가 아니라, 그것의 본성에 맞게

---

17 nomos.

18 eidos. 대개 idea와 같은 뜻이다.

말일세. 이를테면 그는 각각의 용도에 본성적으로 적합한 유형의 송곳을 쇠에다 구현할 줄 알아야 하네.

헤르모게네스 물론이지요.

소크라테스 그리고 목공은 각각의 용도에 본성적으로 적합한 유형의 북을 나무에 구현할 줄 알아야 하네.

헤르모게네스 그렇고말고요.

d **소크라테스** 직조의 종류마다 본성적으로 거기에 적합한 특정 종류의 북이 있고, 다른 종류의 도구들도 그 점은 마찬가지인 것 같기에 하는 말일세.

헤르모게네스 네.

소크라테스 그렇다면 여보게, 입법자도 각각의 사물에 본성적으로 적합한 이름을 음성과 음절에다 구현할 줄 알아야 하지 않을까? 그리고 그는 이름을 짓고 이름을 붙일 때마다 이름 자체에 주목해야 하지 않을까? 그가 이름 붙이는 사람으로서 권위를 누리려면

e 말일세. 그리고 모든 입법자가 같은 음절로 이름을 짓는 것이 아니라면, 우리는 대장장이들도 같은 유형의 작업을 위해 같은 도구를 만들 때 모두 같은 쇠로 만드는 것은 아니라는 점을 명심해야 하네. 하지만 그들이 쇠에 같은 형상을 부여하는 한, 비록 그 형상이

390a 다른 쇠에 구현되더라도, 그 도구는 이 나라에서 만들어졌든 이민족의 나라에서 만들어졌든 제대로 된 것일세. 그렇지 않은가?

헤르모게네스 물론이지요.

소크라테스 그렇다면 자네는 이 나라의 입법자든 이민족의 입법자든 그

런 기준에 따라 평가하지 않을까? 말하자면 그들이 개별 사물에 거기에 적합한 이름의 형상을 부여하는 한 그것이 어떤 음절에서 구현되든 그들은 똑같이 훌륭한 입법자들이고, 이 나라 사람이냐 아니면 이민족이냐는 문제 되지 않겠지?

헤르모게네스 물론이지요.

소크라테스 그런데 어떤 목재든 거기에 구현된 북의 형상이 적합한지   b
알 법한 사람은 누구일까? 그것을 만든 목공일까, 아니면 그것을 사용하는 직조공일까?

헤르모게네스 아마도 사용하는 사람이겠지요, 소크라테스 선생님.

소크라테스 그렇다면 뤼라[19] 제작자의 제작물을 사용하는 사람은 누구일까? 그것의 제작 과정을 가장 잘 감독할 줄 알고, 그것이 제작되었을 때 잘 제작되었는지 아닌지 알 수 있는 사람이 아닐까?

헤르모게네스 물론이지요.

소크라테스 그게 누구지?

헤르모게네스 뤼라 연주자겠지요.

소크라테스 조선공(造船工)의 작업은 누가 감독하지?

헤르모게네스 선장[20]이겠지요.   c

소크라테스 이 나라에서든 이민족의 나라에서든 누가 입법자의 작업을

---

19 뤼라(lyra)는 고대 그리스의 발현악기이며, 이를 개량한 것이 키타라(kithara)이다. 『이온』 주 19 참조.

20 kybernetes. '키잡이'라고 옮길 수도 있다.

가장 잘 감독할 수 있으며 그 제작물을 판단할 수 있을까? 그것을 사용할 사람이 아닐까?

헤르모게네스 네.

소크라테스 그는 또한 질문할 줄 아는 사람이 아닐까?

헤르모게네스 물론이지요.

소크라테스 그런 사람은 대답할 줄도 알겠지?

헤르모게네스 네.

소크라테스 그리고 질문할 줄 알고 대답할 줄 아는 사람을 자네는 '문답법에 능한 사람'[21]이라는 이름 말고 다른 이름으로 부르는가?

헤르모게네스 아니, 저는 그를 그렇게 불러요.

d **소크라테스** 조타기를 만드는 것은 목공이 할 일이지만, 훌륭한 조타기를 만들려면 선장이 목공을 감독해야 하네.

헤르모게네스 그런 것 같아요.

소크라테스 그리고 이름을 짓는 것은 아마도 입법자가 할 일이겠지만, 이름을 잘 지으려면 문답법에 능한 사람이 입법자를 감독해야 하네.

헤르모게네스 그렇고말고요.

소크라테스 따라서 헤르모게네스, 이름을 짓는 것은 자네 생각처럼 하찮은 일도 아니고, 하찮은 사람이나 아무나 할 수 있는 일이 아닌 듯하

e 네. 그 점에서 크라튈로스의 주장이 옳은 것 같네. 사물에는 본래의 이름이 있으며, 누구나 다 이름의 제작자가 아니라 각 사물의 본래 이름에 주목해 그것의 형상을 문자와 음절에다 구현할 수 있는 사람만이 이름의 제작자라는 그의 주장 말일세.

헤르모게네스 소크라테스 선생님, 어떻게 대답해야 할지 모르겠네요. 하지만 저로서는 갑자기 생각을 바꾸기가 쉽지 않아요. 그러나 선생님께 391a 서 주장하는 이름의 본래적인 올바름이라는 것이 대체 무엇인지 설명해준다면 저를 더 잘 설득하실 수 있을 것 같아요.

소크라테스 여보게 헤르모게네스, 나는 아무것도 주장하지 않네. 조금 전에 나는 알지 못하기에 자네에게 함께 고찰하자고 제의했는데, 자네가 잊었나 보군. 그러나 자네와 함께 고찰하는 동안 우리는 진일보했네. 이름에는 본래적인 올바름이라는 것이 있으며, 개별 사물들에 이 b 름을 잘 지어주는 것은 누구나 할 수 있는 일이 아니라는 점을 알았으니 말일세. 그렇지?

헤르모게네스 물론 그렇습니다.

소크라테스 그렇다면 그다음으로 우리가 할 일은 이름의 올바름이란 도대체 무엇인지 알아내는 것일세. 자네가 정말로 그것이 무엇인지 알고 싶다면 말일세.

헤르모게네스 저는 정말로 알고 싶어요.

소크라테스 그렇다면 살펴보게.

헤르모게네스 어떻게 살펴봐야 하나요?

소크라테스 여보게, 가장 좋은 고찰 방법은 이에 대해 아는 사람들과 함께 살펴보는 것일세. 그들에게 돈을 주고 호감을 삼으로써 말일세. '그

---

21 dialektikos. '변증술 전문가'라고 옮길 수도 있다.

c 들'이란 소피스트[22]들인데, 자네 형 칼리아스[23]도 그들에게 거액을 지불하고 지혜롭다는 평을 샀네. 하지만 자네는 아버지의 유산을 지키지 못했으니 형에게 가서 그가 이름의 올바름에 관해 프로타고라스한테 배운 것을 자네에게 가르쳐달라고 부탁하고 간청해야 할 걸세.

헤르모게네스 하지만 소크라테스 선생님, 제가 간청한다면 자기모순에 빠지게 되겠지요. 제가 프로타고라스와 그의 저서 『진리』를 거부하면서도 그가 그의 저서에서 주장하는 것에 어떤 가치를 부여한다면 말이에요.

d **소크라테스** 그게 자네 마음에 들지 않는다면 호메로스[24]나 다른 시인들에게 배워야 할 걸세.

헤르모게네스 소크라테스 선생님, 호메로스는 이름에 관해 어디서 무슨 말을 하고 있나요?

소크라테스 여러 군데에서 말하고 있지. 하지만 가장 중요하고 가장 인상적인 곳은 그가 같은 사물에 대한 인간들의 이름과 신들의 이름을 구별하는 대목들일세. 자네는 그가 이들 대목에서 이름의 올바름과 관련해 중요하고도 놀라운 정보를 제공하고 있다고 생각

e 하지 않는가? 적어도 신들은 사물을 본성적으로 올바른 이름으로 부를 것이 확실하니까. 아니면 자네는 그렇게 생각하지 않는가?

헤르모게네스 신들이 사물들의 이름을 부른다면 올바른 이름으로 부를 것이라는 것쯤은 저도 잘 알아요. 하지만 선생님께서는 어떤 대목들을 두고 그렇게 말씀하시는 거죠?

소크라테스 자네는 그가 헤파이스토스[25]와 일대일로 싸운 적이 있는[26]

트로이아[27] 땅의 강에 관해 "그 강을 신들은 크산토스[28]라 부르고, 인간들은 스카만드로스[29]라 부른다"고 한 것[30]을 아는가?

헤르모게네스 물론 알지요.

소크라테스 어떤가? 자네는 그 강을 스카만드로스보다는 크산토스라 392a
고 부르는 편이 더 옳다는 것을 아는 것은 경외심을 불러일으킨다고
생각하지 않는가? 또는 자네만 좋다면, 호메로스는 어떤 새에 관해

"그 새를 신들은 칼키스[31]라 부르고 인간들은 퀴민디스[32]라 부른다"[33]

---

22 소피스트의 그리스어 sophistes는 형용사 sophos('지혜로운')에서 파생한 명사로 직역하면 '지혜로운 사람'이라는 뜻이다. 이 말은 기원전 5세기에 보수를 받고 지식을 가르쳐주는 순회 교사들을 의미했다. 그들은 수학, 문법, 지리 등 다양한 과목을 가르쳤지만 사회적 출세를 위하여 젊은이들에게 주로 수사학을 가르쳤다. 그들은 진리의 상대성을 주장한 까닭에 '궤변학파'(詭辯學派)라고 불리기도 한다.

23 Kallias.

24 기원전 730년경에 활동한 고대 그리스의 서사시인이다. 작품으로는 『일리아스』와 『오뒷세이아』가 남아 있다.

25 헤파이스토스(Hephaistos)는 불과 불을 이용한 금속공예의 신이다.

26 『일리아스』 21권 342~380행 참조.

27 트로이아(Troia)는 소아시아 북서부에 있던 고대 도시로, 이른바 '트로이아 전쟁'의 무대가 된 곳이다.

28 Xanthos.

29 Skamandros.

30 『일리아스』 20권 74행.

31 chalkis.

32 kymindis.

33 『일리아스』 14권 291행.

고 하는데, 자네는 그 새를 퀴민디스보다는 칼키스라 부르는 것이 훨씬 더 정확하다는 것을 아는 게 하찮은 일이라고 생각하는가? 또는 어떤 언덕을 바티에이아[34]보다는 뮈리네[35]라 부르는 것[36]이 훨씬 더 정확하다는 것을 아는 게 하찮은 일이라고 생각하는가? 또한 호메로스 b 뿐만 아니라 다른 시인들이 말하는 것들에 대해서도 자네는 그렇게 생각하는가? 하지만 이런 것들은 아마도 우리가 알아내기에는 너무나 어려운 것 같네. 그러나 내 생각에, 헥토르[37]의 아들 이름이라는 스카만드리오스와 아스튀아낙스[38]라는 이름에 호메로스가 부여한 올바름을 고찰하는 것은 더 쉽고 인간의 능력으로 감당할 수 있는 일인 것 같네. 물론 자네는 내가 언급한 행(行)들[39]을 알고 있겠지.

헤르모게네스 알고말고요.

소크라테스 자네는 호메로스가 두 이름 가운데 어느 것을 그 소년에게 더 올바른 이름으로 여긴다고 생각하는가? '아스튀아낙스'인가, 아니면 '스카만드리오스'인가?

c **헤르모게네스** 대답할 수가 없어요.

소크라테스 이렇게 생각해보게. 만약 누가 자네에게 "더 지혜로운 사람이 더 올바른 이름을 지어줄까요, 아니면 더 어리석은 사람이 더 올바른 이름을 지어줄까요?"라고 묻는다면, 자네는 뭐라고 대답할 텐가?

헤르모게네스 "분명 더 지혜로운 사람이 그렇게 하겠지요"라고 대답할래요.

소크라테스 자네는 어떤 부류가 전체적으로 더 지혜롭다고 생각하는가? 한 도시의 여자들인가, 아니면 남자들인가?

헤르모게네스 남자들이겠지요.

소크라테스 자네도 알다시피, 호메로스에 따르면 헥토르의 어린 아들을 트로이아 남자들은 아스튀아낙스라고 불렀네.[40] 헥토르의 어린 아들을 여자들은 스카만드리오스라고 불렀음이 틀림없겠지? 남자들은 아스튀아낙스라고 불렀으니까.

d

헤르모게네스 그런 것 같아요.

소크라테스 호메로스도 트로이아인들을 그들의 여인들보다 더 지혜롭다고 생각하지 않았을까?

헤르모게네스 제 생각에는 그랬을 것 같아요.

소크라테스 그렇다면 호메로스는 그 소년에게는 '스카만드리오스'보다 '아스튀아낙스'가 더 올바른 이름이라고 생각했겠지?

헤르모게네스 그럴 것 같아요.

소크라테스 그렇다면 그 이유를 따져보세. 아니면 호메로스 자신이 우리에게 그 이유를 가장 잘 설명해주는 것 아닐까? 그는 이렇게 말하고 있으니까.

---

34 Batieia.

35 Myrine.

36 『일리아스』 2권 813행 이하.

37 Hektor. 트로이아 전쟁 때 트로이아군의 가장 용감한 장수.

38 Skamandrios. Astyanax.

39 『일리아스』 6권 402~403행.

40 『일리아스』 12권 506행.

그는 혼자서 도시와 긴 성벽들을 지켜주었지.[41]

그러니까 지켜준 사람의 아들을 아스튀아낙스[42]라고 부르는 것은 옳은 것 같네. 호메로스에 따르면, 그 도성을 지켜준 것은 그의 아버지이니까.

헤르모게네스 그런 것 같아요.

소크라테스 어째서 그런가? 헤르모게네스, 나는 아직 이해하지 못하겠는데, 자네는 이해했단 말인가?

헤르모게네스 제우스에 맹세코, 사실 저도 이해하지 못하겠어요.

393a **소크라테스** 하지만 여보게, 호메로스는 헥토르에게도 이름을 붙이지 않았는가?

헤르모게네스 그래서요?

소크라테스 내가 보기에, 헥토르라는 이름은 아스튀아낙스라는 이름과 아주 닮은 데가 있을뿐더러, 두 이름 모두 헬라스 이름인 것 같네. '아낙스'(anax)[43]와 '헥토르'(hektor)[44]는 둘 다 왕을 가리킨다는 점에서 거
b 의 같은 뜻이니까. 어떤 것의 주인은 의심할 여지없이 그것의 소유자이기도 하니 말일세. 그는 그것을 지배하고 소유하고 가질 것이 분명하니까. 아니면 자네가 보기에 나는 허튼소리를 하고 있으며, 이름의 올바름에 대한 호메로스의 의견을 알 수 있는 어떤 단서를 잡았다고 착각하고 있는 것인가?

헤르모게네스 제우스에 맹세코, 선생님께서는 착각하는 것이 아니라 아마도 어떤 단서를 잡은 것 같아요.

소크라테스 내 생각에는 사자의 새끼는 사자라 부르고, 말의 새끼는 말이라 부르는 것이 옳은 것 같네. 나는 말 아닌 어떤 괴물이 말에서 태어나는 경우를 말하는 것이 아니라, 어떤 종에서 그 종의 본래 새끼가 태어나는 경우를 말하는 것이라네. 만약 말이 본성을 거슬러 암소의 새끼인 송아지를 낳는다면 송아지라 불러야지 망아지라 불러서는 안 될 걸세. 또한 만약 사람에게서 사람의 자식이 아닌 것이 태어나면 사람의 자식이라 불러서는 안 될 걸세. 이 점은 나무들도 그 밖의 다른 것들도 마찬가지일세. 자네는 동의하지 않는가?

헤르모게네스 동의해요.

소크라테스 좋아. 자네는 내가 자네를 속이지 못하도록 조심하게. 같은 논리에 따라 왕에게 자식이 태어나면 왕이라 불러야 할 걸세. 이름의 음절들이 같은가 다른가는 문제 되지 않네. 그 의미만 유지된다면. 또한 자모(字母)를 보태는가 빼는가도 전혀 문제 되지 않네. 그 이름으로 표현된 사물의 실체가 여전히 효력을 발휘한다면 말일세.

헤르모게네스 그게 무슨 말씀이신지요?

소크라테스 아주 간단하네. 내 말뜻을 자모의 이름들로 설명해보겠네. 자네도 알다시피, 우리가 자모를 말할 때 우리가 말하는 것은 자모들

---

41 『일리아스』 22권 507행. 원전의 2인칭을 3인칭으로, '문들'을 '도시'로 고쳐 읽은 것으로, 헥토르의 아내가 죽은 헥토르에게 하는 말이다.

42 '도성의 주인'이라는 뜻이다.

43 '주인' '임자'.

44 '소유자' '소지인'.

e 의 이름이지 자모들 자체가 아닐세. 그중 네 가지, 즉 E와 Y와 O와 Ω를
제외하고는 말일세.[45] 나머지 자모는 그것이 모음이든 자음이든 모두
다른 자모를 덧붙임으로써 이름을 지어내네. 그러나 우리가 문제의 자
모를 그 기능을 드러내는 식으로 포함한다면, 우리에게 그 기능을 드
러내는 그런 이름으로 자모를 부르는 것은 옳을 걸세. 예를 들면 베타
(bēta ß, b)의 경우, 자네도 보다시피 에타(eta η, ē)와 타우(tau τ, t)와 알
파(alpha α, a)를 덧붙인다 해도 아무 해를 끼치지 않으며, 이름 전체가
입법자가 의도한 음가(音價)를 가지는 것을 방해하지 않네. 입법자는
자모에 이름 붙이는 법을 그만큼 잘 안 거지.

헤르모게네스 옳은 말씀인 것 같아요.

394a **소크라테스** 왕에 대해서도 같은 말을 할 수 있지 않을까? 왕은 아마도
왕의 아들일 테고, 훌륭한 사람은 훌륭한 사람의 아들일 것이며, 잘생
긴 사람은 잘생긴 사람의 아들일 테고, 그 밖의 다른 경우도 모두 마찬
가지일 걸세. 따라서 괴물이 태어나지 않는 한 모든 종에게는 같은 종
이 태어날 것이며, 그렇다면 그것들은 같은 이름으로 불러야 할 걸세.
그러나 그 이름들은 음절들이 다양할 수 있기에 사실은 같은 것인데도
무지한 자들에게는 서로 다른 것으로 보일 걸세. 그것은 마치 의사가
처방하는 약들이 사실은 같은 것인데도 색깔과 냄새가 달라지면 우리
b 에게 다른 약으로 보이는 것과도 같네. 그러나 약효만 고려하고 첨가
물에 현혹되지 않는 의사에게는 그 약들이 같은 것으로 보인다네. 이
처럼 이름에 관한 전문가도 아마 이름의 기능만 고려하고 어떤 자모
가 덧붙여졌느냐 전치(轉置)되었느냐 빠졌느냐, 아니면 같은 이름

이 전혀 다른 자모로 표현되었는가에는 현혹되지 않을 걸세. 예를 들어 우리가 방금 논한 '아스튀아낙스'와 '헥토르'라는 이름들이 타우 (τ, t) 말고는 같은 자모가 전혀 없는데도 의미가 같은 것처럼 말일세. '아르케폴리스'(Archepolis)[46] 또한 어떤 자모를 이 이름들과 공   c
유하고 있는가? 그럼에도 그것은 같은 의미를 담고 있네. 그 밖에도 많은 이름들이 '왕'을 뜻하며, '장군'을 뜻하는 이름들도 있다네. 아기스(Agis),[47] 폴레마르코스(Polemarchos),[48] 에우폴레모스 (Eupolemos)[49]처럼 말일세. 다른 이름들은 의사를 뜻하네. 이아트로 클레스(Iatrokles),[50] 아케심브로토스(Akesimbrotos)[51]처럼 말일세. 그 밖에도 우리는 음절과 자모는 다르지만 같은 것을 뜻하는 다른 이름들을 많이 찾아낼 수 있겠지. 그런 것 같은가, 그런 것 같지 않은가?

헤르모게네스 그렇고말고요.

소크라테스 그렇다면 본성에 맞게 태어난 자들에게는 당연히 낳아준   d
자들과 같은 이름을 붙여야 할 걸세.

---

45 소크라테스 시대에는 엡실론(epsilon), 윕실론(ypsilon), 오미크론(omikron), 오메가(omega)라는 자모의 이름은 아직 널리 사용되지 않고, 이들 모음이 내는 소리 자체가 이들 모음의 이름으로 사용되었다고 한다.

46 '도시의 통치자'.

47 '지도자'.

48 '전쟁의 통치자'.

49 '훌륭한 전사'.

50 '명의'(名醫).

51 '인간의 치유자'.

헤르모게네스 물론이지요.

소크라테스 본성을 거슬러 괴물로 태어난 자들은 어떤가? 예컨대 훌륭하고 경건한 사람에게 불경한 자식이 태어난다면, 그는 아버지의 이름이 아니라 자기가 속하는 종의 이름을 가져야 하지 않을까? 암말이 송아지를 낳은 앞서 예를 든 경우처럼 말일세.

헤르모게네스 물론이지요.

소크라테스 그렇다면 경건한 아버지의 불경한 아들에게는 그가 속하는

e 종의 이름을 부여해야 하네.

헤르모게네스 그렇고말고요.

소크라테스 그에게는 테오필로스(Theophilos)[52]나 므네시테오스(Mne-sitheos)[53] 같은 이름이 아니라, 그와 반대되는 것을 뜻하는 이름을 부여해야 하네. 이름이 올바르려면 말일세.

헤르모게네스 당연히 그래야겠지요, 소크라테스 선생님.

소크라테스 오레스테스(Orestes)[54]라는 이름이 옳듯이 말일세, 헤르모게네스. 그가 이 이름을 우연히 얻게 되었든, 아니면 야수적이고 사납고 산처럼 거친 그의 본성을 나타내려고 어떤 시인이 그에게 이 이름을 붙여주었든 간에 말일세.

헤르모게네스 그런 것 같아요, 소크라테스 선생님.

395a **소크라테스** 그의 아버지 이름도 본성에 맞는 것 같네.

헤르모게네스 그런 것 같아요.

소크라테스 아가멤논(Agamemnon)[55]은 끝까지 참고 견디며 일단 결심한 바를 미덕[56]에 힘입어 끝내 이루어내고야 마는 그런 사람인 것 같으

니까. 그의 대군(大軍)이 트로이아에 장기체류한 것과 그의 참을성이 그 증거일세. 그러니 아가멤논이라는 이름은 그가 놀랍도록 잘 견딘다는 것(agastos kata ten epimonen)을 뜻하네. 또한 아트레우스(At- b reus)[57]라는 이름도 올바른 것 같네. 그가 크뤼십포스[58]를 살해한 것이나 아우 튀에스테스에게 잔혹행위를 저지른 것[59]은 모두 그의 미덕에는 해롭고 파괴적인 것들(atera)이니까. 그런데 그의 이름 형태가 약간 뒤틀리고 은폐되어 있어서 이 사람의 본성을 아무나 알 수 있는 것은 아니지만, 이름에 관해 아는 사람들은 아트레우스라는 이름이 무엇을 의미하는지 충분히 알 수 있네. 잣대가 된 것이 그의 불굴성(to ateires)이든 그의 대담성(to atreston)이든 그의 파괴성(to ateron)이든, c 이 이름을 그에게 붙인 것은 어느 모로 보나 정당하니까. 내 생각에 펠롭스(Pelops)[60]라는 이름도 적절한 듯하네. 이 이름은 가까이 있는 것

---

52 '신에게 사랑받는 사람'.

53 '신을 잊지 않는 사람'.

54 '산에 사는 사람'. 오레스테스는 아가멤논의 아들로, 10년 만에 전장에서 귀국한 아버지를 살해한 어머니를 죽이고 아버지의 원수를 갚는다.

55 '놀랍도록 잘 버티는 사람'. 아가멤논은 10년 동안 계속된 트로이아 전쟁에서 그리스 동맹군의 총사령관이었다.

56 arete.

57 아가멤논의 아버지이며 펠롭스의 아들이다.

58 Chrysippos. 펠롭스의 미남 아들로, 아트레우스와 튀에스테스(Thyestes)의 배다른 형이다.

59 아트레우스는 튀에스테스의 아들들을 죽여서 그 살점으로 요리를 만들어 튀에스테스에게 잔치를 베푼다.

만 보는 자[61]라는 뜻이니까.

헤르모게네스 어째서 그렇지요?

소크라테스 전해오는 이야기에 따르면, 펠롭스는 뮈르틸로스[62]를 살해
하면서 그런 살인행위가 훗날 자신의 가문 전체에 어떤 영향을 끼칠
d   것이며 그의 가문이 어떤 재앙으로 가득차게 될지 예상도 예견도 못하
고, 어떻게든 힙포다메이아와 결혼하고 싶은 욕심에서 당장 눈앞에 있
는 것만, 다시 말해 가까이 있는 것만 보았다고 하네. 탄탈로스
(Tantalos)[63]에게도 누구나 다 올바른 이름이 붙여졌다고 생각할 걸세.
그에 관한 이야기들이 실화라면 말일세.

헤르모게네스 그게 어떤 이야기들이지요?

소크라테스 그는 살아서는 끔찍한 재앙을 많이 당하다가 결국에는 그
의 조국도 완전히 망해버렸고, 죽어 저승[64]에 가서는 머리에 돌덩이를
e   이고 있었다(talanteia)[65]고 하는데, 이것이 그의 이름과 놀랍도록 맞아
떨어진다는 말일세. 그래서 사실은 누가 그를 '가장 짓눌린 자'
(talantatos)라고 부르고 싶었는데 이를 숨기고 대신 '탄탈로스'라고 부
른 것 같네. 그런 우연에 힘입어 그의 이름은 전설에서 그렇게 변형된
것 같다는 말일세. 그의 아버지라는 제우스에게도 아주 훌륭한 이름
396a   이 붙여진 것 같네. 그러나 그 점을 이해하기는 쉽지 않네. 제우스라는
이름은 사실은 한 어구(語句)인데, 우리는 그것을 둘로 나누어 어떤 사
람들은 한쪽을 사용하고 어떤 사람들은 다른 쪽을 사용하기 때문이
지. 어떤 사람들은 그를 제나(Zena)라고 부르고, 다른 사람들은 디아
(Dia)라고 부르니 말일세.[66] 그러나 두 이름이 하나로 결합해 이 신의

본성을 표현하는데, 방금 우리는 이름은 그런 일을 해낼 수 있어야 한다고 말한 바 있네. 우리와 세상 만물에게 만물의 지배자이자 왕[67]만한 생명(zēn)의 장본인은 없기에 하는 말일세. 그러니 우리가 이 신을 제나(Zena)와 디아(Dia)라고 부르는 것은 옳네. 이 신을 통해(di' hon)   b

60 펠롭스는 아트레우스와 튀에스테스의 아버지이며 탄탈로스의 아들이다.

61 pelas('가까이')+opsis('봄' '시각')

62 뮈르틸로스(Myrtilos)는 펠로폰네소스반도 북서부에 있던 고도(古都) 피사(Pisa)의 왕 오이노마오스(Oinomaos)의 마부이다. 오이노마오스의 딸 힙포다메이아(Hippodameia)와 결혼하려면 전차 경주에서 그녀의 아버지를 이겨야 했는데, 펠롭스는 그의 마부 뮈르틸로스를 매수해 전차 바퀴가 빠지게 함으로써 오이노마오스가 전차에서 떨어져 죽게 만든다. 그러나 약속 이행을 요구하는 뮈르틸로스를 펠롭스가 바닷물에 빠져 죽게 만들자 마부는 죽으면서 펠롭스의 가문을 저주한다. 그리하여 탄탈로스, 펠롭스, 아트레우스와 튀에스테스, 아가멤논과 메넬라오스(Menelaos), 오레스테스와 이피게네이아(Iphigeneia)와 엘렉트라(Elektra)로 이어지는 그의 가문은 고대 그리스에서 가장 저주받은 가문이 된다.

63 탄탈로스는 프뤼기아(Phrygia) 왕으로, 최고신 제우스(Zeus)의 아들이자 펠롭스와 니오베(Niobe)의 아버지이다. 그는 신들의 전지(全知)를 시험해보려고 아들 펠롭스를 죽여서 그 살점을 요리해 신들 앞에 내놓는데, 신들이 미리 알고 그것을 먹지 않고 사지를 복원시켜 펠롭스를 살려준다. 탄탈로스는 그 벌로 저승에서 과일나무 밑 물속에 서 있으면서도 영원한 허기와 갈증에 시달리게 된다. 일설에 따르면, 탄탈로스는 신들의 사랑을 받아 신들의 식탁에 초대받기도 했는데, 거기에서 보고 들은 것을 인간들에게 누설한 죄로 그런 가혹한 벌을 받았다고 한다.

64 Hades.

65 탄탈로스가 저승에 가서 영원한 허기와 갈증에 시달렸다는 이야기는 널리 알려져 있지만, 플라톤에 따르면 그는 거기에 더해 무거운 돌덩이를 머리에 이고 있었다고 한다.

66 Zeus라는 이름은 사격(斜格)에서 Zen-과 Di-의 두 가지 어간을 갖는데, 앞의 것은 주로 시(詩)에서 사용되고 뒤의 것은 일반적으로 사용된다. Zena와 Dia는 대격(對格)이다.

67 제우스.

만물이 생명(zēn)을 부여받으니까. 하지만 앞서 말한 것처럼 그의 이름은 사실 하나인데도 디아(Dia)와 제나(Zena) 둘로 나뉘어 있네. 처음 듣는 사람에게는 제우스를 크로노스(Kronos)[68]의 아들이라 부르는 것이 언뜻 매우 불손하게 들리고, 제우스를 어떤 위대한 사고(思考 dianoia)의 자식이라 말하는 것이 더 합리적으로 들릴 걸세. 하지만 사실 크로노스라는 이름은 어린아이(koros)를 뜻하는 것이 아니라, 그의 지성(nous)이 순수하고(katharos) 맑다는 것을 뜻한다네. 또한 전설에 따르면 크로노스는 우라노스(Ouranos)[69]의 아들이라고 하는데, 우라

c   노스라는 이름도 제대로 붙여진 걸세. 우러러보는 것을 우라니아 (ourania),[70] 즉 높은 곳에 있는 것을 쳐다보기(horo ta ano)라고 하는 것은 옳으며, 천문학자들에 따르면 높은 곳에 있는 것들을 쳐다봐야 마음이 순수해진다고 하니 말일세, 헤르모게네스. 만약 내가 헤시오도스[71]의 계보(系譜)와 그가 말하는 신들의 더 이전 선조들을 기억할 수 있다면, 나는 그들의 이름이 올바른지 검토하기를 멈추지 않았을 걸

d   세. 어디서 왔는지 모르게 지금 갑자기 나를 찾아온 이 지혜가 통할지 통하지 않을지 끝까지 시험해볼 때까지 말일세.

헤르모게네스 아닌 게 아니라 제가 보기에 선생님께서는 갑자기 영감이 떠올라 신탁을 말하는 예언자 같아요.

소크라테스 헤르모게네스, 내게 갑자기 영감이 떠오른 것은 무엇보다도 프로스팔타[72] 구역 출신인 에우튀프론[73] 덕분인 것 같네. 오늘 새벽 그와 함께 지내며 그의 긴 논의에 귀를 기울였는데, 영감에 사로잡힌 그가 내 귀를 초인적인 지혜로 가득 채우고 내 혼까지 사로잡은 듯하네.

내 생각에 우리는 이렇게 해야 할 것 같네. 오늘은 이 지혜를 사용해 이
름을 끝까지 검토하되, 내일은 자네들도 동의한다면 이 지혜를 떠나보
내고 우리 자신을 정화해야 하네. 사제든 소피스트든 정화 의식에 능 397a
한 사람을 우리가 만난다면 말일세.

헤르모게네스 저는 동의해요. 이름들에 관한 나머지 이야기를 기꺼이 듣
고 싶으니까요.

소크라테스 그렇다면 그래야겠지. 우리는 벌써 대략적인 윤곽을 잡았으
니, 이름들이 아무렇게나 붙여진 것이 아니라 나름대로 어떤 올바름
을 지니고 있음을 이름들 자체가 증언한다는 것을 알아내기 위해, 우
리가 어떤 이름부터 먼저 살펴보기를 자네는 원하는가? 그런데 영웅 b
들과 인간들의 이름은 우리를 속일 수도 있네. 그런 이름들은 선조들
의 이름이기에 붙여진 경우가 허다하고,[74] 더러는 우리가 처음에 말했
듯이, 전혀 적합하지도 않기 때문일세. 또한 기원(祈願)하는 뜻에서 붙

---

68 제우스의 아버지. 크로노스는 형들과 힘을 모아 아버지 우라노스(Ouranos)를 축
출하고 우주의 지배자가 되지만, 아들인 제우스 형제들에 의해 권좌에서 축출되어 저
승의 가장 깊숙한 곳인 타르타로스(Tartaros)에 유폐된다.

69 하늘.

70 '하늘의' '천상의'.

71 기원전 700년경에 활동한 그리스의 서사시인이다. 작품으로는 『신들의 계보』와
『일과 날』 등이 남아 있다.

72 프로스팔타(Prospalta)는 앗티케 지방의 174개 구역(區域 demos) 가운데 하나이다.

73 에우튀프론(Euthyphron)은 플라톤의 동명 대화편에 나오는 예언자와 동일 인물
인 것 같다.

74 고대 그리스에서는 손자가 할아버지의 이름을 물려받는 것이 관행이었다.

여진 이름도 많은데, 에우튀키데스(Eutychides),[75] 소시아스(Sosias),[76] 테오필로스(Theophilos)[77] 등등이 그렇다네. 내 생각에 그런 이름들은 제쳐놓는 것이 좋을 듯하네. 올바르게 붙여진 이름은 본성적으로 영원 불변하는 것과 관계있는 이름들에서 발견할 가능성이 가장 많으니까.

c 그런 이름들을 지을 때는 신중에 신중을 기하는 것이 마땅하고, 그런 이름 가운데 더러는 아마도 어떤 초인적인 힘에 의해 지어진 것 같기에 하는 말일세.

헤르모게네스 소크라테스 선생님, 좋은 말씀을 하신 것 같아요.

소크라테스 그렇다면 먼저 신들이 '신들'(theoi)이라는 이름으로 불리는 것이 올바른지 살펴보는 게 옳지 않을까?

헤르모게네스 그런 것 같아요.

소크라테스 내 의견은 이렇네. 내 생각에 최초의 헬라스[78]인들은 오늘날
d 많은 이민족들이 믿는 신들인 해와 달과 대지와 별과 하늘만 믿은 것 같네. 그들은 이 신들이 모두 언제나 궤도를 따라 나아가고 달리는 것 (theontas)을 보고는 이와 같은 달리는 본성 때문에 이들 신을 신들 (theoi)이라고 부른 것일세. 그리고 나중에 다른 신들을 알게 되었을 때 그들은 이들도 같은 이름으로 불렀네. 내 말이 참말인 것 같은가, 아닌 것 같은가?

헤르모게네스 정말이지 참말인 것 같아요.

소크라테스 다음에는 무엇을 살펴볼까?

e **헤르모게네스** 물론 수호신[79]들과 영웅들과 인간들을 살펴봐야겠지요.

소크라테스 헤르모게네스, 수호신들(daimones)의 정확한 의미가 무엇인

가? 내 말에 일리가 있는지 살펴보게나.

헤르모게네스 어서 말씀하세요.

소크라테스 자네는 헤시오도스가 수호신들을 무어라고 말하는지 기억나나?

헤르모게네스 기억나지 않아요.

소크라테스 그가 최초의 인간 종족은 황금족이라고 말하는 것도 기억나지 않고?

헤르모게네스 그건 알아요.

소크라테스 그는 그 종족에 관해 이렇게 말한다네.

> 그러나 운명이 이 종족을 감춰버리자
> 이 종족은 지하에서 착한 수호신들이 되어   398a
> 재앙을 막아주고 필멸의 인간들을 지켜준다.[80]

75　'행운아'.

76　'구원자'.

77　'신의 사랑을 받는 사람.'

78　그리스.

79　헤시오도스에 따르면 황금시대(黃金時代)의 인간들은 죽은 뒤 제우스에 의해 수호신들(daimones 단수형 daimon)이 되었는데, 그들은 인간들에게 행운을 가져다줄 수 있다고 한다. 그리하여 그들은 신과 인간의 중간적인 존재들이 되었고, 나중에는 위대한 인간들도 사후에 그런 능력이 있는 것으로 여겨졌다. 그래서 사람들은 인생에서 행복을 누리는 자는 수호신이 도와주는 것으로 믿게 되어, daimon은 운명 또는 수호신이라는 의미도 지니게 된다. daimon은 문맥에 따라서는 '정령' '신령'으로도 옮길 수 있다.

80　헤시오도스, 『일과 날』121~123행. 플라톤은 원전을 조금 고쳐서 인용하고 있다.

헤르모게네스 그래서 어쨌다는 거죠?

소크라테스 내 생각에 그가 말하려는 바는 황금족이 황금으로 만들어졌다는 것이 아니라 훌륭하고 고매하다는 것인 듯하네. 그가 이어서 우리를 철(鐵)의 종족이라고 말하는 것이 그 증거일세.

헤르모게네스 맞아요.

소크라테스 자네 생각에, 요즘 사람들 중에도 훌륭한 사람이 있으면 헤

b 시오도스는 그를 황금족에 속하는 사람이라고 말할 것 같지 않은가?

헤르모게네스 그럴 것 같아요.

소크라테스 그런데 훌륭한 사람들은 다름 아닌 지혜로운 사람들[81]이겠지?

헤르모게네스 네, 그들은 지혜로운 사람들이에요.

소크라테스 그래서 나는 그가 무엇보다도 그들이 지혜롭고 아는 것이 많기에(daemones) 그들을 수호신들(daimones)이라고 불렀다고 확신하네. 또한 우리 앗티케[82] 옛 방언에서도 두 낱말은 같은 것을 의미하네. 따라서 훌륭한 사람이 죽으면 큰 몫과 명예를 차지하고 수호신이 된다는 헤시오도스와 그 밖의 다른 시인들의 말은 옳다고 할 수 있네. '수

c 호신'은 지혜의 다른 이름이니까. 그래서 단언컨대 모든 훌륭한 사람은 살아 있거나 죽었거나 수호신적인 성격을 띠므로 '수호신'으로 불리는 것이 옳다네.

헤르모게네스 소크라테스 선생님, 이 이름에 관해서는 저도 전적으로 동감이에요. 그러면 '영웅'(heros)이라는 이름은 어떤가요?

소크라테스 그건 그다지 어렵지 않네. 이 이름은 조금밖에 변형되지 않아 자신이 사랑(eros)에서 유래했다는 것을 분명히 말해주고 있으니까.

헤르모게네스 무슨 말씀이신지요?

소크라테스 자네는 영웅들이 반신(半神)[83]들이라는 사실도 모르는가?

헤르모게네스 그게 어쨌다는 거죠?

소크라테스 그들은 분명 남신이 인간 여자와, 아니면 인간 남자가 여   d

신과 사랑에 빠져 태어났네. 영웅이라는 이름도 앗티케의 옛 방언에

근거해 살펴보면 더 잘 알게 될 걸세. 그러면 영웅(heros)이라는 이름

은 영웅들을 태어나게 만든 사랑(eros)이라는 이름을 조금 변형한 것

에 불과하다는 사실이 드러난다네.[84] 그들이 영웅들이라고 불리는 것

은 이런 이유 때문이거나, 아니면 그들이 지혜로운 사람들이고 탁월한

연설가들이고 질문할(erotan) 줄 아는 문답법 전문가이기 때문일세.

'논의하다'(eirein)는 '말하다'(legein)와 같은 것이니까. 따라서 방금

말한 것처럼 앗티케 방언에서 영웅들은 일종의 연설가이자 질문자   e

일세. 그러니 영웅족은 연설가이자 소피스트인 셈이지. 그것을 이해

하기란 어렵지 않네. 그러나 인간들(anthropoi)이 도대체 왜 인간들이

라고 불리는지 이해하기란 그보다 더 어렵네. 자네는 그 이유를 설명

할 수 있겠나?

헤르모게네스 아니, 제가 어떻게 설명하겠습니까? 설령 제가 무엇을 찾

---

81   hoi phronimoi.

82   앗티케(Attike)는 아테나이(Athenai)를 중심으로 하는 그리스반도 동남부 지방이다.

83   영웅들은 부모 가운데 어느 한쪽만 신이어서 흔히 반신들(hemitheoi)이라고 불린다.

84   heros의 옛 앗티케 방언은 heeros이다.

아낼 수 있다 해도 시도하지 않겠습니다. 저보다는 선생님께서 찾아낼 가능성이 더 높다고 생각되니까요.

소크라테스 자네는 에우튀프론의 영감을 믿는 것 같구먼.

헤르모게네스 믿고말고요.

소크라테스 자네의 믿음은 헛되지 않은 것 같네. 방금 내게 기발한 생각이 떠올랐는데, 조심하지 않으면 나는 오늘 중으로 지나치게 지혜로워질 것 같으니 말일세. 그러니 내가 하는 말에 주의하게. 첫째, 우리가 어떤 것에서 이름을 따오려 할 때는 이름들에 종종 자모를 넣기도 하고 빼기도 하며 악센트를 바꾸기도 한다는 점을 명심해야 하네.

b 이를테면 'Dii philos'[85]의 경우가 그렇다네. 이것을 구(句)에서 이름으로 만들기 위해 우리는 두 번째 이오타(ι, i)를 빼고 가운데 음절을 양음(揚音) 악센트[86] 대신 억음(抑音) 악센트[87]로 발음했네.[88] 반대로 다른 이름들에서는 자모를 삽입하고 억음 악센트를 양음 악센트로 발음하기도 하네.

헤르모게네스 옳은 말씀이에요.

소크라테스 내 생각에 인간들(anthropoi)의 이름도 그런 변화 가운데 하나를 겪은 것 같네. 그것은 어구였는데 알파(α, a)라는 자모가 하나 빠지고 마지막 음절의 악센트가 억음 악센트가 됨으로써 이름으로 바뀌었으니 말일세.

헤르모게네스 무슨 말씀이신지요?

c **소크라테스** 이런 말일세. 인간(anthropos)이라는 이름은 다른 동물들은 자신들이 보는 것을 어느 것도 고찰하거나 헤아리거나 관찰하지

(anathrei) 않는데, 인간은 보자마자(opope) 자기가 본 것을 관찰하고 헤아린다는 뜻을 가진다는 말일세. 따라서 동물들 가운데 인간만이 '인간'(anthropos)이라고 불리는 것은 옳은 일일세. 인간은 본 것을 관찰하니까(anathron ha opope).

헤르모게네스 그다음 이름은 뭐죠? 제가 설명 듣고 싶은 이름을 물어봐도 되나요?

소크라테스 물론이지.

헤르모게네스 제가 보기에 순서상 그다음에 해당하는 것이 있는 것 같 d 아요. 우리는 인간을 '혼'(psychē)과 '몸'(sōma)으로 나누기에 하는 말이에요.

소크라테스 왜 아니겠나?

헤르모게네스 그렇다면 우리는 이 이름들도 이전 이름들처럼 분석해 보도록 해요.

소크라테스 먼저 '혼'이라는 이름이, 이어서 '몸'이라는 이름이 제대로 붙여진 것인지 살펴보자는 말인가?

헤르모게네스 네.

소크라테스 즉흥적으로 떠오른 생각을 말하자면, '혼'이라는 이름을

---

85 '제우스의 사랑을 받는 (사람)'.
86 acute accent.
87 grave accent.
88 Diphilos.

붙인 사람들은 다음과 같은 생각을 한 것 같네. 혼은 몸 안에 있을 때
e 는 몸이 살게 해주고 몸에 숨 쉴 수 있는 능력과 새로운 활력을 부여하
지만(anapsychon), 이 새로운 활력이 떨어지면 몸은 사멸한다는 생각
말일세. 그래서 그들은 혼을 프쉬케(psyche)라고 부른 것 같네. 하지만
400a 자네만 괜찮다면 잠시 가만있어 보게. 에우튀프론의 제자들은 아마 이
런 해석을 경멸하며 허튼소리라고 여길 걸세. 하지만 그들에게 이보다
더 설득력이 있는 그 뭔가가 내 눈에 보이는 것 같네. 그러니 이 새로운
해석이 자네 마음에 드는지 살펴보게나.

헤르모게네스 어서 말씀하세요.

소크라테스 자네는 몸이 살아서 돌아다닐 수 있도록 몸 전체의 본성을
유지해주고 지탱해주는 것이 혼이 아닌 다른 것이라고 생각하는가?

헤르모게네스 아니, 다른 것이 아니지요.

소크라테스 어떤가? 다른 모든 것의 본성을 조정하고 유지하는 것은 지
성[89]과 혼이라는 아낙사고라스[90]의 주장에 자네는 동의하지 않는가?

헤르모게네스 동의해요.

b **소크라테스** 그러니 본성을 지탱해주고 유지해주는(he physin ochei kai
echei) 이런 능력에는 퓌세케(physeche)[91]라는 이름이 적절할 걸세. 그
리고 이는 프쉬케라고 발음하는 것이 더 우아할 걸세.

헤르모게네스 물론이지요. 제 생각에도 그런 설명이 다른 설명보다 더
과학적인 것 같아요.

소크라테스 그렇다네. 하지만 원래대로 퓌세케라고 불렀다면 우스꽝스
러운 이름이 되었을 걸세.

헤르모게네스 하지만 다음 이름은 우리가 어떻게 설명하지요?

소크라테스 '몸'(sōma) 말인가?

헤르모게네스 네.

소크라테스 이 이름은 여러 가지로 설명할 수 있을 것 같네. 그리고 조금
만 변형하면 더 많은 설명도 가능할 걸세. 어떤 사람들은 혼이 금생(今 c
生)에 묻혀 있다고 보고 몸은 혼의 무덤(sēma)이라고 말하는가 하면,
어떤 사람들은 혼은 자기가 원하는 것을 몸으로 표시하기(semainei) 때
문에 몸을 표시(sēma)라고 부르는 것이 옳다고 말하네. 하지만 내가 보
기에 가장 그럴듯한 설명은 오르페우스[92] 추종자들이 이 이름의 창시
자라는 것일세. 그들의 생각은 혼은 모종의 죄를 짓고 벌을 받고 있는
데, 몸은 그 이름(sōma)이 말해주듯 혼이 벌을 다 받을 때까지 안전하
게 지키는(sōizetai) 울로 둘러싼 곳 또는 감옥이라는 것일세. 그렇게 보
면 단 하나의 자모도 바꿀 필요가 없으니까.

헤르모게네스 소크라테스 선생님, 이 이름들에 관해서는 충분히 설명 d
한 것 같아요. 그런데 우리는 다른 신들의 이름도 방금 선생님께서 제
우스라는 이름을 설명한 것과 같은 방법으로 고찰할 수 있지 않을까

---

89 nous.

90 아낙사고라스(Anaxagoras)는 소아시아 이오니아(Ionia) 지방의 클라조메나이
(Klazomenai) 시 출신 자연철학자인데, 기원전 5세기에 주로 아테나이에서 활동했다. 우
주를 물리적으로 해석하려 한 까닭에 무신론자라는 이유로 아테나이에서 추방당했다.

91 '본성을 유지해주는'.

92 Orpheus. 그리스의 전설 속 가인(歌人).

요? 저는 그들의 이름에는 어떤 종류의 올바름이 적용되었는지 알고 싶어요.

소크라테스 헤르모게네스, 물론 우리는 그렇게 할 수 있네. 한데 우리가 지성인으로서 인정해야 할 최선의 탐구 방법은, 우리가 신들에 관해서는 그들 자신도 그들이 서로 부르는 이름도 전혀 모른다는 것을 시인하는 걸세. 신들이 서로 어떤 이름으로 부르든 그것이 분명 올바른 이름이겠지만. 이름의 올바름에 관한 차선의 탐구 방법은 기도할 때 늘 그러듯 신들이 듣고 좋아할 만한 이름이나 조상의 이름에서 따온 이름[93]을 부르는 걸세. 우리는 다른 이름은 하나도 모르니까. 나는 그것을 좋은 관행이라고 생각하네. 그러니 자네만 괜찮다면 우리는 탐구를 시작하기 전에 먼저 신들에게 고하기로 하세. 우리가 탐구하려는 것은 신들 자신이 아니라 — 우리는 감히 우리에게 그럴 능력이 있다고 주장하지 않으니까 — 인간들이 대체 어떤 생각에서 신들에게 그런 이름을 붙였는지 알아보려는 것이라고. 그렇게 하는 것은 불경을 저지르는 것이 아닐 테니까.

헤르모게네스 소크라테스 선생님, 선생님 말씀이 옳은 것 같으니, 우리 그렇게 하기로 해요.

소크라테스 그러면 관습에 따라 먼저 헤스티아[94]부터 시작할까?

헤르모게네스 그래야겠지요.

소크라테스 자네는 헤스티아에게 헤스티아라는 이름을 붙인 사람이 어떤 생각에서 그랬다고 말할 텐가?

헤르모게네스 제우스에 맹세코, 그건 대답하기 쉬운 질문이 아닌 것 같은데요.

소크라테스 여보게 헤르모게네스, 처음으로 이름을 지은 사람들은 아마도 하찮은 사람들이 아니라 고답적인 사상가나 섬세한 이론가들이었을 걸세.

헤르모게네스 그래서요?

소크라테스 나는 그런 사람들이 이름을 지었을 것이라고 확신하네. 그래서 다른 방언으로 된 이름들을 고찰해도 각각의 이름이 무엇을 뜻 c 하는지 쉽게 알 수 있다네. 우리가 '우시아'(ousia)[95]라고 부르는 것을 예로 들어보세. 어떤 사람들은 그것을 '엣시아'(essia)라 부르고, 다른 사람들은 '오시아'(ōsia)라고 부르네. 그렇다면 먼저 이들 이름 가운데 두 번째 이름에 따르면, 사물의 본질(ousia)은 '헤스티아'라고 부르는 것이 이치에 맞네. 게다가 우리는 본질에 관여하는 것을 '존재한다'(estin)고 말하므로 그런 맥락에서도 '헤스티아'라는 이름은 올바르게 지어진 걸세. 옛날에는 우리도 '우시아'를 '엣시아'라고 부른 것 같으니까. 또한 이를 제물과 관련해 생각해보면 자네는 이름 짓는 사람들 d 이 그런 식으로 이해했다는 결론에 이르게 될 걸세. 사물의 본질을 '엣시아'라고 부르는 사람들이 모든 신들 중에 맨 먼저 헤스티아에게 제

---

93 '누구의 아들 아무개' 하는 식으로.

94 헤스티아(Hestia 라/Vesta)는 화로 또는 화덕의 여신이다. 고대 그리스인들은 제물을 바치거나 기도하거나 맹세할 때 대개 맨 먼저 이 여신에게 제물을 바치며 이름을 불렀다고 한다.

95 '본질' '실체'.

물을 바치는 것은 당연하기 때문일세. 한편 '오시아'라는 이름을 사용하는 사람들은 존재하는 것들은 모두 움직이고 머물러 있는 것은 아무것도 없다는 헤라클레이토스[96]의 주장에 꽤나 동조하는 것 같네. 그래서 그들의 주장에 따르면, 만물의 원인과 시작은 추진력(ōthoun)인 만큼 '오시아'라는 이름은 올바르게 지어졌다는 걸세. 이에 관해서는 이쯤 해두세. 우리는 아는 것이 아무것도 없으니까. 헤스티아 다음에는 레아[97]와 크로노스를 살펴보는 것이 옳을 걸세. 하지만 크로노스라는 이름은 이미 살펴보았네. 내가 허튼소리를 하는 건지도 모르겠네만.

헤르모게네스 왜 그런 말씀을 하시는 거죠, 소크라테스 선생님?

소크라테스 여보게, 내 마음에 지혜가 벌 떼처럼 몰려드는구먼.

헤르모게네스 그건 어떤 종류의 지혜인가요?

소크라테스 아주 불합리하게 들리겠지만, 거기에는 나름대로 일리가 있는 듯하네.

헤르모게네스 어떤 일리가 있다는 거죠?

소크라테스 내가 보기에 헤라클레이토스는 크로노스와 레아의 치세(治世)만큼이나 오래되고 호메로스도 말한 바 있는 지혜의 말을 하고 있는 것 같네.

헤르모게네스 그게 무슨 말씀이신지요?

소크라테스 헤라클레이토스는 어딘가에서 "만물은 움직이며 머물러 있는 것은 아무것도 없다"고 말하고 있고, 존재하는 것들을 강의 흐름에 비기며 "그대는 같은 강물에 두 번 발을 담글 수 없다"[98]고 말하고 있네.

헤르모게네스 그랬지요.

소크라테스 어떤가? 자네는 다른 신들의 선조들에게 '레아'와 '크로노 b 스'라는 이름[99]을 붙인 사람이 헤라클레이토스와 다른 생각을 했을 거라고 보는가? 자네는 그가 두 신에게 '흐름'을 뜻하는 이름을 우연히 붙였을 거라고 생각하는가? 마찬가지로 호메로스도 "오케아노스는 신들의 아버지이며 테튀스는 신들의 어머니"[100]라고 말하고 있네. 나는 헤시오도스도 그렇게 말한다고 생각하며, 오르페우스도 어딘가에서 이렇게 말하고 있네.

> 아름답게 흐르는 오케아노스는 맨 처음으로 결혼식을 올렸는데,
>
> 같은 어머니에게서 태어난 누이를 아내로 맞아들였다네.   c

살펴보게. 그들은 모두 한목소리를 내며 헤라클레이토스의 주장 쪽으로 기울고 있네.

---

96 헤라클레이토스(Herakleitos 기원전 540년경~480년경)는 소아시아 이오니아 지방 출신의 '소크라테스 이전 철학자들' 가운데 한 명으로 "만물은 유전한다"(panta rhei)고 주장했다.
97 레아(Rhea)는 크로노스의 누이이자 아내로, 제우스 형제자매들의 어머니이다.
98 단편 91(Diels/Kranz).
99 여기서 레아(Rhea)는 흐름(rheuma)과 동일시되고, 크로노스(Kronos)는 샘(krounos)과 동일시되는 것 같다.
100 『일리아스』 14권 201, 302행. 오케아노스(Okeanos)는 대지를 감돌아 흐르는 거대한 강이고, 테튀스(Tethys)는 그의 누이이자 아내이다.

헤르모게네스 소크라테스 선생님, 일리 있는 말씀인 것 같아요. 하지만 테튀스라는 이름이 무엇을 뜻하는지 모르겠어요.

소크라테스 이 이름은 살짝 은폐된 '샘물'의 이름이라는 것을 사실상 이름 자체가 말해주고 있네. '걸러내어진'(diattōmenon)과 '여과된'
d (ēthoumenon)이라는 표현은 샘물을 의미하는데, 테튀스(Tethys)라는 이름은 이 두 낱말의 합성어이기 때문일세.

헤르모게네스 그럴듯하네요, 소크라테스 선생님.

소크라테스 왜 아니겠나? 다음 이름은 뭐지? 제우스에 대해서는 우리가 이미 논한 바 있네.

헤르모게네스 네.

소크라테스 그렇다면 제우스의 형제인 포세이돈과 플루톤에 대해 논하되, 플루톤의 다른 이름도 논하기로 하세.

헤르모게네스 그러기로 해요.

소크라테스 내 생각에 포세이돈(Poseidon)이라는 이름을 맨 처음 지은
e 사람은 그가 걸어서 앞으로 나아가는 것을 파도의 힘이 마치 족쇄 (desmos tōn podōn)처럼 방해했기에 그런 이름을 지어준 것 같네. 그래서 그는 이 힘의 주인을 족쇄(posidesmon)라고 보고 '포세이돈'이라 불
403a 렀고, 엡실론(epsilon ε, e)은 발음하기 좋으라고 넣은 것 같네. 하지만 그렇지 않을 수도 있네. 이 이름은 원래 시그마(sigma ς, s) 대신 두 개의 람다(lambda λ, l)로 발음되었을 수 있거든. 이 신은 아는 게 많으니까 (polla eidotos). 어쩌면 이 신은 지진의 신인지라 '흔드는 자'(ho seiōn)라고 불렸고, 거기에 피(pi π, p)와 델타(delta δ, d)가 덧붙여졌을 수도 있

네. 플루톤(Plouton)[101]은 그가 부(富 ploutos)를 가져다주기에 그런 이름을 얻게 된 걸세. 부는 지하(地下)에서 나오니까. 대부분의 사람들은 하데스(Haidēs)라는 이름이 '눈에 보이지 않는 것'(to aides)과 관련되었다고 보고는 이 이름이 두려워서 이 신을 플루톤이라고 부르는 것 같네.

헤르모게네스 선생님께서는 정작 어떻게 생각하세요, 소크라테스 선생님?　　b

소크라테스 내 생각에 사람들은 이 신의 힘을 여러모로 오해해 근거 없이 이 신을 두려워하는 것 같네. 이 신과 이 신의 힘이 두려운 까닭은 우리가 일단 죽으면 영원히 그의 영역에 머물기 때문일세. 그리고 혼이 몸을 벗고 그에게로 간다는 것 역시 두렵기 때문일세. 그렇지만 이 모든 사실과 이 신의 임무와 이름은 같은 방향을 가리키고 있네.

헤르모게네스 어째서 그렇지요?

소크라테스 내 생각을 말할 테니 자네는 다음 질문에 대답해주게. 살아　　c 있는 것을 어디든 한곳에 묶어두는 족쇄들 가운데 어느 것이 더 강력한가? 강제인가, 욕망인가?

헤르모게네스 소크라테스 선생님, 욕망이 훨씬 강력하겠지요.

소크라테스 그렇다면 만약 하데스가 자기에게 오는 자들을 가장 강력한 족쇄로 묶어두지 않는다면, 자네는 많은 사람이 하데스에게서 도망칠 것이라고 생각지 않는가?

---

101 저승의 신 하데스(Hades)의 다른 이름.

헤르모게네스 분명히 그러겠지요.

소크라테스 그러니 가장 강력한 족쇄로 묶어야 한다면 그는 그들을 강제가 아니라 모종의 욕망으로 묶어야 할 걸세.

헤르모게네스 그런 것 같아요.

소크라테스 욕구는 여러 가지가 있겠지?

헤르모게네스 네.

d **소크라테스** 따라서 그가 그들을 가장 강력한 족쇄로 묶어두려면 욕구들 중에서도 가장 강력한 욕망으로 묶어야 할 걸세.

헤르모게네스 네.

소크라테스 누군가와 함께하면 자신이 더 훌륭한 사람이 될 수 있을 것이라는 생각보다 더 강력한 욕망이 있을까?

헤르모게네스 제우스에 맹세코 없지요, 소크라테스 선생님.

소크라테스 그래서 헤르모게네스, 저승에 간 사람은 어느 누구도, 심지어 세이렌[102]들조차도 이승으로 돌아오고 싶어하지 않는 것이라고 믿

e 기로 하세. 모두들 하데스의 매력에 홀려서 말일세. 하데스는 그만큼 아름다운 말을 할 줄 아는 것 같네. 그러니 이런 시각에서 보면 하데스는 완전한 소피스트이자 자기와 함께하는 이들에게는 위대한 시혜자(施惠者)일세. 또한 그는 이승에 있는 우리에게도 좋은 것들을 많이 올려보낸다네. 그곳에서 그는 그만큼 큰 부에 둘러싸여 있으며, 그래서 플루톤이라고 불리는 것이라네. 또한 그는 인간들이 몸을 가지는 동안

404a 에는 함께하고 싶어하지 않지만 몸의 모든 악과 욕구에서 혼이 정화되면 함께하려 하는데, 이런 점은 그가 철학자라는 것을 보여주는 것이

라고 생각되지 않나? 그리고 이런 상태에서는 인간들을 미덕에 대한 욕구로 묶어둘 수 있지만 인간들이 몸의 흥분과 광기를 느끼면 그의 아버지 크로노스의 저 유명한 족쇄[103] 들조차도 인간들을 자기에게 붙들어둘 수 없음을 잘 알고 있다는 것을 보여주는 것이라고 생각되지 않는가?

헤르모게네스 일리 있는 말씀 같아요, 소크라테스 선생님.

소크라테스 헤르모게네스, '하데스'(Haides)라는 이름도 '보이지 않는 것'(aeides)에서 파생된 것이 아니라 훌륭한 것들을 모두 '알고 있다'(eidenai)에서 파생되었으며, 그래서 입법자에 의해 '하데스'라고 일컬어졌을 가능성이 훨씬 큰 것 같네.

헤르모게네스 좋아요. 데메테르, 헤라, 아폴론, 아테나, 헤파이스토스, 아레스와 그 밖의 다른 신들에 관해서 우리는 뭐라고 말할 텐가요?

소크라테스 데메테르는 어머니(mētēr)처럼 먹을거리를 주기에(didousa) '데메테르'(Dēmētēr)라고 불리는 것 같으며, 헤라(Hera)는 사랑스러운(eratē) 여신일세. 실제로 제우스는 그녀에게 반해 결혼했다고 하지 않는가. 하지만 고답적인 사상가인 입법자는 자연현상을 염두에 두고는 이를 감추기 위해 대기(aēr)의 첫 자모 a를 끝으로 옮겨 그녀를 '헤라'(Hera)라고 불렀을 수도 있네. 헤라라는 이름을 되풀이해서 발음

---

102 세이렌(Seiren 복수형 Seirenes)들은 바위섬에 사는 요정들로, 지나가는 선원들을 노래로 홀려 익사하게 했다고 한다.
103 주 68 참조.

해보면 그렇다는 것을 알게 될 걸세. '페르레팟타'(Pherrephatta)라는 이름은 '아폴론'(Apollon)이라는 이름과 마찬가지로 많은 사람이 두려워하는데, 이는 그들이 이름의 올바름에 관해 무지하기 때문일세. 그들이 '페르레팟타'라는 이름을 '페르세포네'(Phersephonē)[104]로 바꾸는 까닭에 두려워 보이는 것이라네. 그러나 '페르레팟타'[105]라

d 는 이름은 사실은 여신이 지혜롭다(sophe)는 것을 암시하니. 사물들은 움직이는데(pheromena), 그런 사물들을 잡고(ephaptomenon) 접촉하며 (ephapōn) 뒤따라갈(epakoloutein) 수 있는 능력은 지혜(sophia)이기 때문일세. 따라서 '페레파파'(Perepapha)나 그런 종류의 이름은 여신의 올바른 이름일세. 여신은 지혜로워서 움직이는 것들과 접촉(ephapē tou pheromenou)하니까. 또한 이는 지혜로운 하데스가 여신과 함께하는[106] 이유이기도 하네. 여신은 지혜로우니까. 그러나 사람들은 진리보다 발음하기 쉬운 쪽을 더 중시해 이름을 바꿔 그녀를 '페르레팟

e 타'라고 부른다네. 앞서 말한 것처럼, 아폴론의 경우도 마찬가지일세. 많은 사람이 그의 이름을 두려워하는 이유는 그의 이름이 뭔가 무서운 것을 암시한다고 생각하기 때문일세. 자네는 그 점을 알아차리지 못했는가?

헤르모게네스 물론 알아차렸지요. 선생님 말씀이 옳아요.

소크라테스 그렇지만 내가 보기에 아폴론이라는 이름은 이 신의 능력에 가장 적합한 이름인 것 같네.

헤르모게네스 어째서 그렇지요?

405a **소크라테스** 내가 생각하는 바를 말해보겠네. 나는 이 신의 네 가지 능력

을 이보다 더 적절하게 가리키는 단일 이름은 없다고 생각하네. 이 이름은 음악과 예언과 의술과 궁술(弓術)에서 그의 능력을 드러냄으로써 그의 네 가지 능력을 모두 포함하니까.

헤르모게네스 말씀 계속하세요. 선생님 말씀에 따르면 그것은 특별한 이름인 것 같네요.

소크라테스 그것은 분명 조화로운 이름일세. 그것은 음악의 신의 이름이니까. 먼저, 의술이나 예언술에서 사용되는 정화 의식과 순화 의식, 의학적인 약과 주술적인 약에 의한 훈증요법, 그런 과정들에 포함된 씻기와 성수 뿌리기는 모두 사람의 몸과 혼을 깨끗이 한다는 동일한 목적을 갖고 있네. 그렇지?   b

헤르모게네스 물론이지요.

소크라테스 그렇다면 아폴론은 정화하고 나쁜 것들을 씻어내고 (apolouōn) 나쁜 것들에서 구해주는(apolyōn) 신이겠지?

헤르모게네스 물론이지요.

소크라테스 그렇다면 이 신은 씻고 구해주고 그런 나쁜 것들을 치유해 주므로 '아폴루온'(Apolouōn)[107]이라고 불려야 옳을 걸세. 한편 그의   c 예언이나 진실성과 정직성(to haploun)(이 둘은 같은 것일세)과 관련해

---

104 Phersephone(pherousa phonon)는 '살육을 가져다주는 여자'라는 뜻이다.
105 페르레팟타(Pherrephatta)와 페르세포네(Phersephonē)는 페르세포네(Persephonē) 의 변형으로, 주로 시(詩)에서 사용된다.
106 데메테르의 딸 페르세포네는 하데스에게 납치되어 그의 아내가 된다.
107 '씻는 자'.

서는 이 신을 텟살리아[108]인들이 사용하는 이름으로 부르는 것이 가장 적절할 걸세. 그들은 모두 이 신을 하플루스(Haplous)라고 부르니 말일세. 또한 이 신은 궁술에 능해서 언제나(aei) 화살을 쏘기에(bolōn) '아에이발론(Aeiballōn)[109]이라고도 불린다네. 그의 이름이 그의 음악적인 재능과 일치한다는 것을 알려면, 우리는 자모 알파(α, a)가 'akolouthos'[110]와 'akoitis'[111]에서 볼 수 있듯이 가끔은 '함께하기'를 뜻한다는 점을 알아야 하네. 이 경우 자모 알파는 우리가 극(極)들(poloi)이라고 부르는 것 주위로 천체들이 함께 도는 것이든, 아니면 우

d 리가 화음이라고 부르는, 음악의 조화로운 움직임이든 '함께 움직이는 것'(he homou polēsis)을 의미한다네. 음악과 천문학에 밝은 사람들에 따르면, 모든 것이 어떤 선법(旋法)[112]에 따라 동시에 함께 움직이기 때문일세. 그리고 이 신은 선법을 지휘하며 신들의 영역에든 인간들의 영역에든 모든 것이 함께 움직이게 한다네(homopolōn). 그래서 '호모'(homo)를 알파(a)로 바꾸어놓음으로써 'akolouthos'와 'akoitis'가 'homokeleuthos'[113]와 'homokoitis'에서 파생했듯이, 우리는 사실 '호

e 모폴론'(Homopolōn)인 이 신을 '아폴론'(Apollon)이라고 부르는 것이며, 두 번째 람다(λ, l)를 삽입한 것은 그렇게 하지 않으면 끔찍한 이름처럼 들리기 때문이라네.[114] 지금도 어떤 사람들은 그런 의혹을 품고는 마치 모종의 파괴를 의미하는 것처럼 이 이름을 두려워하는데, 이

406a 는 이 신의 이름의 힘을 제대로 살피지 못한 까닭일세. 그러나 우리가 앞서 말한 것처럼, 이 신의 이름은 정직하고(haplous), 언제나 화살을 쏘며(aeiballōn), 씻어내고(apolouōn), 함께 움직이게 하는

(homopolōn) 그의 능력들과 관계있다네. 무사(Mousa) 여신들[115]과 시가(詩歌 mousikē) 일반의 이름은 철학적인 탐구욕, 즉 '모스타이'(mōsthai)에서 유래한 것 같으며, 레토(Lētō)라는 이름은 이 여신이 아주 점잖고 남의 청을 기꺼이(ethelēmōn) 들어주기 때문에 붙여진 걸세. 어쩌면 그녀의 이름은 앗티케 방언이 아닌 다른 방언을 사용하는 사람들이 흔히 부르듯 레토(Lēthō)일 수도 있네. 그들이 그녀를 그렇게 부르는 까닭은 아마도 그녀의 성격이 모질지 않고 점잖고 부드럽기(leion) 때문일 걸세. 아르테미스(Artemis)라는 이름은 이 여신이 건전하고(artemes), 예의 바르고, 처녀성을 지키려는[116] 욕구 때문에 붙여진 것 같네. 어쩌면 이 여신이 미덕(aretē)에 통달하기 때문에, 아니면 남녀 간의 성행위를 싫어하기(ton aroton misei) 때문에 붙여진 이름일 수도 있네. 여신에게 그런 이름을 붙인 사람은 이 가운데 한 가지 이유 때문이거나, 아니면 이 모든 이유 때문에 그런 걸세.

b

---

108 텟살리아(Thessalia)는 그리스반도의 북동부 지방이다.
109 '언제나 화살을 쏘는 이'.
110 '함께하는 자' '추종자'.
111 '배우자'.
112 harmonia.
113 '동반자' '길동무'.
114 '아폴론'(Apolōn)은 '파괴자' '살해자'라는 뜻이다.
115 시가의 여신들.
116 올륌포스(Olympos)의 12신들 가운데 아테나와 아르테미스는 결혼하지 않고 처녀로 남았다.

헤르모게네스 '디오뉘소스'(Dionysos)와 '아프로디테'(Aphrodite)라는 이름은 어떤가요?

소크라테스 힙포니코스의 아들이여, 자네가 내게 큰 것을 묻는구먼. 이 두 신의 이름을 설명하는 데에는 진지한 방법과 익살맞은 방법이 있네. 진지한 설명 방법은 다른 사람들에게 물어보게나. 그러나 익살스러운 설명 방법은 우리가 살펴보지 못할 이유도 없지. 신들도 놀이를 좋아하니까. 디오뉘소스(Dionysos)는 포도주(oinos)를 주는 자(ho didous)이니 장난삼아 디도이뉘소스(Didoinysos)라고 부를 수 있을 것 같네. 또한 포도주는 그것을 마시는 사람들 대부분이 제정신(nous)이 아니면서 자기가 제정신이라고 생각하게(oiesthai) 만드는 만큼 '오이오누스'(oionous)라고 부르는 것이 타당할 걸세. 아프로디테에 관한 한 우리는 헤시오도스를 반박할 것이 아니라, 그녀의 이름은 그녀가 바다 거품(aphros)에서 태어난 데서 유래했다는 그의 주장[117]에 동의해야 할 걸세.

헤르모게네스 한데 소크라테스 선생님, 선생님께서는 아테나이 분이시니 아테나도, 헤파이스토스와 아레스도 잊지 않으셨겠지요.

소크라테스 그럴 리가 없지.

헤르모게네스 당연히 없겠지요.

소크라테스 아테나에게 다른 이름이 붙여진 이유를 설명하기는 어렵지 않네.

헤르모게네스 어떤 이름 말인가요?

소크라테스 우리는 그녀를 팔라스(Pallas)라 부르네.

헤르모게네스 물론이지요.

소크라테스 내 생각에, 이 이름은 무장한 채 춤추는 것에서 파생된 것으 *e*
로 보는 것이 옳을 것 같네. 자신이나 다른 어떤 것을 땅에서 들어 올
리거나 손으로 드는 것을 가리켜 우리는 '흔들기'(pallein), '흔들리기' 407a
(pallesthai) 또는 '춤추기' '들까불리기'라고 부르니까.

헤르모게네스 물론이지요.

소크라테스 그러니까 그런 이유에서 우리는 그녀를 '팔라스'라고 부르
는 것이지.

헤르모게네스 그렇게 부르는 것이 옳겠네요. 그녀의 다른 이름은 어떻게
설명하시겠어요?

소크라테스 '아테나'라는 이름 말인가?

헤르모게네스 네.

소크라테스 여보게, 그건 훨씬 더 까다로운 문제일세. 아테나에 대해서
는 옛사람들도 오늘날의 호메로스 전문가들과 생각이 같은 것 같네.
이들은 대부분 호메로스를 해석하면서 그는 아테나라는 이름으로 지 *b*
성(nous)과 사고(dianoia)를 나타낸다고 주장하고, 그녀의 이름을 지
은 사람도 그녀에 대해 같은 생각을 한 것 같으니 말일세. 그러나 그
녀의 이름을 지은 사람은 그녀에게 '신의 지성'(he theou noēsis)이라
는 더 거창한 이름을 붙이고 있네. 마치 그녀는 '하테오노아'(ha
theonoa)라고 말하려는 것처럼 말일세. 여기서 그는 앗티케 방언이 아

---

117 『신들의 계보』195~197행.

닌 다른 방언에서처럼 에타(eta η, ē) 대신 알파(α, a)를 사용하고 이오
타(iota ι, i)와 시그마(ς, s)를 생략하고 있네.[118] 그러나 그렇지 않을 수
도 있네. 신적인 것들에 관한 그녀의 지식(ta theia noousa)이 탁월해
서[119] 그녀를 '테오노에'(Theonoē)라고 불렀을 수도 있으니까. 또한 그
녀의 이름을 지은 사람이 이 여신을 그녀의 지성적인 성격(en ēthei
noēsis)과 동일시하고 싶어 그녀를 '에토노에'(Ethonoē)라고 불렀다고

c 생각해도 과녁에서 크게 빗나간 것은 아닐 걸세. 그리고 그 자신이나
다른 사람들이 훗날 이름을 더 좋게 고치는 거라고 믿고는 그녀를 '아
테나아'(Athēnaa)라고 부른 걸세.

헤르모게네스 어때요? 헤파이스토스라는 이름은 어떻게 설명하시겠어요?

소크라테스 자네는 '빛에 정통한 자'(phaeos histōr)에 대해 묻는 겐가?

헤르모게네스 물론이지요.

소크라테스 그렇다면 헤파이스토스라는 이름은 '파이스토스'(Phaistos)
에 에타(η, ē)를 덧붙인 것이라는 사실은 누구나 다 아는 것 아닌가?

헤르모게네스 그럴듯해요. 더 그럴듯한 다른 생각이 떠오르지 않으신다
면 말이에요.

소크라테스 그러지 못하게 아레스에 관해 물어보게.

헤르모게네스 그렇다면 제가 물었다고 생각하세요.

d **소크라테스** 자네가 원한다면 그래야겠지. '아레스'(Arēs)는 '남자다움'
(to arren), '용감함'(to andreion) 또는 '완고함'과 '아르라토스'(arratos)
라고 불리는 '불굴의 정신'에 걸맞은 이름이니, 어느 모로 보나 전쟁의
신에게 적합한 이름일세.

헤르모게네스 물론이지요.

소크라테스 제발 이제는 신들에게서 벗어나기로 하세. 나는 신들에 관해 말하기가 두렵네. 다른 것은 무엇이든 내게 물어보게. 에우튀프론의 '말[馬]들이 어떤 것인지 알기 위해서라면'.[120]

헤르모게네스 그럴게요. 하지만 그 전에 한 신에 관해서 물어볼 게 남았   e
어요. 헤르메스에 관해 말이에요. 크라튈로스가 말하기를, 저는 헤르모게네스[121]가 아니라고 하니까요. 그러니 이 친구의 말에 일리가 있는지 알아내기 위해 '헤르메스'라는 이름이 무슨 뜻인지 살펴보기로 해요.

소크라테스 좋아. '헤르메스'(Hermēs)라는 이름은 말하기와 관계있는 것 같네. 그는 해석자(hermēneus)이자 전령이며, 말[語]로 훔치고 속이   408a
는 자이자 장사꾼인데, 이 모든 행위는 말의 힘과 관계있기 때문일세. 앞서 내가 말했듯이,[122] '논의하다'(eirein)는 말을 사용하는 것이고, 게다가 호메로스도 가끔 '에메사토'(emēsato)라는 낱말을 쓰는데 이 말은 '꾀하다'는 뜻일세. 그렇다면 eirein과 emēsato라는 두 낱말에서

---

118 theou noēsis에서 'sis'를 빼고 한 단어로 만들면 theounoē가 된다. 여기에 앗티케 방언의 정관사 여성 단수형 hē 대신 비(非)앗티케 방언의 정관사 여성 단수형 ha를 덧붙이고 ē를 a로 바꾸면 ha theounoa가 된다. 당시에는 'o'와 'ou'의 구별이 없었으므로 이는 ha theonoa가 된다.

119 전쟁과 직조와 공예의 여신인 아테나는 어머니 없이 완전무장한 채 아버지 제우스의 머리에서 태어났다고 한다.

120 『일리아스』5권 221행, 8권 105행. 에우튀프론에 관해서는 396d 참조.

121 '헤르메스의 아들'.

122 398d.

입법자는 말하기와 말의 사용을 꾀한 이 신의 이름을 합성해주며 이렇

b 게 우리에게 명령하는 듯하네. "인간들이여, 논의하기를 꾀한 신을 그

대들은 '에이레메스'(Eiremēs)라고 불러야 옳을 것이니라." 그런데 우리

는 이 이름을 미화해 그를 헤르메스라고 부르는 것 같네.

헤르모게네스 제우스에 맹세코, 그렇다면 제가 헤르모게네스가 아니라

는 크라튈로스의 주장은 옳은 것 같아요. 아무튼 제게는 말을 꾀하는

재주가 없으니까요.

소크라테스 하지만 여보게, 판(Pan)[123] 신이 헤르메스의 이중성을 띤 아

들이라는 데에는 일리가 있네.

c **헤르모게네스** 어째서 그렇지요?

소크라테스 자네도 알다시피, 말은 모든 것(pan)을 표현하고, 모든 것이

언제나 순환하고 돌게 만들며, 참과 거짓이라는 이중성을 지닌다네.

헤르모게네스 물론이지요.

소크라테스 그런데 그것의 참된 부분은 매끈하고 신적이며 저 위의 신

들 사이에 거주하지만, 거짓은 이 아래의 인간들 사이에 거주하고 거칠

며 염소 같네(tragikos).[124] 설화와 거짓은 대부분 이곳의 비극적인 삶에

서 발견되니까.

헤르모게네스 물론이지요.

소크라테스 따라서 모든 것(pan)을 표현하고 모든 것이 언제나 움직이

게 만드는 자(aei polōn)는 '염소치기 판'(Pan aipolos)이라고 불러야 옳

d 을 걸세. 헤르메스의 이중성을 지닌 아들인 그는 상체는 매끈하지만 하

체는 거칠고 염소 같네. 판 신은 또한 헤르메스의 아들이니까 말이거

나 말과 형제간이며, 형제끼리 닮는다는 것은 놀랄 일이 못 되네. 하지만 여보게, 내가 앞서 말했듯이 우리는 신들에게서 떠나기로 하세.

헤르모게네스 소크라테스 선생님, 원하신다면 그런 신들에게게서는 떠나기로 해요. 그렇지만 해, 달, 별, 대지, 아이테르,[125] 대기, 불, 물, 계절, 해[年] 같은 신들에 관해 논의하지 못할 이유는 없잖아요?　　　　e

소크라테스 자네가 내게 많은 것을 요구하는구먼. 하지만 자네를 기쁘게 해줄 수 있다면, 내 기꺼이 그렇게 하겠네.

헤르모게네스 기쁘게 해주시고말고요.

소크라테스 먼저 무엇을 논의하기를 원하는가? 아니면 자네가 말한 순서대로 해(hēlios)부터 논의할까?

헤르모게네스 좋아요.

소크라테스 도리에이스족[126]이 사용하는 이 이름의 형태를 보면 그 기원이 더 분명해질 걸세. 도리에이스족은 해를 '할리오스'(halios)라고　409a

---

123 숲과 들과 목자의 신.

124 비극의 모태가 된 원시적인 연희에서는 코로스 대원들이 염소 가죽을 걸치고 등장했는데, 비극(tragōidia '염소의 노래')이라는 말은 거기서 유래한 것이다. 여기서 tragikos라는 형용사에는 '염소 같은'과 '비극적인'이라는 두 가지 뜻이 담겨 있다.

125 아이테르(aithēr)는 상층의 맑은 공기이다.

126 도리에이스족(Dorieis)은 아이올레이스족(Aioleis), 이오네스족(Iones)과 더불어 고대 그리스의 3대 종족이다. 도리에이스족이라는 이름은 그들이 지금의 달마티아 (Dalmatia)와 알바니아(Albania)에서 펠로폰네소스반도로 남하하는 도중에 한때 그리스 중동부 지방인 도리스(Doris)에 머문 데서 유래한 것으로 그들을 '도리아인(영어의 Dorian)들'이라고 부르는 것은 오해에서 비롯된 것이다. 도리아(Doria)라는 이름은 그리스어에도 라틴어에도 영어에도 없다.

부르니까. '할리오스'라는 이름은 해가 뜨면서 사람들을 한데 모으는 것(halizein)에서 유래했거나, 해가 궤도를 따라 대지 주위를 언제나 굴러가는 것(aei eilein iōn)에서 유래했거나, 해가 대지에서 생산되는 것들의 색을 다채롭게 해주는 것(poikillein)에서 유래했을걸세. '포이킬레인'은 '아이올레인'(aiolein)과 같은 뜻이니까.

헤르모게네스 '달'(selēnē)이라는 이름은 어떻게 설명하실래요?

소크라테스 이 이름은 아낙사고라스[127]의 처지를 난처하게 만드는 것 같네.

헤르모게네스 어째서 그런가요?

b **소크라테스** 이 이름은 달이 해에서 빛(phōs)을 받는다는 그의 최신 이론이 사실은 아주 낡은 것임을 보여주기 때문이라네.

헤르모게네스 왜 그렇지요?

소크라테스 '셀라스'(selas)[128]와 '포스'(phōs)는 같은 것일세.

헤르모게네스 네.

소크라테스 아낙사고라스 제자들의 주장이 맞는다면, 달(selēnē) 주위의 빛(phōs)은 언제나 새것이자 헌것(neon kai henon)일세. 그들의 주장에 따르면, 해는 계속 달 주위를 돌며 언제나 새 빛을 던져주지만 지난달의 헌 빛이 아직도 달에 남아 있기 때문일세.[129]

헤르모게네스 물론이지요.

소크라테스 또한 많은 사람이 달을 '셀라나이아'(Selanaia)라고 부르네.

헤르모게네스 그렇지요.

소크라테스 달빛은 언제나 새것이자 헌것이므로(selas neon kai henon

echei aei) '셀라엔네오아에이아'(Selaenneoaeia)라고 부르는 게 가장 옳 겠지만, 이것이 '셀라나이아'(Selanaia)로 축약된 걸세.

헤르모게네스 정말로 디튀람보스적[130]인 이름이네요, 소크라테스 선생님. 그러면 달[131]과 별들은 어떻게 설명하실래요?

소크라테스 달(meis)은 '줄어들다'(meiousthai)에서 파생되었으므로 메이에스(meiēs)라고 부르는 편이 옳았을 걸세. 별들(astra)은 번개(astrapē)에서 파생된 것 같네. 번개는 눈을 위로 향하게 하니까(anastrephei ta ōpa). 그래서 번개는 아나스트로페(anastrōpē)라고 불렸어야 하지만, 지금은 더 우아하게 아스트라페라고 불린다네.

헤르모게네스 불과 물은 어떻게 설명하실래요?

소크라테스 '불'(pyr)에 대해서는 나도 대답할 바를 모르겠네. 에우튀프 론의 무사 여신이 나를 버리셨거나, 아니라면 그것은 지나치게 어려운 말인 것 같네. 그렇지만 자네는 그런 모든 당혹스러운 경우에 내가 어

---

127 주 90 참조.

128 '광휘'(光輝).

129 천문학상의 신월(新月)과 상용월(常用月)의 신월 사이의 차이에서 생기는 날을 구신일(舊新日 hene kai nea)이라고 한다. 상용월의 신월은 초승달이 뜨는 것이 보이는 저녁부터 시작되는데, 이는 천문학상의 신월과 하루 이상 차이가 나기 때문이다. 그래서 지난달과 새달의 모호한 경계 구간인 이날을 구신일이라 불렀다.

130 디튀람보스(dithyrambos)는 주신(酒神) 디오뉘소스(Dionysos)에게 바치는 합창서정시인데 내용이 막연하고 걷잡을 수 없기로 유명했다고 한다. 여기서 '디튀람보스적'이란 '구름 잡는'이라는 뜻으로 보아도 무방할 것이다.

131 영어의 month.

떤 계책을 쓰는지 눈여겨보게나.

헤르모게네스 그게 어떤 계책이지요?

소크라테스 말하겠네. 하지만 먼저 대답해주게. 자네는 불이 어째서 불이라고 불리는지 설명해줄 수 있겠나?

헤르모게네스 제우스에 맹세코, 저는 설명할 수 없어요.

소크라테스 자네는 내가 불에 대해 짐작하는 바를 살펴보게. 내가 알기로 헬라스인들, 특히 이민족의 지배를 받는 헬라스인들은 숱한 외래어를 받아들였네.

헤르모게네스 그래서요?

소크라테스 누가 이름들이 적합한지를 고찰하는데 실제로 그 이름이 유래한 언어에서가 아니라 헬라스어에 속하는 것으로 다룬다면, 알아두게나, 그는 난관에 봉착할 걸세.

헤르모게네스 그렇게 되기 십상이겠지요.

소크라테스 그러니까 '불'(pyr)이라는 이 이름도 이민족의 이름이 아닌지 살펴보게. 이 이름은 헬라스의 방언과 결부하기가 쉽지 않을뿐더러, 프뤼기아인[132]들은 분명 이 이름을 조금 고쳐서 사용하니까 말일세. 이 점에서는 '물'(hydōr)과 '개'(kyōn), 그 밖의 많은 다른 이름도 마찬가지일세.

헤르모게네스 그렇고말고요.

소크라테스 따라서 이 이름들에 관해서는 누가 설명할 수 있다 해도 무리해서 하지는 말아야 하네. 그런 이유로 나는 '불'과 '물'은 제쳐두겠네. 헤르모게네스, 대기가 '아에르'(aēr)라고 불리는 이유는 그것이 물건들을 대지에서 들어 올리기(airei) 때문일까, 아니면 늘 흐르기(aei rhei) 때문일까, 아니면 그것의 흐름에서 바람(pneuma)이 일기 때문일까? 시인들은 바람을 '아에테'(aētē)[133]라고 부르니 묻는 걸세. 아마도 시인은 '바람의 흐름'(pneumatorrous)이라는 뜻으로 '대기의 흐름'(aētorrous)이라고 말하는지도 모르지. '아이테르'(aithēr)라는 이름을 나는 다음과 같이 이해하네. 그것은 언제나 대기 주위를 달리고 흐르므로(aei thei peri ton aera rheōn) '아에이테에르'(aeitheēr)라고 불려야 옳다고. '게'(gē)라는 이름은 '가이아'(gaia)라는 형태에서 그 뜻이 더 잘 드러나네. '가이아'는 '어머니'(gennēteira)의 바른 이름이라는 게 호메로스의 주장이니까. 호메로스는 '게가아시'(gegaasi)를 '게겐네스타이'(gegenēs thai)[134]라는 뜻으로 사용하니 말일세. 그건 그쯤 하고, 그다음 것은 뭐였지?

헤르모게네스 계절들(hōrai)과 해[年]의 두 이름인 '에니아우토스'(eniautos)와 '에토스'(etos)예요, 소크라테스 선생님.

소크라테스 호라이(hōrai)라는 이름의 그럴듯한 뜻을 알고 싶다면 자네는 그것을 옛 앗티케식으로 호라이(horai)라고 발음해야 하네. 계절들이 '호라이'(horai)[135]라고 불리는 것은 옳네. 계절들은 겨울과 여름

---

132 프뤼기아(Phrygia)는 소아시아 북서부 지방이다.
133 '강풍'.
134 '태어나다'.
135 '경계들' '구분해주는 것들'.

d 을, 바람들과 대지의 열매들을 구분해주니까(horizein). '에니아우토스'와 '에토스'는 사실은 하나의 이름일세. 식물과 동물을 철 따라 자기 안에서 태어나게 하여 그것들을 자기 안에서 검열하는 것을 어떤 사람들은 자기 안에서의(en heautōi) 활동이기 때문에 '에니아우토스'라고 부르고, 어떤 사람들은 그것이 검열하기에(etazei) '에토스'라고 부르니 말일세. 그것은 앞에서 보았듯이 제우스라는 이름이 둘로 나뉘어 어떤 사람들은 '제나'라고 부르고, 어떤 사람들은 '디아'라고 부른 것과 같은 이치라네.[136] 전체 어구(語句)는 '자기 안에서 검열하는 것'(en heautōi etazon)인데, 이 한 어구가 둘로 나뉘어 말해짐으로써 한

e 어구에서 '에니아우토스'와 '에토스'라는 두 이름이 생겨난 걸세.

헤르모게네스 소크라테스 선생님, 선생님께서는 정말이지 큰 진척을 이루셨어요.

소크라테스 내 생각에도 내가 지혜[137]의 길을 따라 벌써 멀리 나아간 것 같네그려.

헤르모게네스 그야 물론이지요.

소크라테스 자네는 곧 그렇다고 더 확신하게 될 걸세.

411a **헤르모게네스** 그런 부류의 이름들에 대한 선생님 설명을 들었으니, 다음에는 '지혜'(phronēsis),[138] '이해'(synesis), '정의'(dikaiosynē)처럼 미덕에 관계되는 고상한 이름에는 대체 어떤 올바름의 원칙이 적용되었는지 살펴보면 좋겠어요.

소크라테스 여보게, 자네가 들춰내는 이름들은 결코 하찮은 부류가 아닐세. 하지만 나는 사자의 가죽[139]을 걸치고 있으니, 겁쟁이 노릇을 해

서는 안 되고 지혜와 이해와 판단(gnomē)과 지식(epistēmē)과 그 밖에   b
자네가 말하는 고상한 이름을 모두 살펴봐야만 할 것 같네.

헤르모게네스 물론 우리가 중도에서 그만두어서는 안 되겠지요.

소크라테스 개에 걸고 맹세하건대,[140] 방금 내 머리에 떠오른 것은 훌륭
한 영감인 것 같네. 먼 옛날에 이름을 지은 사람들은 사물들의 본성을
탐구하면서 맴돌다가 현기증이 나서 사물들이 맴돌며 사방으로 움직
인다고 생각하는 대부분의 요즘 철학자들과 꼭 닮게 되었다는 생각 말
일세. 그래서 이들은 그것을 자신들의 내적 상태 탓으로 돌리지 않고   c
사물들 자체의 본성 탓으로 돌리면서 지속적이고 확고한 것은 아무것
도 없고 만물은 흐르고 움직이며 온갖 종류의 운동과 생성으로 가득
차 있다고 생각한다네. 내가 방금 언급한 이름들을 고찰하다보니 이런
생각이 떠올라서 하는 말일세.

헤르모게네스 소크라테스 선생님, 그게 무슨 말씀이신지요?

---

136 395e 이하 참조.
137 sophia. '사변적 지혜'.
138 실천적인 지혜.
139 그리스의 영웅 헤라클레스(Herakles)는 인류를 위협한 괴물들을 천신만고 끝에
퇴치하여 열두 위업을 달성한다. 네메아(Nemea)의 사자를 퇴치한 것도 그중 하나인
데, 그는 이 사자를 목 졸라 죽인 뒤 그 가죽을 몸에 걸치고 다녔다. 여기서 소크라테
스는 여러 부류의 이름의 올바름을 밝히는 자신의 작업을 헤라클레스의 열두 고역(苦
役)에 비기고 있다.
140 당시 그리스인들은 대개 제우스에 걸고 맹세했지만, 맹세할 때 신의 이름을 함부
로 부르는 것을 피하려고 플라타너스, 양배추 따위의 식물이라든가 거위, 개, 양 따위
의 동물에 걸고 맹세하기도 했다.

소크라테스 자네는 아마 방금 언급한 이름들이 그런 사물들은 움직이고 흐르고 생성한다는 가정 아래 지어졌다는 점을 알아차리지 못한 것 같구먼.

헤르모게네스 아니, 전혀 알아차리지 못했어요.

d **소크라테스** 먼저, 우리가 언급한 첫 번째 이름은 확실히 그런 가정 아래 지어진 걸세.

헤르모게네스 그게 어떤 이름이었지요?

소크라테스 '지혜'(phronēsis) 말일세. 그것은 운동(phoras)과 흐름(rhou)에 대한 인식(noēsis)이니까. 운동의 혜택(onēsis)이라 해석할 수도 있겠지. 어느 경우건 그것은 운동과 관계있네. 자네가 원한다면, 판단(gnomē)은 전적으로 생성된 것에 대한 고찰이나 탐구(gonēs nomēsis)를 뜻하네. 탐구하는 것(noman)은 고찰하는 것(skopein)과 같은 것이니까. 자네가 원한다면, 인식(noēsis)은 새로운 것(tou neou)을 향한 욕구(hesis)를 뜻하네. 그러나 사물들이 새롭다는 것은 사물들이 언제나 생성된다는 것을 의미하네. 따라서 이 이름을 지은 사람이 나타내려

e 한 것은 혼의 생성에 대한 욕구일세. 그것의 본래 이름은 '노에에시스'(noeesis)인데, 두 개의 엡실론(ε, e)을 에타(η, ē)가 바꾸어놓음으로써 '노에시스'(noēsis)가 된 걸세. 그런가 하면 절제(sōphrosynē)는 방금 우리가 고찰한 '지혜'(phronēsis)의 구원자(救援者 sōtēria)일세. '지식'

412a (epistēmē)이라는 이름은 가치 있는 혼이 움직이는 사물들을 따라가되(hepetai) 뒤처지지도 않고 앞서 달리지도 않는 것을 뜻하네. 그러므로 우리는 h를 넣어서 '헤피스테메'(hepistēmē)라고 발음해야 하네.

'이해'(synesis)는 일종의 추론(syllogismos)이며, 누가 '이해한다' (synienai)[141]라고 말할 때 그것은 '알다'(epistasthai)라고 말하는 것과 전적으로 같은 뜻일세. 쉬니에나이(synienai)는 혼이 사물들과 함께 가는 것을 의미하니까. 또한 지혜(sophia)[142]는 운동의 파악을 의미하지만, 그 뜻은 더 모호하고 앗티케 방언이 아닐세. 하지만 급히 앞으로 나아가기 시작하는 것을 두고 시인들은 가끔 '그것은 내달았다'(esythē)라고 말한다는 점을 명심해야 하네. 실제로 라코니케[143]에는 '수스'(Sous)[144]라는 이름의 명사가 있는데, 이는 라케다이몬인들은 재빠르게 내닫는 것을 '수스'라 불렀기 때문일세. 그래서 '지혜'(sophia)는 이런 운동의 파악(epaphē)을 의미하네. 사물들은 움직인다는 가정 아래 말일세. '좋음'(agathon)이라는 이름은 자연 전체에서 '경탄할 만한 것'(agaston)을 나타내기 위한 걸세. 사물들은 움직이기에 그중 어떤 것들은 빨리 움직이고, 어떤 것들은 느리게 움직인다네. 그래서 빨리 움직이는 것은 사물 전체가 아니라, 그것의 경탄할 만한 한 부분일세. 그러니까 '좋음'이라는 이름은 빠르기에(tou thoou) 경탄할 만한 부분에 붙여진 이름일세.

'정의'(dikaiosynē)가 '올바른 것에 대한 이해'(tou dikaiou synesis)에

---

141 synienai는 '함께 가다'라는 뜻이다.

142 '철학적인 지혜'.

143 라코니케(Lakonike)와 라케다이몬(Lakedaimon)은 스파르테(Sparte) 주변 지역인데, 스파르테와 같은 뜻으로 사용하기도 한다.

144 '돌진'.

붙여진 이름이라는 것은 짐작하기 어렵지 않네. 그러나 '올바른 것' 자
d 체가 무엇을 의미하는지는 알기 어렵네. 그것과 관련해 어느 선까지는
많은 사람이 의견을 같이하지만, 그 선을 넘어서면 의견을 달리하기 때
문일세. 우주가 움직인다고 생각하는 사람들은 우주의 대부분은 단순
히 수용(受容)하는 성격을 띠지만, 그중 어떤 요소는 우주 전체를 관통
하며 생성되는 모든 것을 생성한다고 믿는다네. 또한 이 요소는 아주 빠
르고 아주 미세하다고 믿는다네. 그렇지 않고 그것이 어느 것도 막을 수
없을 만큼 미세하지 않고, 다른 모든 것은 그것에 견주면 가만히 있다
싶을 만큼 빠르지 않다면, 그것은 모든 것을 관통할 수 없을 테니까. 그
e 리하여 그것은 다른 것을 모두 관통하고(diaion) 지배하는 만큼 발음
하기 좋게 캅파(kappa κ, k) 음을 넣어 디카이온(dikaion)[145]이라고 부
413a 르는 것이 옳네. 내가 방금 말한 것처럼, 여기까지는 대부분의 사람들이
정의에 관해 의견을 같이하네. 하지만 헤르모게네스, 나는 이 문제에 관
해 끈질기게 물은 결과 은밀한 가르침을 통해 이 문제에 관한 모든 것을,
말하자면 내가 말하고 있는 이 정의가 원인이라는 것을 알게 되었네. 그
것을 통해서(dia ho) 사물들이 생겨나는 것은 그 사물들의 원인이니까.
그리고 누군가는 그렇기 때문에 제우스를 디아(Dia)라고 부르는 것은
옳다고 말해주었네. 하지만 그럼에도 내가 그들이 하는 말을 듣고는 "이
봐요, 그게 사실이라면 정의란 도대체 뭐요?"라고 점잖게 그리고 집요
b 하게 물으면, 그들은 내가 너무 많이 묻고 불가능한 것을 요구한다고 생
각하고는 나는 이미 충분한 답변을 들었다고 말하지. 그러고 나서 그들
은 나를 만족시키려고 저마다 상이한 의견을 말하는데, 한 사람은 태양

이 정의라고 말한다네. 태양만이 관통하고(diaiōn) 태움으로써(kaōn) 만물을 지배한다는 이유에서 말일세. 그래서 내가 멋진 답변을 들었다고 좋아하며 이를 다른 사람에게 말해주면 그는 내 말을 듣고 나를 비웃으며, 그렇다면 해가 지고 나면 사람들 사이에 정의는 없다고 생각하는지 내게 묻는다네. 그래서 정의가 무엇이라고 생각하는지 말해달라고 내가 간청하면 그는 그것은 불(pyr)이라고 말한다네. 하지만 그것은 이해하기 쉽지 않네. 다른 사람은 그것은 불이 아니라 불 속에 있는 열 자체라고 말하지. 다른 사람은 그런 설명은 모두 가소롭다며 정의란 아낙사고라스의 주장대로 지성[146]이라고 말한다네. 지성은 자신의 지배를 받고 다른 어떤 것과도 섞이지 않으며 만물을 지배하고 만물을 관통하기 때문이래. 여보게, 그러면 나는 정의가 무엇인지 배우기 시작하기 전보다 훨씬 더 큰 난관에 맞닥뜨린다네. 그러나 우리가 살펴본 '정의'라는 이름은 내가 말한 여러 가지 이유에서 붙여진 것이라고 나는 생각하네.

헤르모게네스 소크라테스 선생님, 제가 보기에 그것은 선생님께서 남에게 들은 것이지, 스스로 생각해내신 것은 아닌 것 같은데요.

소크라테스 내 다른 설명들은 어떤가?

헤르모게네스 그것들은 선생님께서 남에게 들은 것이 아니라고 저는 확신해요.

---

145 '올바른 것'.
146 nous.

소크라테스 그렇다면 귀담아듣게. 다른 것들도 내가 남에게 듣지 않은 것처럼 속일 수도 있으니까. '정의' 다음에는 무엇이 남았지? 우리가 '용
e 기'(andreia)는 아직 살펴보지 않은 것 같구먼. '불의'(adikia)는 분명 '관통하는 것'(diaiōn)을 방해하는 것일세. '안드레이아'라는 말은 용기가 싸움에서 붙여진 이름임을 말해주네. 그리고 만약 우주가 흐름이라면 우주 안의 싸움은 역류(逆流 enantia rhoē)일 수밖에 없네. 우리가 '안드레이아'에서 델타(δ, d)를 제거하면, '안레이아'(anreia)라는 말은 정
414a 확히 그런 활동을 의미하네. 물론 용기는 모든 흐름에 반(反)하는 것이 아니라, 정의에 반대되는 흐름에만 반한다네. 그렇지 않다면 용기는 칭찬받지 못할 걸세. 마찬가지로 '수컷'(arrhen)과 '남자'(anēr)도 '위로 흐름'(anō rhoē)을 가리키네. '귀네'(gynē)[147]라는 이름은 '고네'(gonē)[148]와 같은 말인 듯하고, '텔뤼'(thēly)[149]는 '텔레'(thēlē)[150]에서 파생된 것 같네. 그리고 헤르모게네스, 젖꼭지가 '텔레'라고 불리는 까닭은 젖꼭지는 비와 같아서 만물이 번성하게(tethēlenai) 하기 때문일세.

헤르모게네스 그런 것 같아요, 소크라테스 선생님.

소크라테스 물론이지. '탈레인'(thallein)[151]이라는 이름은 어린것들의 빠르고 갑작스러운 성장을 의미하는 것 같네. 그런 이름을 지은 사람
b 은 '달리다'(thein)와 '도약하다'(hallesthai)를 합친 이 이름에서 그런 것을 모방했으니 말일세. 자네는 내가 평지에 이르면 주로(走路)에서 벗어나는 것을 눈치채지 못하는 것 같구먼. 하지만 중요하다고 생각하는 과제들이 아직 많이 남아 있네.

헤르모게네스 맞아요.

소크라테스 그중 하나가 '테크네'(technē)[152]라는 말이 무엇을 뜻하는지 살펴보는 걸세.

헤르모게네스 물론이지요.

소크라테스 타우(τ, t)를 빼고 크히(khi χ, ch)와 뉘(ny ν, n) 사이와 뉘와 에타(η, ē) 사이에 오미크론(omikron o, o)을 넣으면[153] 이 말은 '지성의 소유'(hexis nou)를 의미하겠지?

헤르모게네스 아주 억지스러운 설명이네요, 소크라테스 선생님.

소크라테스 여보게, 자네는 사물들에 처음 붙여진 이름이 그 이름을 윤색하려는 사람들에 의해 완전히 묻혀버린 것을 모르는 구먼. 그들은 발음하기 좋게 자모를 덧붙이기도 하고 빼기도 하면서 온갖 방법으로 이 이름을 왜곡하고 치장했으며, 그런 변화에는 세월도 한몫 거든다네. 이를테면 자네는 '카톱트론'(katoptron)[154]이라는 말에 로(rho ϱ, r)가 삽입된 것이 이상하다고 생각되지 않는가?[155]

---

147 '여자'.

148 '자궁'.

149 '암컷'.

150 '젖꼭지'.

151 '번성하다' '번창하다'.

152 '기술' '전문기술'.

153 그렇게 하면 technē가 echonoē가 된다.

154 '거울'.

155 로(ϱ, r)가 삽입되어 이 말이 '카톱톤'(katopton '눈에 보이는')과 마찬가지로 '호라오'(horaō '나는 본다') 동사에서 파생된 말이라는 것이 잘 드러나지 않는다는 뜻이다.

이런 것은 진리는 아랑곳하지 않고 소리 낼 때의 입 모양에만 신경쓰는

d 사람들이 하는 일인 것 같네. 그들이 그렇게 원래 이름들을 자꾸 꾸미다 보니 끝내는 그 이름들이 도대체 무엇을 뜻하는지 한 사람도 이해할 수 없게 된 것이라네. 한 가지만 예를 들면, 그들은 스핑크스(sphinx)를 '픽스'(phix)[156] 라고 부르는 대신 스핑크스라고 부른다네.

헤르모게네스 그렇고말고요, 소크라테스 선생님.

소크라테스 하지만 누가 이름들에 제멋대로 아무거나 덧붙이거나 빼도 된다면, 아무것에 아무 이름이나 갖다 붙이는 것은 누구에게나 식은 죽 먹기일 걸세.

헤르모게네스 옳은 말씀이에요.

e **소크라테스** 물론 옳은 말이지. 그렇지만 나는 자네가 지혜로운 감독관으로서[157] 중용과 개연성의 규칙을 지켜야 한다고 생각하네.

헤르모게네스 저도 그러고 싶어요.

415a **소크라테스** 나도 그러고 싶네, 헤르모게네스. 하지만 여보게, 나한테 지나친 정확성은 요구하지 말게나.

"내가 힘이 빠져 투지를 잃지 않도록."[158]

'테크네'에 이어 '메카네'(mechanē)[159]를 살펴보고 나면 나는 우리 탐구의 정점에 이르게 될 테니까. 내가 보기에 '메카네'는 '큰 성취'(anein epi poly)를 의미하는 것 같네. '메코스'(mēkos)[160]는 어떤 의미에서 '크기'를 뜻하는데, '메카네'는 '메코스'와 '아네인'(anein)이라는 두 낱말

의 합성어이니까. 그건 그렇고, 내가 방금 말했듯이 우리는 우리 탐구의 정점으로 나아가 '아레테'(aretē)[161]와 '카키아'(kakia)[162]라는 이름들이 무엇을 의미하는지 살펴봐야 하네. 나는 그중 첫 번째 것은 아직 이해 b 하지 못하지만, 다른 것은 명백한 듯하네. 그것은 우리가 앞서 말한 것과 일치하니까. 만물이 움직인다면 나쁘게 움직이는 것(kakōsion)은 모두 '카키아'일 테니 말일세. 그리고 사물들에 대한 이런 나쁜 움직임이 혼 안에 존재할 때 그것은 대개 '카키아'로 통칭된다네. 그리고 이 나쁜 움직임이 무엇인지는 우리가 아직 논의하지 않은 '데일리아'(deilia)[163]라는 이름에서 잘 드러나는 것 같네. 우리는 '용기' c (andreia) 다음에 이 이름을 다루었어야 하는데 지나쳐버렸구먼. 하지만 우리가 지나쳐버린 이름이 어디 한둘이겠는가. 아무튼 '데일리아'는 혼이 강력한 족쇄(desmos)에 묶여 있는 것을 의미하네. '리안'(lian)[164]은 어떤 의미에서 힘을 나타내니까. 그러니 '데일리아'는 혼의 강력하고도 가장 큰 족쇄를 뜻하네. '아포리아'(aporia)[165]도 같은

---

156 헤시오도스,『신들의 계보』326행에 나오는 이름이다.
157 390b 이하 참조.
158 『일리아스』6권 265행.
159 '계책'.
160 '길이'. '크기'.
161 '미덕'.
162 '악'. '악덕'. '나쁨'.
163 '비겁함'.
164 '매우'. '아주'.
165 난관(難關).

종류의 악이며, 그 점에서는 움직이고 나아가는 데 방해가 되는 것도 모두 마찬가지인 것 같네. 그렇다면 나아가지 못하게 제지당하고 방해받는 것이 '나쁜 움직임'(kakōs ienai)의 뜻 같으며, 그런 상태에 있는 혼은 '카키아'로 가득차게 된다네. 그리고 '카키아'가 그런 것들에 붙은 이름이라면 '아레테'는 그 반대일 걸세. '아레테'는 첫째, '형통'(亨通 euporia)을, 둘째, 훌륭한 혼의 흐름이 묶이지 않고 언제나 자유로운 상태에 있음을 뜻하네. 그래서 제지당하거나 방해받지 않고 늘 흐르기에(aei rheon) 그것에 '아레테'라는 이름이 붙은 것 같네. 그래서 그것을 '아에이레이테'(aeirheitē)라고 부르는 것이 옳겠지만, '아레테'(aretē)로 축약된 걸세. 아마 자네는 이 설명도 내가 지어낸 것이라고 말하겠지. 하지만 단언하건대, '카키아'에 대한 나의 조금 전 설명이 옳다면, '아레테'라는 이름에 대한 나의 이 설명도 옳은 걸세.

헤르모게네스 그런데 '카콘'(kakon)[166]이라는 이름은 무슨 뜻인가요? 선생님께서는 앞서 그것을 사용해 꽤 많은 설명을 하시던데.

소크라테스 제우스에 맹세코, 그것은 이상하고 이해하기 어려운 이름인 것 같네. 그래서 나는 그것에 예의 그 계책[167]을 쓸까 하네.

헤르모게네스 그게 어떤 계책이죠?

소크라테스 이것도 이민족의 말에서 유래했다고 주장하는 것 말일세.

헤르모게네스 옳은 말씀인 것 같아요. 그러니 괜찮으시다면 이 이름들은 내버려두고, '칼론'(kalon)[168]과 '아이스크론'(aischron)[169]을 위해서는 어떤 이론적인 근거가 있는지 살펴보도록 해요.

소크라테스 '아이스크론'이 무슨 뜻인지는 명백한 것 같고, 우리가 앞

서 말한 것과도 일치하네. 내가 보기에, 이름을 짓는 사람은 사물들이   b

흐르는 것을 방해하고 제지하는 것은 무엇이든 비난하는 듯하네. 그래

서 그는 사물들의 흐름을 늘 제지하는(aei ischei ton rhoun) 것에 '아에

이스코룬'(aeischoroun)이라는 이름을 붙였는데, 이것이 지금은 축약되

어 '아이스크론'이라고 불린다네.

헤르모게네스 '칼론'은 어떤가요?

소크라테스 그것은 이해하기 더 어렵네. 하지만 그것에도 나름대로 뜻이

드러나 있다네. 단지 발음하기 좋도록 우(ou)가 오(o)로 짧아졌을 뿐일세.

헤르모게네스 어째서 그렇지요?

소크라테스 이 이름은 사유(思惟)[170]를 나타내는 것 같네.

헤르모게네스 무슨 말씀이신지요?

소크라테스 자, 자네는 각각의 사물이 하나의 이름으로 불리는 원인

이 무엇이라고 생각하는가? 사물들에 이름을 붙인 능력이 아닐까?   c

헤르모게네스 그야 물론이지요.

소크라테스 그리고 그 능력이란 신들의 또는 인간들의 또는 양자 모두

의 사유가 아닐까?

헤르모게네스 네, 그래요.

---

166 '나쁜'.
167 409d 참조.
168 '아름다운' '훌륭한'.
169 '수치스러운' '추한'.
170 dianoia.

소크라테스 또한 사물들의 이름을 불렀던(kalesan) 능력과 사물들의 이름을 부르는(kaloun) 능력은 같은 것, 곧 사유가 아닐까?

헤르모게네스 그런 것 같아요.

소크라테스 그리고 지성과 사유가 하는 일은 모두 칭찬받을 만하지만, 그렇지 않은 일들은 비난받아 마땅하지 않을까?

헤르모게네스 물론이지요.

소크라테스 그런데 의술의 능력은 의술 분야의 일을 하고, 목공술의 능
d 력은 목공 분야의 일을 하겠지? 자네도 이에 동의하는가?

헤르모게네스 동의하고말고요.

소크라테스 그렇다면 사물들의 이름을 부르는 것(kaloun)은 아름다운 일들(kala)을 하는 것이겠지?

헤르모게네스 당연하지요.

소크라테스 그렇게 하는 것은, 우리 주장에 따른다면, 사유겠지?

헤르모게네스 물론이지요.

소크라테스 그렇다면 '칼론'이라는 이 이름은 지혜[171]에 붙여야 옳네. 지혜는 우리가 아름답다고 부르며 반기는 그런 일들을 하니까.

헤르모게네스 그런 것 같아요.

소크라테스 그런 종류의 이름들 가운데 아직 우리에게 남아 있는 것은
e 무엇인가?

헤르모게네스 '쉼페론'(sympheron), '뤼시텔룬'(lysiteloun), '오펠리몬'(ōphelimon), '케르달레온'(kerdaleon)[172]과 그 반대말들처럼 좋고 아름다운 것에 관련된 이름들이 남아 있어요.

소크라테스 '쉼페론'은 우리가 앞서 탐구한 것들에 비추어서 자네도 쉽게 설명할 수 있겠지. 이 이름은 '에피스테메'(epistēmē)와 형제간 인 것 같으니까. 이 이름은 혼이 사물들과 동시에 움직이는 것(hama phora) 외에 다른 어떤 것도 가리키지 않으며,[173] 그런 원칙에 따라 행 해지는 것들은 함께 돌기에(symperipheresthai) 아마도 '쉼포라' (symphora) 또는 '쉼페론'이라고 불릴 것이기에 하는 말일세. 그러나 '케르달레온'은 '케르도스'(kerdos)[174]에서 유래했네. '케르도스' (kerdos)에서 델타(δ, d)를 뉘(ν, n)로 대치하면 이 이름의 뜻이 분명해지 네. 이 이름은 좋은 것(agathon)을 가리키지만 그 방법이 다를 뿐이니 까. 좋은 것은 만물을 관통해 만물과 섞이기 때문에(kerannytai) 이 이 름을 지은 사람은 그런 능력을 나타내는 이름을 지은 것인데, 뉘(ν, n) 대신 델타(δ, d)를 넣어 '케르도스'라고 발음했으니 말일세.

헤르모게네스 '뤼시텔룬'은 어떤가요?

소크라테스 헤르모게네스, 내 생각에 이 이름을 지은 사람은 이익이 재 투자를 위해 자본금을 해방시킬(apolyēi) 때 상인들이 사용하는 것과 같은 뜻으로 이 이름을 사용하는 것 같지는 않네. 그보다도 그는 '뤼시 텔룬'이 세상에서 가장 빠른 것이기에 사물들이 서 있거나, 운동이 운

---

171 phronesis.

172 '유익한' '이로운' '쓸모 있는' '수지맞는'.

173 412a 이하 참조.

174 '이익' '이득'.

동의 끝(telos)에 이르러 멈추거나 쉬는 것을 용납하지 않고, 어떤 것이 끝에 이르려고 하면 언제나 운동을 해방시켜(lyēi) 운동이 멈추지 않고 죽지 않게 해준다고 생각하는 것 같네. 내가 보기에, 그래서 좋은 것은 '뤼시텔룬'이라고 불리는 듯하네. 그것은 운동을 끝에서 해방시켜주는 것(lyon)이니까. '오펠리몬'은 앗티케 방언이 아닐세. 호메로스는 이 이름을 '오펠레인'(ophellein)이라는 형태로 자주 사용하는데, 그것은 '아욱센 포이에인'(auxēn poiein)[175]과 동의어일세.

헤르모게네스 이것들의 반대말들은 우리가 어떻게 설명할 수 있을까요?

d **소크라테스** 그중에서 부정(否定)하는 것들은 살펴볼 필요가 없을 것 같네.

헤르모게네스 어떤 것들이죠?

소크라테스 '아쉼포론'(asymphoron), '아노펠레스'(anōpheles), '아뤼시텔레스'(alysiteles), '아케르데스'(akerdes)[176] 말일세.

헤르모게네스 옳은 말씀이에요.

소크라테스 그렇지만 '블라베론'(blaberon)[177]과 '제미오데스'(zēmiō-des)[178]는 살펴봐야 할 걸세.

헤르모게네스 네.

소크라테스 그렇다면 '블라베론'은 '흐름'(rhoun)에 '해로운 것'(blapton)을 의미하네. 한편 '블랍톤'(blapton)은 '붙잡으려 함'
e (boulomenon haptein)을 뜻하네. '붙잡다'(haptein)는 '결박하다'(dein)와 같은 것인데, 이것은 이름 짓는 사람이 늘 나무라는 것이지. 그런데 '흐름을 붙잡으려는 것'(to boulomenon haptein rhoun)은 '블랍테룬'(blapteroun)이라고 부르는 것이 가장 옳겠지만, 이것을 아름답게

꾸며 '블라베론'이라고 부르는 것 같네.

헤르모게네스 소크라테스 선생님, 참 복잡한 이름들을 말씀하시는군요. 선생님께서 '블랍테룬'이라는 이름을 발음하셨을 때, 선생님 입 모양이 마치 아테나 여신께 바치는 찬신가의 피리 반주 서곡을 휘파람으로 불려는 것처럼 보였으니까요.

소크라테스 헤르모게네스, 그건 내 탓이 아니라 이름을 지은 사람들 책 418a임일세.

헤르모게네스 옳은 말씀이에요. 그런데 '제미오데스'(zēmiōdes)는 무슨 뜻인가요?

소크라테스 '제미오데스'는 무슨 뜻이냐고? 헤르모게네스, 사람들이 자모를 덧붙이거나 빼면서 이름들의 뜻이 심하게 바뀐다고 말했을 때 내 말이 옳았다는 데 주목해주게. 그렇게 조금만 고쳐도 이름은 때로 정반대의 뜻을 갖게 된다네. 이를테면 '데온'(deon)[179]의 경우가 그렇다네. 방금 이 이름이 떠오르면서 내가 자네에게 말하려던 것이 b 생각났네. 말하자면 그것은 우리의 세련된 현대어는 '데온'과 '제미오데스'의 뜻을 뒤틀어 그것들이 각각 본래 뜻과는 정반대되는 뜻을 갖게 했지만, 옛날 언어는 이 두 이름의 뜻을 분명히 보여준다는 것일세.

---

175 '증가하게 만들다'.
176 '유익하지 않은', '이롭지 않은', '쓸모없는', '수지맞지 않는'.
177 '해로운'.
178 '유해한', '불리한'.
179 '의무'.

헤르모게네스 무슨 말씀이신지요?

소크라테스 설명하겠네. 자네도 알다시피, 우리 선조들은 이오타(ι, i)와 델타(δ, d)를 많이 사용했네. 특히 여인들이 그랬는데, 여인들은 옛 어법을 잘 보존하는 법일세. 그러나 요즘은 사람들이 이오타를 엡실론(ε, e)이나 에타(η, ē)로 바꾸는데, 그렇게 해야 더 장중하게 들린다고 생각하기 때문이지.

헤르모게네스 어째서 그렇지요?

소크라테스 예를 들면 먼 옛날 사람들은 날[日](hēmera)을 히메라(himera)라고 불렀고 더러는 헤메라(hemera)라고 불렀지만, 요즘 사람들은 헤메라(hēmera)라고 부른다네.

헤르모게네스 그건 그래요.

소크라테스 그렇다면 자네는 옛날 이름만이 이름을 지은 사람의 의도를 드러낸다는 것을 알겠는가? 사람들은 어둠 뒤에 다가오는 햇빛이 반갑고 그리워서(himerousin) 그것을 히메라라고 불렀던 것이네.

헤르모게네스 그런 것 같아요.

소크라테스 그러나 지금은 그 이름이 치장되어 있어서 자네는 헤메라가 무슨 뜻인지 모를 걸세. 낮은 사물들을 유순하게(hēmera) 만들기에 헤메라라고 불린다고 생각하는 사람들도 있긴 하지만.

헤르모게네스 그런 것 같아요.

소크라테스 또한 자네도 알겠지만 옛날 사람들은 '쥐곤'(zygon)[180]을 '뒤아곤'(dyagon)이라고 불렀네.

헤르모게네스 물론 그랬지요.

소크라테스 그리고 '쥐곤'은 아무 뜻도 없지만, '뒤아곤'은 쟁기나 달구지를 함께 끌 수 있도록 가축 두 마리(dyoin agōgēn)를 한데 묶는 것에 적절하게 붙은 이름일세. 그런데도 그것은 지금 '쥐곤'으로 변했네. 그리고 그런 예는 부지기수일세.

헤르모게네스 그런 것 같아요.

소크라테스 마찬가지로 '데온'(deon)[181]도 그런 식으로 말하면 처음에는 좋은 것에 대한 모든 다른 이름과 정반대되는 것을 뜻하는 것처럼 보이네. '데온'은 좋은 것의 일종이지만 '블라베론'(blaberon)과 형제간인 양 족쇄(desmos)나 운동의 방해물로 보이니까.

헤르모게네스 소크라테스 선생님, 정말로 그런 것 같아요.

소크라테스 하지만 자네가 지금 이름보다 훨씬 적절하게 붙여졌을 법한 옛 이름을 사용한다면 그렇지 않네. 만약 옛 이름에서처럼 엡실론(ε, e)을 이오타(ι, i)로 대치한다면 자네는 이 이름이 좋은 것에 대한 이전 이름들과 일치한다는 것을 발견하게 될 걸세. '데온'은 그렇지 않지만, 디이온(diion)[182]은 이름을 짓는 사람이 칭찬하는 좋은 것을 의미하니까. 그렇게 하면 이름을 짓는 사람은 자기모순에 빠지지 않게 되고, '데온'이 질서와 운동의 원칙을 뜻하는 다른 이름들인 '오펠리몬', '뤼시텔룬', '케르달레온', '좋은 것'(agathon), '쉼페론', '에우포론'

---

180 '멍에'.
181 '의무'.
182 '관통하는 것'.

(eupo-ron)[183]과 같은 것임이 드러날 걸세. 질서와 운동의 원칙은 언제
b 나 칭찬받지만, 제지와 속박의 원칙은 비난받는다네. 마찬가지로 '제
미오데스'(zēmiōdes)의 경우도 만약 제타(zeta ζ, z)를 옛날의 델타(δ, d)
로 대치한다면, 이 이름이 '데미오데스'(dēmiōdes)라고 발음되어 운동
을 속박하는 것에게(dounti to ion) 붙은 것이라는 점이 밝혀질 걸세.

헤르모게네스 '헤도네'(hēdonē), '뤼페'(lypē), '에피튀미아'(epithymia)[184]
따위는 어떤가요?

소크라테스 그것들은 설명하기가 그다지 어렵지 않은 것 같네, 헤르모
게네스. '헤도네'는 즐기는 것(hē ōnesis)을 목표로 하는 행위이기에 그
런 이름을 갖고 있는 것 같네. 그러나 거기에 델타(δ, d)가 삽입되어 '헤
오네'(hēonē) 대신 '헤도네'(hēdonē)라고 불리는 것이라네. '뤼페'는
c 고통을 수반하는 몸의 해체(dialysis)에서 유래한 이름인 것 같네. '아
니아'(ania)[185]는 운동을 방해하는 것을 뜻하네. '알게돈'(algēdōn)은
'알게이노스'(algeinos)[186]에서 파생된 외래어인 것 같네. '오뒤네'
(odynē)[187]는 고통을 당하는 것(endysis tēs lypēs)에서 따온 이름인 것
같고. '아크테돈'(achthēdōn)[188]이 운동에 짐(achthos)을 지우는 것과
같다는 것은 누구에게나 자명하네. '카라'(chara)[189]는 혼의 흐름
(rhoē)이 콸콸(diachysis) 시원하게 흐르는 것에서 유래한 이름인 듯하
d 네. '테릅시스'(terpsis)[190]는 '테르프논'(terpnon)[191]에서 유래했으며,
'테르프논'은 그것이 숨(pnoē)처럼 혼에 스며드는(herpsis) 데서 붙은
이름일세. 그래서 그것은 '헤르프눈'(herpnoun)이라고 불리는 것이 옳
았겠지만 세월이 흐르면서 '테르프논'으로 이름이 바뀌었다네. '에우

프로쉬네'(euphrosynē)[192]는 설명할 필요가 없네. 그것이 혼의 운동이 사물들의 운동과 조화를 이루는 것(eu sympheresthai)에서 유래했다는 것은 누가 봐도 분명하니까. 따라서 에우페로쉬네(eupherosynē)라 부르는 것이 옳겠지만, 우리는 그것을 '에우프로쉬네'라 부른다네. '에피튀미아'도 어렵지 않네. 이 이름은 분명 혼의 기개적(氣槪的)인 부분에 대항하는 힘에서 유래했으니까. 그리고 '기개'(氣槪 thymos)는 혼의 격함(thysis)과 끓어오름(zesis)에서 유래한 이름일세. '히메로스'(himeros)[193]는 혼을 가장 강력하게 끌어당기는 흐름(rhous)에 붙여진 이름이고. 그것은 세차게 흐르고(hiemenos rhei) 사물들을 덮치며(ephiemenos) 그러한 격류에 힘입어 혼을 세차게 끌어당기네. 또한 그것은 그런 힘을 모두 가지고 있기에 '히메로스'라고 불리는 것이라네. 한편 '포토스'(pothos)[194]라는 이름은 그것이 곁에 있는 것을 향한 욕구가 아니라, 다른 어딘가에 있거나 곁에 없는 것을 향한 욕구를 뜻

e

420a

183 '형통하는 것'.
184 '쾌락' 또는 '즐거움' '고통' '욕구'.
185 '슬픔'.
186 '괴로움' '괴로운'.
187 '비통'.
188 '속상함'.
189 '기쁨'.
190 '환희'.
191 '환희에 찬'.
192 '명랑'.
193 '열망'.
194 '동경'.

하네. 그리하여 같은 욕구라도 대상이 곁에 없으면 '포토스'라고 불리고, 대상이 곁에 있으면 '히메로스'라고 불린다네. 그리고 '에로스'(erōs)[195]는 그것이 외부에서 흘러들어오기(esrhei) 때문에, 말하자면 그런 흐름이 그것을 가진 사람에게 내재하는 것이 아니라 눈을 통해

b 도입되기 때문에 '에로스'라고 불리지. 그래서 그것은 오메가(omega ω, ō) 대신 오미크론(o, o)을 쓴 옛날에는 '에스로스'(esros)[196]라 불렸지, 지금은 오미크론이 오메가로 바뀌어 '에로스'라고 불리는 거고. 이제 자네는 우리가 또 어떤 것을 고찰해야 한다고 주장할 텐가?

헤르모게네스 '독사'(doxa)[197]에 대해서는 어떻게 생각하세요?

소크라테스 '독사'는 혼이 사물의 본성에 대한 지식을 추구할 때의 '추구'(diōxis)에서 유래했거나, 아니면 활쏘기(toxon)에서 유래했네. 하지만 뒤의 설명이 더 그럴듯하지. 아무튼 '오이에시스'(oiēsis)[198]가 이를 확인해주고 있네. 그것은 모든 개별 사물의 본성을 향한 혼의 움직임

c (oisis)를 뜻하는 것 같으니까. 마치 '불레'(boulē)[199]가 '볼레'(bolē)[200]와 관계있고, '불레스타이'(boulesthai)[201]나 '불레우에스타이'(bouleuesthai)[202]가 뭔가를 겨냥하는 것(ephiesthai)을 뜻하는 것처럼 말일세. 이런 이름들은 모두 '독사'를 따라 '볼레'의 뜻을 내포하고 있네. 마찬가지로 그 반대말인 '아불리아'(aboulia)[203]는 뭔가를 얻는 데 실패한 것(atychia)을 뜻하는 것 같네. 마치 누가 겨누었거나 원했거나 계획했거나 겨냥한 것을 맞히거나 얻는 데 실패한 것처럼 말일세.

헤르모게네스 좀 서둘러 설명하시는 것 같아요, 소크라테스 선생님.

d **소크라테스** 이제 나는 마지막 주로(走路)를 달리고 있으니까. 그렇지만

'아낭케'(anankē)[204] 와 '헤쿠시온'(hekousion)[205] 도 살펴보았으면 싶네. 이것들이 그다음 차례니까. '헤쿠시온'이라는 이름은 대항하지 않고 양보하는 것(to eikon)을 의미하네. 하지만 그것은 내가 말했듯이 우리의 의도에 맞는 운동에 양보하는 것(eikon tōi ionti)을 뜻하네. 그러나 '아낭카이온'(anankaion)[206] 과 '안티튀폰'(antitypon)[207] 은 우리의 의도에 반하는 운동을 뜻하므로 과오나 무지[208] 와 관련이 있네. 그것은 협곡(ankos)들을 통과하는 것에 비유되는데, 협곡은 통과하기 어렵고 울퉁불퉁하고 덤불이 무성해 운동을 저지하기 때문일세. 그렇다면 '아낭카이온'이라는 이름은 그것이 협곡을 통과하는 것에 비유되는 데서 유래했을걸세. 하지만 내 힘이 남아 있는 한 우리는 계속 최선을 다하도록 하세. 자네도 그만두지 말고 계속 질문을 해주게.

e

195 '성애'(性愛).
196 '유입'(流入).
197 '의견'.
198 '생각'.
199 '계획' '의도'.
200 '과녁을 맞힘'.
201 '원하다'.
202 '숙고하다' '계획하다'.
203 '무계획'.
204 '강제'.
205 '자발적인'.
206 '강제적인'.
207 '반항하는'.
208 hamartia, amathia.

헤르모게네스 그렇다면 가장 크고 가장 고상한 이름들에 관해 질문할게
요. '알레테이아'(alētheia),[209] '프세우도스'(pseudos),[210] '온'(on)[211] 말
이에요. 그리고 지금 우리 논의의 주제인 '오노마'(onoma)[212]는 어째서
그런 이름을 갖게 되었지요?

소크라테스 자네는 '마이에스타이'(maiesthai)가 무슨 뜻인지 아는가?

헤르모게네스 네. 그것은 '탐구한다'(zētein)는 뜻이지요.

소크라테스 그렇다면 '오노마'라는 이름은 '이것은 우리의 탐구 대상
(zētēma)이 되고 있는 존재(on)이다'라는 뜻의 문장이 축약된 걸세. 이
점은 '오노마스톤'(onomaston)[213]이라는 형용사에서 더 쉽게 알 수 있
네. 이 말은 '이것은 탐구 대상이 되고 있는 존재이다'(on hou masma
estin)라는 것을 분명히 말해주니까. '알레테이아'(alētheia) 역시 존재
의 신적인 움직임을 뜻하는 '테이아 알레'(theia alē)[214]가 축약된 이
름일세. 그러나 '프세우도스'는 이런 운동과 반대되는 것일세. 그리
하여 가만있도록 제지당하고 강요당하는 것은 이번에도 비난의 대
상이 되며 잠든 사람들에(katheudousi) 비유되고 있네. 그러나 프시(psi
ψ, ps)가 덧붙어서 이 이름의 뜻이 가려져 있네. '온'과 '우시아'
(ousia)[215]는 거기에 이오타(ι, i)를 덧붙이면 '나아가는 것'(ion)을 뜻하
므로 '알레테이아'(alētheia)와 같은 것을 말하네. 그리고 '우크 온'(ouk
on)[216]은 '우크 이온'(ouk ion)[217]을 뜻하며, 실제로 '우크 온'을 '우키
온'(ouki on)이라고 발음하는 사람들도 있다네.

헤르모게네스 소크라테스 선생님, 선생님께서는 용감하게도 이 이름
들을 성분별로 잘 분석하신 것 같습니다. 그렇지만 누가 '이온'(ion),

'레온'(rheon), '둔'(doun)[218]이라는 이름의 올바름에 관해 선생님께 묻는다면···

소크라테스 "우리가 그에게 어떻게 대답하지요?"라고 자네는 말하려는 거겠지? 그렇지 않은가?

헤르모게네스 네, 그래요.

소크라테스 우리는 의미 있는 대답을 하는 것처럼 보이게 하는 한 가지 방법을 조금 전에 벌써 알아냈네.[219]

헤르모게네스 그게 어떤 방법이지요?

소크라테스 우리가 모르는 이름이 있으면 그것은 이민족의 이름이라고 말하는 것 말일세. 그런 이름들 가운데 어떤 것들은 실제로 이민족의 것일 수도 있고, 또 우리 말이라 해도 너무 오래되어 본래 형태를 찾아 낼 수 없을 수도 있겠지. 실제로 이름들이 온갖 방법으로 뒤틀려 옛날의 우리 말이 지금의 이민족 말과 조금도 다르지 않다 해도 전혀 놀랄

d

---

209 '참' '진리'.
210 '거짓'.
211 '존재'.
212 '이름'.
213 '이름 지어진'.
214 '신적인 방랑'.
215 '존재' '실존' '본질' '실체'.
216 '존재하지 않는 것'.
217 '나아가지 않는 것'.
218 '나아가는 것' '흐르는 것' '결박하는 것'.
219 409d, 416a 참조.

일이 못 될 걸세.

헤르모게네스 터무니없는 말씀은 아닌 것 같아요.

소크라테스 내 말은 그럴듯한 말이니까. 그러나 경기에서는 평계가 통하지 않는 만큼 우리는 이 이름들을 열심히 살펴봐야 하네. 하지만 우리는 다음을 명심해야 하네. 만약 누가 이름의 구성요소들을 묻고 나서 그 구성요소들의 구성요소들을 묻는 식으로 계속해서 묻는다면 그의 질문에 대답하는 사람은 결국에는 포기할 수밖에 없을 걸세.

헤르모게네스 그럴 것 같아요.

소크라테스 그렇다면 그가 언제 포기하고 그만두는 것이 옳을까? 그가 다른 낱말이나 이름들의 구성요소가 되는 이름들에 이를 때가 아닐까? 그것들이 정말로 구성요소라면 그것들이 다른 이름들로 구성되었다고 보는 것은 옳지 못할 테니까. 예를 들어 '아가톤'(agathon)[220]을 생각해보게. 우리는 그것이 '아가스톤'(agaston)[221]과 '토온'(thoon)[222]의 합성어라고 말했네.[223] 아마도 '토온'은 다른 이름들의 합성어이고, 다른 이름들은 또 다른 이름들의 합성어일 테지. 그러나 우리가 언젠가 더이상 다른 이름들의 합성어가 아닌 이름을 붙잡는다면, 우리는 드디어 더는 다른 이름들로 분해할 수 없는 어떤 기본 요소에 이르렀다고 말해도 옳을 걸세.

헤르모게네스 제 생각에 옳은 말씀인 것 같아요.

소크라테스 그렇다면 지금 자네가 묻는 이름들은 기본 요소들이니, 우리는 그것들의 올바름을 종전과는 다른 방법으로 살펴봐야겠지?

헤르모게네스 그래야 할 것 같아요.

소크라테스 그래야겠지, 헤르모게네스. 아무튼 앞서 말한 이름들은 모두 기본 요소들로 분해되었음이 분명하네. 그러나 만약 그것이 내가 생각하는 것처럼 사실이라면, 자네는 이번에도 나를 도와서 함께 살펴보도록 하게. 맨 처음 이름들의 올바름에 관해 내가 허튼소리를 하지 않도록 말일세. c

헤르모게네스 어서 말씀하세요. 제가 힘닿는 데까지 함께 살필게요.

소크라테스 맨 처음 이름이든 맨 나중 이름이든 모든 이름에는 하나의 올바름이 있으며, 이름이라는 점에서는 그것들 사이에 아무런 차이가 없다는 데 자네도 동의하리라고 나는 생각하네.

헤르모게네스 물론이지요.

소크라테스 그런데 우리가 분석한 모든 이름의 올바름이 의도하는 것은 존재하는 것들이 저마다 어떤 본성을 지니고 있는지 밝히는 것이었네. d

헤르모게네스 왜 아니겠어요?

소크라테스 그리고 이 점은 맨 처음 이름들에도 나중 이름들에도 적용되네. 그것들이 정말로 이름이려면 말일세.

헤르모게네스 물론이지요.

소크라테스 그리고 나중 이름들은 먼저 이름들을 통해 그런 일을 해낼

220 '좋음'.
221 '경탄할 만한 것'.
222 '빠른 것'.
223 412b~c 참조.

수 있는 것 같네.

헤르모게네스 그런 것 같아요.

소크라테스 좋아. 그런데 만약 맨 처음 이름들이 정말로 이름이려면 존재하는 것들을 최대한 분명히 우리에게 밝힐 수 있어야 하네. 하지만 그것들이 다른 이름들에 바탕을 두지 않는다면 어떻게 그럴 수 있겠는가? 다음 질문에 대답해주게. 만약 우리가 목소리나 혀를 갖고 있지 않은데 서로에게 사물들에 관해 표현하기를 원한다면, 우리는 벙어리들이 실제로 그렇게 하듯 손이나 머리나 신체의 다른 부분으로 신호를 보내려 하지 않을까?

헤르모게네스 다른 방법이 있겠어요, 소크라테스 선생님?

소크라테스 위에 있는 것이나 가벼운 것을 표현하고 싶으면 우리는 그 사물의 본성을 모방해 손을 하늘로 들어 올릴 걸세. 그리고 아래에 있는 것이나 무거운 것들을 표현하고 싶으면 대지로 손을 내릴 걸세. 또한 말이나 다른 동물이 달리는 것을 표현하고 싶으면, 우리는 물론 우리의 몸과 몸짓이 최대한 그것들을 닮게 할 걸세.

헤르모게네스 지금 말씀하신 대로 할 수밖에 없겠지요.

소크라테스 왜냐하면 우리의 몸으로 어떤 것을 표현하는 유일한 방법은, 우리의 몸이 우리가 표현하고 싶어하는 것을 모방하게 하는 것이니까.

헤르모게네스 네.

소크라테스 그러니 우리가 목소리나 혀나 입으로 뭔가를 표현하고 싶다면, 우리가 그런 것들로 모방하는 데 성공해야만 그렇게 하는 데 성공할 걸세.

헤르모게네스 제가 보기에 그럴 수밖에 없는 것 같아요.

소크라테스 그렇다면 이름은 모방의 대상을 목소리로 모방하는 것이고, 어떤 것을 목소리로 모방하는 사람은 자신이 모방하는 것에 이름을 붙이는 걸세.

헤르모게네스 저는 그렇다고 생각해요.

소크라테스 하지만 여보게, 제우스에 맹세코, 그것은 아주 옳은 말은 아닌 것 같네.

c

헤르모게네스 왜 아니라는 거죠?

소크라테스 그렇게 되면 우리는 양이나 수탉이나 다른 동물들을 모방하는 사람들이 자신들이 모방하는 것에 이름을 붙인다는 데 동의하지 않을 수 없을 테니까.

헤르모게네스 옳은 말씀이에요.

소크라테스 자네는 그렇게 하는 것이 옳다고 생각하나?

헤르모게네스 아니요, 저는 그렇다고 생각하지 않아요. 그렇다면 소크라테스 선생님, 이름은 어떤 종류의 모방인가요?

소크라테스 첫째, 우리가 시가(詩歌)에서 모방하듯 사물들을 모방한다면 설령 문제의 모방이 목소리에 의한 모방이라 해도 우리는 사물들에 이름을 붙이는 것이 아닐 걸세. 둘째, 시가가 모방하는 것들을 우리가 모방하는 경우도 이름을 붙이는 것이 아닐 걸세. 내 말은 이런 뜻일세. 모든 사물에는 저마다 소리와 형태가 있고, 많은 사물에는 빛깔이 있겠지?

d

헤르모게네스 물론이지요.

크라튈로스 **431**

소크라테스 그러나 이름을 붙이는 기술은 그런 자질들을 모방하는 것과는 관계가 없는 듯하네. 그런 자질들을 모방하는 것과 관계있는 것은 시가와 회화일세. 그렇지 않은가?

헤르모게네스 네.

소크라테스 이건 어떤가? 사물에는 저마다 빛깔과 방금 우리가 언급한 다른 자질들이 있듯이, 어떤 본질²²⁴도 있다고 생각되지 않는가? 우선, 빛깔과 목소리와 '존재한다'고 불릴 자격이 있는 다른 모든 것에는 저마다 어떤 본질이 있지 않을까?

헤르모게네스 저는 그렇다고 생각해요.

소크라테스 그렇다면 각 사물이 지닌 이런 본질을 자모와 문자로 모방할 수 있는 사람이 있다면, 그는 각각의 사물이 무엇인지 표현할 수 있지 않을까? 그렇지 않을까?

헤르모게네스 그야 물론이지요.

424a **소크라테스** 자네는 그런 일을 할 수 있는 사람을 무엇이라고 부를 텐가? 자네는 앞서 그런 능력을 가진 다른 사람들을 음악가와 화가라 불렀듯이 이 사람은 무엇이라 부를 텐가?

헤르모게네스 소크라테스 선생님, 그는 우리가 아까부터 찾은 그 사람, 곧 이름 짓는 사람인 것 같아요.

소크라테스 그게 사실이라면 다음 과제는 자네가 묻고 있는 '로에'(rhoē), '이에나이'(ienai), '스케시스'(schesis)²²⁵ 같은 이름들에서 이름 짓는 사람이 과연 자모와 음절로써 자기가 이름 지은 사물들의 실재를 파악하고 그 사물들의 본질을 모방하는지 아닌지 고찰하는 일이겠지?

헤르모게네스 물론이지요.

소크라테스 자 그렇다면, 이것들만이 맨 처음 이름들인지, 아니면 다른 것들도 많이 있는지 살펴보기로 하세.

헤르모게네스 저는 다른 것들도 있다고 생각해요.

소크라테스 아마 있겠지. 하지만 우리는 모방자가 모방을 시작하는 수단들을 어떻게 구분해야 하는가? 본질의 모방은 자모와 음절로 이루어지는 만큼 먼저 자모 또는 요소들을 구분하는 것이 가장 올바른 방법이겠지? 마치 리듬 공부를 시작한 사람이 먼저 자모 또는 요소들의 음가를 구분하고, 그런 다음 음절들의 음가를 구분하고, 그러 c 기 전이 아니라 그런 연후에 리듬 공부를 시작하듯이 말일세.

헤르모게네스 네.

소크라테스 그처럼 우리도 먼저 모음들을 구분하고, 그런 다음 자음과 폐쇄음들을 ─ 전문가들은 그렇게 일컫는다네 ─ 여러 부류로 구분하고, 모음도 폐쇄음도 아닌 반모음(半母音)들을 구분해야겠지? 그런 다음 모음들 자체도 종류가 서로 다른 것들은 구분해야겠지? 이런 것들을 모두 구분한 뒤 우리는 이름을 붙여야 할 모든 사물에 주의를 기울이며 마치 이름들이 자모로 환원되듯 그것들이 모두 환원될 수 있는 d 요소들이 있는지 살펴봐야 하네. 그러면 우리는 그것들에서 사물들의 본성을 알 수 있을 것이며, 사물들에도 자모의 경우처럼 여러 부류가

224 ousia.
225 '흐름' '나아가기' '저지'.

크라튈로스 **433**

있는지 알 수 있겠지. 우리는 이런 점들을 모두 잘 살펴보고 나서 적절성과 관련해 각각의 자모를 어떻게 적용해야 하는지, 사물 하나에 하나의 자모를 적용해야 하는지 아니면 여러 자모를 결합해서 적용해야 하는지 알아내야 하네. 마치 화가가 무엇을 그리고 싶으면 자주색만 사용하기도 하고 다른 색깔을 사용하기도 하고 또 사람의 살갖

e 따위를 그릴 때는 여러 색깔을 섞어서 사용할 때도 있듯이 말일세. 특정 주제는 특정 색깔을 요구한다는 것이 화가의 생각인 것 같네. 그와 마찬가지로 우리도 사물들에 자모들을 적용하되 그래야 한다고 생각되면 한 사물에 하나의 자모를 사용하거나 여러 자모를 함께 사용해 이른바 음절을 만들 것이며, 여러 음절을 결합해 명사와 동사

425a 들을 만들 것이네. 그리고 명사와 동사들로 우리는 마침내 중요하고 아름답고 완전한 것을 구성할 것이네. 또한 우리가 예로 든 화가가 동물을 그렸듯이, 이름 붙이기 기술 또는 수사학 또는 그 이름이 무엇이든 어떤 기술에 의해 우리는 문장[226]을 만들어낼 걸세. 아니, 그렇게 하는 것은 우리가 아닐세. 그런 말을 하다니, 내가 지나쳤네. 그런 방법으로 사물들을 구성한 것은 옛날 사람들이니까. 그러니 우리가 이 모든 것을 과학적으로 검토해야 한다면 우리가 할 일은 맨 처음 이름들과 나

b 중 이름들이 본성에 맞게 붙여졌는지 알기 위해 옛사람들이 결합시킨 곳에서 분해하는 것일세. 친애하는 헤르모게네스, 다른 방법으로 이름을 사물과 결부시키는 것은 바람직하지 않으며 옳은 방법이 아닐세.

헤르모게네스 제우스에 맹세코, 그런 것 같아요, 소크라테스 선생님.

소크라테스 어떤가? 자네는 사물들을 그런 방법으로 구분할 자신이 있

는가? 나는 그럴 자신이 없네만.

헤르모게네스 저는 더더욱 자신이 없어요.

소크라테스 그렇다면 우리 그만둘까? 아니면 자네는 우리가 최선을 다해 이 이름들에 관해 조금이라도 알아낼 수 있는지 한번 시도해보고 싶은가? 그리고 조금 전에[227] 우리가 진리에 관해서는 아무것도 모르기에 신들에 대한 인간들의 의견을 말할 뿐이라고 신들에게 고 했듯이, 이번에는 우리가 시작하기 전에 우리든 다른 사람이든 누가 이름들을 적절히 구분해야 한다면 그는 우리가 방금 말한 방법으로 이름들을 구분하겠지만, 현재 상황에서 우리는 사람들 말처럼 있는 힘을 다해 그렇게 해야 하리라고 우리 자신에게 말할까? 자네도 이에 동의하는가? 아니면 자네는 어떻게 생각하는가?

헤르모게네스 저도 전적으로 동의해요.

소크라테스 헤르모게네스, 사물들이 자모와 음절을 통한 모방에 의해 밝혀진다는 것은 우스꽝스러워 보일 걸세. 하지만 그럴 수밖에 없네. 맨 처음 이름들의 참됨에 관한 한 우리는 이보다 더 나은 설명에 의존할 수 없으니까. 비극시인들은 곤경에 빠지면 기계장치에 의한 신[228] 들을 도입하는데, 우리가 그런 선례를 따르기를 자네가 원하지 않는다면

---

226 logos.

227 401a 참조.

228 이른바 데우스 엑스 마키나(deus ex machina)를 말한다. 갈등이 플롯에 의해 해결되지 않을 경우, 비극시인들은 신이 기중기 같은 기계장치를 타고 높은 곳에 나타나 다가올 미래사나 먼 과거사를 말하게 함으로써 갈등을 해결하는 방법을 사용했다.

말일세. 그러니 우리도 맨 처음 이름들은 신들이 지었고, 그러기에 옳다고 말함으로써 곤경에서 벗어날 수 있을 걸세. 이것이 우리가 할 수 있
e 는 최선의 설명일까? 아니면 맨 처음 이름들은 우리보다 더 오래된 이 민족들에게 받아들였다는 설명이 최선일까? 아니면 이민족들에게서 유래한 이름들을 살펴볼 수 없듯, 맨 처음 이름들은 너무 오래되어 살
426a 펴볼 수 없다는 설명이 최선일까? 사실 이런 설명들은 모두 어째서 맨 처음 이름들이 올바르게 붙여진 것인지 설명하려 하지 않는 사람들의 그럴싸한 평계에 불과하네. 하지만 이유가 무엇이든 누가 맨 처음 이름들의 올바름에 관해 모른다면 나중 이름들의 올바름에 관해서도 알 수 없네. 나중 이름들은 그가 모르는 맨 처음 이름들로 설명할 수 있으니까. 그러니 나중 이름들을 과학적으로 이해한다고 주장하는 사람은 분명 무엇보다도 맨 처음 이름들을 완벽하게 설명할 수 있어야 하네. 그
b 러지 못하면 그는 자기가 나중 이름들에 관해 말하는 것은 허튼소리가 될 거라고 확신해야 할 걸세. 혹시 자네는 생각이 조금 다른가?

헤르모게네스 아니, 전혀 다르지 않습니다, 소크라테스 선생님.

소크라테스 사실 맨 처음 이름들에 대한 내 생각은 내가 보기에도 아주 주제넘고 우스꽝스러운 것 같네. 그래도 자네가 원한다면 그것들을 자네에게 알려주겠네. 하지만 자네가 더 나은 것을 발견할 수 있다면 내게도 알려주게나.

헤르모게네스 그럴 테니, 염려 말고 말씀하세요.

소크라테스 먼저 로(ϱ, r)는 모든 종류의 운동(kinēsis)을 표현하는 도구
c 인 것 같네. 운동이 왜 '키네시스'(kinēsis)라는 이름을 갖는지 설명하

지는 않았지. 하지만 그것은 분명 '헤시스'(hesis)[229]를 뜻하네. 옛날에는 우리가 에타(η, ê) 대신 엡실론(ε, e)을 썼으니까. '키네시스'의 첫 부분은 '키에인'(kiein)에서 왔는데, 이것은 '이에나이'(ienai)[230]에 해당하는 비(非)앗티케 방언이라네. 그러니 자네가 오늘날의 '키네시스'에 해당하는 옛 이름을 발견하고 싶다면 '헤시스'가 정답일세. 그러나 오늘날 비(非)앗티케 방언인 '키에인'을 받아들여 엡실론을 에타로 바꾸고 뉘(ν, n)를 삽입함으로써 그것은 '키네시스'(kinēsis)가 되었네. '키에이네시스'(kieinesis)나 '키에시스'(kiesis)라 불려야 함에도 말일세. '스타에시스'(staesis)는 '이에나이'(ienai)의 부정(否定)을 뜻하는데, 듣기 좋게 '스타시스'(stasis)라 불리지. 앞서 말한 대로, 이름 짓는 사람은 로(ρ, r)를 운동을 나타내는 훌륭한 도구라 생각한 것 같네. 아무튼 그는 로를 그런 목적으로 자주 사용하지. 먼저, 그는 '레인'(rhein)[231]과 '로에'(rhoē)[232]에서 자모 로로 운동을 모방하고, 다음에는 '트로모스'(tromos)[233]에서, 다음에는 '트레케인'(trechein)[234]에서 그렇게 한다네. 나아가 '크루에인'(krouein),[235] '트라우에인'(thrauein),[236] '에레이케인'(ereikein),[237] '트륍테인'(thryptein),[238] '케르

d

e

229 '나아감'.
230 '나아가기'.
231 '흐르다'.
232 '흐름'.
233 '떨림'.
234 '달리다'.
235 '때리다'.

마티제인'(kermatizein),²³⁹ '륌베인'(rhymbein)²⁴⁰ 같은 낱말에서도 주로 자모 로를 사용해 그것들의 운동을 나타내지. 그는 아마 자모 로를 발음할 때 혀가 가장 적게 멈추어 있고 가장 많이 흔들리는 것을 본 것 같네. 그래서 이 낱말들에서 자모 로를 사용한 듯하네. 그런가 하면 그는 무엇이든 가장 쉽게 통과할 수 있는 미세한 것들에는 모두 자모 이오타(ι, i)를 사용하지. 그래서 그는 '이에나이'(ienai)²⁴¹와 '히에

427a
스타이'(hiesthai)²⁴²에서 이오타를 사용해 그런 운동을 모방하는 걸세. 마찬가지로 그는 '프쉬크론'(psychron),²⁴³ '제온'(zeon),²⁴⁴ '세이스타이' (seisthai),²⁴⁵ '세이스모스'(seismos)²⁴⁶ 같은 이름에서는 자모 프히(phi φ, ph), 프시(ψ, psi), 시그마(ς, s), 제타(ζ, z)를 사용해 그런 운동을 모방 하는데, 이런 자모는 발음할 때 숨소리가 크기 때문이지. 아닌 게 아 니라 바람이 부는 것 같은 것을 모방할 때는 이름 짓는 사람은 거의 언제나 그런 자모를 사용하는 것 같네. 그는 또 델타(δ, d)와 타우(τ, t)를 발음할 때 혀에 가해지는 압력과 압박이 '속박'(desmos)과 '정

b
지'(stasis)의 관념을 모방하는 데 적합하다고 여긴 듯하네. 그는 또 특 히 람다(λ, l)를 발음할 때 혀가 미끄러지는(olisthanei) 것을 보고는 그것을 사용해 '레이아'(leia),²⁴⁷ '올리스타네인'(olisthanein) 자체와, '리파론'(liparon),²⁴⁸ '콜로데스'(kollōdes)²⁴⁹ 따위의 이름을 지어냈네. 그는 또 감마(gamma γ, g)의 힘에 의해 혀의 미끄러짐이 저지당하는 곳에서는 '글리스크론'(glischron),²⁵⁰ '글뤼퀴'(glyky),²⁵¹ '글로이오데 스'(gloiōdes)²⁵² 같은 이름들로 들러붙는 것을 모방했네. 그는 또 뉘(ν,

c
n) 음이 안쪽에서 난다는 것을 알고는 자모들이 사물을 모방하게 하기

위해 '엔돈'(endon)[253]과 '엔토스'(entos)[254]라는 낱말들을 만들어냈네. 그는 또 알파(α, a)는 크기에, 에타(η, ē)는 길이에 배정했는데, 이 자모들은 둘 다 길게 발음하기 때문이라네. 그는 또 오미크론(o, o)이 '둥그라미'를 나타내기를 원해서 '공귈론'(gongylon)[255]이라는 이름에 오미크론을 여러 개 섞어 넣은 걸세. 그리고 입법자는 존재하는 모든 것에 자모와 음절로 이름을 지어주기 위해 다른 자모들도 그런 방법으로

236 '박살 내다'.
237 '찢다'.
238 '부수다'.
239 '부스러뜨리다'.
240 '빙빙 돌리다'.
241 '나아가다'.
242 '서두르다'.
243 '추운'.
244 '끓는'.
245 '흔들리다'.
246 '흔들림' '지진'.
247 '반들반들한' '평편한'.
248 '반질반질한'.
249 '끈적끈적한'.
250 '들러붙는'.
251 '달콤한'.
252 '찐득한'.
253 '안에서'.
254 '안쪽에서'.
255 '둥근'.

사용했으며, 이런 이름들을 모방해 나머지 이름들도 합성한 듯하네. 헤르모게네스, 내가 보기에 이름의 올바름이라는 말은 그런 뜻인 것 같네. 여기 있는 크라튈로스가 이의를 제기하지 않는다면 말일세.

d

헤르모게네스 아닌 게 아니라 소크라테스 선생님, 제가 처음에 말씀드렸듯이, 크라튈로스는 자꾸만 저를 큰 혼란에 빠뜨려요. 그는 이름들의 올바름 같은 것이 있다고 주장하면서도 그것이 무엇인지 전혀 설명하지 않으니까요. 그래서 그 점에 관해 번번이 분명하게 설명하지 않는 것이 의도적인 것인지 아니면 본의 아닌 것인지 알 수 없다니까요. 그러니 이제 크라튈로스, 소크라테스 선생님 앞에서 내게

e

말해주게. 자네는 소크라테스 선생님이 이름들에 관해 말씀하신 것에 동의하는가, 아니면 더 나은 이론을 제시할 수 있는가? 제시할 수 있다면 말해보게. 그러면 자네는 소크라테스 선생님에게 배우게 되거나, 아니면 소크라테스 선생님과 나를 가르치게 될 걸세.

크라튈로스 어떤가, 헤르모게네스? 자네는 어떤 주제를 그토록 빨리 배우거나 가르치는 것이 쉬운 일이라고 생각하는가? 특히 가장 중요한 주제에 속한다고 생각되는, 우리의 이 주제처럼 중요한 주제일 때는 그건 어림없는 일일세.

헤르모게네스 제우스에 맹세코, 나야 그렇게 생각하지 않지. 내가 보기

428a

에 "누가 작은 것에 작은 것을 보탠다 해도 그것은 유익한 일이지"[256]라는 헤시오도스의 말은 훌륭한 것 같네. 그러니 자네가 조금이라도 더 보탤 수 있다면 수고를 아끼지 말고 여기 계신 소크라테스 선생님을 도와드리고 ― 그분에게는 그렇게 해야 마땅하네 ― 나도

도와주게나.

소크라테스 꼭 그렇게 해주게, 크라튈로스. 나는 내가 말한 것들에 확신이 서지 않네. 단지 헤르모게네스와 함께 살펴보면서 내가 갖게 된 의견을 말했을 뿐일세. 그러니 주저하지 말고 말해주게. 자네 견해가 더 낫다면 기꺼이 받아들이겠네. 그리고 자네 견해가 더 낫다 해도 나는 놀라지 않을 걸세. 자네는 스스로 그런 문제들을 살펴보았을 뿐 아니라, 남들에게서도 배운 것 같으니까. 그러니 자네가 정말로 이름들의 올바름에 관해 더 나은 이론을 제시할 수 있다면, 나도 자네 제자들 중 한 명으로 출석부에 올려주게나.

크라튈로스 소크라테스 선생님, 아닌 게 아니라 저는 선생님 말씀처럼 그런 문제들을 공부했으며, 그러니 어쩌면 선생님을 제자로 삼을 수 있을지도 모르지요. 하지만 완전히 그 반대가 되어, 「간청」[257]에서 아킬레우스가 아이아스에게 하는 말을 내가 선생님께 하게 되지나 않을까 두려워요. 아킬레우스는 이렇게 말해요.

제우스의 후손이자 텔라몬의 아들인 아이아스여, 백성들의 지배자여,
그대가 한 말은 대체로 내 생각과 같은 것 같소.[258]

---

256 『일과 날』 359행 참조. 원전을 조금 고쳐서 인용한 것이다.
257 『일리아스』 9권의 소제목. 아킬레우스는 트로이아 전쟁 때 그리스군의 으뜸가는 장수이고, 아이아스(Aias)는 그에 버금가는 장수이다.
258 『일리아스』 9권 644~645행.

소크라테스 선생님, 선생님의 예언도 에우튀프론에게 영감을 받으셨든 아니면 <u>스스로도 모르게 선생님 안에 오랫동안 거주한 어떤 다른 무사 여신에게 영감을 받으셨든</u> 무척 제 마음에 드는 것 같아요.

d **소크라테스** 여보게 크라튈로스, 나도 아까부터 나 자신의 지혜에 놀라고 있지만, 그것이 믿어지지가 않네. 그래서 나는 내가 말한 것들을 다시 검토해야 한다고 생각하는 걸세. 최악의 기만은 자기기만이니까. 속이는 자가 잠시도 자네 곁을 떠나지 않고 언제나 자네와 함께한다면 어찌 끔찍한 일이 아니겠는가? 그러니 우리는 재삼재사 우리가 앞서 말한 것들로 되돌아가 저 시인[259]의 말대로 '앞뒤를 동시

e 에'[260] 살펴봐야 할 걸세. 그러니 이번에는 우리가 말한 것을 살펴보도록 하세. 우리 주장에 따르면, 이름의 올바름은 사물이 어떠한가, 곧 사물의 본성을 드러내는 데 있네. 우리는 이 발언이 충분하다고 말할까?

크라튈로스 제가 보기에는 충분하고도 남는 것 같아요, 소크라테스 선생님.

소크라테스 그렇다면 이름을 말하는 것은 가르치기 위한 거겠지?

크라튈로스 물론이지요.

소크라테스 그렇다면 우리는 이름을 붙이는 것은 기술이며 거기에는 장인이 있다고 말할까?

크라튈로스 물론 그래야지요.

소크라테스 그들은 누구지?

429a **크라튈로스** 입법자들이지요. 선생님께서 처음에 말씀하셨듯이.

소크라테스 우리는 이 기술도 다른 기술들과 같은 방법으로 사람들 사

이에 생겨난 것이라고 말할까, 아니면 그렇지 않다고 말할까? 내 말은 이런 뜻일세. 어떤 화가는 다른 화가보다 못하거나 더 낫겠지?

크라튈로스 물론입니다.

소크라테스 그리고 더 나은 화가는 더 나은 작품 또는 그림을 생산하겠지만 남들보다 못한 화가는 더 열등한 작품을 생산하겠지? 건축가도 마찬가지여서, 어떤 건축가는 더 훌륭한 집을 짓고 어떤 건축가는 더 열등한 집을 짓겠지?

크라튈로스 네.

소크라테스 입법자들도 더러는 더 훌륭한 작품을 생산하고, 더러는   b
더 열등한 작품을 생산하겠지?

크라튈로스 아니, 거기에는 동의할 수 없어요.

소크라테스 그렇다면 자네는 어떤 법들은 더 훌륭하고, 어떤 법들은 더 열등하다고 생각하지 않는다는 말인가?

크라튈로스 아니, 그렇다고 생각하지 않아요.

소크라테스 그렇다면 자네는 이름도 어떤 것은 더 열등하고, 어떤 것은 더 낫다고 생각하지 않겠구먼?

크라튈로스 물론이지요.

소크라테스 그렇다면 모든 이름이 옳겠구먼?

크라튈로스 네, 이름이란 이름은 모두 옳아요.

---

259 호메로스.
260 『일리아스』 1권 343행, 3권 109행.

소크라테스 아까 우리가 언급한 바 있는, 여기 있는 우리 친구 헤르모

c 게네스의 이름은 어떤가? 우리는 그가 헤르메스의 자손이 아닌 만

큼 그것은 전혀 그의 이름이 아니라고 말할까, 아니면 그의 이름이긴

하지만 올바른 이름이 아니라고 말할까?

크라튈로스 소크라테스 선생님, 저는 그것은 전혀 그의 이름이 아니

라고 생각해요. 그것은 그의 이름인 것처럼 보이지만 사실은 그 이름

이 드러내는 자질을 갖춘 어떤 다른 사람의 이름이에요.

소크라테스 그렇다면 누가 여기 있는 우리 친구는 헤르모게네스라고

말할 때는 어떤가? 그것은 거짓말을 하는 게 아니겠구먼? 그도 그럴

것이, 그가 헤르모게네스가 아니라면 그는 헤르모게네스라고 말하

는 것조차 불가능하지 않을까?

크라튈로스 무슨 말씀이신지요?

d **소크라테스** 자네가 말하려는 것은 거짓말을 하는 것은 전적으로 불가

능하다는 것인가? 친애하는 크라튈로스, 그렇게 말하는 사람은 예

나 지금이나 많으니까 하는 말일세.

크라튈로스 하지만 소크라테스 선생님, 누가 어떻게 존재하지 않는 것

을 말할 수 있으며, 무엇인가를 말하면서 아무것도 말하지 않을 수 있

지요? 거짓말을 하는 것은 존재하지 않는 것을 말하는 것 아닌가요?

소크라테스 여보게, 자네의 논리는 이 나이의 나에게는 너무나 교묘

e 하네. 하지만 다음 물음에 대답해주게. 자네는 거짓을 주장할 수는

없어도 거짓을 말할 수는 있다고 생각하는가?

크라튈로스 거짓은 말하는 것도 불가능하다고 생각해요.

소크라테스 무엇을 거짓으로 고하는 것과 누군가에게 거짓되게 말을 건네는 것은 어떤가? 이를테면 누가 이국땅에서 자네를 반가이 맞으며 자네 손을 잡고 "반갑소. 아테나이에서 온 손님, 스미크리온의 아들 헤르모게네스!"라고 말한다고 가정해보게. 그가 이런 말을 주장하거나 말하거나 고하거나 건네는 것은 자네한테가 아니라 여기 있는 헤르모게네스에게인가, 아니면 어느 누구에게도 아닌가?

크라튈로스 소크라테스 선생님, 제가 보기에 그는 말이 아닌 소리를 하고 있는 것 같아요.

소크라테스 거참 반가운 대답일세. 나는 그가 한 말이 참인지 거짓인 430a지, 아니면 일부는 참이고 일부는 거짓인지 물을 수 있으니까. 그것이면 충분하네.

크라튈로스 저는 그런 말을 하는 사람은 무의미한 소란을 피우며 마치 청동 냄비를 두드리듯 소음을 낼 뿐이라고 말하고 싶어요.

소크라테스 그렇다면 자, 크라튈로스, 우리가 어떻게든 타협점을 찾을 수 있을지 살펴보기로 하세. 자네는 이름과 이름이 주어진 사물은 별개의 것이라고 주장하겠지? b

크라튈로스 네, 저는 그렇게 주장해요.

소크라테스 그렇다면 자네는 이름이 사물의 모방물이라는 데에도 동의하겠구먼?

크라튈로스 당연하지요.

소크라테스 그렇다면 자네는 그림이 사물의 다른 종류의 모방이라는 데에도 동의하겠구먼?

크라튈로스 네.

소크라테스 자네는 옳은 말을 하는데 내가 자네 말을 제대로 이해하지 못할 수도 있기에 하는 말일세. 자, 말해주게. 그림과 이름이라는 모방은 둘 다 그것들이 모방하는 사물들에 배정되고 적용할 수 있는가, 아니면 그럴 수 없는가?

c **크라튈로스** 그럴 수 있어요.

소크라테스 그렇다면 먼저 다음 질문을 고찰해보게. 우리는 남자의 상(像)은 남자에게 배정하고 여자의 상은 여자에게 배정하며, 다른 것들도 그렇게 할 수 있겠지?

크라튈로스 물론이지요.

소크라테스 반대로 남자의 상을 여자에게 배정하고 여자의 상을 남자에게 배정할 수도 있겠지?

크라튈로스 그것도 가능하지요.

소크라테스 이 배정들은 둘 다 올바른가, 아니면 첫 번째 배정만 올바른가?

크라튈로스 첫 번째 배정만 올발라요.

소크라테스 간단히 말해서 각 사물에 그것에 적합하고 닮은 것을 부여하는 배정만이 올바른 걸세.

크라튈로스 저는 그렇다고 생각해요.

d **소크라테스** 자네와 나는 친구니까 나는 자네와 말다툼을 하고 싶지 않네. 그러니 내 말이 무슨 뜻인지 설명을 들어보게. 나는 첫 번째 배정은 그것이 그림의 배정이건 이름의 배정이건 올바르다고 부르지만, 이름의 배정인 경우 나는 그것은 올바를뿐더러 참되다고 부르네. 그리

고 닮지 않은 모방을 부여하고 적용하는 다른 종류의 배정은 올바르지 못하다고 부르며, 이름의 경우에는 거짓되다고 부른다네.

크라튈로스 하지만 소크라테스 선생님, 이런 올바르지 못한 배정은 그림의 경우에는 가능하겠지만 언제나 올바르게 배정해야 하는 이름의 경우에는 불가능해요.

소크라테스 무슨 말을 하는 겐가? 둘 사이에 무슨 차이가 있다는 말인가? 나는 어떤 남자에게 다가가 "이것은 당신 초상화요"라고 말하면서 그에게 그의 상이나 또는 어떤 여자의 상을 보여줄 수 있지 않을까? 그리고 내가 말하는 '보여준다'는 것은 시각(視覺) 앞에 가져다놓는 것을 의미하네.

크라튈로스 물론 그럴 수 있지요.

소크라테스 어떤가? 나는 같은 남자에게 다시 다가가 "이것은 당신 이름이오"라고 말할 수 있지 않을까? 그림과 마찬가지로 이름도 모방물이니까. 그러니 나는 그에게 "이것은 당신 이름이오"라고 말하고 나서 그의 청각 앞에 "당신은 남자요"라고 말하며 그 남자의 모방물을 가져다놓거나, "당신은 여자요"라고 말하며 인류 가운데 여성의 모방물을 가져다놓을 수 있지 않을까? 자네는 이런 일이 있을 수 있으며 가끔 일어나기도 한다고 생각하지 않는가?

크라튈로스 소크라테스 선생님, 저는 선생님 말씀에 기꺼이 동의하고 싶으니, 그렇다고 해두시지요.

소크라테스 여보게, 고맙네. 그게 정말이라면 말일세. 그러면 우리는 이 문제를 놓고 더는 다툴 필요가 없을 테니까. 그러면 이름들이 그

렇게 배정될 경우 우리는 그중 한쪽은 '참말을 한다'고 하고, 다른 쪽은

b

'거짓말한다'고 할 수 있겠지. 그러나 그것이 그렇다면 때로는 이름을

잘못 배정해 적합한 사물들에 이름을 부여하지 않고 적합하지 못한 사

물들에 이름을 부여할 수도 있겠지. 이 점은 동사의 경우도 마찬가지

겠지. 그리고 동사와 명사가 그렇게 배정될 수 있다면, 이 점은 문장의

경우도 마찬가지일 수밖에 없네. 내 생각에, 문장은 동사와 명사의 결

c

합이니까. 아니면 자네는 그에 대해 어떻게 생각하는가, 크라튈로스?

크라튈로스 저도 그렇게 생각해요. 선생님 말씀이 옳은 것 같습니다.

소크라테스 또 맨 처음 이름들을 그림에 견주자면, 그림에서는 적절

한 색깔과 형상을 다 재현하거나, 아니면 다 재현하지 않을 수도 있

네. 어떤 것은 빠뜨리거나, 어떤 것은 너무 많은 것이 포함되거나, 아

니면 포함된 것이 너무 클 수 있겠지. 그렇지?

크라튈로스 그렇고말고요.

소크라테스 그렇다면 그것들을 다 재현하는 사람은 훌륭한 그림 또는

상(像)을 만들어내겠지만, 덧붙이거나 빠뜨리는 사람은 열등한 그림

이나 상을 만들어내겠지?

d

크라튈로스 네.

소크라테스 음절이나 자모로 사물의 본질을 모방하는 사람은 어떤가?

같은 논리에 따라, 그가 적절한 것을 전부 재현한다면 상(像)은, 다시

말해 이름은 훌륭한 것이 되겠지? 그러나 그가 가끔 조금씩 빼거나 덧

붙인다면, 그래도 상을 만들어내겠지만 훌륭한 상은 아니겠지? 그래

서 어떤 이름은 잘 만들어지지만, 다른 이름은 잘못 만들어지겠지?

크라튈로스 아마도 그럴 것 같아요.

소크라테스 그렇다면 아마도 이름의 장인(匠人) 가운데 어떤 사람은 훌   e

륭하지만, 다른 사람은 열등하겠지?

크라튈로스 네.

소크라테스 그런 장인의 이름은 '입법자'[261]였네.

크라튈로스 네.

소크라테스 그렇다면 제우스에 맹세코, 다른 기술자들처럼 어떤 입법

자는 훌륭하지만 다른 입법자는 열등할 걸세. 우리가 앞서 말한 것들

에 동의한다면.

크라튈로스 그건 그래요. 하지만 소크라테스 선생님, 선생님께서도 보

시다시피 우리가 문법 지식에 따라 알파(α, a)와 베타(ß, b)와 나머지 자

모들을 이름들에 배정할 때, 만약 우리가 어떤 자모를 덧붙이거나 빼   432a

거나 자리바꿈하면 우리는 단순히 이름을 잘못 쓴 것이 아니라 이름

을 아예 쓰지 않은 것이 될 거예요. 방금 말한 그런 일들이 일어나면 당

장 다른 이름이 될 테니까요.

소크라테스 어쩌면 우리는 문제를 잘못된 방법으로 고찰하는지도 모르

네, 크라튈로스.

크라튈로스 왜죠?

소크라테스 아마도 자네가 말하는 그런 일은 반드시 어떤 수(數)이거나

---

261 nomothetes.

아니면 존재하기를 그치는 그런 것들에 일어날 수 있을 걸세. 이를테면 자네가 10이라는 수에 무엇을 덧붙이거나 무엇을 빼면 그것은 당장 다른 수가 되네. 이 점은 자네가 다른 수를 골라도 마찬가지일세.

b 그러나 이것은 상(像) 일반처럼 감각적인 특징을 띤 사물들에 적용되는 그런 종류의 올바름은 아닐세. 오히려 그와 반대로, 상이 상으로 남으려면 그것이 모방하는 것의 특징을 다 재현해서는 안 되네. 내 말에 일리가 있는지 살펴보게. 다음과 같은 경우 크라튈로스와 크라튈로스의 상이라는 두 가지가 있는 것일까? 어떤 신이 자네의 색깔과 모습을 화가들처럼 재현할뿐더러 자네의 내부도 모두 자네 것

c 과 똑같이 만들고 똑같은 유연성과 체온을 만들어내어 자네 안에 있는 것과 똑같은 운동과 혼과 지혜를 그 안에 넣는다고 가정해보게. 한마디로 어떤 신이 자네가 가지고 있는 모든 것을 복제해 자네 옆에 갖다놓는다고 가정해보게. 그럴 경우 크라튈로스와 크라튈로스의 상이 있는 것인가, 아니면 두 명의 크라튈로스가 있는 것인가?

크라튈로스 소크라테스 선생님, 제가 보기에는 두 명의 크라튈로스가 있는 것 같습니다.

소크라테스 그렇다면 여보게, 상이나 우리가 방금 논의한 이름들에서는 다른 종류의 올바름을 찾아야 하며, 거기에 무엇이 빠지거나 덧붙

d 으면 더는 상이 아니라고 우겨서는 안 된다는 것을 알겠는가? 아니면 자네는 상들은 그것들이 모방하는 사물들과 같은 특성을 띠기에는 얼마나 역부족인지 깨닫지 못하겠는가?

크라튈로스 아니, 깨달았어요.

소크라테스 아무튼 크라튈로스, 이름은 이름이 가리키는 사물에 우스꽝스러운 영향을 미치게 될 걸세. 만약 이름과 이름이 가리키는 사물이 모든 점에서 완전히 닮았다면 말일세. 그럴 경우 모든 것이 복제되어 그중 어느 것이 사물이고 어느 것이 이름인지 어느 누구도 말할 수 없을 테니까.

크라튈로스 옳은 말씀입니다.

소크라테스 그러니 여보게, 용기를 내어 이름도 잘 지어진 것이 있고 잘못 지어진 것이 있다는 점을 인정하게나. 이름은 그것이 가리키는 사물과 똑같아지도록 모든 자모를 포함해야 한다고 우기지 말고, 이름에는 적절하지 못한 자모도 포함된다는 점을 인정하라는 말일세. 그러나 적절하지 못한 자모가 이름에 포함되면, 적절하지 못한 이름이 어구에 포함될 수도 있네. 그리고 적절하지 못한 이름이 어구에 포함되면, 사물들에 적절하지 못한 어구가 문장에 쓰일 수도 있네. 하지만 그럼에도 사물들은 이름 지어지고 기술되네. 자네가 기술하는 사물들의 보편적인 특성이 어구들에 포함된다면. 그리고 자네도 기억하겠지만, 바로 이것이 조금 전에 자모들의 이름을 두고 논할 때 나와 헤르모게네스가 주장한 것일세.[262]

크라튈로스 기억나요.

소크라테스 좋아. 그러니 적절한 자모를 다 포함하지 않는다 해도 사물의

e

433a

---

262 393d~e 참조.

보편적인 특성을 포함한다면 이름은 사물을 기술할 것이네. 물론 이름이 적절한 자모를 다 포함하면 사물을 잘 기술하고 적게 포함하면 나쁘게 기술하겠지만 말일세. 여보게, 우리는 그렇다고 인정하기로 하세. 그러지 않으면 우리는 밤늦게 아이기나 섬의 거리를 헤매는 사람들처럼[263] 진실로 사물들에 너무 늦게 도착한[264] 것처럼 보일 걸세. 그러지 않으면 자네는 이름의 올바름에 관한 다른 이론을 찾아내야 할 테고, 이름이 음절과 자모로 사물을 표현한다는 데 동의하지 말아야겠지. 자네가 이 두 가지를 다 주장하다가는 자기모순에 빠질 테니까.

크라튈로스 소크라테스 선생님, 선생님 말씀에 일리가 있는 것 같아 받아들이겠습니다.

소크라테스 우리가 이에 동의했으니 다음 문제를 살펴보기로 하세. 우리 주장에 따르면, 이름이 잘 지어지려면 적절한 자모들을 가져야겠지?

크라튈로스 네.

소크라테스 그리고 적절한 자모들이란 사물들을 닮은 것들이겠지?

크라튈로스 물론이지요.

소크라테스 그렇다면 잘 지어진 이름은 그렇게 지어진 것일세. 그러나 어떤 이름이 잘 지어진 것이 아닐 경우, 그것이 정말로 상(像)이라면 그것이 가진 자모의 대부분은 적합하거나 그것이 가리키는 사물을 닮았지만, 적절하지 못한 자모들도 포함되어 있는 탓에 훌륭하거나 잘 지어진 이름이 아닌 것이네. 우리의 주장은 그런 것인가, 아니면 다른 것인가?

크라튈로스 소크라테스 선생님, 논쟁을 계속해서 제가 얻을 것은 하나도 없을 것 같네요. 그렇지만 잘 지어지지 못한 이름도 이름이라는 주장은 제 마음에 들지 않아요.

소크라테스 이름은 사물을 표현하는 방법이라는 것이 마음에 들지 않   d
는다는 겐가?

크라튈로스 네.

소크라테스 그렇다면 자네는 이름들 가운데 어떤 것들은 이전 이름들이 합성된 것이고, 다른 이름들은 맨 처음 이름이라는 주장은 옳다고 생각하는가?

크라튈로스 네.

소크라테스 하지만 맨 처음 이름들이 사물들을 표현하게 하려면, 그러기 위해 이름들과 이름들이 표현할 사물들이 최대한 닮게 하는 것보다 더 나은 방법이 있을까? 아니면 자네는 헤르모게네스와 다른 많은 사   e
람이 제안한 방법이 더 마음에 드는가? 그들의 주장인즉, 이름들은 합의의 산물이므로 합의하기 전에 이미 사물들을 알고 합의에 참가한 사람들에게만 사물들을 표현하며, 합의가 이름들의 올바름의 유일한 원칙이기에 우리가 현재의 합의를 받아들이건 아니면 그와 반대되는 것을 받아들여 지금 우리가 '작다'고 부르는 것을 '크다'고 부르건 지금 우리가 '크다'고 부르는 것을 '작다'고 부르건 아무런 차이가 없다는

---

263 이 이야기의 출전은 밝혀지지 않았다. 아이기나(Aigina)는 아테나이의 앞바다에 있는 섬이다.
264 지엽적인 문제에 너무 매달리다가.

것일세. 이 두 방법 가운데 어느 것이 자네 마음에 드는가?

크라튈로스 소크라테스 선생님, 닮음에 따라 사물을 표현하는 이름이 우연히 주어진 이름보다 모든 면에서 더 우수하겠지요.

소크라테스 옳은 말일세. 그러나 이름이 진짜 사물을 닮는다면 맨 처음 이름들을 구성한 자모들이 본성상 사물들을 닮을 수밖에 없지 않을까? 앞서 그림에 비유한 일로 되돌아가 설명하자면, 그림이 회화술이 모방하는 사물들을 본성적으로 닮은 물감들로 구성되지 않는다면, 과연 그림이 존재하는 사물들을 닮을 수 있을까? 그건 불가능하지 않을까?

크라튈로스 불가능합니다.

소크라테스 그렇다면 마찬가지로 이름들 역시 그 어떤 것도 닮을 수 없을 걸세. 이름을 구성하는 요소들이 이름들이 모방하는 사물들을 아예 닮지 않았다면 말일세. 그런데 이름들을 구성하는 요소들은 자모들이겠지?

크라튈로스 네.

소크라테스 그렇다면 조금 전에 내가 헤르모게네스와 논의한 주제를 자네도 고찰해주게. 자, 말해주게나. 자네는 로(Ϙ, r)는 움직임과 운동과 단단함을 표현한다는 내 말이 옳다고 생각하는가? 아니면 옳지 않다고 생각하는가?

크라튈로스 옳다고 생각합니다.

소크라테스 그리고 람다(λ, l)는 매끄러움과 부드러움과 그 밖의 우리가 언급한 다른 것들을 닮았지?

크라튈로스 네.

소크라테스 그런데 우리가 '스클레로테스'(sklērotēs)[265]라고 부르는 것을 에레트리아[266]인들은 '스클레로테르'(sklērotēr)라고 부른다는 것을 자네는 알고 있는가?

크라튈로스 물론이지요.

소크라테스 로(ϱ, r)와 시그마(ς, s)는 둘 다 같은 것을 닮았으며, 그래서 로로 끝나는 이름은 그들에게 시그마로 끝나는 이름이 우리에게 표현하는 것과 같은 것을 표현하는가, 아니면 그중 하나는 우리 가운데 어느 한쪽에게는 아무런 의미도 없는가?

크라튈로스 그것들은 양쪽 모두에게 같은 것을 뜻해요.

d

소크라테스 로와 시그마가 닮은 한 그런가, 아니면 닮지 않은 한 그런가?

크라튈로스 그것들이 닮은 한 그렇지요.

소크라테스 그것들은 모든 점에서 닮았는가?

크라튈로스 어쨌거나 운동을 표현한다는 점에서 그것들은 닮았어요.

소크라테스 이들 이름에 들어 있는 람다(λ, l)는 어떤가? 그것은 단단함의 반대를 표현하지 않는가?

크라튈로스 그것은 아마 그 이름들에 잘못 포함되어 있는 것 같아요, 소크라테스 선생님. 조금 전에 선생님께서 필요한 곳에 자모를 빼거

---

265 '단단함'.

266 에레트리아(Eretria)는 에우보이아(Euboia) 섬의 도시이다.

나 덧붙이면서 헤르모게네스에게 예시(例示)한 경우들처럼 말이에요. 나는 선생님께서 그렇게 하는 것이 옳다고 생각해요. 이 경우 아마도 람다(λ, l)를 로(ϱ, r)로 대치해야 할 것 같습니다.

소크라테스 좋은 말일세. 어떤가? 만약 누가 지금 우리가 발음하는 대로 '스클레론'(sklēron)[267]이라고 말한다면 우리는 그가 하는 말을 이해하지 못할까? 내가 그렇게 말한다면 자네도 내 말뜻을 이해하지 못하겠는가?

크라튈로스 이해하겠지요. 그것은 관습이니까요.

소크라테스 자네가 관습이라고 말할 때, 자네는 합의와 다른 것을 말한다고 생각하는가? 자네가 말하는 관습이란 다름 아니라 내가 이런 말을 하면 이런 뜻이고 내가 그런 뜻으로 말한다는 것을 자네가 안다는 것 아닌가? 자네 말뜻은 그런 게 아닌가?

435a **크라튈로스** 네, 그렇습니다.

소크라테스 내가 어떤 이름을 말할 때 자네가 내 말뜻을 안다면, 그 이름은 나에게는 내가 말하고자 하는 바를 자네에게 표현하는 수단이 되겠지?

크라튈로스 네.

소크라테스 설령 내가 말하는 이름이 내가 의미하는 사물을 닮지 않았다 해도. 자네가 예로 든 경우로 되돌아가, 람다(λ, l)는 단단함을 닮지 않았으니 말일세. 그러나 그게 사실이라면 자네는 자네와 합의를 한 것이고, 이름의 올바름은 자네에게는 합의의 문제가 되었네. 그도 그럴 것이, 닮은 자모들뿐만 아니라 닮지 않은 자모들도 사물들을 표

현하는 것은 관습과 합의의 영향이 아니겠는가? 그리고 관습은 합의   b
와 전혀 다른 것이라 해도 우리는 앞으로 뭔가를 표현하는 것은 닮음
이 아니라 관습이 하는 일이라고 말해야 할 걸세. 관습은 닮은 이름들
뿐만 아니라 닮지 않은 이름들도 사물들을 표현할 수 있게 하는 것 같
으니까. 또한 우리가 이런 점들에 동의한다면 ─ 나는 자네의 침묵을
동의한다는 뜻으로 받아들이니까 ─ 합의도 관습도 우리가 말할 때
우리가 의미하는 것을 표현하는 데 나름대로 기여함에 틀림없네. 여보
게, 다시 수(數)를 예로 들자면,[268] 만약 자네의 이런 합의와 관습이 이   c
름들의 올바름을 결정하는 권한이 없다면, 자네는 각각의 수를 닮은
이름들을 어디에서 얻을 수 있으리라고 생각하는가? 나 자신은 이
름들은 가능한 한 사물들을 닮아야 한다는 이론이 마음에 들지만, 이
런 이론을 옹호하는 것은 헤르모게네스의 말처럼[269] 억지스러워서
이름의 올바름을 위해 합의라는 상투적인 수단을 추가로 사용해야 하
지 않을까 두렵네. 아마도 가능한 한 훌륭하게 말하는 최선의 방법은
언제나 또는 거의 언제나 사물들을 닮은, 다시 말해 적합한 이름을 사   d
용하는 데 있고, 반대로 최악의 방법은 그와 반대되는 이름을 사용하
는 데 있기에 하는 말일세. 그건 그렇고, 다음 질문에 대답해주게. 우리는
이름이 어떤 힘을 갖고 있으며, 어떤 훌륭한 일을 한다고 주장할 텐가?

---

267 '단단한'.

268 432a 참조.

269 414c 참조.

크라튈로스 소크라테스 선생님, 이름의 힘은 가르치는 거예요. 사물의 이름을 아는 사람이 사물도 안다는 것은 삼척동자도 알 수 있어요.

소크라테스 크라튈로스, 자네 말은 아마도 누가 이름의 본성을 안다

e 면 — 이름의 본성이 사물의 본성일세 — 사물은 이름을 닮은 만큼 사물도 알며, 서로 닮은 사물은 모두 같은 기술(技術)에 속한다는 뜻인 듯하네. 내 생각에 그래서 자네는 사물의 이름을 아는 사람이 사물도 안다고 주장하는 것 같네.

크라튈로스 지당한 말씀이에요.

소크라테스 그렇다면 자네가 방금 말한 가르치는 방법이라는 게 무엇인지, 그보다 열등하지만 다른 방법도 있는지, 아니면 그와 다른 방법은 없는지 살펴보기로 하세. 자네 생각은 어떤가?

436a **크라튈로스** 다른 방법은 없고, 그것이 하나뿐이자 최선의 방법이라고 생각합니다.

소크라테스 또한 그것은 사물들을 발견하는 방법이기도 해서, 사물의 이름을 발견한 사람은 사물도 발견했다고 생각하는가? 아니면 자네는 탐구와 발견은 다른 방법으로 해야 하고, 배우는 것은 이 방법으로 해야 한다고 생각하는가?

크라튈로스 저는 탐구와 발견도 같은 수단에 의해 같은 방법으로 해야 한다고 확신합니다.

소크라테스 자, 크라튈로스, 우리는 이 점에 유의하세. 자네는 이름을

b 길라잡이 삼아 그것의 뜻을 좇으며 사물을 탐구하는 사람이라면, 속을 위험이 크다는 것을 생각해보았나?

크라튈로스 어째서 그렇지요?

소크라테스 맨 처음에 이름을 지은 사람은 분명 사물의 본성과 일치한다고 생각되는 이름을 지었네. 그것이 우리의 주장일세. 그렇지?

크라튈로스 네, 그래요.

소크라테스 그렇다면 그의 생각이 올바르지 못한데 그가 그에 근거해 이름을 짓는다면, 자네는 그를 길라잡이로 삼는 우리가 어떤 일을 당하리라고 생각하는가? 속을 수밖에 없지 않을까?

크라튈로스 하지만 소크라테스 선생님, 그렇지 않을 거예요. 이름 짓 c
는 사람은 사물을 알고 나서 이름 짓게 마련이니까요. 그렇지 않으면 아까도 말한 것처럼[270] 그의 이름은 아예 이름이 아니겠지요. 그리고 이름 짓는 사람이 진리를 놓치지 않았다는 결정적인 증거가 있어요. 그건 그가 지은 이름은 서로 완벽하게 조화를 이룬다는 거예요. 아니면 선생님께서 말씀하시는 모든 이름이 같은 가정에 따라 같은 목적을 추구한다는 것을 알아차리지 못하셨나요?

소크라테스 하지만 여보게 크라튈로스, 그건 반론이 못 되네. 이름 짓는 사람이 처음에 오류를 범하고 나서 다른 이름이 모두 자신의 처음 d
오류와 조화를 이루도록 강요한다면 그건 전혀 이상한 일이 아니기 때문일세. 기하학적 증명에서 가끔 그런 일이 벌어진다네. 최초의 오류는 경미하고 눈에 띄지 않지만, 거기에서 나오는 수많은 결론은

---

270 429b~e 참조.

설령 서로 조화를 이룬다 해도 잘못된 것일세. 그러니 저마다 무슨 일을 하건 그것의 시작에 유의하고 요모조모 따져봐야 하며 자신의 가정이 옳은지 아닌지 철저히 살펴봐야 하네. 그 점만 충분히 검토하고 나면 나머지 것은 뒤따라올 걸세. 하지만 이름이 정말로 서로 조화를 이룬다면 나는 놀라움을 금치 못할 걸세. 그러니 앞서 논의한 것들을 다시 살펴보기로 하세. 우리는 만물은 나아가고 움직이고 흐른다는 가정 아래 이름은 우리에게 사물의 본질을 나타낸다고 주장했네.[271] 자네는 이름이 사물의 본질을 나타낸다고 생각하지 않는가?

크라튈로스 나타내고말고요. 게다가 올바르게 나타내지요.

소크라테스 그렇다면 우리가 논의한 것 가운데 먼저 '에피스테메' (epistēmē)[272]라는 이름으로 되돌아가 그것이 얼마나 모호한지 살펴보세. 이 이름은 사물들을 따라 회전하는 것보다는 사물들을 향해(epi) 우리의 혼을 멈춰 세운다(histēsin)는 뜻인 듯하네. 그러니 이 이름에 h음을 넣어 '헤피스테메'(hepistēmē)라고 말하기보다는 이 이름의 첫머리는 지금처럼 발음하는 편이 더 옳겠지. 아니면 엡실론(ε, e) 대신 이오타(ι, i)를 삽입해야 할 걸세.[273] 다음에는 '베바이온'(bebaion)[274]을 살펴보세. 이 이름은 토대(basis)나 정지(stasis)의 모방이고 운동의 모방이 아닐세. '히스토리아'(historia)[275]는 다름 아니라 흐름을 멈추는 (histēsi ton rhoun) 것을 뜻하네. '피스톤'(piston)[276]은 분명 운동을 멈춰 세우는(histan) 것을 의미하네. 다음에 '므네메'(mnēmē)[277]가 운동이 아니라 혼 안에 머무름(monē)을 의미한다는 것은 누구나 알 수 있네. 자네만 좋다면 '하마르티아'(hamartia)[278]와 '쉼포라'(symphora)[279]도 살펴보세. 우리가 이름의 형태만을 길라잡이로 삼는다면 이 이름들은 '쉬네시스'(synesis)[280]와 '에피스테메'와 훌륭한 것들에 붙여진 다른 모든 이름과 같은 것을 의미하는 것 같네.[281] 또한 '아마티아' c (amathia)[282]와 '아콜라시아'(akolasia)[283]도 이들과 비슷한 것 같네. '아마티아'는 신을 수행하는(hama theōi iōn) 자의 여행을 뜻하고, '아콜라시아'는 분명 사물들을 따라다니는 것(akolouthia tois pragmasin)을 의미하는 것 같으니 말일세. 이렇듯 가장 나쁜 의미를 지닌다고 믿는 이름이 가장 좋은 의미를 지니는 이름과 아주 닮아 보일 수 있다네. 또 우리가 노력하면 판단을 번복해 이름 짓는 사람이 말하고자 한 바는 사물이 나아가거나 움직인다는 뜻이 아니라 사물이 머물러 있다는 뜻이었다

---

271 411c 참조.

272 '지식'.

273 그렇게 하면 epihistēmē가 되어 그것이 epi와 histēsi에서 파생되었음이 더 분명하게 드러날 것이다.

274 '확고한'.

275 '탐구'.

276 '믿음직한'.

277 '기억'.

278 '과오'.

279 '불운'.

280 '이해'.

281 hamartia는 homartein('동반하다' '수행하다')를 닮았고, symphora는 sympheresthai('함께 움직이다')를 닮았다.

282 '무지'.

283 '방종'.

는 결론을 내릴 만한 이름을 많이 발견할 수 있으리라고 생각하네.

d **크라튈로스** 그렇지만 소크라테스 선생님, 선생님께서도 보시다시피 이름은 대부분 움직임을 나타내요.

소크라테스 그래서 어쨌다는 거지, 크라튈로스? 우리는 표(票)를 세듯 이름을 세어보고 다수에 의해 이름의 올바름을 결정해야 하는가? 만약 더 많은 이름이 움직임을 나타내면 우리는 그런 이름이 참된 이름이라고 주장해야 하는가?

크라튈로스 그건 사리에 맞지 않겠지요.

소크라테스 전혀 사리에 맞지 않네, 여보게. 이 주제에 대한 논의는 이쯤 해두기로 하고,

[판본 A: 자네가 다음에 대해서도 동의하는지 동의하지 않는지 살펴
e 보기로 하세. 조금 전에 우리는 헬라스인들의 나라에서든 이민족의 나라에서든 이름을 짓는 사람들은 입법자들이고 이름을 지을 수 있는 기술은 입법자들의 기술이라는 데에 동의하지 않았는가?

크라튈로스 물론 동의했지요.

소크라테스 그렇다면 말해보게. 최초의 입법자들이 맨 처음 이름들을 지었을 때 이름 지은 사물들을 알고서 이름 지었을까, 아니면 모르고 이름 지었을까?

크라튈로스 저는 그들이 알고서 이름 지었다고 생각해요, 소크라테스 선생님.

438a1 **소크라테스** 여보게 크라튈로스, 아마 모르고 이름 짓지는 않았을 걸세,

크라튈로스 저도 그들이 모르지 않았으리라 생각해요.   a2

소크라테스 그런데 만약 이름을 통해서만 사물들을 알 수 있다면, 이름   b4

이 존재하기 전, 그러니까 이름을 알 수 있기 전, 우리는 어떻게 그들   b6

이 알고 이름을 지었다거나 그들이 입법자라고 말할 수 있을까?][284]   b7

[판본 B: 본 줄거리로 되돌아가세. 자네도 기억하겠지만, 조금 전 논   a3

의에서 자네는 이름 짓는 사람은 자기가 이름 짓는 사물들에 대해 알

고 있어야 한다고 주장했네.[285] 자네는 여전히 그렇게 생각하는가, 아

니면 그렇지 않은가?

크라튈로스 여전히 그렇게 생각합니다.

소크라테스 맨 처음 이름들을 지은 사람도 사물들을 알고 이름 지었다

고 생각하는가?

크라튈로스 네, 그는 알고 이름 지었어요.

소크라테스 하지만 그는 어떤 이름들에서 사물들을 배우거나 발견할

수 있을까? 맨 처음 이름들이 아직 지어지지 않았다면 말일세. 우리   b1

주장에 따르면, 사물들을 배우거나 발견하는 유일한 방법은 우리 스   b2

스로 이름들을 발견하거나 남들에게 배우는 거니까.]   b3

---

284 판본 A(versio A)란 초판본으로 추정되는 판본이며, 판본 B(versio B)란 후일 초판
본을 수정한 것으로 추정되는 판본이다. 그러나 옥스퍼드 고전 텍스트의 교열자들은
두 판본 모두 후세에 가필된 것으로 본다.

285 436c 참조.

크라틸로스 소크라테스 선생님, 제 생각에 이 주제에 대한 가장 참된 이

론은, 인간의 힘을 능가하는 어떤 힘이 사물들에 맨 처음 이름들을 지었으며, 따라서 그 이름들은 올바를 수밖에 없다는 거예요.

소크라테스 그렇다면 자네는 이름 짓는 이가 정령[286]이나 신인데도 자기 모순에 빠졌다고 생각하는가? 아니면 방금 우리가 한 말[287]이 허튼소리라고 생각하는가?

크라틸로스 하지만 둘 중 한 부류는 사실 이름이 아니었어요.

소크라테스 여보게, 어느 부류 말인가? 정지를 가리키는 부류인가, 아니면 운동을 가리키는 부류인가? 이 문제는 다수결로 정할 일이 아니라는 데에 우리는 방금 동의했으니 말일세.

d **크라틸로스** 그건 옳지 않겠지요, 소크라테스 선생님.

소크라테스 하지만 이름들 사이에 내분이 일어나 어떤 이름들은 자기들이 진리를 닮았다고 주장하고 다른 이름들은 자기들이 진리를 닮았다고 주장하니, 우리는 무엇에 의지해 어떻게 결정할 수 있겠는가? 이들 말고 다른 이름들에 의지할 수는 없네. 그런 것들은 존재하지 않으니까. 아니, 우리는 분명 이름 말고 다른 뭔가를 찾아야 하네. 이름을 사용하지 않고도 이 두 부류 중 어느 쪽이 참된 이름들인지 밝혀줄, 다시 말해 사물들의 진리를 밝혀줄 다른 뭔가를 찾아야 한다는 말일세.

e **크라틸로스** 저도 그렇게 생각해요.

소크라테스 크라틸로스, 그게 사실이라면 아마 이름을 이용하지 않고도 사물들에 관해 배울 수 있겠지.

크라틸로스 그런 것 같아요.

소크라테스 그렇다면 자네는 어떤 다른 수단을 통해 사물들에 관해 배울 수 있을 것으로 예상하는가? 서로 비슷하다면 서로를 통해 그리고 그 자체를 통해 사물들에 관해 배우는 것보다 더 합리적이고 올바른 방법이 달리 있을 수 있을까? 그것들과 다르고 같지 않은 것은 그것들과 다르고 같지 않은 것을 가리키지 그것들을 가리키지 않을 테니 말일세.

크라튈로스 옳은 말씀인 것 같아요.

소크라테스 잠깐만! 잘 지어진 이름은 이름 지어진 사물을 닮았으며, 그래서 그런 사물의 상(像)이라는 데에 우리는 누차 동의하지 않았나? 439a

크라튈로스 그랬지요.

소크라테스 만약 이름을 통해서도 사물에 관해 배울 수 있고, 사물 자체를 통해 사물에 관해 배울 수도 있다면, 어느 쪽 배움이 더 훌륭하고 더 명료할까? 상(像)에서 상 자체가 훌륭한 모방물인지 배우고 그것이 모방하는 진리를 배우는 쪽인가, 아니면 진리에서 진리 자체를 배우고 진리의 상이 제대로 만들어졌는지 배우는 쪽인가? b

크라튈로스 진리에서 배우는 쪽이 더 좋을 수밖에 없겠지요.

소크라테스 사물에 관해 어떤 방법으로 배우고 알아내야 하느냐는 어쩌면 나와 자네가 감당하기에는 너무나 큰 문제인 것 같네. 그러니 우리는 사물을 배우고 탐구하되 이름을 통해 그렇게 하기보다는 사

286 daimon.
287 437a 참조.

물 자체를 통해 그렇게 하는 편이 훨씬 더 바람직하다는 결론에 이르게 된 것으로 만족해야 할 걸세.

크라튈로스 그런 것 같아요, 소크라테스 선생님.

c **소크라테스** 한 가지 더 살펴보기로 하세. 이 이름이 대부분 같은 경향을 띤다는 사실에 우리가 현혹당하지 않으려면 말일세. 이름 짓는 사람들이 만물은 언제나 움직이고 흐른다고 믿고는 —내가 보기에 그들은 그렇게 믿은 것 같네—이름을 지은 것인지, 아니면 사실은 그렇지 않은데 이름 짓는 사람들이 일종의 소용돌이에 휘말려 그 안에서 빙글빙글 돌며 우리를 끌고 가는 것이 아닌지 살펴보자는 말일세. 여보게 크라튈로스, 내가 가끔 몽상하는 문제가 하나 있는데, 그에 관해 자네 의견을 듣고 싶네. 우리는 아름다운 것 자체, 좋은 것 자체

d 가 있으며 다른 것들도 각각 그 점에서 마찬가지라고 주장할 텐가, 아니면 그렇지 않다고 주장할 텐가?

크라튈로스 저는 그런 게 있다고 생각해요, 소크라테스 선생님.

소크라테스 그렇다면 우리는 특정한 얼굴이나 그런 종류의 어떤 것이 아름다운지, 또는 그런 것들은 모두 흐른다고 생각되는지 살펴볼 것이 아니라, 이렇게 묻기로 하세. 우리는 아름다운 것 자체는 언제나 그대로라고 말할 텐가?

크라튈로스 그럴 수밖에 없겠지요.

소크라테스 만약 그것이 언제나 지나가버린다면, 우리가 먼저 그것은 이런 것이라고, 다음에는 저런 것이라고 말하는 것이 어떻게 옳을 수 있겠는가? 아니면 우리가 말하는 바로 그 순간 그것은 불가피하게

다른 것이 되어 지나가버리고 더는 이전 그대로일 수 없는 것인가?

크라튈로스 그럴 수밖에 없겠지요.

소크라테스 그렇다면 같은 상태로 머물 수 없는 것이 어떻게 어떤 것일 　　　e
수 있겠는가? 그도 그럴 것이, 만약 그것이 언젠가 같은 상태로 머무른
다면 적어도 그동안에는 그것은 분명 변하지 않으며, 만약 그것이 언제
나 같은 상태로 머무르고 언제나 같은 것이라면, 자신의 형상(이데아)
을 버리지 않는데 어떻게 변하거나 움직일 수 있겠는가?

크라튈로스 결코 그럴 수 없겠지요.

소크라테스 그것은 또한 누가 알 수 있는 것도 아닐세. 왜냐하면 그것　　440a
을 알려고 하는 사람이 다가가는 순간 그것은 다르고 같지 않은 것이
되어, 그것이 어떤 종류의 것이고 어떤 상태에 있는지 더는 알 수 없
으니 말일세. 어떤 상태에도 있지 않은 것을 알 수 있는 지식이란 분
명 존재하지 않으니까.

크라튈로스 말씀하신 그대로예요.

소크라테스 하지만 크라튈로스, 만약 모든 것이 변하고 아무것도 머
물지 않는다면 지식 같은 것이 있다고 말하는 것은 합리적이지 않네.
그러나 만약 지식 자체가 변하지 않고 지식이기를 그만두지 않는다
면, 지식은 언제나 살아남을 것이고 지식 같은 것은 존재할 걸세. 그　　b
렇지만 지식의 형상 자체가 지식의 형상과 다른 형상으로 변하는 순

---

288 402a 참조.

간 어떤 지식도 존재하지 않을 걸세. 그리고 만약 그것이 언제나 변한다면, 지식은 언제나 존재하지 않을 걸세. 따라서 이 논리에 따르면 어느 누구도 무엇을 알 수 없고 그 무엇도 알려질 수 없네. 그러나 만약 아는 것과 알려지는 것이 언제나 존재한다면, 만약 아름다운 것과 좋은 것과 그 밖의 다른 것들도 모두 존재한다면, 내가 보기에 지금 내가 말하는 이런 상태들은 흐름 또는 운동을 전혀 닮지 않은 듯하네. 그런데 이런 것들에 대한 내 말이 옳은지, 아니면 헤라클레이토스와 많은 다른 사람의 주장[288]이 옳은지 살펴보는 것은 쉬운 일이 아닐세. 그러나 지성 있는 사람이라면 확실히 자신과 자신의 혼을 돌보는 일을 이름들에 맡기지는 않을 걸세. 또한 그는 이름들이나 이름들을 지은 사람들을 믿고는 자기가 뭔가를 안다고 장담하지도 않을 걸세. 그는 또한 자신과 모든 것을 비하해서 그것들에는 물이 새는 항아리처럼 건전한 데가 전혀 없다고 말하거나, 만물은 감기 걸린 사람들처럼 계속 콧물을 줄줄 흘린다고 믿지도 않을 걸세. 크라튈로스, 아마 그럴 수도 있겠지만, 그렇지 않을 수도 있겠지. 그러니 자네는 용감하고 철저히 살펴봐야 하고 무엇이든 쉽게 받아들여서는 안 되네. 자네는 아직 한창때의 젊은이니까. 그리고 자네가 살펴보고 진리를 발견하면 내게도 나누어주게나.

크라튈로스 그럴게요. 하지만 소크라테스 선생님, 잘 알아두세요. 저는 이미 이 문제를 살펴보았는데, 애써 살펴본 결과 헤라클레이토스의 주장이 사실에 훨씬 더 가까운 것 같아요.

소크라테스 그렇다면 여보게, 다음에 자네가 돌아오면 내게 가르쳐주

게나. 지금은 자네가 계획한 대로 시골로 떠나게. 여기 있는 헤르모

게네스가 자네를 바래다줄 걸세.

크라튈로스 그럴게요, 소크라테스 선생님. 바라건대 선생님께서도 이

문제를 계속 생각해보세요.

소피스트

플라톤은 대화편 『테아이테토스』(*Theaitetos*)에 이어 『소피스트』에서도 엘레아학파가 제기한 문제들과 씨름한다. 주 대담자는 이름이 알려지지 않은 엘레아학파 철학자와 소년 철학도 테아이테토스이고, 소크라테스와 테오도로스는 사실상 듣기만 한다.

　이 대화편은 소피스트를 정의(定義)하는 일로 시작한다. 그 끝에 소피스트가 말하는 것은 '거짓'인가, '거짓' 또는 '존재하지 않는 것'이 존재할 수 있는가 하는 문제가 제기되는데, 엘레아학파는 '존재하지 않는 것' 또는 '거짓'은 존재할 수 없다고 믿기 때문이다. 이 대화편은 만물은 '다름'이라는 형상에 관여할 수 있으며, '존재하지 않는 것'은 사실 '존재하는 것'의 반대가 아니라 '존재하는 것'과 다른 것이라는 논리로 이 문제를 해결한다. 그리하여 플라톤은 거짓말과 거짓 생각이 얼마든지 존재할 수 있음을 증명한다.

대담자

테오도로스(Theodoros 기원전 460년경 출생) 북아프리카 퀴레네(Kyrene) 출신 수학자. 소피스트 프로타고라스(Protagoras)의 제자. 플라톤의 다른 대화편 『테아이테토스』에서는 젊은 소크라테스와 테아이테토스의 스승으로 소개되고 있다.

소크라테스 플라톤의 스승. 여기서는 70세쯤 된 노(老)철학자.

방문객(Xenos Eleates) 『정치가』에 나오는 '엘레아(Elea 라/Velia)에서 온 방문객'과 동일인으로 가상의 인물이다. 엘레아는 철학자 파르메니데스(Parmenides)와 제논(Zenon)의 고향이다.

테아이테토스(Theaitetos 기원전 414~369년) 아테나이 출신 수학자이자 철학자로 테오도로스의 제자이며, 아카데메이아 학원 회원. 이 대화편에서 그는 방문객의 대담자 노릇을 하지만, 이 대화편과 짝을 이루는 『정치가』에서는 대담에 참가하지 않고 듣기만 한다.

젊은 소크라테스(Sokrates ho neoteros) 철학자 소크라테스와 동명이인으로 아카데메이아 학원 회원. 대화편 『정치가』에서는 방문객의 대담자 노릇을 하지만, 이 대화편에서는 대담에 참가하지 않고 듣기만 한다.

테오도로스 소크라테스님, 우리는 어제의 약속을 지키려고 우리 자신
도 왔을뿐더러 손님도 한 분 모시고 왔습니다. 이분은 파르메니데스
와 제논[1] 의 제자로 진정한 철학자입니다.

소크라테스 테오도로스님, 그대는 호메로스의 말[2]처럼 손님이 아니라
어떤 신을 모셔와놓고도 그런 줄 모르신단 말이오? 호메로스에 따르면
신들, 특히 손님을 보호하는 신들은 조금이라도 수치심과 정의를 아
는 인간들이라면 그들과 동행하며 인간들의 오만과 준법 행위를 지
켜본다지 않소. 그대와 동행하신 손님도 우리보다 더 우월한 분으로
여기 오셨을지 모르지요. 일종의 논박의 신으로서 우리를 지켜보다
가 우리가 철학적 담론에 얼마나 허약한지를 보여주시려고 말이오.

테오도로스 소크라테스님, 여기 이 손님은 그런 분이 아니에요. 이분

---

1 파르메니데스(Parmenides 기원전 515년경~450년 이후)는 기원전 6세기 말에 이
른바 '엘레아학파'를 창시한 철학자로 '존재하는 것'은 단일하고 나눌 수 없으며 불변
한다고 주장했다. 그의 이런 일원론(一元論)은 그의 제자 제논(Zenon 기원전 490년경
~445년 이후)에 의해 계승되었다.

2 호메로스, 『오뒷세이아』(*Odysseia*) 9권 269~271행, 17권 485~486행 참조.

은 논쟁에 열을 올리는 사람들보다 더 온건해요. 내가 보기에 이분은
c 신은 아닌 것 같아요. 이분이 신적인 것은 사실이지만. 저는 철학자
는 누구나 신적이라고 부르니까요.

소크라테스 친구여, 거참 좋은 말이오. 하지만 그런 사람을 식별하기란
신을 식별하기보다 더 쉽지 않을 것 같은데요. 그런 사람들, 즉 사이비
철학자가 아닌 진정한 철학자들은 다른 사람들이 무지한 탓에 각양각
색의 모습을 하고 "도시들을 떠돌아다니며" 높은 데서 발밑의 삶을 내
려다보는데, 그들이 어떤 사람들에게는 아무런 가치도 없어 보이고 어
d 떤 사람들에게는 더없이 가치가 있어 보이고, 때로는 정치가의 모습을
하고 때로는 소피스트의 모습을 하는가 하면 때로는 완전한 미치광이
217a 라는 인상을 주니까요. 하지만 우리 손님이 허락하신다면 나는 기꺼이
묻고 싶소. 그곳 사람들은 이런 것들을 어떻게 생각하며, 어떤 이름으
로 부르는지 말이오.

테오도로스 정확히 어떤 부류 말인가요?

소크라테스 소피스트, 정치가, 철학자 말이오.

테오도로스 선생님께서는 정확히 무얼 묻고 계신가요? 그리고 그들
때문에 어떤 어려움을 겪고 있습니까?

소크라테스 이런 어려움을 겪고 있다오. 그곳 사람들은 이들을 모두
한 종류 아니면 두 종류라고 생각하는지, 아니면 이름이 셋이듯 이들
을 세 종류로 구분하여 각자에게 따로 이름을 붙이느냐는 것이지요.

테오도로스 이분은 아마 그런 문제라면 기꺼이 설명해주실 거요. 그
렇지 않나요, 손님?

방문객 그렇고말고요, 테오도로스님. 답변은 어렵지 않아요. 그곳 사 b
람들은 그들이 세 종류라고 생각해요. 하지만 그들 각각을 명확히 정
의하는 것은 작은 일도 아니고 쉬운 일도 아니지요.

테오도로스 소크라테스님, 선생님께서는 우리가 이곳에 도착하기 전
에 이분에게 물었던 것과 대동소이한 질문을 마침 하시는군요. 그런
데 이분은 그때 자기는 이 문제에 관해 충분히 들어 알고 있고 자기
가 배운 것을 잊지 않았다고 주장하면서도 우리에게 방금 그대에게
한 것과 같은 변명을 하시더군요.

소크라테스 그렇다면 손님, 우리의 첫 번째 청을 거절하지 말고 다음 c
에 대해 말씀해주세요. 그대는 어느 쪽을 선호하시는지요? 그대가
설명하려는 것에 관해 혼자서 긴 연설을 하는 쪽인가요, 아니면 질문
을 주고받는 쪽인가요? 파르메니데스는 내가 젊고 자기는 노인이었
을 때 바로 이 방법을 이용하여 내 면전에서 더없이 훌륭한 논의를
전개한 적이 있었지요.

방문객 소크라테스님, 대담자가 애를 먹이지 않고 말귀를 알아듣는 d
다면 대화하는 쪽이 더 쉽겠지요. 하지만 그렇지 않을 때는 혼자서
말하는 쪽이 더 쉽고요.

소크라테스 그렇다면 그대는 여기 있는 사람들 중 아무나 마음에 드는
사람을 고르세요. 그게 누구건 그대를 고분고분 따를 테니까요. 하
지만 그대가 제 조언을 받아들이겠다면 젊은이들 중 한 명을 고르시
겠지요. 여기 있는 테아이테토스나 그 밖에 그대의 마음에 드는 다른
젊은이로 말입니다.

방문객 소크라테스님, 내가 이렇게 여러분과 처음 만난 자리에서 짧

e 은 말로 서로 의견을 나누는 대신 혼자서 긴 연설을 하거나 마치 달

변을 과시하려는 듯 남 앞에서 긴 연설을 늘어놓자니 좀 쑥스럽네요.

사실 그대가 방금 제기한 문제는 생각처럼 그리 간단한 것이 아니라

긴 논의가 필요해요. 그런가 하면 그대가 간곡히 부탁하는데도 내가

여러분의 청을 거절한다는 것도 손님으로서 예의에 어긋나는 무례한

218a 태도겠지요. 나는 테아이테토스가 대담자라면 대환영이오. 그와는

전에 대담한 적이 있는 데다 그대가 추천해주시기까지 하니 말이오.

테아이테토스 손님, 그렇게 하시지요. 그러면 선생님께서는 소크라테

스님의 말씀처럼 우리 모두의 청을 들어주시는 셈이 되겠네요.

방문객 테아이테토스, 그렇다면 이 점에 대해서는 더 말할 필요가 없

을 듯하네. 지금부터 나는 자네와 토론해야 할 것 같으니까. 그렇지

만 긴 토론이 괴롭고 부담스럽더라도 자네는 나를 탓하지 말고 여기

있는 자네 친구들을 탓하게.

b **테아이테토스** 지금 같아서는 저는 토론에 지치지 않을 거라고 생각하

지만, 만약 그런 일이 일어난다면 우리는 여기 있는 젊은 소크라테스

에게 도움을 청하겠습니다. 그는 소크라테스님과 이름이 같지만 나

와 동년배이고 체력단련도 같이 하는데, 나와 함께 힘든 일을 많이

해내곤 했으니까요.

방문객 좋은 말일세. 그것은 우리의 대화가 진행됨에 따라 자네가 생

각해야 할 문제일세. 지금 우리의 관심사는 우리 둘이서 공동으로 탐

구하는 것일세. 그러자면 우리가 소피스트에서부터 탐구를 시작해

그가 대체 무엇인지 말로 분명하게 밝히는 것이 좋을 듯하네. 지금으로서는 자네와 내가 '소피스트'라는 이름만 공유할 뿐, 그 이름의 실체를 저마다 다르게 이해하고 있을지도 모르니까. 하지만 토론 없이 이름에만 합의하는 것보다는 토론을 거쳐 사실 자체에 합의하는 것이 언제나 더 바람직하다네. 그런데 우리가 지금 찾으려 하는 소피스트라는 족속으로 말하자면 그 본성이 무엇인지 이해하기가 결코 쉬운 족속이 아닐세. 또한 큰일을 훌륭하게 처리하자면 큰일 자체를 시도하기 전에 먼저 작고 더 쉬운 일로 연습해봐야 한다는 것이 예부터 전해오는 중론일세. 테아이테토스, 그래서 나는 지금 우리 두 사람이 이렇게 했으면 좋겠네. 소피스트라는 사냥감은 잡기가 어렵다고 생각되니, 먼저 잡기가 더 쉬운 사냥감으로 그를 추적하는 방법을 연습해보자는 말일세. 자네가 더 쉬운 다른 방법을 제시할 수 없다면.

테아이테토스 저는 다른 방법을 제시할 수 없습니다.

방문객 그렇다면 자네는 우리가 사소한 것에 초점을 맞추되 그것을 더 중요한 일을 위한 본보기[3]로 사용하기를 원하는가?

테아이테토스 네.

방문객 그렇다면 무엇을 택할까? 알기 쉽고 사소하지만 큰 것 못지않게 정의(定義)가 가능한 것으로 말일세. 이를테면 낚시꾼[4]은 어떤가? 낚시꾼은 누구나 다 알지만 진지한 연구 대상은 아니지 않은가?

3   paradeigma.
4   aspalieutes.

테아이테토스 그렇습니다.

방문객 하지만 나는 낚시꾼이 우리 목적에 부합하는 탐구 방법과 논리를 제공할 수 있으리라 기대한다네.

테아이테토스 그럴 수만 있다면 좀 좋아요.

방문객 자, 그렇다면 우리는 낚시꾼에서 출발하세. 자네는 다음 질문에 대답해주게. 우리는 낚시꾼을 기술자로 볼 것인가, 아니면 기술은 없지만 다른 재능이 있는 사람으로 볼 것인가?

테아이테토스 낚시꾼은 절대로 기술 없는 사람이 아니에요.

방문객 그런데 모든 기술은 대체로 말해 두 종류로 나뉘네.

테아이테토스 어째서 그렇지요?

방문객 농사가 있는가 하면 죽게 마련인 모든 몸에 대한 돌봄이 있네.

b 또한 조립되거나 제작된 것들(이런 것들을 우리는 용품이라 부른다네)이 있는가 하면 모방술⁵이 있네. 한데 이것들은 모두 하나의 이름으로 부르는 것이 가장 타당할 걸세.

테아이테토스 어째서죠? 그리고 그 이름이란 게 뭐죠?

방문객 자네가 전에 존재하지 않던 것을 존재하게 하면, 우리는 자네를 제작자라 부르고 자네가 존재하게 한 것은 제작되었다고 말하네.

테아이테토스 그렇죠.

방문객 그리고 우리가 방금 열거한 모든 기술의 특징은 제작할 능력⁶이 있다는 걸세.

테아이테토스 그럴 능력이 있고말고요.

방문객 그렇다면 우리는 그런 기술을 통틀어 제작술⁷이라고 부르기로 하세.

테아이테토스 좋아요.

c

방문객 그다음에는 배움, 인지, 돈벌이, 싸움, 사냥의 영역 전체가 있네. 이 가운데 어느 것도 무엇을 제작하지 않고, 어떤 것들은 이미 존재하거나 제작된 것을 말과 행동으로 점유하고, 다른 것들은 경쟁자가 그런 것들을 점유하지 못하게 방해한다네. 그러니 이 영역의 모든 부분을 통틀어 획득술(獲得術)[8]이라고 부르는 것이 가장 적절할 걸세.

테아이테토스 적절하고말고요.

방문객 모든 기술이 획득술이거나 제작술이라면, 테아이테토스, 낚 d 시 기술은 어느 부류에 포함시킬까?

테아이테토스 그야 물론 획득술에 포함시켜야죠.

방문객 그런데 획득술에는 두 부류가 있지 않은가? 한 부류는 선물, 품삯, 구매를 통해 상호 간에 자발적으로 이루어지는 교환이고, 다른 한 부류는 행동이나 말로써 점유하는 것으로 이 모두를 점유라 할 수 있겠지.

테아이테토스 선생님 말씀을 듣고 보니 그런 것 같네요.

방문객 어떤가? 점유술[9]을 둘로 나누어야 하지 않을까?

---

5   mimetike.

6   dynamis.

7   poietike.

8   ktetike.

9   cheirotike.

테아이테토스 어떻게요?

e **방문객** 점유 가운데 공개적인 것은 모두 경쟁으로, 은밀한 것은 모두 사냥이라 불러도 될 걸세.

테아이테토스 네.

방문객 그렇다면 사냥술[10]을 두 부류로 나누지 않는 건 불합리할 걸세.

테아이테토스 말씀해보세요. 어떻게 나누신다는 거죠?

방문객 생명 없는 것들에 대한 사냥과 생명 있는 것들에 대한 사냥으로 나누는 거지.

테아이테토스 당연하지요. 두 가지가 다 있다면.

220a **방문객** 물론 두 가지가 다 있지. 그런데 생명 없는 것들에 대한 사냥은 몇 가지 잠수 기술과 그런 종류의 하찮은 기술들을 제외하고는 명칭이 없으니 제쳐두기로 하세. 하지만 생명 있는 것들에 대한 사냥은 동물 사냥이라고 불러야 할 걸세.

테아이테토스 그러시죠.

방문객 그리고 동물 사냥에는 두 가지가 있다고 말하는 게 옳지 않을까? 하나는 여러 종과 여러 이름으로 나뉘는 발 달린 것에 대한 사냥, 곧 뭍살이 동물 사냥이고, 다른 하나는 헤엄치는 동물에 대한 사냥으로 물살이 동물 사냥이라고 통칭할 수 있을 걸세.

테아이테토스 물론이지요.

b **방문객** 그런데 우리도 보다시피, 헤엄치는 동물들은 날개 달린 것들과 물속에 사는 것들로 나뉘지 않는가?

테아이테토스 왜 아니겠어요?

방문객 그리고 우리는 날개 달린 것들에 대한 사냥을 통틀어 새 사냥이라고 부르네.

테아이테토스 네, 그렇게 부르지요.

방문객 물속에 사는 것들에 대한 사냥은 통틀어 고기잡이라고 불리네.

테아이테토스 네.

방문객 어떤가? 이런 종류의 사냥도 우리는 두 개의 큰 부분으로 나눌 수 있지 않을까?

테아이테토스 어떤 부분들로 나눈다는 거죠?

방문객 에워쌈으로 사냥하는 것, 후려침으로 사냥하는 것으로 말일세.

테아이테토스 무슨 말씀이신지요? 그것들을 어떻게 나눈다는 거지요?

방문객 우선 뭔가를 에워싸서 달아나지 못하게 막는 것은 무엇이든 'c '에워쌈'이라 불러도 될 걸세.

테아이테토스 물론이지요.

방문객 그렇다면 통발, 그물, 올가미, 어살 따위를 '에워쌈' 말고 다른 이름으로 부를 수 있을까?

테아이테토스 아니요.

방문객 그렇다면 우리는 사냥의 이 부분을 '에워싸는 사냥' 또는 그 비슷한 이름으로 부를 걸세.

테아이테토스 네.

---

10   thereutike.

방문객 갈고리나 작살로 후려치는 사냥은 그와는 다른 것으로, 우리

는 지금 그것을 한마디로 '후려치기 사냥'이라고 불러야 할 걸세. 아

니면 테아이테토스, 자네가 더 좋은 이름을 제안하겠나?

테아이테토스 이름에는 신경쓰지 마세요. 그 이름이면 충분하니까요.

방문객 후려치는 사냥에는 밤에 불빛 아래에서 하는 사냥이 있는데, 그

래서 그런 사냥을 하는 사람들은 그것을 '횃불 사냥'이라고 부른다네.

테아이테토스 물론이지요.

방문객 하지만 낮에 하는 사냥은 통틀어 '갈고리 사냥'이라고 부르는

데, 작살에도 끝에 갈고리가 달려 있기 때문이지.

테아이테토스 아닌 게 아니라 그렇게들 부르더군요.

방문객 갈고리 사냥 가운데 위에서 아래로 후려치는 사냥은 '작살 사

냥'이라고 하는데, 작살은 위에서 아래로 후려치기 때문인 듯하네.

테아이테토스 아무튼 그렇게 부르는 사람이 더러 있더군요.

방문객 이제 남은 것은 한 종류뿐인 듯하네.

테아이테토스 그게 어떤 종류지요?

방문객 앞서 말한 것과 정반대되는 후려치기 사냥일세. 그것은 갈고리

를 사용하되 물고기의 아무 부위가 아니라 언제나 사냥감의 머리와 입

을 후려쳐 막대기나 갈대 줄기와 함께 밑에서 위로 낚아챈다네. 테아이

테토스, 우리는 그런 방법을 어떤 이름으로 불러야 하지?

테아이테토스 방금 우리가 찾기로 한 것을 이제야 드디어 찾아낸 것 같

군요.

방문객 그렇다면 자네와 나는 낚시꾼의 기술과 관련해 명칭에만 합의

한 것이 아니라, 그 실체도 충분히 정의한 걸세. 전체 기술 가운데 반 　b
(半)은 획득술이고, 획득술의 반은 점유술이고, 점유술의 반은 사냥술
이고, 사냥술의 반은 동물 사냥이고, 동물 사냥의 반은 물살이 동물
사냥이고, 물살이 동물 사냥의 반은 물속에서 이루어지는데 이를 통
틀어 고기잡이라고 하며, 고기잡이의 반은 후려치기 사냥이고, 후려치 　c
기 사냥의 반은 갈고리 사냥일세. 그리고 갈고리 사냥 가운데 후려쳐
서 밑에서 위로 낚아채는 부분은 그런 행위에서 그 명칭이 유래했는
데, 그것이 바로 우리가 찾던 낚시 기술이니 말일세.

테아이테토스 이제 그 점은 명백하게 밝혀졌군요.

방문객 자, 우리는 이를 본보기 삼아 소피스트가 무엇인지 알아내보세.

테아이테토스 당연히 그래야겠지요.

방문객 그런데 우리의 첫 번째 질문은 낚시꾼을 비전문가로 볼 것인가,
아니면 전문가로 볼 것인가 하는 것이었네.

테아이테토스 네.

방문객 테아이테토스, 그렇다면 우리는 소피스트를 비전문가[11]로 볼 　d
것인가, 아니면 정말로 '지혜로운 사람'[12]으로 볼 것인가?

11　idiotes.

12　소피스트의 그리스어 sophistes는 형용사 sophos('지혜로운')에서 파생한 명사로,
직역하면 '지혜로운 사람'이라는 뜻이다. 이 말은 기원전 5세기에 보수를 받고 지식을
가르쳐주는 순회 교사들을 의미했다. 그들이 가르치는 과목은 수학, 문법, 지리 등 다
양했지만 사회적 출세를 위해 젊은이들에게 주로 수사학을 가르쳤다. 그들은 진리의
상대성을 주장한 까닭에 '궤변학파'(詭辯學派)라고도 불린다.

테아이테토스 결코 비전문가는 아니지요. 소피스트라고 불리는 사람은 반드시 지혜로워야 한다는 것이 선생님의 말뜻이라고 나는 이해해요.

방문객 그렇다면 우리는 그를 모종의 전문가로 봐야 할 것 같구먼.

테아이테토스 어떤 기술의 전문가인가요?

방문객 그렇다면 이 사람과 저 사람이 친족 간이라는 것을 우리가 정말로 몰랐단 말인가?

테아이테토스 누구와 누가 친족 간이라는 거죠?

방문객 낚시꾼과 소피스트가 친족 간이라는 거지.

테아이테토스 어떤 점에서요?

방문객 내게는 둘 다 사냥꾼으로 보이니까.

e **테아이테토스** 소피스트는 어떤 사냥을 하나요? 낚시꾼에 관해서는 이미 설명했으니까요.

방문객 방금 우리는 사냥 전체를 헤엄치는 것들에 대한 사냥과 발 달린 것들에 대한 사냥으로 양분했네.

테아이테토스 네.

방문객 그런데 물속에서 살며 헤엄치는 것들은 자세히 설명했지만, 발 달린 것들은 여러 종이 있다는 말만 하고 구분하지 않고 내버려뒀네.

222a **테아이테토스** 맞아요.

방문객 소피스트와 낚시꾼은 획득술에서 출발해 여기까지는 같은 길을 걷고 있네.

테아이테토스 확실히 그런 것 같아요.

방문객 그러나 그들은 동물 사냥에 이르러서는 갈라지기 시작하네. 한

쪽은 바다와 강과 호수로 가서 그곳에 사는 동물들을 사냥할 걸세.

테아이테토스 물론이지요.

방문객 그러나 다른 쪽은 육지와 다른 종류의 강들, 그러니까 풍요와 젊음이 넘쳐나는 초원으로 가서 거기에서 자란 것들을 점유할 걸세.

테아이테토스 무슨 말씀이신지요?

방문객 발 달린 것들에 대한 사냥은 크게 두 가지로 나눌 수 있네.

테아이테토스 그 각각은 무엇이죠?

방문객 하나는 길들인 동물들에 대한 사냥이고, 다른 하나는 야생 동물들에 대한 사냥일세.

테아이테토스 길들인 동물들에 대한 사냥이란 것도 있나요?

방문객 있고말고. 만약 인간을 길들인 동물이라 부를 수 있다면 말일세. 자네 마음대로 가정해보게. 길들인 동물은 없다고. 또는 길들인 동물은 있지만 인간은 야생 동물이라고. 또는 인간은 길들인 동물이지만 인간 사냥 같은 것은 없다고. 이 가운데 어느 것이 자네 마음에 드는지 밝혀주게.

테아이테토스 손님, 저는 우리가 길들인 동물들이라고 믿으며, 인간 사냥이 있다는 데 동의해요.

방문객 그렇다면 길들인 것에 대한 사냥도 두 가지라고 말해야 할 걸세.

테아이테토스 어째서 그렇게 말해야 하나요?

방문객 해적질, 납치, 참주정치, 전쟁 일반을 '강제에 의한 사냥'이라 정의함으로써 우리는 이런 것들을 모두 한 가지로 분류할 수 있겠지.

테아이테토스 좋은 말씀이에요.

방문객 그런가 하면 법정연설과 대중연설과 사교술을 하나의 전체로
묶어 거기에 설득술[13]이라는 하나의 이름을 붙일 수 있겠지.

테아이테토스 그렇고말고요.

방문객 설득술에는 두 가지가 있다고 말함세.

테아이테토스 그게 어떤 것들이지요?

방문객 하나는 사석에서 행하는 것이고, 다른 것은 공석에서 행하는 것
일세.

테아이테토스 저는 그 두 가지가 서로 다르다는 것을 인정해요.

방문객 그런데 이런 사적인 사냥 가운데 어떤 것은 보수를 받고, 어떤
것은 선물을 주는 것이 아닐까?

테아이테토스 무슨 말씀인지 모르겠어요.

방문객 자네는 사랑하는 사람들의 사냥에는 아직 주목하지 않는 것 같
구먼.

테아이테토스 무엇에 관해서 말인가요?

방문객 그들은 사냥감에게 선물을 아낌없이 준다는 것 말일세.

테아이테토스 지당한 말씀이에요.

방문객 그럼 이것을 사랑의 기술[14]이라고 부르기로 하세.

테아이테토스 물론이지요.

방문객 나는 보수를 받는 유형 가운데 기분을 맞춰줌으로써 사람들에
게 다가가 쾌락만을 미끼로 사용하되 그 대가로 생계비만을 요구하는
부류를 아첨술[15] 또는 쾌락을 파는 장사라 부르는 데 우리 모두 동의
하리라 생각하네.

테아이테토스 왜 아니겠어요?

방문객 한편 미덕[16]을 위해 교제한다고 공언하면서 그 대가로 돈을 요구하는 부류는 당연히 다른 이름으로 불러야겠지?

테아이테토스 물론이지요.

방문객 그 이름이 뭐지? 어디 한번 자네가 말해보게.

테아이테토스 그건 쉬운 일이죠. 아마도 우리는 소피스트를 찾아낸 것 같군요. 제 생각에 그런 부류에게는 '소피스트'라는 이름이 제격인 것 같으니까요.

방문객 그렇다면 테아이테토스, 지금의 우리 논의에 따르면 다음과   b
같은 결론이 나는 것 같구먼. 그런 종류의 기술은 획득에, 그중에서도 점유에, 그중에서도 사냥에, 그중에서도 동물 사냥에, 그중에서도 뭍살이 동물 사냥에, 그중에서도 인간 사냥에, 그중에서도 '설득에 의한 사냥'에, 그중에서도 사적인 사냥에, 그중에서도 돈벌이에, 그리고 사이비 교육에 속하네. 그러니 부유하고 명망 있는 젊은이들에 대한 사냥은 지금 우리 논리대로라면 당연히 소피스트의 기술[17]이라고 불러야 할 걸세.

테아이테토스 그렇고말고요.

---

13   pithanourgike.

14   erotike.

15   kolakike.

16   arete.

17   sophistike.

c **방문객** 하지만 우리는 이 문제를 다른 시각에서도 살펴보세. 지금 우리가 찾고 있는 기술은 사소한 것이 아니라 매우 복잡한 것이니까. 우리가 앞서 말한 것을 되돌아보면 그것은 지금 우리가 주장하고 있는 그런 것이 아니라 다른 부류라는 인상을 주기에 하는 말일세.

테아이테토스 어째서 그렇지요?

방문객 획득술에는 사냥과 교환이라는 두 가지 형태가 있었네.

테아이테토스 그랬지요.

방문객 그리고 교환에는 거저 주기와 장사라는 두 가지 형태가 있다고 덧붙이기로 함세.

테아이테토스 그렇게 말한 것으로 해요.

방문객 우리는 이번에는 장사[18]도 둘로 나뉜다고 주장할 걸세.

d **테아이테토스** 어떻게요?

방문객 자기가 만든 것들을 직접 파는 것과 남들이 만든 것들을 교환하는 장사로 구분하자는 거지.

테아이테토스 당연하지요.

방문객 어떤가? 장사의 반 정도는 같은 도시 안에서 하는 것인데, 이것은 소매[19]라고 불리지 않는가?

테아이테토스 네, 맞아요.

방문객 그러나 도시와 도시 사이의 교환을 위해 물건을 사고파는 것은 도매[20]이겠지?

테아이테토스 물론이지요.

e **방문객** 자네도 알아차렸겠지만, 도매의 일부는 몸을 부양하고 몸에 필

요한 것들을, 다른 일부는 혼을 부양하고 혼에 필요한 것들을 돈을 받고 파는 것이겠지?

테아이테토스 그게 무슨 말씀이신지요?

방문객 모호한 것은 아마 혼에 관한 부분일 테지. 다른 부분은 우리가 아니까.

테아이테토스 네.

방문객 이 도시에서 저 도시로 옮겨지며 여기서 매입되고 저기서 팔 224a
리는 모든 종류의 음악과 회화와 볼거리와 그 밖에 혼을 위한 다른 것들을 생각해보세. 그중 어떤 것들은 오락을 위해 옮겨지고 팔리는가 하면, 다른 것들은 진지한 목적을 위해 그런다네. 우리는 먹을거리와 마실 거리를 파는 사람 못지않게 이런 것들을 가져다 파는 사람들에게도 도매상이라는 명칭을 부여할 수 있겠지.

테아이테토스 온당한 말씀입니다.

방문객 그렇다면 배울 거리를 몽땅 사들인 뒤 도시에서 도시로 돌아다   b
니며 그것을 돈과 교환하는 사람에게도 같은 이름을 붙일 수 있겠지?

테아이테토스 그렇고말고요.

방문객 이 '혼 도매'의 일부는 '보여주기 기술'이라고 부르는 것이 가장 옳지 않을까? 그리고 지식을 파는 그것의 다른 일부는 비슷하지만 그

---

18   agorastike.

19   kapelike.

20   emporike.

에 못지않게 우스꽝스러운 이름으로 불러야 하지 않을까?

테아이테토스 그렇고말고요.

방문객 그렇다면 이 배울 거리 장사 가운데, 지식 일반과 관계가 있

c 는 부분과 미덕과 관계가 있는 부분에는 서로 다른 이름을 붙여야

할 걸세.

테아이테토스 물론이지요.

방문객 전자는 '기술 장사'라고 부르는 것이 적절하겠지. 후자의 이름

은 어디 한번 자네가 말해보게나.

테아이테토스 그것은 틀림없이 지금 우리가 찾는 소피스트 기술이에요.

다른 이름은 어떤 것도 맞지 않아요.

방문객 다른 이름은 어떤 것도 맞지 않네. 자, 지금까지 우리가 말한 것

d 을 이렇게 요약해보세. 소피스트 기술은 획득술에, 그중에서도 교환

에, 그중에서도 장사에, 그중에서도 도매에, 그중에서도 미덕에 관한

대담과 배울 거리를 파는 혼 도매에 속하네. 여기서 소피스트 기술의

본색이 두 번째로 드러났구면.[21]

테아이테토스 그렇고말고요.

방문객 세 번째도 있다네. 누가 한 도시에 눌러앉아 어떤 것들은 사들이고

어떤 것들은 스스로 고안하며 똑같은 것들을 팔아 생계를 유지하려 한다

면, 자네는 그를 방금 사용한 것과 다른 이름으로 부르지 않을 테니까.

테아이테토스 물론이지요.

e **방문객** 그렇다면 보아하니 자네는 언제나 소피스트 기술은 획득술에,

그중에서도 교환에, 그중에서도 남이 만든 것을 팔건 자기가 만든 것

을 팔건 장사에 속한다고 말할 것 같구먼. 소피스트 기술은 미덕과 관계있는 지식을 파는 거니까.

테아이테토스 그럴 수밖에요. 우리 논의가 앞뒤가 맞으려면.

방문객 이번에는 우리가 추적하고 있는 부류가 다음 것과 비슷한지 고찰해보세.

테아이테토스 그게 어떤 거죠?   225a

방문객 우리에게 획득술의 한 부분은 경쟁[22]이었네.

테아이테토스 그랬지요.

방문객 그렇다면 그것을 둘로 나누는 것은 잘못이 아니겠구먼.

테아이테토스 말씀해보세요. 어떻게 나눈다는 거죠?

방문객 경쟁은 다툼이거나 싸움이라고 할 수 있겠지.

테아이테토스 그렇지요.

방문객 그렇다면 몸과 몸이 부딪치는 싸움에는 폭행이라는 이름을 붙이는 것이 적절하고 온당하다고 할 수 있겠지.

테아이테토스 그렇지요.

방문객 테아이테토스, 말과 말이 부딪치는 경우에는 '말다툼' 말고 다른 이름을 붙일 수 있을까?   b

테아이테토스 다른 이름은 붙일 수 없겠지요.

방문객 그런데 말다툼은 두 가지라고 봐야 하네.

21 소피스트는 처음에는 부유한 젊은이들을 낚는 낚시꾼으로 드러났다.
22 agonistike.

테아이테토스 어떤 점에서요?

방문객 옳은가 그른가를 두고 공개석상에서 쌍방 간에 긴말을 주고받으면 그것은 법정 공방[23]일세.

테아이테토스 맞아요.

방문객 그러나 사석에서 짤막짤막하게 질문하고 답변하는 경우 우리는 이를 대개 무엇이라고 부르는가? 토론[24] 말고 다른 이름이 있는가?

테아이테토스 없어요.

c **방문객** 토론의 한 부분은 계약에 관한 말다툼을 포함하지만 체계적으로 또는 전문적으로 행해지지는 않네. 하지만 우리는 그것을 다른 부류로 분류하기에 토론의 한 유형으로 봐야 하네. 그러나 우리 이전에 어느 누구도 그것에 이름을 부여하지 않았고, 지금 우리한테서도 그것은 이름을 부여받을 자격이 없네.

테아이테토스 맞아요. 그렇게 하면 너무 세세하고 잡다하게 나누어지니까요.

방문객 정의와 불의의 원칙을 포함하여 원칙들 일반에 관해 기술적으로 행해지는 토론은 어떤가? 우리는 이를 대개 논쟁[25]이라고 부르지 않는가?

테아이테토스 물론이지요.

d **방문객** 그런데 그런 논쟁 가운데 어떤 것은 당사자가 재산을 잃게 하고, 어떤 것은 돈을 벌게 하네.

테아이테토스 전적으로 동의해요.

방문객 그렇다면 우리는 그 각각의 바른 이름을 찾아내보세.

테아이테토스 당연히 그래야겠지요.

방문객 누가 논쟁하는 재미에 빠져 제 할 일을 소홀히 하는데 듣는 사람 대부분에게는 재미가 없다면, 그런 논쟁은 솔직히 말해 수다[26]라고 해도 될 걸세.

테아이테토스 사람들은 그렇게 말하지요.

방문객 이번에는 자네 차례일세. 그와 반대로 사적인 논쟁에서 돈을 버는 것은 누군지 자네가 말해보게.　　　　　e

테아이테토스 정답은 하나뿐이에요. 그는 우리가 찾는 저 놀라운 소피스트로, 이번에 네 번째로 모습을 드러내는군요.

방문객 그렇다면 지금까지 우리 논의에 따르면, 소피스트는 다름 아니　　226a
라 논쟁으로 돈을 버는 족속인 것 같구먼. 그리고 논쟁은 반박의, 토론의, 다툼의, 경쟁의, 획득술의 일부이고.

테아이테토스 그렇고말고요.

방문객 자네도 보다시피 우리의 사냥감은 그야말로 복합적이어서 사람들 말마따나 한 손으로는 잡을 수 없네.

테아이테토스 그렇다면 두 손으로 잡아야지요.

방문객 그래야지. 그것도 최선을 다해 그래야겠지. 그자의 발자국을 다　　b

23　dikanikon.

24　antilogikon.

25　eristikon.

26　adoleschikon.

음과 같이 추적하면서 말일세. 자네도 알다시피, 우리는 어떤 것들은 집안 하인들이 쓰는 낱말로 지칭하곤 하네.

테아이테토스 많은 것을 그렇게 하지요. 하지만 그 많은 것 가운데 정확히 어떤 것들에 관해 물으시는 거죠?

방문객 이를테면 우리는 '거르다' '체질하다' '가르다' '키질하다' 같은 낱말들을 사용하지 않는가?

테아이테토스 물론 사용하지요.

방문객 그런 것들 말고도 '소모(梳毛)하다' '실을 잣다' '베를 짜다' 같은 낱말이 있고, 그 밖의 다른 전문 용어도 우리는 수없이 알고 있네. 그렇지 않은가?

c **테아이테토스** 선생님께서는 무엇을 보여주고 싶어서 그런 예들을 들며 물으시는 거죠?

방문객 내가 언급한 것들은 모두 분리와 관계가 있네.

테아이테토스 그래요.

방문객 그 모든 것에는 단 하나의 기술이 내포되어 있으니, 내 논리대로라면 거기에는 단 하나의 이름이 있을 것으로 봐야 할 걸세.

테아이테토스 그 기술을 우리는 뭐라고 할까요?

방문객 분리의 기술[27]이라고 하세.

테아이테토스 그렇게 하시지요.

방문객 그 기술에는 다시 두 종류가 있다고 볼 수 있는지 생각해보게.

테아이테토스 저 같은 소년에게 너무 빨리 고찰할 것을 요구하시는군요.

d **방문객** 방금 예로 든 분리[28]들 가운데 어떤 것은 더 좋은 것에서 더 나

쁜 것을 분리하고, 어떤 것은 비슷한 것에서 비슷한 것을 분리하네.

테아이테토스 말씀을 듣고 보니 그런 것 같네요.

방문객 나는 후자에 대해서는 통용되는 이름을 모르지만, 더 좋은 것은 남겨두고 더 나쁜 것은 버리는 분리에 대해서는 이름을 알고 있네.

테아이테토스 무엇인지 말씀해주세요.

방문객 내가 알기에 그런 종류의 분리는 누구나 다 정화(淨化)[29]라고 부르는 것 같네.

테아이테토스 그렇게들 말하더군요.

방문객 정화도 두 가지라는 것은 누구나 다 아는 사실 아닌가? e

테아이테토스 그럴 테지요. 생각할 시간 여유가 있다면요. 하지만 저는 아직도 모르겠어요.

방문객 몸과 관련있는 많은 종류의 정화는 하나의 이름으로 포괄하는 것이 적절할 걸세.

테아이테토스 어떤 종류들을 어떤 이름으로 포괄한다는 거죠?

방문객 체력단련[30]과 의술[31]에 의해 제대로 행해지는 살아 있는 몸들 227a 의 내부 정화가 있고, 목욕이 행하는 말하기 시시한 외부 정화가 있네. 또한 살아 있지 않은 물체들의 정화도 있는데, 이것은 특히 천을 바래

---

27 diakritike.

28 diakrisis.

29 katharmos.

30 gymnastike.

31 iatrike.

는 기술과 외양을 꾸미는 기술이 돌보는 분야로, 이것을 세분하면 우스꽝스러워 보이는 이름이 많이 생겨난다네.

테아이테토스 아주 우스꽝스럽겠군요.

방문객 물론 우스꽝스럽겠지, 테아이테토스. 그렇지만 우리의 논의 방법은 해면으로 때를 미는 기술보다 의술에 더도 덜도 신경쓰지 않는다네. 물론 전자가 주는 이익은 적고, 후자가 주는 이익은 크겠지만 말일세. 우리의 논의 방법이 추구하는 것은 지성[32]을 획득하는 것이며, 그
b 래서 모든 기술이 같은 종류에 속하는지 아닌지 이해하려는 것일세. 그러기에 그것은 모든 기술을 똑같이 존중하며 서로 비교하면서 한쪽이 다른 쪽보다 더 우스꽝스럽다고 생각하지 않으며, 사냥술을 보여주기 위해 전술을 구사하는 사람을 이를 잡는 사람보다 더 근엄하다고 여기기는커녕 오히려 대개는 허세를 부리는 것으로 생각한다네. 게다가 자네는 방금 살아 있건 살아 있지 않건 몸을 정화하는 능력이 있는
c 모든 활동에 어떤 이름을 붙일 것인지 물었는데, 어떤 이름이 가장 적절하게 들리는가 하는 것은 우리의 논의 방법에는 전혀 중요하지 않네. 그 이름이 혼의 정화를 그 밖에 다른 것들의 정화와 구별해주기만 한다면. 우리의 논의 방법이 추구한 것은 사고의 정화를 다른 것들의 정화와 구별하는 것이었으니까. 우리가 그것의 의도를 제대로 안다면 말일세.

테아이테토스 알았어요. 정화에는 두 종류가 있는데, 하나는 혼과 관련있고, 다른 하나는 몸과 관련있다는 것에 동의해요.

d **방문객** 정말 훌륭하이. 이번에는 내 말을 듣고 내가 말한 것을 역시 둘

로 잘라보게.

테아이테토스 어디로 인도하시든 선생님과 함께 잘라볼게요.

방문객 우리는 혼 안의 악덕[33]은 미덕과는 다른 것이라고 말하지?

테아이테토스 물론이지요.

방문객 그런데 정화한다는 것은 좋은 것은 남겨두고 하찮은 것은 무엇이든 버리는 것이었네.

테아이테토스 그랬지요.

방문객 그렇다면 혼 안의 나쁨[34]을 제거할 수 있는 방법을 발견할 수 있을 경우, 우리가 이를 정화라고 하는 것은 앞뒤가 맞는 말일 걸세.

테아이테토스 그렇고말고요.

방문객 혼과 관련있는 나쁨은 두 가지라고 말해야 하네.

테아이테토스 그게 어떤 것들이죠?

방문객 한 가지는 몸속에 생기는 질병[35]과 같고, 다른 한 가지는 추함[36]과 같네.   228a

테아이테토스 무슨 말씀인지 모르겠어요.

방문객 자네는 질병과 내분[37]을 같은 것으로 여긴 적이 없는 듯하구먼.

32 nous.

33 poneria.

34 kakia.

35 nosos.

36 aischos.

37 stasis.

테아이테토스 그 질문에도 뭐라고 답해야 할지 모르겠어요.

방문객 자네는 내분이 어떤 부패 때문에 발생하는, 본래 동족인 것들끼리의 불화 말고 다른 것이라고 생각하나?

테아이테토스 아니요.

방문객 그리고 추함은 어디서나 보기 싫은 불균형 말고 다른 것인가?

b **테아이테토스** 다른 것이 아니죠.

방문객 어떤가? 타락한 자들의 혼 안에서 판단은 욕구와, 기개는 쾌락과, 이성은 고통과, 또 이런 것들은 저들끼리 사이가 나쁘다는 것을 우리는 알지 않는가?

테아이테토스 잘 알지요.

방문객 하지만 그런 것들은 모두 서로 친족 간임에 틀림없네.

테아이테토스 물론이지요.

방문객 그렇다면 악덕은 혼의 내분이자 질병이라고 말한다면 우리는 맞는 말을 하는 것이겠지.

테아이테토스 맞는 말이고말고요.

c **방문객** 그렇다면 움직이는 물체가 과녁을 겨냥하며 맞히려 하지만 번번이 빗맞힌다고 가정해보게. 우리는 그런 일이 일어나는 것은 서로 간에 균형이 잡혔기 때문이라고 볼 것인가, 아니면 균형이 잡히지 않았기 때문이라고 볼 것인가?

테아이테토스 분명 서로 간에 균형이 잡히지 않았기 때문이겠지요.

방문객 그러나 우리가 알기에, 어떤 혼도 자발적으로 어떤 것에 무지하지는 않네.

테아이테토스 물론이지요.

방문객 무지[38]란 혼이 진리를 구하려 하지만 이해라는 과녁을 빗맞혀 d 거기에서 벗어나는 것 말고 다른 것이 아닐세.

테아이테토스 물론이지요.

방문객 그렇다면 우리는 무지한 혼을 추하고 균형이 잡히지 않은 것으로 봐야 할 걸세.

테아이테토스 그런 것 같아요.

방문객 그렇다면 혼 안에 생기는 나쁨은 두 가지인 것 같네. 대다수는 그것을 악덕이라고 부르지만, 그것은 분명 혼의 질병일세.

테아이테토스 네.

방문객 다른 하나는 사람들이 무지라고 부르는 것인데, 혼 안에서만 발생할 경우 그것이 나쁨이라는 것에 사람들은 기꺼이 동의할 걸세.

테아이테토스 방금 선생님께서 혼 안에는 두 가지 나쁨이 있다고 말했 e 을 때 저는 긴가민가했는데, 이제는 전적으로 동의해야겠네요. 그렇다면 비겁함과 방종과 불의는 우리 안의 질병으로, 무지해서 모르는 것이 넘쳐흐르는 상태는 추함으로 봐야 할 것 같군요.

방문객 그런데 몸 안의 이 두 가지 상태를 다루기 위해 두 가지 기술이 생겨났겠지?

테아이테토스 두 가지라니, 그게 어떤 것들이죠?

---

38   to agnoein.

방문객 추함을 다루는 체력단련과 질병을 다루는 의술 말일세.

테아이테토스 그런 것 같군요.

방문객 그리고 오만과 불의와 비겁함을 다루는 데는 모든 기술 중에서 교정(矯正)[39]이 가장 적절한 것 아닐까?

테아이테토스 그런 것 같아요. 적어도 인간적 판단에 따르면 말이에요.

방문객 어떤가? 모든 종류의 무지를 다루는 기술로는 가르치는 기술[40]보다 더 올바른 이름을 댈 수 없겠지?

테아이테토스 없어요.

b **방문객** 자, 생각해보게. 우리는 가르치는 기술에는 한 가지만 있다고 말할까, 아니면 여러 가지가 있는데 그중 두 가지가 가장 중요하다고 말할까?

테아이테토스 생각 중이에요.

방문객 내 생각에는 이렇게 하면 가장 빨리 그 해답을 구할 수 있을 것 같네.

테아이테토스 어떻게 하면요?

방문객 무지가 중간쯤에서 양분될 수 있는지 보자는 거지. 무지가 두 부분으로 나뉜다는 점이 드러나면, 가르치는 기술 또한 분명 무지의 각 부분에 하나씩 두 부분을 가질 수밖에 없을 테니까.

테아이테토스 어때요? 지금 우리가 찾는 것이 선생님에게는 어딘가에서 보이세요?

c **방문객** 아무튼 다른 무지와는 확연히 다르며 다른 무지들을 다 합친 것과 맞먹는 크고 까다로운 무지가 보이는 것 같긴 하네.

테아이테토스 그게 어떤 것이죠?

방문객 알지 못하면서 안다고 생각하는 것이네. 이것이 우리가 저지르는 모든 지적 과오의 원인인 듯하네.

테아이테토스 맞아요.

방문객 그리고 오직 이런 종류의 무지에만 '어리석음'[41] 이라는 이름이 붙는 것 같네.

테아이테토스 물론이지요.

방문객 그럼 가르치는 기술 중에서 이런 과오를 저지르지 않게 하는 부분은 무엇이라고 불러야 할까?

테아이테토스 손님, 제 생각에 가르치는 기술의 다른 부분은 '기술 교육'[42] 이지만, 그 부분은 이곳 아테나이에서는 '교육'[43] 이라 불렀어요.

방문객 테아이테토스, 다른 헬라스[44] 인들도 대부분 그렇게 부르지. 그러나 우리는 교육이 나눌 수 없는 전체인지, 아니면 이렇다 할 부분들로 나눌 수 있는지도 고찰해야 하네.

테아이테토스 당연히 고찰해야겠지요.

방문객 내 생각에 교육도 어떻게든 나눌 수 있을 것 같네.

---

39 kolastike.

40 didaskalike.

41 amathia.

42 demiourgike (techne).

43 paideia.

44 그리스.

테아이테토스 어떤 원칙에 따라서요?

방문객 담론[45]을 통해 가르치는 기술에는 더 거친 방법도 있는가 하면, 더 순탄한 방법도 있는 것 같네.

테아이테토스 우리는 그것들을 각각 무엇이라고 부를 거죠?

방문객 그중 하나는 우리 선조들이 쓰던 전통적인 방법으로, 다름 아니라 나무라기도 하고 부드럽게 타이르기도 하는 것일세. 우리 선조들은 특히 아들들에게 이 방법을 썼고, 아들들이 잘못하면 지금도 많은 아버지들이 여전히 이 방법을 쓰곤 하지. 이를 통틀어 '훈계'[46]라고 부르는 것이 가장 적절할 걸세.

테아이테토스 그렇고말고요.

방문객 그런가 하면 어떤 사람들은 모든 무지는 비자발적이라고, 자신이 지혜롭다고 생각하는 사람은 자신이 잘 안다고 생각하는 것들은 아무것도 배우려 하지 않는다고, 그래서 훈계식 교육은 힘만 많이 들지 성과는 미미하다고 확신하는 것 같네.

테아이테토스 그들 생각도 맞아요.

방문객 그래서 그들은 다른 방법으로 이런 자만에서 벗어나려 하지.

테아이테토스 어떤 방법으로요?

방문객 그들은 누가 사실은 아무것도 말하지 않으면서 무엇인가를 말한다고 믿으면 따지고 묻는다네. 그러면 그의 의견들은 일관성이 없기 때문에 그들은 쉽게 그를 논박하게 되지. 그리고 토론을 통해 그의 의견들을 한데 모아 나란히 놓은 다음 그의 의견들이 같은 것들에 대해서도, 같은 것들과 관련해서도, 같은 관점에서도 서로 모순된다는 점

을 보여주지. 그러면 반박당하는 자들은 이것을 보고 자신에게는 화
를 내지만 남들에게는 공손해진다네. 이런 식으로 그들은 자신에 대한 c
크고 완고한 선입관들에서 해방되는데, 이보다 더 듣기 좋고 당하는
사람에게 효과가 가장 오래 지속되는 해방은 없다네. 여보게, 그 이유
는 다음과 같네. 마치 의사가 몸속의 장애물들이 제거되기 전에는 몸
이 음식물을 섭취해도 이득을 보지 못할 것이라고 생각하듯이, 혼을
정화하는 사람도 자기 환자가 논박당하고 논박당함으로써 겸손해지 d
기 전에는 배워도 이득을 보지 못하리라는 것을 알고 있네. 그래서 그
는 자기 환자가 자신에 대한 선입관들에서 정화되어 자기가 아는 것만
알고 그 이상은 알지 못한다고 생각하게 해야 하네.

테아이테토스 아무튼 그것은 가장 훌륭하고 가장 절제 있는 마음가
짐[47]이에요.

방문객 테아이테토스, 이 모든 점 때문에 우리는 논박[48]이 가장 위대하
고 가장 주된 정화라고 말해야 하네. 논박당하지 않은 사람은 설령 대
왕(大王)[49]이라 하더라도 가장 중요한 것들에 정화되지 않은 사람이라 e
고 생각해야 하네. 그런 사람은 진실로 행복해질 사람이라면 누구나
마땅히 가장 정결하고 가장 고매해야 할 그런 것들에 의해 교육받지

---

45 logos.
46 nouthetetike.
47 hexis.
48 elenchos.
49 basileus ho megas. 페르시아 왕.

못해서 추하니 말일세.

테아이테토스 전적으로 동의해요.

방문객 어떤가? 우리는 그런 기술을 사용하는 사람들을 무엇이라 부를
까? 나는 그들을 소피스트라 부르기가 두렵구먼.

테아이테토스 어째서요?

방문객 그건 소피스트들에게 과분한 명예를 부여하니까.

테아이테토스 하지만 우리가 방금 언급한 그런 사람은 소피스트와 닮은
데가 있어요.

방문객 그렇다면 늑대도 개를 닮았지. 늑대는 가장 사납고 개는 가장
온순하지만 말일세. 누구든 걸려 넘어지지 않으려면 언제나 유사성에
주의해야 하네. 우리가 논의하고 있는 부류는 미끄럽기 짝이 없기 때
문일세. 어쨌든 소피스트들이 그런 사람들이라고 해두세. 정화하는 사
람들이 제대로 방어하려 한다면, 생각건대 논의 중인 경계선이 아주
중요하다는 것이 드러날 테니까.

테아이테토스 그런 것 같습니다.

방문객 그렇다면 정화는 분리의 기술에 속하는 것으로 해두세. 그리고
정화에서는 혼에 관한 부분을, 혼에 관한 부분에서는 가르치는 기술
을, 가르치는 기술에서는 교육을 떼어내세. 그리고 교육 중에서 사이
비 지혜[50]에 대한 논박을 조금 전 논리에 따라 다름 아닌 지체 높으신
소피스트 기술이라고 부르기로 하세.

테아이테토스 그렇게 부르기로 해요. 하지만 소피스트는 벌써 여러 모습
으로 나타난 터라 제가 무어라고 말해야 그 본성을 제대로 표현할 수

있을지 어리둥절하네요.

방문객 어리둥절할 만도 하지. 하지만 그도 지금 어떻게 하면 우리 논의에서 빠져나갈 수 있을지 몹시 어리둥절하리라 생각해야 하네. 레슬링에서 상대방의 기술을 다 피하기는 쉽지 않다는 말도 있지 않은가. 그러니 지금이야말로 우리가 그를 공격해야 하네.

테아이테토스 좋은 말씀이에요.

방문객 그렇지만 우선은 멈춰 서서, 말하자면 숨 좀 돌리도록 하세. 그리고 숨을 돌리면서 소피스트가 얼마나 많은 모습으로 우리에게 나타났는지 우리끼리 세어보세. 내 생각에 그는 처음에 부유한 젊은이들을 낚는, 보수를 받는 사냥꾼으로 드러난 것 같네. d

테아이테토스 네.

방문객 두 번째로, 그는 혼의 배울 거리를 파는 도매상으로 드러났네.

테아이테토스 맞아요.

방문객 세 번째로, 그는 똑같은 것들을 파는 소매상으로 드러나지 않았던가?

테아이테토스 맞아요. 그리고 네 번째로 그는 자신이 만든 배울 거리를 직접 파는 사람으로 드러났지요.

방문객 제대로 기억하고 있구먼. 그러나 다섯 번째는 내가 기억해보겠네. 그는 경쟁 중에서도 논쟁을 업으로 삼는 토론 선수였네. e

---

50 doxosophia.

테아이테토스 그랬지요.

방문객 여섯 번째 것은 의견이 분분했지만 우리는 그에게 양보하고, 그를 배움을 방해하는 선입관들을 제거함으로써 혼을 정화하는 사람으로 보았네.

테아이테토스 전적으로 동의해요.

232a **방문객** 누가 한 가지 기술의 전문가이면서 여러 분야의 전문가인 것처럼 보인다면, 자네는 그런 인상은 믿을 것이 못 된다고 생각하지 않겠는가? 어떤 기술에서 그런 인상을 받는 사람은 분명 지식의 이 모든 부분이 한데 모이는 그 기술의 핵심을 볼 수 없어서 그 부분들을 가진 사람을 하나의 이름 대신 여러 가지 이름으로 부르는 게 아닐까?

테아이테토스 십중팔구 그렇겠지요.

b **방문객** 그렇다면 태만으로 인해 우리 탐구에서 그런 실수를 저지르지 않도록 하세. 먼저 우리가 소피스트에 관해 말한 것 가운데 하나로 돌아가세. 내가 보기에 특히 그중 하나가 소피스트의 특성을 분명히 보여 주는 것 같으니까.

테아이테토스 그게 어떤 것이었지요?

방문객 어딘가에서[51] 우리는 그가 반박에 능한 사람[52]이라고 말했네.

테아이테토스 네.

방문객 어떤가? 우리는 또한 그가 남들에게도 반박술을 가르친다고 말했네.

테아이테토스 물론이지요.

방문객 그렇다면 그런 사람들은 무엇과 관련하여 남들에게 반박술을 가르친다고 주장하는지 고찰하되, 다음과 같은 방법으로 고찰을 시작하세. 자, 그들은 대다수의 눈에 보이지 않는 신적인 것들과 관련해 남 c 들도 반박할 수 있게 해준다고 주장하는가?

테아이테토스 아무튼 그들은 그런다고들 하더군요.

방문객 그렇다면 대지와 하늘에서 눈에 보이는 것들과 그런 종류의 모든 것과 관련해서는 어떤가?

테아이테토스 그런 것들은 말할 나위도 없고요.

방문객 나아가 사적인 모임에서 생성[53]과 존재[54] 일반에 관해 논의할 때, 우리는 그들이 자신들도 반박에 능하고 남들도 자기들처럼 반박에 능하게 해준다는 것을 알고 있네.

테아이테토스 전적으로 동의해요.

방문객 법률[55]과 나랏일[56] 일반은 어떤가? 그들은 이런 분야들에서도 d 남들을 논쟁에 능한 자로 만들어주겠다고 약속하지 않는가?

테아이테토스 그들이 그런 약속을 하지 않는다면 그들과 대화하려는 사람은 사실상 아무도 없겠지요.

방문객 사실 기술 일반이나 개별 기술과 관련해 기술자에게 어떻게 반

51　225b 참조.
52　antilogikos.
53　genesis.
54　ousia.
55　nomos.
56　politika.

박해야 하는지는 이를 배우기를 원하는 사람을 위해 문자로 적혀 널리 보급되어 있네.

테아이테토스 제가 보기에, 레슬링과 다른 기술들에 관한 프로타고라

e　스[57]의 저술들을 염두에 두고 말씀하시는 것 같군요.

방문객 여보게, 다른 사람들의 수많은 저술도 염두에 두고 한 말일세. 하지만 반박술은 한마디로 말해 무엇에 관해서든 논쟁을 벌일 수 있는 능력처럼 보이지 않는가?

테아이테토스 아무튼 반박술이 손대지 않고 남겨두는 것은 하나도 없는 것 같아요.

방문객 여보게 젊은이, 자네는 그게 정말 가능하다고 생각하는가? 아마 젊은 자네들이라면 더 선명하게 볼 수 있겠지. 우린 눈이 침침하니까.

233a　**테아이테토스** 뭐가 가능하다는 거죠? 또 제가 무엇을 본다는 거죠? 저는 선생님께서 지금 질문하신 것이 정확히 무슨 뜻인지 모르겠어요.

방문객 인간이 모든 것을 다 안다는 것이 가능하냐는 말일세.

테아이테토스 그렇다면 손님, 인간은 축복받았다고 할 수 있겠지요.

방문객 그런데 아는 사람을 무지한 자가 반박할 경우 어떻게 건전한 말을 할 수 있겠나?

테아이테토스 절대로 그럴 수 없어요.

방문객 그렇다면 소피스트 기술의 저 놀라운 마력의 비밀은 도대체 무엇인가?

테아이테토스 비밀이라니, 어떤 비밀 말씀이죠?

b　**방문객** 소피스트들은 모든 것에 관해 자신들이 세상에서 가장 지혜롭

다는 믿음을 어떻게 젊은이들에게 심어줄 수 있냐는 말일세. 만약 그들이 제대로 반박하지 못하거나, 아니면 젊은이들이 보기에 제대로 반박하지 못하는 것처럼 보이거나, 아니면 제대로 반박하는 것처럼 보여도 그런 반박에 힘입어 더 지혜로워 보이지 않는다면, 자네 말마따나 그들에게 돈을 주거나 그들의 제자가 되려는 사람은 사실상 없을 것이 분명하네.

테아이테토스 사실상 없겠지요.

방문객 그런데 과연 그렇게 하려는 사람들이 있을까?

테아이테토스 있고말고요.

방문객 그것은 아마도 소피스트들이 자신들이 반박하는 것들에 관해   c
알고 있는 듯이 보이기 때문일 걸세.

테아이테토스 물론이지요.

방문객 그런데 우리는 그들이 모든 것에 관해 반박한다고 말하지 않는가?

테아이테토스 네, 그렇게 말하지요.

방문객 그러면 그들은 제자들에게 모든 점에서 지혜로운 사람으로 보일 걸세.

---

57   프로타고라스(Protagoras)는 기원전 485년경 에게해 북안의 압데라(Abdera)에서 태어난 가장 유명한 소피스트이다. 그는 『반박술』(*Antilogiai*)이라는 큰 논문집을 냈는데, 거기에는 신과 존재에 관해서뿐만 아니라 레슬링을 포함한 각종 기술에 관한 글들이 포함되어 있다고 한다.

테아이테토스 물론이지요.

방문객 그러나 그들은 실제로는 그렇지 않네. 그것은 불가능하다는 것이 밝혀졌으니까.

테아이테토스 불가능하고말고요.

방문객 그렇다면 소피스트는, 모든 것에 관해 진리처럼 보일 뿐 사실은
d 진리가 아닌 지식[58]을 갖고 있는 사람으로 밝혀졌네.

테아이테토스 전적으로 동의해요. 지금 우리가 그들에 관해 말한 것이 가장 옳은 말인 것 같아요.

방문객 그러면 그들의 본성을 더 분명히 밝혀줄 예를 하나 들어보세.

테아이테토스 그게 어떤 것인데요?

방문객 이런 걸세. 정신 바짝 차리고 내 질문에 대답해주게.

테아이테토스 어떤 질문이죠?

방문객 어떤 자가 자기는 말할 줄도 반박할 줄도 모르지만, 단 한 가지
e 기술로 모든 것을 제작하거나 행할 수 있다고 주장한다고 가정해보게.

테아이테토스 모든 것이라니, 그게 무슨 뜻이죠?

방문객 자네는 처음부터 내 말뜻을 알아차리지 못하는구먼. '모든 것'이 무슨 뜻인지 모르는 것 같으니 말일세.

테아이테토스 정말로 모르겠어요.

방문객 '모든 것'에는 나와 자네뿐 아니라, 다른 동물들과 나무들도 포함되네.

테아이테토스 무슨 말씀이신지요?

방문객 어떤 사람이 나와 자네와 다른 피조물[59]을 모두 제작하겠다고

말한다고 가정해보게.

테아이테토스 제작[60]이라니 어떤 종류의 제작 말씀인가요? 설마 어떤 234a
종류의 농부를 두고 그렇게 말씀하시는 것은 아니겠지요. 선생님께서
는 그가 동물들도 제작한다고 말씀하셨으니까요.

방문객 그랬지. 그뿐 아니라 그는 바다, 대지, 하늘, 신들과 그 밖의 모든
것을 제작한다네. 게다가 그는 이런 것들을 금세 제작해서 몇 푼 안 되
는 돈을 받고 팔아버리지.

테아이테토스 농담하시는 거로군요.

방문객 어떤가? 누가 자기는 모든 것을 알고 있으며 몇 푼 안 되는 돈을
받고 그것을 단기간에 남에게 가르칠 수 있다고 주장한다면, 그거야말
로 농담하는 것이라고 여겨야 하지 않을까?

테아이테토스 전적으로 그렇다고 여겨야겠지요.

방문객 그런데 자네는 농담 중에 모방[61]보다 더 교묘하고 더 매력적인 b
것을 아는가?

테아이테토스 아니요. '모방'이란 온갖 잡다한 것들을 하나로 포괄하는
매우 복합적인 용어니까요.

방문객 물론 우리는 한 가지 기술로 모든 것을 제작할 수 있다고 주장

---

58   episteme.
59   phyta.
60   poiesis.
61   to mimetikon.

하는 사람은 사실은 화가이며, 그는 존재하는 것들[62]과 이름이 같은 존재하는 것들의 모방물[63]들을 화가의 기술로 제작한다는 것을 알고 있네. 또한 그는 자기 그림들을 멀리서 내보임으로써 지각없는 아이들을 속여 자기는 원하는 것이면 무엇이든 실제로 제작할 수 있는 전능한 사람이라고 믿게 할 수 있네.

c **테아이테토스** 물론이지요.

방문객 어떤가? 그렇다면 담론[64]과 관련해서도 모방이 있다고 생각할 수 있지 않을까? 아직도 사물들의 진리에서 멀리 떨어져 있는 젊은이들에게 모든 것에 관해 담론의 모상(模像)[65]을 보여주면서 그것은 진리를 말한 것이며, 그렇게 말하는 사람은 만물에 관해 세상에서 가장 지혜로운 사람이라고 믿게 만듦으로써 그런 젊은이들의 마음을 말로 호릴 수 있지 않을까?

d **테아이테토스** 그런 종류의 다른 기술이 없으란 법이 어디 있겠어요?

방문객 그러나 세월이 흘러 그때 그런 담론을 들었던 젊은이들이 나이를 먹어, 존재하는 것들과 더 가까이서 접촉하고 존재하는 것들을 경험을 통해 명확하게 파악하도록 강요받는다면, 그들은 대부분 어쩔 수 없이 이전의 의견을 바꾸게 되어 중요한 것들이 사소해 보이고 어려운

e 것들이 쉬워 보이며 담론 속 모든 모상은 삶의 현실에 의해 완전히 뒤집히지 않을까?

테아이테토스 아무튼 제 또래라면 그렇게 판단하겠지요. 저도 여전히 멀리 떨어져 있는 사람들 축에 드는 것 같지만 말이에요.

방문객 그래서 여기 있는 우리는 모두 자네가 그런 경험을 하지 않도록

자네를 존재하는 것들에 되도록 더 가까이 데려가려고 최선을 다할 것이며 지금도 최선을 다하고 있다네. 그건 그렇고, 소피스트에 대한 다음 질문에 대답해주게. 그는 존재하는 것들을 모방하는 일종의 협잡꾼이 235a 라는 것이 이제는 분명해졌는가, 아니면 우리는 그가 능히 반박할 수 있어 보이는 모든 것들에 관해 정말로 알고 있다고 여전히 의심하는가?

테아이테토스 하지만 손님, 그가 어떻게 그럴 수 있겠어요? 우리가 앞서 말한 바에 따르면 그는 수많은 농담가 중 한 명이라는 것이 벌써 분명히 드러났는데 말이에요.

방문객 그렇다면 우리는 소피스트를 요술쟁이[66]이자 일종의 모방자[67]로 봐야겠구면.

테아이테토스 당연히 그렇게 봐야겠지요.

방문객 이제 우리가 할 일은 사냥감이 빠져나가지 못하게 하는 것일세. 우리는 그를 논증이라는 사냥 그물로 에워쌌으니까. 그러니 그는 결코 b 여기서는 빠져나가지 못할 걸세.

테아이테토스 여기라니, 그게 뭐죠?

방문객 그가 일종의 야바위꾼[68]이라는 사실 말일세.

---

62 ta onta.
63 mimema.
64 logos.
65 eidolon.
66 goes.
67 mimetes.
68 thaumatopoios.

테아이테토스 제가 보기에도 그는 그런 사람인 것 같아요.

방문객 그렇다면 우리는 분명 되도록 속히 모상 제작술[69]을 나누면서 그 속으로 깊숙이 내려가야 하네. 그리고 만약 소피스트가 우리의 공격에 맞선다면 우리는 이성이라는 제왕의 명령에 따라 그를 체포하여

c 제왕에게 넘기고 그를 잡았다는 사실을 공표할 걸세. 만약 그가 모방술의 은밀한 구석으로 숨어들면 그가 모방술의 어떤 부분에서 잡힐 때까지 우리는 계속 나누면서 그를 추적할 걸세. 아무튼 소피스트든 다른 부류든 사물을 개별적으로도 전체적으로도 추적할 수 있는 우리의 추적 방법을 피해 달아났다고 큰소리치는 일은 결코 없을 걸세.

테아이테토스 좋은 말씀이에요. 그러니 그렇게 해야겠어요.

d **방문객** 지금까지 사용한 분리의 방법[70]을 따른다면 모방술[71]도 두 종류가 있는 것처럼 보이지만, 우리가 찾는 형상(이데아)[72]을 둘 중 어느 것에서 발견할 수 있을지 지금은 확실히 말할 수 없을 것 같네.

테아이테토스 그 '두 종류'라는 게 무엇인지 먼저 말씀해주세요.

방문객 모방술의 한 가지는 닮은꼴 만들기[73]인데, 이것은 무엇보다

e 도 누가 모형[74]의 길이와 너비와 깊이의 비율을 견지하고 각 부분들에 모형 본래의 색깔을 칠함으로써 모방물을 제작하는 경우일세.

테아이테토스 어때요? 모방자라면 누구나 그렇게 하려 하지 않나요?

방문객 언제나 그런 것은 아닐세. 조각가나 화가가 큰 작품을 제작할 때 그들이 아름다운 모형의 원래 비율을 견지하면, 자네도 알다시피, 윗

236a 부분은 멀리서 보고 아랫부분은 가까이서 보기 때문에 윗부분은 그래야 하는 것보다 더 작아 보이고 아랫부분은 더 커 보일 테니 말일세.

테아이테토스 물론 그렇지요.

방문객 그래서 오늘날 장인(匠人)들은 진실을 외면하고, 모상을 제작할 때 실제로 아름다운 것이 아니라 아름다워 보이는 비율을 견지하는 것 아닐까?

테아이테토스 전적으로 동의해요.

방문객 그렇다면 처음 말한 것은 모형을 닮았으니 닮은꼴[75]이라고 하는 것이 옳지 않을까?

테아이테토스 네, 옳아요.

방문객 그러니 이와 관련된 모방술의 부분은 앞서 말했듯이 '닮은꼴 b 만들기'라고 불러야겠지?

테아이테토스 그래야겠지요.

방문객 어떤가? 보는 사람이 불리한 관점에서 보기 때문에 아름다워 보이지만, 누가 그토록 규모가 큰 작품을 제대로 볼 수만 있다면 그것이 닮았다고 주장하는 것과 사실은 닮지 않은 것은 무엇이라고 부를까? 그것은 닮아 보이지만 사실은 닮지 않았으니 환영(幻影)[76]이라고

---

69 eidolopoiike.

70 tropos tes diaireseos.

71 mimetike.

72 idea.

73 eikastike.

74 paradeigma.

75 eikon.

76 phantasma.

부르는 것이 옳지 않을까?

테아이테토스 왜 아니겠어요?

c **방문객** 그런데 이런 종류의 제작물이 그림과 그 밖의 모든 모방술의 대부분을 차지하지 않을까?

테아이테토스 왜 아니겠어요?

방문객 그렇다면 닮은꼴이 아니라 환영을 만드는 기술은 환영 제작술[77]이라고 부르는 것이 가장 옳지 않을까?

테아이테토스 그렇고말고요.

방문객 그러니까 내가 말한 모상 제작술에는 닮은꼴 제작술과 환영 제작술이라는 두 종류가 있네.

테아이테토스 맞아요.

방문객 하지만 나는 소피스트를 이 둘 중 어느 것에 배속해야 할지 전에도 확신이 서지 않았지만 지금도 분명하게 볼 수가 없다네. 그는 찾

d 아내기가 거의 불가능한 참으로 놀라운 사람일세. 지금도 그는 추적할 방법이 없는 형상 속으로 능수능란하게 도망쳐버렸다네.

테아이테토스 그런 것 같아요.

방문객 자네는 알고서 동의하는가, 아니면 논의의 흐름과 습관의 힘에 휩쓸려 그렇게 서둘러 동의하는가?

테아이테토스 무슨 말씀이신지요? 그리고 왜 그런 말씀을 하시는 거죠?

e **방문객** 여보게, 정말이지 우리는 아주 어려운 문제를 만났네. 사실은 그렇지 않으면서 그렇게 보이거나 생각되는 것, 그리고 참[78]이 아닌 무엇인가를 말하는 것은 예나 지금이나 모두 어려움으로 가득차 있으

니까. 거짓[79]이 실제로 존재한다는 것을 어떻게 말하거나 생각해야 하며, 어떻게 해야 그런 말을 해도 모순에 빠지지 않는지 안다는 것은 사실 난제 중의 난제일세, 테아이테토스.

테아이테토스 어째서 그렇지요?

방문객 거짓이 실제로 존재한다는 논리는 대담하게도 존재하지 않는 것[80]이 존재한다고 주장하는 것일세. 거짓은 다른 방법으로는 존재할 수 없으니까. 그러나 젊은이, 위대한 파르메니데스는 우리가 자네 또래의 소년이었을 때부터 생을 마감할 때까지 산문이나 운문으로 이렇게 되풀이해서 글을 쓰며 이를 반박하셨네.

존재하지 않는 것들이 존재한다고는 결코 입증되지 않으리라.
그러니 그대는 사유가 탐구의 이 길로 들어서지 못하게 하라.

이것이 그분의 증언일세. 잠깐만 검토한다면 그분의 말씀이 그분의 뜻을 가장 확실히 밝혀줄 걸세. 그러니 자네만 좋다면 먼저 그분의 말씀부터 고찰하세.

테아이테토스 제 염려는 마시고 좋으실 대로 하세요. 선생님께서 가장

77 phantastike.
78 alethe.
79 pseudos.
80 to me on.

좋은 방법으로 토론을 이끌며 그 길로 저도 데려가신다면 저는 더 바랄 게 없습니다.

방문객 그래야겠지. 말해보게. 우리는 과감하게 '결코 존재하지 않는 것'이라는 말을 할까?

테아이테토스 물론이지요.

방문객 그렇다면 토론을 위한 토론과 말장난은 제쳐두고, 파르메니데스의 청강생들 중 한 명이 '존재하지 않는 것'이라는 말은 어디에 사용해야 되는지 숙고해보고 대답해달라는 진지한 요청을 받았다고 가정해보게. 그는 그 말을 어떻게 사용할 것 같은가? 그는 혼자 생각하거나 질문자에게 설명할 때 그 말을 무엇에, 어떤 종류의 대상에 사용할까?

테아이테토스 저 같은 사람은 대답할 엄두조차 나지 않는 어려운 질문을 하시는군요.

방문객 하지만 '존재하지 않는 것'이라는 말을 존재하는 것에 사용할 수 없다는 점은 어쨌든 분명하네.

테아이테토스 물론이지요.

방문객 그리고 그 말을 존재하는 것[81]에 사용할 수 없다면 '어떤 것'[82]에 사용하는 것도 옳지 않을 걸세.

테아이테토스 어째서요?

방문객 '어떤 것'이라는 표현은 언제나 존재하는 것에 사용된다는 것 또한 분명하네. 마치 존재하는 모든 것에서 고립되어 벌거벗은 채 있는 것처럼 그런 표현만을 사용한다는 것은 불가능하니까. 그렇지 않은가?

테아이테토스 불가능해요.

방문객 자네가 동의하는 이유는, '어떤 것'을 말하는 사람은 필연적으로 '어떤 하나'[83]를 말하는 것이라고 생각하기 때문인가?

테아이테토스 그래요.

방문객 그리고 자네는 '어떤 것'이라는 표현은 하나를, '어떤 둘'은 둘을, '어떤 것들'이라는 표현은 다수를 가리킨다는 데 동의하겠구먼.

테아이테토스 물론이지요.

방문객 그렇다면 '어떤 것'을 말하지 않는 사람은 필연적으로 하나조차도 말하지 않는 사람인 것 같구먼.

테아이테토스 필연적으로 그래요.

방문객 그렇다면 우리는 그런 사람이 아무것도 말하지 않는데도 뭔가를 말한다고 인정해서는 안 될 걸세. 오히려 우리는 존재하지 않는 것을 말하려는 사람은 말하는 것이 아니라고 주장해야 하네.

테아이테토스 아무튼 우리 논의는 이제 마지막 난관에 부닥쳤군요.

방문객 아직 그런 말 할 때가 아닐세. 여보게, 으뜸가는 최대 난관이 여전히 남아 있다네. 이 난관은 논의의 출발점과 관계가 있으니 말일세.

테아이테토스 무슨 말씀이신지요? 망설이지 말고 말씀해주세요.

방문객 존재하는 것에는 존재하는 다른 것이 덧붙여질 수 있네.

테아이테토스 물론이지요.

---

81   to on.

82   to ti.

83   hen ti. 또한 그리스어에는 단수와 복수뿐 아니라 둘을 가리키는 쌍수가 있다.

방문객 그러나 존재하지 않는 것에 존재하는 어떤 것이 덧붙여질 수 있다고 말할 수 있을까?

테아이테토스 어떻게 그럴 수 있겠어요?

방문객 그런데 우리는 모든 수(數)는 존재하는 것으로 보네.

b **테아이테토스** 그렇지요. 수 아닌 다른 것도 존재하는 것으로 본다면 말이에요.

방문객 그렇다면 우리는 수가 하나든 여럿이든 존재하지 않는 것에는 사용하려 들지 말아야 할 걸세.

테아이테토스 우리 논의에 따르면, 그렇게 하려는 것은 확실히 잘못하는 일 같아요.

방문객 그렇다면 어떻게 수를 사용하지 않고 존재하는 것들이나 존재하는 것을 언어로 표현하거나 사고를 통해 파악할 수 있을까?

테아이테토스 말씀해주세요. 어떻게 해야 그럴 수 있을까요?

c **방문객** 우리가 '존재하지 않는 것들'이라고 말할 때는, 존재하지 않는 것에 여럿을 덧붙이려는 게 아닌가?

테아이테토스 물론이지요.

방문객 그리고 '존재하지 않는 것'이라고 말할 때는, 하나를 덧붙이려는 게 아닌가?

테아이테토스 그렇고말고요.

방문객 하지만 '존재하지 않는 것'에 '존재하는 것'을 덧붙이는 것은 정당하지도 옳지도 않다는 것이 우리의 주장일세.

테아이테토스 지당한 말씀이에요.

방문객 그렇다면 자네는 그 자체로 '존재하지 않는 것'은 제대로 표현하 $\quad$ d
거나 말하거나 사고하는 것이 가능하기는커녕 사고하는 것도 말하는
것도 표현하는 것도 설명하는 것도 불가능하다는 것을 알겠구먼?

테아이테토스 알고말고요.

방문객 그렇다면 나는 조금 전 최대 난관을 말하겠다고 약속했는데 아
마도 내가 실언한 것 같구먼. 사실 우리는 더 큰 다른 난관을 말할 수
있지 않을까?

테아이테토스 그게 어떤 난관이죠?

방문객 여보게, 자네는 우리가 말한 것들에서 존재하지 않는 것은 그것
을 논박하려는 사람을 궁지로 몰아넣어 그가 그것을 논박하려 하자마
자 그것에 관해 앞뒤가 맞지 않는 말을 할 수밖에 없다는 것을 모르겠
는가?

테아이테토스 무슨 말씀이신지요? 설명이 필요해요.

방문객 설명이 필요하다면 나를 쳐다볼 필요는 없네. 나는 존재하지 않 $\quad$ e
는 것은 하나와도 여럿과도 무관하다고 주장했지만, 아까도 지금도 그
것을 하나로 보고 말하기 때문일세. 내가 말하는 것은 '존재하지 않는
것'이라고 말하고 있으니까. 무슨 말인지 알겠나?

테아이테토스 네.

방문객 또한 나는 조금 전에도 그것에 관해서는 말할 수도 표현할 수도
설명할 수도 없다고 말했네. 알아듣겠는가?

테아이테토스 알아듣고말고요.

방문객 그렇다면 내가 '존재한다'[84]는 말을 그것에 덧붙이려 했을 때

내가 앞서 말한 것과 모순되는 말을 한 거겠지?

테아이테토스 그런 것 같네요.

방문객 어떤가? 나는 그것에 정관사 단수[85]를 덧붙임으로써 그것이 하나인 것처럼 말하지 않았나?

테아이테토스 네, 그랬지요.

방문객 그뿐 아니라 나는 그것에 관해서는 설명할 수도 말할 수도 표현할 수도 없다고 말함으로써 그것이 하나인 것처럼 말했네.

테아이테토스 물론 그랬지요.

방문객 하지만 우리의 주장은, 누가 바르게 말하려 한다면 그것을 하나 또는 여럿으로 규정하거나 심지어는 '그것'[86]이라 불러서도 안 된다는 것일세. 그렇게 부르는 것은 그것에 단수의 성격을 부여하는 셈이니까.

테아이테토스 전적으로 동의해요.

방문객 그렇다면 나를 위해 무슨 말을 더 할 수 있겠나? 자네는 아까도
b 지금도 내가 존재하지 않는 것을 논박하는 데 실패했다는 것을 발견하게 될 테니 말일세. 그러니 내가 말했듯이, 존재하지 않는 것에 관해 바르게 말하는 법을 내가 하는 말에서 찾을 것이 아니라, 앞으로는 자네가 하는 말에서 찾기로 하세.

테아이테토스 무슨 말씀이신지요?

방문객 자, 자네는 젊으니까 우리를 위해 훌륭하고도 고매하게 있는 힘을 다해서, 존재도 하나도 여럿도 덧붙이지 말고, 존재하지 않는 것에 관해 바른 말을 하도록 노력을 기울여달란 말일세.

c **테아이테토스** 선생님께서 그런 곤욕을 치르는 것을 보고도 제가 그런

일을 하려 한다면, 그런 일을 해보고 싶다는 걷잡을 수 없는 욕구에 꼼짝없이 사로잡혀야겠지요.

방문객 자네 생각이 그렇다면 자네와 나는 제외하기로 하세. 그러나 누군가 그럴 수 있는 사람을 만날 때까지는 소피스트가 비열하기 짝이 없게도 접근할 통로가 없는 은신처로 숨어버렸다고 말하기로 하세.

테아이테토스 아닌 게 아니라 정말 그런 것 같아요.

방문객 그래서 그가 가진 것은 환영을 만드는 기술이라고 우리가 말하면, 그는 쉽게 우리의 말꼬리를 물고 늘어지며 오히려 우리가 한 말로 d 우리를 역공할 걸세. 우리가 그를 모상 제작자라고 부를 때마다, 그는 우리가 말하는 모상이란 게 도대체 무엇이냐고 따질 거라는 말일세. 그러니 테아이테토스, 우리는 이 당돌한 젊은이의 질문에 뭐라고 대답할지 자문해봐야 하네.

테아이테토스 우리는 분명 우리가 말하는 것은 물이나 거울에 비친 모상들과 거기에 더하여 그려진 것들과 조각된 것들과 그 밖에 그런 것들 모두라고 말하겠지요.

방문객 테아이테토스, 자네는 분명 소피스트를 본 적이 없는 것 같군. e

테아이테토스 어째서요?

방문객 그렇게 하면 자네에게 그는 눈을 감고 있거나 눈이 없는 사람처

84 einai.

85 to.

86 auto.

럼 보일 것이네.

테아이테토스 무슨 말씀이신지요?

방문객 자네가 그런 식으로 대답하며 거울에 비친 것이나 조각품을 들먹이면, 그에게도 눈이 있는 것처럼 자네가 말할 때마다 그는 자네를 비웃을 걸세. 그는 거울도 물도 시각(視覺)조차 모르는 체하며 자네의 말에서 추론된 것만을 자네에게 물을 걸세.

테아이테토스 그게 어떤 질문인데요?

방문객 자네가 여럿이라고 생각하면서도 그것들이 하나인 양 '모상'이라는 하나의 이름으로 부르는 것이 타당하다고 생각하는 모든 대상의 공통된 특징을 물을 거라는 말일세. 그러니 자네는 그것을 말하며 자네를 지키고, 그자 앞에서 한 치도 물러서지 말게.

테아이테토스 손님, 우리는 모상을 '진짜와 같게 만들어진 다른 것'이라고밖에 달리 무어라고 말할 수 있겠어요?

방문객 '같게'라니, 그것은 다른 진짜란 말인가? 아니면 '같게'가 무슨 뜻인가?

테아이테토스 진짜가 아니라, 진짜와 비슷한 것이라는 뜻이지요.

방문객 그렇다면 진짜란 참으로 존재하는 것[87]이라는 뜻인가?

테아이테토스 그래요.

방문객 어떤가? 진짜가 아닌 것은 진짜의 반대인가?

테아이테토스 물론이지요.

방문객 그렇다면 자네가 말하는 비슷한 것이란 실제로 존재하지 않는 것을 뜻하겠구먼. 만약 그것이 자네 말처럼 진짜가 아니라면 말일세.

테아이테토스 하지만 그것은 어떤 의미에서는 존재해요.

방문객 정말로 존재하는 것은 아닐세. 자네 주장에 따르면.

테아이테토스 정말로 존재하지는 않아요. 실제로 닮았을 뿐이지요.

방문객 그렇다면 그것은 실제로 존재하는 것이 아니라, 실제로는 우리가 닮은 것이라고 부르는 것이겠구먼.

c

테아이테토스 존재하지 않는 것이 존재하는 것과 이렇게 복잡하게 얽히고설키다니, 정말 괴이한 일이군요.

방문객 어찌 괴이하지 않겠는가? 자네도 보다시피, 머리가 여럿인[88] 소피스트는 이런 식의 바꿔치기를 통해 우리가 원하지 않는데도 존재하지 않는 것이 어떤 의미에서는 존재한다고 인정하도록 강요했으니 말일세.

테아이테토스 저도 분명히 보고 있어요.

방문객 어떤가? 그의 기술을 무엇이라고 정의해야 우리가 논리의 일관성을 유지할 수 있을까?

테아이테토스 어떤 뜻에서, 무엇이 두려워 그런 말씀을 하시는 거죠?

d

방문객 우리가 그는 환영으로 우리를 속이며 그의 기술은 일종의 사기술[89]이라고 말할 때, 우리는 그 기술 탓에 우리 혼이 거짓을 믿게 되기 때문이라고 주장할 텐가, 아니면 무슨 말을 할 텐가?

---

87 ontos on.

88 영웅 헤라클레스(Herakles)가 퇴치한 괴물 뱀 휘드라(Hydra)처럼.

89 apatetike.

테아이테토스 그렇게 말하겠어요. 달리 다른 할 말이 있나요?

방문객 그리고 거짓 믿음[90]이란 존재하는 것들과 상반되는 것들을 믿는 것이겠지? 동의하는가?

테아이테토스 그렇죠. 상반되는 것들을 믿는 것이죠.

방문객 그렇다면 거짓 믿음이란 존재하지 않는 것을 믿는 것이라는 말인가?

테아이테토스 당연하죠.

e **방문객** 거짓 믿음은 존재하지 않는 것들을 존재하지 않는다고 믿는가, 아니면 결코 존재하지 않는 것들을 어떤 의미에서는 존재한다고 믿는가?

테아이테토스 존재하지 않는 것들이 어떤 의미에서는 존재한다고 믿을 수밖에 없겠지요. 만약 누군가의 생각에 조금이라도 거짓이 있다면 말이에요.

방문객 어떤가? 또한 거짓 믿음은 확실히 존재하는 것들을 결코 존재하지 않는다고도 믿지 않을까?

테아이테토스 그렇겠지요.

방문객 이 역시 거짓이겠지?

테아이테토스 그 역시 거짓이에요.

방문객 그렇다면 아마 말[語]도 거짓으로 간주될 걸세. 만약 존재하는 24Ia 것들을 존재하지 않는다고 말하고 존재하지 않는 것들을 존재한다고 말한다면 말일세.

테아이테토스 그런 말이 어떻게 다른 방법으로 거짓일 수 있겠어요?

방문객 다른 방법으로는 그럴 수 없겠지. 물론 소피스트는 그렇다고 인정하지 않겠지. 하기야 지각 있는 사람이라면 어떻게 우리가 앞서 동의한 것들이 더 보강된[91] 지금 어떻게 그걸 받아들일 수 있겠나? 테아이테토스, 자네는 그가 무슨 말을 하고 있는지 알겠는가?

테아이테토스 물론 알지요. 우리가 믿음과 말에 거짓이 있다고 감히 말하면, 그는 앞서 말한 것과 모순되는 말을 한다고 말하겠지요. 우리는 그런 결합이 전적으로 불가능하다는 것에 방금 동의했음에도 존재하지 않는 것에 존재하는 것을 자꾸 덧붙이지 않을 수 없을 테니까요. b

방문객 정확하게 기억하고 있구먼. 하지만 이제는 우리가 소피스트를 어떻게 대해야 할지 결정할 때가 된 것 같네. 우리가 계속 사기꾼[92]들이나 요술쟁이들의 부류에서 그를 찾으려 한다면, 자네도 보다시피 그는 쉽게 반론을 제기하며 우리에게 수많은 어려움을 안겨줄 테니 말일세.

테아이테토스 그렇고말고요.

방문객 사실 우리는 그런 반론의 작은 일부만 고찰했네. 그런 반론은 한도 없고 끝도 없으니까.

테아이테토스 사정이 그렇다면 소피스트를 붙잡기란 불가능해 보여요. c

방문객 어떤가? 그렇다면 우리가 용기를 잃고 이제는 포기하자는 말인가?

테아이테토스 그래서는 안 되겠지요. 어떻게든 우리가 그를 잡을 가능성이 조금이라도 있다면 말이에요.

---

90   pseudes doxa.

91   237a~238c가 238d~239c에 의해 보강되었다는 뜻이다.

92   pseudourgos.

방문객 그렇다면 만약 우리가 어떻게든 그의 강력한 논박에서 조금이라도 벗어난다면, 자네는 나를 용서하고 방금 자네가 말했듯이 만족하겠는가?

테아이테토스 물론이지요.

d **방문객** 그렇다면 나는 자네에게 한 가지 더 부탁할 게 있네.

테아이테토스 어떤 부탁이죠?

방문객 내가 친부 살해자가 된 것으로 생각하지 말아달라는 걸세.

테아이테토스 무슨 말씀이신지요?

방문객 우리는 자신을 방어하기 위해 아버지 파르메니데스의 말씀을 검토해야 할 텐데, 그 과정에서 어쩔 수 없이 존재하지 않는 것이 어떤 의미에서는 존재한다고도, 역으로 존재하는 것이 어떤 의미에서는 존재하지 않는다고도 주장하지 않을 수 없을 걸세.

테아이테토스 분명 그런 식의 말다툼은 피할 수 없겠지요.

방문객 그래, 그것은 속담의 표현처럼 장님도 볼 수 있을 만큼 분명하

e 지. 그리고 이런 문제들이 논박당하거나 받아들여지지 않는다면, 거짓말이나 거짓 믿음이나 모상이나 닮은꼴이나 모방물이나 환영이나 그런 것들과 관계있는 기술들에 관해 말하는 사람은 어쩔 수 없이 앞뒤가 맞지 않는 말을 하여 웃음거리가 되지 않을 수 없을 걸세.

테아이테토스 지당한 말씀이에요.

242a **방문객** 그래서 우리는 감히 아버지의 말씀을 논박해야 하는 걸세. 그렇게 하기를 망설인다면 우리는 전체를 포기해야 하네.

테아이테토스 우리는 무슨 일이 있어도 그렇게 하기를 망설여서는 안 되죠.

방문객 나는 자네에게 세 번째로 작은 청이 있네.

테아이테토스 말씀하세요.

방문객 조금 전 나는 파르메니데스의 말씀을 논박하기가 언제나 망설여진다고 말했는데, 이번에도 그 점은 마찬가지일세.

테아이테토스 네, 선생님께서는 그렇게 말씀하셨지요.

방문객 나는 자네가 조금 전 내가 한 말을 들었으니 내가 그때그때 마음을 바꾼다고 나를 정신 나간 사람이라고 생각할까 두렵네. 우리가 파르메니데스의 말씀을 논박하려 하는 것은 자네를 위해서일세. 우리가 그분의 말씀을 논박할 수 있다면 말일세. b

테아이테토스 단언컨대 선생님께서 논박과 증명을 시작하면 저는 결코 주제넘은 일을 한다고 생각하지 않을 테니 자, 선생님께서는 자신감을 갖고 진행하세요.

방문객 자, 이 위험한 논의를 어떻게 시작할까? 젊은이, 내 생각에 우리는 어쩔 수 없이 다음과 같은 길을 가야 할 것 같네.

테아이테토스 그게 어떤 길이죠?

방문객 지금 자명한 것으로 보이는 것들을 먼저 고찰하는 걸세. 우리가 그런 것들에 관해 어떤 의미에서 혼란에 빠져 너무 쉽게 우리 판단이 c 옳다는 결론에 이르지 않도록 말일세.

테아이테토스 무슨 말씀인지 자세히 설명해주세요.

방문객 내 생각에 파르메니데스와 그 밖에 존재하는 것들의 수와 성질을 규정하려던 사람은 모두 우리에게 너무 부주의하게 말한 듯하네.

테아이테토스 어째서 그렇지요?

방문객 그들은 우리가 어린아이인 양 저마다 일종의 신화를 들려주는

것 같네. 그중 한 사람에 따르면, 존재하는 것은 셋인데 그것들이 어떤

d 때는 서로 전쟁을 하지만 어떤 때는 사이가 좋아져 결혼을 하고 출산

을 하여 자식들을 양육한대. 다른 사람에 따르면 존재하는 것은 둘인

데, 습한 것과 마른 것 또는 더운 것과 찬 것이 그것이래. 그는 이들을

결혼시켜 함께 가정을 이루게 하지. 그러나 우리 엘레아[93] 사람들은 모

든 것은 이름은 여럿이지만 본성은 하나라고 말하는데, 그들의 이런

신화는 크세노파네스[94]로, 아니 그 이전으로 거슬러 올라가지. 그러나

나중에는 몇몇 이오니아 무사 여신들[95]과 몇몇 시켈리아 무사 여신

e 들[96]이 이 두 가지 이야기를 한데 묶어 존재하는 것은 여럿이자 하나이

며 미움과 사랑으로 결합되어 있다고 말하는 것이 가장 안전하다는 것

을 알아냈지. 이들 가운데 더 엄격한 무사 여신들[97]은 존재하는 것들

은 서로 갈라짐으로써 서로 모인다고 말하고, 더 부드러운 무사 여신

들[98]은 존재하는 것들은 늘 그런 상태에 있어야 한다는 규칙을 완화해

243a 주며 우주가 때로는 사랑[99]에 의해 하나이자 사이가 좋고, 때로는 모종

의 불화[100]에 의해 여럿이자 그 자체와 싸운다고 말하니 말일세. 하지

만 이 모든 것과 관련해 그들 중 누가 진리를 말했는지의 여부를 가리

기란 쉬운 일이 아닐세. 더구나 유명한 옛사람들을 그토록 심하게 비난

하는 것은 적절하지 못할 걸세. 그러나 다음과 같은 말을 하는 것은 무

례한 짓이 아닐 걸세.

테아이테토스 그게 무엇이죠?

방문객 그들은 우리 같은 범인(凡人)들을 너무 무시하고 얕잡아

보았다는 것 말일세. 그들은 자신들이 말할 때 우리가 따라가든 뒤처지든 아랑곳하지 않고 저마다 나름대로의 결론에 도달하니까. b

테아이테토스 무슨 말씀이신지요?

방문객 그들 중 누가 논의에서 여럿 또는 하나가 또는 둘이 존재한다거나 생겼다거나 생기고 있다는 표현을 사용하거나, 그들 중 다른 사람이 더운 것이 찬 것과 섞여 있다고 말하며 분리와 결합이 존재한다고 가정한다면, 테아이테토스, 자네는 그들이 도대체 무슨 말을 하는지 한 마디라도 알아듣겠는가? 나는 젊었을 적에는 누가 지금 우리를 혼란에 빠뜨리는 것, 곧 존재하지 않는 것을 말할 때마다 그것을 잘 안다고 생각했었지. 그러나 지금은 자네도 보다시피 우리는 그 때문에 난관에 봉착해 있다네.

테아이테토스 네, 저도 보고 있어요. c

방문객 그러나 존재하는 것과 관련해서도 우리 마음은 아마도 같은 상태에 있는 듯하네. 우리는 존재하지 않는 것과 관련해서는 난관에 봉

---

93 엘레아(Elea 라/Velia)는 남이탈리아의 도시이다.
94 Xenophanes. 기원전 6세기 소아시아 이오니아(Ionia) 지방의 콜로폰(Kolophon)에서 태어난 철학자로 이른바 엘레아학파의 창시자.
95 철학자 헤라클레이토스(Herakleitos)와 그의 추종자들.
96 철학자 엠페도클레스(Empedokles)와 그의 추종자들.
97 이오니아의 무사 여신들.
98 시칠리아의 무사 여신들.
99 Aphrodite.
100 neikos.

착해도 누가 존재하는 것을 말하면 어렵지 않게 이해한다고 생각하지만, 사실은 둘 다 똑같이 모르는 것 같으니 말일세.

테아이테토스 그런 것 같아요.

방문객 우리는 조금 전에 사용한 표현들과 관련해서도 같은 말을 할 수 있겠지.

테아이테토스 물론이지요.

방문객 그런 표현들의 대부분을 우리는 나중에 고찰할 걸세, 자네만 좋다면 말일세. 지금은 가장 중요하고 으뜸가는 것을 고찰해야 하니까.

테아이테토스 무슨 말씀이신지요? 선생님의 말씀은 분명 우리가 먼저 탐구해야 할 것은 존재하는 것이며, 그것을 말한 사람들이 그것으로써 지시하는 것이 무엇인지 물어야 한다는 뜻인 것 같습니다만.

방문객 테아이테토스, 자네는 내 말뜻을 정확히 이해하는구먼. 마치 그런 철학자들이 우리 면전에 있는 것처럼 우리가 그들에게 이렇게 묻는 것이 올바른 방법이라고 나는 생각하니까. "자, 만물은 더운 것과 찬 것 또는 그 밖에 어떤 두 가지라고 주장하는 여러분! 여러분은 그것들이 둘 다 또는 각각 존재한다고 말할 때 그 둘과 관련해 대체 무슨 말을 하는 거요? 우리는 여러분의 '존재한다'는 그 말을 어떻게 이해해야 하나요? 그 두 가지 아닌 세 번째 것이 있어, 우리는 여러분을 따라 만물은 두 가지가 아니라 세 가지라고 생각해야 하나요? 여러분이 그 둘 중 어느 하나가 존재한다고 말하면서 둘 다 존재한다고 말할 수는 분명 없을 테니까요. 그렇게 하면 어느 경우에나 둘은 하나이지 둘이 아니니까요."[101]

테아이테토스 옳은 말씀이에요.

방문객 "하지만 여러분은 그것들이 둘 다 존재한다고 부르기를 원하시오?"

테아이테토스 아마도 그렇겠지요.

방문객 "하지만 친구들이여," 하고 우리는 대답할 걸세. "그래도 여러분 _{244a} 은 분명 그 둘은 하나라고 말하게 될 거요."

테아이테토스 지당한 말씀이에요.

방문객 "그러니, 자, 우리가 난관에 봉착했으니 여러분은 '존재하는 것' 이라고 말할 때마다 그런 표현으로 무엇을 지시하려는 것인지 우리에게 분명하게 밝혀주세요. 여러분은 분명 오래전부터 그것을 알고 있었고, 우리는 전에는 안다고 생각했지만 지금은 난관에 봉착했으니까요. 그러니 먼저 그 점부터 가르쳐주세요. 우리가 사실은 여러분이 한 말을 전혀 이해하지 못하면서도 이해한다고 착각하지 않도록 말이에요." _b 우리가 이들 이원론자(二元論者)들이나 다원론자들에게 그렇게 물으며 답변을 요구하는 것은, 젊은이여, 결코 무례한 짓이 아니겠지?

테아이테토스 아니고말고요.

방문객 어떤가? 또한 우리는 만물은 하나라고 말하는 사람들에게서 그들이 '존재하는 것'이라는 말로 대체 무엇을 의미하는지 최선을 다해 캐내야 하지 않겠는가?

테아이테토스 물론이지요.

방문객 그러면 그들이 다음 질문에 대답하게 하세. "그렇다면 여러분은

---

101 자네가 그중 하나만 존재한다고 말하든 둘 다 존재한다고 말하든, 그것들은 둘 다 하나, 즉 '존재하는 것'이라는 뜻인 듯하다.

한 가지만이 존재한다고 주장하는 것인가요?" "우리는 그렇다고 주장하오." 하고 그들은 대답할 걸세. 그들은 그렇게 대답하지 않을까?

테아이테토스 그렇게 대답하겠지요.

방문객 "어떻소? 여러분이 존재한다고 부르는 그 무엇이 있나요?"

테아이테토스 네.

c **방문객** "그것은 여러분이 하나라고 부르는 바로 그것인가요? 그래서 여러분은 동일한 것에 두 가지 이름을 쓰나요? 아니면 무엇이지요?"

테아이테토스 손님, 이 질문에 그들은 어떻게 대답할까요?

방문객 테아이테토스, 존재하는 것은 하나라고 전제하는 사람은 그런 질문이나 그 밖의 다른 질문에 답변하기가 분명 그리 쉽지만은 않을 걸세.

테아이테토스 어째서요?

방문객 한 가지만 존재한다고 주장하는 사람이 두 가지 이름이 있다는데 동의한다면 아마도 웃음거리가 될 걸세.

테아이테토스 왜 아니겠어요?

방문객 또한 어떤 이름이 존재한다고 주장하고 그것을 설명할 수 없을

d 때는 그런 주장을 곧이곧대로 믿어서는 안 되네.

테아이테토스 어째서 그렇지요?

방문객 이름이 사물과 다르다고 가정한다면, 그가 언급하는 것은 분명두 가지일세.

테아이테토스 네.

방문객 한편 이름과 사물이 같은 것이라고 가정한다면, 그는 그것이 아무것도 아닌 것의 이름이라고 말하지 않을 수 없게 되거나, 또는 그것

이 어떤 것의 이름이라고 주장한다면 그 이름은 이름의 이름일 뿐이지 그 외에는 아무것도 아닌 것으로 드러날 걸세.

테아이테토스 그렇고말고요.

방문객 그렇다면 하나는, 하나의 하나이자 이름의 하나일 걸세.

테아이테토스 당연하지요.

방문객 어떤가? 그들은 전체는 존재하는 하나와 다른 것이라고 말할까, 아니면 같은 것이라고 말할까?

테아이테토스 물론 그들은 같은 것이라고 말하겠지요. 또 실제로 그렇   e
게 말하고 있고요.

방문객 만약 그것이 전체이고, 파르메니데스의 말씀처럼,

    사방이 보기 좋게 둥글둥글하고 중심에서 어느 쪽으로도

    균형이 잘 맞는 구체(球體)와 같다면 ― 이쪽이든 저쪽이든

    그것은 더 커서도 안 되고 더 작아서도 안 되니까 ―

만약 그렇다면 존재하는 것은 중심과 끝을 갖게 될 것이며, 그런 것들을 갖
게 되면 필연적으로 부분들도 갖게 될 걸세. 그렇지 않을까?

테아이테토스 그렇고말고요.

방문객 하지만 부분들로 나뉜 것이 그 모든 부분에 걸쳐 하나가 가진   245a
속성을 가짐으로써 그런 식으로 하나의 전부이자 하나의 전체가 되지
말라는 법은 없네.

테아이테토스 없고말고요.

방문객 그러나 그런 특성을 띤 것은 하나 자체가 될 수 없겠지?

테아이테토스 어째서 그렇지요?

방문객 진정한 의미의 하나는 전적으로 부분을 갖지 않는다고 말하는 것이 옳은 설명일 테니까.

테아이테토스 네, 그렇게 말해야겠네요.

b **방문객** 그러나 다른 종류의 하나는 여러 부분을 갖고 있으니 이런 설명에 맞지 않을 걸세.

테아이테토스 알겠어요.

방문객 존재하는 것이 이런 식으로 하나가 가진 속성을 갖게 되면 하나이자 전체가 되는가? 아니면 존재하는 것은 어떤 경우에도 전체가 아니라고 말해야 하는가?

테아이테토스 어려운 선택이로군요.

방문객 자네 말이 지당하네. 존재하는 것이 어떤 의미에서 하나의 속성을 갖는다 하더라도 분명 하나와 동일한 것은 아닐 테고, 그렇게 되면 만물은 하나 이상일 테니까.

테아이테토스 맞아요.

c **방문객** 한편 존재하는 것이 하나의 속성을 갖고 있기에 전체가 아니라면, 그리고 전체 자체가 존재한다면, 존재하는 것은 자기 자신에게 미치지 못할 걸세.

테아이테토스 물론이지요.

방문객 그러니 이 논리대로라면 존재하는 것은 자기 자신에게 못 미치기에 존재하는 것이 아닐 걸세.

테아이테토스 그렇지요.

방문객 그리고 만물은 하나 이상이 될 걸세. 존재하는 것과 전체가 저마다 별개의 본성을 가질 테니까.

테아이테토스 맞아요.

방문객 하지만 만약 전체가 아예 존재하지 않는다면, 존재하는 것은 종전과 같은 난관에 봉착하게 될 걸세. 그리하여 존재하는 것은 존재하   d
는 것이 아닐뿐더러 존재하는 것이 될 수도 없을 걸세.

테아이테토스 왜 그런가요?

방문객 생성되는 것은 언제나 전체로서 생성되는 걸세. 따라서 전체를 존재하는 것들에 포함시키지 않는다면 존재도 생성도 실재한다고 말해서는 안 되네.

테아이테토스 전적으로 옳은 말씀인 것 같아요.

방문객 또한 전체가 아닌 것은 양(量)을 가질 수 없네. 일정량을 가진 것은 그 양이 얼마든 간에 필연적으로 그 양의 전체라야 하니까.

테아이테토스 물론이지요.

방문객 그러니까 누가 존재하는 것은 둘 또는 하나뿐이라고 말한다면, 수많은 문제가 제기되어 그에게 엄청난 어려움을 안겨줄 걸세.   e

테아이테토스 지금 우리에게 슬슬 나타나기 시작한 문제들이 그걸 뒷받침해주고 있어요. 한 가지 문제가 또 다른 문제와 연결되어, 우리가 앞서 말한 것과 관련하여 더 많이 헤매게 하고 더 큰 어려움을 겪게 하니 말이에요.

방문객 존재하는 것과 존재하지 않는 것에 관해 더 정확하게 설명한 사람들을 우리가 모두 검토한 것은 아니지만 이 정도로 만족하고, 이번에는 덜 정확하게 설명하는 사람들을 살펴보기로 하세. 이는 우리가 양쪽을 모두 고찰함으로써 존재하는 것을 정의하기가 존재하지 않는 것을 정의하기보다 결코 더 쉽지 않다는 것을 알기 위해서일세.

테아이테토스 그렇다면 우리는 이들에게로도 나아가야겠네요.

방문객 우리는 존재를 둘러싼 논쟁 때문에 그들 사이에 신들과 기가스족의 전쟁[102] 같은 것이 벌어지고 있는 것을 보게 될 걸세.

테아이테토스 어째서 그렇지요?

방문객 그들 중 한 학파[103]는 말 그대로 바위와 나무를 손으로 움켜잡고는 하늘과 보이지 않는 곳으로부터 모든 것을 대지로 끌어내린다네. 그들은 그런 것들을 모두 움켜잡고는 만질 수 있고 다룰 수 있는 것만이 존재한다고 고집스레 우기지. 그들은 물체[104]와 존재를 같은 것으로 정의하니까. 그리고 반대파에 속한 사람들 가운데 누가 몸[105]을 갖지 않은 것도 존재한다고 주장하면, 그들은 그를 완전히 무시하며 그의 말을 더는 들으려 하지 않는다네.

테아이테토스 정말로 무서운 사람들 이야기를 하시는군요. 저도 이미 그런 사람들을 꽤 많이 만났어요.

방문객 그래서 그들의 반대파는 높은 곳으로부터, 보이지 않는 곳으로부터 자신을 방어하며 진정한 존재는 지성으로 알 수 있는 물체 없는 형상들[106]이라고 강력하게 주장한다네. 그리고 그들은 유물론자들이 진리라고 주장하는 물체들을 자신들의 논의로 잘게 부수어 그것들은 존재가 아니라 생성과 운동이라고 단언한다네. 테아이테토스, 그래서 두 진영 사이에서는 항상 이런 문제들과 관련하여 끝없는 논쟁이 벌어지고 있다네.

테아이테토스 맞아요.

방문객 그러면 각 학파에게서 그들이 주장하는 존재란 무엇인지 차례로 설명을 들어보세.

테아이테토스 어떻게 설명을 듣는다는 거죠?

방문객 존재는 형상이라고 주장하는 사람들에게서 설명을 듣기가 더 쉽네. 그들은 온순한 사람들이니까. 그러나 모든 것을 물체 쪽으로 억지로 끌어내리는 사람들에게서 설명을 듣기란 더 어려우며, 어쩌면 불가능할지도 모르겠네. 내 생각에 우리는 그들을 이렇게 다루어야 할 것 같네.

테아이테토스 어떻게요?

방문객 어떻게든 가능하다면 그들을 행동에서 보다 더 훌륭한 사람

---

102 기가스(Gigas 복수형 Gigantes)들은 우라노스(Ouranos)가 아들 크로노스(Kronos)에게 남근이 잘릴 때 그 피가 대지에 쏟아져 잉태된 거한(巨漢)들로, 신과 인간이 동시에 공격해야만 죽일 수 있었다. 올림포스 신들은 처음에 이들에게 고전하지만 제우스와 아테나(Athena)의 분전과 헤라클레스(Herakles)의 도움 덕분에 이들을 제압하는 데 성공한다.

103 레우킵포스(Leukippos)와 데모크리토스(Demokritos)와 그들의 추종자들. 이 유물론자들은 우주에는 원자 말고는 아무것도 없다고 주장했다.

104 soma.

105 soma.

106 noeta kai asomata eide.

들로 만드는 것이 상책이겠지. 그러나 그게 불가능하다면 그들을 말에서 보다 더 훌륭한 사람들로 만들기로 하세. 그들이 실제보다 더 기꺼이 토론의 규칙에 맞게 대답하려 한다고 가정하자는 말일세. 더 훌륭한 사람들이 동의하는 것은 더 보잘것없는 사람들이 동의하는 것보다 더 권위가 있으니까. 그러나 우리가 그런 사람들에게 관심을 두는 것은 아닐세. 우리가 찾는 것은 오직 진리니까.

e **테아이테토스** 지당한 말씀이에요.

방문객 자, 이제 그들이 더 훌륭해졌다고 가정하고 그들에게 답변해주기를 요구하고, 그들이 하는 말을 자네가 통역해주게.

테아이테토스 그럴게요.

방문객 그렇다면 그들은 죽기 마련인 동물 같은 것이 존재한다고 주장하는지 우리에게 말해달라고 하게.

테아이테토스 물론 존재한다고 주장하겠지요.

방문객 그리고 그들은 죽기 마련인 동물이 혼을 가진 몸이라는 데 동의하는가?

테아이테토스 물론이지요.

방문객 그렇다면 그들은 혼[107]을 존재하는 것들 중 하나라고 여기겠지?

247a **테아이테토스** 네.

방문객 어떤가? 그들은 어떤 혼은 올바르다고, 어떤 혼은 불의하다고, 또한 어떤 혼은 지혜롭다고, 어떤 혼은 어리석다고 말하지 않는가?

테아이테토스 왜 아니겠어요?

방문객 또한 그들은 어떤 혼이 올바른 것은 그것이 정의[108]를 소유하고 있고 그 안에 정의가 있기 때문이고, 다른 혼이 정반대인 것은 정반대되는 것들을 소유하고 있고 그 안에 정반대되는 것들이 있기 때문이라고 말하지 않는가?

테아이테토스 네, 그들은 거기에도 동의해요.

방문객 그러나 그들은 어떤 것과 함께할 수도 있고 어떤 것에는 없을 수도 있는 것은 어쨌거나 존재한다고 말할 걸세.

테아이테토스 그들은 그렇게 말해요.

방문객 정의와 지혜[109]와 다른 미덕과 그것들과 정반대되는 것들이 있   b
다고 한다면, 그리고 그런 것들이 그 안에 들어 있는 혼이 있다고 한다면, 그들은 그런 것 가운데 어떤 것은 볼 수 있다거나 만질 수 있다고 말하는가, 아니면 그런 것들은 모두 볼 수 없다고 말하는가?

테아이테토스 그런 것 가운데 어떤 것을 볼 수 있다고 말하기는 어려울 텐데요.

방문객 어떤가? 그들은 볼 수 없는 것들이 몸을 가지고 있다고 말할까?

테아이테토스 그 질문에 그들은 같은 답변을 하지 않겠지요. 그들은 혼 자체는 몸을 가지는 것 같다고 말하겠지만, 지혜와 그 밖에 선생님께서 물어본 다른 것들과 관련해서는 그들은 부끄러워서라도 감히 그런 것들은 존재하지 않는다는 데 동의하거나 그런 것들은 모두 몸이라고   c

---

107 psyche.

108 dikaiosyne.

109 phronesis.

우기지 못하겠지요.

방문객 테아이테토스, 우리가 말하는 이 사람들은 분명 더 훌륭해졌네. 그들 중 대지에 뿌려진 용의 이빨들에서 태어난 자들[110]은 그렇게 우기기를 부끄러워하기는커녕 손으로 꽉 잡을 수 없는 것은 그 어떤 것도 결코 존재하지 않는다고 끝까지 주장했을 테니 말일세.

테아이테토스 그들의 의도는 대체로 그런 것이겠지요.

방문객 그렇다면 다시 그들에게 물어보세. 아무리 작은 것이라도 존재
d 하는 것들에 속하는 어떤 것은 몸을 가지고 있지 않다는 것을 그들이 인정한다면 그것으로 충분하네. 그들이 몸을 가지고 있지 않은 것들과 몸을 가지고 있는 것들이 똑같이 존재한다고 말할 때, 이 두 가지에 공통된 어떤 특성을 염두에 두고 그렇게 말하느냐는 질문에 그들은 답변해야 할 테니까. 아마도 그들은 답변하기가 난처할 걸세. 그렇게 되면 그들은 기꺼이 우리의 제안을 받아들여 존재의 본성은 다음과 같은 것이라는 데 동의할 수도 있겠지.

테아이테토스 다음과 같다니 그게 무엇인지 말씀해주세요. 그러면 우리도 알게 되겠지요.

e **방문객** 내 말은, 어떤 것이든 다른 것에 영향을 끼칠 수 있거나 아니면 가장 사소한 것에 의해 가장 미미하게 단 한 번이라도 영향을 받을 수 있는 어떤 능력[111]을 가진 것은 모두 실제로 존재한다는 것일세. 나는 존재하는 것들은 그런 능력 외에 다른 어떤 것도 아니라고 정의하니까.

테아이테토스 그들은 당장에는 더 나은 제안을 할 수 없을 테니 선생님의 제안을 받아들이겠지요.

방문객 좋아. 나중에는 우리도 그들처럼 생각이 바뀔지도 모르지. 그러나 지금은 우리와 그들이 여기에 동의한 것으로 해두세.

테아이테토스 그렇게 해요.

방문객 이번에는 그들의 반대파인 형상의 친구들에게 가보세. 그들의 주장도 자네가 우리에게 통역해주게.

테아이테토스 그럴게요.

방문객 "여러분은 생성과 존재를 구분하여 둘은 별개의 것이라고 주장하지요? 그렇지 않나요?"

테아이테토스 "네, 맞아요."

방문객 "또한 여러분은 우리가 생성에 관여하는 것은 몸에 의한 감각을 통해서이지만, 실제로 존재하는 것에 관여하는 것은 혼에 의한 사

---

110 아게노르(Agenor)는 딸 에우로페(Europe 라/Europa)가 황소로 변신한 제우스에게 납치되자 아들 카드모스를 내보내 딸을 찾아오게 한다. 그러나 아폴론(Apollon)이 카드모스에게 누이 찾는 일을 그만두고 암소를 만나거든 그것이 눕는 곳까지 따라가서 그곳에 도시를 세우라고 일러준다. 암소가 그를 훗날 테바이가 서게 될 곳으로 인도하자, 카드모스는 전우들을 보내 제물 바칠 때 쓸 물을 길어오게 하지만 그들은 샘을 지키는 용(龍)에게 살해당한다. 그래서 카드모스가 그 용을 죽이고 아테나(Athena) 여신의 지시에 따라 용의 이빨 중 반(半)을 땅에 뿌리자 ─ 나머지 반은 나중에 영웅 이아손(Iason)이 황금 양모피를 구하러 갔다가 콜키스(Kolchis) 땅에 뿌린다 ─ 땅속에서 한 무리의 무장한 전사(戰士)들이 올라온다. 카드모스가 그들 사이에 돌을 던지자 그들이 서로 죽이기 시작하고 마지막에는 다섯 명만 남는다. 이 다섯 명의 스파르토이(Spartoi '뿌려진 자들')들이 그를 도와 테바이의 옛 성채인 카드메이아(Kadmeia)를 세우게 되는데, 훗날 이들의 후손들이 테바이의 귀족이 된다.
111 dynamis.

고를 통해서라고 주장해요. 그리고 실제로 존재하는 것은 언제나 같고 불변하지만 생성은 수시로 변한다고 말해요."

b **테아이테토스** "아닌 게 아니라 우리는 그렇게 말해요."

방문객 "좋아요. 하지만 여러분은 생성과 존재 모두에 '관여한다'고 말했는데, 우리는 여러분의 그런 표현을 어떤 의미로 받아들여야 하나요? 우리가 조금 전에 정의한 것을 의미하지 않나요?"

테아이테토스 "그게 뭐였지요?"

방문객 "서로 만나는 두 사물들 안에 있는 어떤 능력에 의해 생겨나는 영향 받음과 영향 끼침 말이오." 테아이테토스, 자네는 아마 이에 대한 그들의 답변을 이해하지 못하겠지만 나는 그들에게 익숙한지라 아마 알아들을 수 있을 걸세.

테아이테토스 그들은 뭐라고 답변할까요?

c **방문객** 그들은 존재와 관련하여 우리가 조금 전에 대지에서 태어난 자들에게 말한 것에 동의하지 않을 걸세.

테아이테토스 그게 뭐였지요?

방문객 어떤 사물 안에 행하거나 당할 능력이 조금이라도 있으면 우리는 그것으로 존재를 충분히 정의할 수 있다고 보았지?

테아이테토스 네, 그랬지요.

방문객 그들은 이에 대한 답변으로 "행하거나 당할 능력은 생성에는 관여하지만" 둘 중 어느 능력도 존재에는 적합하지 않다고 말하네.

테아이테토스 그들의 말에 일리가 있지 않나요?

d **방문객** 그렇지. 하지만 우리는 그에 대한 답변으로, 혼은 인식하고 존재

는 인식된다는 데 그들이 동의하는지 더 자세히 설명해달라고 요구해야 하네.

테아이테토스 그들은 그렇다고 말해요.

방문객 "어때요? 여러분은 인식함과 인식됨이 행함이라고, 아니면 당함이라고, 아니면 둘 다라고 주장하나요? 아니면 그중 하나는 행함이고 다른 하나는 당함인가요? 그것도 아니면 그중 어느 것도 이 가운데 어느 것에도 관여하지 않나요?"

테아이테토스 분명 "그중 어느 것도 이 가운데 어느 것에도 관여하지 않는다"고 말하겠지요. 그렇지 않다면 그들이 하는 말은 앞뒤가 맞지 않을 테니까요.

방문객 알겠네. 그들은 이렇게 말할 걸세. "만약 인식하는 것이 행하는 것이라면, 인식되는 것은 필연적으로 당하는 것이 될 거요. 그리고 이런 논리대로라면 존재는 인식하는 행위에 의해 인식되며, 인식되는 만큼 당함에 의해 움직이는데, 이런 일은 단언컨대 정지해 있는 것에는 일어날 수 없지요." e

테아이테토스 옳은 말이에요.

방문객 하지만 제우스에 맹세코, 이건 어떤가? 우리는 완전하게 존재하는 것에는 운동도 생명[112]도 혼도 지혜도 없다고 쉽게 납득할 수 있을까? 우리는 완전한 존재가 생명도 없고 사고하지도 않는다고, 지 249a

---

112 kinesis, zoe.

성[113]도 없이 근엄하고 순수하게 움직이지 않고 서 있다고 상상할 수 있을까?

테아이테토스 손님, 그럴 경우 우리는 놀라운 것을 인정하는 셈이 될 텐데요.

방문객 하지만 우리는 존재가 지성은 가지고 있어도 생명은 가지고 있지 않다고 말할 수 있을까?

테아이테토스 어떻게 그런 말을 할 수 있겠어요?

방문객 그러나 만약 존재에는 이 두 가지가 다 있다고 말한다면, 존재가 이 두 가지를 담을 혼을 가지고 있다는 것을 부인할 수 있을까?

테아이테토스 다른 어떤 방법으로 존재가 이 두 가지를 담을 수 있겠어요?

방문객 존재가 지성과 생명과 혼을 가지고 있다면, 우리는 살아 있는 것이 꼼짝 않고 서 있다고 말할 수 있을까?

b **테아이테토스** 제가 보기에 그런 것들은 모두 말이 안 되는 것 같아요.

방문객 그렇다면 움직이게 하는 것과 움직이는 것이 존재하는 것들이라고 인정해야겠구먼.

테아이테토스 물론이지요.

방문객 그러니 테아이테토스, 존재하는 것이 모두 움직이지 않는 것이라면 어떤 것에게도, 어떤 것과 관련해서도, 어디에도 지성은 존재할 수 없다는 것이 우리의 결론일세.

테아이테토스 당연하지요.

방문객 그런가 하면 우리가 모든 것이 움직이고 변한다고 인정하면, 이 발언에 의해서도 우리는 존재하는 것들에서 지성을 배제하게 될 걸세.

테아이테토스 어째서 그렇지요?

방문객 자네는 정지[114]가 없다면 늘 같으며 같은 것과 관련하여 같은 상태에 있는 것이 존재할 수 있으리라고 생각하나?

테아이테토스 아니요.

방문객 어떤가? 자네는 그곳이 어디든 그런 것들 없이 지성이 존재하거나 생성되는 것을 보는가?

테아이테토스 전혀 보지 못해요.

방문객 그러니 지식과 지혜와 지성을 없애버리면서도 무엇인가에 관해 어떤 주장을 하는 자가 있다면, 우리는 모든 논리를 동원해서 그런 자와 싸워야 하네.

테아이테토스 그렇고말고요.

방문객 그런 것들을 누구보다 존중하는 철학자는 그 때문에라도 만물은 하나로서 또는 수많은 형상으로서 정지해 있다고 말하는 사람들의 주장을 받아들여서는 절대 안 될 걸세. 또한 존재하는 것은 이리저리 움직인다고 말하는 사람들의 주장에 귀를 기울여서도 안 되네. 그는 "둘 다 줘요!"라고 보채는 어린아이처럼, 존재와 만물은 움직일 수 있는 것과 움직일 수 없는 것 두 가지 모두로 구성된다고 주장해야 하네.

테아이테토스 지당한 말씀이에요.

방문객 어떤가? 우리는 존재를 이미 제대로 파악한 것 같지 않은가?

---

113 nous.

114 stasis.

테아이테토스 그렇고말고요.

방문객 이럴 수가! 테아이테토스, 내 생각에 우리는 존재의 문제를 고찰하는 것이 얼마나 어려운지 이제야 알기 시작한 것 같네그려.

e **테아이테토스** 어째서 그렇지요? 그리고 그게 무슨 말씀이죠?

방문객 여보게, 우리가 보기에는 우리가 뭔가를 말하고 있는 것 같아도 사실은 그것에 관해 지금 아무것도 모르고 있음을 알지 못하겠는가?

테아이테토스 아닌 게 아니라 그런 것도 같네요. 하지만 저는 우리가 어쩌다가 그런 줄도 모르고 그 지경에 이르렀는지 전혀 이해하지 못하겠어요.

방문객 잘 생각해보게. 만약 우리가 거기에 동의한다면, 만물은 뜨거운

250a 것과 차가운 것이라고 주장하는 사람들에게 우리가 제기한 질문들을 누가 우리에게도 당연히 제기할 수 있지 않을까?

테아이테토스 어떤 질문들이었지요? 일깨워주세요.

방문객 물론이지. 게다가 나는 그들에게 물었던 것을 자네에게 물음으로써 그렇게 하겠네. 우리가 조금이라도 앞으로 나아갈 수 있도록 말일세.

테아이테토스 옳은 말씀이에요.

방문객 좋아. 자네는 운동과 정지는 가장 상반된 것이라고 말하지 않나?

테아이테토스 물론 그렇게 말하지요.

방문객 자네가 말하려는 것은 그것들은 둘 다 존재하기도 하고 저마다 존재하기도 한다는 뜻이겠지?

b **테아이테토스** 아닌 게 아니라 저는 그런 뜻으로 말해요.

방문객 그것들이 존재한다고 자네가 말하는 것은 그것들이 둘 다 또는 저마다 움직인다는 뜻인가?

테아이테토스 아니요.

방문객 그렇다면 그것들이 둘 다 존재한다고 자네가 말하는 것은 그것들이 둘 다 서 있다는 뜻인가?

테아이테토스 물론 그런 뜻도 아니지요.

방문객 그렇다면 자네는 존재를 운동과 정지를 포함하는 제3의 것으로 이해하는가? 그리고 운동과 정지가 둘 다 존재에 관여하는 것을 보고는 그것들이 둘 다 존재한다고 말하는 것인가?

테아이테토스 아닌 게 아니라 우리가 운동과 정지가 존재한다고 말할 c 때는 존재는 제3의 것이라는 예감이 들기도 해요.

방문객 그렇다면 존재하는 것은 운동과 정지의 결합이 아니라 그것들과는 다른 어떤 것일세.

테아이테토스 그런 것 같아요.

방문객 그렇다면 존재하는 것은 그 본성상 서 있지도 않고 움직이지도 않네.

테아이테토스 그럴 것 같은데요.

방문객 그렇다면 존재에 대해 마음속에 확고한 신념을 얻기를 원하는 사람은 대체 생각을 어느 쪽으로 돌려야 도움을 받을 수 있을까?

테아이테토스 어느 쪽으로 돌려야 하나요?

방문객 어느 쪽을 향해도 쉽지 않을 걸세. 어떤 것이 움직이지 않는다면 어떻게 정지할 수 있으며, 어떤 것이 서 있지 않다면 어떻게 움직일 d

수 있겠나? 그런데 존재하는 것은 방금 이 둘의 영역 밖에 있는 것으로 밝혀졌으니 말일세. 그게 과연 가능할까?

테아이테토스 전혀 불가능해요.

방문객 그렇다면 우리가 반드시 명심해야 할 게 있네.

테아이테토스 그게 뭐죠?

방문객 '존재하지 않는 것'이라는 말을 어디에 적용해야 하느냐는 질문을 받았을 때 우리는 큰 난관에 봉착했었네. 기억나는가?

테아이테토스 물론이지요.

e **방문객** 그런데 지금 우리는 존재하는 것과 관련하여 그에 못지않은 난관에 봉착하지 않았는가?

테아이테토스 손님, 제가 보기에 우리는 더 큰 난관에 봉착한 것 같아요. 그런 말을 해도 된다면.

방문객 난관에 관해서는 이 정도로 설명하면 충분할 테니 이쯤 해두세. 어쨌든 존재하는 것과 존재하지 않는 것은 똑같이 우리에게 어려운 문제인 만큼, 그중 하나가 더 뚜렷하게 또는 덜 뚜렷하게 모습을 드러내면 다른 것도 그렇게 모습을 드러낼 것이라고 예상해도 좋을 걸세. 하

251a 지만 둘 중 어느 것도 볼 수 없다면 우리는 최선을 다해 우리의 논의로써 동시에 둘 사이를 통과할 수 있겠지.

테아이테토스 좋은 말씀이에요.

방문객 그렇다면 우리가 어째서 같은 것을 그때그때 여러 가지 이름으로 부르는지 설명해보세.

테아이테토스 이를테면 어떤 거죠? 예를 들어주세요.

방문객 이를테면 우리는 한 사람에 관해서도 그에게 색, 형태, 크기, 악덕, 미덕을 부여함으로써 그를 여러 이름으로 부르네. 이런 경우와 그 밖의 수많은 다른 경우 우리는 그가 인간일 뿐만 아니라 훌륭하다고, 그 밖의 수많은 다른 것이라고 말한다는 거지. 마찬가지로 우리는 그 밖의 다른 것도 모두 하나라고 가정하면서 동시에 여러 이름을 사용함으로써 여럿이라고 말한다네.

테아이테토스 맞아요.

방문객 그것으로 우리는 소년들과 늦깎이 학생이 된 노인들을 위해 잔칫상을 준비한 것 같네. 하나는 여럿일 수 없고 여럿은 하나일 수 없다고 반박하는 것은 누구에게나 쉬운 일일 테니까. 그리고 그들은 우리더러 어떤 사람이 훌륭하다고 말하지 못하게 하고, 훌륭한 것은 훌륭한 것이고 사람은 사람이라고만 말하게 하는 것에 분명 즐거움을 느끼는 듯하네. 테아이테토스, 내 생각에 자네는 그런 일에 열중하는 사람들을 가끔 만나보았을 걸세. 때로는 나이 지긋한 사람들이, 이해력은 빈약하여 그런 것들에 감탄하면서 자기들이 발견한 그런 것이 지혜의 극치라고 생각한다네.

테아이테토스 그렇고말고요.

방문객 그렇다면 존재에 관해 뭔가 말한 적이 있는 사람들은 아무도 논의에서 배제하지 않기 위해, 우리는 이들만이 아니라 우리가 전에 대화를 나눈 적이 있는 다른 사람들에게도 물어보기로 하세.

테아이테토스 어떤 것들을 물어본다는 거죠?

방문객 "우리는 운동과 정지에 존재를 덧붙이거나 그 밖의 어떤 것에도 어떤 것을 덧붙이지 말고, 그런 것들은 우리 논의에서는 섞일 수도 없고 서로 관여할 수도 없다고 가정할까? 아니면 우리는 그런 것들을 서로 함께할 수 있는 것들로서 한데 모을까? 아니면 어떤 것들은 함께할 수 있고, 어떤 것들은 그럴 수 없는가?" 테아이테토스, 우리는 이 가운데 어느 것을 선택하겠다고 말할까?

테아이테토스 저는 그들을 위해 그런 질문에 답변할 준비가 되어 있지 않은데요.

방문객 그럼 왜 그런 질문들 하나하나에 답변하며 그 결과를 하나하나 숙고해보지 않는가?

테아이테토스 좋은 말씀이에요.

방문객 자네만 좋다면 먼저 어떤 것도 어떤 것에 어떤 점에서도 관여할 수 없다고 그들이 주장하는 것으로 가정하세. "그럴 경우 운동과 정지는 결코 존재에 관여할 수 없겠지?"

252a

테아이테토스 "없고말고요."

방문객 "어떤가? 그중 어느 것이든 존재에 관여하지 않는다면 존재하게 될까?"

테아이테토스 "존재하지 않겠지요."

방문객 거기에 동의하면 우주는 움직이고 있다는 주장이나, 우주는 정지해 있다는 주장이나, 존재하는 것들은 모든 점에서 언제나 동일한 형상 속에 존재한다는 주장이나, 모든 게 한꺼번에 뒤집힐 것 같네. 그들 중 어떤 사람들은 만물이 운동함으로써 존재한다고 말하고, 어떤 사람들은 만물이 정지함으로써 존재한다고 말함으로써 그들 모두 '존재한다'[115]는 동사를 덧붙이니 말일세.

테아이테토스 그렇고말고요.

방문객 또한 만물을 어떤 때는 모으고 어떤 때는 나누는 사람들도 있 b
네. 그중 어떤 사람들은 만물을 하나로 만든 다음 하나에서 무한히 많
은 것을 만들고, 어떤 사람들은 만물을 일정 수의 요소로 나눈 다음
일정 수의 요소에서 만물을 만들지. 이런 두 과정이 번갈아 일어난다
고 생각하든 연속된다고 생각하든, 만약 혼합[116] 같은 것이 없다면 그
들의 이 이론들은 무의미할 걸세.

테아이테토스 옳은 말씀이에요.

방문객 또한 다른 것의 영향을 받는데도 다른 것의 이름을 부르지 못하
게 하는 사람들도 있는데, 이들은 가장 가소로운 방법으로 논의를 전
개하는 자들일세.

테아이테토스 어째서 그렇지요?   c

방문객 그들은 아마 모든 것과 관련하여 '존재하다' '따로' '다른 것들
로부터' '그 자체로'[117] 와 그 밖에 수천 가지 다른 표현을 사용할 수밖
에 없네. 그리고 그들은 이런 표현들을 멀리할 수도 없고 말할 때 제
대로 결합시킬 수도 없다고 해서 남들이 반박하기를 기다릴 필요가
없네. 적 또는 반대자는 사람들 말마따나 내부에 있기 때문에, 그들

---

115 einai.

116 symmeixis. 형상들의 혼합.

117 'einai', 'choris', 'ton allon', 'kath' auto'.

은 어디로 가든 자신들에게 반박하도록 저 이상한 에우뤼클레스118 같은 복화술사(腹話術師)를 뱃속에 품고 다니니까.

d **테아이테토스** 맞아요. 정말 그럴듯한 비유를 드시는군요.

방문객 어떤가, 만물은 서로 결합할 수 있다고 우리가 인정한다면?

테아이테토스 그 정도는 저도 해결할 수 있어요.

방문객 어떻게?

테아이테토스 운동과 정지가 서로에게 덧붙여진다면, 운동은 완전히 정지하고 반대로 정지는 다시 움직일 테니까요.

방문객 그렇지만 운동이 정지하고 정지가 움직인다는 것은 절대로 불가능하지 않은가?

테아이테토스 물론이지요.

방문객 그렇다면 세 번째 가설만 남아 있네.

테아이테토스 네.

e **방문객** 그렇다면 필연적으로 다음 셋 중 하나가 맞을 걸세. 모든 것이 섞이려 하거나, 아무것도 섞이려 하지 않거나, 어떤 것은 섞이려 하고 어떤 것은 섞이려 하지 않거나.

테아이테토스 물론이지요.

방문객 하지만 처음 두 가설은 불가능하다는 것이 밝혀졌네.

테아이테토스 네.

방문객 그렇다면 정답을 맞히려는 사람은 누구나 셋 중 나머지 가설을 택할 걸세.

테아이테토스 물론이지요.

방문객 어떤 것은 섞이려 하고 어떤 것은 섞이려 하지 않는 것은 문자들 253a

의 경우와 대동소이하겠구먼. 문자들도 어떤 것은 서로 어울리고 어떤

것은 그렇지 않으니까.

테아이테토스 왜 아니겠어요?

방문객 특히 모음은 끈처럼 다른 문자들을 모두 관통하기 때문에, 모음

없이 다른 문자들이 서로 어울린다는 것은 불가능하네.

테아이테토스 그렇고말고요.

방문객 그런데 어떤 문자가 어떤 문자와 결합할 수 있는지 누구나 다 아

는가, 아니면 누가 이것을 제대로 판단하려면 기술이 필요한가?

테아이테토스 기술이 필요해요.

방문객 어떤 기술이 필요하지?

테아이테토스 문법 기술[119]이 필요해요.

방문객 어떤가? 이는 고음과 저음의 경우도 마찬가지 아닌가? 어떤 음 b

들이 서로 섞이고 어떤 음들이 서로 섞이지 않는지 아는 기술을 가진

사람은 음악가이고, 그것을 모르는 사람은 음악가가 아니겠지?

테아이테토스 그렇지요.

방문객 우리는 다른 모든 기술과 기술 부족[120]에서도 같은 종류의 차이

---

118 에우뤼클레스(Eurykles)는 기원전 5세기에 활동한 복화술사이자 예언자이다. 아
리스토파네스(Aristophanes)의 희극 『벌』*(Sphekes)* 1017~1020행 참조.

119 grammatike. 읽기와 쓰기 기술.

120 atechnia.

점을 발견하게 될 걸세.

테아이테토스 왜 아니겠어요?

방문객 어떤가? 우리는 유(類)[121]들도 그와 마찬가지로 어떤 것들은 서로 섞일 수 있고 어떤 것들은 그럴 수 없다는 데 동의했네. 그러니 어떤 유들이 어떤 유들과 조화를 이루고 어떤 유들이 다른 유들을 받아들이지 않는지 제대로 보여주려는 사람은 반드시 어떤 지식을 갖고 논의를 전개해야 하지 않을까? 또한 그는 전체 유들을 관통하며 그것들이 서로 섞일 수 있도록 결합해주는 어떤 유들이 있는지, 그리고 분리[122]의 경우에도 전체를 관통하며 분리의 원인이 되는 어떤 유들이 있는지 알아야 하지 않을까?

테아이테토스 물론 지식이 필요하겠지요. 그것도 아마 가장 중요한 지식 말이에요.

방문객 테아이테토스, 우리는 그 지식을 무엇이라고 부를까? 제우스에 맹세코, 우리는 그런 줄도 모르고 자유민의 지식과 마주치게 된 것인가? 그리하여 우리는 소피스트를 찾으려다가 혹시 철학자[123]를 발견하게 된 것인가?

테아이테토스 무슨 말씀이신지요?

방문객 사물들을 유에 따라 나누되 같은 것을 다른 것이라고, 다른 것을 같은 것이라고 생각하지 않는 것을 우리는 변증술[124]의 지식이라고 말하지 않는가?

테아이테토스 네, 우리는 그렇게 말해요.

방문객 그렇다면 제대로 나눌 수 있는 사람이라면 하나의 형상[125]이

흩어져 있는 다수를 관통하고 있는 것과 다수의 다른 형상이 하나의 형상에 포함되어 있는 것을 분명히 볼 수 있겠지. 또한 그는 하나의 형상이 다수의 전체를 관통하여 하나로 통합되어 있는 것과 다수의 형상이 서로 완전히 분리되어 있는 것을 분명히 볼 수 있을 텐데, 이는 곧 유들이 저마다 어떻게 서로 함께할 수 있고 어떻게 그럴 수 없는지 유에 따라 구분할 줄 아는 것을 의미하네.

테아이테토스 전적으로 동의해요.

방문객 그런데 내 생각에 자네는 순수하고 올바르게 철학을 하는 사람 말고는 어느 누구에게도 변증술을 맡기지 않을 것 같네.

테아이테토스 어떻게 철학자 말고 다른 사람에게 맡길 수 있겠어요?

방문객 그러면 우리는 지금이든 나중이든 그런 영역에서 철학자를 발견하게 될 걸세. 우리가 철학자를 찾는다면 말일세. 그리고 철학자 역시 뚜렷하게 보기는 어렵지만 그 이유는 소피스트의 경우와는 다르다네.

테아이테토스 어째서 그런가요?

방문객 존재하지 않는 것의 어둠 속으로 도망치는 소피스트는 요령이 생겨 어둠에 익숙하다네. 그래서 어두운 그곳에서 그를 알아보기가 쉽지 않네. 그렇지 않은가?

121 genos.
122 diairesis.
123 philosophos.
124 dialektike.
125 idea.

테아이테토스 그런 것 같아요.

방문객 그러나 철학자는 언제나 추론을 통해 존재하는 것의 형상 근

b 처에 머무르는데, 그곳이 너무 밝아서 그를 보기가 쉽지 않네. 대중

의 혼의 눈은 신적인 것을 응시하는 일을 감당할 수 없으니까.

테아이테토스 이번 말씀도 아까 말씀 못지않게 사실인 것 같아요.

방문객 철학자에 관해서는 곧 더 분명하게 살펴볼 걸세. 우리가 원한다

면 말일세. 그러나 소피스트는 우리가 충분히 관찰하기 전에는 분명

놓아주어서는 안 되네.

테아이테토스 좋은 말씀이에요.

방문객 우리는 어떤 유들은 다른 유들과 함께하기를 원하지만 어떤 유

들은 그렇지 않다는 데, 어떤 유들은 소수와 그렇게 하고 어떤 유들은

다수와 그렇게 한다는 데, 그것들 모두를 관통하는 어떤 유들이 그것

들 모두와 함께하지 못하게 방해할 것은 아무것도 없다는 데 동의했으

c 니, 이번에는 이렇게 논의를 진행하기로 하세. 우리는 너무 많아서 혼

란스럽지 않도록, 모든 형상을 고찰할 것이 아니라 그중 가장 중요하다

고 인정되는 것들을 선별하여 첫째, 그것들이 각각 어떤 것인지, 둘째,

그것들이 다른 것들과 결합할 수 있는 능력이 어느 정도인지 살펴볼 걸

세. 그렇게 하면 우리가 비록 존재하는 것과 존재하지 않는 것을 더할

나위 없이 명백하게 파악하지는 못해도, 적어도 지금의 탐구 조건이

d 허용하는 범위에서는 그것들을 충분히 설명할 수 있겠지. 또한 우리가

사실은 존재하지 않는 것이 존재한다고 감히 말해도 무사히 빠져나올

수 있을지 볼 걸세.

테아이테토스 당연히 그래야지요.

방문객 우리가 조금 전에 검토한 유들 중에서는 존재하는 것 자체와 정지와 운동이 가장 중요하네.

테아이테토스 가장 중요하고말고요.

방문객 그리고 그중에서 둘은 서로 섞일 수 없다는 것이 우리의 주장일세.

테아이테토스 물론이지요.

방문객 그러나 존재하는 것은 이 둘 모두와 섞일 수 있네. 이 둘은 모두 존재하니까.

테아이테토스 물론이지요.

방문객 그렇다면 그것들은 셋이 되겠구먼.

테아이테토스 왜 아니겠어요?

방문객 그것들은 각각 나머지 둘과는 다르지만 그 자체와는 같네.

테아이테토스 그렇지요.

방문객 하지만 방금 우리가 말한 '같은 것'과 '다른 것'이란 무엇을 의미하는가? 그것들은 셋과는 다른 새로운 두 가지 유이지만 필연적으로 늘 셋과 섞여야 하는가? 그래서 우리는 형상들을 셋이 아니라 모두 다섯으로 봐야 하는가? 아니면 우리는 '같은 것'과 '다른 것'이라고 말하면서 자신도 모르게 처음 셋 중 하나를 그렇게 부르는 것인가?

테아이테토스 그런 것 같은데요.

방문객 그러나 확실히 운동과 정지는 다른 것도 아니고 같은 것도 아닐세.

테아이테토스 어째서죠?

방문객 우리가 운동과 정지에 공통으로 어떤 명칭을 덧붙이든 그 명칭은 이 둘 중 어느 것도 아닐세.

테아이테토스 왜 그렇지요?

방문객 그렇게 하면 운동은 정지하고 정지는 운동하게 될 테니까. 둘 중 어느 하나가 다른 것이 되건 그것은 다른 것이 상반되는 것에 관여하는 이상 다른 것이 제 본성과 상반되는 것으로 변하도록 강요하기 때문이지.

테아이테토스 물론이지요.

방문객 하지만 둘 다 같은 것에도 관여하고 다른 것에도 관여할 걸세.

테아이테토스 네.

방문객 그렇다면 우리는 운동도 정지도 같은 것이거나 다른 것이라고 주장해서는 안 될 걸세.

테아이테토스 안 되고말고요.

방문객 그렇다면 우리는 존재하는 것과 같은 것을 하나로 생각해야 하나?

테아이테토스 아마도 그래야겠지요.

방문객 하지만 존재하는 것과 같은 것이 의미상 차이가 없다면, 우리는 운동과 정지가 둘 다 존재한다고 말함으로써 그것들은 둘 다 존재하기에 결국은 같은 것이라고 말하는 셈이 될 걸세.

테아이테토스 하지만 그것은 불가능해요.

방문객 그렇다면 같은 것과 존재하는 것은 하나일 수 없네.

테아이테토스 그건 사실상 불가능하겠지요.

방문객 그렇다면 우리는 세 형상에다 같은 것을 네 번째 형상으로 덧붙일까?

테아이테토스 당연히 그래야겠지요.

방문객 어떤가? 우리는 다른 것이 다섯 번째 형상이라고 말해야 하나? 아니면 다른 것과 존재하는 것은 하나의 유에 대한 두 이름이라고 생각해야 하나?

테아이테토스 아마도 그래야겠지요.

방문객 하지만 내 생각에 자네는 존재하는 것 가운데 어떤 것들은 그 자체로 존재하고, 어떤 것들은 언제나 다른 것들과의 관계 속에서 존재하는 것으로 말하여지는 데 동의하는 것 같네.

테아이테토스 물론이지요.

방문객 그러나 다른 것은 언제나 다른 것과의 관계 속에서 존재한다고 d 말하여지네. 그렇지 않은가?

테아이테토스 그렇지요.

방문객 만약 존재하는 것과 다른 것이 전혀 별개의 것이 아니라면 그런 일은 일어나지 않겠지. 만약 다른 것이 존재하는 것이 그러하듯 절대 존재와 상대 존재라는 두 가지 유 모두에 관여한다면, 다른 것과의 관계 속에서 존재하지 않는 다른 것의 유도 있었을 테니까. 그러나 지금 명백하게 밝혀진 바에 따르면, 다른 것은 무엇이든 필연적으로 다른 것과의 관계 속에서만 다른 것일세.

테아이테토스 말씀하신 그대로예요.

방문객 그렇다면 우리는 다른 것을 우리가 선택한 형상들 가운데 다섯 번째라고 말해야 할 걸세. e

테아이테토스 네.

방문객 또한 우리는 다른 것이 나머지 모두를 관통한다고 주장할 걸세. 왜냐하면 이들 각각이 나머지 모두와 다른 까닭은 그 자체의 본성 때문이 아니라, 다른 것의 형상에 관여하기 때문이니까.

테아이테토스 물론이지요.

방문객 그럼 다섯 형상을 하나씩 택해 이렇게 결론을 내리기로 하세.

테아이테토스 어떤 결론을 내린다는 거죠?

방문객 첫째, 운동은 정지와는 전적으로 다른 것일세. 아니면 무엇이라고 할까?

테아이테토스 맞아요.

방문객 그러니 운동은 정지가 아닐세.

테아이테토스 아니고말고요.

256a　**방문객** 하지만 운동은 존재하는 것에 관여하므로 존재하네.

테아이테토스 존재해요.

방문객 또한 운동은 같은 것과는 다르네.

테아이테토스 아마도 그렇겠지요.

방문객 그러니 운동은 같은 것이 아닐세.

테아이테토스 아니고말고요.

방문객 하지만 우리는 모든 것이 같은 것에 관여하기에 운동이 같은 것이라는 데 동의한 바 있네.[126]

테아이테토스 맞아요.

방문객 그렇다면 우리는 운동이 같은 것이자 같은 것이 아니라는 데 망

설이지 말고 동의해야 하네. 우리가 운동에 그런 표현들을 사용할 때
는 다른 관점에서 그렇게 하는 거니까. 우리가 운동이 같은 것이라고   b
말할 때는 운동이 자신과 관련하여 같은 것에 관여하기 때문일세. 그
러나 우리가 운동이 같은 것이 아니라고 말할 때는 운동이 다른 것과
함께하기 때문이네. 이렇게 다른 것과 함께함으로써 운동은 같은 것에
서 분리되어 같은 것이 아니라 다른 것이 된다네. 따라서 운동이 같은
것이 아니라고 말하는 것 역시 옳다네.

테아이테토스 물론이지요.

방문객 그렇다면 운동 자체가 어떻게든 정지에 관여한다면 운동이 정
지해 있다고 말해도 조금도 이상하지 않겠지?

테아이테토스 지당한 말씀이에요. 만약 유들 가운데 어떤 것들은 서로
섞이려 하지만 다른 것은 그러지 않는다면 말이에요.

방문객 하지만 그 점은 우리가 지금의 논의에 이르기 전에 벌써 증명했   c
고 본성적으로 그럴 수밖에 없다는 것을 보여준 바 있네.[127]

테아이테토스 물론이지요.

방문객 되풀이해서 말하거니와, 운동은 같은 것과 정지와 다르듯이 다
른 것과도 다르네.

테아이테토스 당연하지요.

방문객 그러니 우리 논리대로라면 운동은 어떤 점에서는 다른 것이 아

---

126 255a 참조.
127 251a~252c 참조.

니기도 하고 다른 것이기도 하네.

테아이테토스 맞아요.

방문객 그렇다면 다음은 어떤가? 우리는 운동이 처음 세 가지 유와는
d   다르지만 네 번째 유와는 다르지 않다고 말할까? 우리의 탐구 영역에
는 다섯 가지 유가 있다는 데 우리가 동의했으니 말일세.

테아이테토스 어떻게 그럴 수 있겠어요? 유들의 수가 지금 드러난 것보
다 더 적다는 데 우리가 동의할 수 없는데 말이에요.

방문객 그렇다면 우리는 운동이 존재하는 것과 다른 것이라고 두려워
말고 강력히 주장할까?

테아이테토스 털끝만큼도 두려워 말고 그래야겠지요.

방문객 그렇다면 분명 운동은 실제로 존재하지 않는 것이기도 하고, 존
재에 관여하니 존재하는 것이기도 하겠구먼.

테아이테토스 분명 그렇죠.

방문객 그렇다면 운동의 경우뿐 아니라 모든 다른 유들의 경우, 존재하
지 않는 것이 필연적으로 존재할 수 있을 걸세. 다른 것의 본성이 그것
e   들 하나하나를 존재하는 것과 다르게 만들어 존재하지 않는 것으로
만드는 만큼, 우리가 그것들은 모두 그런 의미에서 존재하지 않는 것들
이라고 말해도 옳고, 그것들은 모두 존재에 관여하므로 존재하는 것들
이라고 말해도 옳을 테니 말일세.

테아이테토스 그런 것 같아요.

방문객 그래서 개개 형상의 경우 존재하는 것도 많지만 존재하지 않는
것은 무수히 많다네.

테아이테토스 그런 것 같아요.

방문객 또한 존재하는 것 자체는 나머지 다른 것들과는 다른 것이라고 257a 말해야 하네.

테아이테토스 당연하지요.

방문객 그러니 우리가 보기에 존재하는 것은 그 밖의 모든 것이 존재하는 만큼 존재하는 것은 아닐세. 그 밖의 모든 것이 아니기에 존재하는 것 자체는 하나이고, 그 밖의 모든 것은 그 수가 무한히 많아도 존재하는 것은 아니기 때문일세.

테아이테토스 그런 것도 같아요.

방문객 그리고 우리는 이런 결론을 못마땅해할 필요는 없네. 서로 간의 결합을 받아들이는 것이 유들의 본성이니까. 하지만 누가 이를 인정할 수 없다면, 그는 먼저 우리의 이전 결론들을 논한 뒤에 그 후속 결론들을 논해야 할 걸세.

테아이테토스 지당한 말씀이에요.

방문객 이제 다음 문제를 살펴보기로 하세. b

테아이테토스 다음은 뭐죠?

방문객 우리가 '존재하지 않는 것'이라고 말할 때는, 존재하는 것에 반대되는 것이 아니라 단지 존재하는 것과 다른 것을 말하는 듯하네.

테아이테토스 어째서요?

방문객 예를 들어 우리가 어떤 것이 '크지 않다'고 말할 때, 자네가 보기에 우리의 이 표현은 같은 것보다는 작은 것을 가리키는 것 같은가?

테아이테토스 아니요.

소피스트 **569**

방문객 따라서 우리는 부정어(否定語)가 반대되는 것을 뜻한다는 주장에 동의하지 않을 걸세. 우리는 단지 부정어 'mē' 또는 'ou'[128]가 낱말들 앞에 놓이면 그 낱말들과 다른 것, 더 정확히 말해 부정어 다음 낱말들이 의미하는 것들과 다른 것을 지시한다는 데에만 동의할 걸세.

테아이테토스 전적으로 동의해요.

방문객 다음도 고찰해보세. 자네도 동의한다면 말일세.

테아이테토스 그게 뭐죠?

방문객 내가 보기에 다른 것의 본성은 지식처럼 세분되어 있는 것 같네.

테아이테토스 어째서죠?

방문객 지식도 분명 하나이지만 지식의 각 부분은 특수한 영역에 국한되어 저마다 고유한 명칭을 갖고 있네. 그래서 사람들은 기술도 많고 지식도 많다고 말하는 걸세.

테아이테토스 물론이지요.

방문객 다른 것의 본성의 부분들도 그 점에서는 마찬가지일세. 다른 것의 본성도 하나이지만 말일세.

테아이테토스 아마도 그렇겠지요. 하지만 우리는 이를 어떻게 설명하지요?

방문객 아름다운 것에 반대되는 다른 것의 부분이 있는가?

테아이테토스 있지요.

방문객 우리는 그것은 이름이 없다고 할까, 이름이 있다고 할까?

테아이테토스 이름이 있어요. 우리가 무엇을 '아름답지 않다'고 말하건 그것은 다름 아니라 아름다운 것의 본성과 다른 것이니까요.

방문객 그러면 자, 내게 다음을 말해주게.

테아이테토스 무얼 말인가요?

e

방문객 아름답지 않은 것이란 바로 존재하는 것들의 어떤 유에서 분리되었지만 또한 존재하는 것 중 어떤 것들에 반대되는 그런 것이 아닐까?

테아이테토스 그렇지요.

방문객 그렇다면 아름답지 않은 것은 결국 존재하는 것에 대한 존재하는 것의 대립의 일종인 것 같구먼.

테아이테토스 지당한 말씀이에요.

방문객 어떤가? 이런 논리대로라면 아름다운 것은 존재하는 것들에 더 속하고, 아름답지 않은 것은 존재하는 것들에 덜 속하는가?

테아이테토스 그렇지 않아요.

방문객 그렇다면 크지 않은 것이나 큰 것 자체나 똑같이 존재한다고 말 258a 해야 하나?

테아이테토스 네, 똑같이 존재해요.

방문객 그렇다면 우리는 올바르지 않은 것과 올바른 것의 관계도 같은 것으로 봐야 하지 않을까? 둘 중 어느 것도 다른 것보다 더 존재하는 것은 아니니까.

테아이테토스 물론이지요.

방문객 다른 것들에 대해서도 같은 말을 할 수 있겠지. 다른 것의 본성

---

128 영어의 'non' 또는 'not'에 해당하는 그리스어.

은 실제로 존재하기에 그 본성의 부분들도 그에 못지않게 존재하는 것으로 봐야 하니까.

테아이테토스 왜 아니겠어요?

방문객 그렇다면 다른 것의 부분의 본성과 존재하는 것의 본성의 대립
b 도, 이런 말을 해도 된다면, 존재하는 것 자체 못지않게 존재하는 것 같네. 그리고 그것은 존재하는 것에 반대되는 것이 아니라 존재하는 것과 다른 것을 의미할 뿐이네.

테아이테토스 그 점은 명백해요.

방문객 그러면 우리는 그런 대립을 무엇이라고 부를까?

테아이테토스 그건 분명 존재하지 않는 것이지요. 우리가 소피스트 때문에 찾으려던 바로 그거란 말이에요.

방문객 그렇다면 그것은 자네 말처럼 어느 것 못지않게 존재하는 것인가? 그래서 우리는 앞으로 존재하지 않는 것은 나름대로 본성을 갖고
c 있다고 과감하게 말해야 하는가? 그리고 마치 큰 것은 컸고, 아름다운 것은 아름다웠고, 크지 않은 것은 크지 않았고, 아름답지 않은 것은 아름답지 않았듯이, 마찬가지로 우리는 존재하지 않는 것도 존재하지 않는 것이었고 존재하지 않는 것이니, 존재하는 많은 것 가운데 하나의 형상으로 간주해야 한다고 말해야 하는가? 테아이테토스, 우리는 이에 대해 여전히 어떤 의구심을 품고 있는가?

테아이테토스 아니요.

방문객 그렇다면 자네는 파르메니데스에 대한 우리의 불신이 그분이 금지한 선을 넘어섰다는 것을 알겠는가?

테아이테토스 어째서 그렇지요?

방문객 우리는 계속 앞으로 나아가다가 그분이 탐구하기를 금지한 것 이상을 그분에게 보여주었으니까.

테아이테토스 무슨 말씀이신지요?

방문객 그분은 어딘가에서 이렇게 말씀하시기 때문이지.   d

존재하지 않는 것들이 존재한다고는 결코 입증되지 않으리라.
그러니 자네는 사유가 탐구의 이 길로 들어서지 못하게 하라.[129]

테아이테토스 네, 그분은 그렇게 말씀하세요.

방문객 하지만 우리는 존재하지 않는 것들이 존재한다고 입증했을뿐더러 존재하지 않는 것의 형상이 무엇인지도 밝혔네. 다른 것의 본성은 존재할뿐더러 세분되어 상호관계 속에서 존재하는 모든 것에 분산되어 있다는 점을 입증하고 나서, 우리는 다른 것의 본성의 어떤 부분이 존재하는 것에 대립되든 간에 바로 그 부분이 존재하지 않는 것이라고 감히 말했으니 말일세.   e

테아이테토스 손님, 제 생각에 우리가 한 말은 전적으로 옳았던 것 같은데요.

방문객 그렇다면 어느 누구도 우리가 존재하지 않는 것은 존재하는 것

---

129 237a 참조.

에 반대된다고 단언하면서도 존재하지 않는 것이 존재한다고 감히 주장한다고 말하지 못하게 하세. 존재하는 것에 반대되는 것과 관련해서는, 그런 것이 존재하는가 아니면 존재하지 않는가, 정의할 수 있는가 아니면 전혀 정의할 수 없는가 하는 문제는 우리가 아까[130] 논의하지 않기로 했으니 말일세. 그러나 우리가 방금 존재하지 않는 것이라고 말한 것과 관련해서는 누가 우리 주장이 틀렸다고 논박하며 우리를 설득하거나, 그럴 수 없다면 우리 주장을 받아들여야 할 걸세. 우리 주장은 다음과 같네. 유들은 서로 섞인다. 존재하는 것과 다른 것은 만물을, 그리고 서로를 관통한다. 다른 것은 존재하는 것에 관여하고 존재하는 것에 관여함으로써 존재하지만 그것이 관여하는 그 존재가 아니라 그 존재와는 다르며, 존재하는 것과 다르기에 분명 존재하지 않는 것일 수밖에 없다. 또한 존재하는 것은 다른 것에 관여함으로써 여타 유들과 다른 것이 될 것이다. 그리고 존재하는 것은 여타 유들 각각도 아니고 전부도 아니며 그 자체일 뿐이다. 그래서 존재하는 것은 이론의 여지없이 수백만 가지가 있는 것이 아니며, 다른 것들도 개별적으로든 전체적으로든 많은 경우에는 존재하고 많은 경우에는 존재하지 않는다.

테아이테토스 옳은 말씀이에요.

방문객 그리고 누가 이런 모순들을 믿지 않는다면 이런 모순들을 스스로 연구하여 우리가 방금 말한 것보다 더 나은 것을 말해야 하네. 그러지 않고 만약 그가 어려운 것이라도 생각해낸 것처럼 어떤 때는 이쪽으로 어떤 때는 저쪽으로 논의를 끌고 다니기를 즐긴다면, 그는 그렇게 진지하게 대할 가치도 없는 일에 진지한 것일세. 우리의 지금 논의에 따른다면 말일세. 그것을 발견하는 것은 현명한 일도 어려운 일도 아니니까. 오히려 이런 일이 어렵고도 아름답네.

테아이테토스 그게 뭐죠?

방문객 그것은 우리가 이미 말한 것일세. 이런 궤변들은 못 들은 척 넘기면서 누가 하는 말을 뒤따라가며 조목조목 반박할 수 있는 능력 말일세. 그가 다른 것이 어떤 의미에서는 같다고, 같은 것이 어떤 의미에서는 다르다고 말할 때, 우리는 당연히 그가 어떤 의미에서 그런 말을 하며 어떤 관점에서 사물이 같다거나 다르다고 말하는 것인지 정확히 알아야 하네. 그러나 누가 어떤 의미에서는 같은 것이 다른 것이고, 다른 것이 같은 것이며, 큰 것이 작은 것이고, 비슷한 것이 비슷한 것이 아니라는 것을 보여주는 것은, 그리고 논의 중에 매번 그런 모순들을 제시하며 즐기는 것은 분명 진정한 비판이 아니라, 이제야 존재하는 것들과 접촉하기 시작한 누군가의 갓 태어난 미숙아일세.

테아이테토스 물론이지요.

방문객 그리고 여보게, 모든 것을 모든 것에서 떼어놓으려 시도하는 것은 부적절할뿐더러 무사 여신과 철학에 정면으로 도전하는 행위일세.

테아이테토스 어째서 그렇지요?

방문객 각각을 전체에서 떼어놓는 것은 모든 말[語][131]의 최종적인 해체일세. 우리가 말을 할 수 있는 것은 형상들의 결합 때문이니까.

---

130 238c 참조.

131 logos.

테아이테토스 옳은 말이에요.

260a **방문객** 그렇다면 알아두게. 우리는 지금 적기에 분리주의자들과 싸우면서 하나의 사물은 다른 사물과 섞인다는 점을 인정하도록 그들에게 강요하고 있는 것이라네.

테아이테토스 무엇을 위해서죠?

방문객 우리의 말이 존재하는 유들 중 하나가 되도록 하기 위해서지. 우리가 말을 빼앗기면 철학을 빼앗기게 되는데, 그거야말로 가장 큰일이니까. 게다가 우리는 지금 말이 무엇인지에 합의해야 하네. 만약 말의 존재를 완전히 빼앗기면 우리는 당연히 더는 말할 수 없게 될 걸세.

b 그리고 어떤 것도 다른 어떤 것과 섞이지 않는다고 인정하면 우리는 말의 존재를 빼앗기게 되네.

테아이테토스 맞아요. 하지만 우리가 왜 지금 말이 무엇인지 합의해야 하는지 모르겠네요.

방문객 이 길로 나를 따라오면 아마 가장 쉽게 이해할 수 있겠지.

테아이테토스 그게 어떤 길이지요?

방문객 우리는 존재하지 않는 것이 나머지 유들 가운데 하나로서 존재하는 것들 전체에 분산되어 있다는 것을 밝혀냈네.

테아이테토스 그렇지요.

방문객 그러면 다음에는 존재하지 않는 것이 의견[132]이나 말과 섞이는지 고찰해야 할 걸세.

테아이테토스 왜 그렇지요?

c **방문객** 만약 존재하지 않는 것이 의견이나 말과 섞이지 않는다면 모든

것은 필연적으로 참이지만, 만약 섞인다면 거짓된 의견과 거짓말이 생겨날 걸세. 존재하지 않는 것을 생각하거나 말하는 것은 생각과 말의 영역에서 생기는 거짓이니까.

테아이테토스 그렇지요.

방문객 그리고 거짓이 있는 곳에는 속임[133]이 있네.

테아이테토스 네.

방문객 그리고 속임이 있으면, 모든 것은 모상들과 닮은꼴들과 환영들로 가득차기 마련일세.

테아이테토스 왜 아니겠어요?

방문객 그런데 우리는 소피스트가 이 영역 어딘가로 피신해와서는 거짓이 있을 수 있다는 것을 전적으로 부인했다고 말했네. 존재하지 않는 것은 어떤 식으로도 존재에 관여하지 않는 만큼 어느 누구도 존재하지 않는 것을 생각하거나 말할 수 없다는 이유에서 말일세.

테아이테토스 네, 그는 그렇게 말했어요.

방문객 그러나 이제는 존재하지 않는 것이 존재하는 것에 관여한다는 점이 밝혀졌으니, 소피스트는 아마 더는 이 점을 놓고 다투려 하지 않을 걸세. 그러나 그는 아마 어떤 형상들은 존재하지 않는 것에 관여하지만 어떤 형상들은 관여하지 않는데, 말과 의견은 관여하지 않는 것들에 속한다고 말하겠지. 우리는 그가 모상 제작술과 환영 제작술에

---

132 doxa. 의견은 지식(episteme)과 반대되는 거짓된 앎이다.
133 apate.

종사한다고 말했지만, 그는 그런 기술들은 아예 존재하지 않는다고 또

다시 강변하겠지. 의견과 말은 존재하지 않는 것에 관여하지 않으며 그

런 관여가 없으면 거짓은 아예 존재할 수 없다는 이유에서 말일세. 따

라서 우리는 먼저 말과 의견과 환영이 무엇인지 탐색해야 할 걸세. 그

것들이 나타나면 우리가 그것들이 존재하지 않는 것에 관여한다는 점

261a 을 밝혀내고, 그걸 밝혀냄으로써 거짓이 존재한다는 점을 입증하고,

그걸 입증함으로써 소피스트를 그 안에 가둘 수 있도록 말일세. 만약

소피스트를 붙잡을 수 있다면. 아니면 우리는 그를 놓아주고 다른 유

에서 그를 찾을 걸세.

테아이테토스 손님, 우리는 처음에 소피스트는 사냥하기 어려운 족속이

라고 말했는데, 그 말은 사실인 것 같군요. 그에게는 수많은 방벽이 있

어서, 그가 자기 앞에 방벽 중 하나를 치면 우리는 소피스트 자신에게

도달하기 전에 먼저 그 방벽을 통과하기 위해 싸워야 할 것 같으니까

요. 조금 전에도 우리가 존재하지 않는 것은 존재할 수 없다는 그의 방

b 벽을 간신히 돌파하자마자 그는 다른 방벽을 쳤고, 그래서 우리는 말

과 의견에도 거짓이 있다는 것을 증명해야 하니 말이에요. 이 방벽 다

음에는 또 다른 방벽이 있을 거고, 그다음에는 또 다른 방벽이 있어서

한도 끝도 없을 것 같아요.

방문객 테아이테토스, 조금이라도 앞으로 나아갈 수 있다면 기운을 내

야지. 왜냐하면 이런 상황에서 자포자기한다면, 전혀 앞으로 나아갈

수 없거나 도로 뒤로 밀리는 다른 상황에서는 무엇을 할 수 있겠나? 그

c 런 사람은 속담처럼 도시를 함락하기 어려울 걸세. 하지만 여보게, 우

리는 자네가 말하는 방벽을 돌파한 만큼 가장 큰 방벽은 이미 함락했으니, 나머지는 더 낮아서 함락하기가 더 쉬울 걸세.

테아이테토스 좋은 말씀이에요.

방문객 그렇다면 조금 전에 내가 말했듯이 먼저 말과 의견을 고찰하기로 하세. 존재하지 않는 것이 이 둘과 접촉하는지, 아니면 이것들은 둘 다 전적으로 참이고 둘 중 어느 것도 거짓이 아니라는 점을 우리가 더 명확히 설명할 수 있도록 말일세.

테아이테토스 옳은 말씀이에요.

방문객 그렇다면 자, 우리가 아까 형상들과 문자들에 관해 말한 것[134]과 같은 방식으로 이번에는 낱말들에 관해 고찰해보세. 우리가 지금 찾는 것은 그 근처에서 나타날 것 같으니까. $\quad$ d

테아이테토스 우리는 낱말들에 관한 어떤 질문에 답해야 하나요?

방문객 낱말들은 모두 서로 결합하느냐, 아니면 어떤 것도 서로 결합하지 않느냐, 아니면 어떤 것들은 결합하려 하지만 어떤 것들은 그러지 않느냐 하는 것일세.

테아이테토스 그야 분명 어떤 것들은 결합하려 하지만, 어떤 것들은 그러지 않겠지요.

방문객 자네 말은 아마도 어떤 것을 의미하는 낱말들은 차례차례 말하면 서로 결합하지만, 아무것도 의미하지 않는 낱말들은 연속되어 있어 $\quad$ e

---

134 253a 참조.

도 결합하지 않는다는 뜻인 것 같구먼.

테아이테토스 무슨 말씀이신지요?

방문객 조금 전 자네가 내 말에 동의했을 때 염두에 두었을 것으로 생각되는 것 말일세. 음성을 통해 존재에 관해 무엇인가를 지시하는 데는 두 가지가 있네.

테아이테토스 어째서 그렇지요?

262a　**방문객** 한 가지는 명사라 불리고, 다른 것은 동사라고 불리지.

테아이테토스 그 둘이 각각 무엇인지 설명해주세요.

방문객 우리는 행위를 지시하는 것을 동사라고 부르네.

테아이테토스 네.

방문객 반면 음성으로 행위자를 지시하는 것이 명사일세.

테아이테토스 물론이지요.

방문객 따라서 말[135]은 명사만을 잇달아 말한다고 해서 성립되는 것도 아니고, 명사 없이 동사들만을 말한다고 해서 성립되지도 않네.

테아이테토스 그게 무슨 말씀인지 모르겠네요.

b　**방문객** 조금 전 자네가 내 말에 동의했을 때 분명 다른 것을 염두에 두고 있었던 것 같구먼. 내가 말하려고 한 바는, 단지 그런 낱말들을 이렇게 잇달아 말한다고 말이 성립되는 것은 아니라는 것이었네.

테아이테토스 그게 어떤 식이죠?

방문객 이를테면 '걷는다' '달린다' '잔다'와 그 밖에 행위를 지시하는 모든 다른 동사는, 누가 그것들을 모두 잇달아 말해도 말이 성립되지 않는다네.

테아이테토스 물론이지요.

방문객 또한 누가 '사자' '사슴' '말'과 행위자를 지시하는 다른 낱말들을 말한다 해도, 낱말들을 그런 식으로 연결해서는 말이 성립되지는 $\quad$ c 않네. 그가 첫 번째 방식 또는 두 번째 방식으로 입 밖에 낸 소리들은 행위도 비(非)행위도 또는 존재하는 것이나 존재하지 않는 것의 존재도 표현하지 못하니까. 그가 동사들을 명사들과 섞기 전에는. 그러나 그가 그렇게 하면 낱말들이 결합하여, 명사와 동사의 최초의 엮임에서 가장 간단한 최초의 말이 생겨난다고 할 수 있겠지.

테아이테토스 정확히 무슨 말씀이신지요?

방문객 누가 '사람이 배운다'라고 말하면, 자네는 이것이 가장 작은 최초의 말이라고 말할 텐가?

테아이테토스 네, 저는 그렇게 말할래요. $\quad$ d

방문객 그럴 테지. 그렇게 함으로써 그는 존재하는, 또는 생성되고 있는, 또는 생성된, 또는 존재할 무엇인가에 관해 말하게 될 테니까. 그리고 그는 동사를 명사와 엮음으로써 단지 이름만 말하는 것이 아니라 무엇인가를 한정(限定)한다네. 그래서 우리는 그가 이름만 말하는 것이 아니라 말한다고 했던 것이네. 이런 엮음이 우리가 '말'이라고 부르는 것이니까.

테아이테토스 옳은 말씀이에요.

방문객 그래서 사물들도 어떤 것들은 서로 결합하고 어떤 것들은 서로

결합하지 않듯이, 음성의 기호들도 어떤 것들은 서로 결합하지 않고 어

e 떤 것들은 서로 결합하여 말을 만들어낸다네.

테아이테토스 전적으로 동의해요.

방문객 아직도 사소한 쟁점 하나가 남아 있네.

테아이테토스 그게 뭐죠?

방문객 모든 말은 어떤 것에 대한 말이고, 어떤 것에 대한 말이 아닐 수

없네.

테아이테토스 그렇지요.

방문객 그렇다면 말도 필연적으로 어떤 특성을 띠겠지?

테아이테토스 물론이지요.

방문객 그렇다면 이번에는 우리 자신에게 주의를 기울여보기로 하세.

테아이테토스 당연히 그래야겠지요.

방문객 그렇다면 내가 명사와 동사를 사용하여 사물을 행위와 결합시

키는 말을 할 테니, 자네는 이 말이 무엇에 관한 것인지 지적해주게.

263a **테아이테토스** 힘닿는 데까지 그렇게 할게요.

방문객 '테아이테토스가 앉아 있다.' 이것은 아주 긴 말은 아니겠지?

테아이테토스 아주 길지는 않고, 적당히 길어요.

방문객 자네가 할 일은 이 말은 무엇에 관한 것이고, 그 주체는 누구인

지 지적하는 것일세.

테아이테토스 그야 분명 나에 관한 것이고, 그 주체는 나겠지요.

방문객 그렇다면 다음은 어떤가?

테아이테토스 그게 뭐죠?

방문객 '지금 나와 대화하고 있는 테아이테토스가 날고 있다.'

테아이테토스 그 말 역시 나에 관한 것이고 그 주체는 나라고 누구나 인정하겠지요.

방문객 그렇지. 그래서 우리는 모든 말은 필연적으로 어떤 특성을 띤다고 말하는 걸세.

테아이테토스 네.

b

방문객 우리는 이 말들이 각각 어떤 특성을 띤다고 말해야 하나?

테아이테토스 하나는 거짓이고 하나는 참이에요.

방문객 둘 중 참말은 자네에 관해 존재하는 것들을 존재하는 그대로 말하네.

테아이테토스 물론이지요.

방문객 거짓말은 존재하는 것들과 다른 것들을 말하네.

테아이테토스 네.

방문객 그러니까 거짓말은 존재하지 않는 것들에 관해 존재하는 것처럼 말하는 것일세.

테아이테토스 그런 것 같네요.

방문객 그것은 또한 자네에 관해 존재하는 것들과 다른 것들을 말하네. 각각의 사물과 관련하여 존재하는 것도 많지만 존재하지 않는 것도 많다는 것이 우리 주장이니까.[136]

---

136 256e 참조.

테아이테토스 그렇고말고요.

c **방문객** 자네에 관한 내 두 번째 말은 우선 발언의 성격에 관한 우리의 정의에 따르면 필연적으로 가장 짧은 말 가운데 하나일세.

테아이테토스 아무튼 우리는 조금 전에 그 점에 동의했어요.

방문객 둘째, 그것은 필연적으로 어떤 것에 관한 말일세.

테아이테토스 그렇지요.

방문객 그리고 그것이 자네에 관한 것이 아니라면, 다른 어떤 것에 관한 것도 아닐세.

테아이테토스 물론이지요.

방문객 그리고 그것이 어떤 것에 관한 말도 아니라면 결코 말일 수 없을 걸세. 우리는 어떤 것에 관한 것도 아닌 말은 결코 존재할 수 없다는 점을 입증했으니 말일세.

테아이테토스 지당한 말씀이에요.

d **방문객** 그러나 만약 누가 자네에 관해 말하되 다른 것들을 같은 것들이라고, 또는 존재하지 않는 것들을 존재하는 것들이라고 말한다면, 동사와 명사의 그런 결합에서 생겨나는 것은 다름 아니라 정말로 그리고 진실로 거짓말인 것 같네.

테아이테토스 그렇고말고요.

방문객 어떤가? 생각과 의견과 환영 같은 유들도 모두 우리 혼 안에서 거짓으로도 참으로도 생겨날 수 있다는 것이 이제는 분명하지 않은가?

테아이테토스 어째서 그렇지요?

방문객 자네가 그걸 좀 더 쉽게 알 수 있는 방법은 먼저 그것들이 어떤

것이며, 저마다 어떤 점에서 서로 다른지 파악하는 것일세. e

테아이테토스 제발 설명해주세요.

방문객 생각[137]과 말은 같은 것이 아닌가? 생각이라고 불리는 것은 혼의 자기와의 무언의 대화라는 점 말고는 말일세.

테아이테토스 그렇고말고요.

방문객 그러나 입을 통해 혼에서 나오는 소리의 흐름은 말이라고 불리지?

테아이테토스 네, 맞아요.

방문객 그리고 우리가 알기에 말에는 한 가지가 더 포함되네.

테아이테토스 그게 뭐죠?

방문객 긍정과 부정[138] 말일세.

테아이테토스 네, 우리는 그렇게 알고 있어요.

방문객 그런 것이 생각을 통해 소리 없이 혼 안에서 생겨날 때, 자네는 264a 그것을 의견 말고 다른 이름으로 부를 수 있는가?

테아이테토스 어떻게 다른 이름으로 부를 수 있겠어요?

방문객 어떤가? 의견이 독자적으로가 아니라 감각[139]을 통해 누군가에게 생긴다면, 그런 경험을 환영 말고 다른 이름으로 올바르게 부를 수 있을까?

137 dianoia.
138 phasis kai apopasis.
139 aisthesis.

테아이테토스 다른 이름은 없어요.

방문객 그렇다면 말에는 참말과 거짓말이 있고, 생각은 혼의 자기와

b 의 대화이며, 의견은 생각의 결말이고, 환영은 감각과 의견의 섞임

이라는 것이 밝혀졌네. 그러니 이것들은 말과 친족 간인 만큼, 필연

적으로 그중 어떤 것들은 어떤 때에는 거짓일 수밖에 없네.

테아이테토스 물론이지요.

방문객 그렇다면 자네는 우리가 거짓 의견과 거짓말을 조금 전에 예상

한 것보다 더 일찍 발견했다는 것을 알겠는가? 그때는 우리가 그런 것

들을 찾는 것은 도저히 끝나지 않을 일에 착수하는 것이 아닌가 하는

두려움을 떨쳐버릴 수 없었으니 말일세.

테아이테토스 알고말고요.

c **방문객** 아직도 남은 일에 낙담하지 말고, 이제 그런 것들이 밝혀졌으니

형상에 따른 이전 분류로 되돌아가세.

테아이테토스 어떤 분류들 말씀이죠?

방문객 우리는 모상 제작술을 닮은꼴 제작술과 환영 제작술이라는 두

종류로 나눈 바 있네.

테아이테토스 네.

방문객 또한 우리는 소피스트를 이 둘 가운데 어느 것에 배정해야 할지

난처하다고도 말했네.

테아이테토스 그랬지요.

방문객 우리가 난처해하고 있을 때 우리의 모든 주장을 반박하는 주장

이 등장하여 우리를 더욱더 얼떨떨하게 만들었네. 그 주장인즉, 거짓

같은 것은 어떤 방법으로도, 어느 때에도, 어느 곳에도 존재할 수 없으므로 닮은꼴이나 모상이나 환영 따위는 아예 존재하지 않는다는 것이 d 었네.

테아이테토스 맞아요.

방문객 그러나 이제는 거짓말과 거짓 의견이 존재한다는 것이 밝혀졌으니, 존재하는 것들의 모방물들이 존재할 수 있고 그런 심적 상태에서는 속임수가 생겨날 수 있네.

테아이테토스 물론이지요.

방문객 그리고 우리는 이전 논의에서 소피스트가 이 둘 중 어느 것에 속하는지 이미 합의한 바 있네.

테아이테토스 네.

방문객 그렇다면 우리 앞에 놓인 유를 다시 둘로 쪼개보세. 우리는 앞 e 으로 나아가되 언제나 우리가 나눈 것의 오른쪽 부분을 따라가면서 소피스트가 관여하는 것을 꼭 붙들기로 하세. 그가 다른 것들과 공유하는 것을 우리가 다 벗길 때까지 말일세. 그리하여 그의 고유한 본성만 남게 되면 우리는 그것을 누구보다도 우리 자신에게 보여주고, 그런 265a 다음 이런 탐구 방법에 본성상 가장 가까운 부류의 사람들에게도 보여줄 수 있겠지.

테아이테토스 옳은 말씀입니다.

방문객 처음에 우리는 기술을 제작술과 획득술로 나누었네.

테아이테토스 물론이지요.

방문객 그런데 소피스트는 획득술 중에서도 사냥술, 경쟁, 장사 등등에서 우리 앞에 모습을 드러냈지?

테아이테토스 그랬지요.

방문객 하지만 이제 모방술이 소피스트를 에워쌌으니, 먼저 제작술을
b 둘로 나누어야 한다는 것이 분명하네. 모방은 우리 주장에 따르면 개
개의 사물 자체가 아니라 모상들의 제작이긴 해도 일종의 제작이니까.
그렇지 않은가?

테아이테토스 전적으로 동의해요.

방문객 그렇다면 먼저 제작에는 두 종류가 있다는 것을 인정하세.

테아이테토스 그게 어떤 것들이죠?

방문객 하나는 신적인 것이고, 다른 하나는 인간적인 것일세.

테아이테토스 아직은 이해하지 못하겠어요.

방문객 우리가 처음에 말한 것을 떠올려보세. 처음에 존재하지 않던 것
들이 나중에 존재하게 해줄 수 있는 모든 능력을 우리는 제작술이라고
정의했네.

테아이테토스 기억나요.

c **방문객** 죽기 마련인 모든 동물, 씨앗과 뿌리에서 자라는 땅 위의 모든
식물, 녹든 녹지 않든 땅속에 뭉쳐 있는 생명 없는 모든 물체가 이전에
는 존재하지 않다가 신이라는 장인 말고 다른 것에 의해 나중에 존재
하게 된 것이라고 우리는 주장할 것인가? 아니면 우리는 그런 것들에
대한 일반 대중의 의견에 동의할 것인가?

테아이테토스 그게 어떤 거죠?

방문객 자연이 어떤 자동적이며 생각 없는 원인에서 그런 것들을 낳는

다는 의견 말일세. 아니면 우리는 그것들이 이성에 의해, 그리고 신에게서 유래한 신적인 지식에 의해 존재하게 된 것이라고 말할까?

테아이테토스 저는 아마 나이가 젊은 탓이겠지만, 가끔 두 견해 사이 d를 오락가락해요. 하지만 지금 선생님 얼굴을 보니 선생님께서는 그것들이 신에 의해 존재하게 되었다고 생각하는 것 같아, 저도 그렇다고 생각할래요.

방문객 훌륭한 말일세, 테아이테토스. 만약 내가 자네를 나중에 생각을 바꿀 그런 부류 중 한 명이라고 생각한다면, 자네가 내 주장에 동의하도록 꼼짝할 수 없는 논리로 강요하겠지. 하지만 나는 자네의 본성이 내가 논리로 강요하지 않아도 자진하여 지금 자네가 끌린다고 말하 e는 그쪽으로 나아가리라는 것을 알기에 설득하는 일은 그만두겠네. 그건 시간 낭비니까. 그러니 이른바 자연에 의해 만들어졌다는 것들은 신의 기술이 낳은 작품들이고, 그것들을 원료로 해서 인간에 의해 조립된 것들은 인간의 기술이 낳은 작품들이라고 하세. 이 논리대로라면 제작술에는 인간적인 것과 신적인 것 두 종류가 있네.

테아이테토스 옳은 말씀이에요.

방문객 그것들은 둘이니, 그 각각을 다시 둘로 나누게.

테아이테토스 무슨 말씀이신지요?

방문객 전에 제작술 전체를 가로로 잘랐듯이, 이번엔 세로로 자르라는 266a말일세.

테아이테토스 잘랐다고 쳐요.

방문객 그리하여 전부 네 부분이 생겨났는데, 그중 둘은 우리와 관계있어 인간적이고 나머지 둘은 신과 관계있어 신적일세.

테아이테토스 네.

방문객 그리고 그것들을 다시 다른 방법으로[140] 나누면, 각 부분의 한 쪽은 사물 자체의 제작이 될 것이고 나머지 두 쪽은 모상의 제작이라고 부르는 것이 가장 적절할 걸세. 그리하여 제작술은 다시 둘[141]로 나뉘었네.

b **테아이테토스** 두 부분[142]이 각각 어떻게 나뉘는지 다시 설명해주세요.

방문객 우리 자신과 다른 동물들과 이들의 구성요소인 불, 물 등등은, 우리가 알기로, 저마다 모두 신이 제작한 사물들 자체일세. 그렇지 않은가?

테아이테토스 그래요.

방문객 그리고 이것들 각각에는 모상들이 뒤따르는데, 모상들은 사물 자체는 아니지만 역시 초인간적인 고안 덕분에 생겨난 것들일세.

테아이테토스 그게 어떤 것들이죠?

방문객 꿈결에 또는 낮에 저절로 생긴다는 환영들 말일세. 그것들은 불 속에 어둠이 생길 때의 그림자이거나, 내부의 빛과 외부의 빛이 반짝

c 이는 매끄러운 표면에서 만나 평상시의 시각에 상반되는 감각을 제공하는 형상을 만들어낼 때의 반사(反射)와 같은 것일세.

테아이테토스 네, 그 둘이 신이 제작한 작품들이에요. 사물 자체와 그 각각에 수반되는 모상 말이에요.

방문객 인간의 기술은 어떤가? 우리는 건축술에 의해서는 집 자체를 짓고, 그림 그리기 기술에 의해서는 깨어 있는 사람들을 위해 인간이 만

든 꿈과 같은 다른 집을 짓는다고 말하지 않는가?

테아이테토스 물론 그렇게 말하지요.   d

방문객 그렇다면 마찬가지로 다른 경우에도 인간의 제작술이 만든 작품들은 두 가지일세. 사물 자체의 제작술이 만드는 사물 자체와 모상 제작술이 만드는 모상 말일세.

테아이테토스 이제야 더 잘 알 것 같아요. 그래서 저는 제작물에는 두 종류가 있고, 그것들은 저마다 이중적이라는 점을 인정하려 해요. 가로로 나누면 신적인 제작물과 인간적인 제작물이 있고, 세로로 나누면 사물 자체와 그것의 자식인 유사물이 있다고 말이에요.

방문객 또한 우리는 모상 제작술의 한 부분은 닮은꼴 제작술이고 다른 부분은 환영 제작술이라는 것을 명심해야 할 걸세. 만약 거짓이 거짓   e
으로서 실제로 존재하고 본성상 존재하는 것 가운데 하나라는 점이 밝혀진다면 말일세.

테아이테토스 아닌 게 아니라 그랬지요.

방문객 그런데 그렇다는 것이 밝혀졌으니 우리는 이제 주저 없이 닮은꼴 제작과 환영 제작을 별개의 두 종류로 간주해도 되겠지?

테아이테토스 네.

방문객 그렇다면 우리가 환영 제작을 다시 둘로 나눈다고 가정해보게.   267a

---

140 가로로. 신적인 것과 인간적인 것으로 나누는 것을 말한다.
141 사물 자체와 모상.
142 신적인 것과 인간적인 것.

테아이테토스 어떻게 나눈다는 거죠?

방문객 하나는 도구를 통해 만들어지는 환영이고, 다른 하나는 환영을 만드는 사람이 자기 몸을 도구로 사용할 때 생겨나는 것일세.

테아이테토스 무슨 말씀이신지요?

방문객 누가 자기 몸이나 목소리를 사용해 자네의 몸이나 목소리와 비슷한 것을 만든다면, 환영 제작술의 이 부분은 대개 모방이라고 불리네.

테아이테토스 네.

방문객 우리는 이 부분을 모방술이라고 부르며 거기에만 전념하고, 다른 것은 모두 마음을 느긋이 먹고 다른 사람에게 맡겨서 그가 그것들을 하나로 모아 거기에 적당한 이름을 붙이게 하세.

b

테아이테토스 우리는 하나에만 전념하고 다른 것은 내버려두기로 해요.

방문객 하지만 테아이테토스, 모방술에도 두 종류가 있다고 생각할 이유가 있네. 왜 그런지 고찰해보게.

테아이테토스 말씀해주세요.

방문객 모방하는 사람들 가운데 어떤 사람들은 자기가 무엇을 모방하는지 알고 모방하고, 어떤 사람들은 모르고 모방하네. 그런데 모르는 것과 아는 것보다 더 큰 차이가 어디 있겠는가?

테아이테토스 더 큰 차이는 있을 수 없어요.

방문객 그런데 우리가 조금 전에 말한 모방은 아는 사람들의 모방이 아니겠는가? 누가 자네를 모방하려면 자네와 자네의 겉모습을 알아야 할 테니까.

c

테아이테토스 물론이지요.

방문객 정의와 미덕 일반의 겉모습은 어떤가? 많은 사람이 그에 관한 지식은 없고 의견만 갖고 있으면서도 자신들이 그렇게 의견만 갖고 있는 것을 실제로 갖고 있는 것처럼 보이려고 열심히 노력하며, 말과 행동으로 그것을 최대한 모방하지 않는가?

테아이테토스 아주 많은 사람들이 그렇게 해요.

방문객 그리고 그들은 전혀 올바르지 않으면서 올바르게 보이는 데 모두 실패하는가? 아니면 사실은 그와 정반대인가?

테아이테토스 정반대예요.

방문객 그렇다면 모르면서 모방하는 자는 알면서 모방하는 자와는 다   d
른 사람이라고 해야 할 것 같네.

테아이테토스 네.

방문객 그렇다면 그것들 각각을 위해 어디서 적당한 이름을 구할 수 있을까? 그것은 분명 쉬운 일이 아닐세. 옛사람들 사이에는 어떤 태만함과 산만함이 있어서, 이것이 유를 형상에 따라 구별하는 것을 방해한 것 같으니 말일세. 그러니 이름이 넉넉할 수가 없지. 그럼에도 우리는 구별을 위해 좀 대담한 표현이긴 하지만 의견에 근거한 모방은 의견 모   e
방술[143]이라 부르고 지식에 근거한 모방은 과학적인 모방[144]이라 부르기로 하세.

테아이테토스 그렇게 하시죠.

---

143 doxomimetike.

144 historike mimesis.

방문객 그렇다면 우리의 관심사는 전자일세. 소피스트는 아는 사람들이 아니라 모방하는 사람들에 속하니까.

테아이테토스 그렇고말고요.

방문객 그렇다면 우리는 의견 모방자를 무쇠인 양 살펴보기로 하세. 그가 건강한지, 그의 안에 어떤 균열이 생겼는지 보기 위해서 말일세.

테아이테토스 살펴보기로 해요.

방문객 아닌 게 아니라 그의 안에는 몹시 큰 균열이 생겼구먼. 의견 모방자들 중 한 부류는 순진해서 자기가 의견만 갖고 있는 것들을 안다고 생각하네. 토론에 능한 다른 부류는 자기가 남들 앞에서 아는 척하는 것을 사실은 모르는 것이 아닐까 의심하고 두려워한다네.

테아이테토스 선생님께서 말씀하신 두 부류가 존재한다는 것은 확실합니다.

방문객 그렇다면 우리는 한쪽은 단순 모방자로, 다른 한쪽은 위장 모방자[145]로 간주할까?

테아이테토스 그러는 게 적절할 것 같아요.

방문객 그렇다면 위장 모방자는 한 종류인가, 두 종류가 있는가?

테아이테토스 선생님께서 직접 보세요.

방문객 보아하니, 두 명이 분명하게 내 앞에 모습을 드러내는구먼. 내가 보기에 한 명은 공석에서 대중에게 긴 연설을 하여 위장할 수 있는 사람이고, 다른 한 명은 사석에서 짧은 말로 대담자가 앞뒤가 맞지 않는 말을 하도록 강제하는 사람일세.

테아이테토스 지당한 말씀이에요.

268a

b

방문객 우리는 긴 연설을 하는 사람을 무엇이라고 선언할까? 정치가라고 할까, 아니면 대중 연설가라고 할까?

테아이테토스 대중 연설가라고 해요.

방문객 다른 사람은 무엇이라고 할까? 현자[146]라고 할까, 아니면 소피스트라고 할까?

테아이테토스 그는 현자일 수 없어요. 우리는 그를 무지한 사람으로 간주했으니까요. 그러나 그는 현자를 모방하는 사람이므로 분명 '현자' c 에서 파생된 이름을 가지겠지요. 그리고 저는 우리가 그를 다름 아니라 진정한 소피스트라고 불러야 한다는 것을 이제 알 것 같아요.

방문객 그러면 아까 그랬듯이 그의 이름을 모두 한데 모아 역순(逆順)으로 엮어볼까?

테아이테토스 물론 그래야지요.

방문객 그렇다면 앞뒤 맞지 않는 말을 하게 하며, 의견에 근거한 기술의 위장하는 부분을 모방하는 자. 모상 제작술 중에서도 환영을 제작하 d 는 부류에 속하며, 제작 중에서 신적인 것이 아니라 인간적인 것으로 분류된 말로 요술을 부리는 부분을 모방하는 자. 누구든 소피스트가 '이런 가문과 혈통'[147]에서 태어났다고 말하는 사람이라면 아마 가장

---

145 eironikos mimetes. eironikos는 영어 ironic의 어원으로, 문맥에 따라서는 '반어적인'으로 옮길 수 있다.
146 sophos.
147 『일리아스』 6권 211행.

옳은 말을 하게 될 걸세.

테아이테토스 전적으로 동의해요.

정치가

정치가 **차례**

이 대화편은 철인 왕이 다스리는 이상 국가는 어떤 것이어야 하는지 탐색한다. 마치 직조공이 모든 준비 과정을 거쳐서 날실과 씨실을 엮어 천을 짜듯, 이상적인 치자(治者)는 국가의 하부 기관들을 통합하여 모든 시민이 최대한 행복해질 수 있도록 정치라는 천을 짜야 한다. 시민들의 행복은 아랑곳하지 않고 자신이나 특정 집단의 이익을 추구하는 치자는 당파싸움을 일삼는 사이비 정치꾼에 불과하다. 그러나 이상적인 치자를 찾을 수 없을 때는 시민들이 되도록 법을 어길 수 없도록 세심하게 입법하는 것이 차선책이다.

『정치가』는 『국가』, 『법률』과 함께 플라톤의 정치철학에 관심이 있는 사람이라면 반드시 읽어야 할 책이다.

대담자

소크라테스 플라톤의 스승. 여기서는 70세쯤 된 노(老)철학자.

젊은 소크라테스 철학자 소크라테스와 동명이인으로 아카데메이아 학원 회원.

테오도로스 북아프리카의 퀴레네 출신 수학자이자 소피스트 프로타고라스의 제자. 플라톤의 다른 대화편 『테아이테토스』에서 젊은 소크라테스와 테아이테토스의 스승으로 소개되고 있다.

테아이테토스 아테나이 출신 수학자이자 철학자로 테오도로스의 제자이며 아카데메이아 학원 회원.

방문객(Xenos Eleates) 『소피스트』에 나오는 '엘레아에서 온 방문객'과 동일인으로, 가상의 인물이다.

소크라테스 테오도로스님, 그대 덕분에 테아이테토스와 (엘레아에서 257a
온) 방문객[1]을 알게 되어 얼마나 고마운지 모르겠소.

테오도로스 하지만 소크라테스님, 그들이 그대를 위해 정치가와 철학자
의 초상(肖像)을 완성해준다면 그대는 아마 세 배나 더 고마워해야 할
거예요.

소크라테스 글쎄요. 그렇다면 친애하는 테오도로스님, 우리는 산술과
기하학에 가장 밝은 사람한테서 그렇게 들었노라고 말할까요?

테오도로스 무슨 말씀이신지요, 소크라테스님?   b

소크라테스 그들[2]의 가치는 그대들의 수학적인 비례로 나타낼 수 있는
것보다 훨씬 더 큰 차이가 나는데도, 그대가 그들 각자에게 동등한 가
치를 부여하시니 말이오.

테오도로스 소크라테스님, 우리의 암몬[3] 신에 맹세코, 그대의 비판은 정

---

1   이 두 사람은 『정치가』에 앞서는 대화편 『소피스트』에서 주 대담자로 나온다.
2   소피스트와 정치가와 철학자.
3   암몬(Ammon)은 이집트의 신인데, 테오도로스의 고향인 퀴레네 시에서 멀지 않
은 시와(Siwah) 오아시스에 유명한 신탁소가 있었다.

당해요. 내 계산이 틀렸다는 것을 일깨워주셨으니 말이에요. 이에 대해서는 다음 기회에 보답하겠습니다. 그건 그렇고, 손님, 그대는 우리에게 호의를 베푸는 일에 지치지 마시고 정치가와 철학자 가운데 어느 쪽이든 먼저 택해 자세히 설명해주세요.

방문객 테오도로스님, 그건 당연히 우리가 해야 할 일이오. 일단 시작한 이상 결말을 보기 전에는 포기해선 안 되니까요. 하지만 여기 있는 테아이테토스는 어떻게 할까요?

테오도로스 무슨 말씀이신지요?

방문객 그는 쉬게 하고, 그와 함께 단련 중인 여기 있는 젊은 소크라테스가 그를 대신하게 할까요? 아니면 그대는 어떻게 하기를 권하겠소?

테오도로스 선생님 말씀처럼 젊은 소크라테스가 그를 대신하게 하시죠. 둘은 젊으니 번갈아가며 쉬면 어떤 노고라도 쉽게 감당할 수 있을 테니까요.

소크라테스 게다가 이 두 사람은 어떤 점에서 나와 비슷한 데가 있는 것 같습니다, 손님. 한 명[4]은 얼굴이 나와 닮아 보인다고 여러분이 말하고 다른 한 명은 나와 이름이 같으니, 생판 남이라고 할 수 없겠지요. 우리는 언제나 대화를 통해 우리와 닮은 사람들을 알려고 노력해야 합니다. 한데 나는 테아이테토스와는 어제도 대화를 나누었고,[5] 오늘[6]도 그가 질문에 답변하는 것을 들었소. 하지만 젊은 소크라테스와는 대화를 나누지 못했고, 그가 질문에 답변하는 것도 듣지 못했소. 우리는 이 젊은이도 들여다보아야 합니다. 그는 나에게는 나중에 답변하게 될 테니, 지금은 그대에게 답변하게 하세요.

방문객 그렇게 하지요. 젊은 소크라테스, 자네는 소크라테스님의 말씀을 듣고 있는가?

젊은 소크라테스 네.

방문객 그렇다면 자네는 이분 말씀에 동의하는가?

젊은 소크라테스 물론입니다.

방문객 자네는 이의를 제기할 뜻이 없는 것 같은데, 나도 굳이 그럴 필   b
요를 느끼지 못하네. 그렇다면 우리는 소피스트에 대한 검토를 마쳤으
니 이번에는 정치가를 검토해야 할 것 같네. 말해주게. 우리는 정치가
도 지식을 가진 사람[7] 중 한 명으로 여겨야 하는가? 아니라면 우리는
그를 어떤 사람으로 여겨야 하는가?

젊은 소크라테스 그런 사람으로 여겨야겠지요.

방문객 그렇다면 우리는 앞서 소피스트를 검토할 때처럼 지식을 여러
가지로 나누어야겠지?

젊은 소크라테스 그렇습니다.

방문객 하지만 젊은 소크라테스, 이전과 똑같이 나뉘지는 않을 것 같네.[8]

젊은 소크라테스 왜 그렇지요?

방문객 다르게 나뉠 테니까.   c

---

4   테아이테토스. 『소피스트』에서 방문객과 먼저 대담한 아카데메이아 학원 회원.
5   대화편 『테아이테토스』에서.
6   대화편 『소피스트』에서.
7   ho epistemon.
8   『소피스트』 219b 이하에서 전문지식은 획득술과 제작술로 나뉜다.

젊은 소크라테스 그럴 것 같습니다.

방문객 그렇다면 우리는 정치가가 되는 길을 어디서 발견하게 될까? 우리가 해야 할 일은 그 길을 찾는 것이니까. 우리는 그것을 다른 것들에서 따로 떼어낸 다음 거기에 하나의 이데아(idea)를 각인하고, 나머지는 모두 하나의 다른 범주[9]에 속하는 것으로 간주해야 하니까. 그러면 우리의 혼은 모든 지식이 두 가지 범주[10]로 구분된다고 생각할 수 있을 걸세.

젊은 소크라테스 손님, 그 길을 발견하는 것은 선생님의 몫이지 제가 감당할 수 없을 것 같습니다.

d **방문객** 하지만 젊은 소크라테스, 그 길이 무엇인지 일단 발견하면 그 발견은 틀림없이 자네의 것이기도 할 걸세.

젊은 소크라테스 옳은 말씀이에요.

방문객 그런데 산술[11]이나 그와 비슷한 다른 기술들은 행위와는 관계가 없고 단지 지식만을 제공하는 것이 아닐까?

젊은 소크라테스 그렇습니다.

방문객 그에 반해 건축이나 수공 일반에 내포된 지식은 다소간 행위와 e 관련되기 마련이고 전에는 존재하지 않던 물체를 만들어내는 데 일조하네.

젊은 소크라테스 물론입니다.

방문객 그러니 모든 지식을 그런 식으로 나누어, 한쪽은 실천적[12]인 지식이라 부르고, 다른 한쪽은 순수 이론적[13]인 지식이라 부를 수 있을 걸세.

젊은 소크라테스 전체로 볼 때는 하나인 지식을 그렇게 두 범주로 나누는 데 동의해요.

방문객 그렇다면 우리는 정치가, 왕, 노예의 주인, 재산 관리인도 모두 하나의 범주에 속하는 것으로 간주할까, 아니면 그들을 가리키는 이름만큼이나 많은 기술이 존재한다고 할까? 아마도 이런 관점에서 사물을 보는 게 더 나을 걸세.

젊은 소크라테스 그게 어떤 관점인가요?

방문객 누가 공직에 있지 않으면서도 공의(公醫)에게 조언할 능력이 있 259a
다고 가정해보게. 그럴 경우 그는 당연히 그에게 조언 받는 사람과 같은 직함으로 불려야 하지 않을까?

젊은 소크라테스 그래야겠지요.

방문객 어떤가? 누가 자신은 공직에 있지 않지만 나라의 왕에게 조언할 능력이 있다면, 우리는 그가 통치자가 가져야 하는 지식을 갖고 있다고 말해야 하지 않을까?

젊은 소크라테스 그렇게 말해야겠지요.

방문객 그러나 진정한 왕[14]이 가진 지식은 왕도(王道)[15]에 관한 것이겠지?   b

---

9 eidos.

10 '두 가지 범주'란 여기서 이데아와 이데아가 아닌 것들을 말하는 듯하다.

11 arithmetike.

12 praktike.

13 gnostike.

14 basileus. 철인 왕.

15 basilike.

젊은 소크라테스 네.

방문객 그리고 그런 지식을 가진 사람은 치자(治者)든 평범한 시민이든 어쨌거나 그런 기술[16]을 지녔으니 왕도의 전문가라고 불리어 마땅하지 않을까?

젊은 소크라테스 그래야 옳겠지요.

방문객 만약 우리가 정치가의 지식과 정치가, 그리고 왕의 지식과 왕을 같은 범주에 포함시킨다면, 이는 우리가 이 모두를 같은 것으로 여기기 때문이겠지?

젊은 소크라테스 그야 분명 그렇지요.

방문객 그리고 재산 관리인과 노예의 주인 사이에는 아무 차이도 없네.

젊은 소크라테스 물론이지요.

방문객 어떤가? 통치[17]와 관련해서는 규모가 큰 가정과 규모가 작은 국가 사이에 아무 차이도 없겠지?

젊은 소크라테스 없고말고요.

c **방문객** 그렇다면 우리의 지금 질문에 대한 답변은 분명하네. 이 모든 것과 관련된 지식[18]은 한 가지뿐이라는 걸세. 그리고 누가 그것을 왕도 또는 정치가의 지식[19] 또는 집안일 관리[20]라고 부르더라도 우리는 그에게 시비 걸지 않기로 하세.

젊은 소크라테스 물론이지요.

방문객 또 한 가지 분명한 것은, 왕이 자신의 권위를 지키는 데 손이나 몸으로 기여할 수 있는 것은 지성과 마음의 힘으로 기여할 수 있는 것에 견주면 보잘것없다는 걸세.

젊은 소크라테스 분명해요.

방문객 그렇다면 우리는 왕이 손재주나 근본적으로 실천적인 지식보다는 이론적인 지식에 더 가깝다고 말할까?   d

젊은 소크라테스 당연히 그래야지요.

방문객 이어서 우리가 이론적인 지식을 나눈다면 순서대로 진행하는 것이겠지?

젊은 소크라테스 물론이지요.

방문객 유심히 살펴보면 자네는 이론적인 지식 안에서 갈라진 틈을 발견할 수 있을걸세.

젊은 소크라테스 어떤 종류의 것인지 말씀해주세요.

방문객 이런 종류의 것일세. 우리에게는 계산의 기술 같은 것이 있는 듯   e
하네.

젊은 소크라테스 네.

방문객 내가 생각하기에, 그것은 분명 이론적인 지식에 속하네.

젊은 소크라테스 왜 아니겠어요?

방문객 계산의 기술이 수(數)들 사이의 차이를 인식하면, 우리는 계산의 기술에 그것이 인식한 것을 판단하는 것 이상의 과제는 부여하지

---

16   techne.
17   arche.
18   episteme.
19   politike.
20   oikonomike.

않겠지?

젊은 소크라테스 물론이지요.

방문객 또한 도편수들도 모두 자신은 일꾼 노릇을 하지 않고 일꾼들을 다스리네.

젊은 소크라테스 네.

방문객 그가 제공하는 것은 지식이지 수공[21]이 아닐세.

젊은 소크라테스 그렇지요.

260a **방문객** 그렇다면 그는 이론적인 지식을 갖고 있다고 말하는 것이 옳을 걸세.

젊은 소크라테스 물론이지요.

방문객 하지만 내가 보기에 그의 경우에는 일단 판단하고 나서 계산 전문가처럼 그것으로 끝내고 떠나는 것은 타당하지 않은 것 같네. 오히려 그는 일꾼들에게 각자 무엇을 해야 하는지 지시하고, 그들이 과연 자신이 지시한 대로 하는지 지켜보아야 하네.

젊은 소크라테스 옳은 말씀이에요.

방문객 그렇다면 이런 종류의 모든 지식과 계산에 의존하는 모든 지식은 둘 다 이론적인 지식이지만, 이 두 부류 사이에는 한쪽은 지시하고

b 다른 쪽은 판단한다는 점에서 차이가 있겠지?

젊은 소크라테스 그런 것 같아요.

방문객 그러니 만약 우리가 이론적인 지식 전체를 양분하여 한쪽은 '지시하는 부분'[22]이라 부르고 다른 쪽은 '판단하는 부분'[23]이라 부른다면 제대로 나누었다고 할 수 있겠지?

젊은 소크라테스 저는 그렇다고 확신해요.

방문객 그러나 무슨 일을 함께 하는 사람들끼리는 서로 화합하는 것이 바람직하네.

젊은 소크라테스 왜 아니겠어요?

방문객 그렇다면 우리가 지금 과제에 함께 참여하는 동안에는 남들 생각에는 개의치 말아야 할 걸세.

젊은 소크라테스 물론이지요.

방문객 자, 우리는 왕도의 전문가[24]를 이 두 종류의 기술 가운데 어느 c 쪽에 배정할까? 우리는 그가 일종의 관객인 것처럼 판단하는 부류에 배정할까, 아니면 그가 남들의 주인이니 지시할 줄 아는 사람으로 간 주하는 것이 더 바람직할까?

젊은 소크라테스 지시할 줄 아는 사람으로 간주하는 것이 당연히 더 바람직하겠지요.

방문객 그렇다면 이번에는 지시하는 부류의 기술이 대체 어디서 나뉘는지 살펴보아야 하네. 내가 보기에 대충 이렇게 나뉘는 것 같네. 소매상들이 제 물건을 직접 파는 직매상과 나뉘는 것과 똑같은 방식 으로 왕들은 전령들과 나뉘는 것 같단 말일세. d

---

21 cheirourgia.
22 epitaktikon meros.
23 kritikon meros.
24 ho basilikos.

젊은 소크라테스 어째서 그렇지요?

방문객 소매상들이 하는 일은 이미 팔린 남의 물건을 넘겨받아 되파는 것일세.

젊은 소크라테스 물론이지요.

방문객 전령들이 하는 일도 남이 먼저 생각한 것을 넘겨받아 지시받은 대로 다른 사람에게 전달하는 것일세.

젊은 소크라테스 맞는 말씀입니다.

방문객 어떤가? 우리는 왕이 하는 일을 통역관이나 선장이나 예언자나 전령 같은 수많은 다른 사람이 하는 일과 같은 것으로 여길 것인가? 그들은 모두 지시하니까. 아니면 우리는 조금 전에 직매상을 소매상과 비교한 선례에 따라 비슷한 이름을 지어낼 것인가? 스스로 지시하는 사람들을 가리키는 이름은 사실상 없으니까. 그러면 우리는 문제의 집단을 그런 기준에 따라 나누어, 왕들을 스스로 지시하는 부류에 배정할 수 있을 걸세. 나머지 부류는 무시하고, 그들을 위한 이름을 찾아내는 일은 다른 누군가에게 맡길 수 있을 걸세. 우리의 탐구 목적은 치자를 찾아내는 일이어서 치자가 아닌 사람에게는 관심이 없으니까.

젊은 소크라테스 물론이지요.

방문객 남에게서 비롯된 것과 자신에게서 비롯된 것을 구별함으로써 두 부류를 적절히 구분했으니, 우리의 다음 과제는 스스로 지시하는 부류를 구분하는 것이겠지? 이 부류도 더 나눌 수 있다면 말일세.

젊은 소크라테스 물론이지요.

방문객 내가 보기에 그것은 가능한 것 같네. 하지만 내가 나눌 수 있도록 자네가 도와주어야 하네.

젊은 소크라테스 어디서 나누신다는 거죠?

방문객 알고 보면 모든 종류의 치자가 지시를 내리는 것은 어떤 결과를   b
산출하기 위해서가 아닐까?

젊은 소크라테스 왜 아니겠어요?

방문객 또한 산출되는 모든 것을 두 부류로 나누는 것도 그다지 어려운
일은 아니라네.

젊은 소크라테스 어떻게 나누신다는 거죠?

방문객 그중 어떤 것은 생명이 있고, 어떤 것은 생명이 없네.

젊은 소크라테스 네.

방문객 이런 구분은 우리가 이론적인 지식의 지시적인 부분을 나누는
데도 도움이 될걸세.

젊은 소크라테스 어떤 점에서요?

방문객 우리는 그중 한 부분은 살아 있지 않은 것들의 산출에 배정하
고, 한 부분은 살아 있는 것들의 산출에 배정할 수 있겠지. 그렇게 하면   c
모든 것이 당장 둘로 나뉠걸세.

젊은 소크라테스 전적으로 동의해요.

방문객 우리는 이것 가운데 하나는 제쳐두고 하나를 취한 다음 전체를
둘로 나누세.

젊은 소크라테스 선생님께서는 우리가 두 부분 가운데 어느 것을 취해
야 한다고 생각하세요?

방문객 그야 물론 살아 있는 것들과 관련하여 지시를 내리는 부분이지.

왕은 도편수처럼 살아 있지 않은 것들에 권위를 행사하는 것으로 볼

d 수는 없으니까. 아니, 왕의 역할은 더 고귀해서, 왕은 언제나 살아 있는

것들 사이에서 살아 있는 것들과 관련하여 힘을 행사한다네.

젊은 소크라테스 옳은 말씀이에요.

방문객 또한 살아 있는 것들의 산출과 양육과 관련하여 우리는 어

떤 것은 단일 양육으로, 어떤 것은 집단 돌봄으로 볼 수 있을 걸세.

젊은 소크라테스 옳은 말씀이에요.

방문객 그러나 우리는 정치가가 소몰이꾼이나 마부처럼 살아 있는 것

들을 개별적으로 양육하는 것이 아니라, 말 떼나 소떼를 먹이는 사람

과 더 비슷하다는 것을 발견하게 될 걸세.

젊은 소크라테스 말씀을 듣고 보니 그런 것 같네요.

e **방문객** 그렇다면 우리는 다수의 살아 있는 것들을 함께 양육하는 것을

무엇이라고 부를 텐가? 무리 양육[25]이라고 할까, 아니면 집단 양육[26]이

라고 할까?

젊은 소크라테스 우리 논지에 부합하는 것이라면 어느 것이든 좋아요.

방문객 좋은 말일세, 젊은 소크라테스. 자네가 명칭에 대해 그렇듯 유

연한 태도를 견지한다면 늙어갈수록 더 지혜로워질 걸세. 그러나 지

금은 자네가 권하는 대로 이름을 두고 왈가왈부하지 않기로 하세. 그

런데 자네는 무리 양육이 두 가지라는 것을 보여줄 방법을 찾을 수

262a 있겠나? 그럴 수 있다면 우리는 지금처럼 두 배나 넓은 영역에서 찾

는 것을 앞으로는 반쪽의 영역에서 찾을 수 있을 걸세.

젊은 소크라테스 최선을 다해볼게요. 제가 보기에, 인간들의 양육과 동

물들의 양육 사이에는 차이가 있는 것 같아요.

방문객 자네는 그야말로 최선을 다해 과감하게 나누었네. 하지만 앞으로는 되도록 이런 일이 일어나지 않게 해야 하네.

젊은 소크라테스 어떤 일이 일어나지 않게 해야 한다는 거죠?

방문객 우리는 형상[27]을 언급하지 않은 채 하나의 작은 부분을 떼어내 그것을 많은 큰 부분과 대비해서는 안 된다는 말일세. 부분[28]은 형상 b 의 일부이니까. 우리가 찾는 것을 단번에 다른 것들과 제대로 구분할 수 있다면 그야말로 더없이 훌륭한 일이겠지. 조금 전에 자네가 시도했듯이 말일세. 자네는 우리의 논의가 인간들 쪽으로 향하는 것을 보고는 자네가 제대로 구분한 줄 알고 논의를 서둘렀네. 하지만 여보게, 세분하는 것은 안전하지 못하며, 사물의 한가운데를 자르는 것이 더 안전한 법일세. 그렇게 하면 형상 (이데아)[29]과 마주칠 가능성이 더 많으니까. 철학적인 탐구를 위해서는 그렇게 하는 것이 더없이 중요하네. c

젊은 소크라테스 손님, 그게 무슨 말씀이신지요?

방문객 젊은 소크라테스, 나는 자네가 마음에 드니까 더 자세히 설명해 보겠네. 지금으로서는 그것을 완벽하게 설명하기란 불가능하지만 조금이라도 더 분명히 밝혀봐야겠지.

25 agelaiotrophia.
26 koinotrophike.
27 eidos.
28 meros.
29 idea.

젊은 소크라테스 선생님께서는 아마 방금 제가 구분할 때 어떤 실수를 했는지 설명하실 수 있겠지요.

방문객 비유로 설명하겠네. 누가 인류를 둘로 나누려 한다고 가정해보
d 게. 대부분의 헬라스[30]인들은 헬라스인들을 나머지 인류와 구분하며, 다른 부족들 모두에게 '이민족'[31]이라는 하나의 명칭을 붙이네. 다른 부족들은 헤아릴 수 없이 많고 서로 섞이지도 않고 서로 말도 통하지 않는데 말일세. 그리고 그들은 이렇듯 하나의 명칭을 사용하기에 이들이 하나의 유(類)라고 예상하네. 또는 누가 수(數)를 두 부분으로 나눌 요량으로 만(萬)을 다른 모든 수에서 떼어내 그것을 하나의 유로 만들
e 고 나머지는 별도의 명칭에 포함시키면서 그것들에 하나의 명칭을 부여했으니 여기에도 하나의 유가 있다고 주장한다고 가정해보게. 하지만 누가 수를 짝수와 홀수로 나누고 인류를 남자와 여자로 나눈다면, 그는 종에 따라 더 훌륭하게 둘로 나눈 셈이네. 그러나 만약 떼어낸 반쪽들이 동시에 유이자 부분이 되도록 나눌 수 없다면, 그는 뤼디아인
263a 들이나 프뤼기아[32]인들이나 그 밖의 다른 부족을 떼어내 전 인류와 대치시킬 수도 있을 걸세.

젊은 소크라테스 지당한 말씀이에요. 하지만 손님, 문제는 유와 부분이 같은 것이 아니라 서로 다른 것이라는 점을 어떻게 해야 더 쉽게 알 수 있느냐는 거예요.

방문객 참으로 좋은 질문일세, 젊은 소크라테스. 그러나 자네 질문에 답변하기란 쉬운 일이 아닐세. 우리 논의가 이미 필요 이상으로 옆길로 샜는데, 자네는 더욱더 옆길로 새도록 재촉하는구먼. 지금은 본론으

로 돌아가는 편이 좋을 것 같네. 나중에 시간이 나면 우리는 자네가 제

기한 문제를 추적할 걸세. 하지만 자네는 결코 나한테서 명확한 설명을

들었다고 생각해서는 안 될 걸세.

젊은 소크라테스 어떤 설명 말씀이죠?

방문객 유와 부분은 서로 다르다는 것 말일세.

젊은 소크라테스 그에 관해 무슨 말을 들었다고 할까요?

방문객 어떤 것의 형상(eidos)이 있다면, 형상이 그 어떤 것의 부분일 수

밖에 없네. 그러나 부분은 형상일 필요가 전혀 없네. 자네는 언제나 내

가 말하려는 것은 이것이고 다른 것이 아니라고 주장해야 하네.

젊은 소크라테스 그럴게요.

방문객 다음 질문에도 대답해주게! c

젊은 소크라테스 어떤 질문이죠?

방문객 우리의 논의가 거기서부터 옆길로 새어 여기까지 이르게 된 문

제점 말일세. 내 생각에 우리 논의가 옆길로 샌 것은, 무리 양육을 어떻

게 나눌 것이냐는 질문에 자네가 살아 있는 것들은 두 부류인데, 하나

는 인간들로 구성되고 다른 하나는 그 밖의 모든 동물로 구성된다고

단호하게 답변했을 때인 것 같네.

---

30 Hellas. 그리스의 그리스어 이름.

31 barbaros. 또는 비(非)그리스인.

32 뤼디아(Lydia)는 소아시아의 중부지방이고, 프뤼기아(Phrygia)는 소아시아의 서

북지방이다.

젊은 소크라테스 맞아요.

방문객 내가 보기에 자네는 그때 한 부분을 떼어내면서 나머지는 모두 짐승이라는 공통된 이름으로 부를 수 있기에 하나의 유를 이루는 것으로 생각하는 것 같았네.

젊은 소크라테스 그 역시 선생님께서 말씀하신 그대로예요.

방문객 여보게, 자네의 용기는 가상하지만 다음의 가능성을 생각해보게. 지혜롭다고 여겨지는 학(鶴)이나 또 다른 동물들을 미화하여 자네가 적용한 것과 같은 원칙에 따라 이름을 부여하면서 학을 다른 모든 동물들과 대비시키고, 인간을 포함한 다른 동물을 함께 뒤섞어 '짐승'이라는 이름으로 부른다고 생각해보란 말일세. 우리는 이런 종류의 과오는 반드시 피해야 하네.

젊은 소크라테스 어떻게 피하지요?

방문객 동물 전체를 유로 나누지 않는다면 그럴 위험이 줄어들 걸세.

젊은 소크라테스 그렇다면 나누지 말아야겠네요.

방문객 그렇지. 그 때문에 우리는 앞서 과오를 범했으니까.

젊은 소크라테스 어째서 그렇지요?

방문객 지시를 내리는 이론적인 지식은 동물들의 양육, 특히 군서동물들과 관련되네. 그렇지 않은가?

젊은 소크라테스 네, 그래요.

방문객 그럴 경우에도 이미 모든 동물은 길들여진 것과 야생의 것으로 나뉘었네. 길들여질 수 있는 것들은 길들여진 것들이라 불리고, 길들여질 수 없는 것들은 야생의 것들이라 불렸으니까.

젊은 소크라테스 옳은 말씀이에요.

방문객 그러나 우리가 뒤쫓고 있는 지식[33]은 예나 지금이나 길든 것들에 관련되며, 군서동물들 사이에서 찾아야 하네.

젊은 소크라테스 네.

방문객 그러니 우리는 앞서 그랬듯이 동물 전체를 바라보며 나누어서도 안 되고, 통치술에 빨리 도달하기 위해 서둘러서도 안 될 걸세. 속담에 나오는 불행을 당하지 않으려면.

b

젊은 소크라테스 그게 어떤 속담이지요?

방문객 급하다고 바늘허리에 실 매어 쓸까! 그러니까 우리는 시간 여유를 갖고 제대로 나누었어야 했네.

젊은 소크라테스 그러니까 우리는 응분의 벌을 받은 셈이군요, 손님.

방문객 그렇다고 치고, 동물들의 집단 양육을 처음부터 다시 나눠보세. 그러면 논의가 끝날 때쯤에는 자네가 찾는 것을 더 또렷이 볼 수 있을 걸세. 자네에게 물어볼 게 있네.

젊은 소크라테스 그게 뭐죠?

방문객 네일로스[34] 강이나 대왕[35]의 연못들에 길들인 물고기가 있다는 말을 들은 적이 있는가? 자네가 직접 그곳에 가보지는 못했을 테니까. 그렇지만 자네는 샘에서 그런 물고기를 봤을 수도 있을 걸세.

c

---

33 통치술.

34 Neilos. 나일 강의 그리스어 이름.

35 페르시아 왕.

젊은 소크라테스 저는 이곳에서도 그런 물고기를 보았을뿐더러, 외국에도 그런 물고기가 있다는 말을 종종 들었어요.

방문객 또한 자네는 텟살리아[36] 평야를 몸소 돌아다니지 않았더라도 틀림없이 그곳 사람들이 거위와 학을 기른다는 말을 듣고는 그것이 사실이라고 믿고 있을 걸세.

젊은 소크라테스 물론이지요.

d **방문객** 내가 자네에게 이 모든 것을 묻는 이유는, 군서동물은 두 가지가 있는데, 어떤 것들은 물에 사는 것들이고 어떤 것들은 뭍에 사는 것들이기 때문일세.

젊은 소크라테스 그렇고말고요.

방문객 그렇다면 자네는 집단 양육의 전문지식을 둘로 나누어 그중 하나를 각각 이들에게 배정하여 하나는 물에 사는 것들의 양육이라 부르고 다른 하나는 뭍에 사는 것들의 양육이라 부르는 데 동의하는가?

젊은 소크라테스 동의해요.

방문객 그렇다면 왕도가 이 두 기술 가운데 어느 것에 속하는지 물을

e 필요는 없겠지. 그것은 누구에게나 자명하니까.

젊은 소크라테스 왜 아니겠어요?

방문객 뭍에 사는 군서동물들은 누구나 나눌 수 있을 걸세.

젊은 소크라테스 어떻게 나눈다는 거죠?

방문객 날개 달린 것과 발 달린 것으로 나누지.

젊은 소크라테스 지당한 말씀이에요.

방문객 어떤가? 우리는 통치술을 발 달린 것들의 영역에서 찾아야 하

지 않을까? 자네는 아무리 어리석은 사람이라도 그렇게 할 거라고 생각하지 않나?

젊은 소크라테스 그렇게 생각하고말고요.

방문객 우리는 발 달린 것들의 양육 기술도 짝수처럼 둘로 나누어야 하네.

젊은 소크라테스 물론 그렇지요.

방문객 이제 우리 논의의 목적지인 그 유 또는 부분을 향하여 두 갈래 265a
길이 뻗어 있는 것이 보이는 듯하네. 하나는 더 빠른 길로 작은 부분을 큰 부분에서 떼어내는 것이고, 다른 하나는 우리가 조금 전에 언급한, 되도록 가운데로 잘라야 한다는 원칙에 더 부합하지만 더 먼 길일세. 우리는 어느 길이든 원하는 길로 갈 수 있네.

젊은 소크라테스 어때요? 두 길을 모두 갈 수는 없나요?

방문객 여보게, 두 길을 동시에 갈 수 있다면 놀라운 일이겠지. 그러나 번갈아 갈 수는 있네.

젊은 소크라테스 그렇다면 번갈아 두 길을 가겠어요. b

방문객 그건 쉬운 일이지. 우리는 목적지 가까이 와 있으니까. 우리가 막 출발했거나 중간쯤 와 있다면 자네의 요구를 들어주기가 어렵겠지. 그러나 지금은 자네가 그렇게 하기를 원하니 먼저 먼길부터 가기로 하세. 아직 기운이 팔팔한 동안에는 여행하기가 더 쉬울 테니까. 내가 어떻게 나누는지 지켜보게나.

---

36 Thessalia. 그리스반도의 북부지방.

젊은 소크라테스 말씀하세요.

방문객 길든 군서동물들 가운데 발 달린 것들은 본성상 둘로 나뉘네.

젊은 소크라테스 무엇에 의해서죠?

방문객 어떤 것들은 뿔이 달리고, 어떤 것들은 뿔이 없으니까.

c **젊은 소크라테스** 그런 것 같네요.

방문객 자네가 발 달린 동물들의 양육을 둘로 나누고 각 부분에 적절한 내용을 부여한다면, 정의(定義)하는 편이 더 나을 걸세. 자네가 그것들에 이름을 붙이려 한다면 필요 이상으로 일이 복잡해질 테니까.

젊은 소크라테스 그렇다면 어떻게 정의할까요?

방문객 예컨대 자네는 "우리는 발 달린 동물들의 양육에 관한 지식을 둘로 나누어 그중 한 부분은 뿔 달린 군서동물에, 다른 부분은 뿔 없는 군서동물에 배정했소"라고 말할 수 있겠지.

d **젊은 소크라테스** 제가 그렇게 말한 것으로 해두죠. 그건 이제 충분히 밝혀졌으니까요.

방문객 또 하나 분명한 것은 왕은 뿔 없는 군서동물들의 목자(牧者)라는 점일세.

젊은 소크라테스 분명 그래요.

방문객 그렇다면 이 뿔 없는 군서동물을 나누어 왕의 것은 왕에게 배정하도록 하세.

젊은 소크라테스 당연히 그래야겠지요.

방문객 자네는 이 부류를 '발굽이 갈라진 것'과 이른바 '통발굽'으로 나누기를 원하는가, 아니면 '이종교배'와 '비이종교배'로 나누기를 원하는가? 자네는 내 말이 무슨 뜻인지 알 걸세.

젊은 소크라테스 무슨 말씀이신지요?

방문객 말과 당나귀는 서로의 새끼를 밸 수 있다는 말일세.[37]   e

젊은 소크라테스 네.

방문객 그러나 길들여진 동물 가운데 그 밖의 다른 뿔 없는 군서동물들은 이종교배가 불가능하네.

젊은 소크라테스 물론이지요.

방문객 어떤가? 자네는 정치가가 돌보는 것이 어떤 동물들이라고 생각하나? 순종인가 아니면 교배종인가?

젊은 소크라테스 그야 분명 비교배종이지요.

방문객 그럼 지금까지 그랬듯이 이 종을 둘로 나누어야 할 것 같네.

젊은 소크라테스 당연히 그래야지요.

방문객 길들여진 군서동물은 벌써 모두 둘로 나뉘었네. 두 종을 제외하   266a
고는 말일세. 개들은 군서동물로 여길 수 없으니까.

젊은 소크라테스 개들은 당연히 군서동물로 여길 수 없지요. 하지만 나머지 두 종은 무엇을 이용해 나누어야 하나요?

방문객 자네와 테아이테토스에게 알맞은 것을 이용하게. 자네들은 둘다 기하학에 관심이 많기에 하는 말일세.

젊은 소크라테스 그게 뭐지요?

---

37   예컨대 노새는 암말과 수나귀 사이에서 태어난 변종이다.

방문객 대각선을 이용하게. 그러고 나서 다시 대각선의 대각선을 이용하게.

젊은 소크라테스 무슨 말씀이신지요?

b **방문객** 그렇다면 우리 인간들의 본성을 생각해보게. 우리는 걷기 위해 2피트의 근($\sqrt{2}$)인 대각선과 똑같지 않은가?

젊은 소크라테스 다르지 않죠.

방문객 그렇다면 이번에는 다른 종들의 본성을 생각해보게. 그것이 본래 2피트의 제곱의 근($\sqrt{4}$)이라면 우리의 대각선의 대각선일세. 두 발의 두 배인 네 발이 되는 거지.[38]

젊은 소크라테스 왜 아니겠어요? 이제는 선생님의 말뜻을 대충 이해할 것 같아요.

c **방문객** 그게 전부가 아닐세, 젊은 소크라테스. 우리가 이렇게 나누다보니 유명한 우스갯소리가 생겨난 것이 보이지 않는가?

젊은 소크라테스 그게 뭐지요?

방문객 우리 인류는 동물들 가운데 가장 고상하고 가장 태평스러운 것[39]들과 같은 제비를 뽑아 서로 경쟁했다는 말일세.

젊은 소크라테스 보여요. 참 이상한 일도 다 있지요.

방문객 어때? 가장 느린 것들이 당연히 맨 꼴찌로[40] 도착하겠지?

젊은 소크라테스 그야 그렇지요.

방문객 그런데 자네는 왕이 자신의 군서동물들과 계속해서 함께 달리

d 면서 태평스러운 삶에 가장 숙련된 사람[41]과 경쟁한다면 더 우스꽝스러워 보일 거라는 것을 모르겠는가?

젊은 소크라테스 당연히 그렇겠지요.

방문객 젊은 소크라테스, 앞서 소피스트에 관한 탐구에서 우리가 말한 것이 이제야 더욱 분명해졌네.

젊은 소크라테스 그게 뭐지요?

방문객 우리가 추구하는 것과 같은 논의 방법에는 어떤 것이 위풍당당한가 아니면 초라한가 하는 것은 전혀 상관없다는 것 말일세. 그런 종류의 탐구는 사소한 것이라고 무시하지 않고 중요한 것이라고 선호하지 않으면서, 언제나 그 자체로 가장 참된 결론에 도달한다네.

젊은 소크라테스 그런 것 같아요.

방문객 그렇다면 이번에는 자네가 묻기를 기다리지 않고, 아까 언급한 e
짧은 길을 택해 왕이 무엇인지 내가 자진해서 정의해볼까?

젊은 소크라테스 제발 그렇게 해주세요.

방문객 내가 생각하기에, 그때 우리는 발 달린 동물을 당장 두 발 달린 것과 네 발 달린 것으로 나누었어야 하네. 그랬으면 날개 달린 동물만이 인간들과 같은 부류에 속한다는 것을 보고 두 발 달린 군서동물을 다시 날개 달린 부류와 날개 없는 부류로 나누었을 걸세. 그리하여 인

---

38 대각선의 대각선은 한 면의 길이가 $\sqrt{2}$인 정사각형의 대각선이고, 길이는 $(\sqrt{2})^2$인 2이다. 이족동물인 인간은 무리수인 $\sqrt{2}$에 비교되고 있다.

39 돼지.

40 '맨 꼴찌'의 그리스 원어 hystata에 '돼지'라는 뜻의 hys가 들어 있는 것을 가지고 언어유희를 하고 있다.

41 돼지치기.

간 양육 기술이 분명하게 드러나면 그때는 우리가 정치가와 왕을 데려와서 이 기술의 마부로 삼고 그에게 국가의 고삐를 맡길 수 있었을 걸세. 이 분야의 전문지식은 당연히 그의 것이니까.

젊은 소크라테스 설명해주셔서 고마워요. 선생님께서는 제게 빚진 것을 갚았을 뿐 아니라 대안(代案)도 제시했으니, 이자까지 갚은 셈이네요.

방문객 그렇다면 이제 처음으로 돌아가 정치가의 기술의 이름에 관한 우리 정의를 끝까지 엮어나가 보세.

젊은 소크라테스 당연히 그래야지요.

방문객 처음에 우리는 이론적인 지식에는 지시를 내리는 부분이 있다고 주장하며, 그중 일부를 비유적으로 '스스로 지시하는'[42] 부분이라고 불렀네. 이어서 우리는 스스로 지시하는 분야의 결코 무시할 수 없는 부분으로 동물 양육의 기술을 떼어냈네. 우리는 동물 양육의 한 부류가 군서동물 양육이고, 또 군서동물 양육의 한 부류가 발 달린 동물 양육이라는 것을 알아냈네. 또한 발 달린 동물 양육에서는 무엇보다도 뿔 없는 동물 양육 기술이 분리되었네. 그리고 이 기술의 한 부분을 하나의 이름으로 부르려 한다면 그것을 '비교배종'의 '양육' '기술'이라 부름으로써 자그마치 세 가지 성분을 한데 묶어야 할 걸세. 그러나 이 부류를 더 나누면 두 발 달린 군서동물에게 남아 있는 유일한 가능성은 인간 양육 기술인데, 바로 이것이 우리가 찾던 것으로 왕도이자 통치술이라고 불렀던 그 기술일세.

젊은 소크라테스 전적으로 동의해요.

방문객 그런데 젊은 소크라테스, 우리는 이 일을 자네가 말한 대로 했는가?

젊은 소크라테스 무엇을 두고 하시는 말씀이신지요?

방문객 우리 주제가 정말로 충분히 논의되었느냐는 말일세. 아니면 우   d
리가 나름대로 정의하기는 했지만 그것이 완전하지 못하다는 점에서
우리의 탐구는 여전히 부족한가?

젊은 소크라테스 무슨 말씀이신지요?

방문객 나는 우리 두 사람을 위해 내 생각을 더 분명히 밝혀볼까 하네.

젊은 소크라테스 말씀하세요.

방문객 방금 우리는 무리 양육에 관한 기술이 많다는 것을 발견했는데,
통치술은 그중 하나로 특정 군서동물에 대한 돌봄[43]이 아니었던가?

젊은 소크라테스 네, 그랬지요.

방문객 그래서 우리의 논의는 통치술을 말이나 다른 동물의 양육이 아
니라 인간들의 집단 양육 기술로 규정한 걸세.

젊은 소크라테스 그랬지요.

방문객 그렇다면 왕과 다른 목자의 차이를 살펴보세.   e

젊은 소크라테스 어떤 차이 말씀인가요?

방문객 다른 목자의 경우, 다른 기술의 직함을 가진 누군가가 자기도 같
은 무리를 그와 공동으로 돌본다고 주장하는가?

젊은 소크라테스 무슨 말씀이신지요?

42 autepitaktikon.
43 epimeleia.

방문객 예를 들어 상인, 농부, 방앗간 주인, 거기에 더하여 체육 교사와
의사를 생각해보게. 자네도 알다시피, 그들은 모두 백성의 목자들인
268a 이른바 정치가들과 경합하며 자기들은 보통의 인간 집단뿐만 아니라
치자들의 양육도 돌본다고 온갖 논리를 동원해 주장할 걸세.

젊은 소크라테스 그들의 주장이 옳지 않나요?

방문객 그럴지도 모르지. 그 점에 관해서는 나중에 검토할 걸세. 하지만
우리가 이미 알고 있는 것은 소 치는 목자들의 경우 아무도 그런 종류
의 논쟁을 벌이지 않는다는 걸세. 소 치는 목자는 자신이 소떼를 양육
하고, 자신이 의사이며, 자신이 교미시키고, 새끼의 분만과 출산에 관
b 련된 산파술의 유일한 전문가일세. 또한 그는 소떼가 본성적으로 받아
들일 수 있는 한 소떼에게 놀이와 음악을 제공하는데, 소떼를 그보다
더 훌륭하게 달래고 진정시킬 수 있는 사람은 아무도 없네. 그는 악기
를 이용하든 육성을 이용하든 소떼에게 맞는 음악을 가장 잘 연주하
니까. 이 점은 다른 동물들을 돌보는 목자들의 경우도 마찬가지일세.
그렇지 않은가?

젊은 소크라테스 지당한 말씀이에요.

방문객 그렇다면 왕에 관한 우리의 논의가 어떻게 옳고 완전해 보일 수
c 있겠는가? 우리가 그와 경합하는 수많은 사람들 중에서 그를 떼어내
그만을 목자로, 인간 무리의 양육자로 삼는다면 말일세.

젊은 소크라테스 옳다고 할 수 없겠지요.

방문객 그렇다면 조금 전 우리가 우려한 것은 당연하지 않은가? 그때 비
록 왕의 윤곽을 우리 나름대로 그리긴 했지만, 그의 주위에 몰려들어

자기들도 그와 함께 목자 노릇을 한다고 주장하는 자들을 배제한 다음 그들에게서 그를 떼어내 그만의 순수한 모습을 보여줄 때까지는 아직은 우리가 정치가의 초상을 완전하게 그린 것은 아니라고 의심했네.

젊은 소크라테스 당연하고말고요.

d

방문객 그러니 젊은 소크라테스, 우리는 그 일을 해야 하네. 우리가 장차 우리 논의에 치욕을 안겨주지 않으려면 말일세.

젊은 소크라테스 어떤 일이 있어도 그것은 막아야지요.

방문객 그렇다면 우리는 처음부터 다시 시작해 다른 길로 다가가야 하네.

젊은 소크라테스 그게 어떤 길이지요?

방문객 잠시 숨 좀 돌리자는 말일세. 우리는 유명한 신화의 큰 부분을 이용하여 앞으로도 종전처럼 번번이 부분에서 부분을 떼어냄으로써 e
우리가 찾던 정상에 도달하게 될 테니까. 그렇게 할까?

젊은 소크라테스 물론이지요.

방문객 그렇다면 내 이야기를 새겨듣게, 어린아이들처럼. 자네는 소년기를 넘긴 지가 얼마 안 되니까.

젊은 소크라테스 말씀이나 하세요.

방문객 옛날부터 되풀이해서 이야기되고 앞으로도 두고두고 이야기될 수많은 옛이야기 가운데 내가 염두에 두고 있는 특별한 사건은 아트레우스와 튀에스테스 형제가 서로 사이가 나쁠 때 일어났던 기적일세.[44] 자네도 아마 들었을 테고, 그때 어떤 일이 일어났다고들 하는지 기억하고 있을 걸세.

젊은 소크라테스 아마도 황금 새끼 양의 전조에 관해 말씀하시는 것 같

정치가 **627**

네요.

방문객 그게 아니라, 해와 별들이 지고 뜨는 일에 생긴 변화 말일세. 당 269a
시에는 해와 별들이 지금 뜨는 곳에서 지고 그 반대 방향에서 뜨곤 했
는데, 그때 신이 아트레우스를 선호한다는 징표로 모든 것을 지금의 체
계로 바꿔버렸다고 하네.

젊은 소크라테스 아닌 게 아니라 그렇게도 이야기하더군요.

방문객 우리는 또한 크로노스⁴⁵ 치세에 관한 이야기도 많이 들었네.

젊은 소크라테스 아주 많이 들었지요.

방문객 옛날 사람은 다른 사람에게서 태어나지 않고 땅에서 태어났다
는 이야기는 어떤가?

젊은 소크라테스 그 또한 옛이야기들 가운데 하나이지요.

방문객 이 모든 이야기와 이보다 더 놀라운 다른 이야기들은 사실 같은
사건에서 유래한 걸세. 그러나 그때 이후로 기나긴 세월이 흐른 까닭에
어떤 이야기는 잊히고 다른 이야기는 흩어져서 별도의 이야기로 전해
졌네. 하지만 이 모든 것의 원인이 된 사건은 어느 누구도 이야기하지
않았네. 그러나 이제 내가 이야기해야겠네. 그러는 것이 왕도를 이해하
는 데 도움이 될 테니까.

젊은 소크라테스 좋은 생각이에요. 제발 그 이야기를 남김없이 다 들려
주세요.

방문객 그렇다면 들어보게. 신은 때로는 우리의 이 우주를 몸소 인도하
며 운행을 돕기도 하지만, 때로는 정해진 시간만큼 돌고 나면 놓아버린
다네. 그러면 우리의 우주는 저절로 반대 방향으로 도로 굴러가는데,

44 펠롭스(Pelops)의 아들 아트레우스(Atreus)는 언젠가 자신의 양떼 가운데 가장 아름다운 양을 아르테미스(Artemis) 여신에게 제물로 바치겠다고 서약한다. 그러나 황금 새끼 양이 나타나자 그는 서약을 지키는 대신 황금 새끼 양을 목 졸라 죽인 뒤 그 양모피를 상자에 넣어두고 지킨다. 그러나 그의 아내 아에로페(Aerope)가 자기와 간통한 사이인 그의 아우 튀에스테스(Thyestes)에게 그것을 넘겨준다. 펠롭스의 자손을 자신들의 왕으로 뽑으라는 신탁을 받은 뮈케네(Mykene)인들이 아트레우스와 튀에스테스에게 사람을 보냈기 때문이다. 누가 왕이 될 것이냐를 놓고 그들이 토의하고 있을 때 튀에스테스가 공언하기를, 황금 새끼 양을 갖고 있는 자가 왕위를 차지해야 한다고 주장한다. 아트레우스가 이에 동의하자 튀에스테스는 새끼 양을 보여주고 왕이 된다. 그러나 제우스는 아트레우스에게 헤르메스(Hermes)를 보내 해가 거꾸로 돌 경우 아트레우스가 왕이 되기로 튀에스테스와 협약을 맺으라고 지시한다. 튀에스테스가 이에 동의하자 해가 동쪽으로 진다. 그리하여 튀에스테스가 찬탈자라는 점을 신이 명백히 밝히자 아트레우스가 왕위를 차지하고 튀에스테스를 추방한다. 나중에 그는 아내가 간통했다는 사실을 알게 되자 튀에스테스에게 전령을 보내 화해하자고 제안하는데, 튀에스테스가 도착하자 시종일관 우애를 가장하다가 튀에스테스의 아들들이 탄원자로서 제우스의 제단에 앉았는데도 죽인다. 그러고 나서 그는 조카들을 토막 내어 요리한 다음 사지만 빼고 튀에스테스 앞에 내놓는다. 튀에스테스가 아들들의 고기를 배불리 먹었을 때 아트레우스는 아이들의 사지를 보여주며 그를 나라에서 추방한다. 튀에스테스가 아트레우스에게 복수하려고 신탁에 묻자 친딸과 교합해서 아들을 낳아야 복수할 수 있다는 대답이 돌아온다. 그리하여 아버지와 딸 사이에서 태어난 아이기스토스(Aigisthos)는 훗날 장성하자 자기가 튀에스테스의 아들임을 알고는 아트레우스를 죽이고 왕권을 튀에스테스에게 넘겨준다.

45 우라노스(Ouranos '하늘')와 가이아(Gaia '대지')의 막내아들인 크로노스(Kronos)는 어머니의 권고를 받아들여 아버지를 거세하고 스스로 우주의 지배자가 되지만, 자신도 자식들 중 한 명에 의해 권좌에서 축출당할 운명이라는 것을 알고는 자식들이 태어나는 족족 삼켜버린다. 그러나 막내아들 제우스(Zeus)가 어머니의 기지 덕분에 아버지에게 삼켜지지 않고 장성하여 훗날 아버지 크로노스를 축출하고 올륌포스(Olympos) 신들의 시대를 개막한다. 기원전 700년경의 그리스 서사시인 헤시오도스(Hesiodos)에 따르면, 크로노스 치세 때의 인간들은 황금족으로 고통과 노령을 몰랐으며 농사를 짓지 않아도 대지에는 먹을거리가 넘쳐났다고 한다. 『일과 날』(*Erga kai hemerai*) 109~120행.

우주는 살아 있는 물체인 데다 원래 조립한 이가 지성을 부여했기 때문이지. 우주가 이렇듯 역주행의 능력을 타고날 수밖에 없었던 데에는 다음과 같은 사정이 있네.

젊은 소크라테스 그 사정이라는 게 뭐죠?

방문객 가장 신적인 것들만이 언제나 변하지 않고 자기 동일성을 유지할 수 있으며, 물체는 어떤 것도 이 부류에 속하지 않네. 하지만 우리가 하늘 또는 우주라고 부르는 것은 그것의 창조자에게 많은 축복을 받았지만 어느 정도 물체의 속성도 갖고 있기에 변화에서 완전히 자유로울 수 없네. 그러나 그것은 되도록 같은 장소에서 같은 방법으로 움직이며 단일 운동을 고수하네. 또한 그것이 역주행의 능력을 지닌 까닭은 그렇게 하는 것이 종전의 운동을 되도록 가장 적게 바꾸기 때문일세. 움직이는 모든 것들의 창조자 외에는 언제나 스스로 움직일 수 있는 것은 아무것도 없으며, 그런 창조자가 그것들을 때로는 이쪽 방향으로 때로는 저쪽 방향으로 움직인다고 생각하는 것은 신성모독일세. 이 모든 점을 고려할 때 우주는 언제나 스스로 움직인다든가, 우주 전체를 신이 상반된 두 방향으로 움직인다든가, 상반된 의도를 품은 두 신이 우주를 움직인다고 말해서는 안 되네. 남은 가능성은 하나뿐이며 그것은 우리가 방금 언급한 대로 우주는 어떤 때는 외재하는 어떤 신적인 존재에 힘입어 움직이지만(이 기간에 우주는 창조자에게서 새로운 생명을 받아 불멸성으로 충만하지), 어떤 때는 놓여나 저절로 움직이는 것일세. 그리고 우주가 그럴 때 놓여나면 수만 번 구르며 역주행을 하는데, 부피가 크고 완전히 균형이 잡힌 데다 선회축이 아주 좁기 때문이지.

젊은 소크라테스 선생님의 이야기는 전체적으로 아주 일리가 있는 것 　b
같아요.

방문객 그렇다면 방금 이야기한 것들에 근거하여 우리가 이 모든 놀라
운 일들의 원인이라고 단언한 사건을 고찰하고 이해하도록 하세. 그것
은 사실은 다음과 같은 것일세.

젊은 소크라테스 어떤 것이지요?

방문객 우주는 때로는 지금 회전하는 방향으로 움직이지만, 때로는 그
반대 방향으로 움직인다는 것이네.

젊은 소크라테스 어째서 그렇지요?

방문객 우리는 이런 변화가 하늘에서 일어나는 전환(轉換)[46] 가운데 가
장 크고 완전한 것이라고 생각해야 하네. 　　　　　　　　　　　　　c

젊은 소크라테스 그런 것도 같아요.

방문객 그렇다면 우주 안에 살고 있는 우리는 그때 가장 큰 변화들을
겪는다고 생각해야 할 걸세.

젊은 소크라테스 그도 그런 것 같아요.

방문객 동물들이 크고 많은 변화를 동시에 겪게 되면 살아남기 어렵다
는 것은 우리도 다 아는 사실 아닌가?

젊은 소크라테스 물론 그렇지요.

46　trope.

방문객 그리하여 그때 동물 일반이 대규모로 파멸할 수밖에 없었고, 인간들도 소수만이 살아남았네. 그들에게는 새롭고 놀라운 일들이 많이 일어났지만, 내가 설명하려고 하는 가장 큰 사건은 우주가 지금 돌고 있는 것과 반대 방향으로 돌기 시작한 그때 우주의 역주행 때문에 생긴 결과일세.

젊은 소크라테스 그게 어떤 것이지요?

방문객 첫째, 살아 있는 모든 것이 그때 나이가 얼마였든 나이 먹기를 그만두고, 죽게 마련인 모든 것이 더 늙어 보이기를 멈추었네. 그러더니 모두 반대쪽으로 방향을 바꾸어 더 젊어지고 더 부드러워지기 시작했네. 노인들의 백발은 검어지고, 수염 난 사람들의 볼은 다시 매끈해지고 지난날의 젊음을 되돌려주었네. 또한 젊은이들의 몸은 날마다 밤낮없이 더 부드러워지고 더 젊어지더니 갓난아이로 되돌아가 정신적으로나 육체적으로나 갓난아이를 닮아갔네. 그때부터 그들은 쇠약해지더니 완전히 사라지고 말았네. 또한 이 기간에 비명횡사한 사람들의 시신도 짧은 기간에 같은 변화를 겪더니 며칠 안에 망가져 사라져버렸네.

젊은 소크라테스 하지만 손님, 그때 동물들은 어떻게 태어났으며, 부모가 어떻게 자식을 낳았나요?

방문객 젊은 소크라테스, 그때는 부모가 자식을 낳는 일 같은 것은 분명 없었네. 그때는 옛이야기가 들려주는 대지에서 태어난 종족이 생존했는데, 바로 이들이 대지에서 돌아오기 시작하던 시기였네. 이들에 대한 기억은 이전 주기가 막 끝나고 현재 주기가 갓 시작했을 때 태어난 우리 선조들에 의해 간직되었네. 오늘날 많은 사람이 부당하게도 불신하는 이 이야기를 우리에게 전해준 이들은 바로 그분들이었으니까. 우리는 이 이야기를 숙고해야만 그 의미를 알 수 있을 걸세. 죽어서 땅속에 누워 있던 사람들이 다시 형태를 갖추고 되살아난다는 것은 노인들이 어린아이로 돌아간다는 생각과 일치한다는 말일세. 우주가 역주행하며 탄생의 과정도 반대 방향으로 뒤바뀌었으니까. 그리하여 신이 다른 운명을 향하여 데려가는 사람들[47] 말고는 누구나 필연적으로 대지에서 태어난 자들이 되어 그런 이름으로 불리고 그런 이야기를 들을 수밖에 없는 것이라네.

젊은 소크라테스 그것은 확실히 앞 이야기와 완전히 일치하는 것 같군요. 그런데 선생님께서 말하는 '크로노스 치세 때'의 삶은 우주의 저 주기 때의 일인가요, 아니면 이 주기 때의 일인가요? 별들과 해의 진로는 분명 두 주기 모두에서 바뀌니까요.

방문객 자네, 내 말뜻을 잘 알아듣는구먼. 자네가 묻고 있는 삶, 그러니까 인간들에게 모든 것이 대지에서 저절로 생겨나던 삶은 현재 주기와는 전혀 무관하고 이전 주기의 특징 중 하나일세. 그때는 신이 우주의 회전 전체를 지배하고 보살피기 시작했으며, 우주의 부분들이 여러 수호신들 사이에 완전히 분할되면서 영역별로도 같은 일이 일어났기 때문이지. 게다가 동물들은 여러 수호신[48]들이 목자 노릇을 하도록 종류

---

47 철학자들이나, 메넬라오스(Menelaos)처럼 '축복받은 사람들의 섬들'로 옮겨진 사람들이나, 헤라클레스(Herakles)처럼 신의 반열에 오른 사람들.

48 theios daimon. daimon은 신과 인간의 중간적인 존재로, 경우에 따라 '정령'이라고 옮기기도 한다.

별·무리별로 그들에게 배정되었는데, 각각의 수호신은 자기가 돌보는
e 동물들에게 필요한 모든 것을 대주는 것이 유일한 의무였지. 그래서 동
물들은 어느 것도 사납거나 서로 잡아먹지 않았으며 서로 싸우거나 다
투지 않았네. 그런 우주 질서의 결과들을 보기를 들어 설명하자면 한
도 끝도 없을 걸세. 하지만 인간들의 편안한 삶에 관한 이야기로 되돌
아가서, 그런 이야기가 전해진 까닭은 다음과 같네. 마치 오늘날 인간
들이 신에 더 가까운 존재로서 하등동물들을 방목하듯, 그때는 신이
몸소 인간의 무리를 다스리며 방목했네. 그러나 신이 그들의 목자였을
때는 정체(政體)[49]도, 처자의 소유도 없었네. 그들은 모두 전생(前生)을
272a 기억하지 못한 채 대지에서 삶으로 돌아왔으니까. 그런 것들은 없었지
만 그들에게 나무와 다른 식물들에서 나는 열매들은 풍족했는데, 경
작하지 않아도 대지가 자진하여 열매들을 대준 거지. 또한 그들은 옷
도 입지 않고 침구도 없이 대개 야외에서 살았는데, 기후는 온화한 편
이고 대지에서 무성하게 자라는 풀이 푹신한 침대가 되어주었기 때문
b 일세. 젊은 소크라테스, 이것이 크로노스 치세 때 살던 사람들의 삶이
었네. 제우스 치세라고 불리는 현재의 삶이 어떤 것인지는 자네가 몸
소 겪어봐서 알 걸세. 자네는 둘 중 어느 쪽이 더 행복한 삶인지 판단할
수 있겠는가? 아니면 판단하고 싶은가?

젊은 소크라테스 저는 전혀 판단할 수 없어요.

방문객 그렇다면 자네는 내가 어떤 방법으로든 판단해주기를 바라
는가?

젊은 소크라테스 제발 그렇게 해주세요.

방문객 좋아. 크로노스의 양자(養子)들은 그토록 여가가 많은 데다 인간들뿐만 아니라 동물들과도 대화할 수 있는 능력을 타고났네. 그러나 문제는 그들이 자신들의 이런 이점들을 모두 철학을 위해 사용했느냐 하는 것일세. 만약 그들이 동물들과도 저들끼리도 대화하고 어떤 종류의 동물이 남다른 능력이 있다는 것을 발견할 때마다 그것이 지혜를 늘리는 데 어떤 독특한 방법으로 기여하는지 알려고 노력했다면, 그때 사람들이 요즘 사람들보다 천배 만배 더 행복했으리라고 판단하는 것은 쉬운 일일 걸세. 그러나 만약 그들이 배가 터지도록 먹고 마시며 저들끼리도 동물들과도 그들이 나눈 것으로 오늘날 전해지는 그런 종류의 대화나 나눈다면, 적어도 내가 보기에는 이 경우에도 판단하기가 어렵지 않은 것 같네. 하지만 이 문제는 제쳐두세. 그때 사람들이 지식과 관련하여 이 두 가지 가운데 어떤 태도를 취했으며 어떤 목적을 위해 대화를 나누었는지 믿을 만한 정보를 제공할 수 있는 누군가를 우리가 만날 때까지는 말일세. 지금은 우리가 왜 이런 이야기를 끄집어냈는지 그 이유를 말해야겠지. 그래야만 우리가 이야기를 진척시켜 결론을 내릴 수 있을 테니까.

  결국 이 모든 것들의 기한이 차서 변화의 시간이 다가왔을 때 대지에서 태어난 종족은 완전히 소멸되었네. 개개의 혼이 정해진 횟수만큼 씨앗으로 땅에 떨어짐으로써 출생을 모두 마쳤기 때문이지. 그러자 우

c

d

e

---

49 politeia.

주의 키잡이는 키를 놓아버리고 자신의 감시 초소로 물러갔으며, 운명과 운명의 타고난 욕구는 우주가 역주행하게 만들었네. 그러자 최고신과 더불어 우주의 여러 영역을 통치하던 신들도 모두 무슨 일이 일어났는지 금세 알아차리고 자신들이 다스리던 우주의 영역들을 돌보기를 그만두었네.

273a   우주는 그것이 출발하여 나아가던 것과 반대되는 방향으로 도로 밀쳐지며 엄청나게 충격을 받았고, 이런 충격은 또다시 모든 종류의 생물을 절멸시켰네. 그러나 그 뒤 충분한 시간이 흐르자 혼돈과 혼란이 종식되고 충격이 가라앉으며 우주는 평온을 되찾았고 익숙한 궤도에

b   정상적으로 진입했네. 그리고 우주는 자신과 자신 안에 있는 것들을 돌보며 지배했고 아버지 창조주의 가르침을 최대한 상기하여 실천에 옮겼네. 우주는 그분의 지시를 처음에는 아주 정확하게 이행했지만, 우주에는 물질적인 요소가 섞여 있는 탓에 나중에는 덜 정확하게 이행했네. 물질적인 요소는 우주의 원초적인 요소 가운데 하나로 현재의 우주 질서에 이르기 전에는 몹시 무질서했기 때문이지. 우주는 창조주

c   로부터는 훌륭한 것들만 받았지만 이전 상태로부터는 하늘의 악과 불의를 스스로 가질뿐더러 동물들 안에도 그것이 생겨나게 했네. 우주가 키잡이의 도움을 받는 동안에는 자기 안에서 양육한 생물들 안에 나쁜 것은 적게 낳고 좋은 것은 많이 낳았네. 그러다가 키잡이가 떠나버리지. 키잡이가 떠난 직후에는 우주가 여전히 모든 것을 잘 관리하지만, 세월이 흐르면 그분의 지시를 점점 더 망각하네. 그러면 태초의 부

d   조화 상태가 우주를 지배하게 되고, 이 시기가 끝날 때쯤 망각이 기승

을 부리면 우주 안에 좋은 것은 적게 섞이고 나쁜 것은 많이 섞여서, 우주 스스로도 그 안에 있는 것들도 파멸의 위기를 맞게 되지.

그러면 우주에 질서를 부여한 신은 바로 그 순간 우주가 어려움에 맞닥뜨린 것을 보고는 우주가 폭풍에 들까불려 산산조각이 나고 끝없는 혼돈의 바다에 침몰할까 봐 염려되어 다시 키잡이 자리에 앉는다 e 네. 그리고 나서 그는 우주가 제멋대로 하던 이전 주기 때 병들고 무질서해진 것을 되돌려 다시 제 궤도에 올려놓음으로써 우주를 죽음도 나이도 모르는 존재로 만든다네.

이것이 우리 이야기의 전부일세. 그중 첫 부분은 왕도의 본성을 이해하는 데 도움이 될 걸세. 자네도 보다시피, 일단 우주가 오늘날의 생성 주기로 되돌아서자 생물의 노화(老化) 과정이 다시 멈추고 이전 현상과 상반되는 새로운 변화들이 일어났네. 작아서 사라질 뻔한 생물들 274a 은 자라나기 시작했고, 대지에서 새롭게 태어난 물체들은 머리털이 희어지고 죽어서 다시 대지로 돌아가기 시작했네. 그 밖의 모든 것들도 우주의 상태를 모방하고 따름으로써 변화를 겪었고, 특히 임신과 출산, 양육 과정은 보편적인 양식을 따를 수밖에 없었네. 왜냐하면 동물이 다른 것들의 결합에 의해 자란다는 것은 더이상 불가능하고, 마치 우주 전체가 자기 진로에 스스로 책임지도록 정해졌듯이 우주의 모든 구성요소도 같은 충동에 이끌려 최대한 자력으로 성장하고 출산하고 양육하도록 정해졌기 때문이지.

이제 우리는 사실상 우리 논의의 결말에 다다랐네. 다른 동물들이 b 어떻게 왜 변했는지 설명하기란 어렵고 복잡한 일이지만 인간들에게 일어난 일을 설명하는 것은 오래 걸리지 않을 텐데, 그것이 우리 목적에는 더 중요하니까. 전에는 어떤 수호신이 우리의 임자로서 우리를 부양했지만, 나중에 우리는 그분의 돌봄도 받지 못했네. 게다가 원래 성질이 거칠던 대부분의 동물은 사나워져서 원래 약한 데다 무방비 상태가 된 인간들을 먹이로 삼기 시작했네. 이 초기의 인간들에게는 아직 도구도 없고 기술도 없었네. 전에는 저절로 자라던 먹을거리가 떨어졌어도, 전에는 그럴 필요를 전혀 느끼지 못해 먹을거리를 마련할 방법을 몰랐기 때문이지. 이 모든 이유에서 인간들은 큰 곤경에 빠졌네. 그래서 신들은 필요한 교육과 훈련과 더불어 우리가 옛이야기로 전해 듣는 선물들을 인간들에게 주었네. 불은 프로메테우스[50]가, 기술은 헤파이스토스[51]와 그의 동료 기술자인 여신[52]이, 씨앗과 식물은 다른 신들[53]이 주었네. 그리고 인생을 살아가는 데 도움이 된 것은 모두 그것들에서 파생하였네. 그도 그럴 것이, 내가 조금 전에 말한 것처럼 인간들은 신이 더이상 돌봐주지 않자 혼자 힘으로 살림을 꾸려나가고 스스로 자신을 돌봐야 했으니까. 우리가 때로는 지금 방식으로, 때로는 이전 방식으로 태어나 자라면서 언제까지고 모방하고 따라야 하는 우주 전체가 그러듯이 말일세. 이쯤에서 신화 이야기는 끝내고, 이 이야기를 이용해 우리가 이전 논의에서 왕과 정치가를 설명할 때 얼마나 큰 실수를 저질렀는지 알아보도록 하세.

젊은 소크라테스 우리가 얼마나 큰 실수를 저질렀는지 알아보시겠다니, 선생님께서는 어째서 그런 말씀을 하시는 거죠?

방문객 어떤 관점에서는 대수롭지 않은 실수이지만, 다른 관점에서는 내가 그때 생각한 것보다 훨씬 중차대한 실수였네.

젊은 소크라테스 무슨 말씀이신지요?

방문객 현재의 주기와 생식 방법에 관해 질문 받았을 때 우리는 인간 무리의 목자에 관해 말했네. 그러나 그는 반대 주기에 속하므로 인간이라기보다는 신일세. 그런 관점에서 우리는 중대한 실수를 저질렀네. 그런데 우리는 그가 나라 전체를 다스린다고 말하면서 어떻게 다스리는지 설명하지는 못했네. 이런 관점에서 우리가 말한 것은 불완전하고 불명확하네. 하지만 그것은 사실이었으니, 이 실수는 다른 실수보다는 경미한 편일세. 275a

젊은 소크라테스 옳은 말씀이에요.

방문객 그렇다면 먼저 정치가가 어떻게 나라를 다스리는지 정의해야 할 것 같네. 그래야만 정치가를 둘러싼 우리 논의가 완전해지기를 기대할 수 있을 테니까.

젊은 소크라테스 훌륭한 말씀이에요.

방문객 바로 그런 이유에서 신화도 소개한 것이라네. 다른 사람들도 모두 우리가 찾고 있는 진정한 목자의 경쟁자라는 것을 보여주기 위해서. 그리고 혼자 그런 호칭을 받을 자격이 있는 그를 우리가 더 명확히 볼 b

---

50 프로메테우스(Prometheus '사전에 생각하는 자')는 티탄(Titan) 신족 중 한 명인 이아페토스(Iapetos)의 아들로, 인간들에게 불을 가져다주었다고 한다.

51 헤파이스토스(Hephaistos)는 그리스신화에서 불과 금속공예의 신이다.

52 아테나(Athena)는 전쟁과 직조와 도예와 올리브 재배의 여신이다.

53 곡물과 농업의 여신 데메테르(Demeter)와 포도주의 신 디오뉘소스(Dionysos).

수 있도록 말일세. 우리가 사용한 비유에 따르면 목자들과 목부들 중 그만이 인간들을 돌보니까.

젊은 소크라테스 옳은 말씀이에요.

방문객 하지만 젊은 소크라테스, 내 생각에 신적인 목자의 모습이 왕의
c 모습보다 훨씬 더 큰 것 같네. 한편 오늘날 지상에 존재하는 정치가들 은 피치자들과 성질도 대동소이하고, 사실상 같은 교육을 받으며 같은 방식으로 양육되었네.

젊은 소크라테스 전적으로 옳은 말씀이에요.

방문객 하지만 그렇더라도 우리는 그들의 성질이 피치자들과 같은지, 아니면 신적인 목자와 같은지 고찰하지 않으면 안 될 걸세.

젊은 소크라테스 물론이지요.

방문객 문제의 대목으로 되돌아가, 우리는 동물들에 대해 개별적이
d 아니라 집단적으로 몸소 지시를 내리는 기술에 관해 말하면서 그때 는 그것을 대뜸 무리 양육 기술[54]이라고 불렀네. 기억나는가?

젊은 소크라테스 네.

방문객 그 어디쯤에서 실수를 저질렀네. 우리는 정치가를 포함시키지 도 않고 언급하지도 않았으니 말일세. 우리가 이름을 붙이느라 여념이 없는 사이, 그는 우리도 모르게 달아나버렸네.

젊은 소크라테스 무슨 말씀이신지요?

방문객 다른 목자들은 저마다 자기 무리들을 '양육'하는 것 같네. 그러 나 정치가는 그러지 않는데도, 우리는 모든 목자에게 공통된 명칭을
e 사용해야 했을 때 정치가에게도 그런 명칭을 붙였던 걸세.

젊은 소크라테스 옳은 말씀이에요. 정말로 그런 명칭이 있다면요.

방문객 어떤가, 그들 모두에게 '돌봄'이라는 말을 사용할 수 있지 않을까? 이 말은 양육[55]이나 그 밖의 특별한 의무를 뜻하는 것은 아니니까. 우리가 '무리 보살핌' '무리 돌봄' 또는 '무리 관리'라 했다면 그런 보편적인 이름에는 우리 논의가 요구하는 대로 다른 이들과 함께 정치가도 포함되었을 걸세.

젊은 소크라테스 옳은 말씀이에요. 하지만 그다음에는 어떻게 나뉘었을 276a 까요?

방문객 앞서 우리가 무리 양육을 발이 달렸느냐 날개가 달렸느냐, 순종이냐 교배종이냐, 뿔이 있느냐 없느냐에 따라 나누었듯이, 무리 돌봄도 이 같은 차이들에 따라 나누었더라면 거기에는 오늘날의 왕정뿐 아니라 크로노스 치세 때 왕정도 우리 논의에 포함되었을 거라는 말일세.

젊은 소크라테스 그런 것 같네요. 하지만 제가 묻는 것은 그다음 단계가 무엇이냐는 거예요.

방문객 만약 우리가 무리 보살핌이라는 말을 썼더라면, 정치가에게 돌봄 같은 것은 없다고 아무도 이의를 제기하지 못했을 걸세. 비록 인간 삶에 b 양육이라 불릴 자격이 있는 기술은 없으며, 실제로 그런 것이 있다면 왕들 가운데 한 명보다는 많은 다른 사람이 자기에게 우선권이 있다고 주장할 것이라는 이전의 이의 제기는 정당하다 하겠지만 말일세.

---

54 agelaiotrophike.

55 trophe.

젊은 소크라테스 옳은 말씀이에요.

방문객 그러나 인간 공동체를 돌보고 인간 전체를 다스리는 데서는 어
c 떤 기술도 왕도정치보다 우선권이 있다고 주장하지는 못할 걸세.

젊은 소크라테스 옳은 말씀이에요.

방문객 젊은 소크라테스, 다음 할 일은 마지막 단계에서 우리가 큰 실
수를 저질렀다는 점을 아는 걸세.

젊은 소크라테스 어떤 실수를 저질렀나요?

방문객 두 발 달린 무리의 양육 기술 같은 것이 있다고 확신하더라도
우리는 마치 모든 문제가 해결된 것처럼 그것을 곧장 왕도정치 또는 통
치술이라고 부르면 안 된다는 말일세.

젊은 소크라테스 그렇다면 어떻게 했어야 하나요?

방문객 앞서 말했듯이 먼저 양육보다는 돌봄이라는 취지로 이름을 바
d 꾸고 나서 그 기술을 나누어야 하네. 아직도 작지 않은 크기들로 나눌
여지가 있을 테니까.

젊은 소크라테스 어떻게 나눈다는 거죠?

방문객 먼저 신적인 목자와 인간적인 돌보는 이로 나눠보게.

젊은 소크라테스 옳은 말씀이에요.

방문객 인간에게 주어진 돌봄 기술도 다시 둘로 나누어야 하네.

젊은 소크라테스 어떻게요?

방문객 강제적인 것과 자발적인 것으로.

젊은 소크라테스 왜 그래야 하나요?

e **방문객** 우리는 아까 이 점에서도 실수를 저질렀던 것 같네. 왕과 참주

(僭主)[56]는 그들 자신도, 그들 각자의 통치 방식도 서로 같지 않은데 우리는 어리석게도 이 둘을 같은 범주에 포함시켰으니까.

젊은 소크라테스 옳은 말씀이에요.

방문객 그러나 이제 우리는 인간적인 돌봄을 내가 말했듯 강제적인 것과 자발적인 것으로 양분함으로써 이를 바로잡아야겠지?

젊은 소크라테스 물론이지요.

방문객 그리고 강제력을 사용하는 자들의 기술을 독재라 부르고 자발적인 두 발 달린 무리에 대한 자발적인 돌봄을 통치술이라 부른다면, 우리는 나중의 돌봄 기술을 가진 사람을 진정한 왕이자 정치가라고 단언해도 좋지 않을까?

젊은 소크라테스 그렇겠지요, 손님. 그렇게 하면 우리가 그리던 정치가의   277a
초상이 완성될 것 같네요.

방문객 젊은 소크라테스여, 그랬으면 오죽 좋겠는가! 하지만 자네만 그렇게 생각해서는 안 되고, 나도 자네에게 동의할 수 있어야 하네. 한데 내가 보기에, 우리가 그리던 왕의 초상은 아직 완성되지 못한 것 같네. 조각가들이 가끔 때아니게 서두르며 필요 이상으로 큰 것을 너무 많이 덧붙이다가 제때에 작품을 완성하지 못하듯이, 우리도 첫 번째 논의에서 저지른 실   b
수를 또렷하고 거창하게 보여주되 왕의 경우에는 거창한 예를 드는 것이 적절하다고 여기고는 엄청난 규모의 신화를 들려주며 그것을 필요 이상으

---

56 tyrannos. 일종의 군사독재자.

로 많이 이용할 수밖에 없었네. 그래서 지나치게 길게 설명하다가 이야기의 결말조차 맺지 못했네. 그리하여 우리 이야기는 그림 속 동물처럼 외부 윤곽은 완성되었지만 아직 색깔 조화에서 생기는 생동감은 없네. 하지만 어떤 동물이든 그림이나 다른 손재주보다 말과 대화로 보여주는 것이 훨씬 적절할 걸세, 토론을 따라올 수 있는 사람들에게는. 그럴 능력이 없는 사람들에게는 손재주로 보여주는 것이 더 적절하겠지만 말일세.

젊은 소크라테스 그건 옳은 말씀이에요. 하지만 우리 이야기가 어떤 점에서 아직도 불완전하다고 주장하시는지 설명해주세요.

방문객 여보게, 어떤 큰 주제를 예[57]를 들지 않고 충분히 설명하기는 쉽지 않다네. 우리는 누구나 꿈속에서는 다 안다고 생각하지만 잠을 깨었을 때는 아무것도 모르지 않던가.

젊은 소크라테스 무슨 말씀이신지요?

방문객 방금 나는 우리가 지식을 습득하는 과정이 얼마나 이상한 것인가 하는 문제를 제기한 것 같네.

젊은 소크라테스 왜 그러셨지요?

방문객 여보게, 예 자체도 다른 예를 들어서 설명할 필요가 있으니까.

젊은 소크라테스 왜 그렇지요? 제 걱정일랑 마시고 말씀 계속하세요.

방문객 자네가 그토록 듣고 싶어하니 말해야겠네. 우리 모두 알다시피, 아이들이 문자를 갓 배우기 시작했을 때는….

젊은 소크라테스 무슨 말씀을 하시려는 거죠?

방문객 아이들은 짧고 간단한 음절로 결합된 문자들은 모두 구분할 줄 알며, 어느 문자가 어느 문자인지 정확하게 말할 수 있네.

젊은 소크라테스 왜 아니겠어요?

방문객 그러나 같은 문자들이라도 다른 음절들로 결합하면 혼란에 빠져 그것들에 관해 잘못 생각하고 잘못 말한다네.

젊은 소크라테스 물론이지요.

방문객 아이들이 아직 알지 못하는 것을 알게 하는 가장 쉽고 가장 훌륭한 방법은 다음과 같은 것이 아닐까?

젊은 소크라테스 어떻게 알게 한다는 거죠?

방문객 먼저 같은 문자들의 결합이 조금도 어렵지 않던 경우들로 아이들을 도로 데려가게. 그런 다음 아이들이 이런 결합들을 아직 알지 못하는 다른 결합들과 비교하도록 하게. 그러고 나서 두 경우 모두 결합들이 같은 특징과 성격을 갖는다는 것을 보여주게. 끝으로, 아이들이 제대로 판단한 경우를 모두 보여주면서 아이들이 아직 알지 못하는 경우들과 비교해주게. 그러면 아이들이 제대로 판단한 경우들이 예가 되어줄 걸세. 그렇게 하면 아이들은 문제의 문자가 어떤 결합의 구성요소가 되든 알아보고는 나머지 것들과 다르면 다른 것이라고, 그 자신과 같으면 같은 것이라고 언제나 같은 방식으로 알 수 있다네.

젊은 소크라테스 전적으로 동의해요.

방문객 이제는 예가 어떤 구실을 하는지 충분히 밝혀진 셈이지? 어떤

---

57 paradeigma.

사물을 우리가 제대로 아는 그 사물의 다른 사례와 비교하면, 그런 비교에서 그 둘을 모두 포괄하는 하나의 참된 의견이 생기는 법일세.

젊은 소크라테스 그런 것 같아요.

d **방문객** 그런데 만약 우리 혼이 우주의 구성요소들과 관련하여 같은 태도를 보이며, 어떤 경우에는 개별 요소들에 대한 확신으로 가득차지만 다른 것들 속에 있는 모든 것들과 관련해서 확신을 갖지 못한다면, 그것이 과연 놀라운 일일까? 사실 우리가 때로는 서로 결합되어 있는 구성요소들에 대해 올바른 견해를 가지다가도 구성요소들이 실생활의 길고 복잡한 음절들로 옮겨지면 같은 구성요소들인데도 알지 못한다는 것은 놀랄 일이 아닐세.

젊은 소크라테스 조금도 놀랄 일이 아니지요.

e **방문객** 여보게, 거짓 의견에서 출발한 자가 과연 진리의 작은 부분에라도 도달하여 지혜로워질 수 있을까?

젊은 소크라테스 사실상 불가능하겠지요.

방문객 그것이 사실이라면 자네와 내가 먼저 작고 부분적인 예에서 예의 전체적인 성격을 이해하려 하고, 그런 다음 작은 것들에서 왕도라는 가장 중요한 문제로 방향을 바꾸어 이번에는 예를 통해서 나라 보살핌에 관한 전문지식을 습득하려 한다 해도 우리가 잘못하는 것은 아니겠지? 그러면 우리는 더는 꿈꾸지 않고 깨어 있을 테니까.

젊은 소크라테스 전적으로 옳은 말씀이에요.

279a **방문객** 그렇다면 우리가 중단한 논의를 다시 시작하여, 나라 돌보는 일과 관련해 왕들과 경합하는 수많은 사람을 배제하고 왕만 그 자리에

남겨두는 게 좋을 걸세. 그리고 우리는 이런 일에는 예가 도움이 될 거라고 말한 바 있네.

젊은 소크라테스 맞아요.

방문객 그렇다면 어떤 예를 들어야 규모가 아주 작기는 해도 통치술과 같은 활동을 내포하면서 우리가 찾는 것을 능히 발견하게 해줄까? 여보게 젊은 소크라테스, 당장 다른 예가 떠오르지 않는다면 직조 b 술[58]을, 그것도 자네가 동의한다면 직조술 전체가 아니라 모직 직조술을 선택하는 게 어떻겠는가? 모직 직조술만 선택해도 정치가와 관련해 우리가 원하는 정보를 충분히 제공할 것 같네.

젊은 소크라테스 왜 아니겠어요?

방문객 우리는 부분들에서 각각의 부분들을 나누었지만, 이번에는 같은 과정들을 거치려고 하지 않고 직조술의 단계를 되도록 빨리 통과한 c 다음 우리 토론의 주된 쟁점으로 돌아간다면 왜 안 된다는 말인가?

젊은 소크라테스 무슨 말씀이신지요?

방문객 그 과정을 빨리 통과하는 쪽으로 답변할 거라는 말일세.

젊은 소크라테스 아주 좋은 생각이에요.

방문객 우리가 제작하거나 획득하는 모든 것은 뭔가를 행하기 위해서이거나 뭔가가 일어날 것을 예방하기 위한 것이네. 예방하기 위한 것은 초자연적이거나 인간적인 해독제와 방어물들로 나뉘네. 방어물들은 d

---

58　hyphantike.

병기나 방책(防柵)들이지. 비군사적인 방책은 가림막이거나 더위와 추위를 막아주는 완충장치이지. 이 완충장치는 지붕이거나 덮개일세. 덮개는 바닥에 까는 것이거나 몸에 두르는 것이네. 몸에 두르는 것은 천을 통째로 재단한 것이거나 여러 조각을 이어 붙인 것이네. 여러 조각을 이어 붙인 것은 바느질한 것이거나 바느질하지 않고 이어 붙인 것이네. 바느질하지 않은 것은 식물의 힘줄로 만든 것이거나 동물의 털로 만든 것이네. 동물의 털로 만든 것은 액체와 고체의 접합제로 접합된 것이거나 외부 물질 없이 저들끼리 접합된 것이네. 이처럼 외부 물질 없이 저들끼리 접합된 소재로 만든 방어적인 덮개를 우리는 겉옷이라 부르네. 그러니 앞서 국가를 관리하는 기술을 통치술이라고 불렀듯이, 제작물에서 이름을 따와서 겉옷 만드는 기술을 '겉옷 제작술'이라고 불러도 되지 않을까? 또한 우리는 직조술 또는 직조술의 대부분은 겉옷 제작과 관련있는 만큼 우리의 '겉옷 제작술'과 이름만 다르다고 말해도 되지 않을까? 앞서 우리가 왕도정치와 통치술은 이름만 다르다고 결론 내렸듯이 말일세.

젊은 소크라테스 지당한 말씀이에요.

방문객 다음에는 누가 우리의 겉옷 제작술이 수많은 다른 유사 기술과는 구분되었지만 긴밀하게 협력하는 기술들과는 아직 구분되지 않았다는 점을 깨닫지 못하고, 겉옷 제작술에 대한 우리의 이런 설명을 과연 만족스럽게 여길는지 고찰해봐야 하네.

젊은 소크라테스 어떤 유사 기술들인지 말씀해주세요.

방문객 자네는 내 말뜻을 이해하지 못한 것 같네. 그러니 되돌아가서 끝에서 시작하는 게 더 좋을 듯하네. 우리는 조금 전 겉옷 제작술에서 담요 제작술을 배제했는데, 이것들은 하나는 바닥에 깔고 하나는 몸에 두른다는 점에서 서로 다르네. 내가 말하는 유사 기술들이란 그런 것이라네.

젊은 소크라테스 알겠어요.

방문객 또한 우리는 아마와 삼베로 만든 모든 분야의 제품과 조금 전 식물의 힘줄이라고 비유한 것도 모두 배제했네. 이어 우리는 거기서 펠트 제조법과 바느질하고 꿰매는 제작 과정도 배제했는데, 그중 가장 중요한 것이 제화술(製靴術)이네. c

젊은 소크라테스 물론이지요.

방문객 이어서 우리는 통가죽 덮개를 만드는 기술들을 나눌 때 무두장이의 기술을 배제했네. 보호 차원의 집짓기 기술들 중에서는 건설 기술, 목공 기술 등과 함께 방수 기술도 배제했네. 또한 우리는 도둑질과 d 폭행을 막아주는 모든 기술, 말하자면 소목장이 기술의 일부로 여겨지는 뚜껑을 달고 문을 짜는 기술들도 배제했네. 그뿐만 아니라 우리는 방어물 제작의 중요하고도 다양한 영역인 무구(武具) 제작술도 배제했네. 끝으로 우리는 첫머리에서 대뜸 해독제와 관련있는 마법을 전부 배 e 제하고, 우리가 찾던 바로 그 기술, 곧 우리를 추위에서 지켜주는 모직 방어물을 제작하며 직조술이라는 이름으로 불렸던 그 기술만 남겨두었던 것 같네.

젊은 소크라테스 그런 것 같아요.

방문객 하지만 젊은 친구, 우리의 설명은 아직 완전하지 못하네. 겉옷을 만드는 첫 번째 작업은 직조에 상반되는 것 같으니 말일세.

젊은 소크라테스 어째서 그렇지요?

방문객 직조란 엮음⁵⁹의 일종이니까.

젊은 소크라테스 맞아요.

방문객 그렇지만 내가 말한 기술은 뭉치고 헝클어진 것들을 갈라놓네.

젊은 소크라테스 그게 어떤 것이지요?

방문객 소모공(梳毛工)이 하는 작업 말일세. 우리는 소모가 직조라거나 소모공이 직조공이라고 말할 수 없으니까.

젊은 소크라테스 물론 그럴 수 없겠지요.

방문객 또한 누가 날실과 씨실을 만드는 기술을 직조술이라고 부른다
b 면, 그것은 이상하게 들릴뿐더러 사실은 거짓말일세.

젊은 소크라테스 왜 아니겠어요?

방문객 어떤가? 우리는 축융공(縮絨工)의 기술 전체와 수선공의 기술은 옷을 돌보고 보살피는 일과 전적으로 무관하다고 말할 텐가, 아니면 이런 기술도 모두 직조술에 포함된다고 할 텐가?

젊은 소크라테스 그건 안 될 말이지요.

방문객 하지만 이런 기술들도 모두 자기들이 옷을 돌보고 만드는 일에 관여한다고 주장하며 직조술의 배타적인 권리에 이의를 제기할 걸세. 그리고 그것들은 직조술이 옷 제작에 결정적인 역할을 한다는 것을 인정하면서도 자기들에게도 중요한 영역들을 배정할 걸세.

c **젊은 소크라테스** 물론 그러겠지요.

방문객 이런 기술들 말고도 직조술이 제구실을 할 수 있게 해주는 도

구들을 제작하는 기술들도 있는데, 이것들도 아마 직조공이 제품을 만들 때마다 자기들이 협력했다고 주장할 걸세.

젊은 소크라테스 지당한 말씀이에요.

방문객 만약 우리가 직조술 또는 우리가 선택한 직조술의 그 부분이 모직 옷과 관련있는 기술 가운데 가장 훌륭하고 가장 큰 것이라고 정의한다면 충분히 정의한 것일까? 우리의 그런 정의는 옳지만, 직 조술을 이런 다른 기술 전부와 구분할 때까지는 명확하지 않고 완   d 전하지 않다고 말하는 편이 더 좋지 않을까?

젊은 소크라테스 옳은 말씀이에요.

방문객 그렇다면 우리의 다음 과제는 논의가 순조롭게 진행되도록 우리가 말한 대로 직조술을 다른 기술 전부와 구분하는 것이겠지?

젊은 소크라테스 왜 아니겠어요?

방문객 우리가 먼저 유의해야 할 점은 모든 활동에는 두 가지 기술이 포함된다는 것일세.

젊은 소크라테스 그게 어떤 기술들인가요?

방문객 한 부류는 생산의 부차적인 기술이고 다른 부류는 실제로 생산 하는 기술일세.

젊은 소크라테스 무슨 말씀이신지요?

방문객 물건을 실제로 제작하지는 않지만 제작에 필요한 도구들을 대   e

---

59 symploke.

주는 기술들이 부차적인 기술인데, 그것 없이는 어떤 제작술도 제구실을 할 수 없을 걸세. 한편 물건 자체를 제작하는 기술들은 실질적인 기술일세.

젊은 소크라테스 일리 있는 말씀이에요.

방문객 그렇다면 우리는 물렛가락이나 북이나 그 밖에 옷을 만드는 다른 도구들을 제작하는 기술들은 부차적인 기술이라 하고, 옷 자체를 돌보고 제작하는 기술들은 실질적인 기술이라고 해도 되겠지?

젊은 소크라테스 그렇고말고요.

282a **방문객** 우리는 실질적인 기술들에 세탁술과 수선술과 그 밖에 그런 식으로 옷을 돌보는 기술들을 포함시켜도 될 걸세. 그리고 장식술은 범위가 넓은 만큼 우리는 그것들을 축융술이라는 이름으로, 장식술의 일부로 분류해도 될 걸세.

젊은 소크라테스 좋은 생각이에요.

방문객 또한 소모술과 방적술과 모직 옷을 실제로 제작하는 일과 관계있는 모든 과정은 누구나 다 아는 기술, 그러니까 털실 제작술의 일부를 구성하네.

젊은 소크라테스 맞아요.

b **방문객** 또한 털실 제작에도 두 분야가 있는데, 이것들도 각각 동시에 두 가지 기술의 한 부분일세.

젊은 소크라테스 무슨 말씀이신지요?

방문객 우리는 소모술과 북 사용의 절반과 한데 엉켜 있는 것들을 분리하는 모든 과정을 하나로 묶어 털실 제작술에 속하는 것으로도, 또한 모든 것에 적용되는 두 가지 큰 기술, 곧 결합 기술[60]과 분리 기술[61]에 속하는 것으로도 분류할 수 있을 거라는 말일세.

젊은 소크라테스 네.

방문객 소모술을 포함하여 내가 언급한 모든 기술은 분리의 범주에 속   c
하네. 어떤 이름으로 불리든 그것들은 손질하지 않은 양털이나 털실을 분리하는 과정이니까. 물론 북을 사용하느냐 맨손으로 하느냐에 따라 방법이 서로 다르긴 하지만.

젊은 소크라테스 물론이지요.

방문객 이번에는 결합 기술인 동시에 털실 제작술에 속하는 것을 검토하되, 털실 제작술에서 분리에 속하는 것은 모두 배제하기로 하세. 분리와 결합의 원리를 적용하여 털실 제작술을 두 부분으로 나눔으로써 말일세.

젊은 소크라테스 그렇게 나누어졌다고 쳐요.

방문객 젊은 소크라테스, 이제 우리는 결합 기술인 동시에 털실 제작술에 속하는 부분을 한 번 더 나누어야 하네. 앞서 말한 직조술을 제대   d
로 파악하려 한다면 말일세.

젊은 소크라테스 그렇다면 당연히 나누어야지요.

방문객 그래야겠지. 그리고 그 기술의 일부는 실을 꼬는 기술이라 하고, 다른 일부는 실을 짜는 기술이라고 하세.

---

60 synkritike.
61 diakritike.

젊은 소크라테스 제가 제대로 이해했나요? 제 생각에 선생님께서는 날실 제작 기술을 '꼬는 기술'이라고 부르는 것 같습니다.

방문객 그렇다네. 하지만 날실 제작뿐 아니라 씨실 제작도 거기에 포함되네. 꼬지 않고 어떻게 씨실을 만들 수 있겠나?

젊은 소크라테스 물론 만들 수 없겠지요.

e **방문객** 그렇다면 날실과 씨실을 정의해보게. 그렇게 정의해보는 것이 자네에게 도움이 될 테니까.

젊은 소크라테스 어떻게 정의할까요?

방문객 이렇게 정의하게. 소모(梳毛) 과정을 거쳐서 완성된 제품이 일정한 길이와 너비를 가지면 모직 천으로 불린다고 말일세.

젊은 소크라테스 네, 그럴게요.

방문객 그중에서 물렛가락으로 탄탄하게 꼰 실은 날실이라 부르고, 날실 제작을 관장하는 기술은 '날실 잣기'라고 하네.

젊은 소크라테스 맞아요.

방문객 한편 그중에서 느슨하게 꼬여 날실과 함께 짜일 수 있을 만큼 부드럽기는 해도 끝마무리 과정을 충분히 감당할 만큼 튼튼한 실은 씨실이라 부르고, 씨실 제작을 관장하는 기술은 '씨실 잣기'라고 하네.

283a **젊은 소크라테스** 지당한 말씀이에요.

방문객 이제야 우리가 정의하려던 직조술의 그 부분이 누구나 알 수 있도록 분명해졌네그려. 모직 제작술의 부분이기도 한 결합 기술의 한 부분이 씨실과 날실을 제대로 짜서 천을 생산할 때, 그렇게 해서 완성된 천은 모직 천이라 하고, 이 과정을 관장하는 기술은 직조술이라고 하니까.

젊은 소크라테스 지당한 말씀이에요.

방문객 좋아. 그렇다면 우리는 왜 직조술은 날실과 씨실을 짜는 것이라 b
고 단도직입으로 정의하지 않고, 공연히 많은 것들을 정의하며 이렇게
에돌아 왔을까?

젊은 소크라테스 손님, 제가 보기에 우리 논의에서 공연히 말한 것은 하
나도 없는 것 같은데요.

방문객 여보게, 지금은 자네가 그렇게 생각하겠지만, 언젠가는 생각이
바뀔 수도 있을 걸세. 자네도 의심이라는 병에 걸릴 수 있으니 실제로
그런 병에 걸릴 가능성에 대비해 그런 경우에 적용할 수 있는 한 가지
원칙을 제시하고 싶네. c

젊은 소크라테스 제발 말씀해주세요.

방문객 먼저 지나침과 모자람 일반을 검토하세. 그래야만 우리는 이런
종류의 논의에서 지나친 깊이나 짧음을 칭찬하거나 비난할 수 있는 합
리적인 근거를 마련할 수 있을 걸세.

젊은 소크라테스 그렇다면 당연히 검토해야지요.

방문객 내 생각에, 우리가 논의해야 할 쟁점들은 다음과 같은 것들인
것 같네.

젊은 소크라테스 어떤 것들이지요?

방문객 깊과 짧음, 그리고 지나침과 모자람 말일세. 이 모든 것은 측정 d
술[62]과 관계가 있는 듯하네.

젊은 소크라테스 네.

방문객 그러면 측정술을 두 부분으로 나누세. 우리가 추구하는 목적을 달성하기 위해서는 그렇게 해야 하니까.

젊은 소크라테스 어떻게 나눌 것인지 말씀해주세요.

방문객 그러지. 우리는 측정술을 대상의 상대적인 큼과 작음에 관련된 부분과 그것 없이는 생산 자체가 불가능한 부분으로 나눌 걸세.

젊은 소크라테스 무슨 말씀이신지요?

방문객 그러니까 자네가 보기에 본성상 더 큰 것은 더 작은 것보다 더 e 크며, 더 작은 것은 다름 아니라 더 큰 것보다는 더 작다고 말하는 것이 타당하다고 생각지 않는가?

젊은 소크라테스 물론 그렇게 생각하지요.

방문객 어떤가? 또한 우리는 말이나 행동에서 적도(適度)를 초과하거나 적도에 미치지 못하는 경우가 있을 수 있으며, 그런 지나침과 모자람이 나쁜 사람들과 좋은 사람들의 주된 차이점이라고 말해야 하지 않을까?

젊은 소크라테스 그래야 할 것 같아요.

방문객 그렇다면 우리는 큼과 작음은 두 가지가 있으며 두 가지 방법으로 구분된다고 생각해야 할 걸세. 조금 전에 말했듯이 우리는 그것들은 상대적으로만 비교할 것이 아니라, 적도와도 비교해야 한다는 말일세.

284a **젊은 소크라테스** 물론이지요.

방문객 만약 누가 더 큰 것을 더 작은 것과의 관계에서만 존재한다고 주장한다면, 더 큰 것이 적도와 비교되는 일은 있을 수 없을 걸세. 그렇지 않은가?

젊은 소크라테스 그렇지요.

방문객 이런 주장은 모든 기술과 그것들의 제작물도 파괴하지 않을까? 그리하여 우리가 지금 정의하려는 통치술도 우리가 방금 정의한 직조술도 없어지지 않을까? 이런 기술은 모두 지나침과 모자람을 실재하지 않는 것이 아니라 실제로 행위에 어려움을 야기하는 것으로서 경계 b 하니 말일세. 실제로 이런 기술들의 제작물이 모두 훌륭하고 아름다운 이유는 적도를 지키려고 노력하기 때문일세.

젊은 소크라테스 왜 아니겠어요?

방문객 그리고 만약 통치술이 없어진다면, 왕도정치에 대한 우리의 탐구도 불가능해질 걸세.

젊은 소크라테스 물론이지요.

방문객 그렇다면 우리가 대화편 『소피스트』[63]에서 논의의 고삐를 놓치고 존재하지도 않는 것을 존재한다고 우겼듯이, 이번 논의에서도 우리는 지나침과 모자람은 상대적으로도 측정할 수 있고 적도와 관련해서도 측정할 수 있다고 강변해야 할 걸세. 우리가 이에 동의하지 않으면, c 정치가도 그 밖의 다른 실무가도 자기 분야에서 이론의 여지가 없는 전문가일 수 없을 테니까.

젊은 소크라테스 그렇다면 우리는 이번 논의에서도 당연히 그때처럼 해

---

62 metretike.
63 『소피스트』 241d 참조.

야겠네요.

방문객 하지만 젊은 소크라테스, 이번 일은 그때보다 훨씬 더 큰일일세. 우리는 그때 시간이 얼마나 많이 걸렸는지 알지. 그러나 이번 주제와 관련해서 이렇게 가정하는 게 매우 온당할 걸세.

젊은 소크라테스 그게 무엇이죠?

d **방문객** 우리가 언젠가 진리를 정확하게 증명하기 위해서는 적도에 대한 그런 견해가 필요하리라는 것 말일세. 그러나 지금 우리가 증명한 것도 우리의 현재 목적에 적합하며 우리에게 큰 도움이 될 것이라 믿네. 왜냐하면 그것은 기술에는 여러 가지가 있다는 것과, 지나침과 모자람은 상대적으로도 측정할 수 있고 적도의 실현과 관련해서도 측정할 수 있다는 것을 보여주기 때문일세. 적도 없이는 기술도 없고, 기술 없이는 적도도 없으니까. 둘 중 어느 하나를 부인하는 것은 둘 다 부인하는 걸세.

e **젊은 소크라테스** 그건 옳은 말씀이에요. 하지만 그래서 어쨌다는 거죠?

방문객 그다음은 우리가 약속한 대로 측정술을 이렇게 두 부분으로 나누는 걸세. 그중 한 부분은 수, 길이, 깊이, 너비, 두께를 그와 상반되는 것과 관련하여 측정하는 모든 기술을 포함하고, 다른 부분은 적도, 적합성, 적기, 타당성, 양극단에서 벗어나 중용에 위치한 모든 것과 관련하여 그런 것들을 측정하는 기술들을 포함하네.

젊은 소크라테스 선생님께서 말씀하신 그 부분들은 저마다 규모도 크고 서로 큰 차이가 나겠네요.

방문객 젊은 소크라테스, 때로는 많은 박식한 사람이 유식한 발언을 한답시고 측정술은 생성된 모든 것에 관련된다고 말하는데, 그것은 우리

285a

가 조금 전에 말한 것과 사실상 같은 것일세. 기술 영역에 속하는 것은 어떤 의미에서 측정술에 관여하니까. 그러나 그들은 사물을 종에 따라 나누어 고찰하는 버릇을 들이지 않았기 때문에 상호 간의 관계와 적도에 대한 관계는 서로 판이한 것인데도 같은 것인 줄 알고 대뜸 같은 범주에 포함시키는가 하면, 반대로 다른 것들은 부분들로 나누지 않는다네. 올바른 방법은 누가 처음에 많은 사물의 공통점을 보았다면 그 b 것들이 다른 범주에 속하게 하는 차이점을 모두 보기 전에는 연구를 중단해서는 안 된다는 것일세. 반대로 그가 많은 사물에서 온갖 비유사성을 봤다면 사실은 동족 관계에 있는 모든 사물을 한데 모아 본성에 근거한 공동의 우리에 안전하게 가두기 전에는 결코 낙담하거나 포기해서는 안 되네. 이 주제는 이쯤 해두세. 모자람과 지나침에 관해서는 이상으로 충분히 언급한 것 같으니까. 우리는 지나침과 모자람을 측정하는 데는 두 가지 방법이 있다는 것을 알아냈다는 점을 명심하고, 그 두 가지 방법이 어떤 것이라고 말했는지 잊지 말기로 하세. c

젊은 소크라테스 잊지 않을 거예요.

방문객 그러면 이 주제에 관한 논의는 이쯤 해두고, 이제 이 논의뿐 아니라 이런 종류의 모든 논의와 관계가 있는 다른 문제를 고찰하세.

젊은 소크라테스 그게 무엇이죠?

방문객 학교에서 문자를 공부하는 학생들과 관련하여 우리가 다음과 같은 질문을 받았다고 가정해보게. "어떤 학생이 이런저런 낱말이 어떤 문자들로 구성되는가라는 질문을 받는다면, 그런 질문은 특정 낱말에 관한 그 학생의 문법 지식을 향상시키기 위한 것이오, 아니면 단 d

어 일반에 관한 문법 지식을 향상시키기 위한 것이오?"

젊은 소크라테스 그야 분명 단어 일반에 관한 지식을 향상시키기 위한 것이겠지요.

방문객 그렇다면 정치가에 관한 우리의 탐구는 어떤가? 그것은 단지 통치술에 관한 우리의 지식을 향상시키기 위해서인가, 아니면 우리가 모든 문제에 더 논리적으로 대처할 수 있게 하기 위해서인가?

젊은 소크라테스 그 또한 분명 우리가 모든 문제에 더 논리적으로 대처할 수 있게 하기 위해서겠지요.

방문객 분별 있는 사람이라면 누구도 직조술을 그 자체 때문에 정의하려 하지는 않을 걸세. 그러나 사람들은 대부분 어떤 것들은 본성적으로 쉽게 파악할 수 있는 감각적인 유사성들을 갖고 있다는 사실을 간과하는 것 같네. 그런 경우 그중 어떤 것에 관해 설명해달라고 누가 요구하면 자네는 대응하는 유사성을 보여줌으로써 힘들이지 않고 간단하게 대처할 수 있을 것이며 말로 설명할 필요조차 없네. 그러나 존재하는 것 가운데 가장 고상하고 중요한 것들에게는 사람이면 누구나 분명히 볼 수 있는, 대응하는 가시적 유사성이 전혀 없네. 그런 경우 자네가 묻는 사람의 감각 중 하나에 적합한 방법으로 대상을 보여주는 것만으로 묻는 사람의 마음을 충분히 만족시킨다는 것은 불가능하네. 그래서 우리는 존재하는 것들 하나하나에 대해 설명을 하고 설명을 이해하는 훈련을 해야 하는 걸세. 가장 고상하고 가장 위대한 것들은 비물질적인데, 그런 것들은 다름 아니라 이성[64]에 의해서만 제시될 수 있기 때문이네. 또한 우리가 지금 말하는 것도 모두 그런 것들을 위한 걸

세. 그러나 훈련은 대규모로 하는 것보다는 소규모로 하는 것이 언제　b

나 더 쉬운 편이지.

젊은 소크라테스 참으로 훌륭한 말씀이에요.

방문객 그렇다면 우리가 무엇 때문에 이런 문제들에 관해 이토록 긴말

을 했는지 기억해보세.

젊은 소크라테스 무엇 때문이지요?

방문객 그것은 주로 우리가 직조술, 우주의 역주행, 소피스트의 경우 존

재하지 않는 것의 존재와 관련해 긴말을 늘어놓은 것에 짜증이 났기

때문일세. 나는 논의가 너무 길다고 느꼈고 논의가 긴 데다 불필요하기

까지 한 것이 아닐까 두려워 자책했다네. 그러니 내가 방금 말한 것은　c

모두 앞으로 그런 불쾌한 일이 되풀이되는 것을 방지하기 위한 것이라

고 생각해주게나.

젊은 소크라테스 그럴 테니 말씀이나 계속하세요.

방문객 그렇다면 논의의 깊이나 짧음을 비난하거나 칭찬해야 할 때는

방금 정한 원칙들을 고수해야 한다는 것이 내 주장일세. 우리는 어떤

논의가 얼마나 긴지를 그 논의의 길이를 다른 논의의 길이와 단순 비

교함으로써 판단할 것이 아니라, 우리가 방금 명심해야 한다고 말한 측

정술의 다른 부분을 이용하여, 바꿔 말해 적합성의 기준에 따라 평가　d

해야 한단 말일세.

젊은 소크라테스 옳은 말씀이에요.

방문객 하지만 모든 것을 적합성의 기준에 따라 판단해서도 안 되네. 즐거움을 주기에 적합한 길이가 있긴 하지만, 그것은 어디까지나 부차적인 고려 사항에 지나지 않네. 또한 우리에게 제기된 문제를 되도록 쉽게 빨리 해결하는 것도 바람직하겠지만, 우리의 원칙은 이것이 논의를 시작하는 일차적인 이유가 아니라 이차적인 이유이기를 요구하네. 우리가 가장 높이 평가해야 할 것은 형상별로 나눌 수 있는 능력일세. 따

e 라서 아무리 긴 논의라 해도 듣는 사람으로 하여금 진리를 더 잘 발견하게 해준다면, 우리는 그것을 받아들여야 하며 길다고 짜증을 내서는 안 되네. 논의가 짧을 때도 그 점은 마찬가지겠지. 그뿐 아니라 만약 이런 논의들이 길다고 비난하며 우리가 논의를 적절히 마무리하기를 기다려주지 않는 사람을 발견하면, 우리는 그가 "이런 논의는 질질 끈단 말이야"라고 비난만 하며 뒤도 안 돌아보고 서둘러 떠나가게 내버

287a 려두어서도 안 되네. 우리는 논의가 더 짧았으면 듣는 이들을 변증술⁶⁵에 더 능하게 해주고, 이성을 통해 참진리를 더 빨리 발견하게 했으리라는 그의 믿음을 뒷받침해줄 근거를 대라고 그에게 요구해야 하네. 다른 사람들이 다른 지엽적인 이유들로 우리 논의를 비난하거나 칭찬하더라도 우리는 무시하고 못 들은 척해야 하네. 이 주제에 관해서는 이쯤 해두세, 자네가 동의한다면. 그러면 정치가에게로 되돌아가 우리

b 가 방금 정의한 직조술의 예를 그에게 적용해보세.

젊은 소크라테스 좋은 말씀이에요. 선생님께서 말씀하신 대로 하기로 해요.

방문객 그렇다면 왕도정치는 수많은 동종 기술에서, 아니 무리와 관계 있는 모든 기술에서 분리되었네. 그러나 실제 국가에는 통치술과 구분되지 않는 다른 기술들이 있네. 거기에는 부차적인 기술들과 직접적으로 제작에 관여하는 기술들이 모두 포함되는데, 우리가 먼저 해야 할 일은 이 둘을 분리하는 걸세.

젊은 소크라테스 옳은 말씀이에요.

방문객 자네는 그 기술들을 둘로 분리하기가 어렵다는 것을 아는가? 하지만 왜 그런지는 논의가 진척되면 불을 보듯 분명해질 걸세.

젊은 소크라테스 그렇다면 당연히 그렇게 해야지요.

방문객 그것들은 양분할 수 없으니 제물로 바친 가축처럼 지체별로 나누도록 하세. 우리는 언제나 되도록 둘에 가까운 수로 나누어야 하니까.

젊은 소크라테스 그렇다면 이 경우에는 어떻게 해야 하나요?

방문객 앞서 직조술에서 한 것처럼 하는 거지. 그때 우리는 직조술에 도구를 대주는 기술은 모두 부차적인 것으로 간주했네.

젊은 소크라테스 네.

방문객 그렇다면 이번에도 같은 일을 하되 더 세심하게 그래야만 하네. 국가를 위해 크고 작은 도구를 만드는 모든 기술은 부차적인 것으로 분류해야 하니까. 그런 도구 없이는 국가도 통치술도 존재할 수 없겠지만, 그런 도구들을 생산하는 것을 왕도정치가 하는 일로 여겨서는 안

c

d

---

65 dialektike.

되기 때문일세.

젊은 소크라테스 안 되고말고요.

방문객 이 부류의 기술들을 다른 부류의 기술들과 구별하려 한다면 우리는 힘든 일을 떠맡은 걸세. 세상의 어떤 것도 이런저런 물건을 만드는 도구가 된다고 누가 말한다면 그의 말은 그럴듯하게 들릴 테니까. 하지만 국가에는 그런 소유물들 말고 다른 소유물들도 있네. 자네는 그렇다고 생각하지 않는가?

젊은 소크라테스 그게 어떤 것이지요?

방문객 무엇을 생산하기 위해서가 아니라 이미 생산된 것을 보전하기 위해 만들었다는 점에서 도구와 기능이 다른 것들 말일세.

젊은 소크라테스 그게 어떤 것이지요?

방문객 이 부류는 그야말로 각양각색이네. 어떤 것은 마른 것을 위해, 어떤 것은 액체를 위해, 어떤 것은 불을 사용한 것을 위해, 어떤 것은 불을 사용하지 않은 것을 위해 만들어졌는데, 우리는 그런 것을 '그릇'이라고 통칭하지. 이 부류는 아주 광범위하며, 우리가 찾는 왕도정치와는 전혀 관계가 없는 것 같네.

젊은 소크라테스 물론 관계가 없지요.

방문객 우리는 이 두 부류 말고도 역시 범위가 넓은 세 번째 부류를 고찰해야 하네. 어떤 것은 뭍에 있고 어떤 것은 물에 있으며, 어떤 것은 움직이고 어떤 것은 서 있으며, 어떤 것은 명예롭고 어떤 것은 명예롭지 못하네. 이 부류에 속하는 것들은 각각 어떤 것을 떠받치기 위해 또는 어떤 것을 위한 자리로 쓰이기에 모두 한 가지 이름을 갖는다네.

젊은 소크라테스 어떤 이름이지요?

방문객 '탈것'이라고 해야겠지. 그러나 그런 것들을 생산하는 것은 정치가가 아니라 목수나 도공이나 대장장이가 할 일일세.

젊은 소크라테스 알겠어요.

방문객 네 번째 부류는 무엇인가? 이것은 세 부류와 다른 것으로, 우리 b 는 이 부류에는 앞서 말한 것들이 대부분 포함된다고 말해야 하는가? 옷 만들기 전부, 무기의 대부분, 모든 성벽, 도시를 에워싼 흙 또는 돌 방벽과 기타 등등 말일세. 이런 것들은 모두 방어하기 위해 만들어졌으니 이 부류 전체를 '방어물'이라 부르는 것이 가장 타당할 것이며, 이런 것들을 만드는 것은 대개 통치술보다는 건축술이나 직조술이 할 일이라고 보는 것이 사실에 훨씬 더 가깝겠지.

젊은 소크라테스 물론이지요.

방문객 장식술과 회화, 화가들이나 음악가들이 연출하는 모방물은 어 c 떤가? 우리는 그것들을 다섯 번째 부류로 간주할 것인가? 그것들은 모두 즐거움을 위해 만들어진 것이니, 한 가지 이름에 포함되는 것이 마땅할 걸세.

젊은 소크라테스 어떤 이름인데요?

방문객 '오락'이라고 부르자는 거지.

젊은 소크라테스 물론 그래야겠지요.

방문객 그 모든 것에 이 한 가지 이름을 붙이는 것이 적절할 걸세. 그중 어느 것도 진지한 목적을 위해서가 아니라 모두 오락을 위해서 행하는 것이니까.

d **젊은 소크라테스** 그것도 대강 알 것 같아요.

방문객 그런데 앞서 말한 기술들이 제품을 생산하도록 이 모든 부류에 원료를 공급하는 부류도 있네. 이것은 매우 다양한 부류이며, 앞서 언급한 것들과는 다른 여러 가지 더 원시적인 기술 분야의 제품 덕분에 존재한다네. 우리는 이것을 여섯 번째 부류로 간주하지 않을 텐가?

젊은 소크라테스 어떤 것을 두고 그렇게 말씀하시는 거죠?

방문객 거기에는 금, 은, 채굴한 광물 전부, 목공과 고리버들 세공이 벌목된 나무와 베어진 것 일반에서 획득하는 모든 원자재가 포함되네.

e 거기에는 또한 식물의 겉껍질을 벗기는 기술과 동물의 가죽을 벗기는 제혁술과 그런 것에 관련된 모든 기술과, 코르크와 파피루스와 노끈을 생산하여 단순한 원자재를 복합적인 제품으로 바꾸는 모든 기술이 포함되네. 우리는 이 부류를 인류의 원시적이고 단순한 소유물이라고 통칭할 수 있을 텐데, 그것은 왕도정치와는 전혀 관계가 없네.

젊은 소크라테스 옳은 말씀이에요.

방문객 끝으로 먹을거리, 즉 그 성분들이 몸의 부분들과 결합하여 몸을
289a 건강하게 해주는 모든 것의 획득이 있는데, 우리는 이를 일곱 번째 부류라고 말하고 '영양 섭취'라고 통칭할까 하네. 더 나은 이름이 없다면 말일세. 하지만 이것은 통치술보다는 농부, 사냥꾼, 체육 교사, 의사, 요리사의 기술에 포함된다고 보는 것이 더 타당할 걸세.

젊은 소크라테스 왜 아니겠어요?

방문객 내가 생각하기에 길들인 동물을 제외한 모든 종류의 소유물이 사실상 앞에서 언급한 이 일곱 부류에 포함되는 것 같네. 그 순서를 들

어보게. 당연히 원자재가 첫째고, 그다음은 도구, 그릇, 탈것, 방어물, 오 b
락, 영양 섭취 순일세. 우리가 빠뜨린 자질구레한 것들은 이 일곱 부류 중 하나에 포함시킬 수 있을 걸세. 이를테면 동전과 인장 반지와 인장 일반을 생각해보게. 그런 것들 사이에는 큰 부류를 이룰 만한 유사성 이 없기 때문에 어떤 것은 장식물로, 다른 것은 도구로 분류될 수 있을 걸세. 그런 분류는 다소 무리한 것이긴 하지만, 그런 것들은 이런 또는 저런 부류와 조화를 이룰 수 있을 테니까. 노예를 제외한 길들인 동물 들의 소유는 무리 양육 기술에 포함되는데, 이에 관해서는 앞에서 이 c
미 분석한 바 있네.

젊은 소크라테스 맞아요.

방문객 그렇다면 이제 남은 것은 노예들과 조력자[66]들 부류일세. 예견 하건대, 우리는 아마도 이 부류에서 정치라는 직물과 관련해 왕과 경 합하는 자들을 발견하게 될 걸세. 마치 아까 방적공과 소모공 등이 옷 만드는 일과 관련해 직조공과 경합했듯이 말일세. 우리가 부차적인 기 술자라고 불렀던 그 밖의 다른 사람은 모두 우리가 방금 열거한 기능 d
들과 함께 배제되고, 나라를 다스리는 왕의 활동에서 제외되었으니까.

젊은 소크라테스 그런 것 같아요.

방문객 자, 그렇다면 이 나머지 부류에 가까이 다가가 더 자세히 살펴보세.

젊은 소크라테스 그래야겠지요.

---

66 hyperetes. 문맥에 따라서는 '노꾼' '하인' '청지기' '조수' '부관' 등으로 옮길 수 도 있을 것이다.

방문객 그러면 우리는 새로운 시각에서 볼 때 가장 명백한 조력자들이 예상과는 다른 일에 종사하며 살아가는 것을 발견할 걸세.

젊은 소크라테스 그들이 누구지요?

방문객 팔려와서 주인의 소유물이 된 자들 말일세. 우리가 그들을 노예라고 부르거나 그들은 절대로 왕도정치에 참여할 수 없다고 주장하더라도 아무도 이의를 제기하지 못할 걸세.

젊은 소크라테스 물론이지요.

방문객 우리가 조금 전에 언급한 장인들을 위해 봉사하는 일을 자진해서 떠맡은 자유민들은 어떤가? 장인들 사이에 경제적인 균등을 유지하며 농산물과 공산품을 체계적으로 분배하는 자들 말일세. 그들 중어떤 자들은 국내 시장에 앉아서, 어떤 자들은 뭍길과 바닷길로 나라에서 나라로 돌아다니며 돈과 물건을 또는 돈과 돈을 교환하는데, 우리는 그들을 환전상, 도매상, 선주, 소매상이라 부르지. 그들이 자신들도 왕도정치에 관여하겠다고 나서는 일은 설마 없겠지?

젊은 소크라테스 물론이죠. 상업과 관련해서라면 몰라도.

방문객 그러나 우리는 품삯을 받고 고용주를 위해 기꺼이 일하는 품팔이꾼들이 감히 왕도정치에 관여하겠다고 나서는 모습은 결코 볼 수 없을 걸세.

젊은 소크라테스 물론 볼 수 없겠지요.

방문객 하지만 다른 종류의 봉사자들은 어떻다고 할 텐가?

젊은 소크라테스 어떤 종류의 봉사자들 말인가요?

방문객 전령들, 숙련된 서기들, 각종 행정 업무에 능한 잡다한 사람들 말일세. 우리는 이들을 무엇이라고 부를 텐가?

젊은 소크라테스 방금 선생님께서 말했듯이 조력자들이라고 부르겠어요. 그들 자신이 치자는 아니니까요.

방문객 그런데 정치가의 주요 경쟁자들을 이 분야 어딘가에서 발견하게 되리라고 말했을 때, 나는 분명 잠꼬대 같은 소리를 한 것만은 아닌 것 같네. 비록 그런 사람들을 조력자 부류에서 찾는다는 것은 아주 이상한 일이지만 말일세.

젊은 소크라테스 이상하다마다요.

방문객 이제는 우리가 아직 시험하지 않은 조력자들과 부딪쳐보세. 거기에는 우선 예언의 영역에서 봉사자 노릇을 할 줄 아는 자들이 있네. 그들은 신들의 뜻을 인간들에게 풀이해주는 것으로 생각되기에 하는 말일세.

젊은 소크라테스 네.

방문객 그다음에는 사제들이 있네. 그들은 전통적으로 신에게 바치는 우리 선물을 신들이 받아들 수 있는 제물 형태로 바칠 줄도 알고, 선물에 대한 보답으로 우리를 위해 신들에게 복을 빌 줄도 아는 것으로 간주되는데, 이런 일은 둘 다 봉사자들의 기술일세.

젊은 소크라테스 그런 것 같아요.

방문객 이제야 우리가 쫓던 사냥감의 발자국을 찾은 것 같네. 사제와 예언자들은 사회적인 지위가 높고 자긍심이 강하며 중요한 일을 한다고 존경받으니 말일세. 이를테면 아이귑토스[67]에서는 왕이라도 사제가 아니면 통치할 수 없으며, 설령 다른 계급에 속하던 사람이 힘으로 왕위에 오른다 해도 나중에 사제로 등록해야 한다는 사실이 이를 말해주네. 헬라스[68]의 여러 나라에서도 알다시피 나라를 위해 가장 중요한 제사를 지내는 일은 최고위 공직자들의 임무일세. 이곳 아테나이에서 그것은 자명한 일일세. 듣자하니 이곳에서는 나라를 위해 가장 엄숙하고 유서 깊은 제사를 지내는 일은 추첨에 의해 '왕'[69]으로 선출된 아르콘[70]의 임무라고 하니 말일세.

젊은 소크라테스 그렇고말고요.

방문객 그렇다면 우리는 추첨으로 뽑힌 이런 왕들과 사제들과 그들의 조력자들뿐만 아니라 이런 집단들이 배제된 지금에야 모습을 드러낸 큰 무리를 살펴보아야 하네.

젊은 소크라테스 그게 어떤 무리지요?

방문객 아주 이상한 무리일세.

젊은 소크라테스 어째서 그렇지요?

방문객 그들은 잡다한 무리일세. 적어도 조금 전에 그들을 봤을 때 나는 그런 인상을 받았네. 어떤 자들은 사자나 켄타우로스[71]나 다른 맹수를 닮고, 대다수는 사튀로스[72]와 약하고 교활한 짐승을 닮았는데, 겉모습과 재주를 잽싸게 서로 바꾼다네. 하지만 젊은 소크라테스, 이제는 그들이 누군지 알 것 같네.

젊은 소크라테스 어서 말씀해주세요. 선생님께서는 이상한 것을 보신 것 같으니까요.

방문객 하긴, 모르면 다 이상해 보이는 법이지. 나도 방금 그런 실수를 저질렀네. 나랏일에 종사하는 무리를 갑자기 봤을 때 나는 그들이 어떤 사람들인지 몰랐으니까.

젊은 소크라테스 그들이 누구지요?

67 Aigyptos. 이집트의 그리스어 이름.

68 그리스.

69 주 70 '아르콘' 참조.

70 아르콘(archon '통치자')은 아테나이(Athenai)를 포함하여 대부분의 그리스 도시국가에서 사법권과 행정권을 쥔 최고 관리들에게 주어진 명칭이다. 기원전 11세기쯤 왕정이 끝나면서 아테나이에서는 귀족계급에서 선출된 세 명의 아르콘이 정부를 맡았다. 이들의 임기는 처음에는 10년이었다가 기원전 683년부터는 1년이었으며 기원전 487년부터는 추첨으로 임명되었다. 그중 아르콘 에포뉘모스(eponymos '이름의 원조')는 수석 아르콘으로, 그의 임기에 해당하는 해는 당시 널리 쓰이는 연호가 없어 '아무개가 아르콘이었던 해'라는 식으로 그의 이름에서 연호를 따온 까닭에 그렇게 불렸던 것이다. 그는 주로 재산과 가족 보호에 관한 광범위한 권한을 행사하며 판아테나이아제(Panathenaia)와 디오뉘소스제(Dionysia)를 주관했다. 기원전 7~6세기에는 이 관직을 차지하려고 정파끼리 치열한 각축전을 벌였지만, 아르콘들이 추첨으로 선출되기 시작한 기원전 487년부터는 야심가들도 더는 이 관직을 탐내지 않았다. 아르콘 바실레우스(basileus '왕')는 왕정 시대에 왕들이 주관하던 여러 가지 종교적인 임무를 수행했는데, 각종 비의(秘儀)와 레나이아제(Lenaia) 등을 주관했으며 아레이오스 파고스(Areios pagos 라/Areopagus) 회의도 주관했다. 아르콘 폴레마르코스(polemarchos '장군' '대장')는 원래 군대를 지휘하는 일을 맡아보았지만, 487년부터는 군 지휘권이 장군(strategos)들에게 넘어가면서 주로 아테나이 시민이 아닌 주민들에 관한 사법 업무를 맡아보았다. 기원전 7세기에 이르러 세 명의 아르콘에 여섯 명의 테스모테테스(thesmothetes '입법관')가 추가되었는데 이들은 주로 각종 소송업무를 주관했다. 기원전 6세기 초 솔론은 아르콘의 관직을 상위 두 재산등급에만 개방했지만, 기원전 457년부터는 세 번째 재산등급에도 개방되었다. 퇴직 아르콘들은 아레이오스 파고스 회의체의 종신회원이 되었는데, 나중에 그들도 추첨으로 임명되면서 정치적인 영향력을 상실했다.

71 켄타우로스(Kentauros)는 반인반마(半人半馬)의 괴물이다.

72 사튀로스(Satyros)는 반인반수(半人半獸)의 괴물이다.

방문객 거기에는 모든 소피스트 중에서 으뜸가는 요술쟁이와 능수능란한 사기꾼들이 포함되네. 아무리 어렵더라도 우리는 그런 자들을 진정한 정치가와 왕들의 집단에서 배제해야 하네. 우리가 찾는 것을 분명하게 보려면 말일세.

젊은 소크라테스 찾으려는 노력을 포기해서는 안 되겠지요.

방문객 안 되고말고. 이제 내 질문에 대답해주게.

젊은 소크라테스 어떤 질문이지요?

d **방문객** 전제정치[73]는 우리가 아는 정체(政體) 중 하나가 아닌가?

젊은 소크라테스 네, 맞아요.

방문객 전제정치 다음 것은 권력이 소수에 집중되어 있는 정체라고 할 수 있을걸세.

젊은 소크라테스 왜 아니겠어요?

방문객 세 번째 정체 형태는 민주주의[74]라고 불리는 다수의 통치가 아닐까?

젊은 소크라테스 물론이지요.

방문객 그런데 이 세 가지 형태의 정체는 어떤 의미에서는 다섯 가지가 아닐까? 그중 두 가지에서 이름이 다른 정체가 두 가지 더 생겨나니 말일세.

젊은 소크라테스 어떤 것들이 더 생긴다는 거죠?

e **방문객** 정체들에 나타나는 강제와 동의, 가난과 부, 합법과 불법을 고려할 때, 셋 중 처음 둘은 사실상 두 가지이므로 둘로 나눌 수 있을걸세. 먼저 전제정치에는 각각 참주정치[75]와 왕도정치[76]라고 불리는 두 가지

형태가 있네.

젊은 소크라테스 물론이지요.

방문객 소수가 국가를 지배하는 정체도 경우에 따라 귀족정치[77] 또는 과두정치[78]라고 불리네.

젊은 소크라테스 물론이지요.

방문객 그러나 민주주의는 대개 이름이 바뀌지 않네. 민주주의는 대중이 부자들을 강압적으로 지배하든, 동의를 받고 지배하든 법을 엄격히 지키든 지키지 않든, 언제나 '민주주의'라고 불리니까.

292a

젊은 소크라테스 옳은 말씀이에요.

방문객 어떤가? 이 정체들을 구분하는 기준은 통치자가 한 명인가 소수인가 다수인가, 부자인가 가난한가, 피치자들의 동의를 받았는가 받지 않았는가, 성문법이 있는가 없는가 하는 것인데, 그래서야 어떤 정체든 올바른 정체라고 불릴 수 있겠는가?

젊은 소크라테스 왜 안 된다는 거죠?

방문객 나를 따라오면 왜 그런지 더 잘 알게 될 걸세.

b

젊은 소크라테스 어느 쪽으로 가시려고요?

---

73 monarchia.

74 demokratia.

75 tyrannis. 참주는 일종의 군사 독재자이다.

76 basilike.

77 aristokratia. 원래는 '최선자(들) 정치'라는 뜻이다.

78 oligarchia.

방문객 우리의 처음 주장을 고수할까, 아니면 철회할까?

젊은 소크라테스 어떤 주장인데요?

방문객 우리는 왕도정치가 지식 가운데 하나라고 말한 것 같네.

젊은 소크라테스 네.

방문객 우리는 왕도정치가 지식이라는 데 동의했을뿐더러 나머지 지식들 중에서 그것을 판단하고 특히 지시하는 지식으로 골랐네.

젊은 소크라테스 네.

c **방문객** 또한 우리는 지시하는 지식을 생명 없는 것들에게 지시하는 것과 살아 있는 것들에게 지시하는 것으로 구분했네. 그리고 그런 구분 과정을 계속하며 지금 여기까지 왔네. 왕도정치가 일종의 지식이라는 것을 명심하면서 말일세. 하지만 그게 어떤 종류의 지식인지는 명확하게 규정할 수 없었네.

젊은 소크라테스 제대로 요약하셨어요.

방문객 그렇다면 우리는 정체들을 평가하는 기준이 통치자가 소수인가 다수인가, 피치자들의 동의를 받았는가 받지 않았는가, 부자인가 가난한가가 아니라 모종의 지식이어야 한다는 점을 알아야겠지? 우리가 앞서 내린 결론들을 고수하려면 말일세.

d **젊은 소크라테스** 그래야겠지요. 우리는 앞서 내린 결론들을 고수해야 하니까요.

방문객 그렇다면 이제 우리는 이 정체들 중 어느 것에서 인간을 통치하는 지식을 찾아낼 수 있을지 살펴봐야 하네. 사실 그보다 배우기 더 어려운 지식도 없지만, 우리에게 그보다 더 중요한 지식도 없네. 이 지식이 무엇인지 알지 못하면 우리는 자기들이 정치가라고 주장하며 그렇게 믿도록 대중을 설득하는 사이비 정치가들을 지혜로운 왕과 결코 구별할 수 없을 걸세.

젊은 소크라테스 당연히 그래야겠지요. 앞서 우리 논의가 그렇게 하라고 했으니까요.

방문객 자네는 설마 한 나라의 대중이 그런 지식을 습득할 수 있으리라고 생각하는 것은 아니겠지?

젊은 소크라테스 그건 말도 안 돼요.

방문객 예컨대 한 나라의 인구가 천 명이라면 그중 백 명이나 쉰 명은 그런 지식을 충분히 습득할 수 있을까?

젊은 소크라테스 그렇게 많은 사람이 습득할 수 있는 것이라면 통치술은 모든 기술 중 가장 쉬운 것이겠지요. 우리가 알기로 헬라스의 다른 나라들을 기준으로 판단할 때 인구가 천 명인 나라에서 그만큼 많은 수의 일급 기사(棋士)도 찾을 수 없을 텐데, 왕들은 말할 필요도 없겠지요. 제가 왕들이라고 복수형을 쓴 까닭은, 우리가 앞서 말했듯이 왕도정치에 관한 지식을 습득한 이상 실제로 통치를 하든 하지 않든 왕이라고 불러야 하기 때문이에요.

방문객 상기시켜주어 고맙네. 그렇다면 만약 올바른 통치가 있다면 그것은 한 사람 또는 두 사람 또는 극소수의 통치일 것이라는 결론이 나는구먼.

젊은 소크라테스 물론이지요.

방문객 그런 원칙에 따라 우리는 통치술을 습득한 사람들만을 치자로 간주해야 하네. 피치자들이 동의하는가 동의하지 않는가는 중요하지 않네. 그들은 성문법으로 통치해도 좋고 성문법 없이 통치해도 좋으며, 부자라도 좋고 가난해도 좋네. 의사들도 마찬가지일세. 우리는 의사의

b 뜸 시술이나 수술이나 다른 고통스러운 처치에 우리가 기꺼이 응하는가 마지못해 응하는가를 의사로서의 그의 능력을 평가하는 기준으로 삼지 않네. 의사는 성문화한 처방을 쓰든 말든, 가난하든 부자든 여전히 의사일세. 관장을 하든 체중을 줄이거나 체중을 늘리든 지식에 근거하여 우리 건강을 조절하는 한 우리는 의사를 여전히 의사라고 부르니까. 우리가 유일하게 고려할 사항은 의사의 처치가 우리 몸에 좋으냐는 걸세. 우리는 의사가 우리 몸을 돌볼 때 우리 몸을 보전하고 몸 상

c 태를 개선하는 데 늘 관심이 있는지만 물어야 한다는 말일세. 그러니 우리는 그것이 의술이나 그 밖의 다른 통치술을 평가하는 유일한 기준이라고 주장해야 할 걸세.

젊은 소크라테스 물론이지요.

방문객 그렇다면 정체들 중에서 유일하게 이름값을 하는 진정한 정체는 필연적으로 그 치자들이 겉으로만 지식을 갖고 있는 것처럼 보이는 게 아니라 진실로 지식을 갖고 있는 정체일세. 치자들이 법률에 따라 다스리든 법률 없이 다스리든, 피치자들이 동의하든 동의하지 않든, 치

d 자들이 가난하든 부자든 말일세. 우리는 이 가운데 어떤 것도 정당성의 잣대로 삼을 필요는 없네.

젊은 소크라테스 훌륭한 말씀이에요.

방문객 또한 그들은 일부 시민들을 처형하거나 추방함으로써 나라가

더 좋아지도록 나라를 정화할 수 있네. 그들은 또 벌통에서 벌 떼를 내보내듯 여러 식민지로 개척자들을 내보냄으로써 나라의 규모를 줄이거나 바깥세상에서 외지인들을 데려와 시민권을 부여함으로써 나라의 규모를 늘릴 수도 있네. 그들이 지식과 정의에 근거하여 나라를 최대한 개선함으로써 나라를 보전하려고 노력하는 한, 우리는 그들의 그런 정체를 그런 판단 기준에 따라 하나뿐인 올바른 정체라고 불러야 하네. 또한 우리는 그 밖의 다른 정체들은 모두 순수하지도 않고 실재하지도 않는 것으로, 올바른 정체를 모방한 것이라고 말해야 하네. 그중 제대로 통치되는 것들은 올바른 정체를 그런대로 흉내낸 것이고, 나머지는 올바른 정체를 희화화한 것일세.

젊은 소크라테스 손님, 저는 선생님의 말씀에 대체로 동의하지만, 법률 없이 통치한다는 말씀은 좀 듣기가 거북합니다.

방문객 자네가 한발 앞서가는군, 젊은 소크라테스. 나는 자네가 내 말을 모두 받아들이는지, 아니면 그중 일부에 거부감을 느끼는지 물을 참이었거든. 자네 말을 듣고 보니 이제는 법률 없이 통치하는 것이 과연 정당한지 자세히 검토해야 할 것 같네.

젊은 소크라테스 물론이지요.

방문객 어떤 의미에서 왕도정치에는 분명 입법술도 포함되네. 하지만 가장 바람직한 것은 법이 지배하는 것이 아니라, 왕도정치에 대한 이해와 지혜를 겸비한 사람이 지배하는 것일세. 왜 그런지 알겠는가?

젊은 소크라테스 모르겠어요. 왜 그렇지요?

방문객 법은 결코 만인에게 가장 훌륭한 것과 가장 공정한 것을 포괄하

e

294a

b

여 만인에게 가장 좋은 것을 정확하게 지시할 수 없기 때문이지. 사람과 행위가 서로 다르고 인생사는 한시도 가만있지 않기에, 어떤 기술로도 누구에게 언제까지나 적용될 보편적이고 단순한 법률을 선포할 수 없으니까. 거기까지는 자네도 동의하겠지?

젊은 소크라테스 물론이지요.

방문객 그러나 보다시피, 법이 추구하는 것은 그처럼 보편적이고 단순한 것일세. 법은 상황이 바뀌어 어떤 사람에게는 그런 법을 어기는 것이 더 낫다는 사실이 드러나는데도 누가 자기 명령을 어기고 행동하거나 의문을 제기하는 것을 용납하지 않는 고집불통 무식꾼과 같다네.

젊은 소크라테스 맞아요. 법은 선생님께서 말씀하신 그대로 우리 모두를 대하니까요.

방문객 그렇다면 언제까지나 단순한 것으로는 결코 단순하지 않은 것들에 대처할 수 없겠지?

젊은 소크라테스 그럴 것 같아요.

방문객 법이 완벽한 정의일 수 없다면 도대체 왜 법을 제정해야 하지? 우리는 그 이유를 알아내야 할 걸세.

젊은 소크라테스 물론이지요.

방문객 다른 나라들과 마찬가지로 이곳 아테나이에도 달리기나 그 밖의 다른 운동경기에서 우승하게 하려고 사람들을 집단적으로 훈련하는 방법들이 있겠지?

젊은 소크라테스 아주 많이 있지요.

방문객 그렇다면 이번에는 이런 집단들을 훈련할 때 체육 교사들이 내리는 지시들을 떠올려보세.

젊은 소크라테스 무슨 말씀이신지요?

방문객 체육 교사들은 개인들을 위해 세분화한 지시를 하거나 각자의 e
체질에 꼭 맞는 특수 처방을 하는 것은 불가능하다고 생각하네. 그들은
오히려 최대 다수의 건강에 유익한 일반 처방을 해야 한다고 생각하지.

젊은 소크라테스 옳은 말씀이에요.

방문객 그래서 그들은 모든 훈련생들이 같은 양의 훈련을 받게 하네. 그
들은 달리기든 레슬링이든 그 밖의 다른 경기든 훈련생들이 동시에 시
작하여 동시에 마치게 한단 말일세.

젊은 소크라테스 아닌 게 아니라 그래요.

방문객 마찬가지로 우리는 무리를 통솔해야 하는 입법자가 정의와 인
간 상호관계에서 모든 개인에게 가장 적절한 것을 제공할 수 있으리라 295a
고 기대해서는 안 되네. 입법자도 집단 전체의 이익을 위해 입법하니까.

젊은 소크라테스 일리 있는 말씀 같아요.

방문객 성문법을 제정하든 관습에 따라 불문법을 입법하든 그는 아마
이렇듯 다수를 위해 보편적인 형태로 입법하고, 개별 시민들의 요구에
는 대충 부응할 걸세.

젊은 소크라테스 옳은 말씀이에요.

방문객 옳고말고. 젊은 소크라테스, 어떻게 입법자가 평생 동안 개개인 b
의 곁을 지키고 앉아 그가 해야 할 일을 일일이 정확하게 지시할 수 있
겠는가? 또한 왕도정치를 제대로 아는 사람들 중에 설령 그럴 능력이
있는 사람이라 하더라도 우리가 논의 중인 성문법을 제정함으로써 자

기에게 장애물이 되게 하지는 않을 걸세.

젊은 소크라테스 손님, 그것은 우리 논의의 당연한 결론이에요.

방문객 여보게, 우리가 앞으로 논의하게 될 것을 들어보면 더욱 그렇네.

젊은 소크라테스 그게 무엇이죠?

c **방문객** 말하겠네. 의사나 체육 교사가 외국 여행을 계획 중인데 자기들이 돌보던 사람들과 꽤 오랫동안 떨어져 있을 것으로 예상한다고 가정해보게. 그러면 그는 자기가 지시한 것을 훈련생이나 환자가 잊어버릴 것에 대비해 이들을 위해 메모를 남겨두려 할 걸세. 자네는 그렇게 생각하지 않는가?

젊은 소크라테스 그렇게 하겠지요.

방문객 그런데 의사가 예상만큼 오래 출타하지 않고 더 일찍 환자에게 돌아온다면 어떨까? 그는 이전 지시를 새로운 지시로 대치하려 하지 않을까? 만약 바람이 바뀌거나 예기치 못한 신의 가호로 환자의 상태
d 가 호전된다면 말일세. 의사는 누구도 이전 처방을 어겨서는 안 된다고 고집을 부리면서, 자기도 새로운 처방을 내리지 않고 환자도 자기가 메모해준 처방에 어긋나는 짓을 하지 못하게 할까? 이전의 처방이 의술의 원리에 맞고 건강에 좋으며, 처방을 바꾸는 것은 건강에도 좋지 않고 의술의 원리에도 어긋난다고 믿고는 말일세. 만약 지식이나 진정
e 한 기술 분야에서 그런 일이 벌어진다면, 그런 종류의 입법은 완전히 웃음거리가 되지 않을까?

젊은 소크라테스 완전히 웃음거리가 되겠지요.

방문객 이번에는 어떤 입법자가 옳은 것과 불의한 것, 고상한 것과 수치

스러운 것, 좋은 것과 나쁜 것에 관해 성문법이나 불문법을 제정하여 몇몇 나라에서는 사람들의 무리가 이 입법자가 제공한 법의 지배를 받으며 모여 사는데, 이 입법 전문가나 그를 닮은 다른 사람이 다시 돌아온다고 가정해보게. 그럴 경우 그가 이전 법과 다른 새로운 법을 제정하지 못하게 막을 것인가? 입법자의 경우도 의사의 경우와 마찬가지로 그러지 못하게 막는 것은 가소롭지 않을까?

젊은 소크라테스 가소롭고말고요.

방문객 이런 문제가 제기되었을 때, 사람들이 대개 뭐라고 말하는지 아는가?

젊은 소크라테스 지금 당장에는 생각나지 않는데요.

방문객 그들의 말에는 일리가 있네. 그들의 말인즉, 누가 이전 법보다 더 나은 법을 안다면 먼저 자기 나라를 설득하고 나서 입법해야 하며, 그러기 전에는 입법해서는 안 된다는 걸세.

젊은 소크라테스 어때요, 그들의 말이 옳지 않은가요?

방문객 그럴지도 모르지. 한데 설득하지 않고 누가 힘으로써 정체를 개선한다고 가정해보게. 그럴 때 우리는 그 힘을 무엇이라고 불러야 하는가? 그러나 그 질문에 아직은 대답하지 말게. 우리가 앞서 논의하던 것과 관련하여 먼저 질문하게 해주게.

젊은 소크라테스 그게 무엇이죠?

방문객 의술에 밝은 의사가 아이든 남자든 여자든 자기 환자를 설득하지 못하고 이전에 메모해준 처방에 반(反)하는 처치를 받도록 강요한다면, 우리는 이런 종류의 처방을 무엇이라고 부를 텐가? 설마 그것을

296a

b

c '의술에 반하는 건강을 해치는 행위'라고 부르지는 않을 걸세. 또한 강
   요당한 환자도 자기에게 강요한 의사의 행위를 건강을 해치는 반(反)의
   술적인 것이었다고 말하지 않는 것이 백번 옳지 않을까?

   젊은 소크라테스 지당한 말씀이에요.

   방문객 그렇다면 통치술에서의 과오는 무엇이라고 부르는가? 치욕, 악,
   불의라고 부르지 않는가?

   젊은 소크라테스 물론이지요.

   방문객 그렇다면 시민들이 성문법과 관습에 반해 종전보다 더 올바르
   고 더 좋고 더 고상한 행위를 하도록 강요당한다면, 그런 강요를 당하
d 는 것에 이의를 제기할까? 완전한 웃음거리가 되지 않으려면, 강요당한
   사람들은 강요한 사람에게 자기들이 치욕과 해악과 불의를 당했다는
   말은 절대로 하지 않겠지?

   젊은 소크라테스 지당한 말씀이에요.

   방문객 그런데 강요하는 사람이 부자면 강요는 옳고, 강요하는 사람이
   가난하면 강요는 불의할까? 치자가 피치자들의 동의를 받든 받지 않
e 든, 부자든 가난하든, 성문법에 따르든 불문법에 따르든 시민들에게 유
   익한 행위를 할 수 있다면, 바로 이것이 올바른 통치의 가장 참다운 기
   준이 되어야 하지 않을까? 그리고 지혜롭고 훌륭한 치자는 이 기준에
   따라 피치자들의 일을 처리해야 하지 않을까? 예를 들어 선장은 매 순
297a 간 배와 선원들에게 유익한 것에 주의를 기울이며, 성문법을 제정함으
   로써가 아니라 자신의 기술을 법으로 삼음으로써 동승자들의 목숨을
   구하네. 그처럼 올바른 정체도 성문법보다 더 효과적인 기술의 힘을 제

공함으로써 그런 정신으로 다스릴 줄 아는 사람들에 의해 만들어질
수 있지 않을까? 지혜로운 치자들은 언제나 자신들의 지성과 기술을
활용해서 피치자들에게 베푸는 정의를 극대화하는 일에 전념하는 한   b
무엇을 하든 과오를 범할 수 없네. 무엇보다 그들은 사람들을 전보다
더 낫게 만들기 위해 할 수 있는 일은 무엇이든 하네.

젊은 소크라테스 아무튼 방금 한 말씀에 이의를 제기할 수는 없겠네요.

방문객 우리가 앞서 주장한 것에도 반론을 제기할 수 없을 걸세.

젊은 소크라테스 그게 어떤 주장이지요?

방문객 그들이 누구든 다수가 통치술을 습득하여 지성으로 나라를 다
스리는 것은 불가능하므로 하나뿐인 올바른 정체는 소수나 한 사람에
게서 찾아야 하며, 다른 정체들은 앞서 말했듯이 모두 이 정체를 모방   c
한 것들로, 어떤 것들은 성공적으로 모방했지만 어떤 것들은 이 정체
를 희화한 것이라는 주장 말일세.

젊은 소크라테스 왜 그런 말씀을 하시는 거죠? 그리고 그게 무슨 뜻이지
요? 저는 선생님께서 방금 모방에 관해 말씀하신 바를 이해하지 못했
습니다.

방문객 또한 이런 문제를 제기한 뒤 오늘날 이 문제와 관련하여 빚어지
는 실수를 토론을 통해 밝히지 않고 그냥 폐기해버리는 것은 심각한
문제이기도 하네.   d

젊은 소크라테스 그게 어떤 실수지요?

방문객 우리가 찾으려는 것은 우리에게 익숙한 것도 아니고 발견하기
쉬운 것도 아닐세. 그렇다 해도 그것을 파악해보도록 하세. 자, 말해보

게. 우리가 말한 그 정체가 하나뿐인 올바른 정체라면, 다른 정체들은 이 정체의 성문법을 따라야 하지 않을까? 설령 가장 올바른 것은 아니라 하더라도 오늘날 칭찬받는 것을 행함으로써 살아남으려면 말일세.

젊은 소크라테스 그게 뭐지요?

e **방문객** 어떤 시민도 법을 어기는 행위를 해서는 안 되고 감히 그런 짓을 하는 자는 사형을 포함한 극형에 처해야 한다는 원칙 말일세. 그리고 방금 우리가 최선책이라고 말한 것을 파기할 경우, 이것은 차선책으로 서 가장 올바르고 가장 훌륭한 것일세. 이번에는 우리가 차선책이라고 부른 것이 어떻게 해서 생겨나는지 자세히 논하기로 하세. 그래야겠지?

젊은 소크라테스 물론이지요.

방문객 그렇다면 우리가 애용하는 비유들로 다시 돌아가세. 우리는 그런 비유들을 통해서만 왕다운 치자들을 그릴 수 있으니까.

젊은 소크라테스 그게 어떤 비유들이지요?

방문객 고매한 선장과 '다른 사람 만 명의 가치가 있는 의사'[79] 말일세. 우리는 그들이 가상적인 상황을 연기하게 하여, 그것에 힘입어 왕다운 치자의 상(像)을 발견하기로 하세.

젊은 소크라테스 그게 어떤 상황이지요?

298a **방문객** 이런 걸세. 우리가 모두 선장과 의사에게 끔찍하게 학대받는다고 가정해보게. "선장이나 의사는 우리 가운데 누구를 구하고 싶으면 구하고, 해코지하려면 해코지하네. 의사는 수술이나 뜸으로 우리를 해코지하며 마치 세금을 부과하듯 경비를 물게 하여 쥐꼬리만큼만 환자를 위해 쓰고 나머지는 의사 자신과 그의 하인들이 쓰네. 그러다가 마

지막에는 의사가 환자의 친척이나 적에게서 뇌물을 받아먹고 환자를
죽이기까지 하네. 선장도 다른 나쁜 짓을 수없이 저지르네. 선장은 음
모를 꾸미며 배가 출항할 때 우리를 바닷가에 버리고 떠나는가 하면, 바
다에서 사고가 나게 하여 우리를 바닷물에 던지는 등 그가 저지르는
악행은 한두 가지가 아니니까."

우리가 선장과 의사에게 그런 인상을 받았기 때문에 그들에 대해 이
렇게 결의했다고 가정해보게. "우리는 앞으로 그런 기술에 종사하는
자들이 그 분야에서 노예들이나 자유민들에게 전권을 행사하는 것을
허용하지 않는다. 그래서 우리는 주민 전체로 구성되든 부자들로만 구
성되든 우리 자신의 회의를 소집하기로 결의한다. 우리는 이 직업들 또
는 다른 직업들에 전문지식이 있건 없건 누구나 항해와 질병에 대해 의
견을 말할 수 있게 한다. 그는 우리가 약과 의료기기를 환자에게 어떻
게 사용해야 하는지에 대해서뿐만 아니라, 항해와 그 위험들에 대처하
기 위해 배와 선구를 어떻게 사용해야 하는지에 대해서도 의견을 말할
수 있는데, 그 위험들 중 어떤 것들은 바다를 항해함으로써 바람과 조
수 때문에 생기고, 어떤 것들은 해적들을 만남으로써 발생한다. 그는
또한 우리 전함이 적의 전함과 교전할 필요가 있는지에 대해서도 의견
을 말할 수 있다."

그리고 건의한 사람이 의사든 선장이든 비전문가이든 이런 문제들

---

79 『일리아스』 11권 514행.

에 대해 다수가 결의한 것이 석판이나 서판에 새겨지거나 또는 성문화

e 되지는 않아도 나라의 관습이 되어, 그 뒤로는 항해할 때도 환자를 돌

볼 때도 언제나 이 법과 관습에 따른다고 가정해보게.

젊은 소크라테스 정말로 요지경 속 같은 말씀을 하시네요.

방문객 또한 해마다 부자들이나 전 시민 중에서 제비뽑기로 선출된 치

자들이 대중을 다스리는데, 이 치자들은 선출되고 나면 배를 운항하거

나 환자를 치료할 때 성문법을 따른다고 가정해보게.

젊은 소크라테스 갈수록 태산이로군요.

방문객 그다음 것도 보게. 일 년 임기가 끝나고 나면 이 치자들은 모두

감사원에 출두하는데, 감사관들은 부자들 중에서 선발되거나 전 시민

299a 중에서 제비뽑기로 선출된 사람들일세. 감사관은 누구든 원하기만 하

면 치자들을 감사할 수 있으며, 그들이 임기 중에 성문법이나 선조들

의 관습에 따라 배를 운항하지 않았다고 고발할 수 있네. 환자를 치료

한 경우에도 그와 비슷한 고발을 당할 수 있네. 치자들 가운데 누가 유

죄 선고를 받으면 감사원은 그가 어떤 벌을 받아야 하는지, 또는 얼마

나 많은 벌금을 물어야 하는지 결정해야 하네.

젊은 소크라테스 그런 상황에서 자진하여 관직에 취임하는 사람이라면,

b 어떤 벌을 받든 얼마나 많은 벌금을 물든 당연히 감수해야겠지요.

방문객 그에 더하여 우리는 다른 비행을 막기 위해서도 다음과 같은 법

을 제정해야 하네. 누가 조타술이나 항해를, 바람과 더위와 추위 같은

기후 조건과 관련하여 의술의 본성이나 건강을 성문법에 반하여 규명

하려다 발각되면, 누가 그런 것들에 관해 독자적인 이론을 개발하려다

발각되면 첫째, 우리는 그를 의사나 선장이 아니라 구름 잡는 수다쟁이 소피스트라고 불러야 하네. 둘째, 누구든지 그럴 자격이 있는 사람은 원하기만 하면 그를 고발하여 그가 주위의 젊은이들을 타락시키고 c 젊은이들이 불법적으로 항해술과 의술에 종사하고 배와 환자를 제멋대로 다루도록 부추긴다는 이유로 법정으로 소환해도 좋네. 그리고 그가 성문법에 반하여 불법적으로 행동하도록 노소를 막론하고 사람들을 설득하는 것으로 결론 나면 극형에 처해질 것이네. 어떤 것도 법보다 더 지혜로워서는 안 되니까. 의술과 건강 또는 조타술과 항해에 무식한 사람이라도 원하기만 하면 성문법과 관습을 배움으로써 무식을 면할 수 있기 때문이지.

젊은 소크라테스, 우리가 말한 그런 일들이 실제로 일어난다고 가정 d 해보게. 그런 일이 의술과 조타술뿐 아니라 용병술과 사냥술 일반, 회화와 그 밖의 모든 모방술, 목공술과 온갖 종류의 도구 제작술, 농사일과 농업 일반에 국한되지 않고 말 사육과 목축 일반, 예언술이나 다른 형태의 봉사, 장기, 산술에서 평면기하학과 입체기하학과 움직이는 물 e 체에 관한 연구에 이르는 온갖 수학도 성문법에 얽매이고 기술에 따르지 않는다고 가정해보게. 만약 그 모든 것이 그런 식으로 행해진다면 세상은 도대체 어떻게 될까?

젊은 소크라테스 분명 모든 기술이 사라지고 다시는 생겨나지 못하겠지요. 탐구하는 것을 법이 금하니까요. 그 결과, 그러잖아도 사는 것이 괴로운데 그때는 참을 수 없는 고역이 되겠지요.

방문객 다음은 어떤가? 앞서 말한 모든 기술이 성문법을 따르도록 강요 300a

하며 우리가 성문법을 관장할 공직자를 뽑거나 제비뽑기로 선출했는데, 그가 성문법을 거들떠보지도 않고 누구에게 뇌물을 받아먹었거나 개인적으로 신세를 진 까닭에 저도 모르게 성문법을 어기려 한다고 가정해보게. 앞서 말한 사태도 나쁘지만 이런 사태는 더 나쁘지 않을까?

젊은 소크라테스 옳은 말씀이에요.

b **방문객** 오랜 경험과 현명한 조언과 민중에 대한 설득의 산물인 법을 감히 어기려 하는 것은 성문법에 집착하는 것보다 더 큰 과오를 범하는 것이며 모든 종류의 활동을 더 그르칠 걸세.

젊은 소크라테스 왜 아니겠어요?

c **방문객** 그런 위험이 있으니, 무엇에 관해서건 법을 제정하거나 성문화한 규정을 정하는 사람들에게 차선책[80]은 개인이건 집단이건 그 법과 규정을 어기지 못하게 하는 걸세.

젊은 소크라테스 옳은 말씀이에요.

방문객 이런 법들이 지식을 가진 사람들이 말한 것을 되도록 정확하게 성문화한 것이라면, 그 하나하나가 나름대로 진리를 모방한 것이겠지?

젊은 소크라테스 왜 아니겠어요?

방문객 또한 자네는 우리가 앞서 지식을 가진 진정한 정치가에 관해 무슨 말을 했는지 기억하는가? 그때 우리는 그가 자신이 성문화하게 하고 자기가 출타 중일 때 꼭 준수하라고 백성들에게 일러둔 것보다 다

d 른 것이 더 낫다고 생각하면 성문법을 무시하고 자기 기술로 활동에 많은 변화를 꾀할 것이라고 말했네.

젊은 소크라테스 그렇게 말했지요.

방문객 그렇다면 개인이든 대중이든 법을 제정한 다음 그렇게 하는 것이 더 낫다고 생각하고 법에 어긋나는 행동을 한다면, 그것은 진정한 정치가가 있는 힘을 다해서 하는 것과 같은 행동을 하는 것이겠지?

젊은 소크라테스 물론이지요.

방문객 그리고 그들이 지식도 없이 그렇게 한다면 진리를 모방하려다 아주 서투르게 모방할 걸세. 그러나 그들이 전문지식을 갖고 그렇게 한다면 그것은 이미 모방이 아니라 우리가 말하는 가장 진실한 것 자체가 될 걸세.

젊은 소크라테스 그렇고말고요.

방문객 그런데 우리는 조금 전에 대중은 어떤 기술도 터득할 수 없다는 데 동의했네.

젊은 소크라테스 네, 그랬지요.

방문객 그렇다면 왕도적 통치술이 있다 해도 부자들의 집단이나 시민 전체는 결코 그런 통치술을 터득할 수 없을 걸세.

젊은 소크라테스 물론이지요.

방문객 그렇다면 이런 저급한 정체들이 한 사람이 지식을 갖고 다스리는 참된 정체를 되도록 잘 모방하려면, 법이 제정되어 있을 경우 성문화된 것과 조상 전래의 관습을 절대로 어기지 못하게 해야 하네.

젊은 소크라테스 참으로 훌륭한 말씀이에요.

---

80 deuteros plous('제2 항해'). 순풍에 돛을 달고 힘들이지 않고 항해하는 것이 상책('제1 항해')이라면, 노를 저어 힘들게 항해하는 것은 차선책이라는 뜻인 듯하다.

방문객 그래서 부자들이 그런 정체를 모방하면 우리는 그것을 귀족정치라 부르고, 부자들이 법을 무시하면 우리는 그것을 과두정치라 부른다네.

젊은 소크라테스 그런 것 같네요.

방문객 또한 한 사람이 지식을 가진 사람을 모방하여 법에 따라 다스리면 우리는 그를 왕이라고 부른다네. 그 한 사람이 법에 따라 다스리기만 하면 우리는 그가 지식을 갖고 다스리든 의견을 갖고 다스리든 이름으로는 구별하지 않는다네.

젊은 소크라테스 그런 것 같아요.

방문객 따라서 정말로 지식을 가진 한 명이 다스린다 해도 그는 여전히 왕이라 불리고 다른 이름으로는 불리지 않을 걸세. [그래서 우리가 앞서 언급한 정체들의 이름은 다섯이지만 이제는 하나뿐일세.][81]

젊은 소크라테스 그런 것 같아요.

방문객 그러나 어떤 1인 치자가 법과 관습에 따라 통치하지 않고 지식을 가진 사람을 흉내내어, 최선의 결과를 얻기 위해서라면 성문법을 위반할 수도 있다고 주장하지만 실은 욕구와 무지 때문에 그렇게 행동하는 것이라면, 우리는 그를 참주라고 불러야 하지 않을까?

젊은 소크라테스 물론이지요.

방문객 단언컨대 그리하여 참주가 생겨났고, 왕과 과두정치와 귀족정치와 민주정치가 생겨났네. 〈그러니 앞서 언급한 정체들은 모두 합해 다섯에 불과하네.〉[82] 사람들은 아무리 완전한 1인 치자라 해도 한 사람의 통치를 받는 것이 불편했기 때문이지. 사람들은, 누가 그렇게 통치할

자격이 있으며 미덕과 지식을 갖고 다스림으로써 올바른 것과 경건한   d
것을 만인에게 공정하게 베풀려 하거나 베풀 수 있다고 믿기는커녕, 그
런 절대 권력을 가진 사람은 언제든지 마음만 먹으면 우리 중 아무나 모
욕하고 죽이고 해코지할 것이라고 확신하니까. 물론 사람들은 우리가
말한 그런 사람이 나타나면 사랑받을 것이고 엄밀한 의미에서 하나뿐
인 올바른 정체를 행복하게 이끌 것이라는 점은 인정하지만 말일세.

젊은 소크라테스 왜 아니겠어요?

방문객 그러나 지금은 단언컨대 마치 벌집 안에 여왕벌이 태어나듯 나
라 안에 왕이, 몸과 마음이 특별히 뛰어난 사람이 태어나지 않으므로,   e
가장 참된 정체의 발자국을 밟아가기 위해서 사람들이 한데 모여 성문
법을 제정할 필요가 있는 것 같네.

젊은 소크라테스 그런 것 같아요.

방문객 그렇다면 젊은 소크라테스, 정체들이 세워진 기초가 그런 것이
어서 지식에 의존하지 않고 성문법과 관습에 따라 일을 처리한다면,
그런 정체들에 나쁜 일이 많이 생겼고 앞으로도 많이 생길 것이라는
게 과연 놀라운 일일까? 다른 기술이 그런 기초 위에 세워졌더라면 분   302a
명 그것이 이룩해놓은 모든 것이 무너져 내렸을 걸세. 오히려 국가의 타

---

81 여기서 '방문객'은, 엄밀히 말해 정체는 한 가지뿐인데, 그것이 진정한 왕도정치
와 이를 모방한 네 가지 저급한 정체로 구분된다고 보는 것 같다. [ ]은 나중에 가필된
것으로 의심되는 부분이다.

82 〈 〉안은 나중에 삽입되었음이 확실시되는 부분이다.

고난 자생력이 더 놀라운 것 아닐까? 국가들은 긴긴 세월 나쁜 일을 많이도 당했건만 그중 일부는 전복되지 않고 여전히 존속하니 말일세. 사실 많은 국가가 바다에서 침몰하는 배처럼 망했고, 망하고 있으며, 앞으로도 망할 걸세. 가장 중요한 일에 가장 무지한 선장과 선원들의

b 무능 때문에 말일세. 이들은 국가라는 배를 운항하는 기술에 전적으로 무지하면서도 모든 기술 중에서도 이 기술에 가장 통달했다고 자신하는 자들이니까.

젊은 소크라테스 지당한 말씀이에요.

방문객 그렇다면 이 올바르지 못한 정체들은 모두 더불어 살기가 어렵지만 그중 어느 것이 가장 덜 어렵고, 어느 것이 가장 견디기 힘들까? 이것이 지금 논제와 관련하여 부차적인 것이라 하더라도 우리는 이 문제를 고찰해야겠지? 사실 우리는 무엇을 하든 누구나 대개 그 점을 염두에 두는 것 같으니까.[83]

젊은 소크라테스 고찰해야겠지요, 당연히.

c **방문객** 그렇다면 자네는 세 가지 정체 가운데 하나가 동시에 유난히 괴롭고 가장 수월하다고 말하게나.

젊은 소크라테스 무슨 말씀이신지요?

방문객 나는 지금 걷잡을 수 없이 커져버린 이 논의를 설명하기 시작하면서 정체에는 세 가지가 있다고 말했네. 1인 정체, 소수 정체, 다수 정체 말일세.

젊은 소크라테스 네, 세 가지가 있었지요.

방문객 그것들 하나하나를 둘로 나누면 우리는 여섯 가지를 갖게 되네.

올바른 정체는 그것들과는 별개의 것이니 일곱 번째로 간주하세.

젊은 소크라테스 다른 세 가지를 어떻게 나눈다는 거죠?

방문객 우리는 1인 정체는 왕도정치와 참주정치로 나눌 수 있고, 소수 　　　d
정체는 그 이름도 상서로운 귀족정치와 과두정치로 나눌 수 있다고 말
했네. 다수 정체에 아까는 민주정치라는 하나의 이름을 부여했지만,
이제는 이를 둘로 나누어야 하네.

젊은 소크라테스 어떤 기준에 따라 어떻게 나눈다는 거죠?

방문객 이 정체도 다른 정체들에 적용한 것과 같은 기준에 따라 나눌
걸세. 비록 '민주정치'라는 이름이 지금은 두 가지 뜻을 갖고 있지만
말일세. 다른 정체들과 마찬가지로 이 정체도 법에 따라 다스리는 것　　e
과 법을 어기고 다스리는 것으로 구분할 수 있으니까.

젊은 소크라테스 그건 그래요.

방문객 우리가 올바른 정체를 찾으려고 했을 때는 민주정치를 이렇게
구분하는 것은 앞서 설명했듯이 쓸모없는 짓이었네. 그러나 지금은 우
리가 올바른 정체를 제외하고 다른 정체과 더불어 살아야 하는 것으
로 가정한 만큼, 법에 따라 다스리는 것과 법을 어기고 다스리는 것이
이 정체들을 각각 둘로 나누는 기준이 되는 걸세.

젊은 소크라테스 말씀을 듣고 보니 그런 것 같네요.

방문객 그렇다면 1인 정체는 우리가 법이라고 부르는 훌륭한 성문법에

83　가장 견딜 만한 것을 찾으려 한다는 뜻이다.

매여 있다면 여섯 정체 중에서 최선이고, 법을 무시한다면 더불어 살기 힘들고 가장 견디기 어려운 것일세.

젊은 소크라테스 그런 것 같네요.

303a

방문객 소수 정체는 '소수'라는 말이 하나와 다수의 중간이듯 좋은 일을 행하고 나쁜 일을 행하는 데서도 중간이라고 생각해야 하네. 한편 다수 정체는 모든 면에서 허약하고 다른 정체들에 견주어 크게 좋은 일도 할 수 없고 크게 나쁜 일도 할 수 없네. 이 정체에서는 관직이 너무 세분화되고 너무 많은 사람에게 배분되기 때문이지. 그래서 이 정체는 모든 유형의 정체가 법을 지킬 때는 최악이지만, 모든 유형의 정체가 법을 어길 때는 최선일세. 따라서 모든 유형의 정체가 무절제할 때는 민주 정체에서 사는 것이 상책이지만, 모든 유형의 정체가 질서정연할 때는 민주 정체에서 사는 것이 가장 덜 바람직하다네. 그렇지만 여섯 가지 정체 중에서 첫 번째인 왕도정체에서 사는 것이 최선 중의 최선일세. 일곱 번째 정체는 빼고 말일세. 일곱 번째 정체는 마치 신이 인간들보다 우월하듯이 다른 정체들보다 월등히 우월하니까.

젊은 소크라테스 당연한 결론인 것 같아요. 그러니 우리는 선생님의 말씀대로 해야겠지요.

방문객 그렇다면 우리는 지식에 기초한 정체 말고 이 정체들 가운데 어느 하나에 적극적으로 참여하는 자들은 배제해야 하네. 그들은 정치가가 아니라 당파싸움꾼들이고 사이비 정부의 지도자들이고 자신들도 사이비들이니까. 그리고 그들은 최고의 모방자들이자 협잡꾼들이지만, 소피스트 중에서도 우두머리 소피스트들일세.

b

c

젊은 소크라테스 '소피스트'라는 말이 돌고 돌아 결국 임자를 만나는 것 같군요. 사이비 정치가들 말이에요.

방문객 좋아. 그게 우리 연극의 본래 모습일세. 조금 전에 우리는 그들이 켄타우로스와 사튀로스들의 떠들썩한 무리처럼 보이므로 그들이 하는 일을 통치술에서 배제해야 한다고 말했는데, 이제야 가까스로 그렇게 했기에 하는 말일세.

젊은 소크라테스 그런 것 같아요.

방문객 하지만 더 힘든 다른 일이 남아 있네. 이 집단은 왕도적인 치자 부류와 더 비슷해서 구별하기가 더 어렵기 때문이지. 이제 우리는 금 제련공처럼 행동해야 할 것 같다는 말일세.

젊은 소크라테스 왜 그렇지요?

방문객 금 제련공들이 맨 먼저 하는 일은 흙과 돌과 이물질들을 제거하는 것일세. 그러고 나면 금과 비슷한 값진 것들이 금과 섞인 채로 남게 되는데, 이것들은 불에 의해서만 분리될 수 있네. 그것은 구리나 은이거나, 때로는 아다마스[84]일 수도 있네. 마지막으로 용해와 정련 과정을 반복하며, 이런 것들을 힘들게 제거하고 나면 사람들 말마따나 '순금'이 모습을 드러낸다네.

젊은 소크라테스 아닌 게 아니라 금은 그렇게 제련한다고들 하더군요.

방문객 우리 처지도 마찬가지인 것 같네. 우리는 지금 통치술에서 이질

---

84 아다마스(adamas)는 고대 그리스인들이 생각하는 가장 단단한 금속이다.

적이고 적대적인 요소들을 배제했지만 통치술과 관계있는 값진 것들이 여전히 남아 있기에 하는 말일세. 거기에는 전술, 사법, 왕도정치에 협력하는 수사학이 포함되네. 정의를 행하도록 사람들을 설득함으로써 국가라는 배를 운행하는 데 도움을 주는 수사학 말일세. 어떻게 해야 가장 쉽게 이런 것들을 떼어내고 우리가 찾는 정치가 본연의 모습을 보여줄 수 있을까?

젊은 소크라테스 물론 어떻게든 시도해봐야겠지요.

방문객 시도해서 될 일이라면 그는 모습을 드러내게 될 걸세. 그의 모습을 드러내는 데는 음악이 도움이 될 것 같구먼. 다음 질문에 대답해주게.

젊은 소크라테스 어떤 질문이지요?

b **방문객** 음악은 우리가 배울 수 있는 것이겠지? 손재주가 필요한 다른 기술들도 그 점에서는 모두 마찬가지겠지?

젊은 소크라테스 그렇지요.

방문객 어떤가? 우리가 그중 어떤 것을 배워야 할지 말아야 할지 결정하는 더 고급 지식이 있다고 말할까? 아니면 자네는 뭐라고 말할 텐가?

젊은 소크라테스 그래요. 우리는 그런 지식이 있다고 말해요.

방문객 그렇다면 우리는 이 지식이 다른 지식들과 다르다는 데 동의할 텐가?

젊은 소크라테스 네.

c **방문객** 그런데 어떤 지식도 다른 지식을 지배해서는 안 되는가, 아니면 다른 지식들이 이 지식을 지배해야 하는가, 아니면 이 지식이 다른 지

식들을 모두 감독하고 지배해야 하는가?

젊은 소크라테스 이 지식이 다른 지식들을 감독하고 지배해야겠지요.

방문객 자네 말은, 우리가 배워야 할지 말아야 할지 결정하는 지식이 우리가 배우거나 가르치는 지식을 지배해야 한다는 뜻인가?

젊은 소크라테스 물론이지요.

방문객 그렇다면 우리가 설득해야 할지 말아야 할지 결정하는 지식이 설득할 수 있는 지식을 지배해야겠지?

젊은 소크라테스 왜 아니겠어요?

방문객 좋아. 그렇다면 우리는 가르침이 아니라 이야기를 통해 대중 d 이나 군중을 설득할 수 있는 능력은 어느 지식에 배정할 텐가?

젊은 소크라테스 분명 수사학에 배정해야겠지요.

방문객 그런데 우리가 어떤 집단에게 무엇을 행할 때, 설득할 것인지 강제할 것인지 아니면 어떤 조치도 취하지 않을 것인지 결정하는 능력은 어느 지식에 배정할 텐가?

젊은 소크라테스 설득술과 언변술을 관장하는 지식에 배정해야겠지요.

방문객 그건 바로 정치가가 하는 일이겠구먼.

젊은 소크라테스 더없이 훌륭한 결론이군요.

방문객 그러니 수사학도 통치술에서 금세 배제된 것 같네. 수사학은 통 e 치술과는 다른 것으로, 통치술을 위해 조력자 노릇을 하니 말일세.

젊은 소크라테스 네.

방문객 이번에는 그와는 다른 능력을 고찰해야 할 걸세.

젊은 소크라테스 그게 어떤 능력이지요?

방문객 일단 선전포고를 한 뒤 적군과 어떻게 전쟁을 수행할 것인지 결정하는 능력 말일세. 우리는 그런 능력을 기술이라고 부를까, 아니면 기술과는 무관하다고 말할까?

젊은 소크라테스 전술과 모든 군사작전을 어떻게 기술과 무관한 것으로 볼 수 있겠어요?

방문객 그렇다면 우리가 교전을 할지 화친을 맺을지 지식을 갖고 조언할 줄 아는 기술은 그런 기술과 같은 것인가 다른 것인가?

젊은 소크라테스 우리가 앞서 논의한 바에 따르면 다른 것이라고 말해야겠지요.

305a **방문객** 우리가 앞서 논의한 것을 포기하지 않는 이상, 이 기술이 전술을 지배한다고 말해야겠지.

젊은 소크라테스 동의해요.

방문객 전쟁과 관련된 모든 기술은 무시무시하고 엄중하거늘, 우리는 진정한 왕도정체 말고 무엇을 감히 그 기술의 주인으로 앉히려 할 수 있겠는가?

젊은 소크라테스 왕도정체 말고 다른 것은 안 되지요.

방문객 그렇다면 우리는 장군들의 지식은 조력자 노릇을 하는 것이니 통치술이라고 부르지 않을 걸세.

젊은 소크라테스 그래서는 안 되겠지요.

b **방문객** 자, 이번에는 올바르게 재판하는 재판관들의 능력을 검토하세.

젊은 소크라테스 좋아요.

방문객 그들의 능력은 입법자인 왕에게서 넘겨받은 기준에 비추어 사람들 상호 간의 거래가 공정한지 여부를 판결하는 데 국한되는 것이 아닐까? 그리고 그들이 훌륭할 경우 이런 일에 기여하는 것은 뇌물이나 위협이나 동정심이나 적대감이나 호감에 휘둘리지 않고 사람들 상호 간의 소송을 공정하게 해결함으로써 입법자의 명령을 따르는 것이 전부가 아닐까?

c

젊은 소크라테스 그게 전부이겠지요. 선생님께서는 그들이 하는 일을 잘 정리해주셨습니다.

방문객 그렇다면 우리는 재판관의 힘이 왕의 힘이 아니라는 것을 알아냈네. 재판관들은 법의 수호자로서 왕에게 봉사하니 말일세.

젊은 소크라테스 그런 것 같아요.

방문객 우리가 언급한 지식들을 모두 검토해본 결과, 그 어느 것도 통치술이 아니라는 결론을 내리지 않을 수 없네. 진정한 왕은 스스로 행동해서는 안 되고, 행동할 능력이 있는 사람들을 지배해야 하네. 진정한 왕은 가장 중대한 나랏일을 언제 시작하고 언제 그만두는 것이 적절한지 알아야 하고, 다른 사람들은 그가 시키는 대로 해야 한다는 말일세.

d

젊은 소크라테스 옳은 말씀이에요.

방문객 그래서 지금 우리가 논의한 지식들은 서로를 지배하지도 않으며 자신을 지배하지도 않네. 하지만 그것들은 저마다 특별한 기능을 수행하기에 그 기능에 부합하는 특별한 이름으로 불리는 거지.

젊은 소크라테스 아닌 게 아니라 그런 것 같네요.

e

방문객 그러나 이 지식들을 모두 지배하는 지식이 있는데, 이 지식은 법률과 모든 종류의 나랏일에 관여하며 그것들을 모두 이용해서 가장 홀륭한 천을 짠다네. 이 포괄적인 지식에 포괄적인 이름을 부여하자면, '통치술'이라고 부르는 것이 가장 타당할 듯하네.

젊은 소크라테스 전적으로 동의해요.

방문객 이제는 나라 안에 있는 모든 부류의 지식이 분명히 밝혀졌으니, 직조술을 예로 들며 통치술을 검토해볼까?

젊은 소크라테스 당연히 그래야겠지요.

306a **방문객** 그렇다면 우리는 왕다운 직조술은 어떤 것이고, 어떻게 실을 한데 엮어 어떤 천을 짜는지 논의해야 할 것 같네.

젊은 소크라테스 그렇고말고요.

방문객 그것은 설명하기 어렵지만 달리 어쩔 도리가 없구먼.

젊은 소크라테스 어렵더라도 반드시 설명하셔야 해요.

방문객 미덕[85]의 부분은 어떤 의미에서 미덕 전체와는 종류가 다르다는 주장은 논쟁에서 대중의 의견에 호소하는 논박꾼들에게 공박당하기 일쑤라네.

젊은 소크라테스 무슨 말씀인지 모르겠어요.

b **방문객** 그렇다면 이렇게 말하겠네. 자네는 아마 용기[86]를 미덕의 일부로 여길 걸세.

젊은 소크라테스 물론이지요.

방문객 절제[87] 또한 용기와 다른 것이지만 용기와 마찬가지로 미덕의 일부일세.

젊은 소크라테스 네.

방문객 이제 우리는 이 두 가지 미덕과 관련하여 놀라운 이야기를 해야 하네.

젊은 소크라테스 어떤 이야기죠?

방문객 이 둘은 어떤 의미에서 서로 심하게 적대하고 반목하는 경우가 허다하다는 이야기 말일세.

젊은 소크라테스 무슨 말씀이신지요?

방문객 이건 흔히 듣는 이야기가 아닐세. 미덕의 모든 부분은 서로 우호 c
적이라는 것이 중론이니까.

젊은 소크라테스 네.

방문객 그렇다면 우리는 아주 유심히 살펴봐야 할 것 같네. 그게 과연 그렇게 간단한 것일까, 아니면 모든 미덕은 동류에 속하지만 경우에 따라서는 서로 반목할 수 있는 것일까?

젊은 소크라테스 네, 그래야지요. 하지만 어떻게 살펴봐야 하는지 말씀 해주세요.

방문객 우리가 찾고 있는 그런 현상은 우리가 바람직하다고 여기면서 도 서로 상반되는 것들로 여기는 자질들이 있는 곳이면 어디서나 발견 할 수 있네.

젊은 소크라테스 더 알기 쉽게 설명해주세요.

방문객 활기와 빠름을 생각해보게. 육체적인 것이든 정신적인 것이든

85 arete.

86 andreia.

87 sophrosyne.

목소리에 관련된 것이든 상관없으며, 자네가 그것들을 그 자체로 생각하든 음악가나 화가가 모방하여 제공하는 모상(模像)[88]으로 생각하든 상관없네. 자네는 일찍이 이런 자질들을 스스로 칭찬하거나, 아니면 남들이 칭찬하는 것을 들은 적이 있는가?

젊은 소크라테스 물론이지요.

방문객 그리고 그럴 때 어떤 말로 칭찬하는지 기억나는가?

젊은 소크라테스 기억나지 않아요.

방문객 내 생각을 자네에게 말로 설명할 수 있을까?

젊은 소크라테스 하실 수 있을 거예요.

방문객 자네는 그런 걸 아주 쉬운 일로 생각하는 것 같구먼. 아무튼 서로 상반된 부류들에서는 그것이 어떻게 되는지 살펴보도록 하세. 이를테면 우리는 기회만 생기면 매번 여러 가지 행위에서 빠름과 강렬함과 날카로움을 찬탄하네. 그럴 때는 그런 것들이 정신적인 것이든 육체적인 것이든 목소리에 관련된 것이든 언제나 '용기'라는 한 가지 낱말로 칭찬하네.

젊은 소크라테스 어째서 그렇지요?

방문객 우리는 먼저 '날카롭고 용감하다'고 말하고, '빠르고 용감하다' '강렬하고 용감하다'고도 말하는데, 이 부류의 모든 사람과 사물에 적용할 수 있는 공통 용어로서 이 낱말을 쓰는 것은 그런 사람과 사물들을 칭찬하기 위해서일세.

젊은 소크라테스 네.

방문객 어떤가? 우리는 부드럽게 행동하는 것을 칭찬할 때도 많지 않은가?

젊은 소크라테스 많고말고요.

방문객 그렇다면 우리는 다른 부류에 관해 말한 것과 상반되는 말을
하는 것이 아닌가?

젊은 소크라테스 어째서요?

방문객 우리는 절제된 사고와 느긋하고 부드러운 행동과 듣기 좋고 굵직
한 목소리와 한결같은 모든 율동과 적당하게 느린 음악 일반을 칭찬할
때는 '얼마나 차분하고 절도 있는가!'라고 말한다네. 우리는 그런 것들   b
을 표현하기 위해 '용기'가 아니라 '침착'이라는 낱말을 쓴단 말일세.

젊은 소크라테스 지당한 말씀이에요.

방문객 그러나 그런 자질 집단이 둘 다 시의적절하지 못하면 우리는 그
것들을 칭찬할 때 쓰던 것과 반대되는 말로 비판하네.

젊은 소크라테스 어떻게요?

방문객 우리는 그것들이 지나치게 날카롭거나 빠르거나 완고해 보이면
불손과 광기라고 부르고, 너무 느긋하고 굵직하고 부드러우면 무르다   c
고 부르거나 나태하다고 부르네. 그래서 우리는 이렇게 일반화할 수 있
을 걸세. 이런 결함들은 물론이고 성격이 상반되는 절제와 용기도 서로
적대하고 반목한다고, 그래서 우리는 어떤 활동에 관련되든 이 둘이
함께하는 것을 볼 수 없다고 말일세. 그리고 우리가 더 자세히 살펴보

88 eidolon.

면 혼 안에 이런 자질이 있는 사람들은 서로 사이가 나쁘다는 것을 보게 될 걸세.

젊은 소크라테스 정확히 어디서 보게 된다는 거죠?

방문객 내가 방금 언급한 모든 영역과 그 밖에 다른 많은 영역에서 보게 되지. 사람들은 저마다 어떤 행동 부류에 친근감을 느끼느냐에 따라 칭찬하거나 비난하는데, 자신의 성격과 비슷한 행위들은 칭찬하고 적대자들의 성격과 비슷한 행위들은 비난하지. 그래서 사람들은 사사건건 서로 다투게 되는 거라네.

젊은 소크라테스 그런 것 같아요.

방문객 두 부류 사이의 반목이 그 정도로 끝나면 별것 아니지만, 중대사와 관련하여 발생하면 국가의 생명을 위협할 수 있는 가장 심각한 질병일세.

젊은 소크라테스 중대사라니, 그게 어떤 거죠?

방문객 인생살이 전반 말일세. 남달리 절도 있는 사람들은 언제나 조용한 삶을 살 준비가 되어 있네. 조용히 자기 일에 전념하면서 말일세. 이것이 그들이 동료 시민들을 대하는 태도일세. 그들은 또한 외국과도 똑같이 우호관계를 유지할 마음의 준비가 되어 있네. 그리고 그들의 영향력이 클 때는 시의적절하지 못할 때도 있는 이런 평화추구 정책 때문에, 저도 모르게 그들 자신도 젊은 세대도 교전능력을 상실하게 만들다가 결국에는 영원히 침략자들의 처분에 맡겨진다네. 그래서 몇 년 안에 그들 자신과 그들의 자녀들과 나라 전체가 때로는 그런 줄도 모르고 자유민의 신분에서 노예 신분으로 전락하고 만다네.

젊은 소크라테스 잔인하고 무서운 일이로군요.

방문객 용기 쪽으로 더 기우는 사람들은 어떤가? 그들은 호전적인 삶을 지나치게 좋아하여 자신들의 나라가 쉴 새 없이 전쟁을 하도록 부추기지 않을까? 그 결과 수많은 강대국을 적대시하다가 그들의 나라는 결국 완전히 망하든지, 아니면 노예로 전락하여 적국의 속국이 되지 않을까?

젊은 소크라테스 그도 그렇군요.

방문객 그렇다면 이 두 부류가 그런 중대사에 언제나 서로 심하게 적대시하고 반목한다는 것을 부인할 수 없겠지?

젊은 소크라테스 부인할 수 없고말고요.

방문객 그렇다면 우리가 이 논의의 첫머리에서 제기한 문제의 해답을 찾은 게 아닐까? 미덕의 주요한 두 부분은 스스로도 반목하고, 그런 부분이 더 우세한 사람들도 반목하게 만든다는 것을 발견했으니 말일세.

젊은 소크라테스 그런 것 같아요.

방문객 그렇다면 이번에는 다른 문제를 고찰해보세.

젊은 소크라테스 어떤 문제이죠?

방문객 재료들을 결합하는 기술들 가운데 어떤 것은 제품을 생산할 때는 가장 하찮은 제품이라도 일부러 좋은 재료와 나쁜 재료를 결합하여 만들까? 오히려 모든 기술은 나쁜 재료는 되도록 배제하고 좋고 적합한 재료만 취해, 서로 유사하든 유사하지 않든 그것들을 모두 한데 모아서 하나의 기능을 가진 하나의 품종을 만들지 않을까?

젊은 소크라테스 물론이지요.

d **방문객** 그렇다면 통치술도 이와 마찬가지여서 진정한 통치자는 일부러 좋은 사람들과 나쁜 사람들을 결합하여 국가를 구성하지 않을 걸세. 분명 그는 먼저 놀이를 통해 사람들을 시험할 것이고,[89] 그런 연후에 젊은이들을 제 소임을 다할 수 있는 유능한 교육자에게 맡기고 자신은 교육자들을 계속 지도하고 감독할 걸세. 그것은 직조술이 하는 일과도 같네. 직조공도 소모공과 그 밖에 직조를 위해 자재를 준비하는 사람

e 들을 지도하고 감독하며, 자기가 천을 짜는 데 필요하다고 생각되는 보조 임무를 수행하도록 각자에게 지시하니 말일세.

젊은 소크라테스 그렇고말고요.

방문객 왕도적인 통치술도 법에 따라 아이들을 교육하고 양육하는 사람들을 그와 같이 대하면서 감독 기능은 스스로 견지한다네. 왕도적 통치술이 허용하는 유일한 훈련은 교육자들이 왕도적 통치술이 하는 일에 적합한 성격들을 배출하는 그런 종류의 훈련일세. 왕도적 통치술은 젊은이들이 다른 활동이 아니라 그런 활동에만 전념하도록 격려하

309a 라고 교육자들에게 지시한단 말일세. 그래서 용기나 절제나 다른 미덕에 참여할 능력이 없고 사악한 본성에 이끌려 불경과 오만과 불의에 휩쓸리는 학생들은 왕도적 통치자가 처형하거나 추방하거나 시민권을 박탈함으로써 제거하는 것이라네.

젊은 소크라테스 아닌 게 아니라 그런 것 같아요.

방문객 또한 그는 무지와 비굴 속에서 뒹구는 자들을 노예 신분으로 강등한다네.

젊은 소크라테스 그야 당연하지요.

방문객 그리고 그는 나머지 사람들, 말하자면 교육을 받으면 고매해질 b 수 있고 기술이 요구하는 대로 하나로 결합될 수 있는 사람들을 모두 받아들여, 그중 용기 쪽으로 더 기우는 자들은 그들의 성격이 강인한 점을 고려하여 천을 짤 때 날실로 삼고, 절제 쪽으로 기우는 자들은 계속해서 비유로 설명하자면 두툼하고 부드럽게 자아졌으니 씨실로 삼아, 이 두 가지 상반된 성격을 다음과 같은 방법으로 결합하여 천을 짜려 할 걸세.

젊은 소크라테스 그게 어떤 방법이지요?

방문객 왕도적 통치술은 먼저 그들 혼의 영원한 부분을 신적인 끈으로 c 묶는데, 그 부분은 신적인 것을 닮았기 때문이지. 신적인 끈 다음으로 왕도적 통치술은 그들의 동물적인 부분을 이번에는 인간적인 끈으로 묶는다네.

젊은 소크라테스 그건 또 무슨 말씀인가요?

방문객 아름다운 것, 올바른 것, 훌륭한 것, 그리고 이와 상반된 것들에 대해 확신이 동반된 참의견[90]이 혼 안에 생겨나면, 나는 그것이 신적인 존재 안에서 생겨나므로 신적이라고 부른다네.

젊은 소크라테스 그럴듯하게 들리네요.

방문객 그렇다면 우리는 훌륭한 입법자인 진정한 정치가만이 왕도적 통 d 치술에서 영감을 받아 그런 의견이 조금 전에 우리가 말한 제대로 교육

---

89 이에 관해서는 플라톤의 다른 대화편 『법률』 793e 이하 참조.

90 alethe doxa.

받은 사람들 안에서만 생겨나게 할 수 있다는 것을 인정하는 것인가?

젊은 소크라테스 인정할 수밖에 없을 것 같네요.

방문객 그렇다면 젊은 소크라테스, 그럴 능력이 없는 사람들에게는 우리가 찾고 있는 명칭을 붙이지 않기로 하세.

젊은 소크라테스 당연히 그래야지요.

방문객 어떤가? 용감한 혼이 그런 진리[91]를 터득하면 유순해져서 누구

e 보다도 더 정의에 참여하고 싶어하지 않을까? 그러나 그런 진리를 터득하지 못하면 더 야만 쪽으로 기울지 않을까?

젊은 소크라테스 왜 아니겠어요?

방문객 절제 있는 성격은 어떤가? 그가 그런 의견들에 참여하게 되면 정말로 절제 있고 지혜로운 사람이, 아무튼 자기가 맡은 나랏일을 처리할 수 있을 만큼은 지혜로운 사람이 되지 않을까? 하지만 그런 의견들에 참여하기를 거부한다면 그는 멍청이라고 비난받아 마땅하지 않을까?

젊은 소크라테스 물론이지요.

방문객 그렇다면 우리는 나쁜 사람들끼리 또는 좋은 사람들과 나쁜 사람들을 한데 엮고 묶어도 그것이 영속할 것이라고 말할 수 없겠지? 그러니 어떤 지식도 그런 사람들을 결합하려고 진지하게 노력하지 않겠지?

젊은 소크라테스 어떻게 그럴 수 있겠어요?

310a **방문객** 그러나 고매하게 태어나서 고매하게 양육된 사람들 사이에서는, 아니 그런 사람들 사이에서만 그런 결합이 법의 인도를 받으며 실

현될 수 있네. 그런 결합은 기술이 그들을 위해 처방한 약일세. 가장 신적인 결합만이 본성이 서로 다르며, 그렇지 않다면 서로 대립할 미덕의 요소들을 하나로 결합할 수 있다네.

젊은 소크라테스 지당한 말씀이에요.

방문객 그리고 이런 신적인 끈이 존재하는 곳에서는 나머지 끈들, 곧 인간적인 끈들은 생각해내기 어렵지 않으며, 일단 생각해내면 만들기도 어렵지 않네.

젊은 소크라테스 어떤 끈들을 어떻게 만든다는 거죠? b

방문객 두 부류 사이의 혼인과 다른 부류의 아이들을 입양하고 다른 부류에 딸을 출가시키는 것에 관련된 끈들 말일세. 사람들은 대체로 자녀 출산을 위해서는 무엇이 최선인지 고려하지 않고 혼인을 하니 말일세.

젊은 소크라테스 왜 그렇게 해야 하나요?

방문객 사람들은 혼인을 통해 부와 권력을 추구하는데, 내가 보기에 그런 관행을 비난할 필요는 없는 것 같네. 그런 문제는 진지하게 논의할 가치가 없으니까.

젊은 소크라테스 없고말고요.

방문객 그러나 가족을 주된 관심사로 삼는 사람에게 우리는 당연히 주 c 의를 기울여야 하며, 그들의 태도가 옳지 못할 때는 지적해야 할 걸세.

---

91 aletheia.

젊은 소크라테스 그래야 할 것 같아요.

방문객 그들의 행동 원칙은 옳지 못하네. 그들은 순간의 편안함을 추구하여, 자신들과 닮은 사람들은 반기고 닮지 않은 사람들은 미워하니 말일세. 그래서 그들은 자신의 불쾌감을 지나치게 중요시한다네.

젊은 소크라테스 어째서 그렇지요?

방문객 절제 있는 사람들은 자신을 닮은 사람들을 찾네. 그들은 되도록 같은 부류의 여인을 아내로 고르고 딸도 같은 부류의 가정으로 출가시키지. 용감한 사람들도 똑같은 짓을 하네. 그들도 같은 부류의 사람들을 찾으니까. 하지만 사실은 두 부류 모두 그와 정반대로 해야 하네.

젊은 소크라테스 어떻게요? 그리고 왜요?

방문객 용기가 여러 세대에 걸쳐 절제와 섞이지 않으면 처음에는 힘이 넘치지만 결국에는 광기로 돌변하기 때문이지.

젊은 소크라테스 그런 것 같아요.

방문객 그런가 하면 겸손함으로 가득차 있는 혼이 과감성이나 용기와 섞이지 않고 여러 세대에 걸쳐 그대로 전수되면 나태해지다가 결국에는 완전히 불구가 되기 쉽네.

젊은 소크라테스 그도 그런 것 같아요.

방문객 거듭 말하거니와, 두 부류가 아름다운 것과 훌륭한 것에 관한 의견을 같이하기만 한다면 이런 끈들은 만들기 어렵지 않네. 왕도적 직조공이 해야 할 일은 절제 있는 성격들과 용감한 성격들이 따로 놀지 못하게 하는 것이며, 그것이 그의 업무의 전부일세. 왕도적 직조공은

이 두 부류가 의견을 공유하고 같은 자질들을 존중하거나 경멸하고 서
로 사돈이 되게 함으로써 이 두 부류로 천을 짜야 한다는 말일세. 그는   311a
이 두 부류로 부드럽고 사람들 말마따나 '촘촘하게' 천을 짜되, 나라
의 관직들을 언제나 두 부류가 같이 맡게 하고 어느 한 부류가 독점하
게 해서는 안 되네.

젊은 소크라테스 어떻게 해야 그렇게 할 수 있나요?

방문객 관리가 한 명 필요할 때는 이 두 자질을 겸비한 사람을 뽑아야
하네. 그러나 관리가 여러 명 필요할 때는 두 부류의 사람들을 섞어야
하네. 절제 있는 관리들은 성격이 매우 조심스럽고 올바르고 보수적이
지만 추진력이 부족하기 때문이지.

젊은 소크라테스 그 또한 그런 것 같습니다.

방문객 한편 용감한 사람들은 절제 있는 사람들보다 덜 올바르고 덜 조   b
심스럽지만 추진력이 남달리 강하네. 이 두 부류가 상부상조하지 않으
면 시민들의 사적인 영역에서도 공공 업무에서도 국가가 제구실을 하
기란 불가능하네.

젊은 소크라테스 왜 아니겠어요?

방문객 그렇다면 왕도적 직조공의 작업은 용감한 성격들과 절제 있는
성격들로 하나의 천을 짰을 때 완성된다고 할 수 있을 걸세. 그의 작업
이 완성되는 것은 지식을 가진 왕이 두 부류를 화합과 우애로써 하나
의 공동체로 묶은 뒤 세상에 존재할 수 있는 가장 훌륭하고 가장 좋은   c
천으로 노예든 자유민이든 국가의 모든 구성원을 감쌀 때이며, 국가가
행복해질 수 있는 잠재력이 극대화되도록 그가 국가를 통치하고 감독

할 때란 말일세.

젊은 소크라테스 〈지당한 말씀이에요.〉

노(老)소크라테스 손님, 그대는 우리를 위해 진정한 왕과 정치가의 초상을 더없이 훌륭하게 완성했소이다.